D1724178

J.T. 2020

Regina Dieterle

Die Tochter

Das Leben der Martha Fontane

Carl Hanser Verlag

Die Autorin dankt dem Schweizerischen Nationalfonds zur
Förderung der wissenschaftlichen Forschung (SNF) für die
großzügige Unterstützung des Biographie-Projekts.

5. Auflage 2019
ISBN 978-3-446-26726-8
© 2006, 2019 Carl Hanser Verlag GmbH & Co. KG, München
Umschlag: Peter-Andreas Hassiepen, München
Satz: Greiner & Reichel, Köln
Printed in Germany

> »Das Thema ›Mete‹ ist unerschöpflich.«
> *Theodor Fontane an Clara Stockhausen*
> *10. September 1878*

Hauptschauplatz ihrer Biographie ist Berlin. Hier wird Martha Fontane am 21. März 1860 geboren. In ihre Kindheit fallen die drei Bismarck-Kriege, sie erlebt die Gründung des Deutschen Kaiserreichs, den Aufstieg und den Untergang. Mitten im Ersten Weltkrieg nimmt sie sich auf ihrem mecklenburgischen Landsitz das Leben. Todesdatum ist der 10. Januar 1917. Sie war seit kurzem Witwe, ihr Vater bald zwanzig Jahre tot.

Die Welt, in der sie lebte, war die Welt ihres Vaters. Er ist die Hauptperson in ihrem Leben. Aus seinem Bannkreis kommt sie nicht fort. Sie wächst in einem geistig anregenden, literarisch-künstlerischen Milieu auf. Seine Freunde werden ihre Freunde. Sie verkehrt mit dem Maler Adolph Menzel, dem Schriftsteller Paul Heyse so vertraut wie mit der Schauspielerin Paula Schlenther-Conrad, die ihre Zwillingsschwester hätte sein können. Sie knüpft Freundschaften mit den Streitern für die literarische Moderne: mit Otto Brahm und Paul Schlenther. Sie verplaudert sich beim Tee oder Diner zu Hause in der Potsdamer Straße 134c mit dem jungen Gerhart Hauptmann.

In einer Zeit, in der Mädchen und Frauen intellektuell, politisch und rechtlich zurückgebunden wurden, verbringt sie als Zehnjährige ein Jahr bei der gut situierten Familie Merington in London, wo ihr Vater Jahre zuvor Zeitungskorrespondent der konservativen preußischen Regierung war. Sie lernt von Kind auf das Milieu des märkischen Landadels wie des modernen Unternehmertums kennen, verkehrt als willkommener Gast bei Mathilde von Rohr, den Treutlers, den Wittes. Bei Wittes, der Rostocker Fabrikantenfamilie, findet sie mit 16 Jahren ihr zweites Zuhause. Friedrich Witte, ein Freund Fontanes aus dessen Apothekerzeit, ist nicht nur ein erfolgreicher Chemieunternehmer, sondern auch Abgeordneter der nationalliberalen, später deutsch-freisinnigen Partei. Durch ihn kommt Martha als junge Frau häufig in den deutschen Reichstag, hört dort Bismarck und Bebel sprechen. Ihre Hauptaufgabe wird es, dem Vater zu erzählen, was sie erlebt und wie sie die Dinge sieht. Sie kann das offenbar hervorragend gut. Sie ist eine ›Künstlerin‹, findet der Vater. Wenn sie erzählt und philosophiert, ist das für ihn ein Hochgenuß. Sie berichtet ihm über die märkische Landadelsfamilie von Mandel aus Klein Dammer, wo sie als Hauslehrerin tätig ist, aus Italien, wohin sie mit einer reichen amerikanischen Dame reist, aus Bonn und Deyelsdorf, wo sie sich jeweils bei Gustav Veit, dem berühmten Gynäkologen, zur Kur aufhält. Sie schreibt auch lange Briefe aus Schwiggerow, später aus Elsenau, wo sie auf Wochen bei der Freundin Lise lebt, der ältesten Tochter der Wittes. Oder sie schreibt aus Arnsdorf, wenn sie dort die Papierfabrikantenfamilie Richter besucht. Das Milieu der Richters – in der Wintersaison verkehren sie in Berlin und führen dort ebenfalls ein großes Haus – interessiert den Vater besonders. Hier treffen sich schlesisches Großunternehmertum und jüdische Kultur, hier verkehrt auch sein Freund, der Amtsgerichtsrat Georg Friedlaender aus dem benachbarten Schmiedeberg. Auf einen Brief Marthas aus Arnsdorf (er ist nicht überliefert) antwortet Fontane am 8. Juli 1888: »– in solchen Häusern, wo man viel Geld und viel Temperament hat und sich liebt und haßt und gelegentlich sich zankt und scheiden lassen will, – ist es immer am nettesten.«

Nur wenn sie in Konflikt mit sich selbst oder in eine ›Herzensaffaire‹ verstrickt ist, schweigt Martha dem Vater gegenüber. Über ihre erste Liebe, den großen Bariton-Sänger Julius Stockhausen, über ihren Bräutigam in spe, den angehenden Juristen Rudolph Schreiner, oder über ›die Gräfin‹, ihre jüngere Freundin Margarete von Wachtmeister, korrespondiert sie nicht gern.

Martha Fontane wollte ihr eigenes Leben. Zugleich aber waren der Vater und sein Werk ihr das Wichtigste, hier nahm sie sich eine bestimmte Aufgabe vor. Ihr Leben war kompliziert, es war ein Leben mit Brüchen und Widersprüchen. Mit 16 begann sie an den ›Nerven‹ zu leiden und zunehmend auch unter Ängsten.

Inhalt

Das Photo

Vater und Tochter sitzen auf der Seitenmauer einer Steintreppe, die in drei, vier Stufen parkwärts führt. Ein Doppelporträt von Theodor und Martha Fontane, im richtigen Licht, in optimaler Schärfe. Fontane und seine Tochter Martha – sie wird in der Familie und von nahen Freunden auch Mete genannt – haben sich für die photographische Aufnahme zurechtgesetzt. Er blickt ruhig in die Kamera, sie hat ihren Blick auf den Vater gerichtet, lehnt sich rechts an ihn an. In ihrer linken Hand ruht, gut sichtbar, ihr Kneifer. Sie hat schlechte Augen, liest vielleicht zu viel. Das krause dunkle Haar ist hochgesteckt. Noch trägt sie es nicht kurz geschnitten. 26 Jahre alt ist sie und könnte längst verheiratet sein. Die gepflegte Garderobe ist die einer Berliner Sommerfrischlerin: weites langes, oben eng anliegendes dunkles Kleid, über dem Revers eine hübsche Schleife. Ihr Vater ebenfalls schick gekleidet: schwarze Hose, weißes Stehkragenhemd mit Schlips, das Gilet halb zugeknöpft (da hängt auch eine Uhrkette), Rock, Überrock, hochglanzpolierte Ausgehschuhe. Mit natürlicher Eleganz trägt er den breitkrempigen schwarzen Künstlerhut, unter dem das weiße Haar und der Schnauzbart fast zu leuchten beginnen. Die Augen: vermutlich hell. Beide Hände – am rechten Ringfinger steckt der Ehering – ruhen auf den Oberschenkeln. Die Beine sind bequem auf zwei Steinstufen abgesetzt, das linke höher, näher der Tochter zu. Kleine Vermengung von Händen, Armen, Beinen, Stoffen. Ein zweisames Bild. Aber die Hauptperson scheint doch der Vater zu sein. Etwas Selbstbewußtes hat dieser 66jährige Fontane. Nichts Aufgesetztes, nichts Hochmütiges, statt dessen ein offener Blick, vielleicht sogar ein kleines Lachen. Das Gespräch mit der Tochter wirkt wie für einen Augenblick unterbrochen. Nicht sprechen, nicht bewegen – jetzt ist die Aufnahme im Kasten.

Das Photo ist berühmt, weil es in keiner Monographie des Schriftstellers Theodor Fontane (1819–1898) fehlt. Vor kurzem, im Jahr 2001, ist der Originalabzug aufgetaucht – in den Papieren, die das Ehepaar K. E. O. Fritsch und Martha Fritsch geb. Fontane hinterlassen haben. Daß sich diese Hinterlassenschaft erhalten hat, ist außergewöhnlich, denn sie mußte – in Berlin – über die Zeit des Zweiten Weltkriegs gerettet werden. Dank Fritschs Tochter Annie, Marthas Stieftochter, sowie deren Nachkommen hat der Nachlaß die Zeitläufte überdauert. Annie Scheller bewahrte die nachgelassenen Schriften, Dokumente und Photographien ihres Vaters und ihrer Stiefmutter ein Leben lang auf. Ihr eigenes Leben endete tragisch. Als 1945 die Kämpfe um Berlin begannen, begab sich die 73jährige zur Sicherheit aufs Land, nach Waren. Hier starb sie wahrscheinlich in den Wirren der letzten Kriegstage. Sie zählt jedenfalls zu den vielen Vermißten bei Kriegsende.

Der Ur-Abzug vom Vater-Tochter-Bild trägt auf der vorderen Seite Bleistiftmarkierungen und in deutscher Schrift die Angabe »8.7 cm breit«, offensichtlich eine Angabe für den Reprographen, der das Bild zum Abdruck vorbereitete: es erschien – 8,7 cm breit und 13,6 cm hoch – erstmals 1905 in den *Familienbriefen*, der ersten Fontane-Briefausgabe. Sie wurde veranstaltet vom Friedrich Fontane-Verlag und gehörte damals Martha selbst. Auf der Rückseite findet sich der handschriftliche Vermerk »Mete gehörig«.

Das photographische Doppelporträt hat seine besondere Geschichte: Im Sommer 1886 photographierte ein uns heute unbekannter Amateurphotograph aus dem Kreis der Familie Richter-Eberty Vater und Tochter Fontane, als beide in der Fabrikantenvilla im schlesischen Arnsdorf zu Besuch waren. Wahrscheinlich wurden bei diesem Anlaß mehrere Aufnahmen gemacht, überliefert ist nur dieses eine Photo. Das Bild begann seine Karriere, als Martha sich entschied, es für die Publikation der *Familienbriefe* freizugeben. Sie war damals bereits verheiratet mit K. E. O. Fritsch und beschäftigte sich mit dem Nachlaß ihres Vaters. Die Fontane-Briefausgabe förderte sie mit großer Entschiedenheit. Denn es war ihr ein dringendes Anliegen, der Öffentlichkeit den Schriftstellervater auch als ›Briefmann‹ zu zeigen. Die Briefe an die Familie, also auch an sie selbst, erachtete sie als besonders bedeutsam und aufschlußreich. Zwei Bände umfaßt diese Edition. Dem ersten Band (Briefe von 1852 bis 1881) ist ein Porträt der Ehefrau vorangestellt, ein Photo, das im Photoatelier aufgenommen wurde und von den Herausgebern mit der Legende versehen wurde: »Frau Emilie Fontane, geb. Rouanet-Kummer. Berlin 1859«. Dem zweiten Band (Briefe von 1882 bis 1898) aber dient als Frontispiz das Amateurphoto von Arnsdorf. »Theodor Fontane und seine Tochter. Arnsdorf im Riesengebirge 1886«, heißt die von Martha

Fritsch-Fontane gelieferte Bildunterschrift – ihr eigener Name ist unter-drückt. Nach der Verwendung forderte sie den Originalabzug zurück und rückte das Photo kein zweites Mal heraus. Das Bild aber hat die Fon-tane-Biographen seit seiner Erstpublikation so sehr fasziniert, daß es in keiner Monographie fehlt. Als Vorlage diente immer die Abbildung in den *Familienbriefen*. Der damalige hervorragende Druck machte es mög-lich.

In der Fontane-Forschung gilt das Vater-Tochter-Porträt als das ein-zige Bild, das den Schriftsteller zusammen mit einem Familienmitglied zeigt. Das ist merkwürdig, denn die Fontanes – außer der Tochter gab es noch drei Söhne – lebten im Zeitalter der Photographie. Jeder in der Familie hat sich selbstverständlich und regelmäßig beim Photographen ablichten lassen und jeweils mehrere Abzüge bestellt, um die eigene Photographie an Freunde und Verwandte zu verschenken. Im Falle der Fontanes ist jedoch wenig Bildmaterial überliefert, und unter dem We-nigen: kein gemeinsames Photo des Ehepaars, kein Photo von den El-tern mit den vier Kindern, kein Photo von Martha Fontane mit ihrer Mutter oder ihren Brüdern George, Theo und Friedrich. Vieles muß weggeworfen worden oder verloren gegangen sein, vieles wurde auch nachweislich während des Zweiten Weltkriegs zerstört. Erhalten aber hat sich zum Glück doch Einzelnes, das Original des berühmten Arnsdorfer Bildes etwa, das den Schriftsteller mit seinem Lieblingskind zeigt.

Als Vaters Liebling hat Martha Fontane die Fontane-Leserinnen und -Leser schon immer beschäftigt. Sie gilt außerdem neben Georg Fried-laender als die wichtigste Korrespondenzpartnerin des ›alten Fontane‹ und werdenden Romanciers. Ihr Leben zu erzählen bedeutet zugleich von Fontane zu erzählen, der alles daransetzt und alles riskiert, um schreiben zu können. Martha ist in diesem Prozeß involviert, sie inspi-riert ihren schreibenden Vater, sie spinnt den Faden mit ihm fort oder widerspricht, wo es ihr angebracht erscheint. Sie ist auch Studienobjekt. Manche Fontaneschen Frauenfiguren tragen ihre Züge. Oder sie liefert Erzählstoff, etwa wenn sie dem Vater Intrikates aus ihrem Freundinnen-kreis berichtet. Das hat alles seinen Niederschlag gefunden in den Brie-fen des Vaters, seinen Tagebüchern, seinen Romanentwürfen. Von ihr selbst dagegen ist vieles nur bruchstückhaft überliefert. Trägt man es zu-sammen, ergibt sich aber doch mehr als erwartet: neben dem bisher Be-kannten ist im Nachlaß Fritsch, der für diese Biographie erstmals ge-nutzt werden kann, vieles aufgetaucht, was von Belang ist, besonders für die späteren Jahre. Zudem können hier bisher unveröffentlichte Briefe und Dokumente aus dem Stockhausen-Nachlaß und aus dem Witte-Nachlaß genutzt werden. Recherchen in Archiven und vor Ort sowie zeitgenössische und historische Quellen ergänzen das Material.

So läßt sich jetzt das Leben der Martha Fontane, seit 1899 verheiratete Fritsch, vom Anfang und bis zum Ende erzählen. Natürlich nicht vollständig, es bleiben Lücken. Was zum Beispiel geschah auf Rittergut Zansebuhr, wo Martha sich bei der ›Gräfin‹ aufhielt? Schon Fontane rätselte, als er am 24. April 1891 dorthin an die Tochter schrieb: »Wie geht es mit Deiner Gesundheit, mit Deinem Leben überhaupt? Wir erfahren nicht viel. Alles hüllt sich in ein gewisses Dunkel. Ich glaube, Du könntest lichtvoller sein.«

Berliner Mädchenjahre · 1860–1870

Von London wieder nach Berlin

Am 17. Januar 1859 war er zurück in Berlin. »Heute früh 7 ½ Uhr, bei knusprigem Wetter, bin ich glücklich hier eingetroffen und im Hôtel de Pologne, genau gegenüber der Kreuz-Ztng (so daß ich sie arbeiten sehe) abgestiegen«, schreibt Theodor Fontane, 39, an seine Frau. Er hatte es gut: Zum Mittagessen saß er bereits bei Freunden, dem Ehepaar Wilhelm und Henriette von Merckel, am Potsdamer Platz. Es gab, wie er berichtet, »Brühsuppe«, »saure Kartoffeln mit Rindfleisch und Spickgans und schließlich Sauerkraut mit Hasenbraten«, »dazu Rotwein«.

Emilie Fontane geb. Rouanet-Kummer, 35, war zum selben Zeitpunkt in London mit dem Umzug beschäftigt. Eineinhalb Jahre hatte sie mit ihrem Mann und den beiden Söhnen in der Weltstadt gelebt, im Stadtteil Camden Town, St. Augustine's Road Nummer 52. Früher als ursprünglich vorgesehen kehrte man jetzt zurück ins preußische Berlin.

Bis Emilie Fontane ihrem Mann nachreisen konnte – die Auflösung des Haushalts verlangte viel Organisationstalent –, wechselte das Ehepaar fast täglich Briefe. Gemeinsam wurde überlegt und entschieden, was nun weiter werden sollte. Anfang Februar war auch sie zurück in Berlin. Die Söhne hatte man vorläufig bei Freunden und Verwandten untergebracht. George, 8, blieb bei den Meringtons in London, um sein zweites Schuljahr zu beenden, Klein-Theo, 2, kam zur Großmutter Emilie Fontane-Labry nach Neuruppin. Das Frühjahr verging mit Stellen- und Wohnungssuche.

Die Wahl fiel schließlich auf ein einstöckiges Wohnhaus in der Potsdamer Straße 33 (später abgerissen). Es war ein einfaches Haus in der Schöneberger Vorstadt vor den Toren Berlins. Hier wollte man den Sommer verbringen, um sich in Ruhe nach einer dauerhaften Bleibe umzusehen. Der Komfort war bescheiden, die Miete für damalige Verhältnisse akzeptabel, auch für das Budget der Familie Fontane – 45 Reichstaler pro Quartal. Damals zog sich um Berlin noch immer die vier Meter hohe, allerdings bereits stark beschädigte und von den Berlinern bitter verspottete Stadtmauer, an deren Toren man beim Passieren eine Steuer für Fleisch und Mehl – die Akzise – zu entrichten hatte. Das war natürlich für die Schöneberger ein Nachteil. Neben diesem Nachteil kam für die Fontanes ein weiterer hinzu. Zwar gab es eine romantische »Geißblattlaube« vor dem Haus, wo die Familie ihren Nachmittagskaffee trank, aber sie atmeten hier »die echte Berliner Gartenluft«, nämlich »Blumen vorne und Müllkute hinten«. Es war Jahre vor der Berliner Kanalisation.

Die Stellensuche war mit etlichen Enttäuschungen verbunden. Fontane war bis zur Entlassung des preußischen Ministerpräsidenten Manteuffel, der eine restaurative Politik betrieben hatte, Londoner Regierungskorrespondent gewesen. Jetzt nach dem Machtwechsel hatte er beruflich schlechtere Karten als zuvor.

Hätte Fontane in seiner Heimat als Liberaler gegolten, er hätte es leichter gehabt. Denn alles war in Bewegung geraten, seit König Friedrich Wilhelm IV. aus Krankheitsgründen die Regentschaft an seinen zwei Jahre jüngeren Bruder Prinz Wilhelm von Preußen hatte abtreten müssen. Seit dem 7. Oktober 1858 hatte dieser die Regierungsgeschäfte übernommen und als ersten Regierungsakt das preußische Kabinett umgebildet. Den liberalen Fürsten Karl Anton von Hohenzollern-Sigmaringen hatte er als Ministerpräsidenten eingesetzt und daneben eine Reihe ihm gleichgesinnte Minister. Die ›Neue Ära‹ wurde ausgerufen. Ihre Gegner sprachen spöttisch von einem ›Augusta-Ministerium‹.

Augusta, eine Prinzessin von Sachsen-Weimar-Eisenach, war bei Hof noch unter Goethes Einfluß aufgewachsen. Sie war intelligent und politisch interessiert, sie versuchte auf eine liberale Zukunft Preußens und eine unkriegerisch herbeigeführte deutsche Einheit hinzuwirken. Ihre Zeitgenossen glaubten, daß sie erheblichen Einfluß auf ihren Gatten und seine politischen Entscheidungen nehme. Spöttisch reimte Fontane in einem mehrstrophigen, nur im Entwurf erhaltenen Geburtstagsgedicht für die Königin:

> Und schwankt ein Steurer, wo er Rats erhole
> Es kennt das Volk die Hüterin der Boussole.

Königin Augusta, nach Fontane die ›Hüterin‹ der politischen Richtung, war keine besondere Gönnerin Fontanes, der sich vornehm »Employé d'ambassade à Londres« hatte nennen dürfen. Allerdings war er vom

Martha Fontane, 1866

›Augusta-Ministerium‹ nobel abserviert worden. Die neue Regierung hatte ihm nämlich eine Abgangssumme von einem Jahressalär zugesprochen. Das erleichterte ihm und seiner Familie, sich in die neuen Verhältnisse einzuleben.

Zwar hatte das Jahr 1859 für die Fontanes Krisencharakter, aber es bot auch Chancen. Zuallererst wurde auf den ›Dichter‹ und ›Schriftsteller‹ gesetzt: Fontane suchte einen Verlag für seine Balladen sowie für seine geplanten England- und Schottlandbücher, er plazierte geschickt Zeitungsvorabdrucke und unternahm erste Wanderungen durch die Mark Brandenburg. Den Auftakt zu diesem Großprojekt – eine mehrbändige Geschichte, die neben historischen Großtaten auch Landschaft und Adelsfamilien, Kunst und Reisemöglichkeiten der Mark erkundet – bildete der Aufsatz *Ein Stündchen vor dem Potsdamer Tor*, erschienen am 29. Juni 1859 in der *Vossischen Zeitung*. All das war schlecht honoriert, daher übernahm Fontane ab September an der Privatschule eines Fräulein Stiehl zusätzlich einige Englischstunden. Aber wenn immer möglich schrieb er. Es gab jetzt Schreibnächte »wie mit Dampf«, von abends neun Uhr bis eine Stunde nach Mitternacht.

Ende September 1859 erfolgte der Umzug in die Tempelhofer Straße 51 (1910 teilweise abgebrochen, im Zweiten Weltkrieg zerstört). Der Hausstand der Sommerwohnung sowie das von England her noch in Kisten Verpackte, alles wurde nun an seine neue Stelle gebracht. Man zog in den Süden der Stadt, gerade vor das Hallesche Tor in eine heizbare ›Winterwohnung‹.

Ein zeitgenössischer Berliner Stadtführer von 1861 kommentiert die Gegend beim Halleschen Tor recht drastisch: »Das Straßenleben beschränkt sich auf die lärmende Janitscharenmusik der Truppen und auf das dumpfe Rollen der Leichenwagen. Die schätzbarsten Einwanderer, welche durch dieses Tor gelangen, sind die Teltower Rübchen.« Wer heute eine alte Berlin-Karte aufschlägt, entdeckt jedoch eine Wohngegend, die für junge Familien und besonders auch für Kinder ihren Reiz haben mußte. Das Haus der Fontanes lag gerade außerhalb der Akzise, in der Tempelhofer Vorstadt, am Südufer des Landwehrkanals, der damals noch keine zehn Jahre bestand und nunmehr die Schiffsgüterverbindung von Ost nach West ermöglichte. Entlang dem Kanal führte die Trasse der Verbindungsbahn zwischen den Berliner Bahnhöfen, die dem Güterverkehr diente. Hinter dem Haus der Fontanes erstreckte sich südwestlich die große Garde-Dragoner-Kaserne (sie steht noch), südöstlich der Alte und Neue Jerusalemer Kirchhof, wo berühmte Familien wie die Mendelssohns begraben liegen. Weiter östlich – in Spaziernähe – befanden sich die Gebäude der Englischen sowie der Städtischen Gasanstalt. Die beiden höchst erfolgreichen Unternehmen standen seinerzeit in heftigster Konkurrenz um die öffentliche Beleuchtung der Stadt und die Versorgung der privaten Haushalte, was zu einem der niedrigsten Gaspreise in ganz Europa führte, den Konsum steigerte und dazu beitrug, daß in Berlin Industrie, Handel und Verkehr aufblühten.

Am Halleschen Tor war viel los: Kanalkähne, Güterzüge, der Handelsverkehr am Tor, reitende Dragoner, wochentags die Leichenzüge, sonntags die Ausflügler. Für die Vergnügungslustigen gab es hier – wie vor den anderen Berliner Stadttoren – bayerische Bierbrauereien. Deibel auf dem Tempelhofer Berg war besonders beliebt. Im April etwa, wenn das Bockbier ausgeschenkt wurde, feierten hier die Städterinnen und Städter »Bock-Walpurgis«: »Tausende von geputzten und fröhlichen Menschen erfüllen den großen Saal und den geräumigen Garten, die

Gänge, die Hecken und Treppen. Die Frauen«, so schreibt ein Berlin-Führer von damals, »lächeln dem Ehemann zu, von dem sie sich noch gestern scheiden wollten; die Jungfrauen vergessen ihr entnervendes Nähzeug; der Subalternbeamte ist so glücklich, daß er in seinem Herzen sogar dem Kanzleiinspektor verzeiht, der ihn am letzten Neujahr nicht zur Remuneration empfohlen hat. Den spielenden Kindern sieht man dort alle Ungezogenheiten nach«. Ebenso wichtig für Stadt und Land war, daß auf dem Platz am Halleschen Tor mittwochs und sonnabends Wochenmärkte stattfanden.

Die Tempelhofer Vorstadt, beim Kreuzberg, wurde knapp zwei Jahre, nachdem die Familie Fontane hierher gezogen war, eingemeindet: ab 1. Juni 1861 gehörte sie – zusammen mit Moabit, Wedding und Schöne-berger Vorstadt – zur Stadt Berlin. Die preußische Hauptstadt zählte da-mit 547 000 Einwohner. Ihr Stadtgebiet veränderte sich bis zum Ende des Kaiserreichs nur noch unerheblich, die Einwohnerzahl aber – die Voror-te nicht mitgerechnet – vervierfachte sich und stieg bis nach der Jahrhun-dertwende auf über 2 Millionen. Das kaiserliche Berlin zeigte sich als glanzvolle deutsche Reichshauptstadt. Vom Berlin der 1860er Jahre aber heißt es in Kastans Erinnerungen: »alles, alles war kleinlich, spießbür-gerlich. Der ganze Lebenszuschnitt kümmerlich, über alle Maßen knapp, ja unzureichend.«

In diese Verhältnisse hatte sich die von London her verwöhnte Fami-lie Fontane zurückzufinden. Das Haus Tempelhofer Straße 51 war ein Neubau, so neu, daß das Mauerwerk noch feucht war. Das bedeutete zwar niedrige Miete, aber gesundheitliches Risiko. Der dreijährige Theo kränkelte denn auch sofort. Sein Vater vermerkte es mit Unbedenklich-keit: »Der Kleine kränkelte 8 Tage lang in Folge der feuchten Wohnung, der Dunst und Schimmel hat sich nun aber ziemlich verloren und mit der bessren Luft ist auch der Kleine wieder besser geworden«, schrieb er am 26. Oktober 1859. Später, als der Schriftsteller mit seiner Familie besser wohnte, deutete er die Berliner Unsitte des ›Trockenwohnens‹ als sozia-le Deklassierung. Frau von Briest zum Beispiel ist dagegen, daß Effi in Berlin eine Wohnung nimmt, die zwar von der Lage und der Ausstattung her ihren Wünschen entspricht, aber »ein Neubau war, feucht und noch unfertig. ›Es wird nicht gehen, liebe Effi‹, sagte Frau von Briest, ›schon einfach Gesundheitsrücksichten werden es verbieten. Und dann, ein Ge-heimrat ist kein Trockenwohner‹«.

Die Wohnung in der Tempelhofer Straße 51 hatte »4 Zimmer, Küche und Kammer«. Die Jahresmiete betrug nur 180 Taler, also gleich viel wie in der Potsdamer Straße 33. Ein Blick ins Adreßbuch zeigt zudem, daß hier die für Berlin typische soziale Durchmischung stattfand. Als Besitzer des dreistöckigen Hauses ist der Holzhändler Degebrodt verzeichnet, und es werden zwölf Mietparteien genannt. »Fontane, Schriftsteller«, wie er sich jetzt nennt, wohnt hier mit Baronin von Vietinghoff, Telegraphist Dittmann, Fräulein von Schlegel, Gürtler Bartel, Oberjäger Ehrhardt, Lokomotivführer Griese, Kaufmann Schmidt und Kaufmann Retzdorff, Stiftsdame von Pritzelwitz, Hofrat Kalisch, Hauptmann a. D. von Ledebur und Dirigent Bergemann. Adel und reichere Kaufmannschaft saßen wohl in den größeren, helleren und bequemer liegenden Wohnungen, verarmter Adel, Angestellte und die Schriftsteller-Familie in den bescheideneren Logis. Die Fontanes lebten in der etwas düsteren Parterrewohnung. Sie war Wohn- und Arbeitsort zugleich.

Er schrieb in der Regel zu Hause und *sie* sorgte dafür, daß er den Raum und die nötige Ruhe hatte. Das war bei dem ständigen häuslichen Betrieb nicht ganz einfach. Das Ehepaar lebte nicht nur mit den beiden Söhnen, sondern hatte auch ›Logiergäste‹. So zum Beispiel Martha Merington, ungefähr 20, die älteste Tochter der englischen Freunde. Sie hatte Anfang September 1859 George Fontane von London nach Berlin begleitet. Die junge Engländerin blieb nun den Winter über bei den Berliner Freunden wohnen und half im Haushalt und bei der Kinderbetreuung mit.

»Vivat die Kleene, die neue Fontaine!«

Tempelhofer Straße 51 war die erste Berliner Adresse, unter der sich die Fontanes seit ihrer Englandzeit wieder als Familie zusammenfanden. Und bald sollte es noch Zuwachs geben. Denn Emilie Fontane war, als der Umzug erfolgte, im vierten Monat schwanger. Sie freute sich nicht. Sie fürchtete sich vor der Geburt, bedauerte seit langem jede Frau, die mehr als zwei oder drei Kinder zur Welt bringen mußte. Fontane versuchte zum Guten zu reden; sie aber gestand ihrer Stiefmutter Bertha Kummer: »Ich hatte gehofft, mein Pensum in dieser Beziehung abgearbeitet zu haben.« Zum sechsten Mal sah sie einer Geburt entgegen, hatte schlimme Erinnerungen und Angst. Drei kleine Jungen waren gestorben: Rudolph (gestorben 1852, kurz nach der Geburt), Peter Paul (gestorben 1854, nach wenigen Monaten) und Hans Ulrich (gestorben 1855, kurz nach der Geburt).

Als sie zum ersten Mal ein eigenes Kind hatte sterben sehen, war sie verzweifelt und allein gewesen und hatte ihrem Mann geschrieben: »Mein lieber, lieber Mann, es tut sehr weh, und gewiß ist das Kind ein Stück vom Herzen der Mutter, denn das wehrt und sträubt sich sehr, ehe es den kleinen Liebling hergibt«.

Nur ihren ersten Sohn George hatte sie 1851 ohne Komplikationen zur Welt gebracht. Seither: immer Qualen, manchmal Schmerzen bis zur Bewußtlosigkeit. Auch zuletzt, 1856, bei der Geburt des Sohnes Theo. Der Vater hatte kaum eine Vorstellung davon, wie schwer sie es da gehabt hatte, denn er arbeitete zu dieser Zeit wieder in London. Acht Monate alt war der kleine Theo, als Fontane ihn zum ersten Mal sah.

Diesmal aber erlebte er die Schwangerschaftszeit seiner Frau aus der Nähe mit. Beide Eltern wünschten sich ein Töchterchen. Seit Jahren sprachen sie von ihrer »Georgine«, von dem »Schwesterchen« für George. Auch diesmal wieder. Der Ehemann nicht zuletzt, um die Angst und die niedergeschlagene Stimmung seiner Frau zu bekämpfen. Die Aussicht auf ein Mädchen konnte sie jedoch nicht beruhigen: »körperlich wird mir alles schwer, und geistig sehe ich alles schwarz«, gestand sie. Fontane reimte ihr zum Trost: »Wir haben Hoffnung und Vertraun / und müssen immer vorwärts schaun …«

Zudem kam von allen Seiten Hilfe. Henriette von Merckel, ›Tante Merckel‹, die am Potsdamer Platz wohnte, half wie immer. Darüber hinaus aber machte sich auch Martha Merington nützlich, kümmerte sich insbesondere um George und Theo. Auch war eine Köchin und Wirtschafterin gewonnen worden, die für die Familie unentbehrlich wurde: die Berlinerin Mathilde Gerecke – Thilde oder Tilla gerufen.

Durch die Vermittlung von Paul Heyse, dem ›Dichterfürsten‹ seiner Zeit, der sich immer wieder für seinen Freund Fontane einsetzte, zeigte sich zudem auch in beruflicher Hinsicht ein Lichtstreifen am Horizont. Wilhelm Hertz, der Besitzer und Geschäftsführer der Besserschen Verlagsbuchhandlung in der Behrenstraße hatte sich nämlich bereiterklärt, Fontanes Balladen und Gedichte zu drucken (das Buch erschien am 1. Oktober 1860, datiert auf 1861). Für die 280 Seiten bekam der Dichter ein Honorar von 150 Talern – ein bescheidener Betrag, als Familieneinkommen mehr als prekär. Doch wichtig war eben, gedruckt zu werden. »Das Schreiben ginge schon, aber – das Drucken!«, so hatte Fontane dem Freund geklagt. Hertz wollte auch die *Wanderungen* verlegen, zudem zeigten zwei weitere Verlagsanstalten Interesse an den England-Feuilletons. »Fontane, Schriftsteller« – der Adreßbucheintrag war durchaus gerechtfertigt.

März 1860. Emilie Fontane kurz vor der Niederkunft. Fontane leidet an Halsentzündung, George und Klein-Theo werden von einem Scharlachfieber geschüttelt, ›Tante Lise‹, Fontanes jüngste Schwester Elise, hübsch, 22, ist angereist. Sie hilft, wo sie kann. Am 21. März, Mittwoch und Frühlingsanfang, kommt abends um 10 Uhr an der Tempelhofer Straße 51 das Kind zur Welt. Zufrieden und stolz vermeldet Fontane die »glückliche Entbindung seiner lieben Frau Emilie von einem gesunden Mädchen«. Der engere Kreis der Berliner Literatenfreunde, die Ellora, schickte gleichentags ein Glückwunschtelegramm:

> Victoria!
> Gloria!
> Donner und Doria
> in Elloria!
>
> Vivat die Kleene,
> Die neue Fontaine!
> Vivat die MUTTER,
> Mehr Mutter als je!
>
> Es jubeln die Tanten,
> Es hüpfen die Elephanten,
> Die bekannten Trabanten!

Die Ellorianer, die sich zum Scherz ein Wappen gegeben und als Wappentier den Elephanten gewählt hatten, mochten Emilie Fontane sehr und nannten sie gerne ihre Ellora-Mutter. Der Glückwunsch kam von Herzen.

Auch Fontanes langjähriger Freund Bernhard von Lepel gratulierte zur kleinen Tochter: »Das muß ja ein Ausbund von Schönheit werden. Blaue Augen und schwarzes Haar sind das Gefährlichste, was einem passieren kann.«

Drei Tage nach der Geburt meldete der Ehegatte und stolze Vater den Merckels am Potsdamerplatz: »Mit meiner Frau geht es, kleine Inkonvenienzien abgerechnet, unberufen recht gut; auch die Kleine ist munter und schnarcht in richtigem Verhältnis zu einer ganz unglaublichen Nasenbildung (oben eingedrückt).« Der Vater ganz Ohr und Auge. Er war glücklich, daß die Geburt ohne Komplikationen verlaufen war und seine Frau wieder guter Dinge.

Nur stillen konnte die Mutter ihr Kind auch diesmal nicht. Sollte sie es also ›aufpäppeln‹, mit der Flasche nähren, oder eine Amme besorgen? Nach den schlechten Erfahrungen, die Emilie Fontane bei Klein-Theo mit Ammen gemacht hatte, entschied sie sich fürs Nähren mit der Flasche. Das war nicht ganz risikolos, denn Flaschen-Kinder starben damals weit häufiger als Still-Kinder (»ich bin ein Flaschenkind«, hat Martha später vieldeutig von sich gesagt). Die Mutter beobachtete aufmerksam, wie ihr Kind auf die fremde Nahrung reagierte. Am 19. April 1860 schrieb sie an ihre »Herzensmama« Bertha Kummer: »Mein kleines Mädchen kam schnell zum Dasein und hat mir von Anfang bis jetzt die wenigsten Schmerzen bereitet. Drei Tage quälte ich mich wieder mit dem Nähren, seitdem trinkt sie die Flasche und gedeiht unberufen und macht uns weniger Armut als die Amme bei Theo, den Ärger noch ungerechnet. Gepflegt hat mich und tut es noch mein Lischen [die Schwägerin Elise Fontane] und kann ich liebste Mama gar nicht genug sagen, wie vernünftig und liebevoll das gute Tierchen ist.«

Im selben Brief spricht Emilie Fontane auch von ihren Existenzsorgen: »Alles trägt sich doch leichter, meine Herzensmama, als beständige Nahrungssorgen, zu deren ich bestimmt zu sein scheine; oft wird es mir recht schwer dieselben zu ertragen, namentlich nach der Zeit in London, wo wir uns doch zu ganz anderen Hoffnungen und Aussichten berechtigt glaubten. Mein armer Theo muß sich über seine Kräfte anstrengen, um uns nur ohne Schulden zu machen, durchzubringen. Im Laufe dieses Jahres werden drei Bücher von ihm erscheinen, aber das Honorar für dieselben ist so unbedeutend, daß es uns auch nicht viel helfen kann.«

Martha Fontane wurde am Montag, den 14. Mai 1860 (»Le quatorze de Mai 1860«) von Pastor Auguste Fournier in der Wohnung Tempelhofer Straße 51 (»en chambre«) getauft. Die Angaben finden sich im Taufregister der Französischen Kirche Berlin, der die Fontanes angehörten; der Beruf des Vaters ist mit »littérateur« angegeben. Sowohl Emilie wie Theodor Fontane hatten hugenottische Vorfahren, ihre beiden Familien hatten in Berlin-Brandenburg eine neue Heimat gefunden. Von der Herkunft her war man also französisch-protestantisch, zählte sich zur französischen Kolonie in Berlin. Mit Pastor Fournier von der Klosterkirche war man besonders vertraut, er hatte nicht nur Theodor Fontane 1836 konfirmiert, sondern 1850 auch die Trauung des Paares vollzogen. Alle Fontane-Kinder wurden von ihm getauft.

Beim Eintrag »Marthe Elisabeth Fontane« stehen auch die Namen der Paten und Patinnen. Es waren wie üblich Freunde und Verwandte der Eltern: der langjährige gemeinsame Freund »Hermann Scherz«, Fontanes Onkel »Gustav Labry«, die gemeinsame Bekannte »Dlle. Claire Baeyer« und die Engländerin »Dlle. Marthe Merington«. Die sympathische junge Dame, »the celebrated Miss Merington«, hatte vielleicht den Vornamen Martha gestiftet.

Das erste Lebensjahr

Unter den Freunden der Fontanes gab es einen Pädagogen, der pflegte »jungverheirateten Damen seiner Bekanntschaft den Rat zu geben, Aufzeichnungen über das erste Lebensjahr ihrer Kinder zu machen, in diesem ersten Lebensjahr ›stecke der ganze Mensch‹«. Seit Johann Heinrich Pestalozzi, und in jüngerer Zeit Friedrich Wilhelm August Fröbel, begann sich die Erkenntnis durchzusetzen, daß Kinder nicht, wie man früher angenommen hatte, kleine Erwachsene mit Mängeln sind, sondern Wesen, die sich entwickeln. Man begann zu verstehen, daß sich im ersten Lebensjahr Bindungsfähigkeit, Vertrauen in das eigene Ich und in die andern in entscheidender und den Charakter prägender Weise formen. Auch ging man jetzt davon aus, daß die Mutter-Kind-Beziehung in der ersten Lebensphase besonders wichtig war. Möglich ist, daß Emilie Fontane den Rat, eine Art ›Kinderbüchlein‹ zu führen, befolgte. Überliefert ist ein solches Büchlein aber nicht, zu keinem ihrer Kinder.

Die Ängste und Sorgen von Marthas Mutter waren wie verflogen, als endlich ihr Mädchen da war. Keine Rede mehr von Bedrücktheit und Schwarzsehen, sie freute sich über dieses Kind wie alle in der Familie und im Freundeskreis. Zudem entfiel ihre Hauptsorge, denn ihr Mann hatte auf den 1. Juni 1860 endlich eine feste Redakteursstelle gefunden, und zwar bei der konservativen Berliner *Kreuzzeitung*.

Die Redaktion befand sich damals in der Dessauer Straße 5 und war zu Fuß von der Tempelhoferstraße 51 in einer guten Viertelstunde zu erreichen. In der Regel hatte Fontane um halb zehn in der Redaktion zu erscheinen und bis halb eins den Englischen Artikel zu redigieren. Seine Arbeit bestand darin, auf Grund der Lektüre von britischen Zeitungen und Pressemitteilungen einen Artikel zu verfertigen und so zu schreiben, als säße er in London und berichtete direkt von da. »Unechte Korrespondenzen« waren damals eine übliche Form der Auslandberichterstattung. Diese Aufgabe ließ Fontane genügend Zeit, eigenen Interessen nachzugehen. Er unternahm, mit gleicher Regelmäßigkeit wie vor seiner Anstellung, vom Juli bis im November 1860 ein- bis dreitägige Ausflüge in die Mark Brandenburg, schrieb neue Kapitel für seinen ersten Wanderungenband, lieferte weiterhin kleine Essays und Feuilletons an andere Zeitungen und Verlage. Überhaupt wurde das Jahr 1860 ein richtiges Erfolgsjahr für den Schriftsteller: im Juni erschien *Jenseit des Tweed* (bei Julius Springer, Berlin), im Juli *Aus England* (bei Ebener und Seubert, Stuttgart), im Oktober *Balladen* (bei Wilhelm Hertz, Berlin). Alle drei Bücher wurden in der Presse mehrfach und gut besprochen. Der Neuanfang in Berlin war geglückt.

Etwa 80 Briefe sind überliefert, die Fontane während des ersten Lebensjahres seiner Tochter geschrieben hat, fast alle zu Hause am Schreibtisch. Martha wird darin nur wenige Male und nie mit Namen erwähnt. Die längste Passage findet sich in einem Brief an den Freund Wilhelm Wolfsohn, dem er zur »Geburt des Töchterchens« gratuliert und gleichzeitig mitteilt: »Wir haben seit dem Frühlingsanfang (21. März) auch eins, ein freundliches liebes, kleines Dingelchen, das uns viel Freude macht.« Die »Jungens« seien »auch gut«, setzte er hinzu. Klein-Martha war offenbar ein gesundes, zufriedenes Kind, entwickelte Zutrauen und lachte in die Welt hinein. Daß der Vater in seinen Briefen nur wenig von ihr spricht, kann unterschiedliche Gründe haben: er war ein vielbeschäftigter Mann, hatte den Kopf woanders, die Familienberichterstattung war eher Emilie Fontane überlassen – darüber hinaus gibt es eine Lücke in der Überlieferung: Fontanes Tagebücher von 1859 bis 1864 fehlen ganz.

Martha entwickelte sich jedenfalls zur Freude und gab keinen Anlaß zur Sorge. Die einzige Schwierigkeit, von der der Ehemann und Vater von drei Kindern berichtet, ist, daß seine Frau manchmal an den Rand ihrer Kräfte gerät. Von Emilie Fontanes Seite wird hingegen keine Klage laut. In ihrem Brief vom 22. November 1860 an Bertha Kummer schreibt sie: »Mein Mann ist der alte, gute, wo möglich immer liebenswerter werdende Mensch; Gott sei Dank wohl, aber doch mit Mühen und steter Arbeit belastet, Du würdest ihn viel ernster finden, an seinen früheren, unverwüstlichen Humor denke ich oft mit Tränen. Ich bin gottlob gesund und dankbar für den Besitz eines solchen Mannes und meiner Kinder. George lernt spielend und ist kräftig und wohl aussehend; Theo ein dicker Bengel, wie von Stahl, ist aller Menschen Liebling, und unsere kleine Martha, die gestern acht Monate alt war, ist mit ihrer immer währenden Freundlichkeit der Sonnenschein des Hauses, mein Herzblatt und ihres Vaters erklärter Liebling. Sie macht der Päppelei alle Ehre und ist rund und nett, wie nur immer ein Ammenkind sein kann.« Emilie Fontanes Verhältnis zu ihrer »Herzensmama« Bertha Kummer war ein offenes und vertrautes. Sie schrieb ihr, davon darf man ausgehen, wie sie empfand.

Der Winter 1860/61 war kalt, in der Havel trieben die Eisschollen, Silvester war die Familie vergrippt. Die gesellschaftliche Wintersaison aber hatte ihre Glanzpunkte. Am 17. Januar 1861 kam an Wilhelm von Merckels Geburtstag die Vertonung von *Archibald Douglas* zum Vortrag. Fontane hatte diese Ballade 1856 erstmals veröffentlicht, 1857 hatte Carl Loewe sie vertont, seither war sie ein Schlager. Zu Ehren Merckels wurde im Freundeskreis zudem dessen Lustspiel *Das Haus des Gelehrten* geprobt, am 1. Februar nachmittags auch bei Fontanes an der Tempelhofer Straße 51. Klein-Martha konnte ihren Vater als Offizier Guido bewundern, auch Emilie war in eine der Rollen geschlüpft. Die Sache wurde ernsthaft betrieben, denn am 15. April 1861 wurde das Stück im Saal des Englischen Hauses vor einem Publikum von 80 bis 90 Leuten aufgeführt.

Marthas erstes Lebensjahr war, so scheint es, glücklich. Sie war der Mittelpunkt der Familie. Für ihren drei Jahre älteren Bruder Theo mochte das nicht leicht sein. Die Schwester hatte ihm den Rang als Jüngster strittig gemacht und war ohne Umsehen »Vaters Liebling« geworden, eine Stellung, die er nie innegehabt hatte. George hingegen, neun Jahre älter als die Schwester, wurde durch Klein-Martha nicht angefochten. Seit er aus London zurück war, besuchte er stolz das Gymnasium. Täglich marschierte er ins Friedrich-Wilhelms-Gymnasium in der Friedrichstraße 41, Ecke Kochstraße.

Als Martha zur Welt kam, waren ihre Eltern bald zehn Jahre verheiratet. Beide hatten damals, als sie 1850 die Ehe eingingen, eine abenteuerliche und bewegte Kindheit, Jugend- und erste Erwachsenenzeit hinter sich und sehnten sich nach geordneten Verhältnissen.

Theodor Fontane und Emilie Rouanet-Kummer kannten sich schon lange. Er war 14, sie 9, als beide in die Große Hamburger Straße zogen. Er wohnte bei seinem Onkel August Fontane und dessen Frau, sie bei ihrem ›Vater‹ Kummer. Erst mit 15, als sie die Schule abschloß und konfirmiert wurde, erfuhr Emilie, daß sie ein Adoptivkind war. Eigentlich war sie »die ›unglückliche Geschichte‹ einer kleinen Stadt,« das illegitime Kind einer Beeskower Pastorswitwe, Tochter des angesehenen Stadtkämmerers Rouanet. Die heimlich geborene Emilie, zuerst bei Verwandten in Wernsdorf untergebracht, wurde, als sie drei Jahre alt war, von der Mutter zur Adoption freigegeben. Für eine namhafte Summe kam sie nach Berlin zu Rat Kummer. Ihre Kinderjahre, in denen sie völlig ›verwilderte‹, waren geprägt von wechselnden lieblosen Müttern und dem namenlosen Schrecken, im letzten Moment aus einer Feuersbrunst gerettet worden zu sein. 1839 heiratete Rat Kummer schließlich die junge Herrnhuterin Bertha Kinne. Sie war die erste und einzige Frau, von der Emilie mütterliche Zuwendung erfuhr und die sie daher ihre »Herzensmama« nannte. Ihre leibliche Mutter dagegen blieb ihr, als sie ihr schließlich im Erwachsenenalter doch noch begegnete, innerlich fremd.

Theodor Fontane kannte die Lebensgeschichte seiner Frau, wie auch sie die seinige kannte, als man heiratete. Er war der Älteste von fünf Geschwistern – drei Brüdern und zwei Schwestern – und in Neuruppin geboren, wo sein Vater eine Apotheke besaß, die er bald durch Spielschulden verlor. Die Familie zog daher nach Swinemünde an der pommerschen Ostseeküste. Hier erlebte der junge Apothekerssohn glückliche Kinderjahre, die allerdings überschattet waren von der Spielleidenschaft seines Vaters und dem ehelichen Zwist seiner Eltern, der später zur Trennung führte. Mit zwölf Jahren kam er aufs Gymnasium, scheiterte aber bald. Der Vater entschied, daß der Sohn Apotheker werden solle und gab ihn zur Ausbildung nach Berlin. Hier verkehrte der junge Fontane schon bald in Lesehallen und Literatenkreisen und vor allem im literarischen Sonntagsverein »Tunnel über der Spree«. Er dichtete und wollte am liebsten Schriftsteller werden, jedenfalls aber nicht Apotheker. Er beendete immerhin seine Lehrzeit, erwarb auch die Approbation und arbeitete eine Zeitlang im erlernten Beruf. Im Revolutionsjahr 1848 sympathisierte er mit den Revolutionären und Barrikadenbauern, betätigte sich zudem als Journalist für ihre Sache. Auch in seinem Privatleben ging es – er war bereits mit Emilie verlobt – turbulent zu. Es kamen zwei Kinder zur Welt, für die er Vaterschaftsgeld zu bezahlen hatte. Seinem Freund Bernhard von Lepel, der ihn seinerzeit in den Kreis der Tunnelianer eingeführt hatte, schrieb er am 1. März 1849: »Denke Dir: ›Enthüllungen No II‹; zum zweiten Male unglückseliger Vater eines illegitimen Sprößlings. Abgesehn von dem moralischen Katzenjammer, ruf' ich auch aus: ›Kann ich Dukaten aus der Erde stampfen usw.‹« Und er meinte: »Meine Kinder fressen mir die Haare vom Kopf, eh die Welt weiß, daß ich überhaupt welche habe.« »O horrible, o horrible«, fuhr er fort, »o most horrible! ruft Hamlets Geist, und ich mit ihm. Das betreffende interessante Aktenstück (ein Brief aus Dresden) werd' ich Dir am Sonntage vorlegen, vorausgesetzt, daß Du für die Erzeugnisse meines penes nur halb so viel Interesse hast wie für die meiner Feder. Eigentlich wollt' ich schreiben ›penna‹ [Schreibfeder], um eine Art Wortspiel zu Stande zu bringen, aber es schien mir doch allzu traurig; obschon ich in solchen Dingen nicht so ängstlich bin wie z. B. Freunde von mir.«

Was es bedeutete, ein illegitimes Kind zu sein, wußte niemand besser als Fontanes Verlobte Emilie. Es kam damals in der Brautzeit zu heftigen Szenen, auch Briefe wurden gewechselt, die sie später verbrannt hat. Das Paar heiratete schließlich, und die Ehe hielt ein Leben lang. Von sexuellen Eskapaden während der Ehe zeugt nicht die leiseste Spur.

Martha wurde geboren, als nach schwierigen ersten Ehejahren, in denen die wirtschaftliche Existenz erkämpft werden mußte, sich alles bereits besser zu fügen begann. Man lebte nicht im Überfluß, aber beruflich ging es voran, das Einkommen war gesichert, man hatte verläßliche Freunde, bewegte sich in intellektuell-künstlerischen Kreisen, hatte gute Beziehungen auch zu einflußreichen Leuten und war mehr oder weniger gesund. Und man lebte in Berlin. Wer in Berlin lebte, spürte den Puls der Zeit. Gerade Fontane war einer, der die Veränderung der Stadt kritisch mitverfolgte und kommentierte. An Paul Heyse, der damals seit sechs Jahren in München lebte, schreibt er am 28. Juni 1860, man höre hier das »Schwungrad in nächster Nähe sausen«. Und wie man auch über Berlin spötteln möge: »das Faktum ist doch schließlich nicht wegzuleugnen, daß das, was hier geschieht und nicht geschieht, direkt eingreift in die großen Weltbegebenheiten.«

Martha, »die wilde Range«

Um niemanden in der Familie konnte sich Fontane so sehr ängstigen wie um Klein-Martha. Als die einjährige Tochter einmal gleichzeitig mit der Mutter und dem Bruder Theo erkrankt war, schrieb er besorgt an Henriette von Merckel: »Wir haben eine schlimme Nacht hinter uns, meine Frau und Marthachen sehr krank. Theo phantasierend – Mathilde [Gerecke] und ich die reinen Ritter vom Spital.« Mit seiner Frau Emilie, die Gallenbrechen hatte, gehe es seit zwei Stunden besser, so daß er sich nicht mehr ängstige. Auch Theo scheine nur einen Anfall gehabt zu haben: »Klein-Marthas Zustand gefällt mir aber gar nicht.«

Eine latente Angst, Martha zu verlieren, verfolgte den Vater von Anfang an: »Ich hatte heute Nacht einen sonderbaren Traum: Klein-Martha fing an zu fliegen und flog in den Himmel hinein, zuletzt verschwand sie wie ein Stern. Ich wollte dem Kinde nach, darüber erwachte ich«, schrieb er Emilie einmal. Martha war damals zwei Jahre alt – es war Sommer, sie war wohl und munter und genoß zusammen mit ihrer Mutter einen knapp dreimonatigen Landaufenthalt bei der befreundeten Fabrikantenfamilie Treutler im schlesischen Liegnitz.

Kaum waren Mutter und Tochter nach Liegnitz »abgedampft«, schickte Fontane die Zeilen nach: »Laß mich ja recht bald wissen, wie ihr angekommen seid und ob sich das kleine Tierchen, die olle Martha, tapfer gehalten.« Es war die erste große Bahnreise des Töchterchens, zudem reiste man die 300 Kilometer in der Nacht. »Unsere Reise ging glücklich von statten«, antwortete Emilie, »aber ich sehe doch, daß *ich* nicht mehr für solche nächtliche Strapazen tauge, denn ich war halb tot vor Ermüdung. Martha schlief gleich ein, aber ich konnte vor ein Uhr nicht müde werden; die stille Nacht durch die das schwere Ungetüm, der Zug, wie die wilde Jagd mit einem wahren Teufelslärm sauste, machte mich ganz nervös. Dann schlief ich kurze Zeit und erwachte als Martha eben im Begriff war, herunter zu kollern. Von da an kämpfte ich zwischen Schlafen und Wachen, um die Kleine zuzudecken, die immerfort ihre Reize enthüllte, was der Kühle und zweier Damen wegen, die in Glogau hinzugekommen waren, nicht wohl anging. Übrigens kamen wir erst um

5 Uhr in Liegnitz an, trafen den Wagen und einen Diener und fuhren Neuhof zu, Martha frisch und heiter als hätte sie in ihrem Bettchen gelegen.« Das Eisenbahnzeitalter, dessen Entstehung und rasante Entwicklung Emilie und Theodor Fontane miterlebt hatten, war in Marthas Kindheit bereits Alltag.

Die Jugendfreundin Johanna Treutler geb. Mattersdorf lebte mit ihrer Familie auf einem Gut in Neuhof (heute Stadtteil von Liegnitz). Auf dem großen Gutsschloß (das heutige Schloß Neuhof ist ein Nachfolgebau) waren Logiergäste willkommen. Emilie Fontane, die oft zur Erholung bei der Freundin weilte, wurde besonders herzlich empfangen. Und mit ihr auch Klein-Martha: für einmal brauchte sich die Mutter nicht um die quicklebendige Zweijährige zu kümmern, die alle immer in Trab hielt: »Martha ist mir ganz abgenommen, ich darf sie nicht anziehen, ihr nicht zu essen geben; sie ist immer mit den wirklich liebenswürdigen Kindern beisammen und das fühle ich tut mir am wohlsten, das kleine Tier nicht mehr beaufsichtigen zu müssen. Einmal ist sie erst geklettert, da ließ aber die Tante Johanna einen solchen Angstschrei ertönen, daß Martha erschrak, daß sie es seitdem nicht wieder versucht hat«, berichtet sie nach Hause. Es freue ihn, antwortet ihr Mann, »daß Frau Johanna durch einen einzigen tüchtigen Schrei unsre Martha von der Kletterkrankheit kuriert hat«. Die beiden Freundinnen, die dem kleinen Mädchen zwar das Klettern abgewöhnen wollten, gaben ihm dennoch auf dem Land seine Freiheit – Martha durfte zum ersten Mal Hosen tragen und sich ungenierter bewegen.

Sie genoß ihre Freiheit und freute sich, ausgiebig mit den Treutlerschen Töchtern spielen zu dürfen – mit Clara, die vier Jahre alt war, Gretchen, sieben, und Lieschen, acht. Neugierig stand sie auch an der Wiege der kleinen Hedwig. Der Sommer in Neuhof gefiel ihr. Sie lachte, sang, hatte kein Heimweh oder erfand dafür ein tröstliches Spiel: »Sie fährt sehr gern und alle Tage mit uns spazieren«, schrieb Emilie, »dann sagt sie immer: nun zu Papa und Thilde. Sie singt auch öfter vor sich hin all eure Namen, auch Theodor.«

Tagsüber war Martha munter, aus dem Stadtkind wurde ein Landkind. Sie lief selbstverständlich mit dem Milchkännchen in den Kuhstall, trank frische Kuhmilch, nur vor den großen Hunden hatte sie Angst. Klein-Martha war aber längst nicht gezähmt, sie hatte – wie einst ihre Mutter als Kind – etwas Kräftiges und Wildes: »Die Kinder kommandiert sie, und da sie ihre Kräfte an Jungen geübt hat, so wird sie der großen Mädel auch immer Herr, namentlich da diese zarter anfassen.« Auf die wohlerzogenen Treutler-Töchter wirkte die rauflustige kleine Berlinerin ziemlich aufregend. Die Mutter, als sie einmal von Besorgungen in Liegnitz zurückgekehrt war, fragte die Mädchen, ob ihre Martha auch artig gewesen sei, worauf Gretchen außer Atem die Antwort gab: »erst hat sie Eier zerschlagen, dann die Clärchen gestoßen und der Rose ihren Spiegel zerschlagen.« Rose war das Kindermädchen.

Der Übermütigkeit und Wildheit Marthas, gelegentlich auch ihrem Trotz und Ungehorsam, versuchte die Mutter mit der damals üblichen Erziehungsmethode beizukommen. Martha habe sich angewöhnt, bei allem, was ihr nicht recht sei, »sich lang auf die Erde zu werfen«. »Es ist als hätt' ich ihr mit den Hosen männlichen Trotz und Eigensinn angetan.« Sie drohe daher häufiger mit Schlägen. Andererseits sei das Kind »so possierlich«, daß die Freundin Johanna nur immer über Klein-Martha lachen könne. Sie selbst, Emilie, lasse dem Töchterchen jedoch nichts durch: »Heut denk' ich sie spielt ruhig auf dem Sandberg, der im Garten liegt, und als ich leise gehe um mich an dem artigen Spiel zu erfreuen, tritt sie aus den Erdbeerbeeten mit einer Hand voll unreifer Erdbeeren; da spielte ich tapfer die Rute auf, die ich, wie ein Tanzlehrer die Violine, immer in der Tasche mit mir führe.«

Theodor Fontane äußerte keine Zustimmung zu Emilies Strafmethoden, aber auch keine Ablehnung. Klein-Theo zum Beispiel war ebenfalls gezüchtigt worden. »Er ist possierlich und sehr zärtlich, aber ein furchtbarer Bock und bedarf der bekannten Vorlesungen aus Kloppstock«, hatte der Vater einmal über den dreijährigen Sohn geschrieben. Schläge oder Androhung von Schlägen wirkten auf die Länge disziplinierend. Marthas größte Freude sei jetzt, so schrieb Emilie Fontane, Klein-Hedwig zu beobachten »und die kleinen Händchen und Beinchen zu bewundern«. Sie könne jetzt auch den Satz sagen: »Martha ist ein artiges Kind.«

Martha war jetzt im Sprechalter. Mit der Mutter sprach sie häufig auch über den Vater. Davon berichtete Emilie ihrem Mann: »Deinen Brief hat sie gestern geküßt; ich lese ihr immer eine Stelle daraus vor, wo dann ihre Augen vor Freude leuchten.« Zu Hause begann dem Vater die kleine Tochter zu fehlen. »Küsse meinen Liebling, die wilde Range (schreibe mir auch immer von ihr)«, »Küsse den Süßlington« – so und ähnlich enden die Briefe an seine Frau in diesem Sommer.

Zum Abschluß des Sommeraufenthalts unternahmen die Neuhöfer kleinere Landpartien. »Martchen war mit, und ängstigte wieder alle

Welt durch ihre unerhörte Dreistigkeit im Klettern, wie sie bei ihrer Quecksilbernatur so dick sein kann, ist mir oft ein Wunder«, meinte ihre Mutter. Martha war auch neugierig: »Gestern kam Martchen aus dem Kuhstall und erzählte mir ganz erfreut, die Buhkühe hätten Buhsäckchen wo Milch rauskäme«. Im selben Brief heißt es: »Martha läßt Dir sagen sie wäre Deine Mäte.«

Fontane nahm das Wort der Tochter auf. Aus »Mäte«, für Mädchen oder Martha, wurde offenbar Mete, ihr Kosename.

Alte Jakobstraße 171, parterre links

Gegen Ende des Liegnitzer Sommerurlaubs erreichte Emilie die Nachricht, ihre Wohnung sei gekündigt worden. Fontane machte seiner Frau die Mitteilung, indem er zuerst von den neu eingesetzten Fliegenfenstern schwärmte, sie seien eine wahre Erquickung für ihn: »frische Luft, die ich so sehr liebe und doch kein Zug, den ich so sehr hasse«. Erst Zeilen später gesteht er: »Lange werden wir die Fliegenfenster in *dieser* Wohnung nicht mehr benutzen, denn gestern am 30ten (ich wollte Dir nicht gleich gestern davon schreiben) ist Degebrodts Kündigung und zwar zum 1. Oktober d.J. durch den unvermeidlichen Wischer abgegeben worden.« Er sei überwiegend froh darüber und bitte sie, die Sache ebenfalls mit heiterm Auge anzusehen. »Kein Zweifel, daß die Wohnung große Vorzüge hatte: parterre, billig, ansprechend, große Räume und eine Stadtgegend und ein Verkehr, die mir beide angenehm waren; aber es sind auch entschiedene Mängel da. Die Wohnung ist zu klein für uns, namentlich wenn wir eine Engländerin oder Französin ins Haus nehmen wollen, die Vorderzimmer liegen zu kalt und zu schattig, Commodité fehlt, Speisekammer is nich und dgl. mehr«. »Ich ärgere mich doch sehr über Degebrodt«, antwortete sie, »obgleich es aus vielen Gründen ganz gut ist, daß wir ziehen *müssen*, aber unverschämt bleibt es von dem Alten Dicken doch.« Emilie fand, »*Recht*« habe Degebrodt mit dieser Kündigung gewiß nicht, die Leute müßten ja denken, sie hätten »die Miete schlecht bezahlt«. Dann aber schickte auch sie sich in die neue Lage.

Doch wohin sollten sie ziehen? *Er* war hauptsächlich für Badewanne und eine Wohnlage, die George erlaubte, weiterhin das Friedrich-Wilhelms-Gymnasium zu besuchen, *sie* für eine gute Wohngegend. Das durfte dann auch 100 Taler jährlich mehr kosten als bisher und drei Treppen hoch liegen. Wegen dieser Präferenz lehnte Emilie Fontane den Vorschlag ihres Mannes ab, weiter östlich Richtung Gasanstalt und Industrie zu ziehen, sie wolle nicht in einer Gegend wohnen, »wo das Gebrüll des seligen Pöbels meine Nerven ruiniert«. Auch vor der größeren Nähe der Gasanstalt ängstigte sie sich. Man wisse ja doch nie, ob sie explodiere. Der Plan ein eigenes Haus zu bauen, wurde von beiden nur kurz erwogen. Fontane hatte – er kalkulierte oft abenteuerlich – vorgerechnet, daß man beim Kauf eines 1000-Taler-Grundstücks mit Leichtigkeit eine Hypothek von 3000 Talern aufnehmen könne und am Ende kaum höhere Zinsen bezahle, als wenn man für 250 Taler jährlich miete.

Am 27. September 1862 zogen die Fontanes stadteinwärts, von der Tempelhofer Vorstadt in die Luisenstadt. Die neue Adresse lautete Alte Jakobstraße 171, parterre links. Das Haus, ein vierstöckiger Vorderbau mit zwei Seitenflügeln (im Zweiten Weltkrieg zerstört), lag kaum zehn Minuten entfernt vom Halleschen Tor, ganz in der Nähe des Kammergerichts (heute Jüdisches Museum), und war ein Neubau. Zum zweiten Mal bezogen Fontanes als ›Trockenwohner‹ eine Wohnung im Erdgeschoß. Die Miete betrug 250 Taler jährlich und streifte knapp die finanzielle Schmerzgrenze. Lage und Größe der Wohnung müssen dem Ehepaar aber so vorteilhaft erschienen sein, daß man die hohen Mietkosten auf sich nahm.

Die Alte Jakobstraße galt damals als Straße des Militärs, des Gewerbes und des Vergnügens. Die Fontanes wohnten am südlichen Ende der Straße, dort wo die Kaserne der Garde-Kürassiere lag. Berittene Soldaten gehörten in dieser Gegend zum Straßenbild. Die Gewerbebetriebe, vornehmlich Druckereien, aber auch Manufakturen, die Stoffe und Strümpfe fertigten, sowie die Vergnügenslokale lagen weiter gegen die Stadtmitte zu. Alte Jakobstraße 171 war, wie es Emilie gewünscht hatte, eine gute Wohngegend, und Georges Schulweg verkürzte sich sogar ein wenig.

Martha Fontane erlebte in der Alten Jakobstraße 171 ihren dritten Geburtstag. Familienerinnerungen an diese Wohnung sind nur spärlich überliefert. Dem Bruder Theo, der sechsjährig war, als die Fontanes hier einzogen, prägte sich vor allem ein kleines »Dreieckzimmer« und der »Hintergarten« ein. Sein Vater erinnerte sich später vor allem an die ›Commodité‹, mit der es schlimmer stand als im Berliner Durchschnitt. Der Besitzer des Hauses, Maurermeister Johann Friedrich Carl Corsalli, hatte beim sanitären Komfort ganz besonders gespart.

Anfang Januar 1863 traf Besuch aus England ein. Martha Merington, Marthas Patin, die zwei Jahre zuvor in der Tempelhoferstraße 51 Logiergast gewesen war, bezog erneut für ein halbes Jahr das »kleine Logierstübchen«. »Miss Martha«, wie sie bei ihren Gastfreunden hieß, hatte eine schöne Stimme, sang mit ihrem Patenkind vielleicht erste englische und schottische Lieder. Sie trug solche Lieder jedenfalls bei Hauskonzerten vor, einmal auch bei einer Réunion des Freundeskreises Rütli in der Alten Jakobstraße 171. Die Männer hatten ihr übliches Debattieren beendet, als sich ihre Frauen hinzugesellten: »und so verwandelte sich die Sitzung in ein Amüsement mit Musik, dramatischer Aufführung u. s. w.«, berichtet der Rütlianer Friedrich Eggers und setzte hinzu: »Wurde recht viel gelacht, welches ich immer für ein Glück halte. Die Merington, oder wie Chevalier [Karl Zöllner] immer sagt, the celebrated Miss Merington sang schöner, denn je. Robin Adair und schottische Lieder äußerst charakteristisch.«

Die Fontanes führten ein geselliges Leben. Ihr Alltag kannte nur wenig Regelmäßigkeit. Der ›pater familias‹ war zudem häufig unterwegs. Viele Wochenenden und selbst Feiertage nutzte er zu Recherchen für seine *Wanderungen*. Oft hatte er Begleiter dabei, doch nie die Ehefrau und nie die Kinder. Dafür schrieb er immer Briefe nach Hause. Jeder Brief des Vaters war für die kleine Martha ein Ereignis. Die Mutter las ihr jeweils daraus vor. Meist stand etwas über oder für ›Mete‹ drin. Etwa, sie dürfe ihn vom Bahnhof abholen.

Von Kindererziehung und Krimskrams

Am 11. Juni 1863 fuhr Marthas Patin nach London zurück. Bald darauf reiste Emilie mit ihren drei Kindern für sechs Wochen nach Kränzlin zur Familie Scherz. Hermann Scherz, der Pate von Martha, besaß in Kränzlin ein großes, gastfreundliches Gut. Es waren ähnliche Verhältnisse wie bei den Treutlers in Neuhof, nur ging es bei Scherzens nicht schlesisch, sondern märkisch zu, die Familie hielt es in allem etwas knapper und sparsamer. Doch die angereisten Berliner sahen sich in jedem Fall verwöhnt, ja es schien sogar, so bemerkte Fontane, der Kränzliner Aufenthalt »dem vorjährigen in Neuhof Konkurrenz« zu machen.

Der zu Hause gebliebene Familienvater war froh, daß alle gut versorgt waren und er ungestört arbeiten konnte. »Mir geht es ganz gut«, schreibt er seiner Frau, »und wiewohl ich keineswegs immer in Einsamkeit leben möchte, weil es auf die Dauer nach meinem Geschmack entsetzlich sein würde, so muß ich doch andrerseits offen gestehn, daß man, auf eine kurze Zeit, in solcher Einsamkeit ordentlich aufatmet. Als glücklicher Familienvater, mit Frau und drei Kindern um mich her, befind' ich mich eigentlich konstant in der nervösen Aufregung einer Besatzung, die jeden Augenblick einen Angriff erwartet und ich darf wirklich sagen, daß ich dies Gefühl der Ruhe, des Ungestörtseins dankbar genieße. Des Morgens kann ich ruhig eine Viertelstunde lang gurgeln, ohne irgendwen zu belästigen und meinerseits durch Zeichen des Mißfallens belästigt zu werden. Auch bei Tisch ist es mir eine Erquickung, nichts von Erziehung zu hören oder selber erziehen zu müssen. Ich habe für diese Partien des Familienlebens keinen Sinn; es hängt das damit zusammen, daß mir überhaupt ganz und gar der bürgerliche Sinn fehlt und daß mich nur das Adlige interessiert.« Mit dem »Adligen«, so präzisierte Fontane, meine er nicht nur den Adelsstand, sondern überhaupt den »Sinn fürs Allgemeine, für das Ideale«.

Das Alltagsleben einer bürgerlichen Familie enthielt für den 43jährigen entschieden zu viel »Krimskrams«, den man seiner Meinung nach wie die alten Griechen durch »Sklaven« oder wie die Adligen und Großbürgerlichen durch »Bonnen« hätte erledigen lassen müssen. Auch die Erziehung der Kinder war für den Vater solcher »Krimskrams«. Tatsächlich erschien er seinen Kindern manchmal »wie ein Phoebus hinter den Wolken«, war ihnen mehr »ein bloßer Begriff« als eine »festumrissene Persönlichkeit«. Was die Kinder tun und lassen sollten, lernten sie in erster Linie von der Mutter.

Gegen Ende August 1863 unternahm Fontane allein eine Reise an die Ostsee. Während seines Aufenthaltes berückte ihn die Idee, in Ahlbeck oder zumindest dort in der Nähe ein Sommerhaus für die Familie zu bauen. Er hätte dann, wie er seiner Frau schrieb, jeweils sommers die ganze »Menagerie« hinausgeschickt und wäre selbst »ein paar Wochen« nachgekommen. Vielleicht spielten bei dem Gedanken an ein Sommerhaus an der Ostsee die Erinnerungen an die Kinderjahre in Swinemünde eine Rolle, vielleicht auch der Umstand, daß Emilie wieder schwanger war. Im Februar des folgenden Jahres sollte das Kind zur Welt kommen. Es war daher bereits beschlossene Sache, daß man in eine größere Wohnung ziehen würde. Und sie war auch schon gefunden: Hirschelstraße 14 lautete die neue Adresse. Während *er* vom Sommerhaus träumte, packte *sie* alles in Kisten, um den erneuten Umzug vorzubereiten. Zum Glück erhielt Emilie Fontane, wenn nicht von ihrem Mann, so doch von der Schwägerin Lise tatkräftige Unterstützung.

Hirschelstraße 14, eine Treppe links

Am 1. Oktober 1863 wurde umgezogen in die Hirschelstraße 14, eine Treppe links. Man zog also in die Beletage. Es war die bisher repräsentativste Berliner Wohnung, die die Fontanes mieteten. Zum ersten Mal waren sie keine ›Trockenwohner‹; das Haus an der Ecke Dessauer Straße (im Zweiten Weltkrieg zerstört), war dreißig Jahre alt und lag in einer der besten Wohngegenden des wachsenden Berlin. Für die Fontanes war zudem angenehm, daß gleich gegenüber, Dessauer Straße 4, neuerdings Henriette von Merckel wohnte, die seit kurzem verwitwet war.

Ein Blick ins Adreßbuch von 1865 zeigt, wer damals im selben Haus wie die Fontanes wohnte: Rentiere Bergius, die verwitwete Major v. Bialcke, Schuhmacher Buch, Rentier Fiedler (Verwalter), Ziegeleibesitzer Fritze (Eigentümer der Liegenschaft), Professor Krause, Eisenbahnbeamter Preuß, Chemiker Richter, Kaufmann Schwandt, Stadtsergeant Wandelt, Rechnungsrat Wernicke und Maler Westermann. Eine gut bürgerliche Mieterschaft, die meisten blieben langjährige Mieter.

Als man in die Hirschelstraße 14 zog, stand noch, so baufällig sie war, die Stadtmauer. Sie hatte seit den Eingemeindungen von 1861 keine Bedeutung mehr und wurde 1867 ganz abgerissen. Die Hirschelstraße (später Königgrätzer, heute Stresemannstraße) begann am Potsdamer Platz und führte entlang der Stadtmauer zum Halleschen Tor. Ihr entlang verlief auch die Trasse der Verbindungsbahn, die bis zum 17. Juli 1871 in Betrieb blieb. Von den Fenstern der Fontaneschen Wohnung aus konnte man also die Züge fahren sehen oder vor allem: hören. Denn die Güterzüge fuhren nur nachts, man hörte ihr Vorbeirumpeln und spürte die Maschinenkraft im erzitternden Haus.

Für Martha war diese neue Wohnlage sicher abenteuerlich und phantasieanregend. Denn es rollten ja nicht nur die Züge an den Fenstern vorbei, sondern man sah, trat man aus dem Haus und auf die Straße, links schon den Potsdamer, rechts den Anhalter Bahnhof (beide im Zweiten Weltkrieg zerstört).

Die Wohnung selbst hatte fünf Zimmer, eines davon war ein Berliner

Zimmer, ein großes Durchgangszimmer mit Fenster zum Hof. Gegen die Hirschelstraße lag das zweifenstrige »gemütliche« Arbeitszimmer Theodor Fontanes, das ungestörtes Arbeiten erlaubte, sowie das Zimmer von Emilie Fontane in etwa gleicher Größe. Der Flügel, den der befreundete Maler August von Heyden den Fontanes neuerdings zur Verfügung stellte, stand nicht im Berliner, sondern im »Damenzimmer«. Emilie Fontane spielte Klavier und freute sich, daß auch ihr zwölfjähriger Sohn George es schon »recht gut« konnte. Zur Hofseite hin lagen zwei weitere Räume, die als Schlafstuben der Kinder dienten. Das Berliner Zimmer wurde als Eß- und Familienzimmer genutzt. Zur Küche hin gab es einen kleinen Durchgangsraum, der zum »Logierstübchen« umfunktioniert wurde.

Mit der »Commodité« stand es auch in dieser Wohnung vorerst schlimm. Denn als man einzog, gab es noch keine Wasserleitung, sie wurde aber ein halbes Jahr später eingebaut.

Schloß ohne Treppe

1862 hatte Fontane den ersten seiner Wanderungenbände, *Die Grafschaft Ruppin*, veröffentlicht, 1863 folgte *Oderland*. Darin erzählt er von Schloß Lichterfelde, das im Besitz der Familie Sparr war, die folgende Geschichte:

»Im Vorflur empfängt uns ein alter Herr, der Freund und Majordomus des Hauses, der in Abwesenheit des Besitzers die Repräsentation auf sich genommen hat. Wir nennen ihm unsere Namen, er zieht sein Käpsel und mit dem plauder-gemütlichsten Cicerone-Ton von der Welt, nicht ohne liebenswürdigen Anflug von Humor und Satire, beginnt er: ›Sie werden hier eine der sonderbarsten Bauschöpfungen alter und neuer Zeit kennenlernen. Das Schloß hat weder Treppe noch Küche und besteht ausschließlich aus zwölf Zimmern und zwölf Klosetts‹.« Da es für das Fehlen der Treppe im Innern des Schlosses keine eigentliche Erklärung gebe, müsse man sich mit einer Sage behelfen. Die Sage erzähle, die Treppe habe gefehlt, »weil der alte Arendt Sparr, nach Art ähnlicher Sagenväter, den Zutritt zu seiner schönen Tochter durchaus unmöglich machen wollte«. »Erst nachdem der Eintritt der bekannten Erscheinungen«, so endet der Erzähler, »unsren alten Sparrenvater, wie so manchen Sparrenvater vor und nach ihm, von der Unmöglichkeit solcher Isolierung überzeugt

hatte« – ein junger Mann hatte trotz der Absperrung das Herz der Tochter gewonnen –, »entschloß er sich reumütig, dem Hause das zu geben,
was ihm bis dahin gefehlt hatte – eine *Treppe*.«

»Unsere Martha ist ein sehr gutes Kind, meines lieben Theo Herzblatt, sie ist die gesundeste, unberufen, von den Kindern, und sieht aus
wie ein kleines Bauernmädchen«, schrieb Emilie Fontane in ihrem
Weihnachtsbrief von 1863 an ihre »Herzensmama« über die Tochter.

August von Heyden malte die dreijährige Martha und schenkte seinem
Freund das Brustbild zum 44. Geburtstag (das Gemälde ist seit dem
Zweiten Weltkrieg verschollen). Fontane hatte – aus späteren Jahren ist es
bezeugt – immer ein Bild seiner Tochter über dem Schreibtisch hängen.

Noch ein Bruder

Am 5. Februar 1864 kam Friedrich Fontane zur Welt. »Ein kleiner Junge ist heute früh 10 ¼ glücklich – wiewohl nach einigem Sträuben –
einpassiert. Mutter und Kind sind wohl«, meldete der Vater an Mathilde
von Rohr. Tage später berichtete die Wöchnerin selbst, bisher habe sie,
»seit die *schwerste* Stunde vorüber (Theo hat zum ersten Mal bei seinem 7ten Kind mir Beistand leisten müssen) nur immer dankend und
preisend meine Hände erhoben, um Gott zu loben, der mir so treu bei-
steht«. Seit Monaten habe sie ein Husten geplagt, zuletzt auch eine
Grippe, so daß sie bei der Geburt »vollständig ohne Kräfte« gewesen sei. Der Junge sei jedoch »ein gesundes, starkes Kind«, werde jetzt
durch eine Amme genährt und trinke und schlafe zur vollsten Zufrieden-
heit.

Von der Geburt erholte sich Emilie Fontane nur langsam. Sie litt an
einer »tiefen Nervenverstimmung«, wie Fontane am 21. Februar 1864
an seine Mutter schreibt. Sein Mittel bestand im Sichgedulden. »Ich
muß also die Dinge ruhig gehen lassen und erwarten, daß Gott alles gnädig und zum Besten lenken wird.« »Die Kinder sind alle vier Gott sei
Dank wohl und munter«, schrieb er weiter, »und schlagen bis jetzt leidlich gut ein, wiewohl es natürlich andrerseits an allerhand Dummheiten
und Unarten nicht fehlt. Im Allgemeinen aber sind die Unarten nicht so
groß und erscheinen nur mehr so, weil die arme, angegriffene Mama natürlich jeden Lärm oder jedes Geschrei doppelt lästig empfindet.« Der
Vater ließ lieber gewähren. Es ging daher in der 5-Zimmer-Wohnung

turbulent zu. George war noch immer verspielt, wurde gelegentlich ›kindisch‹ gescholten, Theo liebte das ›Necken‹ und Martha konnte kaum ruhig sitzen.

Am 21. März 1864, einem Montag, wurde der kleine Friedrich (»Frédéric«) von Pastor Fournier in der Hirschelstraße 14 getauft. Die Taufe war auf den Tag angesetzt, an dem Martha ihren 4. Geburtstag feierte. Der kleine Bruder machte ihrer besonderen Stellung in der Familie also sogleich Konkurrenz.

Aber beim Vater blieb sie Liebling. Es ist in mehreren Fassungen ein Kindergedicht überliefert, das Fontane vermutlich für Klein-Martha schrieb, frühestens zum 4., spätestens zum 6. Geburtstag, und das schließlich in seinem Roman *Vor dem Sturm* (Kapitel 12 und 18) Verwendung fand. Die erste Fassung – möglicherweise vorgelesen, als Martha vor einem kleinen Geschenksegen stand – trägt den Titel *Zu meiner Kleinen Namenstag*:

> Der Bäcker bringt dir Kuchenbrot,
> Der Schneider einen Mantel rot,
> Der Kaufmann schickt dir, weiß und nett,
> Ein Puppenkleid, ein Puppenbett
> Und schickt auch eine Schachtel rund
> Mit Schäfer und mit Schäferhund,
> Mit Hürd und Bäumchen, paarweis je,
> Und mit sechs Schafen, weiß wie Schnee,
> Und eine Lerche, tirili,
> Seit Sonnenaufgang hör ich sie,
> Die singt und schmettert, was sie mag
> Zu meines Lieblings Namenstag.

Der Eintrag in der Familienbibel

Unter dem Datum des 22. April 1864 zog Fontane eine Art Bilanz. In seine lutherische Familien-Bibel notierte er Namen, Geburtstag, Geburtsort und Hochzeitstag von sich und seiner Frau sowie alle Namen ihrer Kinder mit Geburtsdatum. Bei den drei verstorbenen Söhnen setzte er auch das Todesdatum hinzu. Über den Eintrag schrieb er als Motto Psalm 146, Vers 4: »Denn des Menschen Geist muß davon, und er muß wieder zur Erde werden.« Das Wesentliche zur Familienerinnerung schien damit gesagt zu sein. Emilie Fontane wurde in diesem Jahr 40, er selbst 45 Jahre alt.

Krieg

Bald nach Regierungsantritt hatte König Wilhelm seine liberale Haltung aufgegeben. Am 23. Setpember 1862 war der konservative Otto von Bismarck de facto zum preußischen Ministerpräsidenten und Minister des Auswärtigen ernannt worden. Bismarck strebte die Einigung der deutschen Staaten an und verfolgte eine Politik der Machtexpansion, auch mit kriegerischen Mitteln. Seit dem 16. Januar 1864 herrschte im Norden Deutschlands Krieg. Die Kriegsparteien waren auf der einen Seite Dänemark, das vergeblich auf englische Unterstützung hoffte, auf der anderen Seite Preußen und Österreich. Der Krieg war um den Besitz der Herzogtümer Schleswig, Holstein und Lauenburg entbrannt, die unter der Herrschaft des dänischen Königs standen. Fontane äußerte: »In Schleswig tut mir jeder Mutter Sohn, der sein junges Leben lassen muß, von Herzen leid, aber – blutig ist dieser Krieg nicht. Namentlich für uns war er bisher Promenade.«

Es war der erste Krieg, den Preußen seit den Befreiungskriegen führte. Für Fontane war es Geschichtsunterricht vor dem Fenster. Er saß am Schreibtisch und schrieb in diesem Winter an seinem historischen Roman *Vor dem Sturm*, der vom Freiheitsdrang des französisch besetzten Preußen erzählt. Er konnte, wenn er aufstand und ans Fenster lief, jetzt die österreichischen Truppen und Kanonen in den Zügen vorbeifahren sehen. Denn rasch war die Verbindungsbahn zu diesem Zweck freigegeben worden. Wenn jetzt das Haus erzitterte, dann von den schweren Geschützen, die durch Berlin nach Schleswig rollten.

Am 18. April 1864 hatte die preußisch-österreichische Armee die Düppeler Schanzen, Dänemarks wichtigste Verteidigungslinie, siegreich gestürmt. Es war keine »Promenade« gewesen: 1200 Tote auf deutscher, 5000 Tote auf dänischer Seite. »Der Feind ist geschlagen und Schleswig ist frei!« feierten die Patrioten den Sieg.

Die Rückkehr der preußischen Truppen wurde in Berlin zum Fest. Alles war in diesen Tagen auf der Straße. Fontane als Berichterstatter schrieb: »Zuerst der Empfang am Bahnhof. Es war 5 ¼ Uhr (Dienstag

3. Mai) als mittelst Extrazuges 118 dänische Geschütze, die Siegesbeute von Düppel, eintrafen.« Tausende seien auf dem Bahnhof gestanden, um die Ankommenden zu begrüßen, und als der Zug eingefahren sei, »wollte das Hurrah, so wie das Hüte- und Tücherschwenken der Versammelten kein Ende nehmen«. Am andern Tag, nachmittags um 2 Uhr, marschierten unter Musik die Truppen mit dem König an der Spitze durchs Brandenburger Tor und die Linden hinauf. Hier war erneutes »Hurrah« und »Schwenken der Tücher und Fahnen aus den Fenstern«. Auf dem Balkon des Königlichen Palais aber standen die Prinzessinnen und grüßten den Triumphzug.

Im Mai und im September 1864, kurz vor Kriegsende, reiste Fontane als Berichterstatter zu den Kriegsschauplätzen. Später veröffentlichte er Aufsätze, Reisefeuilletons und ein Buch darüber.

Unterdessen spielte Martha zu Hause in der Hirschelstraße 14 mit ihren Puppen und gewöhnte sich an den kleinen Friedrich. Der Mutter ging es seelisch und körperlich nicht gut, sie mußte weiterhin geschont werden. Martha lernte Rücksicht nehmen und machte sich nützlich als liebevolle Schwester und wurde, wie ihr Bruder George fand, »mit jedem Tag artiger«.

Aus den Aufzeichnungen Henriette von Merckels

Seit die Fontanes in der Hirschelstraße 14 wohnten, gegenüber von Henriette von Merckel, war ›Tante Merckel‹ für die Fontane-Kinder noch unentbehrlicher geworden als zuvor. Bei ihr gingen sie ein und aus. Sie selbst begann 1865 in unregelmäßigen Zeitabständen die Entwicklungsschritte der vier Geschwister schriftlich festzuhalten.

Über George Fontane erfährt man aus ihren ersten Notizen, der 13jährige sei musikalisch begabt, spiele auf dem Klavier »eine der leichteren Sonaten von Mozart« und habe ein gutes Gedächtnis, denn er könne den ganzen 1. Akt von Schillers *Wilhelm Tell* auswendig, auch habe er Talent zum Zeichnen. Bei Theo, ihrem Patenkind, beobachtete sie eine auffallende Nachahmungsgabe, aber: »Er hat auch seine kleinen Fehler – er neckt seine Geschwister gar zu viel und neigt zu Ungehorsam.« Er sei jedoch voller Lerneifer: »Er macht seine Schularbeiten nicht, weil es sein muß, sondern weil er nicht anders kann.« »Das dritte Kind, Martha,« so urteilte sie, »ist ein wildes gutherziges Kind von 5 Jahren, welches der Wirbelwind zu nennen ist. Von den ersten Jahren an entwickelte sie eine große Gewandtheit im Klettern, ihre Mutter nannte sie ein Seiltänzerkind. Was sie anfaßt, macht sie mit Geschick; sie gibt zu den besten Hoffnungen für den Haushalt Raum. Gegenwärtig ist sie flüchtig wie Quecksilber.« Und über den kleinen Friedrich heißt es: »Der Jüngste, ein Knabe von 1 ¼ Jahr, sieht sehr entschieden aus und macht seine Laufübungen jetzt mit vielem Glück.«

»Martha geht mit Wonne zur Schule«

Bald sollte Martha in die Schule kommen, in eine Mädchenschule, sie, die unter Brüdern aufwuchs. »Ein kleines Mädchen«, so war damals in einem verbreiteten pädagogischen Ratgeber zu lesen, »das des Morgens bei Büchern in der Schule gesessen und andere Geistesarbeit vollbracht hat, sollte am Nachmittag auch mit seiner Puppe im Freien spielen dürfen. Wozu eine Menge eingepfropftes Wissen für unser Töchterchen? Wozu jenes Übermaß im Hinblick auf die Stellung, die es dereinst im öffentlichen Leben einnehmen kann und darf? Daß eine Frau schwere mathematische Aufgaben löse, daß sie in verschiedenen Sprachen bewandert sei und schöne Verse mache – das allein wird in den seltensten Fällen das Glück der Familie begründen – ja zuweilen mag es gerade den Untergang derselben herbeigeführt haben. Doch ein gesunder fröhlicher Geist, ein reines kindliches Gemüt sind gar herrliche Dinge, welche weit sicherer häusliches Wohlbefinden schaffen und fördern.«

Als Martha mit fünfeinhalb zu Michaelis in die erste Klasse eintrat, fand ihre Mutter, es sei höchste Zeit, denn die Tochter sei wieder wilder denn je. Die Eltern hatten sie für 1 Taler und 15 Silbergroschen ausgerüstet mit einer Schulmappe, einer Tasche und einer Schiefertafel. Fleiß und Tüchtigkeit wurden von ihr erwartet: im Lesen, Schreiben, Rechnen, Stricken, Stopfen, Sticken, Nähen. Auch gab es viel auswendig zu lernen, hauptsächlich biblische Geschichten und Kirchenlieder. Die verordnete Frömmigkeit war in jenen Jahren, in der Zeit von 1854 bis 1870, durch die Stiehlschen Regulative Teil der preußischen Schulkultur, mochte sie von ihren Gegnern noch so sehr verspottet werden. »Aurelie stand auf, vergaß zu beten, wurde an der nächsten Ecke von einem Hunde gebissen und starb« – so spottete die Satirezeitschrift *Kladderadatsch*. Fontane hatte seine helle Freude an solchen Sprüchen, insbesondere weil er die Kinderreime kannte, die seine Tochter von der Schule nach Hause brachte, Verse wie: »Bevor es an die Arbeit geht / Sprechen wir das Morgengebet.«

Welche Mädchenschule Martha besuchte – es gab in Berlin viele –, läßt sich heute nicht mehr ausfindig machen. Der Name ihrer Schule wird in den Quellen, die zur Verfügung stehen, nirgends erwähnt, auch sind ihre Schulzeugnisse nicht überliefert. Offenbar besuchte sie eine private Mädchenschule, wahrscheinlich in der Nähe ihres Elternhauses. »Das Schulgeld für Martha hab ich gestern bezahlt«, schreibt der Vater einmal, »7 rtl. 15 Sgr., ich finde es doch eigentlich sehr teuer; bei 150 bis 160 Schülerinnen macht das 5000 Taler. Die Abzüge für die ›Fräuleins‹ werden nicht sehr hoch sein. Freilich – ich möchte doch keine Mädchenschule halten, es kommt gleich nach Pensionären und Chambre garnie.« Die 7 Taler und 15 Silbergroschen, die auch Emilie Fontanes Wirtschaftsbuch vermerkt, waren quartalsweise zu bezahlen. Die Höhe des Schulgeldes macht deutlich, daß die Fontanes an der schulischen Ausbildung der Tochter nicht sparten. Sie kam sogar etwas teurer als diejenige der Söhne. Für beide Gymnasiasten zusammen betrug das Quartalsgeld 13 Taler 27 Silbergroschen.

»Martha geht mit Wonne zur Schule, sie sagt immer, es sei unter all den kleinen Mädchen wie im Himmel«, berichtete Emilie Fontane nach den ersten Schulwochen der Tochter. Martha war glücklich in der Mädchenwelt. Jahrzehnte später schrieb sie über ihre erste Schulzeit: »Mir war es die schönste Zeit meines Lebens und ich träume noch ein paar Mal im Jahr von ›Lieschen Ilno, Ella Dröhmer und Fräulein Schönheit und Mlle D'Arrée‹.«

Wieder Krieg

»Neulich hatten unsere Kinder ein Gespräch«, schrieb Emilie Fontane am 21. November 1865 an Bertha Kummer. Die drei älteren Geschwister hätten von der Zukunft gesprochen und dabei auch »die Kinderfrage« erörtert. Die Äußerungen seien »sehr charakteristisch« ausgefallen, findet die Mutter: »George; ›ich will gar keine‹; Theo: ›ich recht viele, natürlich wenn ich reich bin;‹ Martha: ›ich so viel wie möglich, auch wenn ich ganz arm bin‹.« Während die Fontane-Kinder ihre Zukunft besprachen, wurde in der großen Politik mit dem Säbel gerasselt.

Für ein sechs Jahre altes Mädchen wie Martha war der böhmische Kriegsschauplatz weit weg, und doch spaltete der Konflikt die Familie. Ihre Eltern standen ganz auf der Seite Preußens, ihre sächsische Großmutter hielt wie Sachsen zu Österreich. Wenige Tage vor Kriegsausbruch schreibt Emilie an ihre »Herzensmama«: »Wie Du auf Bismarck zürnst, so wir auf das wahnsinnige Österreich, das seinen inneren und äußeren Ruin durch einen Krieg mit uns bemänteln will, und nur darum wird es nicht siegen, trotz seiner großmäuligen Verheißungen. Hier, da das Unabänderliche da ist, ersehnt man den Tag des Kampfes, um endlich der quälenden Ungewißheit überhoben zu sein. Gott hält es gewiß an der Zeit, den Menschen wieder zu zeigen, daß er im Amte sitzt und regiert, denn der Unglaube und die Selbstgerechtigkeit des Volkes sind riesengroß.« Vier Tage später war Krieg.

Fontane notierte ins Tagebuch, ungeheure Aufregung sei in der Stadt: »Flaggen und Jubel. Am Abend Umzüge mit Musik; der König spricht vom Balkon seines Palais, Bismarck vom Fenster seines Hôtels aus; dabei ziemlich starkes Gewitter.« Preußen hatte gesiegt bei Münchengrätz, Gitschin, Nachod-Salitz und Langensalza. Gleicher Jubel herrschte in Berlin nach der siegreichen Schlacht bei Königgrätz am 3. Juli 1866.

»Möge nun«, so Emilie Fontane an Bertha Kummer, »Ruhe und Friede überall einkehren! Dann wird sich auch vieles klären und Du, mein Mütterchen, wirst, so Gott es gibt, übers Jahr in einem neuen Buche von unserem alten Theodor manches erklärt und auseinandergesetzt finden, worüber ich Dich zu benachrichtigen weder Verstand noch Kenntnis genug habe.« Fontane, dessen Buch über den böhmischen Krieg erst Jahre später erschien, setzte in einer Nachschrift hinzu: »Deine sächsischen Anschauungen kann ich natürlich nicht durch ein paar Sentenzen in ihr Gegenteil verkehren. Nur so viel, daß wir glauben, durchaus im Recht gewesen zu sein und daß wir ohne Blasphemie der Überzeugung leben, daß Gott entschieden und uns *deshalb* den Sieg gegeben hat, weil jede Art von Recht, das juristische und das politische auf unsrer Seite war. Natürlich werdet ihr das nicht zugeben, ist auch nicht nötig.«

Als die siegreichen Truppen am 20. September 1866 nach Berlin zurückkehrten und zwei Tage lang Unter den Linden paradierten, war der Volksjubel größer noch als nach dem Sieg gegen Dänemark. Bald nach Kriegsende wurde die Hirschelstraße umbenannt; die Adresse der Fontanes lautete jetzt Königgrätzer Straße 25.

Im Photoatelier

Die Photographie ist im Berliner Photoatelier Loescher & Petsch entstanden und zeigt Martha Fontane im Alter von sechs Jahren: Sie steht auf einem gepolsterten Schemelchen und stützt sich bequem auf einen niederen kleinen Tisch. Elegante schwarze Schnürstiefelchen trägt sie und kreuzt die Beine wie eine junge Dame. Ihr dunkelbraunes Haar fällt über Schulter und Rücken. Das Kleid ist aus gutem Stoff, hat kurze Ärmel und betont die Taille. Großzügig weit fallen die Rockfalten. Auf Schulterhöhe ist alles leicht verrutscht, ein weißes Hemdchen scheint hervor. Der Hals ist frei. Zwei Bücher liegen aufgeschlagen vor ihr, eines hält sie wie zum Lesen in der Hand, der Blick indessen ist auf die Kamera gerichtet. Ein Mädchen mit rundem Gesicht und großen Augen schaut aufmerksam, neugierig, nachdenklich. Neben sich, auf dem eleganten Rokokostuhl, hat sie eine Puppe liegen.

Erste Briefe an den Vater

Seit sie schreiben konnte, schrieb sie ihrem Vater kleine Briefe. »Marthachen hat beifolgenden Brief geschrieben und couvertiert, ohne mir zu zeigen«, heißt es bei Emilie Fontane, »sie spricht immer von ihrem Väterchen und wird Dich vom Bahnhof abholen.« Nur wenn Martha sich im Spiel vergaß, vergaß sie auch das Schreiben. Nach wochenlangem Sommeraufenthalt in Neuhof mit Mutter und Bruder Friedrich entschuldigte sie sich mit den Zeilen: »Mein lieber papa. Endschungje das ich so spet schreibe, aber es ist hir zu schön. und die Tage fergehn mir so schnel das ich Alle Brieve vergesse. Das ist hir mein erster.«

Die Berliner Landpartie

Manchmal unternahmen die Fontanes, wie es die Berliner Familien zu tun pflegten, eine Landpartie. Man fuhr bei schönem Wetter im Kremser, einem offenen Pferdewagen, hinaus aufs Land, in den Grunewald oder an den Schwielowsee.

Eine solche Landpartie, so Fontane in *Havelland*, sei »weithin kenntlich durch ihren starken Prozentsatz an Kindern; nie weniger als die

Hälfte. In dem Moment der Landung, wo immer es sei, scheint die Welt aus lauter weißgekleideten kleinen Mädchen mit rosa Schleifen zu bestehen. Die Väter bestellen Kaffe; das Auge der Mütter gleitet befriedigt über die glücklichen Gänseblümchen hin, von denen immer drei auf den Namen Anna und sechs auf den Namen Martha hören. Nun geht es in die Wiese, den Wald. Die Parole ist ausgegeben: Erdbeeren suchen. Alles ist Friede; die ganze Welt ein Idyll. Aber schon beginnen die dunklen Wetter zu brauen. Mit dem Eintritt in den Wald sind die weißen Kleider ihrem Verhängnis verfallen. Martha I. ist an einem Wacholderstrauch hängengeblieben. Martha II. hat sich in die Blaubeeren gesetzt – wie Schneehühner gingen sie hinein, wie Perlhühner kommen sie wieder heraus. Der Sturm bricht los. Wer je Berliner Mütter in solchen Augenblicken gesehen, wird die kriegerische Haltung der gesamten Nation begreiflich finden. Die Väter suchen zu intervenieren. Unglückliche! Jetzt ergießt sich der Strom in sein natürliches Bett.«

George Fontane tritt in die Armee ein

Im Frühjahr 1868 verließ George Fontane, nachdem er die mittlere Reife erreicht hatte, aus Mangel an schulischer Leistung das Gymnasium, ein Schicksal, das er mit vielen teilte, denn nur etwa jeder fünfte Gymnasiast schloß damals auch tatsächlich mit dem Abitur ab. Dem Vater machte der vorzeitige Schulabgang seines Ältesten weniger Sorgen als die Vorstellung, George wolle sich einer brotlosen Kunst zuwenden und Klavier studieren. Nach Meinung des Vaters war der Sohn kein Liszt und hätte daher unter der »Legion der Klavierpauker« nur eine kümmerliche Existenz gefristet. Fontane wünschte George etwas Besseres.

Das Bessere war eine preußische Offizierslaufbahn. George bestand die Aufnahmeprüfungen und verließ im Alter von 17 Jahren das Elternhaus. Er wurde dem 83. Regiment in Kassel zugeteilt und begann dort im Oktober 1868 sein neues Leben. Er war – wie viele vor und viele nach ihm – noch ein halbes Kind, als er die Uniform anzog.

George war ähnlich wie seine Schwester ein Liebling der Eltern. Aber was heißt Liebling? Im Werk Fontanes finden sich allerlei Lieblinge: Töchterchen Heth ist der »kleine, süße Liebling« ihrer Mutter Melanie (*L'Adultera*), sie selbst ist der verwöhnte »Liebling der Gesellschaft«, Leo ist der »Liebling aller« (*Die Poggenpuhls*), Wanda der »Liebling der Bühne« (*Stine*), junge Offiziere sind »Lieblinge des Königs« (*Wanderungen*) oder »Lieblinge der Prinzen« (*Der Stechlin*). Lieblinge werden entweder besonders geliebt oder besonders bevorzugt.

Als kleine Kinder waren George, Theo, Martha und Friedrich alle einmal Liebling ihrer Eltern, selbst Theo, der sich ungeliebt und ausgegrenzt fühlte. Aber die besondere elterliche Sympathie galt George, er war ihrer »beider Liebling«, während Martha des Vaters erklärter Liebling blieb. Als George aus dem Hause war, rückte nicht Theo, der nun der Älteste war, in seine Lücke, sondern neuer Liebling wurde der kleine Friedrich.

Im Herbst 1868 lebte Fontane mit seinen drei jüngeren Kindern allein in Berlin. Den Haushalt führte die neue Wirtschafterin Luise Reißner (sie ersetzte Mathilde Gerecke, »Tilla«, die nach 1873 wieder zu Fontanes zurückkehrte). Nach dem Weggang von George hatte sich Emilie Fontane für vier Wochen zur Freundin Johanna Treutler begeben. Wegen ihrer schwankenden Gesundheit wünschte sie sich einen Ort, wo sie »wirklich auf Händen getragen« wurde und kein Kinderstreit herrschte.

Aus Berlin erhielt sie regelmäßig Nachrichten. »Hier ist alles leidlich gut im Stande«, schreibt Fontane, »Theo geht mit Hans Fels spazieren, Martha ist bei Magdalenchen Heffter, zu welchem Zweck sie sich schon um 10 Uhr vormittags in Staat geworfen und die Tortur des Stillsitzens ruhig ausgehalten hatte; Friedel ist bei Luisen in der Küche.« »Hier geht alles leidlich«, erfuhr Emilie Fontane auch drei Tage später, »die Kinder sind wohl und ›Zwischenfälle‹ abgerechnet, nicht unverträglich. Kommt mal 'was vor, so mach' ich nicht viel davon; es gleicht sich innerhalb 10 Minuten von selber aus; es sind eben Kinder.« »Theo ist«, so wurde der Vater schließlich deutlich, »wirklich (leider) ein krankhaft angelegtes Kind bei sonst sehr vielem Guten und Tüchtigen. Heute aß Martha ihre Suppe mit der Querseite des Löffels (wie's jetzt für fein gilt) statt mit der Spitze. Theo bildete sich ein, sie tue es ihm zum Tort, weil er noch für die alte Spitzen-Schlürfung ist und war nicht zu beruhigen. Er weinte, daß ihn der Bock stieß.«

Martha übte in Abwesenheit der Mutter spielerisch und selbstbewußt das Damesein und konnte auf Anerkennung des Vaters rechnen.»Martha trägt jetzt ihr Haar zu einem altmodischen Nest zusammengelegt«, berichtete er nach Neuhof,»was ihr gut kleidet und überhaupt, nebst Nipp-Scheitel für das Vorderhaar, das kleidsamste ist.«»Martha«, so schreibt er auch,»ganz in Weiß mit breiter, roter Schärpe, halb Prinzessin, halb Köchin (welche Hälfte später siegen wird, darauf kommt es an) rüstet sich eben um zu Ilnos zum Geburtstag zu gehen. Das Ganze mit einer Feierlichkeit, als ob es sich nicht um Holzhändler Ilno, sondern um Ritter Cuno handelte.«

Die unterschiedlichen Entwicklungsphasen, in denen Martha und Theo steckten, ihre verschiedenen Charaktere und ihr geschwisterliches Konkurrenzverhältnis mögen die Gründe dafür sein, daß – seit George aus dem Hause war – Martha und Theo sich immer heftiger stritten. Streit gerade zwischen diesen beiden Geschwistern gab es zudem, weil Theo keinen großen Bruder mehr hatte, den er necken konnte, und Martha Lust zeigte, ihre Kräfte an dem älteren Bruder zu messen, der klug war, aber leicht zu reizen:»Die Kinder hier sind munter; Friedel allerliebst und eigentlich jetzt ein sehr artiges Kind; Theo und Martha dafür in beständiger Kriegführung ›bis aufs Messer‹; Biest und ausgerissene Haare zählen zu den Alltäglichkeiten, mitunter werfen sie sich wahre Judenflüche an den Kopf, um die Mosenthal und seine Deborah diese beiden Kämpfer von 8 und 11 beneiden könnten«, schreibt Fontane seiner Schwester Lise. *Deborah* erzählt vom siegreichen Kampf der Prophetin desselben Namens gegen ihre Bedroher und galt als großer Bühnenerfolg des Dramatikers Salomon von Mosenthal.»Wenn ich doch erführe daß es den Kindern gut geht und sie verträglich sind«, schreibt Emilie Fontane ahnungsvoll aus Neuhof,»ich höre so oft im Geist sie zanken und bin dann ganz betrübt. Hier sind sie so liebevoll untereinander, man hört kein böses Wort.« Tochter Martha ermahnte sie,»recht nett und artig zu sein«, Sohn Theo indessen,»sein zorniges Wesen« abzulegen.

»Martha mausert sich sehr heraus«, fand ihr Vater, »und wird elastisch, graziös, leider auch eitel, putzsüchtig« und »schulschnabbrig«. Schnabbern als Berlinischer Ausdruck meint »viel, schnell, auch inhaltslos reden« oder auch »schwatzen«, »schnattern«. Marthas Mundwerk lief beständig, sie berlinerte, plauderte, spielte immerzu Theater. Zudem glänzte die Neunjährige mit ihren Turnkünsten. »Daß Martha im Turnen excelliert, freut mich ohne mich zu überraschen«, meinte der Vater, denn ihre Abstammung nach dieser Seite hin sei »von Vollblut«.

»Ein Töchterlein hat sie, lustig und stark«, dichtete Ende 1869 ein Freund der Familie für Marthas Mutter. Mit ihren bald zehn Jahren machte das »Töchterlein« den Eindruck einer vitalen kleinen Person, die die Erwachsenen auch gerne zum Lachen reizte. Sie wurde geliebt und war beliebt. Sie hatte ihren Platz in der Familie, pflegte ihre Freundschaften mit Mädchen, mochte ihre Lehrerinnen, tat, was von Mädchen erwartet wurde: mit Puppen spielen, mütterlich für den kleinen Bruder sorgen, ein Nadelkissen besticken. Sie liebte hübsche Kleider und Schleifen, ließ ihr langes Haar flattern oder legte es zu einer modischen Frisur. Charakteristisch war ihr großer Bewegungsdrang, ihre körperliche Geschicklichkeit, aber auch ihre Flüchtigkeit. Schulpflichten nahm sie nicht allzu ernst. Was in der Schule verlangt wurde, lernte sie ohne Probleme.

Das englische Jahr bei Meringtons · 1870–1871

Die Einladung

Wenn er Gelegenheit dazu hatte, zerriß Theo in seiner Wut über die Schwester jetzt manchmal ihre Briefe. Die Eltern rechneten nicht mit einem baldigen ›Frieden‹ zwischen den Geschwistern, so daß der Vater gewillt war, seinen Sohn in ein Pensionat zu stecken. Es hätten dann nur noch zwei Kinder zu Hause gelebt, Martha und Friedrich. Die alte Erwägung der Fontanes, nämlich gegen Entgelt Pensionärinnen aufzunehmen, eine Engländerin zum Beispiel, kam daher erneut ins Spiel.

Die Meringtons in London erfuhren von diesem Plan und machten ihrerseits einen Vorschlag. »Kurz gesagt: Wir haben von Frau Merington eine überaus liebenswürdige Einladung erhalten, ihr unsere Martha, deren Pate Miss Merington ist, zu schicken«, schreibt Emilie Fontane am 1. Februar 1870 an Mathilde von Rohr. Sie werde daher Ende April mit Martha nach London reisen und vier bis sechs Wochen bei Meringtons bleiben. Martha werde, »nachdem sie vielleicht in Jahreslänge englisch ordentlich gelernt«, zusammen mit einer der Merington-Töchter in den Berliner Haushalt zurückkehren. Vor allem ihr Mann, so gibt sie zu verstehen, sei sehr für diesen Plan. Sie selber zögere. »Ich sehe ja ein«, schreibt sie, »daß Martha zeitlebens davon Nutzen haben kann, und da sie zehn Jahr ist, eminent befähigt, wie ihre Lehrerinnen sagen, so bin ich auch davon überzeugt, aber schwer wird es mir doch. Aufschieben konnten wir den ganzen Plan nicht, weil Mrs. Merington, die mir die liebste von der Familie, doch alt wird und mit der Zeit die Lust, an einer fremden Kleinen ›Großmutterpflichten‹ zu üben, verlieren kann.« Marthas Aufenthalt in London sollte die Eltern »keinen Pfennig kosten«, nur die Reisekosten waren zu tragen. Die Freunde in Berlin, auch die »liebe Merckel«, billigten den Plan. Und da man »in 36 Stunden in London« sein konnte, betrachtete auch die Mutter schließlich das Englandjahr der Tochter »wie jede andere Pension«.

Üblicherweise reisten damals junge erwachsene Söhne gutbetuchter Familien zur Weiterbildung nach England, oder deutsche Gouvernan-

Theodor Fontane, um 1870

ten, die dort ein sicheres Auskommen suchten. Der Plan war in der Tat ungewöhnlich: Martha war das Kind eines mittelmäßig verdienenden Schriftstellers und Journalisten, zudem erst zehn Jahre alt und – last but not least – ein Mädchen. Aber die Fontanes pflegten langjährige Beziehungen nach England, und England war ihr tägliches Brot. Nur ein paar Häuser weiter, in der Königgrätzer Straße 15 befand sich seit dem 1. Februar 1866 die Redaktion der *Kreuzzeitung*. Wenn Marthas Vater als Redakteur des Englischen Artikels sich hier über englische Zeitungen beugte und exzerpierte, so saß er für alle Welt in London und berichtete von dort. Martha kannte gewiß das London ihres Vaters in der Königgrätzer Straße. Womöglich erprobte sie sogar ihre Lesekünste bei der Lektüre der sogenannten »Unechten Korrespondenzen«. England war ihr also vertraut. Zudem kannte sie ihre englische Patin, zu deren Familie sie kommen sollte, bereits von klein auf.

Die einzige, die Bedenken zu äußern wagte, war vermutlich – nicht zuletzt weil sie die mütterlichen Ängste kannte – Mathilde von Rohr. Marthas Vater erwiderte ihr: »Was unsren Plan angeht, unsre Martha nach England zu schicken, so ist es ein wohlüberlegter und wohlgereifter Entschluß, gerade wie der, der uns bestimmte, unsren George Militär werden zu lassen.« »Da wir unsren Kindern sonst nichts hinterlassen können«, setzte er ihr auseinander, »so wollen wir wenigstens versuchen, ihnen eine innerliche Ausrüstung mit auf den Weg zu geben, die es ihnen möglich macht vorwärts zu kommen.« Dazu gehöre beispielsweise Sprachkenntnis. Denn die »volle Kenntnis einer fremden Sprache« sei »wie ein Kapital von dessen Zinsen man leben« könne. Es sei zudem ein Vorteil, Freunde in der ganzen Welt zu haben, »in London und New York«, bei ihnen könne man Zuflucht finden, wenn man sonst auch scheitere. Er selbst, so gab er im gleichen Brief zu bedenken, sitze in einer »erbärmlichen Jolle« und treibe auf dem Wasser. Seine Tochter, so liest man zwischen den Zeilen, würde auf eine väterliche Mitgift nicht rechnen können.

Bildung und Sprachkenntnisse, so fand der Vater, waren aber für eine Frau überhaupt sehr wichtig. Damit konnte sie in der Welt bestehen, selbst wenn Ehe und Mutterschaft sich nicht verwirklichen ließen. Letzteres anzustreben fand er zwar gut und das ›Natürliche‹. Doch wünschte er seiner Tochter gewiß kein Else-Schicksal.

Die arme Else

Die Mutter spricht: »lieb Else mein,
Du mußt nicht lange wählen;
Man lebt sich in einander ein,
Auch ohne Liebesquälen;
Manch' Eine nahm schon ihren Mann,
Daß sie nicht sitzen bliebe,
Und dünkte sich im Himmel dann,
Und alles ohne Liebe.«

Jung-Else hört's und schloß das Band,
Das ew'ge am Altare,
Es nahm, zur Nacht, des Gatten Hand
Den Kranz aus ihrem Haare;
Ihr war zu Sinn, als ob der Tod
Zur Opferbank sie triebe,
Sie gab ihr Alles nach – Gebot
Und alles ohne Liebe.

Der Mann ist schlecht, er liebt das Spiel,
Und guten Trunk nicht minder,
Sein Weib zu Hause weint zu viel,
Und ewig schrein die Kinder;
Spät kommt er heim, er kost, er – schlägt
Nachgiebig *jedem* Triebe,
Sie trägt's, wie nur die Liebe trägt,
Und alles ohne Liebe.

Sie wünscht' sich oft: »es wär' vorbei«,
Wenn nicht die Kinder wären;
So aber sucht sie, immer neu,
Den Gatten zu bekehren;
Sie schmeichelt ihm, und ob er dann
Auch kalt bei Seit' sie schiebe,
Sie nennt ihn: ihren *liebsten* Mann,
Und alles ohne Liebe.

So hatte Fontane einst gedichtet. Sein Gedicht von der »armen Else«
kannte seine Tochter möglicherweise schon als Kind. Es stand in den
Gedichtbänden von 1851, 1861 und in allen weiteren Neuausgaben (von
1875 bis 1898), die zu Lebzeiten des Dichters erschienen. Martha wußte
wohl früh, daß man es als Frau besser haben konnte, wenn man sich Selbständigkeit erwarb und Wahlmöglichkeiten hatte.

Im Frühjahr 1870, kurz bevor Martha nach England reiste, blieb der
ältere Bruder Theo in Obertertia sitzen. Henriette von Merckel fand, es
schade ihrem Liebling nicht: »einmal – weil er schwächlich, besonders
nervös ist und sich so eher im Sommer erholen kann, dann – weil er an-
fing sich einzubilden, es müsse ihm glücken. Diese kleine Demütigung
ist ihm daher ganz dienlich.« Sitzengeblieben sei er nicht zuletzt wegen
seiner »Flüchtigkeit«, er habe sich von seiner »lebhaften Schwester
Martha« anstecken lassen.

Reise nach England

Während ihres Englandjahres hat die zehnjährige Martha Fontane regelmäßig Briefe nach Hause geschrieben und auch regelmäßig von dort Briefe empfangen. Keiner dieser Briefe ist überliefert. Es fehlt zudem der Briefwechsel zwischen Fontanes und Meringtons (daß Teile davon noch irgendwo lagern, ist nicht auszuschließen). Als Quelle bleiben aber die Briefe Emilie Fontanes, die sie im Frühjahr 1870 von London aus nach Berlin schrieb. Darin schildert sie ihrem Mann ausführlich, wie sich die Tochter ins englische Leben einlebte.

Dieses Leben kannte Fontane bestens. Seit er England 1859 verlassen hatte, hatte die englische Hauptstadt aber an urbaner Ausstrahlung noch gewonnen. London galt 1870 neben Paris und Wien nicht nur als bedeutendste europäische Großstadt, sondern war Weltstadt. Berlin schien dagegen ein Dorf.

Daß es nicht in die schlesische Sommerfrische, sondern nach England ging, wirkte sich auch auf die Reisevorbereitungen von Mutter und Tochter aus. Schon eine Woche vor dem Abreisetag war »Putzmacherinnentag« und wurden die »Coiffuren« fertig. Nun war der »Springhase (Martha)« bereit, wie Fontane schreibt, nun konnte man sie der Familie Merington »in Erziehung« geben. Von Abschiedstränen ist keine Rede. Mittwoch früh, den 20. April 1870, um »¼ 9« verließ Emilie Fontane mit Martha Berlin. Man reiste per Eisenbahn über Hannover, wo George die Kriegsschule besuchte. Der große Bruder, »frisch und munter«, kam extra zur Bahn, um sich von der kleinen Schwester zu verabschieden. Gewiß trug er ihr auf, ihm gelegentlich zu schreiben (was sie auch tat, doch gelten auch diese Briefe als verloren). Von Hannover ging die Reise fort über Köln, das belgische Verviers und bis nach Brüssel. Hier traf man anderntags um sechs Uhr früh ein. Am zweiten Reisetag ging es weiter nach Lille und Calais. In Calais bestiegen Mutter und Tochter das Schiff. Nach eineinhalbstündiger Fahrt über den Ärmelkanal legte man um drei Uhr nachmittags in Dover an. Die letzte Reisestrecke bewältigten die beiden wieder mit der Bahn. Donnerstag, den 21. April um »40 Minuten nach 5« setzte sich Fontane – der in Gedanken mitgereist war – an seinen Berliner Schreibtisch, um einen Brief an seine Frau zu richten. Denn »40 Minuten nach 5« lautete die fahrplanmäßige Ankunft in London, Charing Cross Station. Fontanes Brief sollte drei Tage später in den Händen seiner Frau liegen, mit Küssen für

»my dear little child«, den herzlichsten Küssen für sie selbst und Grüßen für »unsre teuren verehrten Meringtons«.

Als Emilie Fontane sich am Tag nach ihrer Ankunft (22. April) hinsetzte, um über die Reise zu berichten, war der Brief ihres Mannes bereits unterwegs. Etwa zwei, drei Tage dauerte damals die Briefpostbeförderung zwischen Berlin und London. Nicht immer wartete das Ehepaar die Zeilen des anderen ab. Ihre Briefe kreuzten sich deshalb öfters.

Emilie Fontanes Schilderungen der großen Londonfahrt waren für ihren Mann ein Genuß, wie »Pücklers Briefe«, schwärmte er. Als ersten Punkt vermerkte seine Frau die Reisekosten: von Köln aus »alles in allem 34 Taler«. Für Martha allein, so rechnete sie vor, hatte sie etwa 15 Taler ausgegeben, was ungefähr dem Schulgeld eines halben Jahres entsprach. Das war zwar viel Geld, aber, wie Emilie fand, »nicht allzu teuer«. Tatsächlich gab damals der Reiseführer Baedeker allein den Fahrpreis für die Strecke Köln-London (»durchgehende Verbindung in 19 ¼ Stunden«) mit 23 Taler 22 Silbergroschen an. »Es war eine furchtbar anstrengende, aber höchst interessante, schöne Reise, und danke ich Dir tausendmal daß du die Erlaubnis dazu gegeben,« schrieb *sie* an *ihn*, der wie jeder Ehemann damals von seiner Frau finanzielle Rechenschaft fordern konnte.

Die Überfahrt sei ein Höhepunkt der Reise gewesen, schwärmte Emilie Fontane: »Es war eine himmlische Fahrt, die Ruhe auf dem Wasser tat mir nach dem Rütteln der Eisenbahn ungemein wohl; niemand wurde seekrank und es war mir als hätten wir kaum Calais verlassen, als ich schon die Kreidefelsen von Dover im Sonnenglanz vor mir sah, es war splendid; Martha immer munter, alles sehend, für alles Interesse, nie quälend um Essen oder Trinken.« In Dover hätten sie eine kleine englische Erfrischung – ale und bun – zu sich genommen »und fort ging es abermals, sausend durch die drei langen Tunnels; nun wurde aber unser armes Kind so müde, daß sie so fest einschlief, daß ich Mühe hatte, sie kurz vor unserer Ankunft hier wach zu machen; es gelang mir nur durch die in Köln erstandenen Eau de Cologne.«

Während Martha die letzte Reisestrecke schlief und träumte, blieb Emilie Fontane hellwach, fasziniert von der Stadt, die vor ihr aufstieg: »so passierten wir die Riesenstadt per Eisenbahn, passierten zweimal die Themse, sahen St. Paul's, und ich kann wohl sagen, die Großartigkeit der Umgegend struck me so, daß ich dachte, du wirst nie Kraft genug haben, dies alles zu erleben und Augenblicke hatte, wo ich wünschte, führest du doch jetzt in Dein kleines Berlin ein, wo Du des sicheren liebevollen Empfanges Deines Mannes gewiß wärest.«

Ankunft in London

Für bange Gedanken blieb jedoch wenig Zeit. Schon hielt der Zug in Charing Cross Station. Hier stand Mr. Merington zum Empfang bereit. Eine »herzliche Begrüßung« folgte, der englische Gentleman kümmerte sich um den Reisekorb, rief ein Cab, »setzte sich zum cabman, um die Direction zu geben und fort ging es mit uns über Trafalgar Square, der ganz unverändert ist«, heißt es im Brief von Emilie Fontane, die damals, nach elf Jahren, zum ersten Mal wieder nach London kam. Die Meringtons, die einst in Camden Town ihre Nachbarn gewesen waren, wohnten jetzt im vornehmen Stadtteil Kensington. Man fuhr daher »durch die eleganteste Gegend Londons, am St. James Palace vorüber, vorbei an Hyde Park, wo die Equipagen und Reiter und Reiterinnen fuhren und galoppierten, endlich Kensington [Palace] vorbei, noch einige Straßen, endlich eine entzückende vor uns: Argyll Road.«

Was Emilie Fontane wie im Flug erlebte und in eindrücklicher Knappheit schildert, war etwas vom Prachtvollsten, was es damals im viktorianischen London zu sehen gab: gegen Abend, zwischen 5 und 7, fuhren jeweils im Hyde Park, in der Rotten Row und der Ladies' Mile, die königlichen und aristokratischen Equipagen. Der Baedeker empfahl ausdrücklich: Wer nach London komme, müsse um diese Uhrzeit in den Hyde Park und es sich ansehen, wenn hier vor dem Dinner »eine ununterbrochene Reihe prachtvoller Wagen, mit edelblütigen Pferden in glänzendem Geschirr, mit feisten Kutschern, gepuderten Bedienten und geputzten Damen« hin und her führen und »die Reiter und vor allen Dingen die Reiterinnen auf meist ausgezeichneten schönen Pferden« paradierten.

Die Argyll Road lag nicht weit entfernt von diesem glanzvollen Geschehen. In der Nummer 37 wurden die Gäste aus Berlin bereits erwartet: Martha Merington und ihre Mutter standen in der Tür. Beide, so bemerkt Emilie Fontane, seien »fast unverändert«, nur habe Martha mit knapp dreißig Jahren bereits graues Haar.

Im Hause Merington begegnete man den Ankömmlingen wie immer »gütig« und zärtlich. Das Ehepaar hatte fünf erwachsene Kinder, drei

Töchter und zwei Söhne. Zum Empfang der Berliner Gäste trafen am ersten Abend alle im Elternhaus ein. Neben Marthas Patin waren dies: Tochter Emily („gar nicht anders aussehend"), Tochter Margreth (»sehr hübsch, trotz ihrer 28 Jahre, sie sieht imposant aus«), Sohn Charles, in Indien Master der englischen Verwaltung, zur Zeit auf Urlaub, und Sohn Rippoth (»größer noch wie vor elf Jahren, mit Vollbart, auch sehr gut aussehend«).

Die zehnjährige Martha Fontane, so war ausgemacht, sollte während ihres Englandjahres zeitweise als »eine Art Pflegekind« bei »Miss Emily Merington« in Fulbourn bei Cambridge leben, wo die Meringtonsche Großfamilie ein Sommerhaus besaß, ein typisches englisches Cottage.

Die Meringtons

Martha Fontane lernte bei Meringtons – Mr. und Mrs. Merington hätten ihre Großeltern sein können – ein völlig neues Milieu kennen.

Richard Whiskin Merington scheint entfernt mit der englischen Königsfamilie verwandt gewesen zu sein. Aber wie sein Vater, der seinerzeit in Erbstreitigkeiten geraten war und einen bürgerlichen Beruf ergriffen hatte, führte auch er ein bürgerliches Leben. Als junger Bursche war er zuerst in London Tuchhändler gewesen, später dann Angestellter geworden der Bank of England, die ihren Sitz im Zentrum von London hatte. Als Martha Fontane in seinem Hause lebte, stand er noch immer im Beruf (bis 1872). Seine Bank hatte zu jenem Zeitpunkt etwa 1000 Angestellte (ausschließlich Männer, erst ab 1895 wurden auch Frauen beschäftigt). In den Gewölben der Bank of England lagerten damals etwa 18 Millionen Gold- und Silberbarren. Mr. Merington war stellvertretender Leiter des Diskontbüros. Der Posten war gut dotiert, aber der relativ gehobene Lebensstil, den seine Familie um 1870 führte, verdankte sich vermutlich auch dem guten Einkommen der damals noch unverheirateten Söhne. Mr. Merington, der offenbar ein wenig Deutsch sprach, hatte im übrigen ein besonderes Interesse für Fremdsprachen. Dieses Interesse teilte er mit seiner Frau.

Seine Frau Margaret war etwas älter als er und die Tochter des Fremdsprachenpädagogen James Hamilton. Ihre Familie hatte sowohl englische wie französische Wurzeln. James Hamilton soll, so heißt es, zeitweise zu Napoleons Beratern gehört haben. Bekannt aber wurde er als Reformer des Fremdsprachenunterrichts. Seine Methode, die sogenannte Hamilton-Methode, versprach müheloses und schnelles Erlernen von Fremdsprachen. Im wesentlichen ging es dem Erfinder der Methode darum, statt Grammatik und Wortschatz zu drillen, verstehend zu lesen und zu übersetzen. James Hamilton gab über ein Dutzend Lehrbücher heraus, versehen mit vielen praktischen Übungen. Er war seinerzeit sehr populär, wurde aber auch heftig attackiert. Die Gegner sprachen von Scharlatanerie und schalten ihn einen »noisy reformer«. Seine Anhänger aber priesen sein Genie. Margaret Merington geb. Hamilton war eine überzeugte Schülerin ihres Vaters, sie lehrte schon als junge Frau – damals lebte sie mit ihren Eltern jahrelang in Amerika – nach seiner Methode und sorgte dafür, daß auch nach dem Tod des Vaters die Hamilton-Lehrbücher neu aufgelegt wurden (letzte nachgewiesene Neuauflage: 1859).

Etwa um 1830 heirateten Margaret Hamilton und Richard Whiskin Merington. Sie blieb auch als Ehefrau und Mutter weiterhin Sprachlehrerin. Nicht zuletzt weil sie eine gute Pädagogin war, hatten die Fontanes damals, 1859, den achtjährigen Sohn George in ihrer Obhut gelassen.

Argyll Road 37

Der erste Abend wurde en famille verlebt. Um sieben Uhr versammelten die Meringtons sich mit ihren Gästen zum Dinner. »Wir aßen, um Dir alles mitzuteilen«, heißt es in Emilie Fontanes Brief an ihren Mann, »Suppe mit Makkaroni, cabage und Kartoffelbrei nebst wundervollem leg of mutton, dann Reispudding. Es gab gleich Tee nach dem dinner, dann ging ich mit den Damen upstairs, Mr. Merington blieb mit Charles sein Pfeifchen rauchend. Wir hatten sehr nette Unterhaltung, und um zehn Uhr ging ich mit Mete, die sehr nett war und die allgemein gefällt, zu Bett.« Mutter und Tochter hatten ein »entzückendes Zimmer in the front mit allem möglichen comfort«.

Das häusliche Leben der Meringtons gestaltete sich ganz englisch und hauptstadtmäßig. Das helle Reihenhaus im klassizistischen Stil, das die Familie bewohnte, hatte einen Vorgarten mit Gitter, wenige Treppenstufen führten zur Haustür im Hochparterre. Wie jedes der Häuser in der Argyll Road verfügte das Meringtonsche über eine dreifenstrige Front und drei Stockwerke. Nach der Straßenseite hin war die Front durch Erker und Balkon gegliedert, während an der schmucklosen Gartenseite, die dem Auge des Ankömmlings verborgen blieb, die Versorgungsrohre verliefen. Argyll Road 37 (noch heute ein elegantes Reihenhaus in Kensington) war ein Haus, wie es Fontane in *Ein Sommer in London* geschildert hat: Das typisch englische Haus sei »durch ein Eisengitter von der Straße getrennt, und hat ein Souterrain mit der Küche und den Räumlichkeiten für das Dienstpersonal. Parterre, und zwar nach vorn heraus, befindet sich das Sprech- und Empfangszimmer (parlour), dahinter ein sitting-room, in dem das Diner eingenommen zu werden, auch wohl der Hausherr seine Times zu lesen und sein Nachmittagsschläfchen zu machen pflegt. Die teppichbedeckte Treppe führt uns in die drawing-rooms [Empfangszimmer], zwei hintereinander gelegene Zimmer von gleicher Größe, beide durch eine offen stehende, scheuntorartige Tür in stetem Verkehr miteinander. Hier befindet sich die Dame vom Hause; hier streckt sie sich auf diesem, bald auf jenem Sofa; hier steht der Flügel, auf dem die Töchter musizieren; hier sind die cup- und china-boards (offene Etageren mit chinesischem Porzellan); hier stehen Humes Werke und Addisons Essays in endloser Reihe; hier hängen die Familien-Porträts; hier sitzt man um den Kamin oder am Whisttisch und beschließt den Tag in stillem Geplauder beim Tee, oder im lauten Gespräch, wenn die Gentlemen das Feld behaupten und ihren selbstgemischten Nachttrunk nehmen. – In der zweiten Etage sind die Schlafzimmer, – noch eine Treppe höher die Wohn- und Arbeitszimmer für die Kinder, auch wohl ein Gastbett für Besuch von außerhalb.«

»Wir schliefen in unserem großen Bett höchst comfortable, bis 9 Uhr«, schrieb Emilie Fontane am Tag nach der Ankunft nach Hause, »dann kam Martha [Merington] mit der servant und brachte uns Toast und Tee, den wir im Bett verzehren mußten.« Um 11 Uhr hätten sie sich in die unteren Räume begeben. »Ich hatte sehr netten talk mit der um alles liebenswürdigen Mrs. Merington. […] Um 1 Uhr hatten wir lunch; kalten ham und mutton und Brotpudding.« Anschließend Ruhepause, Briefschreibezeit. »Mete findet alles bezaubernd, mir ist noch als wären wir verzaubert und ich muß noch sagen, die Art zu leben ist doch sehr fein und angenehm. Ich sitze hier in meinem Zimmer mit blühenden Bäumen im Vorgärtchen, feinen Gardinen, großem Stehspiegel wie eine Prinzess; dann und wann fährt ein cab vorbei, aber so leise, daß es sich ganz vornehm anhört.« Ihrem Mann gegenüber meinte sie jedoch: »Und doch möchte ich nicht immer hier leben müssen.«

Martha, so schrieb sie ihm weiter, werde von den Meringtons »Mete« gerufen, »wie Du und die Geschwister sie nennen«, damit sie sich recht »heimisch« fühle. »Daß sich meine Mete so tapfer gehalten, hat mich sehr gefreut; ich hatt' es übrigens nicht anders erwartet; gib ihr einen Kuß«, antwortete umgehend der Vater. Er nahm großen Anteil, erinnerte er sich doch der eigenen glücklichen Englandzeit. Damals, so schrieb er am 25. April 1870 seiner Frau, sei er »an der Schwelle des besten Lebensabschnittes« gestanden – »jetzt auch wieder; *aber an der Tür gegenüber.*«

Alltag bei Meringtons

Ein typischer Tag im Haus der Familie Merington, so weihte Emilie Fontane ihren Mann bald ein, sehe so aus: »Mete geht 8 Uhr in the breakfast room, ich jetzt nach 8, die ganze Familie ist versammelt, nur Martha [Merington] kommt noch später. Ich trinke Tee und esse ein Ei; dann wird hinaufgegangen, wir lesen, schreiben, arbeiten, gehen oder fahren aus; um 1 Uhr ist lunch, nur die lady's, jetzt Charles; wir haben Fisch, kaltes Fleisch, Pudding. Dies ist Metes Dinner. Dann schlafe ich ½ Stunde weil das Ale mich müde macht; wir gehen in Kensington Garten, machen eine Visite (wie heut) bekommen Besuch, trinken um 3 Uhr eine Tasse Tee mit Sandwichs. Um 6 ½ Uhr ist Dinner; I have my place next to Mr. Merington wir essen mutton oder beef, immer sehr schön, Kartoffeln und Kohl, der sehr gut mir und Meten schmeckt; dann Pudding oder rice oder pancake, cheese and bread and wine. Dann going upstairs; talk, some friends coming and half past ten going to bet.«

Das Londoner Leben der Meringtons war ein vergnügliches: Teestunden, Parties und Dinners, Spaziergänge und Ausflüge, Theater- und Konzertbesuche wechselten sich ab. Natürlich gab es auch Pflichten. Mr. Merington, 63, war tagsüber in der Bank of England, seine Söhne gingen ihren eigenen Geschäften nach und Mrs. Merington, 68, erteilte Privatunterricht und arbeitete an einem neuen Sprachlehrbuch. Martha Merington indessen, the celebrated Miss Merington, widmete sich der Armenhilfe: »Martha ist Vorsteherin von verschiedenen Armen-Anstalten und läuft und fährt alle Tage, um die Armen zu besuchen«, heißt es in einem Brief Emilie Fontanes an ihren Mann. Meistens gehe sie schon morgens fort »in business« und komme erst gegen Abend zurück. Es kümmere sich jetzt hauptsächlich die Tochter Emily um Mete. Sie selbst helfe Mrs. Merington, der Dame des Hauses, stundenweise bei einer Übersetzung und erhalte dafür von ihr Englischunterricht. Auch mit der Tochter Margreth arbeite sie viel. Sie lerne von ihr die englische Aussprache und übe mit ihr dann die deutsche, vor allem indem sie mit ihr lese.

Das Gastgeschenk

Als deutsche Lektüre wählte Emilie Fontane das neueste Kriegsbuch ihres Mannes, das sie als Gastgeschenk mitgebracht hatte. Endlich war nämlich der erste von zwei Bänden erschienen und trug den Titel *Der deutsche Krieg von 1866*. Der schwere Band war vom Berliner Verlag Decker in Druck, Papier, Einband noch prächtiger gestaltet worden als das zuvor erschienene Buch über den Krieg gegen Dänemark. Und wiederum fanden sich darin zahlreiche Illustrationen von Ludwig Burger: Zu sehen sind Porträts von König Wilhelm I., von Bismarck oder General von Moltke, Pläne und Lageskizzen, Bilder von Soldaten und Offizieren, wie sie Abschied nehmen von ihren Frauen oder sich im Gefecht bewähren. Auch Verletzte oder Tote sind dargestellt, nicht in der Masse, sondern als Einzelne. Dieser kritisch-aufklärerischen Darstellung im Bild entsprachen die Schilderungen und Ausführungen des preußischen Kriegsberichterstatters nur bedingt (doch sollte sich das rasch ändern – Fontane wurde einer der ersten deutschen Schriftsteller, der sich angesichts des Deutsch-Französischen Kriegs kritisch mit der literarischen Darstellbarkeit des Krieges auseinanderzusetzen begann).

In den Tagen als sie in London das Kriegsbuch las, schrieb Emilie Fontane an ihren Mann: »Ich muß dir immer wieder meine Freude darüber aussprechen; die Klarheit Deiner Sprache macht es so verständlich, daß ich selten nötig habe, Margreth etwas zu erklären.« Über den Inhalt schwieg sie sich aus. Sie selbst stand entschieden auf der Seite Preußens und Bismarcks. Gegen Bismarck aber hatte England – die liberale Regierung unter Gladstone sowie Königin Viktoria – ernste Vorbehalte und beobachtete seine kriegerische Expansionspolitik höchst sorgenvoll. Im Hause Merington teilte man wahrscheinlich diese Vorbehalte. Das tat der Überzeugung aber keinen Abbruch, daß man Fontane für einen bedeutenden Schriftsteller hielt. Die Meringtons glaubten an sein Künstlertum und achteten ihn als berühmten Mann in Preußen (»very renowned in your country«).

Der Traum

In der dritten Nacht im Meringtonschen Haus hatte Emilie Fontane einen Traum. Ihr träumte: »Ich war auf einem Kirchhof voll schöner Blumen auf den Gräbern, und freute mich ihrer, da kam die Frau des Totengräbers, nahm mich am Arm und sagte: diese Perlen soll ich noch dem Kinde um den Hals binden, das gestern in die Gruft gestellt ist; trotz meines Sträubens mußte ich ihr folgen und sogar zu meinem Entsetzen ihr behülflich sein, den kleinen Sargdeckel, der aber wie ein Granitstein war, zu öffnen; da, anstatt eines toten Kindes, lag ein reizendes Wesen, schlafend darin, öffnete die Augen und sprang fröhlich lachend aus dem Grabe, da erwachte ich, es war ¼ 4 Uhr und konnte gar nicht wieder einschlafen.« »Dein Traum hat mich lebhaft interessiert«, schrieb Fontane zurück. »Ich verstand ihn gleich; bei Gelegenheit werd' ich Dir schreiben, was er ganz genau bedeutet.« (Ein entsprechender Brief fehlt in der Ehekorrespondenz.)

Dinners and discussions

Der unerwartet gehobene Lebensstil der Meringtons überraschte Emilie Fontane. Von Anfang an fühlte sie sich ›underdressed‹. Sie ließ sich daher ihre besten Kleider nachschicken: das braune Seidene mit Schleife, das weiße Barègekleid, die Haube, den Fächer, das weiße »Crèpe de Chine Tuch«. Für weitere Stücke nahm sie Mrs. Merington mit zur Schneiderin in die noble Oxford Street. Neu eingekleidet ging es auf Parties und zu Dinners, wo meist angeregt diskutiert wurde.

Die Diskussionen gefielen der Berlinerin. Etwa jene über das Frauenstimmrecht, das die englischen Suffragetten einforderten. Das Anliegen war 1865 im englischen Parlament gescheitert, woraufhin ein Verein gegründet worden war, der sich seither kämpferisch für die Frauenemanzipation und die Gleichberechtigung einsetzte.

»Die jungen Damen«, so schrieb Emilie nach Hause, »sprachen alle für ihr Stimmrecht und hoffen, daß die Zeit nahe ist, daß wir gleichberechtigt sein werden mit den Herren der Schöpfung.« Nach ihrer Meinung gefragt, habe sie lachend geantwortet: »Ich hätte nicht Gelegenheit gehabt über den Gegenstand nachzudenken, I had such a good position as the wife of you, that I don't want an other.« Diese Antwort habe Mr.

Merington »very much« »amused«. »Dein guter Einfall«, so antwortete ihr Mann, »womit Du die Debatte über Frauen-Stimmrecht coupiertest, hat auch mich amüsiert. Man kann all diesen Dingen gegenüber sagen: ›warum nicht!‹ aber doch noch mit größerem Recht: ›wozu?‹«

Die Frage der politischen Gleichberechtigung war damals nicht nur in England, sondern auch in Amerika und ›auf dem Kontinent‹ aktuell, vor allem auch in den deutschen Ländern. Hier gab es eine Frauenbewegung, die sowohl gleiche Bildungsmöglichkeiten wie auch gleiche Rechte verlangte. Um politische Stoßkraft zu gewinnen, hatten Luise Otto-Peters und andere 1865 in Leipzig den *Allgemeinen Deutschen Frauenverein* gegründet. Für Theodor und Emilie Fontane waren indessen frauenemanzipatorische Fragen kein Thema. Sie waren überzeugt, daß sie in ihrer Ehe bereits Gleichberechtigung praktizierten, und eine rechtlich verordnete, so dachten sie beide, brauche es nicht.

Martha lernt Englisch

Wenn Emilie Fontane während ihres London-Besuchs zu Dinners und Parties ging, blieb die Tochter in der Obhut von Emily Merington. Martha sei »immer mit Emily«, die ihr auch Englischunterricht erteilte, und nenne sie bereits »Mutterchen«, erfuhr zu Hause der Vater.

Alle waren von Marthas Wesen angetan – »sie muß sehr begabt sein«, schrieb Emilie Fontane ihrem Mann, »denn Mrs. M. die soviel unterrichtet hat, meint, sie hat noch nicht beobachtet, daß jemand so spielend lernt«. Die Mutter staunte über die Entwicklung ihrer kleinen Tochter. Sie sei »bescheiden und liebenswürdig« und die »Schulschnabbrigkeit« sei ganz von ihr abgefallen. Sonderbar sei einzig, daß sie gar nicht von zu Hause spreche, »nicht von Friedel, nicht von Theo«. Das sei sicher »ein Zeichen ihrer Lebhaftigkeit, aber auch daß sie unter ihren Geschwistern gelitten« habe. Die »Liebenswürdigkeit ihres Charakters« komme unter all den Erwachsenen im Meringtonschen Haus »vielmehr zur Geltung«. Sie sei »bereits aller Liebling« und die Tochter Margreth habe sogar versprochen, ihr Klavierstunden zu geben, was Martha sehr glücklich mache.

»Angstkind«

Der Brief, der dies alles so präzis schildert, umfaßt acht dicht beschriebene Seiten. Ganz am Rand finden sich als Nachschrift die Zeilen: »Lieber Vater, ich grüße Dich herzlich und werde Dir bald einmal schreiben, grüße und küsse alle herzlich.« Die Unterschrift fehlt. Es sind die einzigen Zeilen von Martha Fontane aus England, die sich erhalten haben. So kurz sie sind, so erstaunlich sind sie. Die raschen, vorwärts drängenden Schriftzüge wirken nämlich schon fast erwachsen und lassen eine geübte Schreibhand erkennen. Alles Ungelenke der Kinderbriefe ist restlos verschwunden, ein kleiner Flüchtigkeitsfehler ist noch während des Schreibens korrigiert worden.

»Daß Mete so einschlägt, ist mir eine besondere Freude«, schrieb der Vater aus Berlin, »sie ist ein apartes Kind, in gewissem Sinne ein Angstkind und alles wird davon abhängen, in welche Hände sie gerät; sie ist jetzt in den besten.«

Angstkind? Bis jetzt hatte er sie genannt: Liebling, wilde Range, Deborah, my dear little child, Springhase – aber Angstkind? Eine latente Angst, Martha zu verlieren hatte der Vater schon immer gehabt, auch geträumt, sie könnte entschwinden »wie ein Stern«. Daß sie nicht in die richtigen Hände gerate, war eine weitere Angst. Auch die Mutter ängstigte sich um Martha, wie ihr Traum vom scheintoten Kind andeutet.

Daß der Vater die zehnjährige Martha »in gewissem Sinne ein Angstkind« nennt, könnte bedeuten, daß ihr Wagemut schon früh eine Kehrseite hatte und sie, was naheliegen würde, die Ängste übernommen hatte, unter denen beide Eltern litten. Ihr Leiden sei »die große Angst«, gestand sie als Erwachsene einmal, und sie glaube nicht, daß sie diese Angst je loswerde.

Fontane als Autor bezeichnete jemanden als »Angstkind«, der besonders geliebt, aber auch besonders gefährdet ist, so der erwachsene Leo Poggenpuhl im Roman *Die Poggenpuhls* (1896), über den es heißt: »Leo, der Liebling aller, war zugleich das Angstkind, und immer wieder zu helfen und ihn vor einer Katastrophe zu bewahren, darauf war alles Dichten und Trachten gerichtet.« Die Figur Leo, so heißt es gelegentlich, sei Fontanes Sohn George nachempfunden. Es scheint, daß diese literarische Gestalt auch überblendet wird von Tochter Martha.

Als Zwanzigjährige, es war nach einer Krise, schrieb Martha Fontane einmal an die Mutter: »Ich bitte Dich dringend, mich nicht mehr als

Angstkind zu betrachten.« Im selben Zusammenhang erfährt man, daß sie als Kind an nächtlichen Angstträumen litt. Sie schlafe jetzt zwar wieder länger, »aber unter Träumen, die mich an die entsetzlichsten Graulnächte meiner jungen Jahre erinnern«. Wenn der Vater die zehnjährige Tochter ein »Angstkind« nennt, dann wohl auch deshalb, wegen der »Graulnächte«.

Statt Kindergesellschaften

»Vorgestern war ich mit Mete zu sehr netten Menschen eingeladen, die zwei Kinder haben; ich bin sehr erstaunt zu sehen, daß Mete im Allgemeinen bessere Manieren hat wie die englischen Kinder; vor allem ist sie mit mehr Geschmack gekleidet und hat nicht so lange, knöcherne Gliedmaßen.« Erst wenn die Mutter Gelegenheit hatte, die Tochter mit anderen Kindern zu vergleichen, fiel ein wohlwollenderer Blick auf ihr Mädchen, das sie alles in allem recht streng erzog. Vielleicht war dies eine Schwierigkeit: Martha hatte als einzige Tochter hohen Ansprüchen zu genügen. Sie sollte gute Manieren zeigen, hübsch sein und sich beim Lernen klug anstellen. Sie spürte das und gab sich offenbar alle erdenkliche Mühe.

Die Meringtons waren davon ausgegangen, daß Martha noch ein Kind sei, und hatten daher für Spiel und »Kindergesellschaften« gesorgt. Sie aber stand bereits auf der Schwelle zur jungen Dame und schien in London eher die Welt der Erwachsenen zu suchen.

Ein sonntäglicher Zoobesuch im Regent's Park beispielsweise – der Zoo war sonntags nur für Mitglieder geöffnet und Treffpunkt der eleganten Welt – gefiel ihr besser als die »Kindergesellschaft«. Manchmal war Emilie Fontane mit Martha auch allein unterwegs in der großen Stadt. »Gestern Abend ging ich ein Stündchen allein mit Mete, wie verschieden ist all dies Londoner Leben von dem unsrigen; ich liebe es nicht, zu anderen zu sagen, Berlin ist wie ein Dorf, aber es ist so.« Martha habe auf einer solchen Stadtwanderung festgestellt: »hier scheint kein Unterschied wie bei uns; reich, wohlhabend und arm, hier ist nur reich und arm«. Mutter und Tochter waren bestürzt über das Elend, das sich in den Straßen Londons zeigte, über »die zerlumpten, geist- und sinnlosen Gesichter«, die zu sehen einem das Herz weh tat.

Während ihrer gemeinsamen Zeit in London unternahmen Mutter und Tochter auch manche Spaziergänge zur Post. Fontane konnte sich das lebhaft vorstellen. Poetisch bearbeitet findet man es wieder im Roman *Der Stechlin*. Komtesse Armgard erzählt dort aus ihren Londoner Kinderjahren, wie sie mit ihrer irischen Kinderfrau Susan viel im Hydepark spazierenging, »wohnten wir doch in der an seiner Nordseite sich hinziehenden großen Straße. Hydepark erschien mir immer sehr schön. Aber weil es tagaus, tagein dasselbe war, wollt' ich doch gern einmal was andres sehen, worauf Susan auch gleich einging, trotzdem es ihr eigentlich verboten war. ›Ei freilich, Komtesse‹, sagte sie, ›da wollen wir nach Martins le Grand.‹ ›Was ist das?‹ fragte ich; aber statt einer Antwort gab sie mir nur ein kleines Mäntelchen um […]. Und so brachen wir denn auf, unsre Straße hinunter, und weil an dem Parkgitter entlang lauter große Röhren gelegt waren, um hier neu zu kanalisieren, so sprang ich auf die Röhren hinauf, und Susan hielt mich an meinem linken Zeigefinger. So gingen wir, ich immer auf den Röhren oben, bis wir an eine Stelle kamen, wo der Park aufhörte. Hier war gerad ein Droschkenstand […] Und kurz und gut, wir blieben auf unserem Weg und stiegen alsbald in ein zweirädriges Cab, aus dem heraus wir sehr gut sehen konnten, und jagten die Oxfordstraße hinunter in die City hinein, in ein immer dichter werdendes Straßengewirr […] Und nun hielt unser Hansom-Cab vor einem großen Haus, das halb wie ein Palast und halb wie ein griechischer Tempel aussah und unter dessen Säulengang hinweg wir in eine große, mit vielen hundert Menschen erfüllte Halle traten. […] An ein Sichherandrängen war nicht zu denken, und so flogen denn die Brief- und Zeitungspakete, die noch mit den letzten Postzügen fort sollten, in weitem Bogen über die Köpfe der in Front Stehenden weg.«

Im *General Post Office* in St. Martin's-le-Grand hatte einst Fontane seine Briefe und Zeitungsartikel aufgegeben. Ebenfalls von hier gingen jetzt im Frühjahr 1870 die Briefe von Frau und Tochter ab. 460 Millionen Briefe waren es in jenen Jahren, die von London aus jährlich expediert wurden. Nicht alle erreichten ihr Ziel. Zum Beispiel verschwand jener spurlos, den Martha adressiert hatte mit: ›Theodor Fontane‹, »Prussia«. Er werde wohl »in der Welt herumirren«, bedauerte die Mutter. Manche Briefe Marthas schickte sie aber auch gar nicht ab, weil sie fand, sie taugten nichts.

Der Vater urteilte über die Briefe der Tochter zumeist anders als die Mutter. »Der Brief von Mete an Theo war ganz gut«, schrieb er etwa an seine Frau nach London, sie sei eben »ein ganz apartes Kind«, »das nicht mit der gewöhnlichen Anstandselle gemessen sein« wolle. In der Familiensprache der Fontanes war ›apart‹ ein wichtiges Wort. Eine aparte Person war eine interessante, nicht-alltägliche Person.

Auch Offizier George hatte sein Vergnügen bei der Lektüre der Briefe seiner kleinen Schwester, bemängelte jedoch wie die Mutter die flüchtige Schrift: »Den Brief von Meten habe ich bekommen, konnte aber trotz der größten Anstrengungen den größten Teil desselben nicht entziffern. Der Anfangspassus war wieder ganz Mete, sie schrieb: Mein lieber George. Ich schicke Dir diesen Brief direkt, weil ich es nicht für vorteilhaft halte, wenn derselbe erst durch die mehr oder weniger reinen Hände verschiedener zärtlicher Geschwister geht. Famos!«

»Zeitungs-Affaire« – ein familiärer Konflikt

Noch bevor Emilie Fontane mit der Tochter nach London aufgebrochen war, hatte ihr Mann sich mit seinem Vorgesetzten, dem Chefredakteur der *Kreuzzeitung*, gestritten. Sie wußte um die »Zeitungs-Affaire« und so fürchtete sie, fernab vom Schauplatz, noch immer ein »Gewitter«. Er aber schwieg beharrlich. Bis er sich am 11. Mai endlich hinsetzte und schrieb: »Die Hälfte ist nun um, heute vor drei Wochen bist Du abgereist, und der Zeitpunkt ist nun da, den ich mir gleich festgesetzt hatte, um Dich in unsre Geheimnisse einzuweihen: ich habe meine Kreuzzeitungs-Stelle aufgegeben. Falle nicht um. Eh du noch mit diesem Briefe zu Ende bist, wirst Du hoffentlich sagen, er hat ganz Recht getan.« Das Vorgehen ihres Mannes verletzte Emilie Fontane zutiefst. Er hatte, ohne sich vorher mit ihr zu besprechen, eine Entscheidung getroffen, die für sie und die ganze Familie von großer Tragweite war.

Er habe seinen Entschluß »noch keinen Augenblick« bereut, schrieb er. Als erstes werde er seinen Roman, der seit sieben Jahren nicht fertig wurde, beenden. Er werde endlich ein freier Schriftsteller sein. Emilie Fontane war fassungslos. Nach einer schlaflosen Nacht antwortete sie: »Liebster Theodor – Du wirst nicht erwarten, daß mich Dein gestriger Brief erfreut hat; dazu blickst auch Du zu dankbar auf die letzten zehn glücklichsten Jahre unseres Lebens zurück.« Überrascht habe sie dieser

Schritt nicht: »Ich weiß seit lange daß Du nach Freiheit schmachtest. […] Jedes Gebundensein widerstrebt Deiner Natur; so lange die Dinge ruhig gehen, bist du glücklich und zufrieden; kommt aber ein Anstoß, so verwirfst du auch alles.« Auch ihre Ehe stehe unter diesem Zeichen: »Sobald ich durch irgend etwas Dir unangenehm bin, sobald ich dir entgegenstehe, sprichst Du von einer zwanzigjährigen, unerträglichen Ehe.«

Ihr Vorwurf, er gebe seinem Hang nach Freiheit allzu leicht nach, traf ihn empfindlich. Zehn Jahre lang hatte er es doch bei der *Kreuzzeitung* ausgehalten: »Wo liegt denn nun der ungeheure Hang nach Freiheit und Wechsel! Allerdings hab ich diesen Hang, aber ich hab ihn unter Kontrolle meines *Urteils und Verstandes*, die überhaupt die Regulatoren meiner Lebens- und Handelweise sind.« Da ihm die *Kreuzzeitung* keine Pension gewähren wolle, habe er auch gar keine gesicherte, sondern »in ihrem Kern« eine »perfide Stellung aufgegeben.« Solange er frisch und schaffensfreudig sei, bestehe überhaupt kein Grund zur Schwarzseherei. Mit ihrer »Unken-Prophetie« habe sie schon immer nur das eine erreicht: »mir in kritischen Momenten das Schwere meiner Aufgabe noch schwerer gemacht zu haben. Denn das Gesicht mit dem Du *mit*trägst, hat noch niemals eine Last leichter gemacht. Dein Theo.«

Emilie lenkte zuerst ein. In London war schönster Frühling, die Bäume blühten. Ein Ausflug mit den Meringtons nach Greenwich hatte sie wieder froh gestimmt. »Unsere Fahrt gestern war entzückend und die Großartigkeit alles dessen, was ich sah, drang auch in mein kleines Herz und Sorgen und Bangigkeit verschwanden und machten der Bewunderung, der Freude Platz. Wir fuhren erst mit der unterirdischen Eisenbahn, – da lagen Deine Worte noch schwer wie Blei in meinem Geist und auf meinen Augen, aber sobald ich auf dem Wasser war, konnte ich wieder frei atmen. Der Anblick von Westminster erfüllt mich immer wieder mit einem körperlichen Wohlbefinden; wir passierten sieben Brücken, St. Paul, den Tower, all die schönen, interessanten Ufer bis Greenwich.« Auf diese Wirkung Londons hatte Fontane gehofft.

Derweil schrieb Henriette von Merckel in ihr Notizbüchlein: »Seitdem Frau Fontane nach London mit Martha gereist ist, hat Fontane einen für das Schicksal der Familie höchst entscheidenden Schritt getan, er hat sein Amt bei der ›Kreuzzeitung‹ quittiert und damit zugleich ein sicheres Einkommen von tausend Taler jährlich. Es ist für die Frau ein harter Schlag, dies in weiter Ferne zu erfahren! Die Genies haben für ihre Angehörigen doch zuweilen recht schwer zu ertragende Einfälle! F. hat mir mit seiner gewohnten Offenheit seine Gründe auseinandergesetzt – es läßt sich nichts dagegen sagen, ja ich war ergriffen von der Macht seines Glaubens an sein Genie, daß aber der Frau sich bange Besorgnisse aufdrängen, vermag ich zu begreifen, bin ich doch selber nicht frei davon. So vermag ich leider nicht in eine helle Zukunft für die Freunde zu blicken, sondern in ein Leben von innern und äußern Kämpfen und das tut mir im voraus weh. Möge Fontane durch den Erfolg gerechtfertigt werden!«

Brief des Vaters

Martha sah sich in jenen Tagen, als ihre Mutter und ihr Vater sich stritten, unerwartet in der Rolle der Vermittlerin:»gib Deiner lieben Mama einen Kuß von mir, recht herzlich«, so schrieb der Vater an seine»liebe, kleine Mete«,»und sage ihr, sie solle nur Vertrauen haben und den Kopf oben behalten; ich wäre fest überzeugt, daß sich alles ganz gut machen werde«. Es ist der früheste erhaltene Brief Fontanes an seine Tochter, geschrieben am 21. Mai 1870 in Berlin, Königgrätzer Straße 25. Er umfaßt drei Seiten und ist – mit Schwanenfeder und dunkler Tinte – geschrieben in der charakteristischen schwungvollen Handschrift des Autors. Nichts verrät äußerlich, daß der Brief an ein zehnjähriges Kind gerichtet ist.

Der Brief des Vaters enthält außerdem allerlei Familiennachrichten, unter anderem, daß »Friedel« jetzt in die Schule gehe und »ein guter Schüler« sei, jedenfalls »alle Woche ein Lob« kriege. Auch Theo zähle in der Schule wieder zu den Guten, komme dank »Frei-Billets« öfters ins Theater und gehe, auf Wunsch von ›Tante Merckel‹, zu den Kadetten. »Theo ist jetzt alle Sonnabend-Nachmittag Soldat und sieht aus, daß man sagen kann: da läuft ein Gewehr mit einem Jungen. Dies darfst Du ihm aber nicht schreiben, denn er hat bereits die militärische Ehre (beiläufig überhaupt ein fabelhaftes Ding) und ist sehr empfindlich.«

Zur selben Zeit, als der Vater an sie schrieb, lag Martha mit Kopfschmerzen und Fieber darnieder. Emilie vermutete eine Magenverstimmung:»Es wird der Tribut sein, den sie der veränderten Lebensweise zu geben hat, namentlich Pudding und Brod muß sie in ihrer Gefährlichkeit kennenlernen.« Martha habe nach Erbrechen zwei Pillen erhalten und brauche jetzt einen Tag Erholung. Und tatsächlich, als der Brief des Vaters endlich einlief, war Martha bereits wieder gesund und munter.

»Abschied von meiner süßen Mete«

Sie war auch wieder unternehmungslustig. Gemeinsam mit der Mutter und der jungen Margreth Merington besuchte Martha eine der großen Londoner Sportveranstaltungen. »Mete war ganz aufgeregt«, erfuhr der Vater, »weil ein kleiner Knabe an dem Wettlauf teilnahm, der kaum größer war, als Fritz [Friedrich]. Überhaupt ist es rührend zu beobachten, wie viel sie an ihre Brüder denkt. Alles möchte sie für dieselben zum Mitbringen kaufen und ebenso für Luise [die Wirtschafterin]; mitten in ihrer Freude sagt sie plötzlich: ›ich denke es mir zu reizend, wenn wir uns wieder sehen.‹« Manchmal hatte Martha jetzt Heimweh.

Sonnabend, den 28. Mai 1870, reiste sie in Begleitung von Miss Emily Merington von London nach Fulbourn. Der Ort lag »von Cambridge so weit wie Ruppin von Kränzlin«, hatte aber bereits eine eigene Eisenbahnstation. Es war eine Trennung auf Probe. Bei der Abreise der Tochter hatte die Mutter versprochen, sie werde sie bestimmt in Fulbourn besuchen, bevor sie nach Berlin zurückkehre.

Emilie Fontane verlebte unterdessen ihre letzten Tage in London, machte Einkäufe und Visiten und bereitete ihre Rückkehr vor. Aus Fulbourn erhielt sie regelmäßig Post. Die Briefe der Tochter schickte sie jeweils weiter an ihren Mann. Einmal schrieb sie dazu: »von unserem liebenswürdigen Kinde«. Die Trennung fiel ihr schwerer als erwartet. »Mete ist nun morgen schon eine Woche fort, ich vermisse sie sehr«, gestand sie sich ein, »und sehe erst jetzt, wie sie mir ans Herz gewachsen ist und welch Opfer ich bringe, mich von ihr zu trennen; sie ist von rührender Zärtlichkeit und schreibt mir alle Tage, so daß ich fast fürchte, sie wird mich sehr vermissen.«

»Möge Dir der Abschied von unsrem Liebling nicht zu schwer werden«, schrieb aus Berlin ihr Mann zurück.

Zehn Tage nach Martha traf auch Emilie Fontane in Fulbourn ein. »Gestern früh«, so heißt es in ihrem Brief vom 9. Juni 1870, »bin ich mit der Norwich-Bahn hierher gereist und habe Mete so wohl, so glücklich hier angetroffen, daß ich nur Ursache habe Gott aus vollem Herzen zu danken und zu hoffen, unser Kind wird für ihr Leben einen Gewinn davon haben, mit so liebenswürdigen Menschen zusammen zu leben. Sie erzählte mir gestern Abend im Bett, wie glücklich sie sei, sie hätte nur den Wunsch: einige Tage Papa und die Brüder, namentlich George, wieder zu sehen. Mit dem Refrain: ›es ist zu hübsch hier‹ ›Tante ist gut‹ schlief sie endlich ein, um heute früh mit demselben Sang zu beginnen.« »Wie sehr froh ich darüber bin«, berichtete sie nach Berlin, »wirst du begreifen und der Abschied, den ich so gefürchtet, wird mir nun nicht schwer werden.« Nach einem kurzen Ausflug nach Cambridge, »um das College und die Kirche zu besichtigen«, und nach einem letzten Beisammensein reiste die Mutter am 10. Juni, abends »um 5 Uhr«, zurück nach London. Ihrem Mann gestand sie: »der Abschied von meiner süßen Mete war sehr schwer!«

Sommer in Fulbourn

Fulbourn liegt in East Anglia. Die Landschaft dort ist flach oder sanft hügelig, es gibt langsam dahinfließende Flüsse, Feldwege, Hecken, eine reiche Fauna und Flora, viel Weideland. Im Norden liegt das Fenland, entsumpfte und kultivierte Marsch. Dort ragt in der weiten Ebene die mittelalterliche gotische Ely Cathedral in den Himmel. Auch viele mittelalterliche Kirchen, Abteien und Klöster sowie herrschaftliche Landhäuser prägen das Landschaftsbild. Da und dort ein Dörfchen. Von besonderer Bedeutung sind in East Anglia die Universitätsstadt Cambridge und der Ort Newmarket, seit dem 17. Jahrhundert Mekka des Pferderennsports.

In Fulbourn, wo Martha lebte, gab es eine mittelalterliche Kirche (St. Vigor's Church), ein stattliches Herrenhaus (The Manor) und eine Windmühle, auch eine Volksschule – eine Mädchenschule war 1870 eben in Gründung begriffen –, eine eigene Post und zwei oder drei Pubs. Zudem gab es hier, in unmittelbarer Nähe von Cambridge, bedeutende soziale Einrichtungen: die acht Armenhäuser (The Almshouses) und die große ›Irrenanstalt‹ (Lunetic Asylum), die 1858 am Rande des Ortes eröffnet worden war und Patienten aus ganz East Anglia aufnahm.

Martha Fontanes Fulbourner Adresse lautete »Merington's Cottage« (das Haus existiert bis heute). Der Ort zählte damals gut 300 Haushalte und ungefähr 1400 Einwohner. Ein Blick ins Adreßbuch zeigt, daß 1870 auch ein Farmerehepaar Merington in Fulbourn lebte, offenbar Ver-

Fulbourn, nach 1870

wandte der Londoner Meringtons. Das Ehepaar engagierte sich bildungspolitisch und war maßgeblich daran beteiligt, daß 1859 in Fulbourn die National School eröffnet werden konnte. Der Bibelgruppe, die im Ort gut besucht wurde, gehörten die Meringtons nicht an.

Möglich ist, daß sowohl Mrs. Susanna Merington als auch Miss Emily Merington sich um die Erziehung Marthas kümmerten, Ausflüge mit ihr unternahmen und sie einführten in die Kultur von East Anglia mit seinen großen Malern Gainsborough und Constable. Vielleicht hörte Martha auch etwas über Byron in Cambridge oder Dickens in London. Um Charles Dickens wurde getrauert, als Martha Fontane ihren Sommer in Fulbourn verlebte. Er starb unerwartet am 9. Juni 1870 und wurde unter großer Anteilnahme der Bevölkerung in der Londoner Westminster Abbey beigesetzt. Später, mit 17, nannte Martha Dickens ihren »favorite prose author«.

Cambridge 1870

Wenn Martha Fontane im Sommer 1870 gelegentlich in Begleitung nach Cambridge gekommen sein sollte, dann hat sie vielleicht Wasserfahrten unternommen, ist durch die College-Gärten spaziert, hat eine Chapel besucht oder in der Trinity University die berühmte Statue von Lord Byron länger betrachtet: der junge Byron in Dichterpose. Die Verse, die

ihn über Nacht berühmt gemacht hatten, hatte Marthas Vater einst ins
Deutsche übersetzt:

> Doch staune nicht, daß kummervoll
> Mir Herz und Auge sind.
> Ich zog ja von der Mutter mein,
> Und meinem Vater fort
> [...]
> Es segnete der Vater mich
> Und klagte dann nicht mehr;
> Doch Mutter weinte bitterlich,
> Bis ich zurückekehr.

Cambridge hatte damals etwa 26 000 Einwohner. Das Leben der Be-
zirkshauptstadt wurde dominiert von der Universität, die dort im
13. Jahrhundert gegründet worden war. Die Universität Cambridge bestand 1870 aus 17 Colleges. Trinity College war das größte. Hier stu-
dierten 500 bis 600 Studenten. Das kleinste war eine Neugründung:
Newnham College, das erste Frauencollege. Als es 1870 eröffnet wurde,
nahmen hier vorerst acht Studentinnen ihr Studium auf. (Daß die Meringtons mit Newnham College in Berührung gekommen wären, ist
nicht bekannt.)

In Cambridge studierte man hauptsächlich alte Sprachen, Mathematik
und Naturwissenschaften. Über das Leben der Studenten – um 1870
waren es etwa 4000 – schreibt der Baedeker: »Die Studenten oder ›Un-
dergraduates‹ wohnen entweder in den Colleges, wo jedem zwei Zimmer
angewiesen werden, oder in Wohnungen in der Stadt, die von den Univer-
sitätsbehörden genehmigt sind. Sie sind bestimmten Statuten unterworfen. Sie speisen zusammen in ihrem College-Hall oder Speisesaal, müssen
sonntags und mehrere Mal in der Woche dem Gottesdienst in der Col-
lege-Kapelle beiwohnen, und dürfen Abends nicht später als 12 Uhr ausbleiben.« Sonntags trügen sie ihre »akademische Kleidung«, »welche aus
einer eigentümlich flachen schwarzen Mütze und einem langen Rock oder
einer Robe von schwarzem oder blauem Stoff« bestehe. Besonders ein-
drücklich seien die kirchlichen Chorkonzerte. Die besondere »Kleidung
der Studenten in Verbindung mit dem mit größter Festlichkeit durchgeführten Gottesdienst« verfehle selten, »einen tiefen Eindruck auf den
Fremden zu machen, der diesem Schauspiel zum ersten Mal beiwohnt.«

Martha kam nach Fulbourn bei Cambridge, als es gegen das Semesterende zuging. Am Ende des akademischen Jahres wurden jeweils zahlreiche Gardenparties und May Balls gefeiert, zu denen die jungen Leute aus allen Landesteilen anreisten. Danach wurde es stiller in der Universitätsstadt. Die meisten Studenten fuhren, wenn die langen Ferien begannen, nach Hause und kehrten erst im Oktober wieder zurück.

Krieg gegen Frankreich – der Bruder als Offizier vor Paris

Als der Deutsch-Französische Krieg ausbrach, war Martha Fontane in Fulbourn, ihre Mutter aber nach Hause zurückgekehrt.

Im Streit um die europäische Hegemonie waren Frankreich und Preußen in einen Prestigekampf geraten. Bismarcks berühmte Emser Depesche vom 13. Juli hatte zur Folge, daß Frankreich mobil machte und Preußen am 19. Juli 1870 den Krieg erklärte. Dank seiner Bündnispolitik erreichte der preußische Ministerpräsident, daß alle übrigen deutschen Staaten, außer Österreich, sich an seinem dritten Krieg beteiligten. Die deutschen Armeen marschierten in Frankreich ein, eine Schlacht folgte der anderen.

Beide Regierungen hatten diesen Krieg offensichtlich gewollt. Frankreich, um das aufstrebende Preußen zu schwächen, und Preußen, um Deutschlands Einigung unter preußischer Führung durchzusetzen. Auf beiden Seiten wurden die kriegswilligen Regierungen von der nationalen Begeisterung getragen, ausgehend von einer vermeintlichen deutschfranzösischen Erbfeindschaft. Wenige Wochen nach Kriegsbeginn wurde Napoleon III. in der Schlacht bei Sedan gefangen genommen, am 2. September kapitulierte er (fortan Sedanstag).

Der Krieg aber war mit der Schlacht bei Sedan noch nicht zu Ende. Am 19. September begannen deutsche Truppen Paris zu belagern und zu beschießen. Die Hauptstadt sollte ausgehungert werden. Bismarck rechnete mit dem baldigen Fall der Stadt. Die Bevölkerung und die eingekesselten französischen Truppen hielten jedoch unter den elendesten Bedingungen der Belagerung monatelang stand.

Rückblickend notierte Henriette von Merckel: »George war im April 1870 auf die Kriegsschule nach Hannover gekommen, die Nachrichten lauteten auch von da gut, das Reiten machte ihm besondere Freude. Wie nützlich erwies sich bald dieser Unterricht! – Als der Krieg ausbrach, am 19. Juli, wurden die Fähndriche dort examiniert, und wer irgend bestand, der avancierte zum Offizier und wurde als solcher mit seinem Regiment gleich nach dem Rhein geschickt. So erfuhr ich Ende Juli [...] durch einen Brief seiner Mutter, daß er bei Homburg in Rhein-Bayern das Lager bezogen habe. Es hieß, das Regiment sei zur Avant-Garde bestimmt. Das fiel mir recht schwer aufs Herz – ein so junges Blut, das sich kaum vorstellen kann, was ihm bevorsteht! und der Tod oder – was schlimmer – schwere Verwundung ihm vielleicht so nahe! – Seine Eltern waren mit Theodor und dem Jüngsten, die nahe Zukunft nicht ahnend, ins Seebad gegangen, nach Warnemünde; sie blieben daselbst, bis die Aktion begann, dann kehrten sie nach Berlin zurück. – Wenn es Frau Fontane als Mutter schon schwer genug war, den ältesten Sohn im Kriege, die Tochter in England zu wissen, so war es begreiflich, daß sie mit Zittern und Zagen ihren geliebten Gatten nach Frankreich reisen sah, der seinem Berufe gemäß die Schlachtfelder besichtigen wollte. Dies geschah gegen Ende September.«

Der Vater in Kriegsgefangenschaft

Bereits am 27. September 1870 reiste Fontane im Auftrag seines Verlegers Decker zu den Kriegsschauplätzen in Frankreich. Als er in die Gegend kam, wo das Geburtshaus von Jeanne d'Arc stand, machte ihn seine Neugierde unvorsichtig. In Domrémy, südwestlich von Nancy, geriet er hinter die feindliche Linie und in Kriegsgefangenschaft: »Ich klopfte eben mit meinem spanischen Rohr an der Statue [von Jeanne d'Arc] umher, um mich zu vergewissern, ob es Bronze oder gebrannter Ton sei, als ich vom Café de Jeanne d'Arc her eine Gruppe von 8 bis 12 Männern auf mich zukommen sah, ziemlich eng geschlossen und unter einander flüsternd. Ich stutzte, ließ mich aber zunächst in meiner Untersuchung nicht stören und fragte, als sie heran waren, mit Unbefangenheit: aus welchem Material die Statue gemacht sei? Man antwortete ziemlich höflich: ›aus Bronze‹, schnitt aber weitere kunsthistorische Fragen, zu denen ich Lust bezeugte, durch die Gegenfrage nach meinen Papieren ab.«

Die Lage wurde ernst, denn man verdächtigte Fontane der preußischen Spionage. Nach dem Verhör vor einem Militärgericht mußte er fürchten, am nächsten Morgen erschossen zu werden. Gnädig wurde er aber statt dessen, ohne zu wissen, wohin die Reise ging, in die Zitadelle auf der atlantischen Insel Oléron überführt. Als George Fontane, dessen Regiment Paris belagerte, von der Gefangennahme erfuhr, schrieb er der Mutter: »Ich muß dir gestehen, daß ich schon oft eine Vorahnung davon gehabt habe, besonders als Du mir schriebst, du bekämest keine Briefe mehr. Alle hier von den Offizieren finden es aber auch kolossal leichtsinnig, in einem Lande, dessen Einwohner, wie Papa selbst schreibt, sont ›enragé contre nous‹, herumzuturnen. Ich hoffe natürlich sehr, daß durch die Verwendung der Freunde seine Freilassung zustande kommen wird, zweifele aber doch sehr daran.«

Georges Zweifel waren berechtigt. Nur weil auf höchster Ebene interveniert wurde, kam Fontane schließlich am 24. November 1870 frei. Bismarck selbst verlangte die sofortige Freilassung des »wohlbekannten Geschichtsschreibers Fontane« und drohte unmißverständlich, »daß wir im Weigerungsfalle eine gewisse Anzahl von Personen in ähnlicher Lebensstellung in verschiedenen Städten Frankreichs verhaften und nach Deutschland schicken und ihnen dieselbe Behandlung zuteil werden lassen, die dem Dr. Fontane in Frankreich beschieden ist«.

In England nahmen die Meringtons lebhaft Anteil am Schicksal ihrer Berliner Freunde. Sie erfuhren schon sehr bald von der Gefangennahme Fontanes bei Domrémy und traten, was offenbar möglich war, mit ihm in Korrespondenz. Einmal legten sie auch eine neue Photographie von Martha bei: »Nos amis Meringtons à London«, schrieb Emilie Fontane in ihrem Französisch, »ont aussi ecriver des lettres à Besançon et ont envoyé à Roche sur Yon le photographie de notre petite fille, pour vous faire un plaisir.« (Die Photographie ist leider nicht überliefert.)

Es war wohl nicht zu vermeiden, daß auch Martha vom Kriegsgeschehen erfuhr und davon, daß ihr Bruder als Offizier vor Paris stand, ihr Vater aber als Kriegsberichterstatter nach Frankreich gereist war. Wann und inwieweit die Meringtons sie über die Kriegsgefangenschaft ihres Vaters aufklärten, ist ungewiß. Möglicherweise verzichteten sie auf jede Beschönigung. Nicht zuletzt weil Martha nicht nur Briefe aus Berlin, sondern vielleicht auch Briefe von ihrem Vater oder von ihrem Bruder George erhielt oder hätte erhalten können (der Postverkehr zwischen Frankreich und England funktionierte gut). George Fontane – »ein so junges Blut, das sich kaum vorstellen kann, was ihm bevorsteht« – hatte Glück gehabt im Gefecht und gab sich siegessicher, jedenfalls in seinen

Feldpostbriefen (seine Briefe an die Eltern sind überliefert). Er kämpfte, darin war er sich sicher, für eine gute Sache.

In England hingegen verurteilte man den Deutsch-Französischen Krieg. Zwar gab es zwischen dem englischen und dem preußischen Königshaus verwandtschaftliche Bande – »Vicky«, die älteste Tochter von Königin Victoria war mit dem preußischen Kronprinzen Friedrich verheiratet – doch stellte sich die offizielle englische Politik unter Premier Gladstone entschieden gegen das europäische Kriegsgeschehen. Die Meringtons teilten aller Wahrscheinlichkeit nach die politische Haltung ihrer Regierung. Martha, in deren Kindheit drei deutsche Kriege fallen, erlebte diesen dritten Krieg daher nicht nur in räumlicher, sondern auch in kritischer Distanz. Um Vater und Bruder, selbst wenn sie nicht alles gewußt haben sollte, ängstigte sie sich aber wohl sehr.

»ma petite chère en Angleterre«

Am 5. Dezember war Theodor Fontane wieder in Berlin, mit »treu ergebnem Sinn und großem Hunger«, wie er in sein Tagebuch notierte und hinzufügte: »Die Sorge um mich war groß gewesen. Nun liegt es zurück. Der Dank für Rettung wird bleiben.«

Fontane war es während seiner Gefangenschaft nicht nur erlaubt, Briefe zu schreiben, er nahm auch die Gelegenheit wahr, sich Notizen zu machen. So entstand die kleine autobiographische Schrift *Kriegsgefangen*, in der er das Erlebte erzählt. Er schildert darin eine Nacht, in der ihm sein ›Liebling‹ fast wie eine Vision vor Augen tritt: »Ich saß auf dem Stuhl, [...] wiegte mich hin und her und blickte träumend in die immer ruhiger werdende Flamme. Liebe, freundliche Gesichter traten mir entgegen; ich sah deutlich die großen klugen Augen meines Lieblings. [...] es war mir, als spräch es lieb und traut in mein Ohr. So saß ich im Gefängnis [...], schwere Tage hinter mir, schwere Tage vor mir und schrieb Verse in mein Notizbuch.«

Zu welchem Zeitpunkt Martha Fontane diese Sätze kennengelernt hat, läßt sich nicht mit Bestimmtheit sagen. Aus einem ihrer späteren Briefe geht hervor, daß sie die »großen klugen Augen meines Lieblings« spontan auf sich selbst bezog. Erstmals veröffentlicht wurde die Passage am 29. Januar 1871 in der *Vossischen Zeitung*. Hier erschien der Vorabdruck von *Kriegsgefangen* in 13 Folgen (25. Dezember 1870 – 26. Februar

1871). Nummer für Nummer konnten die Leserinnen und Leser der Zeitung die persönlichen Kriegserlebnisse Fontanes erfahren – und es ist zweifellos möglich, daß den Briefen, die an die Tochter oder ihre Gastfamilie nach England gingen, die entsprechenden Zeitungsseiten beigelegt wurden. (In gebundener Ausgabe erschien *Kriegsgefangen* im November 1871.)

»Wenn sie nicht schön wird«

Im Verlauf des Krieges wurde am 18. Januar 1871 im Versailler Spiegelsaal das Deutsche Reich proklamiert und Preußens König Wilhelm I. als deutscher Kaiser inthronisiert. Augusta, die neue deutsche Kaiserin, weilte zu diesem Zeitpunkt in Berlin. Aus Protest. Sie hatte die deutsche Einigung gewünscht, aber nicht als Resultat von blutigen Kriegen, sondern als Akt eines gemeinsamen politischen Willens.

Erst Ende Januar gab auch das belagerte Paris auf. Der Widerstand hatte 5000 Menschen das Leben gekostet. Sie waren gestorben an Kälte, Hunger und Krankheit.

Noch war der Friedensvertrag nicht unterzeichnet, als am 9. April 1871 Fontane zu seiner zweiten Frankreichreise aufbrach. Trotz Kriegsgefangenschaft hatte er den Plan, über den Deutsch-Französischen Krieg zu schreiben und vor Ort zu recherchieren, nicht aufgegeben. Zudem wollte er seinen Sohn George besuchen, dessen Regiment im nordfranzösischen St. Denis stand. »Er sieht gerade so aus wie sonst«, schrieb er nach der ersten Begegnung nach Hause. George sei »ein *sehr* netter Kerl« geworden »und ersichtlich auch beliebt«.

Anfang Mai 1871, noch während ihr Vater Frankreich bereiste, kehrte Martha Fontane nach Berlin zurück. Sie wurde begleitet von Margreth Merington, die offenbar als Hauslehrerin nach Deutschland kam. Emilie Fontane hatte im Jahr zuvor mit ihr die deutsche Aussprache geübt und deutsche Texte gelesen und sie »sehr hübsch« gefunden. Auch jetzt gefiel sie ihr wieder. Martha dagegen weniger. Auf einen (nicht überlieferten) Brief von Emilie Fontane über die Ankömmlinge, antwortete ihr Mann aus Metz: »Besten Dank für Deine freundlichen Zeilen vom 4. Vor allem freu ich mich, daß die Engländer heil und gesund da sind; das andre findet sich. Grüße mir meinen Liebling. Wenn sie nicht schön wird (eine Hoffnung die man nun wohl aufgeben muß) muß es auch *so* gehn.«»Innen lebt die schaffende Gewalt«, zitierte er frei nach Schiller, »auch die, die Liebe schafft, was ja doch bei den Weibern die Hauptsache ist –«

Die Tochter war jetzt elfjährig und, früher als die meisten Mädchen damals, in der Pubertät.»Mete ängstigt Dich wohl mehr als nötig«, meinte Fontane in einem weiteren Brief an seine Frau,»im übrigen komme, ›was da kommen soll‹. Geist und Herz, alles was über das ganz Alltägliche hinausgeht, ist immer gefährlich.«

»Bon soir, Messieurs, nun ist es genug«

Am 10. Mai 1871 beendete der Frieden von Frankfurt den Deutsch-Französischen Krieg, der Zehntausende von Opfern gekostet hatte. Frankreich, das den Krieg verloren hatte, wurde staatsvertraglich verpflichtet, das Gebiet von Elsaß-Lothringen an das neu gegründete deutsche Kaiserreich abzutreten und 5 Milliarden Franc Kriegsreparation zu bezahlen.

Als Fontane am 16. Mai 1871 aus Frankreich zurückkehrte, ging die Wiedersehensfreude über in eine allgemeine Aufregung. Denn es stand der Einzug der siegreichen deutschen Truppen bevor. Auch diesmal wieder hatte Fontane ein Einzugsgedicht verfaßt:

Und siehe da, zum dritten Mal
Ziehen sie ein durch das große Portal;
Der Kaiser vorauf, die Sonne scheint,
Alles lacht und alles weint
[…]
Blumen fliegen aus jedem Haus,
Der Himmel strömt lachende Lichter aus,
Und der Lichtball selber lächelt mit Wonne:
»Es gibt doch noch Neues unter der Sonne.«
[…]
Zum dritten Mal
Ziehen sie ein durch das große Portal;
Die Linden hinauf erdröhnt ihr Schritt,
Preußen-Deutschland fühlt ihn mit.
[…]

79

Bei dem Fritzen-Denkmal stehen sie wieder,
Sie blicken hinauf, der Alte blickt nieder:
Er neigt sich leise über den Bug:
»Bon soir, Messieurs, *nun* ist es *genug*.«

Die Fontanes beobachteten den Einzug der deutschen Truppen von ihrer Wohnung aus. Denn die Einzugstruppen marschierten geradewegs unter ihren Fenstern vorbei. Der Zug kam vom Halleschen Tor durch die Königgrätzer Straße und zog weiter durchs reich geschmückte Brandenburger Tor die Linden hinauf. An der Spitze ritt Wilhelm I., jetzt deutscher Kaiser. Alles winkte ihm zu. Die Kirchenglocken läuteten. Der Triumphstraße entlang standen Tribünen für die sämtlichen Berliner Schüler sämtlicher Berliner Lehranstalten: ein Hurra für die tapferen, siegreichen Truppen. Die Mädchen warfen Blumen.

Emilie Fontane schrieb an Mathilde von Rohr, ihre Kinder seien vom Einzug der Truppen begeistert gewesen, »da Majestät, infolge eines ihm zugeworfenen Blumenstraußes, zu unseren Fenstern heraufgegrüßt« (28. Juni 1871). Marthas Bruder Theo erinnerte sich Jahrzehnte später jedoch nur an diese Szene: »Von jenem Einzug selbst« habe er »leider nur wenig« zu sehen bekommen. Hauptsächlich hätten sich Erwachsene ans Fenster gedrängt. Nicht nur die Verwandten und Freunde seien nämlich gekommen, sondern auch »viele Leute«, die »plötzlich ihr Herz für Fontanes entdeckten und die Bitte um ›ein ganz bescheidenes Fensterplätzchen‹ aussprachen.« »Trotz kunstreicher Etagenbauten an unseren vier Fenstern«, so sein Bericht, »blieb aus Höflichkeitsrücksichten für die Kinder des Hauses nur wenig Gelegenheit zum Sehen übrig.«

›Backfischjahre‹ im kaiserlichen Berlin
1871–1876

Die kaiserliche Reichshauptstadt – ein teures Pflaster

Die Truppen zogen nicht mehr ins königlich-preußische, sondern ins kaiserlich-deutsche Berlin ein, das nun Residenz des deutschen Kaisers und Reichshauptstadt geworden war. Die Einwohnerzahl überstieg 1871 bereits 800 000. Der jetzt einsetzende Wirtschafts- und Bauboom, ausgelöst durch die 5 Milliarden Franc Kriegsreparation, ließ die Stadt bis 1877 auf eine Million Einwohner anwachsen – man sprach bald nicht mehr von »Spreeathen«, sondern von »Spreechicago«.

Gründe für die in Europa beispiellose Expansion waren, so urteilte man schon damals, der »Zusammenfluß der finanziellen Kräfte« in der Hauptstadt, das erhöhte »Selbstbewußtsein nach glorreichen Waffentaten« sowie das »Vertrauen auf die Solidität der neu geschaffenen Verhältnisse«. »Geist und Kapital« kamen einander entgegen: »die Unternehmungslust des einen und die Sucht des anderen, seiner Macht eine sichtbare, imponierende Gestalt zu verleihen«, vereinigten sich in einer neuen, auf Repräsentation bedachten Architektur, die Berlin wesentlich umgestaltete. Auch der Staat trat in vielfältiger Weise als Bauherr auf. Er baute Banken, Bahnhöfe, Post- und Verwaltungsgebäude. Ein Reichstagsgebäude wurde in Planung gegeben; seine Realisierung ließ von allen staatlichen Bauten am längsten auf sich warten.

Daß sich nach der Reichsgründung der Lebensstil veränderte, zeigte sich auch im Freundes- und Bekanntenkreis der Fontanes. Richard Lucae zum Beispiel baute Anfang der 1870er Jahre luxuriöse Villen im Tiergartenviertel für seinen Bruder Prof. Dr. August Lucae (Lützowstraße 9), für den Maler August von Heyden (Lützowplatz 13), für den berühmten Geiger Joseph Joachim (Beethovenstraße 3) und schließlich auch für sich selbst (Victoriastraße 31). Die Fontanes verkehrten in allen diesen Häusern, hauptsächlich bei Lucaes und Heydens. Bei Joachims ging Martha später gelegentlich ins Konzert. (Alle von Lucae erbauten Villen wurden im Zweiten Weltkrieg zerstört.)

Während die einen vom wirtschaftlichen Aufschwung profitierten, hatten die anderen die Konsequenzen der gründerzeitlichen Bodenspekulation zu tragen. Zu den ›Verlierern‹ gehörten auch die Fontanes. Das Eckhaus, das sie bewohnten, wurde kurz nach der Reichsgründung von seinem Besitzer zu überhöhtem Preis verkauft. Alle Mietparteien mußten ausziehen. »Meine Frau ist jetzt vor allem in Wohnungsnöten«, ließ Fontane die Freundin Mathilde von Rohr wissen. »Ich weiß nicht, ob ich Ihnen schon schrieb, daß unser Haus verkauft ist, daß die Mieten mindestens verdoppelt werden und daß wir also *alle* ziehn.«

Theater und andere urbane Beschäftigungen

Fontane hatte nicht mit den großen politischen Veränderungen in Deutschland gerechnet, als er im Frühjahr 1870 seine Stelle bei der *Kreuzzeitung* aufgab, um endlich freier Schriftsteller zu werden. Wäre es nach seinen Plänen gegangen, hätte er Ende 1870 seinen ersten großen Roman vorgelegt. Das Kriegsgeschehen hatte ihm jedoch keine ruhige Stunde gelassen. Als bewährter Chronist des 1864er und 1866er Krieges zögerte er nicht, auch über den Krieg von 1870/71 zu schreiben. Wie nie zuvor war er dabei mitten ins dramatische Kriegsgeschehen geraten. Auch nach dem Krieg befaßte er sich noch jahrelang mit diesem. Erst 1876 schloß er seine Arbeit an den Kriegsbüchern ab. Die Schilderung der Bismarckschen Kriege habe ihn zwölf Lebensjahre gekostet, gestand er damals.

Statt seinen Roman zu schreiben, war Fontane also 1871 mit dem Verfassen eines neuen Kriegsbuches beschäftigt (sowie mit dem Fertigstellen eines dritten Bandes *Wanderungen durch die Mark Brandenburg*). Sein Arbeitsort war jetzt der Schreibtisch zu Hause. Von seinem Fenster aus sah er, wie sich Berlin veränderte. Die Stadtmauern waren bereits abgerissen, am 17. Juli 1871 wurde auch der Betrieb der Verbindungsbahn eingestellt. Die Straße wurde verbreitert, Verkehr und Verkehrslärm nahmen zu. Ihn störte es nicht.

Neuerdings schrieb er jetzt auch Theaterkritiken. Schon im Sommer 1870 war er von der liberalen *Vossischen Zeitung* für das Theaterreferat engagiert worden. Seine Aufgabe war, die Aufführungen im Königlichen Schauspielhaus am Gendarmenmarkt zu besprechen. Spötter übersetzten sein Kritikerkürzel »Th. F.« mit »Theaterfremdling«, was ihn belu-

Potsdamer Strasse 134 c

stigte, aber nicht irritierte. Er vertraute der »Richtigkeit« seiner »Empfindung«. Die *Vossische Zeitung* hielt große Stücke auf ihn.

Für die Fontanes wurde das Theater jetzt zum dauernden Gesprächsstoff. Nicht selten meldeten sich auch Schauspielerinnen oder Schauspieler zur Besuchszeit, um »Th. F.« zu sprechen. Martha, die ins Backfischalter kam, fand dies alles hochinteressant. Das Theater wurde ihr etwas Selbstverständliches, zumal sie wie ihre ganze Familie regelmäßig auf Freikarten rechnen konnte.

Man wüßte gerne mehr darüber, wie Martha Fontane sich nach ihrem Englandjahr in ihr Berlin wieder einlebte und zu welchen Aufführungen sie Karten bekam. Die Quellenlage ist jedoch miserabel, es ist dazu fast nichts überliefert.

»Geist und Herz, alles was über das ganz Alltägliche hinausgeht, ist immer gefährlich,« hatte der väterliche Kommentar gelautet, als die Mutter im Mai 1871 sich über Marthas Entwicklung besorgt gezeigt hatte. Für das Ungewöhnliche, Besondere, Herausragende gab es in Marthas Lebenswelt wenig Möglichkeiten. Die Zeit und die Verhältnisse maßen einem Mädchen bürgerlicher Herkunft nur einen höchst begrenzten Freiraum zu. »Mete muß *immer* beschäftigt sein«, hatte Mrs. Merington als erzieherischen Grundsatz mitgegeben. Aber womit sollte sich Martha beschäftigen? Die Mädchenschule, die sie nun auf Jahre hinaus noch zu besuchen hatte, bot wenig Herausforderung. Was es zu lernen gab, das lernte Martha am besten zu Hause. Hier lagen die Bücher und Zeitungen, hier gab es interessante Gespräche und Besuche. Hier saß der Vater an seinem Schreibtisch und ließ sich gelegentlich über die Schultern blicken. Außerdem aber war Berlin ein Ort der täglichen Wunder und Entdeckungen. Auf die Frage »Where would you like to live?« antwortete sie ohne Zögern: »In Berlin.«

Der große Bruder George – ein schicker Offizier

Noch wohnte die Familie in der Königgrätzer Straße 25, als Fontane an Mathilde von Rohr schrieb: »Im Nebenzimmer – die Tür weit offen – sitzen Frau und drei Kinder: George, Theo und Martha, und spielen Whist, ein Spiel für das sie alle vier eine mir unbegreifliche Vorliebe haben.« Martha, die Jüngste unter den Kartenspielern, freute sich besonders, wenn ihr Bruder George mit von der Partie war. Er kam jedoch selten auf Urlaub.

George war jetzt stolzer kaiserlicher Offizier. Seinen Eltern machte er zunehmend Sorgen wegen des ›Geldpunktes‹. Als Kind seiner Zeit achtete er auf gutes Aussehen: eine schneidige, perfekt sitzende Uniform war für ihn unabdingbar. Schicke Offiziere galten nicht umsonst als der Stolz des deutschen Kaiserreichs, das seinen Offiziersstand zwar mit Privilegien versah wie kaum ein anderes europäisches Land, die finanzielle Last der Ausstattung – Uniformen, Stiefel, Degen etc etc – jedoch dem einzelnen aufbürdete. Nicht jede Familie konnte sich daher einen Offizier leisten. Kamen Spielschulden hinzu, war es besonders fatal. George Fontane verschonte seine Eltern mit Sorgen dieser letzteren Art – die Schneiderrechnungen waren für das Familienbudget aber immer noch belastend genug.

Theo und die französische Tradition der Familie Fontane

Auch Theo war jetzt ein seltener Gast. Kurz nach Marthas Rückkehr aus England hatte er vom staatlichen Gymnasium ans Theologische Seminar der Berliner französischen Gemeinde gewechselt und wohnte nun im Internat. Der Schulwechsel war durchaus ungewöhnlich.

Als während des Krieges die nationalen Wogen hochschlugen, gelobten sich die meisten deutschen Gymnasiasten »kein Französisch zu lernen«. Für Theo hingegen wurde Französisch, die Sprache des besiegten Feindes, wie es damals hieß, die Hauptunterrichtssprache. Er nahm deswegen sogar in Kauf, die Untersekunda zu wiederholen, da sein Schulfranzösisch den neuen Ansprüchen noch nicht genügte.

Warum Theo ans Theologische Seminar wechselte, begründete später seine Enkelin Ursula von Forster mit folgenden Überlegungen: »Bestärkt durch den zweijährigen Konfirmandenunterricht bei einem verehrten Geistlichen [Pastor Auguste Fournier] in der französisch-reformierten Gemeinde, auch unter dem Einfluß der frommen Patin Henriette v. Merckel muß sich beim jungen Theo eine Neigung zum Predigerberuf entwickelt haben. Ausschlaggebend dafür wurden aber die Ereignisse des Jahres 1870 mit dem Ausbruch des Deutsch-Französischen Krieges. Am Tag von Sedan, dem 2. September (durch die Gefangennahme Napoleons III.) waren auch die Schüler des Friedrich-Wilhelm-Gymnasiums von derartiger Begeisterung angesichts des offenbar kurz bevorstehenden Friedens erfüllt, daß sie von ihrem Direktor Ranke (Bruder des bekannten Historikers) ›Schulfrei‹ verlangten, um sich dem allgemeinen Siegestaumel auf den Straßen anzuschließen. Aber Ranke lehnte ab, mit ihm übrigens nur noch ein einziger aller Berliner Schuldirektoren, und erntete damit völliges Unverständnis bei seinen Zöglingen.« Theo Fontane teilte die Begeisterung seiner Mitschüler offenbar nicht und war froh über die Reaktion seines Direktors.

Als dann sein Vater in Kriegsgefangenschaft geriet und seine Mutter schlimme Existenzsorgen plagten, kam ein weiterer Gesichtspunkt hinzu: »Die Tatsache nämlich, daß bei Aufnahme in das theologische Seminar der französischen Kolonie alle Ausgaben für den Schüler mit Ausnahme von Kleidung und neuer Wäsche der Anstalt zur Last fielen oder gestundet wurden, muß sich für das Haushaltsbudget der Familie Fontane derart positiv dargestellt haben, daß der Dichter nach glücklicher Heimkehr aus der Gefangenschaft die Aufnahme seines Sohnes Theo für den Herbst 1871 in das Seminar beantragte.«

Die neue Schulwahl bedeutete zugleich eine Absage an nationalen Chauvinismus und religiöse Intoleranz. Das Berliner Theologische Seminar und das Französische Gymnasium waren institutionell und räumlich eng verflochten und standen in jener preußischen Tradition, die sich dem Gedanken der Humanität und der Aufklärung verpflichtet hatte.

Beide verdankten sich den Berliner Hugenotten. Das Seminar war eingerichtet worden für zukünftige Prediger, das Gymnasium für Bürgersöhne, die ein Universitätsstudium anstrebten.

In Theos Schulzeit fiel der Umzug vom alten Schulgebäude in der Niederwallstraße 1–3 (im Zweiten Weltkrieg zerstört) ins neue, weit komfortablere, das in der Dorotheenstraße 41 lag (später Reichstagufer 6, im Zweiten Weltkrieg zerstört). Das neue Gebäude bot für die etwa 300 Schüler und ihre 20 Lehrer bedeutend mehr Raum, vor allem aber Luft und Licht.

Nach dem Umzug wechselte Theo Fontane vom Seminar ans Französische Gymnasium, das dem damals üblichen Lehrplan der preußischen Gymnasien folgte. Theo waren Zweifel gekommen, so schreibt seine Enkelin, »in Fragen des Glaubens«. Auch fand er sich ungeeignet zur Seelsorge und fürchtete, seine Stimme würde sich zum Predigen nicht eignen.

Das Französische Gymnasium, das Theo ab 1873 besuchte, war bekannt dafür, daß es zwischen Sprachen und Kulturen vermittelte und religiös tolerant war. Die Schüler waren evangelisch-lutherisch, reformiert, katholisch, jüdisch, mohammedanisch. Die Mehrheit war lutherisch-evangelisch und reformiert, aber die Minderheiten waren gut vertreten. Angehörige der jüdischen Religion machten in den 1870er Jahren ein Drittel der Gesamtschülerschaft aus. Wer seine Kinder aufs Französische Gymnasium schickte, wußte, daß hier eine weltoffene Elite ausgebildet wurde.

Die Söhne, die in der Regel aus gebildeten Familien kamen, hatten besonders lernwillig und fleißig zu sein. Theo brachte alle diese Voraussetzungen mit. Zudem war er ein Nachkomme hugenottischer Refugiés, für die das Collège ursprünglich gegründet worden war. Die Jahre, während derer er das Französische Gymnasium besuchte, gaben ihm Gelegenheit seine eigenen Wurzeln zu entdecken. Das war im damaligen politischen Klima nicht populär und brauchte gewiß Courage.

Im August 1875 schloß Theo als Klassenbester, als primus omnium, seine gymnasiale Ausbildung ab. Das Abiturzeugnis würdigte ihn: »Er ist stets mit lobenswertem Eifer und großer Beharrlichkeit allen ihm obliegenden Pflichten nachgekommen. Die Reinheit und Lauterkeit seines sittlichen Wesens hat ihn seinen Lehrern und Mitschülern besonders lieb gemacht.«

Ein Abiturvorgänger Theos, der berühmte Ägyptologe Jean Pierre-Adolphe Erman, der Ostern 1875 das Französische Gymnasium mit dem

Abitur verlassen hatte, stellte der Schule übrigens kein gutes Zeugnis aus. »Heraus aus dieser Hölle!«, war am Ende sein einziger Wunsch gewesen. Er kritisierte die pädagogische Unfähigkeit der Lehrer, die zwar alle ihren Doktortitel hatten, aber wenig Verständnis für die Schüler. In fürchterlicher Erinnerung blieb ihm auch das Französisch mancher Lehrer, Sätze klangen ihm nach wie: »donk demeng l'exameng de lateng« oder »tourner vous angtjermang rum«.

Aus Elternsicht war das Französische Gymnasium jedoch eine gute Schule. Die Fontanes zögerten nicht, auch ihren Jüngsten hinzuschikken. Mit neun Jahren, ab Herbst 1873, besuchte Marthas kleiner Bruder Friedrich ebenfalls das Collège français, und zwar im neuen Gebäude in der Dorotheenstraße. Hier begegnete er noch zwei Jahre lang täglich dem großen Bruder Theo.

Potsdamer Straße 134 c, 3 Treppen links

Friedrich Fontane nahm seinen Schulweg ins Gymnasium bereits von der neuen Wohnung aus. Am 3. Oktober 1872 war die Familie umgezogen. Statt auf der östlichen Seite des Anhalter und Potsdamer Bahnhofs wohnte man jetzt auf der westlichen, näher dem Tiergarten zu. Die neue Adresse lautete »Potsdamer Straße 134 c, drei Treppen links«.

Friedrich Fontane hat später seine Erinnerungen an diese Wohnung niedergeschrieben. Seine Schilderungen, ein von ihm kommentierter Grundriß der Wohnung sowie eine zeitgenössische Photographie der Frontansicht von Haus Potsdamer Straße 134 c stehen heute als Quellen zur Verfügung. Zudem ist der alte Fontane einmal an seinem Schreibtisch photographiert worden, und es existiert ein Aquarell von seinem Arbeitszimmer, das Marie von Bunsen (in poetisierender Absicht) nach dem Tod des Schriftstellers gemalt hat.

Haus Potsdamer Straße 134 c war ein Bau aus dem Jahr 1848, damals noch errichtet vor den Toren Berlins. Seit die Stadt sich nach Westen ausdehnte, hatte sich seine Umgebung jedoch gründlich verändert. Nun stand das Haus, zwar bescheiden, aber an bester Lage, im renommierten ›Geheimrats‹- beziehungsweise Tiergartenviertel. 1866 hatte es der evangelisch-lutherische Johanniterorden erworben und hier sein ›Bureau‹ sowie die Redaktion seiner Wochenzeitung untergebracht. Den Sekretär und Kanzleivorsteher des Ordens, Karl Herrlich, kannte Fontane, weil er ein langjähriger Beiträger des Blattes war. Möglich, daß es Herrlich war, der ihm die neue Wohnung vermittelt hatte.

Das Haus hatte drei Stockwerke und war sieben Fenster breit. Der Eingang befand sich in der Mitte des Hauses. Vermutlich gab es unterschiedlich große Wohnungen. Parterre, erstes und zweites Stockwerk verfügten über zweisprossige, das dritte Stockwerk über einsprossige Fenster. Die Wohnräume der Fontanes, die in der dritten, also obersten Etage lagen, waren demnach etwas niedriger als die übrigen des Hauses. Fontane spottete gelegentlich über seine »sieben Fuß hohen Hallen«, sprach von seiner ›Klause‹ oder ›Mansardenwohnung‹. Verglichen mit dem Lebensstil, den manche Freunde der Fontanes führten, war sie tatsächlich einfach. Aber sie war eben gut gelegen und auch günstig (der Mietzins von jährlich 280 Talern wurde über all die Jahre nie gesteigert). Zudem hatte man ›drei Treppen hoch‹ den Blick frei bis hinüber zum Tiergarten oder ahnte ihn zumindest. Über die »Drei-Treppen-hoch-Leute« heißt es in einer von Fontanes literarischen Skizzen: »Drei Treppen hoch wohnt sich's gut, es hat was für sich, daß man freier atmen kann, dem Himmel näher sei. Aber je höhere Treppen man steigt, desto mehr kommt man auf der Rangleiter nach unten.«

Wer die Fontanes besuchte, trat ins Haus, indem er zuerst einen kleinen eisenumgitterten Vorgarten durchschritt. Dann stieg er die berühmten »75 Stufen« hoch, gelangte, die Hofseite im Rücken, auf einen Vorflur, von dem es rechts und links in je eine Wohnung abging. Die Fontanes wohnten links. Klingelte der Gast und wurde ihm Einlaß gewährt, so stand er zuerst im Entree (ca. 11 m²). Vom Entree führte eine Tür rechts ins zweifenstrige Zimmer von Emilie Fontane (ca. 29 m²), links eine Tür ins Zimmer von Martha (ca. 15 m²) mit seinem Fenster zum großen Hof. Das Zimmer Emilie Fontanes lag zur Straße hin und hatte eine Verbindungstür zum ebenfalls zweifenstrigen Zimmer ihres Mannes (ca. 40 m²). Der Gast konnte vom Entree aus das Arbeitszimmer des Schriftstellers nicht direkt betreten. Er wurde wohl geradewegs durch die Tür ins Berliner Zimmer (ca. 50 m²) gebeten. Das Berliner Zimmer mit seinem einzigen Fenster zur Hofseite war größer als üblich. Von hier gab es rechts eine Tür in den Arbeitsraum Fontanes. Links, auf der anderen Schmalseite des Berliner Zimmers, bereits im Seitenflügel, führte eine Tür in die Küche (ca. 22 m²). In die Küche gelangte man auch durch eine Hintertreppe von der Hofseite her. Diese Hintertreppe benutzte in der Regel das Dienstmädchen. Aber sie war auch für die Fami-

lie wichtig, denn sie führte zu einem hofseitig gelegenen Closet. Ein se-
parates Bad innerhalb der Wohnung gab es zuerst nicht. Es wurde erst
nach 1873 eingerichtet, als die Häuser der Potsdamer Straße an die neue
Kanalisation angeschlossen wurden.

Mit der Familie Fontane wohnten im Haus Nummer 134c als langjährige Mieter: Kanzleidiener Bickner, Sekretär Bornitz, Schuhmacher
Feyerabend, Rentier Knaus, der Maler und Photograph Schucht, Rentier Schwer, Rentiere Wilde sowie der Geheime Kanzleidiener Pege. August Pege, ein ehemaliger Schutzmann, stand als Sekretär dem »Bureau
des Königlichen Hof-Jagd-Amtes« vor, das ebenfalls im Haus Potsdamer Straße 134c untergebracht war. Von ihm, Pege, bezog Fontane –
»Fontane, Schriftsteller« wie der Adreßbucheintrag auch hier lautete –
schon bald sein bevorzugtes Schreibwerkzeug, die Schwanenfeder.

Die frei gewordene Wohnung in der dritten Etage war jahrelang von
einer Frau bewohnt worden, die die Räume in einem furchtbar vernach-
läßigten Zustand zurückließ und offenbar unfreiwillig auszog. Beim
Umzug soll sie Fontane gegenüber die Verwünschung ausgesprochen
haben: »Na, Freude soll er hier nicht erleben.« Man ließ sich jedoch
nicht schrecken und machte sich gleich an die Renovierung. Richard Lucae, damals Direktor der Berliner Bauakademie, half mit fachmänni-
schem Rat. Er baute in jenen Jahren nicht nur Tiergartenvillen, sondern
sorgte auch bei Freunden wie den Fontanes für Wohnlichkeit und Repräsentation. »Es wurde gründliche Arbeit getan«, erinnerte sich später
Friedrich Fontane. »Die Wand, deren Fenster von dem Hinterzimmer
aus spärliches Licht in den bösen Alkoven fallen ließ, mußte der Axt weichen. Und so reihte sich eine Verbesserung an die andere.«

Nach der Renovierung konnte sich die Wohnung sehen lassen. Das
Berliner Zimmer hatte, wie die dahinter liegende Küche, mit seiner
Nordostlage gutes Morgenlicht und diente als Eß- und Gesellschafts-
raum.

Der eigentliche Mittelpunkt der Wohnung scheint aber Fontanes Arbeitszimmer gewesen zu sein. Fontane hatte hier nicht nur seinen
Schreibtisch stehen, hier waren nicht nur seine Bücher und Manuskripte
versammelt und alles, was er für seine Arbeit brauchte, hier spielte sich
alltags auch das gesellige Leben ab. In der Mitte des Zimmers, so erzählt
Friedrich Fontane, habe der ovale Frühstückstisch vor dem zerschlisse-
nen Sofa gestanden. Hier saß man gern en famille oder mit Freunden. Es
wurde dann »urgemütlich«: »Besonders, wenn an kalten Winteraben-

den die Buchenscheite lebhaft knisterten und bei Grog und Pfannkuchen launige und spaßige Reden an dem ovalen Tisch geführt wurden.« Saß man abends versammelt, wurde die Szene von einer »Petroleumarbeits-Stehlampe mit grün abgeblendeter Schirmglocke« beleuchtet. Hier fühlte sich Martha zu Hause, an diesen Ort, wo »die grüne Lampe« stand, sehnte sie sich immer wieder zurück.

Auch ihr bescheidenes, doch immerhin eigenes Zimmer – ihr Bruder Friedrich mußte sich mit einer Ecke im Berliner Zimmer begnügen – bedeutete ihr viel. Es war ihr Rückzugsort, hier träumte, schrieb und las sie oder empfing ihren eigenen Besuch.

»Martha hat eine Freundin«

»Martha ist in die zweite Klasse versetzt und hat eine ›Freundin‹. Bekanntlich das Wichtigste für einen Backfisch.« Martha war zwölf, als ihr Vater diese Neuigkeit nach Dobbertin hin meldete und hatte eben ihr Schuljahr erfolgreich absolviert. In welcher Schule? Unbekannt, die Quellen fehlen.

Mit der neugewonnenen Freundin war vielleicht bereits die gleichaltrige Marie Schreiner gemeint, die in den höheren Klassen Marthas Schulfreundin war. Die Schreiners wohnten nur zwei Straßen entfernt in der Matthäikirchstraße. Maries Vater war der Stadtschulrat und Geheime Regierungsrat Otto Schreiner, Maries Mutter stammte aus Swinemünde an der Ostsee, wo Fontane seine frühen Jahre verlebt hatte. Ehepaar Schreiner hatte sechs Kinder. Das Berliner Kirchenbuch verzeichnet zwei Mädchen, vier Jungen, geboren zwischen 1850 und 1864. Martha verkehrte häufig bei Schreiners.

Mädchen im Backfischalter – in der Fischersprache nennt man Backfisch einen zu kleinen Fisch, den man zurück ins Wasser wirft – schließen Mädchenfreundschaften und erleben erste Verliebtheiten, die sie einander erzählen, sie kichern, ›schnabbern‹, haben unentwegt ihre Geheimnisse. Damals wie heute. Mit der Freundin ließ sich all das bereden, was die Backfischwelt ausmacht. Mit ihr ließ sich spielerisch etwas Neues erproben. Backfische, so war die gängige Vorstellung, waren »lustig, keck und fröhlich«. Die Gesellschaft gewährte den Mädchen in der Adoleszenz einen gewissen Freiraum. Erst nach der Konfirmation erwartete man von der Tochter des Hauses Sanftmut und Gehorsam und jene Eigenschaften, die Töchter im heiratsfähigen Alter haben mußten: Sittsamkeit und kultiviertes Benehmen.

Zu Marthas Entwicklung im Backfischalter gibt es wenig Dokumentiertes. Vermutlich las sie viel, und spätestens seit ihrem 15. Lebensjahr trug sie eine Brille. Der Roman, den damals jedes Mädchen las, hieß *Backfischchens Freuden und Leiden*. Die Autorin war Clementine Helm-Beyrich. Sie lebte in Berlin und gehörte seit den 1850er Jahren zum Bekanntenkreis der Fontanes. Die »Backfisch-Schriftstellerin« nannte sie Marthas Vater, der mit ihr eine kleine Korrespondenz unterhielt. Der Jungmädchenroman entwirft zwei Backfisch-Typen: da ist einerseits »Backfischchen«, das natürliche, artige Mädchen vom Lande, das in der Stadt Selbstbewußtsein und gute Umgangsformen lernt, anderseits die intelligente, verwöhnte Eugenie, die ihren städtischen Hochmut und ihren Trotz erst ablegt, als sie sich ernsthaft verliebt. Ehe- und Mutterglück finden am Ende beide.

»Begabungen, die über das Alltägliche hinausgehn«

Intelligente, lernhungrige Mädchen wie Martha gingen gerne zur Schule, langweilten sich aber in der Regel im Unterricht. Denn über die Ansprüche, die an sie gestellt wurden, konnten sie meist nur lächeln. »Der Verstand wurde soweit geschont, daß man ihn nachher noch hatte,« bemerkte eines dieser intelligenten Mädchen später trocken.

»Martha zeigt Begabungen, die über das Alltägliche hinausgehn«, beobachtete der Vater immer wieder. Sie nahm regen Anteil an den Gesprächen der Erwachsenen, in der Familie und ihm Freundeskreis.

Vor allem liebte Martha das ›Philosophieren‹. Nicht ohne Stolz verriet der Vater: »Tante Merckel ist erwartet (das Signal zu kühneren Unternehmungen), in die Tiefen Schopenhauers wird hinabgestiegen, und Wille und Vorstellung, Trieb und Intellekt, sind beinahe Haushaltwörter geworden, deren sich auch die Kinder bemächtigt haben. Mete sagt nicht mehr: ›Theo, du bist zu dumm‹, sondern ›suche das Mißverhältnis zwischen Deinem Willen und Deinem Intellekt auszugleichen.‹«

Der Vater hätte die Tochter gerne mehr gefördert gesehen. Er selbst war darum bemüht, ihr intellektuelle und künstlerische Anregungen zu bieten. Auch sollte sie ihre Fremdsprachenkenntnisse vertiefen. Das Wirtschaftsbuch der Fontanes vermerkt regelmäßige Ausgaben (jeweils

20 Pfennig) für Privatunterricht, den Martha in »franz. Conversation« erhielt. Sie betrieb Französisch offenbar mit noch größerer Leichtigkeit als Englisch. Außerdem erhielt sie Klavierstunden: »Mete Musikstunden« oder »Mete Klavier« heißt es im Wirtschaftsbuch über Jahre. 48 Mark kosteten die Klavierstunden jährlich. Hinzu kam die regelmäßige Ausgabe von 80 Mark Schulgeld im Jahr. Wenn es die Mittel erlaubt hätten, hätte der Vater die Tochter auch gerne auf Reisen mitgenommen. Theodor und Emilie Fontane begaben sich im Herbst 1874 auf eine Bildungsreise nach Italien. Im August 1875 reisten sie erneut, das heißt, Fontane fuhr allein in den Süden, traf sich dann aber auf der Rückreise mit seiner Frau. Aus Italien schrieb er an Emilie: »Ich habe Dir nun noch einen Vorschlag zu machen, worauf Du nicht mit nein antworten darfst.« Sein Vorschlag war, den Rest der Reise zusammen mit Martha zu unternehmen und »je nachdem das Geld reicht [...] eine Woche oder länger« unterwegs zu sein. »Glaubst Du aber, daß Mete, teils der Schule, teils der Kosten halber, besser zu Hause bleibt, so komm allein und sprich in diesem Fall gar nicht über die Chancen, die sie gehabt hat. Ich würde mich aber freuen, euch beide zu sehen.« Martha reiste damals nicht.

Das Töchterchen wird verwöhnt

Blieben auch manche Wünsche unerfüllt, Martha war als Heranwachsende nicht auf Verzicht gestellt. Sie genoß die Vorzüge ihres Alters. Eine Leidenschaft, die sie mit vielen Mädchen ihrer Generation teilte, war das Eislaufen. Am liebsten war ihr die Rousseau-Insel im Tiergarten, die Eisbahn dort galt als die schönste Berlins. Sie liebte auch das Tanzen. Mit 14 Jahren nahm sie ihre ersten Tanzstunden. Ihr Tanzpartner war der große Bruder Theo, der damals kurz vor dem Abitur stand. Gemeinsam tanzte sich das Geschwisterpaar durch einen Berliner Winter und übte die Tanzschritte für die erste Ballsaison ein.

Martha im ›Backfischalter‹. Sie war begabt und dank der elterlichen Bemühungen auch angemessen beschäftigt, las und lernte leicht, liebte Musik, hatte ihre Freundinnen, mochte alles, was kleidete und eine gute Figur machte. Sie wünschte sich einen hübschen Hut und erhielt ihn. Das Leben im neuen Berlin war eine Lust.

Es gibt eine flott geschriebene kleine Geschichte von Otto Bierbaum –
der Schriftsteller gehörte derselben Generation an wie Martha Fontane
–, die vom kaiserlichen Berlin der jungen Leute erzählt. Mit »Martha!«
beginnt sie:

> Martha! Gott, wenn ich daran denke! Mitten im Lärm und Qualm
> Berlins sind wir zwei auf Rosendüften gewandelt und haben nichts ge-
> sehen als ein himmelblaues, leuchtendes, lachendes Glück in unseren
> Augen und nichts gehört als das Klimperliedchen unserer Zärtlich-
> keit. *Du, Du, Du* nur allein, *Du, Du, Du* sollst es sein!
> [...]
> Noch weiß ich genau, wie ich sie kennenlernte. Oben vom Verdecke
> des rumpelnden Omnibus herunter geschah's, der eben an der »Schu-
> le für Töchter der höheren Stände« vorüberfuhr, als dieser Zwitscher-
> käfig seine Vögel freiließ. Sie guckte rauf, und ich guckte runter, und
> sofort spannen sich die Glitzerfäden herüber und hinüber. Schleunigst
> kletterte ich die gewundene Leiter herab, und der Himmel weiß, mit
> welchen Bemühungen ich dabei nach Grazie rang. Sehr fix machte
> sich die Kleine von ihrer Begleiterin los, und sehr fix war ich hinten-
> drein und dann an der Herzensseite, und sehr fix hatte ich meinen
> Korb weg, so süß ich auch stammelte: Geehrtes Fräulein! Aber nein:
> Das erste Mal geht so was durchaus nicht. Oh nein: erst abfallen las-
> sen, – diese Kunst ist ihnen angeboren, allen, allen. Dafür später, im
> Tiergarten, am Goldfischteich, bis uns die dumme und neidische Rosa
> Meyer beinahe verklatscht hätte (aber sie hatte natürlich selber irgend
> einen Sekundaner vom französischen Gymnasium), und das schönste:
> bei Kroll, wenn die Eltern dabei waren, die gar nichts merkten. – –

»Coquetterie«, antwortete Martha Fontane auf die Frage, für welchen
Fehler sie die meiste Toleranz aufbringe.

Zu ihrem 16. Geburtstag – kurz vor Schulabgang und Konfirmation –
erhielt sie von ihrem Bruder Theo einen langen Brief. Darin neckte er sie
wegen ihrer zahlreichen »Eroberungen«.

Theo selbst reihte sich mit ein unter die ›Eroberten‹, gestand der
Schwester seine jetzt vorbehaltlose »treue brüderliche Zuneigung und
Liebe« und schrieb: »Daß Du an mir, der ich Dich solange verkannt

habe, eine Eroberung gemacht hast, die Du wohl schwerlich in diesem Leben wieder verlieren wirst, brauche ich nicht zu sagen.« Theo war damals 19jährig und hatte an der Berliner Universität ein Jurastudium begonnen. Wahrscheinlich wußte er besser als alle in der Familie über Marthas Backfischgeschichten Bescheid. Denn die beiden Geschwister hatten nicht nur gemeinsame Tanzerlebnisse, sondern auch gemeinsame Bekannte und Freunde.

Beide verkehrten zum Beispiel im Haus Schreiner. Rudolph, der ältere Bruder von Marthas Freundin Marie, war wie Theo Student der Jurisprudenz. Daß die kleine Schwester ein Auge auf ihn geworfen hatte – Rudolph war fünf Jahre älter als Martha – wollte Theo bereits beobachtet haben. Halb neckisch, halb ernst meinte er, »ob ich Dir eine neue Eroberungsära bei Schreiners wünschen soll, weiß ich freilich nicht«. Opfer seiner charmanten Schwester seien geworden: »Lehrjungen, die sich Deinetwegen aristokratischen Zorn auf dem Eise zuzogen, Polytechniker, Studenten, angehende Juristen, [...] Militärs bei der Artillerie und Infanterie [...] Doktoren, die ovidische Küsse lieben, Prosektoren, die alles gehört haben, Architekten, Maler, Baumeister, Direktoren, Professoren, Geheime Räte.« Auffällig viele Opfer seien »Graubärtige«. Aber sie taugten alle nicht zum Ehemann. Dafür sei es überhaupt noch zu früh. Er wünsche ihr »einen guten Mann« erst zum 20. Geburtstag, »artige Kinder« noch später.

Konfirmation in der Französischen Kirche

Wie die meisten bürgerlichen Familien im deutschen Kaiserreich waren auch die Fontanes nicht streng kirchlich-religiös. Sie fühlten sich aber mit ihrer französisch-reformierten Kirche aus kulturellen Gründen verbunden.

Während für die Bürgereltern das kirchliche Ritual hauptsächlich ein gesellschaftlicher Akt war, bedeutete er für die Söhne und Töchter doch manchmal mehr. Manche hegten plötzlich Zweifel, ob sie das Bekenntnis, das sie abzulegen hatten, auch wirklich mit Überzeugung sprechen konnten, und zogen daher ernsthaft in Erwägung, sich nicht einsegnen zu lassen. Von ihren Eltern wurden sie dann zumeist angehalten, die Konfirmation nicht in allzu streng religiösem Sinne zu verstehen und sich der Sitte zu unterziehen. Über 90 Prozent der evangelischen Töchter und Söhne ließen sich damals konfirmieren, in katholischen und jüdischen Familien verhielt es sich mit Firmung und Bar-Mizwa ähnlich.

Ob Martha Fontane als Jugendliche religiöse Zweifel hegte wie ihr Bruder Theo, ist nicht bekannt. Sie ließ sich auf jeden Fall, wie die meisten, konfirmieren. Eine Kirchgängerin wurde sie später nicht, auch wehrte sie, wie es scheint, den Jenseitsglauben ab.

Die Konfirmation fand am Sonntag, den 9. April 1876 in der Klosterkirche der französischen Gemeinde statt. Pastor Théophile-Albert Cazalet, der Amtsnachfolger des verstorbenen Auguste Fournier, leitete den Gottesdienst. Das Kirchenbuch vermerkt unter seinen Konfirmanden: »Fontane, Marthe Elisabeth«. Auch die Eltern und die Wohnadresse sind festgehalten sowie Marthas Katechetin, ein »Frl. v. Wedell«.

Die kirchliche Feier muß man sich als eine schlichte Abendmahlszeremonie vorstellen, wie sie der reformierten Tradition entspricht. Ein Psalm wurde gesungen, die Predigt folgte, die Zehn Gebote wurden gelesen – alles seit Jahren schon auf Deutsch, weil es die Muttersprache der Berliner Gemeindemitglieder war.

Ein Lebensabschnitt war zu Ende, ein Ereignis, das man festzuhalten pflegte. »Zu Ostern wurde Martha eingesegnet«, notierte der Vater in sein Tagebuch.

Heiratserwartungen

Und schon flatterten die ersten Verlobungsanzeigen ins Haus. Marthas Schulkameradin Milly machte als erste eine ›gute Partie‹:

Die Verlobung meiner Tochter Milly mit dem Seconde Lieutenant im Garde Pionier-Bataillon Freiherrn von Gagern beehre ich mich Ihnen anzuzeigen.
Berlin, im Juli 1876.   Josephine Rütgers.

»Meine liebe Mete«, schrieb der Vater auf den freien Seiten der Verlobungsanzeige, »Lies die vorstehende Anzeige mit so wenig Neid wie möglich. Da Du noch Müller- und Schmidt-los bist, darfst Du Dein Selbstgefühl an der Möglichkeit eines Grafen aufrichten.« »Übrigens«, so fuhr er fort, »gönne ich Dir mehr einen Baumeister [...] oder Maurmeister [...] als einen Montmorency. Als ich jung war, dacht' ich sehr anders über diese Sachen, jetzt bin ich bereits so weit, daß ein Schneider eine Schneiderin heiraten muß.«

Noch war alles offen, nur die Richtung gegeben.

»Du bist ein gutes kluges Mädchen, feile aber unter Leitung Deiner Eltern noch etwas an Dir herum; dann wirst Du ganz vollkommen sein«, so hatte Theo seiner Schwester zum 16. Geburtstag geraten. Tatsächlich begann jetzt im Leben der bürgerlichen Mädchen eine neue und letzte Erziehungsphase.

Der ›Backfisch‹ verwandelte sich äußerlich recht abrupt in die junge Dame. Das Haar wurde gebändigt, es wurde gekürzt oder geknotet, gedreht und zum Chignon hochgesteckt. Der mädchenhafte ›Hänger‹ wich dem knöchellangen Kleid mit enger Taille. Enge Taille verlangte Schnürung. Das neue unabdingbare Kleidungsstück hieß Mieder oder Korsett.

Der äußeren Formung und Bändigung entsprach auch eine innere. Alles Impulsive und ›Wilde‹ sollte einer gewissen Ruhe und Vornehmheit weichen. Wo aber sollte Martha lernen, eine junge Dame zu werden? Der Vater erwog, sie in ein Institut zu schicken, in ein möglichst vornehmes in der französischen Schweiz. Aber gewählt wurde schließlich eine viel einfachere, bessere und auch günstigere Lösung.

Der erste Sommer bei Wittes in Rostock · 1876

Rostock, Lange Straße 77

Rostock war in den 1870er Jahren eine Stadt mit etwa 25 000 Einwohnern. Damals standen noch die Stadtmauern. Die Wittes wohnten an einer der belebtesten Straßen der alten Hansestadt, in einem feudalen Stadthaus, das sich ein mecklenburgischer Großgrundbesitzer im 18. Jahrhundert hatte erbauen lassen. Der klassizistische Bau mit zwei Obergeschossen und einer siebenfenstrigen Front stand in einer der vornehmsten Häuserzeilen der Stadt und fiel auf durch seine kunstvolle Fassade und sein Giebeldach, das die benachbarten Häuser überragte.

Das Haus Lange Straße 77 (nach 1945 abgerissen) verfügte mit seinen 22 Zimmern über so viele Räume für die Familie, daß auch die Kinder ein oder zwei eigene Zimmer bewohnten. Und Gäste waren zu jeder Zeit willkommen. Prunkstück des Hauses war der große »Italienische Saal«, den Stukkateure aus Italien mit einer Decke von außerordentlicher Schönheit ausgeschmückt hatten. Bei Festanlässen wurden hier über 100 Personen empfangen.

Familie Witte bewohnte das Haus seit 1862. Damals hatte der Apotheker und Chemiker Dr. Friedrich Witte, ein gebürtiger Rostocker, es zusammen mit den Nachbargrundstücken Schnickmannstraße 35 und 36 erworben, um an dieser Stelle eine chemisch-pharmazeutische Fabrik modernster Art zu errichten. Ein gewagtes Vorhaben. Er hätte auch einfach die gut gehende Hirsch-Apotheke weiterführen können, die er 1853 von seinem früh verstorbenen Vater übernommen hatte. Aber Witte hatte Unternehmergeist.

Die Wittes, langjährige Freunde der Fontanes

Seine Apothekerlehrzeit hatte Friedrich Witte im Alter von 16 bis 19 Jahren in Berlin absolviert. Später hatte er ein Pharmaziestudium an der Berliner Universität begonnen und an der Rostocker Universität in Physik, Chemie, Botanik mit glänzenden Leistungen abgeschlossen. Witte war, wie viele fanden, ein »Prachtexemplar eines Mecklenburgers«, er galt als ruhig, bedächtig, humorvoll, war vielseitig begabt, intelligent, zielstrebig und von einer unermüdlichen Energie.

Friedrich Witte war ein langjähriger Freund von Theodor und Emilie Fontane. Die Freundschaft ging zurück auf die Zeit, als Witte bei Dr. Eduard Schacht in der Berliner Polnischen Apotheke Lehrling und Fontane dort 1845/46 Rezeptar war. Fontane war damals bereits mit Emilie Rouanet-Kummer verlobt, aber die Heirat stand noch in weiter Ferne. Auf Freund Witte dichtete er damals die liederlichen Verse:

> Fritze Witte trinke doch
> Kaffee-Labetrank,
> Kannst doch sonsten wie'n Loch
> Saufen, Gott sei Dank!
>
> Ob er bitter oder süß
> Sich einmal erweist,
> Fritze, ei was schadet dies
> Einem großen Geist?
>
> Bist doch sonsten vom Geschmack
> Nicht so delikat;
> Häcksel schmeckt dir wie Tabak,
> Kuhmist wie Spinat.
>
> Drum, oh, Fritze, weine nicht,
> Weine nicht zu sehr,
> Lies zuvor dies Prachtgedicht,
> Trink dann hinterher.

Während seiner Berliner Lehrzeit verkuckte sich der junge Friedrich Witte in die Tochter seines Lehrmeisters. Anna Schacht war damals im ›Backfischalter‹ und besuchte die Städtische Höhere Töchterschule in der Ziegelstraße 12. Sie war eine ›Berliner Göre‹ und drehte ihrem Verehrer eine lange Nase. Vorerst.

Am 28. Oktober 1853 verlobte sich das junge Paar. Am 7. November 1854 wurde geheiratet. Er war 25, sie 20. So kam Anna nach Rostock. Ihr war bange. Denn was sollte eine lebenssprühende Berlinerin in dem kleinen Rostock, die Preußin unter den Mecklenburgern?

Die chemisch-pharmazeutische Fabrik Friedrich Witte, Rostock

Einen Handel mit zuerst 700, später 1500 Präparaten – Drogerieprodukten und Medikamenten – führte Friedrich Witte bereits seit 1856. Ab 1862 wurde in der eigenen Fabrik produziert, das Geschäft vergrößert, der Handel erweitert. Große Investitionen waren notwendig, der Gewinn vorerst nur klein. Das Familieneinkommen wurde ab 1864 abgesichert durch Wittes Amt als kaufmännischer Senator der Stadt Rostock (jährlich ca. 1900 Taler bzw. 5500 Mark).

Die Fabrik – trotz gelegentlicher Schwierigkeiten – entwickelte sich kontinuierlich fort. Witte verstand es, fähige Chemiker für seine Firma zu gewinnen, die ihre Forschungsarbeiten in den Dienst des Unternehmens stellten; bahnbrechend waren diejenigen des Chemikers Carl Großschopf. Er entwickelte ein erfolgreiches Verfahren zur Herstellung von Coffein (1871) und Pepsin (1873). Coffein fand damals in vielen Heilrezepten Verwendung, Pepsin erwies sich als ein wichtiges Medikament gegen Verdauungsstörungen. Für beide Produkte bestand eine starke Nachfrage. Die Firma Witte begann zu florieren. Mit nur 25 Angestellten – Chemiker, Drogisten, Arbeitern – produzierte sie Qualitätsprodukte ersten Ranges. 1873 wurde das Produkt Pepsin auf der Wiener Weltausstellung ausgezeichnet. Von da an genoß die Firma internationalen Ruf.

Friedrich Witte als Politiker

Friedrich Witte hatte als junger Mann die 1848er Revolution miterlebt und befürwortet. Wie sein Freund Fontane wechselte er jedoch nach der gescheiterten Revolution die politische Richtung. Als selbständiger Apotheker in Rostock kam er in Tuchfühlung mit den Konservativen. Nach dem 1866er Krieg wurde er ›Bismarckianer‹ und hätte gerne in Mecklenburg die Liberalen am rechten Flügel für eine nationalliberale Partei gewonnen.

In Preußen hatten sich die Nationalliberalen damals abgespalten, um als erste deutsche Partei die Politik Bismarcks zu unterstützen. Die Liberalen in Mecklenburg wollten jedoch keine Spaltung, sie pochten auf ihre demokratische Tradition. Manche unter ihnen hatten nach 1848 Verfolgungen erleiden müssen und waren für eine Kompromisspolitik nicht zu haben. Sie kämpften in Mecklenburg für eine demokratische Verfassung. Das großherzogliche Mecklenburg galt politisch als besonders rückständig, demokratische Ideen hatten es hier besonders schwer.

Witte kümmerte nicht so sehr die Verfassungsfrage, als vielmehr die Frage der wirtschaftlichen Einheit. Bismarcks Deutschland zeigte seiner Überzeugung nach die richtigen Ansätze, diese – mit entsprechenden Reformen in Zoll- und Steuerfragen – durchzusetzen. Nach der Reichsgründung 1871 hätte er sich gerne als Abgeordneter der mecklenburgischen Liberalen in den Reichstag wählen lassen. Die Partei hatte jedoch einen starken demokratischen Flügel. 1873 scheiterte Witte zum wiederholten Mal als Kandidat. Seine Gegner, die alten Demokraten, mißtrauten seinem Wirtschaftsliberalismus, warfen ihm »Materialismus« vor und verdachten ihm die einstige Nähe zur konservativen Partei.

Die Voraussetzungen, ein erfolgreicher Politiker zu werden, hatte Witte allerdings: er war ein glänzender Redner, sprach frei, imponierte als Persönlichkeit, hatte Witz und Humor und war in Wirtschaftsfragen bewandert. Das anerkannten selbst seine Gegner. In seiner Wahlrede vom 18. Dezember 1873 (mit der er nicht durchdrang) hielt er ihnen entgegen, daß sie als idealistische, »leidenschaftliche Schwärmer«, »herzlich wenig« von wirtschaftlichem Denken und Handeln verstünden. Ohne »die richtige Behandlung und Pflege der materiellen Interessen« sei der ideale Staat überhaupt nicht zu verwirklichen, und nur wenn die Wirtschaft »gesund« sei, könne auch »die geistige Kultur und die ideale Richtung gedeihen«.

1874 gründete Witte mit wenigen Gleichgesinnten in Rostock eine nationalliberale Partei. Sie war aber viel zu schwach, als daß sie ihn als Reichstagsabgeordneten hätte durchbringen können. »Siegen ist gut, aber zu-Tische-Gehen ist noch besser.« Mit dieser Haltung nahm auch Witte politische Niederlagen hin – und kämpfte weiter. 1878 wurde er tatsächlich für die Nationalliberalen in den Reichstag gewählt. Als Reichstagsabgeordneter agierte er am linken Flügel seiner Partei.

Anna Witte, um 1876

Anna Witte –
Fabrikantengattin, Salonière, Mutter und Hausfrau

Die Wittes führten in Rostock ein geselliges Leben. Die junge Anna
Witte übernahm rasch die Rolle einer geistreichen Gastgeberin. »Sie
konnte auch einen noch so großen Kreis immer wieder sprühend unterhalten«, erinnerte sich später ihr Sohn Friedrich Carl. Jeden Nachmittag
seien zur Teestunde unaufgefordert Gäste erschienen »ähnlich wie in
der Biedermeierzeit in den Berliner Salons«. Auch stand sie der großen
Wirtschaft vor, beschäftigte zahlreiche Angestellte und erwarb sich den
Ruf einer exzellenten Gastgeberin im Verwandten- und Freundeskreis.
Ihren Mann unterstützte sie in all seinen Unternehmungen und hielt
ihm den Rücken frei.

1858 wurde Anna Witte zum ersten Mal Mutter. Insgesamt brachte sie
sechs Kinder zur Welt, vier Mädchen und zwei Knaben. Zwei von den
Mädchen starben früh, eines starb kurz nach der Geburt, ein anderes im
Alter von acht Jahren. Dieses zweite Töchterchen hieß Gertrud, kam
1860 zur Welt, war eine »ganz besondere Hoffnung der Mutter« und
hinterließ eine große Lücke in der Familie. Für Lise, die Erstgeborene,

und Friedrich Carl, geboren 1864, blieb der Tod dieser Schwester und Spielgefährtin in besonders schmerzhafter Erinnerung. Nach dem Tod von Gertrud kamen noch zwei Kinder zur Welt: Annemarie, geboren 1870, und Richard, geboren 1875.

Bei der Geburt des Jüngsten war Lise als die älteste der vier Witte-Kinder bereits 17jährig, war konfirmiert und hatte die Schule beendet. Sie wurde jetzt eine Stütze ihrer vielbeschäftigten Mutter. Denn trotz Personal – bis zu sechs Angestellten waren da – gab es in dem feudalen Stadthaus mit seinem großen Garten immer zu tun und für eine zukünftige Gattin, Hausfrau und Mutter manches zu lernen.

Martha bei Wittes

Wie einst zu den Meringtons nach London wurde Martha jetzt zu den Wittes nach Rostock geschickt. Die 16jährige sollte hier – bei ›Onkel und Tante Witte‹ – ihren Schliff als junge Dame erhalten und sich im Haus und bei der Kinderbetreuung nützlich machen.

Kurz nach ihrer Konfirmation packte Martha ihren Reisekorb und brach auf. Etwa sechs Bahnstunden dauerte damals die Fahrt von Berlin nach Rostock. Möglicherweise trat sie diese Reise nicht alleine an, sondern gemeinsam mit ›Tante Witte‹, die Ende April 1876 mit ihrem Sohn Friedrich Carl von einem zweiwöchigen Berlin-Besuch nach Hause zurückkehrte.

Anna Witte kam oft nach Berlin. Diesmal begleitete sie Friedrich Carl, der eben in die »Tertia b« versetzt worden war und zur Anerkennung dieser Leistung in die Hauptstadt hatte mitfahren dürfen. Die beiden wohnten in der Zeit ihres Aufenthaltes in der Victoriastraße 31 bei Bauakademiedirektor Richard Lucae. Lucae war der Schwager von Anna Witte. Er hatte 1874, nachdem er »lange herumgeliebt«, wie sein Freund Fontane sich äußerte, Marie Schacht, die jüngere Schwester von Anna, geheiratet. Marie war jedoch kurz nach der Eheschließung an Schwindsucht gestorben.

Anna Witte und Richard Lucae kannten sich von Jugend auf. Nicht nur sie, sondern auch er entstammte einer alteingesessenen Berliner Apothekerfamilie. Seit Anna geheiratet hatte und nach Rostock gezogen war, wechselte sie mit Richard Lucae regelmäßig Briefe. Beide erzählten einander, was sie im Alltag beschäftigte, und berichteten sich gegenseitig die Neuigkeiten aus dem Freundeskreis. Gesprächsgegenstand waren öfters auch die Fontanes. (Die Briefe sind überliefert, aber nicht veröffentlicht.)

Wenige Tage nach Marthas Ankunft schrieb Anna Witte an Richard Lucae: »Martha und wir haben uns gegenseitig schnell eingelebt. Ich habe es nun schon oft erlebt, daß junge Mädchen sich schnell und gern in unsere Häuslichkeit finden. Martha spricht viel und recht gut. Das laute Denken muß sie sich noch abgewöhnen. Aber sie ist ein Frauenzimmer, bei dem Kopf und Herz noch am rechten Fleck sind.«

Unter der mütterlich-freundschaftlichen Leitung der 42jährigen Dame des Hauses erweiterte Martha jetzt jene Kenntnisse und Fähigkeiten, die einer jungen Frau als zukünftiger Gattin, Mutter und Hausfrau nützlich sein würden. Der im Vergleich mit dem Elternhaus viel größere Haushalt der Wittes war etwas Neues für sie und machte ihr mächtig Eindruck. Sie hielt aber auch mit Kritik nicht zurück. »Martha ist wie eine Biene um mich her«, ließ Anna Witte den Freund wissen. »Sie meint, wir litten an Porenverstopfung vor lauter Staub und sie hätte nie geglaubt, daß es so viele Klinken in der Welt gebe, als sie in diesen Tagen geputzt hat. Sie ist in ihrer Liebe zu mir sehr demonstrativ und sehr drollig in ihrem ausgebildeten Dialekt und hat mir weitläufig auseinandergesetzt, daß ich lange nicht gut genug von meinem Mann behandelt werde.«

Drei Wochen später schrieb Anna Witte an Richard Lucae: »Wenn Du […] Emilie Fontane siehst, so grüße sie von mir und sage ihr, sie werde sich freuen, wenn sie Martha sehe. Das ruhige Leben bekommt ihr vortrefflich, sie hat schon eine ganz andere Gesichtsfarbe. Lise beschäftigt sich andauernd mit der Verschönerung ihres und Marthas äußeren Menschen, was sehr viel komische Szenen gibt. – Die beiden Mädchen können viel von einander lernen, und nenne ich ihr Zusammenleben förderlich für beide. Lise macht einen viel erzogeneren Eindruck. Bei aller Jugendfrische hat sie ein taktvolles, gehaltenes Betragen und hat ihre Zunge und ihre Hand in ihrer Gewalt, während Martha mit beiden noch nach allen Seiten hin ausschlägt. Andernteils kann Marthas Hitzebetrieb und ihr épanchement de évent nur anfeuernd auf Lise wirken. – Zu mir hat Martha großes Vertrauen und ist von der größten Offenheit und Dankbarkeit – auch wenn sie Schelte kriegt.« (épanchement de évent, die Lesart ist nicht ganz gesichert, ist offenbar eine Wortschöpfung von Anna Witte und meint wörtlich ›Herzensergießung durch den Ofenabzug‹.)

Lise und Martha wurden in diesem Sommer enge Freundinnen. Beide ersetzten einander die fehlende Schwester. Anna Witte aber wurde Marthas großes Vorbild. Auf die Frage *If not yourself, who would you be?* antwortete sie nach ihrem Mecklenburger Sommeraufenthalt: »Frau Anna Witte. Tot.« Es sind Antworten ins Extreme.

»Ich habe Kräfte, wie ein Mann«

Mit 16 raufte sich Martha noch immer gerne mit kleineren Jungen. Friedrich Carl Witte war mit 12 ein rechter Raufbold und Draufgänger. Er und seine »Rasselbande« von der Langen Straße hatten sich bereits ihren Ruf als Böse Buben erworben. Martha und Friedrich Carl gerieten sich rasch in die Haare – keiner der beiden scheute den Kampf.

Einen intimen Kenner der Situation reizte der Stoff zum Dichten. Wer das Gelegenheitsgedicht geschrieben hat, ist nicht bekannt, gewiß jemand aus dem engsten Familien- oder Freundeskreis. Nicht auszuschließen ist, daß es von Martha selbst stammt.

Rollen haben Martha Fontane (als »Miß Meta«), Friedrich Carl Witte (als »Herr Ober-Tertianer«), Lise Witte (»als Fräulein Lise«), Anna Witte (als »Juno«) und Friedrich Witte (als »Juppiter«). Eine Rolle als Gewichtsteine spielen zudem »Schillers Leben und Werke« in zwei Bänden, herausgegeben von dem Schauspieler und Schriftsteller Emil Palleske sowie ein Gegenstand, der sich »Coczys Kuß« nennt:

Miß Meta naht mit kühnem Schritt
Der Herr Ober-Tertianer,
Der schon so oft den Sieg erstritt;
Wie gleicht doch einem Hahn er,
Der lieber selbst will untergehn
Als 'nen Rivalen bei sich sehn.

»Laß schauen« ruft er wilden Muts
»Wer von uns Beiden stärker«
Miß Meta hört ihn kalten Bluts
»Du schäumst wie ein Berserker,
Doch ficht mich dieses wenig an
Ich habe Kräfte, wie ein Mann.«

»Nun dann zum Kampf« sein Auge glüht
»Zum Kampf auf Tod und Leben«
Jetzt auch das ihre Feuer sprüht;
»Mein Gott was wird es geben«
Seufzt Fräulein Lise still: »o weh
Wo bleibt die amabilité.«

Schon haben sie sich jetzt gepackt
Und ringen um die Wette
Bei Friedrich es bedenklich knackt
Auch Metas neu Korsette
Ist ganz entzwei als wär's von Cohn
Und nicht gekauft bei Münch und Sohn.

»Was schert mich Hos«, »was mich Corsett«
die beiden Ringer kaichen
»Und würden wir hier zum Skelett
Den Sieg gilt's zu erreichen
Mag Kleid, Haut, Fleisch in Stücke gehn
Es gilt als Sieger zu erstehn.«

Hoch oben aus den Wolken schaut
Juppiter dies Getümmel;
Er seinen Tabak weiter kaut,
»Juno sieh' mal zwei Lümmel,
die da in Rostock sich verhaun,
Wie weiland Fritz den alten Daun.«

Frau Juno setzt die Brille auf,
Um sie schnell abzunehmen
»Möchst Du Dich nicht«, so spricht sie drauf
»Zu beß'rem Sehn bequemen
Es ist Dir, scheint es, einerlei
Ob ewig Weibliches dabei.«

Juppiter drauf »Ei sieh mal an
Das ist ja ganz was Neues«
»Wenn Du *ihr* nicht den Sieg gibst, Mann,

So sag' ich Dir bereu' es;
Ich wiederhol's Du alter Stoffel
Der Sieg gebührt stets dem Pantoffel.«

Er ganz bedrizzt die Waage nahm
»Das Schicksal mag entscheiden
Doch halt, laß schaun, das ist infam
Es stehen gleich die Beiden.«
Nein ruft da Juno mit Verdruß
»Friedrich Karls Waage steigen muß.

Miß Metas Waage sinken muß
Sollt' ich's Chignon selbst geben«
Sie tat's hinein, dann »Coczy's Kuß«
Palleskes: »Schillers Leben«
Dann noch ihr Brillenfutteral
Schnell Metas Waage sank zu Tal.

Schon Friedrich Karl am Boden liegt
»Verloren ist Verloren«
»Daß Meta doch die Motten kriegt
O wär' ich nie geboren – –
Doch sollst Du Dich des Siegs nicht freu'n
Und nie den Kampf mit mir erneu'n.«

Und seines Planes wohl bewußt
Greift er nach ihrer Kehle
Und würgt und würgt nach Herzenslust
Leicht wird's ihm um die Seele.
»Komm' ich besiegt auch jetzt nach Haus
Siehst Du doch wie ein Perlhuhn aus.«

Und die Moral von der Geschicht'
Ich hoffe doch: Ihr fragt sie nicht.
Wenn eine Jungfrau keusch und züchtig
Sich balgt mit einem Bengel tüchtig,
So ist mir das zwar einerlei
Jedoch – Moral ist nicht dabei.

Ehekrise der Eltern: »das Mädchen wird außer sich sein«

Seit Anfang März 1876 war Theodor Fontane Erster Sekretär der Akademie der Künste. Arbeitsort: Unter den Linden, vis à vis dem kaiserlichen Palais. Richard Lucae hatte mit Entschiedenheit seine Beziehungen spielen lassen, als die Stelle plötzlich frei geworden war. Der Kaiser, der die Neubesetzung abzusegnen hatte, zögerte zwar, weil dem Empfohlenen ein Universitätsstudium fehlte, dann hatte er aber doch genickt und die Bestallung unterzeichnet. Am 11. März 1876 war Fontane vereidigt worden. Nicht daß das Amt seinen Enthusiasmus geweckt hätte, aber er war gewillt, es so gut wie möglich auszufüllen. Er opferte dafür selbst seine regelmäßige Rezensententätigkeit bei der *Vossischen Zeitung.* Die Absicht, seinen Roman fertigzuschreiben, gab er hingegen nicht auf. *Vor dem Sturm* lag noch immer als unfertiges Manuskript auf dem Schreibtisch.

So freundschaftlich es von Lucae gedacht war, die Sache mit der Sekretärsstelle war eine unglückliche Idee. Sie weckte bei Ehefrau und Kindern Hoffnungen, die wieder enttäuscht werden mußten. Fontane war für den Posten ungeeignet, weder praktisch noch diplomatisch genug. Man warf ihm »Zweideutigkeit« vor. Er fand das unerhört.

Als Richard Lucae erfuhr, daß Fontane seine Stelle Ende Mai bereits wieder gekündigt hatte, berichtete er es umgehend nach Rostock. Anna Witte antwortete »Was denkt sich nur der Mann. Eine unsichere Zukunft mit Frau und Kindern ist doch eigentlich das Schlimmste. Martha, die ahnungslos ist, habe ich nichts gesagt. Sie können es ihr schreiben, und das Mädchen wird außer sich sein. Sie steht hierbei instinktmäßig auf Seiten der Mutter.«

Martha hatte eine ähnliche Situation schon einmal erlebt, damals in London. Wenn sie von der erneuten Kündigung des Vaters erfuhr, konnte sie sich ausmalen, wie die Mutter reagierte. Aber das Verhältnis zu ihr war in ihrer ›Backfischzeit‹ diffiziler, die Beziehung zum Vater hingegen tiefer geworden. Sie war unbestritten »Papas pet«, unterzog sich nur ungern den mütterlichen Erziehungsakten, zweifelte, ob die Mutter sie überhaupt liebte. Möglich, daß sie in diesem neuen Konflikt spontan Partei nahm für den Vater, auch wenn sie die Sorgen der Mutter verstehen konnte.

»Die Kinder werden verhältnismäßig wenig in Mitleidenschaft gezogen«, glaubte Fontane. Friedel sei noch zu jung, Theo habe »das schöne Gefühl sich jeden Augenblick auf die eignen Füße stellen zu können«,

Martha wisse »von dem ganzen Vorkommnis noch nichts«, höchstens George werde sich jetzt wohl etwas Sorgen machen, er hoffe aber »ohne Not«.

Fontane flunkerte. Seiner Tochter hatte er bereits Anfang Juni, kurz nach der Kündigung, von einer häuslichen Krise geschrieben: »Meine liebe, süße Mete. [...] Wir erleben wohl allerhand, aber wenig Erfreuliches und was sonst noch von Bildern an einem vorüberzieht, wird von trüben Augen nicht wahrgenommen. Verstimmte Sinne verlieren die Aufnahmekraft; das Bild fällt wohl hinein, wird aber nicht festgehalten. Übrigens werden wieder heitrere Tage kommen; das Schlimmste, so hoff ich wenigstens, liegt hinter mir. Du wirst schon wissen, worauf sich das bezieht. Sei glücklich, daß du die letzten Wochen auf neutralem Boden zugebracht hast.« Die Sätze stehen als Nachschrift in einem Brief Emilie Fontanes an Martha, dem auch etwas Geld für einen neuen Hut sowie das Taschengeld beigelegt war. Daß zu Hause nichts mehr in Ordnung war, hatte die Mutter der Tochter noch nicht gesagt.

In der ersten Junihälfte, die genaueren Umstände sind nicht bekannt, erlitt Martha einen Zusammenbruch. Der Vater reagierte vollkommen überrascht. »Es ist recht betrübend«, schrieb er der Tochter nach Rostock, »daß Du, die Du sonst einen so gesunden Eindruck machst, an Nervosität noch Deine Mama zu übertreffen scheinst. Man lebt nun mal unter Menschenmassen, und diesen Massen gegenüber immer ein Gefühl der Beängstigung zu haben, heißt eine Menge Freuden des Daseins streichen.« Nervosität, Beängstigung und die »Absentierungspassion«, der Wunsch, sich zurückzuziehen von allen und allem – Martha Fontane scheint selber über diese neuen Gefühle erschrocken gewesen zu sein.

Sollte sie bereits von einer materiell unbeschwerten Zeit und von einem Geheimratstitel für ihren Vater geträumt haben, von Reisemöglichkeiten und Champagnerluft, von hübschen Kleidern für die Ballsaison, von einer vernünftigen Mitgift – dann mußte sie darüber enttäuscht sein, daß ihr Vater die Stelle aufgegeben hatte. Stellte sie sich den Zustand ihrer Mutter vor und die Sorgen, die jetzt kamen – dann mußte sie das tief bedrücken. Dachte sie aber an ihren Vater und sein »Genie« – dann war sie erleichtert, daß er sich endlich von allen Fesseln befreit hatte.

»Alle Welt verurteilt mich, hält mich für kindisch, verdreht, hochfahrend,« meinte Fontane selbst. Tatsächlich hatten weder seine Frau noch die Freunde Verständnis für sein Handeln. Die materielle Sicherheit einer ganzen Familie einer Idee zu opfern, der Idee vom dichte-

Warnemünde: Am Strom, nach 1876

rischen »Genie«, fanden sie absurd. Martha aber war wohl im Zwiespalt. Am liebsten wäre sie jetzt nach Hause gefahren. Der Vater bremste ihr Ungestüm. »Die Frage Deines Kommens oder Bleibens mußt du nochmals reiflich erwägen«, riet er ihr. »Ein Rückzug ohne pressanten Grund wirkt leicht kränkend, andrerseits darf man den Bogen nicht überspannen. *Ich* halte es für das Beste, Du gehst mit nach Warnemünde.« Martha befolgte den Ratschlag ihres Vaters. Sie fuhr mit Wittes an die Ostsee.

Martha in Warnemünde – »ein tolles Frauenzimmerchen«

In den 1870er Jahren gab es noch keine Bahn von Rostock nach Warnemünde. Man bestieg damals mit Vorliebe den Dampfer *Phönix* oder *Merkur* und fuhr eine Stunde warnowabwärts bis zur See. In Warnemünde mieteten die Wittes jeweils eine Wohnung »Am Strom«. Es war noch die Zeit, als es die Villen am Strand nicht gab.

Hauptpromenade war in den 1870er Jahren die Flußseite entlang dem Warnowufer. Sommerurlaub in Warnemünde hieß damals, an diesem Ufer zu promenieren, die Konzerte der Kurkapelle zu besuchen, Krocket zu spielen, gelegentlich zu Tanzvergnügungen zu gehen oder sich in der einzigen Konditorei am Orte zu treffen. Es wurden auch Stromfahrten unternommen, »bei denen die Jollen mit Girlanden, Blumen und

Lampions« geschmückt wurden. Sommerlicher Höhepunkt war das große Feuerwerk, zu dem die großherzogliche Familie von Heiligendamm herüberkam.

Am schönsten aber war das Baden am Strand: Schwimmen gehörte zu Marthas liebsten Beschäftigungen.»Die Badeanstalten, die streng geschlossen waren, d.h. die eine nur dem weiblichen, die andere nur dem männlichen Geschlecht zugänglich, lagen gegenüber der [...] Seestraße, und zwar zunächst dem Ort die Damenbadeanstalt und etwas weiter hinaus die Herrenbadeanstalt«, erinnerte sich später Friedrich Carl Witte. »Man kannte damals noch keine Badekostüme, sondern man ging meistens ins Wasser, wie einen die Natur geschaffen hatte; es gab ja auch keine zudringlichen Blicke.«

Von Warnemünde aus schrieb Anna Witte an Richard Lucae, der die Sommergäste an der Ostsee besucht hatte:»Martha hat die letzten Wochen hier, wo sie mit Herren zusammengekommen, gut benutzt. Es ist ein tolles Frauenzimmerchen und gewiß recht *schwer* in den nächsten Jahren zu hüten. (Aber das bleibt unter uns.)«

Martha liest Victor Tissot

Die Wittes hatten eine gute Bibliothek (ein großer Teil davon wurde nach 1950 von den staatlichen Behörden der DDR beschlagnahmt, die Bücher verstreut). Gemäß der Liste, die sich im Witte-Nachlaß erhalten hat, umfaßte sie Werke der Weltliteratur und der deutschen Klassiker, Werke wichtiger Zeitgenossen, englische und französische Literatur, Reiseliteratur, Bücher zu Kunst und Kultur, Biographien, Naturwissenschaftliches, Philosophisches.

Wenn Martha Fontane im Sommer 1876 die Wittesche Bibliothek durchstöberte, konnte sie auf zahlreiche Bücher ihres Vaters stoßen: auf die *Wanderungen durch die Mark Brandenburg*, auf die Kriegsbücher und auf verschiedene Gedichtbände. Die Gedichte Fontanes kannte man bei den Wittes »so gut wie auswendig«.

Man war literarisch vielseitig interessiert, las sich gerne vor, mit Vorliebe auch Verbotenes. Staatliche Zensur war im deutschen Kaiserreich noch immer üblich.»Wir haben uns«, so schreibt Anna Witte an Richard Lucae,»in letzter Zeit ein unpatriotisches Vergnügen gemacht, indem wir Victor Tissots ›Reise ins Milliardenreich‹ gelesen haben. Der kluge

Franzose führt eine giftige Feder, aber es ist so manches Wahre bei dem, was er sagt, besonders über Berlin, daß man doch lachen muß.«Die deutsche Übersetzung von Tissots *Voyage au pays des milliards*, erschienen in einem Schweizer Verlag, stand im deutschen Reich wegen der heftigen und polemischen Kritik an Bismarck und der ›Prußifizierung‹ Deutschlands auf der schwarzen Liste. In Frankreich hingegen erreichte der Reportageband 1876, ein Jahr nach seinem Erscheinen, bereits die 36. Auflage.

Victor Tissot – er stammte ursprünglich aus der französischen Schweiz – war ein zorniger junger Pariser Journalist. Kurz nach dem 1870/71er Krieg hatte er das neue deutsche Kaiserreich bereist. Er wolle seine Leserschaft, so erklärte er,»vertraulich plaudernd mit dem neuen Deutschland bekannt machen, wie es, mit dem Schwerte in der Hand, dem Gehirn des Hrn. v. Bismarck entsprungen« sei.

Nur wenige zeitgenössische Deutsche ließ Tissot gelten. Unter diesen wenigen nannte er auch»Hrn. Th. Fontane«. Er kannte Fontanes»zahlreiche Werke über Frankreich« und bewunderte, daß sie ohne jeden Franzosenhaß geschrieben waren. Er fand das besonders bemerkenswert, weil»Hr. Fontane« ja»bei Domrémy von einem Haufen Bauern gefangengenommen« worden war,»als er die Kapelle der Johanna d'Arc besichtigte«.»Herr Fontane« hege jedoch»keinen Groll wegen seiner Gefangenschaft.«»Berliner Journalisten wie Hr. Th. Fontane sind selten«, urteilte Tissot.»Einzig unter seinen Kollegen hat er es gewagt, die Besiegten gegen fremde und selbst gegen französische Verleumdungen in Schutz zu nehmen.«

Für Martha Fontane war die Passage über ihren Vater besonders aufregend. Außerdem aber interessierte sie auch der fremde Blick auf das vertraute Berlin.

Tissot stellte der Stadt kein gutes Zeugnis aus. Den Anhalter Bahnhof fand er schlecht unterhalten und schmutzig, die Droschken»häßlich, abgenutzt und heruntergekommen«, ganz Berlin sei»ein von Schildwachen gehüteter Steinhaufen«, zudem voller übler Gerüche. Man begreife, so schloß er,»warum Berlin, trotz des Glanzes, welches ihm die letzten Ereignisse verliehen haben, doch nie eine Hauptstadt wie Wien, Paris und London werden wird«. Die Kritik Tissots traf sich in manchem mit dem, was auch Marthas Vater bemängelte.»Man will von uns nichts wissen«, stellte Fontane fest.»Weder das ›ewige Gesiege‹ noch die 5 Milliarden haben unsere Situation gebessert. Es hieß zwar unmittelbar nach dem Kriege: ›wir seien nun ein für allemal etabliert, der so lange vermißte Respekt sei da‹. Aber ich merke nichts davon. Alles dreht sich nach wie vor um England und Frankreich. […] Im Grunde genommen ist es recht so, denn das, was wirkliche Superiorität schafft, fehlt uns, trotz Schulen und Kasernen, nach wie vor.«

Tissots *Reise ins Milliardenreich* enthält außer den Berlin-Reportagen in mehr satirischem Ton auch eine Reihe von eindrücklichen Sozialreportagen. Es sind Kapitel über Armut und Elend in der Großstadt, bei deren Lektüre einem das Lachen vergeht. »Ich kenne nur London, wo das Elend so schrecklich ist«, bekannte Tissot. Besonders der Tiergarten ziehe sommers viel armes vagabundierendes Volk an, das dann winters in den »Arbeits- und Zufluchtshäusern« unterzukommen versuche. Den sozialen Einrichtungen Berlins, die das Elend zu lindern suchten, zollte Tissot durchaus Respekt.

Auch die Schulen in den ärmeren Vierteln beeindruckten ihn, besonders aber der Kindergarten. »Wir fahren«, so erzählt er, »auf einer schlechten Holzbrücke über die Spree und in eine lange, schmutzig aussehende, schlecht gepflasterte, übelriechende Straße. Halbnackte Kinder waten haufenweise in dem angestauten Rinnsteinwasser. In den Fenstern hängen zerlumpte Kleidungsstücke, die an der Sonne trocknen.« In einer solchen Häuserzeile befinde sich der Kindergarten, den er dann besucht habe.

»Die kleinen Mädchen und Knaben«, schildert er seine Eindrücke, »sitzen im Halbkreise vor niedrigen Tischen, bunt durcheinander, in Stellungen, die einen Maler entzücken würden. Sie sehen wohlgenährt und reinlich aus, doch zeigt sich weder in ihren Bewegungen, noch in ihren Blicken französische Lebhaftigkeit und Übermut.« Eine junge Hilfslehrerin »mit distinguierten Manieren, bescheiden und artig, etwa achtzehn bis zwanzig Jahre alt« habe den Unterricht geführt, in dem die Kinder lernten, die verschiedenen Blumen eines frischen Blumenstraußes zu benennen.

Über Mittag hätten die Kinder jeweils Gelegenheit, ihr mitgebrachtes Mittagessen, »Butterbrot«, »Kirschen«, »Wurstscheibchen« zu verzehren, um dann am Nachmittag unter Aufsicht im Freien zu spielen. »Die Knaben bauen Mühlen, Brücken, steinerne Pyramiden oder treiben Gärtnerei; die kleinen Mädchen springen und spielen. Die Übungen variieren ins Tausendfache; ein Kindergarten ist eine Welt im Kleinen.«

Als Martha Victor Tissot las, wußte sie bereits, daß sie die Lehrerinnenausbildung beginnen würde.

Am Seminar, bei Stockhausens und im Reichstag
1876–1878

Lehrerin werden?

Ende September 1876, zu Michaelis, trat Martha Fontane ins renommierte Königliche Lehrerinnen-Seminar ein. Das Seminar war der Königlichen Augusta-Schule zu Berlin, Schützenstraße 8, angegliedert, einer höheren Mädchenschule, die als mustergültige Schulanstalt für Töchter galt. Viele Lehrpersonen unterrichteten an beiden Schulen. Dabei dienten die unteren Klassen der Mädchenschule den Seminaristinnen als Übungsschule.

Als Martha Seminaristin wurde, kämpfte die Schule bereits seit Jahren mit schwierigen Raum- und Hygieneverhältnissen. Sie war seit ihrer Gründung 1832 in einem gewöhnlichen Mietshaus in Berlin-Mitte untergebracht, ergänzt durch einen Anbau mit neun Klassenräumen. Ein neuer Schulhausbau nach dem Beispiel des Französischen Gymnasiums wäre dringend notwendig gewesen. Er konnte jedoch solange nicht in Angriff genommen werden, wie die Schule eine private Stiftung blieb. Erst Ostern 1877 wurde die traditionsreiche Anstalt in eine staatliche Schule umgewandelt. (1886 erfolgte der Umzug in ein neues Schulhaus in der Kleinbeerenstraße 16–19, 1906 in die Elßholzstraße 34–37. Ab 1908 führte die Augusta-Schule, die heutige Sophie-Scholl-Schule, als eine der ersten Berliner Mädchenschulen eine gymnasiale Abteilung.)

Kurz bevor Martha ins Seminar eintrat, war die Ausbildung zur Lehrerin reformiert worden. Seit dem 1. Oktober 1874 galt durch Erlaß des preußischen Unterrichtsministers Adalbert Falk eine neue Prüfungsordnung, die das Ausbildungsniveau anheben sollte. Das Seminar der Augusta-Schule schrieb außerdem eine schriftliche und mündliche Aufnahmeprüfung vor. Die gesamte Ausbildung dauerte zwei Jahre, die in vier einsemestrige Klassen gegliedert waren.

Im ersten Ausbildungsjahr besuchten die Seminaristinnen 16 bis 19 Wochenstunden theoretischen Unterricht. Er umfaßte neben dem Fach

Pädagogik »alle Lehrgegenstände der höheren Mädchenschule«. Im zweiten Ausbildungsjahr kamen Übungslektionen und Lehrproben hinzu. Martha Fontanes Ausbildungszeit als Seminaristin ist schlecht dokumentiert. Selbst ihre Zeugnisse fehlen. Aber eine Idee, wie der Alltag einer Seminaristin aussah, gibt die Schulordnung, unterzeichnet von Marthas Direktor Karl Supprian. Supprian kam Michaelis 1877 ins Amt, nachdem der langjährige Seminardirektor Merget im Sommer 1877 im Alter von 76 Jahren plötzlich verstorben war. Der neue Direktor war bei Amtsantritt 37 Jahre alt, galt als herausragender Pädagoge und bewährte sich als Schulleiter sehr. Martha Fontane stand mit ihm auch nach ihrer Seminarzeit noch in Kontakt. (Die Korrespondenz ist nicht überliefert.)

Die *Schulordnung der Königlichen Augustaschule zu Berlin*, gedacht »für die Hand der in der Schule beschäftigten Seminaristinnen«, umfaßt sieben gedruckte Seiten. Das Reglement erinnerte unter anderem daran, daß die Unterrichtsstunden für die Schülerinnen der Schule »zwischen 8 und 12 Uhr« und »zwischen 2 und 4 Uhr« stattfanden, daß »lärmende Spiele, hastiges Laufen und Drängen, allzu lautes Gespräch etc.« in den Schulhausgängen nicht erlaubt und auf Ordnung und Sauberkeit jederzeit zu achten war. Außerdem war den Mädchenschülerinnen »das Mitbringen von Näschereien« und »von Spielzeug« untersagt. Hingegen waren sie angehalten von der 7. Klasse ab »gewisse kleine Dienste« selbständig zu übernehmen »wie das Anfeuchten des Schwammes, das Reinigen der Wandtafel und dgl. m.«.

Für die Seminaristinnen galt, daß sie bei der Hausaufsicht mithalfen, dem Unterricht in der Mädchenschule zuhörten und dort selber einzelne Unterrichtsstunden erteilten, um so die Rolle der Lehrerin einzuüben. Es war ihnen vorgeschrieben, sich gegenüber den Mädchen »liebevoll, freundlich und teilnehmend« zu zeigen, aber »zu weit gehende Vertraulichkeit« zu vermeiden. Sie hatten zu lernen, sich als Autorität durchzusetzen und nicht parteilich zu sein. Sie waren gehalten, Strafmittel nur sparsam einzusetzen. Erlaubt war der »Tadel durch Blick oder Wort« und das »Aufstehen- oder Hervortretenlassen der zu strafenden Schülerin« für längstens zehn Minuten. »Ernstere Strafen anzuwenden ist den Seminaristinnen nicht gestattet. Schläge kommen in der Schule selbstverständlich überhaupt nicht vor«, lautete die allgemein verbindliche Regel.

Für jemanden wie die 16jährige Martha war das Einhalten der Schulordnung alles in allem gar nicht so einfach. Zu Hause etwa wurde sie noch

Julius Stockhausen, um 1870

immer ermahnt, sie solle gegen ihren zwölfjährigen Bruder Friedel »ein bißchen milder und gleichmäßig freundlicher« sein und »launische überschwengliche Zärtlichkeit« lassen. Ruhig zu sitzen, sich still zu verhalten und sich zu konzentrieren fiel ihr wie den meisten Seminaristinnen noch schwer. Wenn man ihnen daher erlaubte, sich während des Hospitierens mit »einer einfachen weißen Handarbeit« zu beschäftigen, Schülerinnenarbeiten zu korrigieren, Schulaufgaben zu machen oder zu lesen, hatte das einen natürlichen disziplinierenden Effekt.

Martha Fontane als Seminaristin, mit dem Kneifer auf der Nase. Ihr Vater hatte für ihre Lehrerinnenausbildung laut Schulreglement ein Schulgeld von 32 Taler bzw. 100 Mark jährlich zu bezahlen. Das waren 20 Mark mehr als bisher – es reute ihn nicht. Dabei stand weniger ihre berufliche Zukunft im Vordergrund als die Idee, ihr nach der obligatorischen Schulzeit und bevor sie, vielleicht mit etwa zwanzig, eine eigene Familie gründen würde, eine angemessene Beschäftigung zu geben. Noch immer galt, was Mrs. Merington gesagt hatte: »Mete muß *immer* beschäftigt sein; Arbeit ist ihre Stütze.«

Unter ihren Schulfreundinnen aus der Mädchenschule war Martha womöglich die einzige, die das Lehrerinnenseminar besuchte. Im Verwandten- und Freundeskreis der Fontanes war sie jedenfalls eine Ausnahme. Allein Auguste Schreiner, die ältere Schwester von Marthas Schulfreundin Marie, hatte ein Examen als Handarbeitslehrerin in der Tasche. Für den Beruf der Mädchenschullehrerin hatte Martha Fontane – außer den Meringtons und den eigenen Lehrerinnen – also keine weiblichen Vorbilder. Tatsächlich war es eine kleine Minderheit junger Frauen, die damals im deutschen Kaiserreich ihre Ausbildung nach der obligatorischen Schulzeit noch fortsetzten. Die meisten von ihnen besuchten das Seminar nicht, weil sie später Lehrerin werden wollten. Vielmehr waren diese Anstalten die einzigen, die ihnen eine höhere Allgemeinbildung ermöglichten. Eine höhere schulische Bildung widersprach dem Weiblichkeitsideal der Zeit durchaus nicht, fanden doch jetzt viele Eltern, daß gute Kenntnisse und gute Sitten die Heiratschancen der Tochter erhöhten. »Manche sind so sehr fürs Gebildete« – sagt auch Fontanes Frau Möhring und erhebt darum keinen Einspruch gegen das Vorhaben der Tochter Mathilde, Lehrerin zu werden.

In der vorigen Generation aber hatten kluge Frauen wie Marthas Mutter oder Anna Witte die Schule mit 16 beendet, sich durch Lektüre und Theater selbst weitergebildet und früher oder später geheiratet, um eine Familie zu gründen. An diesen Vorbildern orientierte sich Martha weiterhin. Als Seminaristin gefragt *What's your idea of happiness* antwortete sie: »Frau und Mutter zu sein«.

Martha besteht ihr Examen

Gemäß der preußischen Prüfungsordnung von 1874 waren die Anforderungen an Seminaristinnen recht hoch. Das galt auch für diejenigen unter ihnen, denen das Lernen leicht fiel. Fürs Staatsexamen mußten selbst sie sich richtig »in die Riemen« legen.

Die gesamte Ausbildung zielte darauf, das Wissen, das sich die jungen Frauen in der Mädchenschule angeeignet hatten, zu vertiefen, darüber hinaus aber neues pädagogisches Wissen zu erwerben und in die Praxis umzusetzen. Am Ende ihrer Ausbildung hatten sich die Seminaristinnen einer dreiteiligen Prüfung zu unterziehen. Sie bestand aus einem schriftlichen und mündlichen Teil sowie aus praktischen Lehrproben. Absolventinnen des Königlichen Lehrerinnenseminars der Augusta-Schule hatten das Privileg, an der eigenen Schule geprüft zu werden.

Martha Fontane hatte gemäß Prüfungsordnung im Schriftlichen »einen deutschen Aufsatz anzufertigen, einige Rechenaufgaben zu lösen und ein französisches und englisches Exercitium zu fertigen«. Die vier Arbeiten wurden an einem Tag geschrieben, die Prüfungszeit dauerte »sieben Stunden«. Die mündliche Prüfung hatte sie vor einer Kommission abzulegen, die sie »über die Erziehungs- und Unterrichtslehre sowie über sämtliche obligatorische Lehrgegenstände der höheren Mädchenschule« befragte. Die Kommission begutachtete zuletzt auch ihr praktisches Können. Sie hatte mehrere »Lehrproben« zu geben, zu denen sie das Thema einen Tag vor dem Prüfungstermin erhielt. Zu jeder Lehrprobe hatte sie »eine schriftlich ausgearbeitete Disposition einzureichen«.

Mit bestandener Prüfung wurde ihr als »Kandidatin für das Lehrfach an höheren Töchterschulen« ein Zeugnis ausgehändigt, das Bewertungen enthielt in den obligatorischen Fächern Religion, Schulkunde, Deutsche Sprache, Rechnen, Geschichte, Erdkunde, Naturgeschichte, Naturlehre, Französische und Englische Sprache sowie Lehrfähigkeit. Bewertet wurden auch die fakultativen Fächer Gesang, Klavierspiel, Zeichnen.

Die einzelnen Leistungen erhielten das Prädikat: »sehr gut, gut, genügend« oder »nicht genügend«. »Anfang April bestand Martha ihr Examen; gut wie sich annehmen ließ«, notierte der Vater im Tagebuch von 1878. Statt in vier hatte sie die Ausbildung in nur drei Semestern durchlaufen. Das wurde in besonderen Fällen und ausnahmsweise gestattet. Bedingung war in jedem Fall, daß »die Bewerberinnen am Tage der Prüfung das achtzehnte Lebensjahr vollendet« hatten. Sie hatten im übrigen nach Paragraph 9 der Prüfungsordnung vor der Zulassung zur Prüfung einen Lebenslauf vorzulegen und »ihre sittliche Unbescholtenheit« sowie ihre »körperliche Befähigung zur Verwaltung eines Lehramtes« nachzuweisen. Dazu war ein ärztliches Attest eines Vertrauensarztes erforderlich. Die Papiere, die Martha Fontane einreichte, sind nicht überliefert. Die Tatsache, daß sie zur Prüfung zugelassen wurde, bedeutet aber offenbar, daß sie mit 18 als uneingeschränkt lehrfähig und gesund galt.

»Wir räumen, was möglich, aus dem Wege«

Als Martha ihre Lehrerinnenausbildung begann, trat Theodor Fontane, nachdem er seine Stelle als Sekretär der Akademie aufgegeben hatte, wieder ein in sein altes Kritikeramt bei der *Vossischen Zeitung*. Im Oktober 1876 erschien der letzte Band des umfangreichen Werkes *Der Krieg gegen Frankreich*. Und nun war endlich das Romanprojekt wieder dran: »Ja, der Roman! Er ist in dieser für mich trostlosen Zeit mein einziges Glück, meine einzige Erholung. In der Beschäftigung mit ihm vergesse ich, was mich drückt.« Mathilde von Rohr, an die diese Zeilen gerichtet waren, antwortete offenbar besorgt, so daß Emilie Fontane umgehend beschwichtigte: »Er ist glücklich, an seinem Roman arbeiten zu können, sieht wohl aus, ißt und schläft gut und läßt auch seine Stimmung nichts zu wünschen übrig.« Sie räumte jedoch ein, daß der »Konflikt« nicht gelöst sei.

Daß ihr Mann die gute Beamtenstelle aufgegeben hatte, blieb ihr unbegreiflich. »Der Konflikt zwischen uns besteht insofern, daß *ich* nicht einsehen kann, daß er recht gehandelt. Sonst ruht aber nun die Sache, denn geschehne Dinge sind ja nicht zu ändern.« »Daß ich nach all diesen Stürmen, weder glücklich noch froh sein kann, verlangen Sie wohl am wenigsten von mir«, fuhr sie fort, »Körper und Geist sind mürbe geworden, und hätte ich nicht meine Kinder, würde das Bedürfnis nach Ruhe überhand nehmen. Mein guter Mann erklärt mich für gemütskrank, vielleicht bin ich es, die Betreffenden sollen das ja oft nicht wissen.«

Emilie Fontane wurde im November 1876 zusätzlich von einer langwierigen Grippe geplagt, die sie wochenlang ans Haus band. Sie könne sich deshalb mit keiner ihrer Berliner Freundinnen recht aussprechen »in dieser«, wie sie Mathilde von Rohr gestand, »schwersten Zeit meines Lebens«. Die Kinder seien ihre einzige Hilfe. »George, der jetzt hier ist, ist mir ein teilnehmender Sohn und fühlt den Druck, der auf uns lastet, mit seinen anderen Geschwistern, jeder Tag sagt: wie könnte es anders bei Euch sein! Aber es klagt niemand und wir räumen, was möglich, aus dem Wege.«

Ob Fontane merkte, daß die Bestimmtheit, mit der er zu seiner freien Schriftstellerexistenz zurückgekehrt war, das Lebensgefühl und die Zukunftspläne nicht nur seiner Frau, sondern auch seiner Kinder beeinflußte? George fürchtete um die notwendigen Zuschüsse von zu Hause, Theo begann sich in die Vorstellung einzuleben, im Notfall für Mutter und Schwester zu sorgen, Martha hatte sich mit dem Gedanken anzufreunden, ihr Geld als Lehrerin zu verdienen, falls sie sich nicht glücklich verheiratete, Friedrich hingegen plagte die Angst, daß sie alle verhungern müßten. Aber keiner klagte. Martha verstand es sogar, mit »muntren Zeilen« an den Vater für Heiterkeit zu sorgen. Jemanden mit Humor bei Laune zu halten, das hatte sie *ihm* abgeschaut.

Polterabend bei Schreiners

Im Herbst 1876 heiratete Auguste Schreiner, Handarbeitslehrerin, 26, den Musiklehrer und Pianisten Bruno Heinrich Schröder. Martha machte sich ein Vergnügen daraus, die an »Duttchen« gerichteten Verse ihres Vaters am Polterabend vorzutragen:

> Verräterin; keine verließ uns je
> Untreuer, leichter, schnöder;
> Ach Duttchen Schreiner, geh in dich, geh,
> Was bist du als Duttchen Schröder?

> Als Duttchen Schröder hörst du vielleicht
> Sonaten ohne Tadel,
> Doch eine feinere Tonkunst schweigt,
> Der Ton der klingenden Nadel.

> Ja Duttchen, ich hab es mir wohl gedacht,
> Es würde nicht lange dauern,
> Ich sah schon lange bei Tag und Nacht
> Dies Liebes-Unglück lauern.

> Was half dir Stick- und Nähe-Stund
> Und das Handarbeits-Examen?
> Du wirst nun gestrichen aus unserem Bund
> Mit Tauf- und Familien-Namen.

> Du hörst vielleicht nun jeden Tag
> Von Don Juan und Zerlinen,
> Das kann doch, wie man sich denken mag,
> Deinen Sitten unmöglich dienen.

Du hörst vielleicht nun – böses Kraut
Schießt immer in die Dolden –,
Unglückliche geliebte Braut,
Selbst Tristan und Isolden.

Es gibt nur *einen* Talisman,
Das Schlimmste wegzuschrecken:
Du mußt bis an die Zähne hinan
Mit diesen Tüchern dich decken.

Erblickt der böse Verführungs-Geist
Diese Alten-Jungfern-Zeichen,
So wird er immer weniger dreist,
Und schließlich muß er weichen.

Und hilft auch das nicht, nun so muß
Ich selber frisch ins Feuer,
Ich gebe dir einen tüchtigen Kuß
Und bleibe deine, euer!

Martha sprach die Verse vor versammelter Gesellschaft. Auch die Geschwister der Braut saßen vermutlich im Publikum, das heißt Rudolph,
mit dem Martha (wie ihr Bruder Theo wußte) einen kleinen Flirt hatte,
und Marie, die Schulfreundin. Nach ihrem Auftritt wurde Martha krank
und war drei Tage später »noch immer heiser und halsverschwollen«.

Komödienspiel en famille

Martha spielte mit Leidenschaft Theater. »Im November«, so notierte
Fontane in sein Tagebuch von 1876, »war George auf Urlaub hier, während Frl. Lise Witte aus Rostock, Marthas Freundin, bei ihrem Onkel
Lucae auf Besuch verweilte. Dies führte zu sehr angenehmen Tagen für
die jungen Leute und zu Zerstreuungen, in die wir mit hineingezogen
wurden. Ball, Abendgesellschaften, Komödienspiel.«

Der Theaterzettel des Komödienspiels, professionell gedruckt bei der
»Ober-Hofbuchdruckerei R. v. Decker«, kündigte die Vorstellung an
auf »Sonntag, den 19. November 1876 um 7 ½ Uhr Abends«. Gespielt

wurde wahrscheinlich in der Villa von Richard Lucae. Auf dem Programm standen die Einakter *Wie denken Sie über Rußland?* (ein Schwank von Gustav von Moser) und *Das Schwert des Damokles* (eine Posse von Gustav von Putlitz). George, Martha und Theo Fontane sowie Lise Witte spielten in beiden Stücken die tragenden Rollen. Im Schwank gesellten sich »Herr M. Gropius« und »Herr C. Zöllner« hinzu, in der Posse »Frl. Meyer«.

»George, in beiden Hauptrollen, war ausgezeichnet«, urteilte der Vater, »ebenso Martha, im zweiten Stück, als rothäriger Buchbinderlehrling brillant. Die andern weniger gut; Theo, wie immer, brav und steif.«

Das gemeinsame Theaterspiel »vor verwandtem und bekanntem Publikum« wurde damals in vielen bürgerlichen Häusern gepflegt, ganz ähnlich wie die Hausmusik. Seit Mitte des 19. Jahrhunderts wurde es gefördert durch Publikationsreihen, »die zu erschwinglichen Preisen Klassikerbearbeitungen, Dramatische Sprichwörter, Lustspiele, Einakter und Soloszenen explizit für den Hausgebrauch« anboten. Theaterspielen diente der Geselligkeit und war für die jungen heiratslustigen Damen und Herren eine der Möglichkeiten, einander näher kennenzulernen.

Vermutlich war es bei dieser Gelegenheit, daß George Fontane um Lise Witte warb. Lise war sieben Jahre jünger als George und hatte unter den vielen Vorzügen ihrer Person auch denjenigen, eine gute Partie zu sein. Das machte die Angelegenheit etwas diffizil. Irgend etwas geschah zwischen Lise und George, was Theodor Fontane im Tagebuch zur Bemerkung veranlaßte: »Der Ausgang dieser Wochen war minder heiter.«

Bei Heiratsabsichten seiner Kinder wurde Fontane als Vater nervös. Ihm war die Angelegenheit nicht recht geheuer, vor allem auch deshalb, weil Lise seinem Sohn George keine entsprechenden Zeichen gab. George aber war, das betonte der Vater gerade jetzt wieder, »der liebenswürdigste von der Familie, die Alten miteingerechnet«.

Es ist ein Briefentwurf überliefert, der deutlich macht, daß Liebes- und Heiratsangelegenheiten bei den Fontanes Familiengesprächstoff waren und der Vater ein entscheidendes Wort mitredete. Der Entwurf ist nur in einer später entstandenen, maschinenschriftlichen Abschrift überliefert und trägt den Vermerk von Friedrich Fontane: »Ich vermute, daß dies ein *Entwurf* für einen Brief ist (resp. nur für einen Passus), den Th. F.s Tochter an ihren älteren Bruder George schreiben sollte. – W.sch. interessierte sich George eine Zeit lang für Lise Witte und er wird wohl bei seiner Schwester, die ja die intimste Freundin von L. W. war [...] geklagt haben.« Der »Passus«, den Fontane vorformulierte und den Martha in ihren Brief an den Bruder George einfügen sollte, lautet:

»Letzten Sonntag und Montag war Lise Witte hier, um von hier aus eine Reise nach Bonn zu machen. Wir verlebten beide Tage sehr angenehm und kamen bei unsern Plaudereien auch auf die glücklichen November- und Dezemberwochen und auf den wenig erquicklichen Ausgang derselben zu sprechen. Sie blieb unbefangen und sprach unverändert in freundlich-liebevollen Ausdrücken von Dir. Es fällt ihr also nicht ein, ihr damaliges Benehmen als Spielerei oder Übereilung darzustellen; der Vorwurf der Koketterie, so meint auch Papa und Mama, denen sie, bei zwei kurzen Besuchen, wieder sehr gefiel, fällt also weg. Sie steht dadurch, daß sie nichts zurücknimmt oder anders darstellen will, als es war, in viel günstigerem Lichte da, als wir zu Weihnachten fanden. Dennoch bleibt Papa dabei, daß mit all diesem Material nichts zu machen ist. Zuneigung ist da, aber, so meint er, nicht das *Maß*, das nötig wäre, um den Kampf siegreich durchzufechten. Jedenfalls müßte *sie* Wege zu neuer Anknüpfung zu finden wissen.« –

Martha tanzt

Im Winter 1876/77 »erfolgte Marthas Einführung in die Gesellschaft«. Der Vater notierte: »sie machte als Ball-Erscheinung Glück.« Man gönnte den Mädchen das Tanzen auf dem Ball. Ein viel gelesener Ratgeber meinte: »Einem jungen, gesunden, leichtfüßigen Mädchen ist das Tanzen [...] sicherlich nicht schädlich, wenn es nicht im Übermaß betrieben wird. Im langen Winter, wo Sturm und Unwetter uns den Spaziergang im Freien verleiden, wo die Sonne achtzehn Stunden von vierundzwanzig uns nicht scheint, da ist der fröhliche Tanz eine Art von Ersatz für die hellere Lust, die der Lenz mit seinen milden Lüften uns bietet.« Zur Ballglückseligkeit gehörte für die jungen Damen von damals das »weiße oder rosa schleppende Tüllballkleid«, die »angegossen sitzende Atlastaille«, »Atlasschuhe«, der »helle Federfächer« und das »Spitzentaschentuch«. Martha – so kann man den Wirtschaftsbüchern ihrer Mutter entnehmen – wurde in Kleiderfragen nicht kurz gehalten.

Damit der Ball für ein Mädchen, das seine ersten Bälle mittanzte, wirklich ein glückliches Erlebnis wurde, brauchte es allerdings viel Vorbereitung. Am wichtigsten war, daß man seine Tänzer hatte. Von Vorteil war, wenn schon Tage vor dem Ball, aber bestimmt »vor dem ersten Walzer« sämtliche Tänze vergeben waren. Welchen Tanz man mit wem tanzte, war dabei von etlicher Bedeutung. Die Regel lautete, daß der erste Walzer, dann der Tanz nach dem Souper und schließlich der Kotillon die drei wichtigsten Tänze waren. Jedes Mädchen wußte: »Wurde man von einem Tänzer zu einem oder gar mehreren dieser gebeten, war das bedeutungsvoll; gab man sie ihm, hatte man ihn ermutigt.« Die beliebtesten Tänzer waren die schneidigen Leutnants. Die jungen Berlinerinnen jedenfalls zogen sie jedem alten Grafen von Uradel vor.

Für die Berliner Hofgesellschaft war der Hofball der Höhepunkt der Wintersaison. Martha Fontane als Bürgerliche tanzte nicht bei Hofe. Es gab für sie genug andere Bälle. Wenn es vornehm zuging, wurde Champagner serviert. Champagner war schicker als Rot- und Weißwein. Mit 17 antwortete Martha auf die Frage *What's your favorite food and drink?*: »Champagner«.

War der Zauber des Balls vorbei, zählten die jungen Damen die Bouquets, die die Verehrer den Angebeteten geschenkt hatten. Erinnerungen an ihre »Ballglückseligkeit«. Marthas Bruder Theo vermutete, daß seine Schwester über diese Dinge erhaben sei: »Einem andern jungen Mädchen würde ich bei ihrem Eintritt in das siebzehnte Jahr viel Glück in der nächsten Ballsaison wünschen, ein Glück, das für ein so junges Ding in drei Bällen, zwei Bouquets und einem Courmacher bestehen würde. Aber bekanntlich bist Du weit über Deine Jahre hinaus.« Ballglückseligkeit, so vermutete er weiter, sei ihr nicht mehr Glückseligkeit genug.

Die Fontanes und die Stockhausens

Julius Stockhausen, der berühmte Liedsänger, war 1874 mit seiner Familie von Cannstatt (heute Stuttgarter Stadtteil) nach Berlin gezogen, in unmittelbare Nachbarschaft der Fontanes. Bekannt gemacht hatte sie ein gemeinsamer Freund, der Kunsthistoriker Wilhelm Lübke, der unterdessen in Stuttgart lehrte. Emilie Fontane und die 18 Jahre jüngere Clara Stockhausen-Toberentz, eine gebürtige Berlinerin, hatten sich rasch befreundet. Jede kannte die Freuden und Nöte der anderen, und so war man übereingekommen, daß Martha im Haushalt der Freundin etwas mithel-

Clara Stockhausen, um 1870

fen solle. »Martha trat bei Stockhausens ein, doch wurde das Verhältnis, das ein wenig bedrücklich und zu anstrengend war, in ein leichteres und freieres, aber in demselben Hause umgewandelt,« notierte der Vater 1876 im Tagebuch.

Bei Stockhausens gab es drei Kinder zu betreuen: Emanuel, Margarethe und Friedrich. Die Frau des Hauses nahm nicht nur ihre Pflichten als Hausfrau und Mutter wahr, sondern leistete – ähnlich wie Emilie Fontane – auch viel unterstützende Arbeit für den Künstlergatten. Zudem war Clara Stockhausen, als Martha als zusätzliche Hilfe engagiert wurde, erneut schwanger.

Am 11. Februar 1877 kam Johannes Theodor zur Welt. Seinen Namen verdankte er seinen Paten: Johannes Brahms und Theodor Fontane. Brahms war ein langjähriger, enger Freund des Sängers. Julius Stockhausen zeigte die Geburt des Sohnes mit Freude an, es sei ein »Schwarzkopf« mit kräftiger Stimme: »Der kann schreien!« »Sei dir das Leben ein Brahmsscher Tanz«, wünschte der Dichterpate dem Neuankömmling zur Taufe, während Brahms aus Wien telegraphierte: »Gedanken und Wuensche herzlich dort – selbst kommen leider unmoeglich« (18. Mai 1877). Er wußte, daß Fontane der »Mit-Pate« war. Denn Stockhausen hatte ihm geschrieben:»Als Mit-Pate hast Du Theodor Fontane. Glücklicher Junge! Ein Dichter und unser größter Musiker als Geistesväter!« Martha, die Seminaristin, verkehrte gern bei Stockhausens. Sie wohnten in der Genthinerstraße 13 a, so daß Martha, wenn sie sich zu ihnen begab, nur die Potsdamer Brücke zu überqueren und dem Schöneberger Ufer entlang Richtung Lützowplatz zu gehen hatte. Der Vater sah seine junge erwachsene Tochter jedoch ungern allein unterwegs. Auch fürchtete er jetzt mehr als früher um ihre Gesundheit.»Martha will sich Ihnen durchaus präsentieren und ich mag diesen Eifer nicht zügeln«, schreibt er an Clara Stockhausen, bittet indes:»lassen Sie sie aber nur in einer ›zuigen‹ Droschke fort, denn der Nordost ist so perfid wie möglich.« Die Tochter in einer geschlossenen Droschke zu wissen, wenn sie spät nach Hause kam, war ihm eine Beruhigung.

»Der Kerl singt unbeschreiblich schön«

Bei Stockhausens lernte Martha die große Musikwelt kennen. Sie selbst war »sehr musikalisch« und spielte gut Klavier. Ihre Lieblingskomponisten waren »Beethoven« und »Schumann«, und sie liebte Brahms. »Ich setze mich hin, übe eine Stunde Brahms«, schreibt sie gelegentlich.

Julius Stockhausen war nicht nur eng mit Johannes Brahms, sondern ebenso mit Clara Schumann befreundet. Sie lebte in den 1870er Jahren einige Zeit in Berlin, war damals schon lange Witwe und wohnte mit ihren Töchtern an der nördlichen Seite des Tiergartens. Nach verschiedenen gesundheitlichen Krisen trat sie damals wieder als Pianistin auf, gab Konzerte, spielte hinreißend schön Beethoven, Schumann, Brahms. Manchmal schickte Brahms aus Wien neue Kompositionen. Dann wurden sie bei Stockhausens gespielt und gesungen. Eine solche ›Matinée musicale‹ gab es zum Beispiel am 28. Mai 1876 (Martha war zu diesem Zeitpunkt bei Wittes in Rostock). Brahms habe Stockhausen »zwei wunderbar schöne neue Lieder geschickt«, notierte Clara Schumann im Tagebuch, »mit der Bitte, sie ›der besten Zuhörerin‹ (mir) vorzusingen.«

Zum engsten Freundeskreis der Stockhausens zählte auch Joseph Joachim, der berühmte Geiger. Er war schon vor Stockhausen nach Berlin gekommen und hatte hier die Leitung der neu gegründeten Musikhochschule übernommen. Die vier Freunde: Clara Schumann, Johannes Brahms, Joseph Joachim und Julius Stockhausen hatten in früheren Jahren viele gemeinsame Konzerte gegeben. Mit Brahms war Stockhausen auch auf Europatournee gewesen, mit großem Erfolg. Joseph Joachim schrieb damals begeistert über den Sänger und Freund: »Der Kerl singt unbeschreiblich schön.«

Julius Stockhausen war ein leidenschaftlicher, enthusiastischer Künstler. Von sich selber sagte er, daß er in jungen Jahren Jenny Lind (die ›schwedische Nachtigall‹) wegen ihrer Stimme, Clara Schumann wegen ihres Klavierspiels, Ellen Franz wegen ihrer schauspielerischen Vollendung sofort geheiratet hätte. Schließlich ehelichte er die kluge, besonnene Kaufmannstochter Clara Toberentz. Bei der Eheschließung war er, gegen den Willen seiner Mutter, vom Katholizismus zum Protestantismus übergetreten. Später sagte er sich auch von seiner französischen Herkunft los. Er war 1826 in Paris geboren und im Elsaß zweisprachig aufgewachsen. Seine Eltern waren beide Musiker. Der Vater stammte aus Rheinbreitbach bei Königswinter. Im Erwachsenenalter wurde sich Stockhausen seiner deutschen Herkunft zunehmend bewußt. Er hatte zwar in Paris Gesang studiert, aber, so meinte er gegenüber Clara Schumann, er habe bei »Frau Schumann, Joachim, Brahms und Kirchner« mehr gelernt als anderswo. Die Musik, die er liebte, war die von Bach, Beethoven, Mendelssohn, Schubert, Schumann, Brahms. Er war der Sänger des deutschen Lieds. Brahms wurde durch ihn zu vielen seiner Kompositionen inspiriert.

Auch Fontane hat ihm ein verstecktes Denkmal gesetzt. Einmal in *Frau Jenny Treibel* in der Figur des Sängers Adolar Krola und einmal im *Stechlin*. Beide Male ist etwas Süffisanz dabei. Im *Stechlin* steckt die Hommage in der Passage über Jenny Lind. Jenny Lind war in ihrer Zeit ein großer Star, und Stockhausen war hingerissen, als er mit ihr Mendelssohns *Elias* aufführen durfte.

In Fontanes *Stechlin* ist es Pastor Lorenzen, der eine Schwäche für Jenny Lind hat. Es sei »seine erste Liebe« gewesen, wird vermutet, denn er sei zu jedem Konzert der »Diva« gegangen. Auch die junge Gräfin Melusine, die sich mit Lorenzen gut versteht, hat ihr Erlebnis mit Jenny Lind. Im Alter von 14 Jahren, als sie in London lebte, hat sie die Lind in ihrem häuslichen Salon singen gehört. »Ich weiß noch deutlich«, so erzählt sie im 15. Kapitel des Romans, »ich trug ein weißes Kleid und einen hellblauen Kaschmirumhang und das Haar ganz aufgelöst. Die Lind beobachtete mich, und ich sah, daß ich ihr gefiel. Wenn man Eindruck macht, das behält man. Und nun gar mit vierzehn!«

Julius Stockhausen als Dirigent
des Sternschen Gesangvereins

Nach Berlin gekommen war Julius Stockhausen, weil der Sternsche Gesangverein ihn als Dirigenten haben wollte. Der Chor bestand aus etwa 360 Mitgliedern, vorwiegend Laien (auch Henriette von Merckel war in jüngeren Jahren Chormitglied gewesen). Er finanzierte sich durch die Mitgliederbeiträge und durch drei Konzerte in der Saison. Stockhausen rechnete, daß er neben der Tätigkeit als Chordirigent weiterhin als Sänger auftreten würde.

Seine Frau Clara, die sich sehr auf Berlin freute, weil es ihre Heimatstadt war, gab ihrem Mann jedoch zu bedenken: »Du wirst nicht bei drei Konzerten im Winter stehen bleiben, jeden Montag willst Du Verein halten, Stunden werden sich Dir in Menge anbieten. [...] die große Stadt wird Dir ein so großes Feld der Tätigkeit eröffnen, daß Du die Kraft zum Singen, wie Du sie jetzt hast, naturgemäß nicht haben kannst, weil Du Dein Organ mit dem Sprechen viel zu sehr anstrengen mußt.«

Stockhausen ging mit großem Elan an die Arbeit. Weil seine Ansprüche für viele zu hoch waren, verließ innerhalb kurzer Zeit etwa die Hälfte der Mitglieder den Verein. Stockhausen war das recht. Er schaffte Noten von Werken ersten Ranges an, richtete eine Bibliothek ein, sorgte für eine bessere Bühne, engagierte gute Orchestermusiker für die Konzerte, sparte nicht an Proben. Wirtschaftlich rechnete sich das alles nicht (er hatte zum Glück einen Schwager, der zahlte), aber künstlerisch feierte Stockhausen auch als Chordirigent große Erfolge.

Sein Chor, der Sternsche Gesangverein, hatte Gastrecht in der Zelterschen Singakademie (heute Maxim-Gorki-Theater) und war hauptsächlich den »Werken der neueren Meister« verpflichtet, während der Chor der Singakademie, der eine große Tradition hatte und der berühmtere der beiden Chöre war, vorwiegend das Werk von Bach pflegte. Sang der Chor der Singakademie, erschien die gute Gesellschaft Berlins, gab der Sternsche Gesangverein ein Konzert, erschien ein eher jüngeres Publikum.

Im Saal der Singakademie fanden außerdem die Kammermusikabende des Joachim-Quartetts statt, ein Ereignis ersten Ranges für Tout Berlin. Auch Martha Fontane, so ist dem Wirtschaftsbuch ihrer Mutter zu entnehmen, ging zu den Joachim-Konzerten, sei es in der Singakademie, sei es im Musiksaal seiner privaten Villa, die Richard Lucae Anfang der

1870er Jahre für den Musiker entworfen und gebaut hatte. Als Künstler und Direktor der Musikhochschule war Joseph Joachim damals eine Hauptperson im Berliner Musikleben. Zu Beginn seines Direktoriums hatte er versucht, auch die Freunde Clara Schumann, Brahms und Stockhausen nach Berlin zu verpflichten. Die Verhandlungen waren jedoch gescheitert. Jetzt da Stockhausen sich unabhängig von der Hochschule in Berlin profilieren wollte, gab es Ärger.

Er selbst, Stockhausen, konnte nicht recht begreifen, daß man ihn als Rivalen empfand. Er verstand auch nicht, daß man ihn als ›Modernen‹ verschrie. Immer Brahms, wurde ihm vorgeworfen. »Unsere Berliner sind so konservativ & daher so wenig an das Neue gewohnt daß es jetzt schon heißt: St. macht nur Kompositionen von B.«, schrieb er dem Freund nach Wien und meinte: »Das wäre mir schon ganz recht, wenn es nur wahr wäre, aber ich teile zu sehr mit Dir den ›Respekt vor Berlin‹, um à tout prix mit dem Kopf durch die Wand zu wollen.« Er führe jetzt Mendelssohn auf. Aber das Brahms-Requiem werde bereits geprobt. Der Chor singe schlecht vom Blatt, er habe deshalb, um einen Eindruck zu geben, das Bariton-Solo vorgesungen. Darauf habe der Chor sich auch an die schwereren Stellen gewagt, und bei: »›Ich hoffe‹ und ›Der Gerechten Seelen‹ ›Weß soll ich mich trösten‹ hörte man die wohltuenden Beifallsbezeugungen, wie schön, wie ausdrucksvoll.«

Das *Deutsche Requiem* von Brahms erlebte unter der Leitung von Stockhausen am 12. Februar 1876 seine Berliner Erstaufführung. Als Anlaß wählte der Dirigent eine Schumann-Gedenkfeier. Zu Schumanns Ehren wurden deshalb neben dem Brahms-Requiem auch Schumann-Lieder aufs Programm gesetzt, die Stockhausen selbst sang. Das Konzert wurde am 26. Februar 1876 in den Reichshallen wiederholt.

Nicht die erwarteten drei, sondern sechs, manchmal sieben Konzerte gab Stockhausen während der Saison. »Seine Begeisterung für die Musik war zündend«, schreibt Eugenie Schumann, die zweitjüngste Tochter von Robert und Clara Schumann, in ihren Lebenserinnerungen, »und konnte gelegentlich alle Schranken des Konventionellen niederreißen. So erinnere ich mich eines Konzertes in Berlin, in welchem er als Leiter des Sternschen Gesangvereins das Schicksalslied von Brahms dem Berliner Publikum zum ersten Male vorführte. Mit ganzer Hingabe seines Wesens hatte er dirigiert, die letzten Töne waren verklungen, und die Zuhörerschaft gab ihrem Beifall Ausdruck. Da wandte sich Stockhausen um, seine Gesichtszüge waren von innerer Bewegung durchglüht. ›Verehrte Anwesende‹, sagte er, ›ich glaube in Ihrem Sinne zu handeln, wenn ich Ihnen dies herrliche Werk gleich noch einmal vorführe.‹«

… und als Gesangspädagoge

Weil das Dirigentenamt mehr Ausgaben verursachte, als Einnahmen brachte, begann Stockhausen in Berlin intensiv Gesangstunden zu erteilen, »durchschnittlich fünf per Tag, auch sechs, sieben«. Seine Schülerinnen und Schüler, das setzte er zur Bedingung, mußten musikalisch sein, brauchten aber nicht zwingend das Singen zum Beruf machen zu wollen. Er arbeitete auch gerne mit begabten Laien. Zum Beispiel mit der Rostockerin Marie Bencard. Sie hatte eine schöne Altstimme und nahm eine Zeitlang »bei Stockhausen« Unterricht. Marie Bencard war eine Jugendfreundin von Lise Witte und wurde Ende der 1870er Jahre auch eine enge Freundin von Martha.

Martha selbst, so scheint es, nahm keine Gesangstunden bei Stockhausen. Zu seinen Schülerinnen in Berlin gehörte aber Eugenie Schumann. »Ich hatte eine kleine, wie Stockhausen sagte, sympathische Stimme«, schreibt sie, »und große Lust zum Singen. Sofort war Mama bereit, mir Gesangstunden geben zu lassen. Nachdem ich eine Zeitlang bei einer Lehrerin der Hochschule gelernt hatte, kam ich in Stockhausens Hände. Er gab sich viel Mühe mit mir, doch konnte ich ihm, da ich sehr oft leidend war, nicht viel Ehre machen. Ich habe es ihm aber mein Leben lang gedankt, daß er mir einen sehr klaren Einblick in die Technik der Gesangkunst vermittelte, was mir späterhin von großem Nutzen wurde.«

Im Juli 1877 kam aus Frankfurt am Main die Anfrage, ob Stockhausen erster Gesangslehrer am neu zu gründenden Konservatorium werden wolle. Ein Dr. Joseph Hoch habe das nötige Kapital gestiftet, designierter Rektor sei der Komponist Joachim Raff. Das Angebot verlockte. Obwohl seine Frau schwere Bedenken äußerte, sagte Stockhausen zu. Er wollte fort von Berlin. Brahms hätte ihn damals gerne nach Wien geholt, denn es wurde in Wien eine Dirigentenstelle frei, für die sich der Freund geeignet hätte. Aber Stockhausen reizte die neue Arbeit am Konservatorium. Zudem konnte er Clara Schumann als Klavierpädagogin an dieselbe Institution verpflichten. Er wollte mit ihr gemeinsam in Frankfurt einen musikalischen Neuanfang wagen.

Bevor Clara Schumann nach Frankfurt am Main zog, verabschiedete sie sich bei den Berlinern mit dem 4. Klavierkonzert in G-Dur von Beethoven, ihrem Lieblingskonzert. »Hier sind die Leute ganz außer sich, daß ich gehe«, schrieb sie an Brahms, »und machen mir das Herz schwer, denn nimmer hätte ich gedacht, daß ich hier so viel Liebe besitze, wie es sich jetzt zeigt.« Am 21. Mai 1878 verließ sie Berlin. Gemeinsam mit ihren Töchtern Marie und Eugenie, die der zukünftigen Klavierpädagogin als Assistentinnen dienen sollten, zog sie nach Frankfurt am Main.

Auch Stockhausen bereitete seine Übersiedlung vor. Sein letztes großes Konzert mit dem Sternschen Gesangverein gab er am Sonnabend, den 20. April 1878 in der Singakademie. Zur Aufführung gelangte Bachs Matthäuspassion. Es sollte ein versöhnliches Zeichen sein und zum Ausdruck bringen, daß er die Musiktradition der Stadt zu würdigen wußte.

»Mete freut sich sehr zu Ihnen«

Ostern 1878 hatte Martha Fontane ihr Lehrerinnenexamen bestanden. Den Sommer wollte sie bei Wittes in Rostock und Warnemünde verbringen, dann aber nach Frankfurt ziehen. Denn die Stockhausens hatten ihr erneut ein »Engagement« angeboten, als Erzieherin oder Assistentin, und sie hatte es angenommen.

»Mete fängt an, ihren letzten Briefen nach, in etwas geebnetere Bahnen zu lenken. Sie bedarf so sehr geistiger und körperlicher Schulung, und jedes kleinste Zeichen davon tut meinem Mutterherzen wohl. Sie hat keine Ahnung davon, wie sehr sie trotz alledem und alledem mein Liebling ist und ich oft aus Sorge um sie Tränen vergieße«, schreibt Emilie Fontane über ihre 18jährige Tochter an Clara Stockhausen.

»Mete«, so findet der Vater indes, schreibe »vergnügt und vernünftig«. Ihre Briefe seien »natürlich altklug und literarisch, aber darf man sich darüber wundern? Sie ist eben in einem kritisch-schriftstellerischen Hause geboren und erzogen, und was nicht schon im Blute steckte, das hat die Atmosphäre, in der sie heranwuchs, hinzugetan«. Er fand ihre Briefe »*sehr* gut«, die Tochter selbst aber »ein ganz apartes Frauenzimmer«, eine poetisch und künstlerisch veranlagte Natur. Nach Warnemünde schrieb er ihr etwas besorgt: »Übrigens, meine süße Mete, vergiß beim Baden nicht, daß Du eine Erdgeborene bist und trotz unsrer Herkunft aus dem südlichen Frankreich, nicht von den Lusignans stammst, aus denen die ›schöne Melusine‹ entsproß. Wolle also nicht zu sehr ›mermaid‹

sein und halte Dich im Seh- und Stimmbereich mecklenburgischer Bade-
frauen. Vor denen erbangen selbst die Geister der Tiefe« (26. Juni 1878).
Während das Sorgen- und Angstkind in Warnemünde weilte und seine Frau in Neuhof, nahm Theodor Fontane teil an den verschiedenen
privaten und öffentlichen Abschiedsfeiern für Stockhausen. Über das
Fest, das der Sternsche Gesangverein seinem Chorleiter im Zoologischen
Garten gegeben hatte, schrieb er in der *Vossischen Zeitung*, es seien »entzückende Brahmssche Lieder« gesungen worden, »eins davon von Stockhausen selbst«.

Man verliere einen großen Künstler, beklagte Julius Wolff in der *Na-
tionalzeitung* dessen Weggang und schrieb über den Sänger: »So denke
ich mir den Spielmann einer längst versunkenen Zeit, den Spielmann,
der zu allem begeistern, zu allem verführen, der Menschen und Tiere be-
rücken kann, dem man, wenn man ihn hört, Leib und Seele und Seligkeit
für ein Lied verkaufen könnte!«

Auch Theodor Fontane tat es leid, daß die Freunde wegzogen. Emilie
Fontane aber war geradezu unglücklich über deren Wegzug. Sie fühlte
sich, seit man sich kannte, Clara Stockhausen wegen der »Ähnlichkeit
der Verhältnisse und der Charaktere« besonders verbunden. Es frappier-
te sie auch die Ähnlichkeit ihrer Ehemänner, der beiden Künstler. Fontane hörte das nicht gern. »Bloß *das* war nicht richtig«, schrieb er ihr,
kurz nachdem die Stockhausens ihren Haushalt in der Genthinerstraße
aufgelöst hatten, »daß Du immer Parallelen zwischen St. und mir gezogen hast. Ich bin entweder gar nicht verwöhnt, oder wie ein Sperling auf
einem Spittelfenster, *er* ist verwöhnt wie ein Sprosser, an dem alles an-
dachtsvoll vorübergeht und schweigt und lauscht. Danach modelt sich
aber der Charakter, und das Leben hat mich, mehr als mir lieb ist, auf Bescheidenheit trainiert.«

Für Marthas Mutter war es tröstlich zu wissen, daß die Tochter bald
schon den Freunden nach Frankfurt folgen würde. »Mete freut sich sehr
zu Ihnen«, schrieb sie an Clara Stockhausen, »und aus ihrem letzten
Briefe sprach wieder so deutlich die aufrichtige Verehrung und Zuneigung, die sie für Sie hat, daß mein Mann sowohl wie ich, fest darauf rechnen, Sie würden Ihren Entschluß nicht zu bereuen haben. Mete hat,
trotz mancher störenden Eigenschaften, einen Vorzug, und schon von
jüngster Kindheit, sie versteht sich zu accomodieren, am glänzendsten
hat sie diese Eigenschaften als elfjähriges Mädchen in London in dem
Meringtonschen Hause bewährt.«

»Mete will nicht nach Frankfurt ...
es ist eine Herzensaffaire«

Bevor die Stockhausens ihre neue Wohnung in Frankfurt am Main bezogen, gingen sie zur Kur nach Karlsbad, später nach Forsteck bei Kiel, wo die Kinder bei Verwandten den Sommer verlebten. In Forsteck besaß das gastfreundliche Hamburger Ehepaar Meyer-Toberentz – sie war die ältere Schwester von Clara, er war der zahlende Schwager – einen Landsitz (im Zweiten Weltkrieg zerstört).

Fontane verbrachte den Sommer in Berlin und erwartete seine Tochter zurück. »Von Mete wirst Du Briefe haben; so nehm ich an«, schrieb er am 15. August 1878 an seine Frau nach Neuhof. »Hier ist keine Zeile eingetroffen, ich weiß also auch nicht, *wann* sie hier zu sein gedenkt. Ich denke nicht früher als Sonnabend (17.) und nicht später als Dienstag (20.).« Eben sei ihre Kleiderkiste von Rostock her angekommen, aber »von ihr selbst kein Wort«. Er fand ihr Schweigen ungewöhnlich.

Am 16. August kam ein Brief von Julius Stockhausen, geschrieben auf einem »Stück Pappe«, wie Fontane bemerkt (der Brief Stockhausens ist nicht überliefert). »Die Zeilen von St. sind freundlich gemeint, machen aber doch einen sonderbaren Eindruck«, wunderte er sich. »Von Mete kein Wort; auch sonderbar. Ich kann mir nicht helfen, es ist nichts mit solchen Engagements. Selbst ein *schlechtes* in einem fremden Hause ist besser, denn es kann jeden Augenblick ohne Störung gelöst werden.« Sonnabend, den 17. August stand Martha plötzlich da. – Drei Tage später schreibt ihr Vater an Clara Stockhausen:

Hochgeehrte Frau und Freundin.
Ich hätte mir es schön gedacht, Ihnen, nach Forsteck hin, einen recht hübschen Brief schreiben zu können, der zu der Szenerie gepaßt und einen so lichten Eindruck gemacht hätte, wie etwa die Möwen, die von See und Bucht her, so nehm' ich an, an Ihrem Fenster vorüberfliegen; statt dessen liegt es mir ob, Ihnen eine Mitteilung zu machen, die Sie peinlich berühren wird, nur nicht *ganz* so peinlich wie uns. Mete, die seit Sonnabend zurück ist, will nicht nach Frankfurt. Erzürnen Sie sich nicht darüber; die Geschichte, wenn sie auserzählt ist, wird weniger Ihren Zorn als Ihr Mitleid erregen, und wenn nicht Mitleid, so doch schlimmstenfalls ein von leiser Verstimmung angeflogenes Lächeln. Es ist eine Herzensaffaire. Unser Töchterlein erklärt, eine so starke

Zuneigung zu Ihrem Herrn Gemahl zu haben, daß ein Zusammensein mit ihm ihren Frieden stören und eine Gefühlswelt in ihr nähren würde, die sie verständig genug ist als ein schweres Unrecht gegen Sie, teuerste Frau, zu empfinden. Sie begreifen, daß, von dem Augenblick an, wo diese Erklärung abgegeben war, das Projekt eines Eintrittes in Ihr Haus fallen mußte, ja, schließlich ein Glück noch, daß es überhaupt zu dieser Erklärung kam. Denn es hing an einem Haar. Mete, von der mir ebenfalls unverständlichen Vorstellung erfüllt, daß wir *unter allen Umständen* auf Innehaltung des alten Programms bestehen würden, war eigentlich entschlossen gewesen, die Sache nicht weiter zur Sprache zu bringen, und mit dem bekannten »Schicksal habe Deinen Lauf« in die sonderbare Situation einzutreten.

Dies das Tatsächliche. Es ihnen mitzuteilen, ist mir nicht leicht geworden, und nur der Umstand, daß Sie durch Ihre stets bewiesene große Güte und Freundschaft einen unbedingten Anspruch auf die volle Wahrheit haben, hat mich bestimmen können, Ihnen eine Geschichte zu erzählen, deren Unerquicklichkeit und ernsteste Bedrücklichkeit von niemandem tiefer empfunden wird als von uns. Wo dergleichen vorkommt, da fehlt entweder eine Schraube oder ist an bestimmter Stelle *über*schraubt. Und das macht uns Sorge. Ihr gutes Herz wird daran aufrichtig genug teilnehmen, um über persönliche Verstimmung und Verlegenheit verhältnismäßig leicht hinwegzukommen.

Meine Frau ist seit gestern zurück, kam wohl und heiter an, hat aber natürlich in 7 Minuten wieder eingebüßt, was ihr 14 Tage an Wohlbefinden und frischem Aussehn zugelegt hatten. – Empfehlen Sie mich an Schwester und Schwager, und bewahren Sie Ihre freundschaftlichen Gesinnungen Ihrem aufrichtig ergebensten

Th. Fontane.

Von Martha Fontane ist kein Wort über die Stockhausen-Affäre überliefert, geschweige denn von Julius Stockhausen selbst. Die Antwortbriefe, die Clara Stockhausen dem Ehepaar Fontane sandte, fehlen ebenfalls. Vermutlich taxierte sie Marthas Gefühle als (vielleicht etwas heftigere) Jungmädchenschwärmerei. Viele Mädchen schwärmten damals für den Sänger Stockhausen – er war ihr Star. Freund Lübke schrieb nicht umsonst aus Karlsbad: »O heiliger J. S. oder auch S. J., d. h. Saint-Jules! Was hast' mir angetan! Mich vierzehn Tag in Karlsbad zu lassen, wo jeden Tag [...] hundert schöne Mädchen – denn es wimmelt förmlich davon –

auf mich zustürzen, mit der sprudelheißen Frage: Wo bleibt ER? Und wenn ich dann sage: ›Bin ich der Hüter meines Bruders?‹ so wenden sie sich wie von einem echten Kain zürnend von mir ab.«

Emilie Fontane schließlich war bestürzt. An Clara Stockhausen schrieb sie:

Geliebteste Freundin.

Gestern bin ich von meiner in jeder Beziehung angenehmen und erquickenden Hochzeitsreise [silberne Hochzeit der Treutlers] zurückgekehrt, um nach einer beinah viermonatlichen Trennung die Freude zu haben, meine Tochter wiederzusehen und in dem Gedanken, mich 14 Tage dieser Freude hingeben zu können. Sie war von kürzerer Dauer; nicht *eine* Stunde, ja kaum diese, konnte ich mich ihres zum Vorteil veränderten Äußeren, ihres muntern Wesens erfreuen, als mir mein Mann die Eröffnungen machte, vor denen ich noch, halb voll Unwillen, halb voll tiefer Betrübnis stehe. Nur das eine war mir sofort klar: Sie mußten die Wahrheit erfahren, wenn es – Wahrheit ist. Was mein Mutterherz empfindet, kann ich Ihnen nicht aussprechen; mit Schmerz sehe ich ein, daß alle Befähigung, alle glänzenden Eigenschaften dem Weibe nichts nutzen, wenn Herz und Gemüt nicht auf dem rechten Flecke sind. Jetzt ist es mir eine Beruhigung, daß ich in dieser Weise oft zu Ihnen meine Befürchtungen über Mete ausgesprochen habe; daß sie sobald und in einer für mein Kind so wenig vorteilhaften Weise sich erfüllen würden, trifft mich hart.

Natürlich wird nun unser Beisammensein ein höchst unerquickliches sein, und ich wünschte, sie fände sobald wie möglich ein Haus oder eine Stellung, wo sie sich nützlich machen könnte. Auch mein armer Mann, der inmitten einer neuen Arbeit Zeit und Stimmung brauchte, ist aufs peinlichste berührt und bei seiner Herzensgüte und allzu milden Lebensanschauung doch bemüht, gute Miene zum bösen Spiel zu machen.

Ich kann Ihnen teuerste Frau, heute weiter nicht schreiben und nur die dringende Bitte hinzufügen, daß Sie bald antworten.

Ihre tief betrübte Freundin

Emilie Fontane.

Marthas Eltern, beiden, war daran gelegen, die Freundschaft mit den Stockhausens trotz der »Herzensaffaire«, die alle Pläne durchkreuzte, zu bewahren. So gingen denn noch eine Reihe von Briefen hin und her, in denen Martha der Hauptgesprächsgegenstand blieb. Der Vater verteidigte die Tochter durchwegs. Nur einen Vorwurf ließ er gelten: »nicht früher gesprochen zu haben«. Aber zuletzt erbat er auch dafür Verständnis. »Was vorliegt ist ein Sinnen-, nicht ein Gesinnungs-Fehler«, schrieb er. »Auch jenen beklag' ich, aber dieser wäre noch beklagenswerter.«

»Das Thema ›Mete‹ ist unerschöpflich«

In den Tagen, als Martha für familiäre Turbulenzen sorgte, beendete Theodor Fontane seine Novelle *Grete Minde*, die ein »Durchschläger« werden sollte. Am 10. September 1878 wandte er sich noch einmal an Clara Stockhausen. Sein Brief ist »Psychographie«, ein Versuch Marthas Person, ihr Wesen und ihr Denken psychologisch zu erfassen. Er schrieb:

Hochgeehrte Frau und Freundin.
Längst hätt' ich geschrieben und Ihnen für all das Liebe und Freundliche, das Sie uns in diesen Wochen *mehr denn je* bewiesen haben, von Herzen gedankt, wenn ich nicht in der Weißglühhitze der Arbeit gewesen wäre. Seit gestern Abend aber hat nun »Grete Minde«, meine neue Heldin, Ruhe, ruht, selber Asche, unter der Asche der von ihr aus Haß und Liebe zerstörten Stadt, und ohne Säumnis eile ich nunmehr, wie's auch andre Leute zu tun pflegen, um vom Begräbnis zu freundlicheren Dingen überzugehn. Und dazu gehört eine Unterhaltung mit Ihnen. Das Thema »Mete« ist unerschöpflich; *so* viel hat sie wenigstens erreicht. Über den Eclat, mit dem sie sich hier, nach viermonatlicher Abwesenheit, wieder einführte, ist Gras gewachsen, wir sprechen nicht mehr davon, das Rücksichtsvollste und wohl auch das Beste, was wir tun können; aber irgend 'was Absonderliches spukt ihr in Schlaraffentagen immer in Kopf und Leber (Zöllner würde auch noch die Milz nennen), und so kommt man mit ihr nicht recht zu Rande. Sie ist mir eine beständige psychologische Aufgabe. Wenn es das Kriterium genialischer Naturen ist, daß Allerklügstes und Allerdummstes bei ihnen dicht beieinander liegen, so ist sie ein Hauptgenie. Sie abends beim Tee perorieren zu hören, oft über die schwierigsten und sublimsten Themata, ist ein Hochgenuß; sie sagt dann Sachen, die mich absolut in Erstaunen setzen; alles Tiefblick und Weisheit; Salomo Cadet. Aber

dies dauert nur so lange, wie sich's ums Allgemeine handelt, will sagen so lange wie ihre Person außer Spiel bleibt; von dem Augenblick an, wo diese mithineingezogen wird, wird sie ein Kind, ein Quack, und ihre Deduktionen, die nun plötzlich aus dem Scharfen ins bloß Kniffliche und Advokatische umschlagen, werden zu verdrießlich machenden Quasseleien. Es wäre schade, wenn diese reichbegabte Natur an ihren »short-comings«, die nur zu gewiß da sind, scheiterte.

Haben Sie Dank, daß Sie sie trotz alledem empfohlen haben. Allerdings steht mir dabei – wie gewiß auch Ihnen – die Hoffnung zur Seite, daß Sie's *durften*. Denn dasselbe Wort, das ich zuerst aus dem Munde der verstorbenen Mrs. Merington hörte »Mete muß *immer* beschäftigt sein; Arbeit ist ihre Stütze,« dasselbe Wort, oder ein ähnliches, glaub ich auch von Ihnen vernommen zu haben. Und es ist richtig. Vor ordentliche Aufgaben gestellt, bewährt sich ihre Kraft, zweck- und planlos der Stunde überlassen, überwuchert ihre Phantasie und die Torheit beginnt. Halten Sie mir diese Abhandlung zu gute, in der, trotz aller Herbigkeit, noch ein gut Teil Eitelkeit stecken mag. Empfehlen Sie mich der Frau Schwester, dem teuren Gatten, und halten Sie an einem rechten Glückstage Ihren Einzug in das neue Heim. In vorzüglicher Ergebenheit wie immer Ihr

Th. Fontane.

Emilie Fontane fügte dem Brief ihres Mannes die Zeilen hinzu, Martha habe bei der Familie Lange, an die Clara Stockhausen sie empfohlen hatte, »ihre Papiere eingereicht«, und schloß: »Grüßen Sie Ihren lieben Mann und die Kinder; wie gern sähe ich Johannes. Und eine glückliche Übersiedlung! meine Gedanken und besten Wünsche begleiten Sie.«

Die Freundschaft zwischen Stockhausens und Fontanes kam unbeschadet über Marthas »Herzensaffaire« hinweg. Noch in den Septembertagen folgte das Ehepaar Fontane einer Einladung nach Forsteck. Martha blieb in Berlin und meldete von hier aus, daß sie von der Familie Lange eine Absage erhalten habe. Die Eltern reagierten mit Verständnis. »Es eilt ja nicht«, fand die Mutter nun versöhnlich, »und vielleicht findet sich gelegentlich etwas anderes.« Sie war froh, daß Martha trotz allem »frisch und guter Dinge« war. Clara Stockhausen gestand sie, Mete rühre sie »durch ihr sichtliches Bestreben, mir zur Liebe zu leben«.

Trotz allem blieb dem Vater die Stockhausen-Affäre nicht ganz geheuer. So schrieb er am 25. März 1880 an seine Frau: »Martha fuhr mit Lübke in die ›Meistersinger‹. Es war mir nicht angenehm, denn ich halte nicht viel von diesen Onkelschaften, namentlich wenn sie aus der Schule Stockhausen sind, ich konnte aber nicht ›nein‹ sagen. Durch solchen Rigorismus macht man sich bloß lächerlich. Er soll sich übrigens sehr reserviert benommen haben. Ich will es glauben.«

Witte bei Fontane in Berlin

Im Sommer 1878, zum Zeitpunkt, als Martha in Rostock und Warnemünde bei Anna Witte weilte und ihre Eltern noch immer davon ausgingen, sie würde nach Frankfurt ziehen, kam Friedrich Witte nach Berlin und besuchte seinen Freund Theodor Fontane. Witte hatte sich erneut einer Reichstagswahl gestellt, und sein Sieg stand jetzt fest. Bevor er Fontane in der Potsdamer Straße 134c besuchte, mietete er in der Linkstraße 35, bei Frau Petri, »zwei sehr passende, wohnliche und saubere Zimmer«. Die Wohnung lag günstig, nur wenige Gehminuten von der Leipziger Straße 4 entfernt, wo der Reichstag damals noch im Gebäude der ehemaligen Königlichen Porzellanmanufaktur tagte. Und auch zu Fontanes war es nicht weit.

Witte ging bei Fontane ein und aus, fast wie in den früheren gemeinsamen Berlintagen. Der ältere Freund, formbedacht wie er war, sah sich indes zu folgenden Zeilen an seine Frau veranlaßt: »Witte aß bei mir; es schmeckte ihm vorzüglich, viel besser als ›zu Hause‹, so gut wurde Martha nicht verpflegt. Dann kam Butter und Käse, und er verputzte von letzterem noch ein Viertelpfund. Dabei rülpste er, als ob er seine eigenen Taten durch Böllerschüsse der Welt verkünden wolle; dann holte er ein Feldmesser aus der Tasche und begann zwischen den Zähnen zu graben und zu stochern. Persönlich gönn' ich ihm das, am wenigsten nehm' ich es ihm übel; aber es hat doch mehr als eine schlimme Seite. Kommt solch Herr ins Ausland, so gilt er nicht nur persönlich für einen Knoten, sondern schädigt auch – so lächerlich es klingt – unseren nationalen Ruf. Deshalb mißachten uns die anderen Nationen, weil wir nach *dieser* Seite hin so bäurisch-inferior dastehen. Ebenso wichtig ist die Wirkung solchen Gebarens im eigenen Hause. Der Frau erscheint er bloß als eine Fortpflanzungs- und Familienfütterungs-*Maschine*, und den Kindern gibt er, in allem was Form heißt, ein schlechtes Vorbild. Und so wird Friedrich Carl wahrscheinlich ebenso. Was Martha über diese Dinge schreibt, ist sehr richtig; wenn der Mann so absolut in Nicht-Poesie macht, so kann es nicht ausbleiben, daß wenigstens das *Herz* der armen Frau andre Wege geht.«

Marthas Sommerbriefe aus dem Hause Witte sind nicht überliefert. Augenscheinlich zeigte sie eine scharfe Beobachtungsgabe. Nur über die eigene »Herzensaffaire« schwieg sie sich, jedenfalls dem Vater gegenüber, aus.

Friedrich Wittes Reichstagstagebuch

Es war vierzehn Tage nach dem Stockhausen-Eklat als am 3. September 1878 frühmorgens um 5. 50 Uhr Friedrich Witte mit der Bahn in Berlin ankam, seine Zimmer in der Linkstraße bezog und dann auf einen Sprung zu den Freunden wollte: »Besuch 8 ¼ Uhr bei Fontanes: Alles schlief.« Als er am Nachmittag erneut vorsprach, konnte er empfangen werden. »Mittag bei Fontanes«, notierte er in sein Tagebuch.

Das Tagebuch, das Friedrich Witte jeweils während der Reichstagssession führte, ist als Handschrift (die schwer entzifferbar ist) sowie in zwei maschinenschriftlichen Abschriften überliefert. Es enthält nicht nur Notizen zum politischen Tagesgeschäft, sondern auch Aufzeichnungen zum geselligen Leben, das er in Berlin führte. Aus seinen Notizen geht hervor, daß er häufig mit Fontanes zusammentraf und Martha als seinen besonderen Schützling betrachtete. Da sie politisch interessiert war, lud er sie gerne ein, als Gast die Reichstagsdebatten mitzuverfolgen.

Zu einer Zeit, da Frauen kein Wahl- und Stimmrecht besaßen, hatte Martha Fontane ein doppeltes Privileg: das Privileg, in der Hauptstadt zu leben, und das Privileg, einen ›Onkel‹ zu haben, der Reichstagsabgeordneter war und ihr gerne einen Tribünenplatz verschaffte (auch wenn er noch zögerte, für das Frauenstimmrecht zu votieren). Für die Tribünenplätze brauchte man Eintrittskarten. Die konnte jeder erwerben, aber es gab davon nur eine beschränkte Anzahl. Friedrich Witte war immer bemüht, seiner Familie und seinen Freunden Karten zu besorgen. Das brauchte etwas Geschick. Wußte man, daß Bismarck sprach, waren die Plätze rasch vergeben. Durch ›Onkel Witte‹ kam Martha jedoch immer zu ihrem Eintritt.

Wittes Tagebuch verzeichnet Marthas Reichstagsbesuche regelmäßig. Es gibt auch Auskunft darüber, welche Restaurants man nach den Sit-

Friedrich Witte, um 1880

zungen gemeinsam aufzusuchen pflegte, wen man traf, wo man einkaufen ging, welche Theateraufführungen und gesellschaftlichen Anlässe besucht wurden. In knappen Sätzen und Stichworten ist damit Marthas Alltagsleben im kaiserlichen Berlin der Bismarck-Zeit mitprotokolliert.

Am Tag nach seinem ersten Besuch in der Potsdamer Straße 134 c notierte Witte: »begegnete Fontanes, allen drei, auf der Straße« (4. September 1878). Gemeint sind Emilie, Theodor und Martha Fontane. Der Ausdruck ›die drei Fontanes‹ begann damals, obwohl der jüngste Sohn noch längst nicht aus dem Hause war, eine stehende Wendung zu werden. Eltern und Tochter wurden als Dreigespann wahrgenommen. Sie selbst nannten sich ebenfalls ›die drei Fontanes‹ oder auch »die drei alten Fontanes«.

Martha im Reichstag –
Die Debatte um das Sozialistengesetz

Am 8. September 1878 saß Witte zum ersten Mal in der Fraktionssitzung der Nationalliberalen. Am 9. September, nach feierlicher Eröffnung des Reichstags im Weißen Saal des Schlosses, nahm er seinen Platz als Abgeordneter ein. Er saß mit seinen Fraktionsmitgliedern »auf der dritten Bank ganz in der Mitte«. Am 13. September kam Anna Witte nach Berlin, gemeinsam ging man »dann zu Fontanes«. Das hieß diesmal: zu Martha Fontane (wahrscheinlich war auch der 14jährige Friedrich da), denn die Eltern waren inzwischen nach Kiel abgereist.

Anna Witte nahm Martha jetzt unter ihre Fittiche. Sie hatte wohl früher als deren Eltern von der Stockhausenschen »Herzensaffaire« erfahren und vielleicht sogar den Rat gegeben, zu sprechen und zu handeln. Sie, Anna Witte, war in die Stadt gekommen, um bei der ersten Reichstagssession ihres Mannes mit dabei zu sein, und Martha sollte sich ihr jetzt anschließen.

Das große politische Thema in jenen Tagen war Bismarcks Sozialistengesetz. Es ging darum, daß Bismarck nach dem zweiten Attentat »auf unsren alten Kaiser«, das am 2. Juni 1878 erfolgt war, die Stimmung ausnutzen wollte, um »gegen die gemeingefährlichen Bestrebungen der Sozialdemokratie« ein Ausnahmegesetz durchzubringen.

Tatsächlich war nach den Attentaten »alles außer sich« gewesen. Die Mehrheit dachte wie Emilie Fontane, die sich jetzt »mehr denn je für die Prügelstrafe und Hängen« aussprach. Fontane hatte ihr daraufhin geantwortet: »Was die politischen Zeitläufte angeht, so bist Du, wie alle Frauen, zu sehr für Hängen und Köpfen. Der Sache ist sehr schwer beizukommen. Es liegt ›diefer‹.«

Die Attentate, die nachweislich nichts mit der Tätigkeit der Sozialdemokratie zu tun hatten, fielen in eine Zeit der wirtschaftlichen Depression. Der Gründerjahreboom hatte jäh im Börsenkrach geendet, und seither war das Vertrauen in sichere ökonomische Verhältnisse erschüttert. Es stieg die Furcht vor einer Revolution. Diese Stimmung schien dem Gesetz, das Zensur und Unterdrückung der Meinungsfreiheit sowie politische Verfolgung beinhaltete, alle Chancen zu geben.

Die nationalliberale Fraktion beriet die Gesetzesvorlage in ihren Sitzungen vom 15. und 16. September. Witte kommentierte: »gute Absichten mit nicht viel Resultaten im Einzelnen [...] Schließlich wird eine

Mehrheit für das Sozialisten Gesetz, wie ich denke, entstehen, aber sehr klein sein«. Seine Partei war im Konflikt: sie hatte bisher Bismarcks Politik unterstützt, war aber grundsätzlich gegen Zensurmaßnahmen. Am 16. und 17. September 1878 wurde die Gesetzesvorlage im Reichstag debattiert. Zuerst sprach Bebel, dann Bismarck. Martha Fontane saß mit Anna Witte und »Frau Prof. Boretius« (wahrscheinlich der Ehefrau des Reichstagsmitglieds Boretius, die eine Schwester war von Clara Stockhausen) »in der ersten Reihe der Präsidialloge«.

Witte notierte, Bebels Rede gegen das Sozialistengesetz sei »in jeder Hinsicht nach Inhalt und Diktion […] äußerst interessant« gewesen, er, Bebel, sei ein »fabelhaft geschickter Kerl«. Aber letztlich stand Witte doch auf der Seite Bismarcks. Zu Bismarcks Auftritt vom 17. September 1878 schrieb er, »der Reichskanzler […] recht frisch aussehend, aber enorm stark geworden, […] eröffnete seine Rede ungemein schwach«. Dann aber »im weiteren Verlauf der Rede […] wurde er brillant und schloß mit einem vielleicht etwas zu lebhaften Appell an das Haus in Bezug auf das Gesetz«. Neben Bismarck kamen am 17. September auch andere zu Wort, Gegner wie Befürworter des Gesetzes.

Nach langwierigen Diskussionen fällte die nationalliberale Fraktion schließlich ihren Entscheid. »In der Kommission einigten wir uns. Dann Fraktion von 12–4 Uhr. Das Gesetz wurde erledigt; für den Termin 1881 erfolgte *einstimmiger* Beschluß.« Witte und seine Fraktion befürworteten das Ausnahmegesetz, das auf zweieinhalb Jahre befristet gelten sollte.

Das Gesetz verbot alle sozialdemokratischen, sozialistischen oder kommunistischen Vereine, Versammlungen und Druckschriften. Nur den gewählten sozialdemokratischen Reichstagsmitgliedern blieb ihr Sitz erhalten. Am 19. Oktober 1878 stimmte der Reichstag ab. Witte notierte: »Schlußsitzung: Große namentliche Abstimmung. 370 Mitglieder im Hause: 221 Ja, 149 Nein. Fürst Bismarck ist anwesend und spricht den Schluß der Session aus, wobei er eine wenig taktvolle Auseinandersetzung zu dem Gesetze gibt, welches zwar angenommen, aber ev. erweitert werden soll.«

Das Sozialistengesetz wurde bis 1890 mehrmals verlängert. Witte, der 1882 und 1883 nicht im Reichstag saß, stimmte ab 1886 dagegen. Von Anfang stand er dem Gesetz skeptisch gegenüber, aus pragmatischen Gründen stimmte er ihm jedoch zweimal zu. Er beugte sich wie die gesamte nationalliberale Fraktion dem Druck Bismarcks, gegen die eigene Überzeugung. Diese war, daß die moderne konstitutionelle Monarchie

Meinungs- und Pressefreiheit brauche. Aber: Die Angst vor Umsturz und vor wirtschaftlichem Chaos ging um.

Und wie dachte Martha Fontane? Vermutlich teilte sie in der Frage des Sozialistengesetzes die politische Position von ›Onkel Witte‹. So jedenfalls könnte man schließen. Martha verteidigte nämlich zu jener Zeit in privaten politischen Debatten, »als Vertreterin der Linken«, die Positionen des linken Flügels der nationalliberalen Partei (erst später, Ende der 1880er Jahre, sympathisierte sie mit der sozialdemokratischen Partei): »Gestern Abend«, so heißt es in einem Brief vom 8. April 1880, »war ziemlich hitziges Gefecht zwischen Konservativen und Nationalliberalen [...]; als Vertreterin der Linken nur meine Wenigkeit, aber ich hielt stand, daß sich meine Freunde von Zennig meiner nicht hätten zu schämen brauchen«. »Zennig« war ein nobles Café in der Leipziger Straße 111, wo sich Friedrich Witte mit seinen Parteifreunden, den Nationalliberalen des linken Flügels, zu treffen pflegte.

Nach den politischen Debatten ging man gern zu Tisch. Man traf sich in vornehmen Cafés oder Restaurants, plauderte, diskutierte, aß und trank erstklassig auch bei Landvogt, Dressel oder im »Kaiserhofcafé«. Der Kaiserhof am Wilhelmplatz (erbaut 1875, im Zweiten Weltkrieg zerstört) war ein Hotel der Luxusklasse.

Ebenso gerne traf man sich aber auch in den bescheideneren Räumen der Fontanes. Witte notierte vor Schluß der ersten Session: »Abends mit Zöllners bei Fontanes. Lebhaftes und angeregtes Gespräch bis 11 ¼ Uhr.«

Martha, so scheint es, saß dabei und diskutierte mit.

Familienalltag in der Potsdamer Straße 134 c
1878–1880

Typhuskrank

Ende Oktober 1878 erkrankte Martha an Typhus. Als »Typhus« bezeichnete man damals verschiedene akute »Infektionskrankheiten, welche unter heftigen Fiebererscheinungen und schweren Störungen der psychischen Funktionen« verliefen und daher auch »Nervenfieber« genannt wurden. Martha erkrankte höchstwahrscheinlich an Abdominaltyphus (Darm- und Unterleibstyphus). Die Krankheit war lebensgefährlich. Ein Nervenfieber sei da, man wisse nicht wie, hatte der Vater schon im Jahr zuvor mit Besorgnis geäußert. Er selbst war im Alter von 21 Jahren ebenfalls schwer an Typhus erkrankt und hatte wochenlang darnieder gelegen.

Die Krankheit zeigte sich in der Regel so: Zuerst »lange Zeit Übelbefinden, dann Frösteln, Übelkeit, Kopfschmerzen, Nasenbluten, allmähliches Ansteigen des Fiebers (am 4. Tag bis ca. 40° C.)«, abends höhere Temperatur als frühmorgens, Puls »beim Liegen ca. 90 Schläge pro Minute, beim Sitzen bis 120«, in der dritten Woche zunehmende Schwäche und Abmagerung; in leichteren Fällen sinkendes Fieber ab Ende der dritten Woche, in schweren Fällen Fieber bis in die sechste Woche. In der Regel wurde in der dritten Woche die Krisis erreicht. Da entschied es sich, ob Heilung möglich war.

Zur Fiebersenkung waren Kaltwasserbehandlungen üblich, als kräftigend galt die Einnahme von flüssiger Nahrung wie Fleischsaft oder Wein, Champagner, Cognac.

»Über Martha hat Ihnen schon meine Frau geschrieben«, wandte sich Fontane am 5. November 1878 an Mathilde von Rohr (der Brief der Mutter ist nicht überliefert). »Es geht, Gott sei Dank, besser. Es war eine rechte Sorge, dies von uns allen so geliebte Wesen in solcher Gefahr zu wissen. Seit vorgestern ist mir das Herz erleichtert.«

Fast gleichzeitig wie die Tochter erkrankte auch der Vater an einem nervösen Leiden. Nachdem die schlimmsten Wochen überstanden wa-

ren, bekannte Emilie Fontane am 1. Dezember der Freundin Clara Stockhausen: »es ging oft über meine Kräfte«. Ihre Zeit sei »durch Metes
Krankheit« ganz in Anspruch genommen gewesen, zudem habe sie auch
alle Korrespondenz erledigen und »für jeden teilnehmenden Besuch da
sein« müssen, da »mein lieber Alter fünf Wochen Gesichtsreißen« hatte. »Mete steht stundenweis am Tage auf«, schrieb sie der Freundin. »ist
aber von der Krankheit so mitgenommen, daß sie froh ist, und es für den
schönsten Moment des Tages erklärt, wenn sie nach 2–3 Stunden sich
wieder niederlegen kann; erst Ende dieser Woche, so lange rechnet der
Arzt die Dauer der Krankheit, können wir auf Besserung oder Kräf-
tigung hoffen. Es war eine böse Zeit.«

In der Regel waren Menschen, die den Typhus überstanden hatten,
gegen erneute Ansteckung geschützt. Manche litten jedoch an diffusen
»Nachkrankheiten«. Martha Fontane deutete ihre später regelmäßig
wiederkehrenden gesundheitlichen Störungen als eine solche Nach-
krankheit. Sie verordnete sich dann jeweils Ruhe und Diät, da, wie man
seinerzeit vermutete, »psychische Aufregungen und grobe Diätfehler«
»die Disposition zu typhöser Ansteckung« steigerten. »Ich gehe pünktlich zubett«, schrieb sie einmal nach Hause, »sorge für Diät und lancie-
re mich so über meine nervös-gastrischen Herbstzustände, die mir wohl
eine Typhus-Hinterlassenschaft sind, fort.«

Robert Koch und das Witte-Pepton

Die Infektionskrankheit Typhus war im Deutsch-Französischen Krieg
von 1870/71 mehrfach epidemisch aufgetreten. Auf deutscher Seite er-
krankten damals über 70 000 Soldaten, fast 9000 starben an der Krankheit. In den großen Städten drohte die Seuche beständig. Auch Berlin
war ein berüchtigter Typhusort. Wirksame Heilmittel gab es bis Ende
des 19. Jahrhunderts nicht. Erst mit der Verbesserung der hygienischen
Zustände konnte die Krankheit in den Städten zurückgedrängt werden.
In Berlin verbesserte sich die Situation im Laufe der 1870er Jahre durch
den Ausbau der Kanalisation und die Einrichtung von fließendem Wasser in den Haushalten.

Über den genauen Ansteckungsverlauf wußte man in den 1870er Jahren noch zu wenig. Man vermutete die Ansteckungsgefahr zwar im ver-
schmutzten Trinkwasser, aber auch in der schlechten Luft. Geradezu

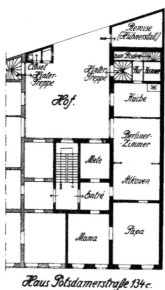

Haus Potsdamerstraße 134c.

Grundriß Potsdamer Strasse 134 c, drei Treppen links

hektisch wurde daher in der Bakteriologie, dem damals modernsten Zweig der medizinischen Forschung, nach dem Erreger des Typhus sowie anderer Infektionskrankheiten geforscht. Mitte der 1870er Jahre hatte der Mediziner Robert Koch den Milzbrandbazillus entdeckt. Er war der führende Kopf in der Forschung und seit 1876 in Berlin tätig.

Robert Koch suchte schon bald die Zusammenarbeit mit der pharmazeutischen Fabrik von Friedrich Witte. Denn 1877 wurde in Wittes Rostocker Chemielabor das Heilmittel Pepton entwickelt, das Robert Koch für seine Bakterienkulturen als hervorragenden Nährbodenzusatz verwendete: »Wir benutzen mit Vorliebe das von Witte in Rostock bezogene Präparat,« schrieb Koch damals in einem Forschungsbericht. Mit Hilfe des Witte-Peptons entdeckte er 1882 den Tuberkelbazillus, 1883 den Erreger der Cholera. Der Typhusbazillus wurde 1880 und kurz danach von verschiedenen Forschern entdeckt, auch von Robert Koch. Einen wirksamen Typhusimpfstoff herzustellen gelang allerdings erst ab 1896.

»*Matinée musicale*« bei Fontanes

Ich hab' es getragen sieben Jahr,
Und ich kann es nicht tragen mehr!
Wo immer die Welt am schönsten war,
Da ward sie öd' und leer.

...

»Martha, die recht krank war (Nervenfieber) ist in der Rekonvaleszenz
und lacht schon wieder,« konnte der Vater am 11. Dezember erleichtert
melden. Als kurz darauf der Sänger Arnold Freiherr Senfft von Pilsach,
ein Schüler von Julius Stockhausen und ein langjähriger Bekannter der
Fontanes, in der Potsdamer Straße 134 c vorsprach und anfragte, ob er
den *Archibald Douglas* in der Vertonung von Karl Loewe zum Vortrag
bringen dürfe, lud man ihn gerne dazu ein.

Sonntag, den 22. Dezember kam es bei Fontanes zu einer »Matinée
musicale«, wie sie sonst nur bei Stockhausens und deren Freunden gegeben wurde. Das war außergewöhnlich genug. Fontane schrieb am
27. Dezember 1878 nach Frankfurt: »Nun denken Sie sich eine ›Matinée
musicale‹ bei Fontanes; Rot- und Weißwein, Ungar, und namentlich so
viel Weingläser auf japanischen Tabletts wie irgend aufzutreiben waren.
Dazu Kings Cake von Schilling. Ich sagte nachher zu Zöllner: ›wird der
Archibald Douglas noch 3 mal bei mir gesungen, so bin ich bankrutt.‹
Und nun ging es los. Natürlich hatt' ich auch stimmen lassen müssen,
und ein junger Klaviermensch, ich glaube Herr Otto Schmidt, war mit
von der Partie. Jetzt Noten auf den Stuhl gepackt, entweder weil es zu
niedrig war oder weil er 'was Hartes haben wollte, Stimmgabel 'raus (mit
der Senfft beständig operiert wie andre mit dem Lorgnon) und ›ich hab
es getragen sieben Jahr‹ brauste durch meine sieben Fuß hohen Hallen.
Um gerecht zu sein, er sang es recht gut und hatte die Genugtuung, auf
uns alle eine große Wirkung ausgeübt zu haben.«

»Vieles im Leben ist mir verquer gegangen,« gestand Fontane Jahre später, »aber die große Sehnsucht meiner Knabenseele, ähnlich wie
Bürger durch seine Lenore, sich einzuführen und einzuwurzeln, dieser
Hauptwunsch meines Lebens ist mir doch in Erfüllung gegangen: Archibald Douglas wird deklamiert, gesungen, übersetzt und hat seinen Zug
um die Erde gemacht. In Sidney und Melbourne war es vor vier, fünf
Jahren Lieblingsstück. Den Löwenanteil (Wortspiel wider Willen) am

Erfolge hat freilich die Loewesche Komposition; der alte Balladenmeister hat sich hier, kurz vor seinem Tode, nochmal selbst übertroffen und eine hinreißend schöne Komposition geschaffen. Ich bin Laie, möchte aber doch sagen, daß an dramatischer Gewalt auch sein Bestes hinter dieser Schöpfung seiner letzten Jahre zurückbleibt. Die Begleitung soll schwer sein, sind die Schwierigkeiten aber erst überwunden, so ist die Wirkung außerordentlich groß. Ich habe es oft gehört von Herren und Damen (die Jachmann, früher Johanna Wagner, sang es mit Vorliebe), von keinem aber besser als von Baron Senfft-Pilsach.«

Die »Matinée musicale« à la Stockhausen, die bei Fontanes gegeben wurde, war besonders auch für Martha gedacht. Man feierte ihr »Genesungsfest«.

»Vor dem Sturm« – der Romanerstling des Vaters

Vor dem Sturm war von Januar bis September 1878 stark gekürzt vorabgedruckt worden, nun legte der Verlag Wilhelm Hertz den Romanerstling Fontanes Anfang November 1878 zum ersten Mal vollständig und in Buchform vor. Es waren gerade die Tage, als Martha schwer krank lag.

Als ein paar Wochen darauf die ersten Besprechungen erschienen, hatte sie die Krisis überwunden und freute sich über das Lob, das ihrem Vater gespendet wurde. In der Vossischen Zeitung schrieb Ludwig Pietsch, Fontanes Roman sei »eine der wertesten Bereicherungen unserer modernen erzählenden Literatur« und hob hervor, daß es wohltuend sei, einmal nicht von modernen Stadtmenschen zu lesen, »welche im Salon glänzen [...] und die Börse unsicher machen«, sondern von Menschen in ländlicher Umgebung und aus früherer Zeit. »Seien Sie herzlichst bedankt«, schrieb ihm der 58jährige Fontane. »Am Kaffeetisch wurd ich gleich mit den Worten empfangen: ›eingehender und liebevoller und dann noch ein drittes Wort, das ich, weil es mich angeht verschweigen muß – ist nie über dich geschrieben.‹ Es war eine glückliche Stunde.«

Während die Familie sich mit dem Autor über die gute Aufnahme im Feuilleton freute, verhielten sich die meisten Freunde außergewöhnlich zurückhaltend. Das verärgerte Fontane. »Hier, von den Freunden, wird mein Mann totgeschwiegen«, schrieb Emilie Fontane enttäuscht. Zu den wenigen im Freundeskreis, die sich zustimmend äußerten, gehörte neben Mathilde von Rohr auch Clara Stockhausen. Ihr gefiel vor allem

die »Vornehmheit der Gesinnung und die Freimütigkeit des Gesagten«.
Wittes urteilten: »nicht spannend, aber interessant«. Immerhin. Die
meisten aber konnten mit den vielen Seiten nur wenig anfangen. Der
Kritiker Julius Rodenberg (öffentlich hatte er viel Lob gesprochen) no-
tierte in sein Tagebuch: »An Fontanes *Vor dem Sturm* würge ich nun
schon bald acht Wochen; es ist nicht zu sagen, was das für ein albernes
Buch ist. Ein Roman in vier Bänden, mit gewiß nicht weniger als 100
Personen und dabei nicht so viel Handlung, um auch nur einen halben
Band daraus zu machen. [...] Es ist so unglaublich dumm und albern, daß
es mir aus diesem Grunde eine Art von negativem Vergnügen macht: ich
frage mich immer: Was wird nun kommen? Werden sie wieder über
Land fahren (mit den Ponies)? Werden sie sich wieder zu Tisch setzen?
Werden sie wieder schlafen gehen? Das ist die beständige Runde, die
sich statt durch 4 Bände durch vierzig fortsetzen könnte. Wer aber hält's
aus mitzugehn? Wenn nur Fontane nicht ein so feiner, liebenswürdiger
und gescheiter Mann wäre. Und so etwas zu schreiben!«

Nach der ersten Welle der öffentlichen und privaten Reaktionen
schrieb Theodor Fontane an Clara Stockhausen: »Das Einzige an das
ich, in dem Verkehr der Menschen mit und untereinander, noch einen
Rest von Glauben gerettet habe, ist die Familie. Wehe dem, den auch *die*
im Stich läßt. Er hat nichts mehr, und kann zur Retraite blasen« (27. Dezember 1878).

1879: Friedrich Fontane und seine Brüder

Fontane brauchte den Zuspruch seiner Familie. Das hinderte ihn nicht,
selbst gelegentlich entmutigende Urteile zu fällen. Über seinen Jüngsten
meinte er einmal: »Friedel ist ein guter, lieber Junge, aber unbedeutend.« Die Mutter schenkte ihrem ›Nesthäckchen‹ mehr Zuwendung.
Daß Friedrich in der Schule keinen Ehrgeiz entwickelte, fand sie beunruhigend: »Friedel bleibt nach wie vor zurück und brachte bescheident-
lich eine 2. b. nach Hause«, schrieb sie über den 15jährigen. Sein Bruder
Theo wolle ihn deshalb »nach seinem Examen«, seine Schwester Martha aber sofort »ernstlich in die Kur nehmen«.

Beide Eltern verlangten gerade von Friedrich eine außerordentliche
Anpassungsfähigkeit. Er hatte nicht nur kein eigenes Zimmer in der
Wohnung Potsdamer Straße 134 c, sondern mußte seinen bescheidenen

Platz zudem gelegentlich räumen. »In unserer beschränkten Häuslichkeit ist seit drei Wochen Lise Witte zum Besuch«, schreibt Emilie Fontane am 26. März 1879 an Clara Stockhausen. Zum Glück habe sich »Friedel willig gefunden«, »die Bodenkammer statt Mete zu beziehen, denn diese würde sich bei den Märzstürmen eine Erkältung vor der anderen geholt haben«. Seit die großen Brüder das Elternhaus verlassen hatten, ja seit man in der Wohnung Potsdamer Straße 134 c lebte, hatte Friedrich es schwerer, einen sicheren Platz in der Familie zu finden. Die Fontanes jedenfalls wurden immer mehr zu den ›drei Fontanes‹ – zum Gespann Theodor, Emilie und Martha Fontane. Zugleich galt die besondere Aufmerksamkeit in der Familie Friedrichs Brüdern George und Theo. Beide hatten sich inzwischen durch gutes berufliches Vorankommen ausgezeichnet.

George Fontane war 1877 zum Premierleutnant avanciert und an die preußische Kadettenanstalt Schloß Oranienstein versetzt worden. Der prächtige Barockbau (heute im Besitz der Bundeswehr) in Diez an der Lahn war erst zehn Jahre zuvor zur Kadettenanstalt umfunktioniert worden. Hier wirkte George Fontane »als außerordentlicher Geschichtslehrer«. Und bereits stand fest, daß er an die Hauptkadettenanstalt nach Berlin-Lichterfelde wechseln würde. Im Herbst 1878 war die neuste Kadettenanstalt des Kaiserreichs feierlich eröffnet worden. Militärlehrer sein in Lichterfelde – junge Kadetten erziehen und lehren – das bedeutete Glanz, Ehre, Nähe zum Kaiserhaus. »Ich schäme mich etwas, muß aber gestehen, daß ich mich unbändig gefreut habe«, schreibt Martha, als sie erfährt, in Lichterfelde sei es zu einer persönlichen Begegnung zwischen dem alten Kaiser und George Fontane gekommen: »Ich stellte mir immer räumlich vor, den Kaiser und daneben George! Wilhelm ist doch nun einmal momentan der erste Mann der Welt.«

Auch Theo Fontane reüssierte in seinem Fach. Am 13. Dezember 1878 hatte er sein erstes juristisches Examen bestanden. Die Eltern hatten »große Freude«. »Filius II. hat heute sein Referendariats-Examen gut bestanden«, schrieb Fontane seinem Verleger Hertz. »Er läßt sich neue Karten stechen, steigert seine Schnurrbarts-Pflege und sieht seiner Abkommandierung nach Bernau oder Alt-Landberg entgegen. Für mich kommt schließlich eine ›märkische Wanderung‹ dabei heraus.« Theo kam als Referendar ans Amtsgericht der Kleinstadt Eberswalde. Einziger Wermutstropfen: dem Vater fehlte die Möglichkeit, dem Sohn die nötigen finanziellen Mittel für die Referendarzeit zur Verfügung zu stellen. Es half aber der langjährige Freund Hermann Scherz. Er gewährte Theo einen festen Zuschuß, solange bis er »festbesoldeter Beamter« sein oder sonst »in auskömmlichen Verhältnissen leben« würde. Im August 1880, nachdem er sein Militärjahr absolviert und damit den Reserveleutnantstitel erworben hatte, legte Theo Fontane sein zweites und abschließendes Examen, das juristische Staatsexamen ab. Sein kleiner Bruder Friedrich kam zur selben Zeit in die Untersekunda.

Im Frühjahr 1881 wurde Friedrich Fontane eingesegnet und ging dann bald von der Schule ab, um eine Verlagsbuchhändlerlehre zu beginnen. Als er später wie sein Bruder Theo den begehrten Reserveleutnantstitel erwerben wollte, wurde er aus gesundheitlichen Gründen vom Militär abgelehnt.

Wieder im Reichstag – Die Debatte um den Schutzzoll

Bereits im Laufe des Januar 1879 hatte sich Martha von ihrer Krankheit erholt und brauchte daher auf winterliche Vergnügungen nicht zu verzichten. »Martha hat ein paar Bälle mitgemacht«, freute sich der Vater. Er gönnte der rekonvaleszenten Tochter ein etwas freieres Leben ohne bestimmte Verpflichtungen. Langweilig wurde ihr nicht.

Die Reichstagssession begann (sie dauerte vom 12. Februar bis zum 12. Juli 1879), und die Wittes waren in der Stadt. Friedrich Witte hatte sich neue Zimmer gemietet und wohnte jetzt in der Leipziger Straße 44, Ecke Markgrafenstraße, wenige Schritte vom Gendarmenmarkt entfernt. Es waren, wie er fand, »sehr gemütliche Zimmer und alles in guter Ordnung«. Zum Reichstag oder zu Fontanes gelangte er wie vordem zu Fuß oder in der Droschke. Zudem fuhr der Pferdeomnibus durch die Leipziger Straße (ab 1881 auch die Pferdebahn).

»Gestern aß ich bei Fontanes, wo ich meine Rede vorlas,« notierte Witte am 25. Februar 1879 in sein Tagebuch. Er hatte vier Tage zuvor im Reichstag *gegen* Bismarck gesprochen, der in »fünfviertelstündiger Rede«, wie Witte urteilte, »ganz unglaubliche Dinge« gesagt hatte, unter anderem »seine Auffassung wirtschaftlicher Fragen, sein Zoll-Programm« darlegend. Empört hatte Friedrich Witte dem Reichskanzler in einer frei gesprochenen, dreiviertelstündigen Gegenrede geantwortet. Hauptstreitpunkt war die Schutzzollpolitik.

Der »Übergang vom Freihandel zum Schutzzoll im Interesse der ost-

elbischen Gutsbesitzer, der rheinischen Eisenindustrie und der Garn-
spinnereien« war neben dem Sozialistengesetz der zweite große Rich-
tungswechsel in der Bismarckschen Innenpolitik. Hier folgte Witte der
Politik des Kanzlers nicht mehr. Bei Fontanes wurde die Sache lebhaft
diskutiert. Fontane selbst war ambivalent, er war Bismarck->Schwär-
mer<, legte sich aber in der Regel nicht fest.

Martha Fontane interessierten diese politischen Auseinandersetzungen sehr. Sie saß im Reichstag, als die großen Zoll-Debatten geführt
wurden. Mit ihr war auch die Freundin Lise Witte, die nicht bei ihrem
Vater, sondern bei Fontanes wohnte, wenn sie nach Berlin kam. Im März
1879 waren Martha und Lise innerhalb von zwei Wochen fünfmal im
Reichstag. Die Debatten dauerten jeweils viele Stunden; vor allem wurde Bismarck erwartet. »Plenum von 11–4 Uhr. Lise und Martha waren
auf der Tribüne C erste Bank: vortreffliche Plätze. Bismarck erschien um
2 ½ im Hause, sprach aber nicht,« notierte Witte am 7. März 1879. Am
Tag, als die Debatte fortgesetzt wurde, waren die beiden jungen Damen
bereits in der Leipzigerstraße 4, als Friedrich Witte eintraf. Er sei »um
11 Uhr in den Reichstag« gekommen, notierte er, »wo Lise und Martha
mich erwarteten und auf die Tribüne gebracht wurden«. Die Sitzung
habe über fünf Stunden gedauert. »Lise und Martha waren anwesend
und hielten tapfer aus. Interessante Zoll-Debatte. Ich aß bei Struve«,
schreibt Witte, »und ließ die beiden Mädchen im Café Bellevue essen.«

Am 21. März 1879, Marthas 19. Geburtstag, saßen Lise und Martha
zum wiederholten Mal im Reichstag. Witte hatte für diese Sitzung eine
Interpellation eingereicht, die zur Enttäuschung seiner Leute dann aber
nicht zur Sprache kam. Im Tagebuch hielt Witte die politischen Turbulenzen fest und notierte außerdem: »Marthas Geburtstag; ich gratulierte ihr vor der Sitzung.«

Lieblingsheldin Charlotte Corday

Gefragt nach ihren Lieblingsheldinnen im wirklichen Leben, meinte
Martha mit 17: »Charlotte Corday«, und auch mit 30: »Charlotte Corday«.

Brockhaus' Conversations-Lexikon von 1876 (12. Auflage) – eine aktuelle
Ausgabe (11. Auflage) stand auch in der Bibliothek von Marthas Vater –
faßt die Geschichte der Charlotte Corday auf einer knappen Seite zu-

sammen. Die »Mörderin Marats«, so heißt es dort, sei »die Tochter eines Edelmannes« aus Caen gewesen. Sie sei schon als Mädchen aufgefallen, weil sie viel las und eine Neigung zur Geschichte und Philosophie entwickelte. So habe sie zum Beispiel auch die Schriften Rousseaus gekannt. Als junge Frau sei sie eine überzeugte Befürworterin der Französischen Revolution geworden. »Allein je mehr sie die Männer verehrte, die für die Menschen- und Volksrechte kämpften, umso mehr fühlte sie sich auch durch jene Persönlichkeiten empört, die durch Zynismus und Fanatismus der Revolution eine ausschweifende Richtung gaben.« Als die Schreckensherrschaft begann, sei sie entschlossen gewesen, »einen der hervorragendsten Terroristen zu töten«, entweder Marat oder Robespierre. »Da fiel ihr ein Blatt des von Marat herausgegebenen ›Ami du peuple‹ in die Hand, in dem derselbe äußerte, daß, um die Revolution zu vervollständigen, noch 200000 Köpfe fallen müßten.« Damit sei ihre Wahl entschieden gewesen. Marat war im Bade, als sie ihn mit einem gezielten Messerstich in die linke Brust tötete. »Charlotte wurde verhaftet und folgte stolz und ruhig« ins Gefängnis, heißt es im Brockhaus von 1876. Auf dem Weg aber habe »ein begeisterter Jüngling« sich ihr zu Füßen geworfen und sie angefleht, für sie sterben zu dürfen. Da habe ihn der Pöbel auf der Stelle getötet. Im Gefängnis, so fährt die Lexikonerzählung fort, habe die junge Frau an ihren Vater geschrieben, »den sie um Verzeihung bat«. Wenige Tage nach ihrer Tat sei Charlotte Corday vor Gericht gestellt worden. Den Richtern habe sie erklärt, der Mord an Marat sei eine »Wohltat für Frankreich«. Dann habe sie das Urteil ruhig und mit Würde entgegengenommen. Alle, auch die Richter, hätten ihren Heldenmut, ihre Seelengröße bewundert. »Gegen Abend wurde sie in einem roten Mantel zur Guillotine geführt und hingerichtet,« endet die Erzählung, ohne zu verschweigen, daß nach dem Tod der Heldin das Morden noch immer weiterging.

Charlotte Corday, die jugendliche Heldin einer radikalen Humanität, galt schon zu Martha Fontanes Zeit als eine der großen Frauen der Geschichte, als die ›Jeanne d'Arc der Französischen Revolution‹. Martha bewunderte die Radikalität dieser jungen Französin, konnte gut nachvollziehen, was in ihr vorgegangen sein mußte. Sie selbst aber war anders, weniger kompromißlos. Als ihre Hauptcharaktereigenschaften nannte sie »Ungleichheit«, »Die Dinge laufen lassen«, »Abwarten«. Zudem hatte sie gelernt, wenn auch mit innerem Widerstand, sich anderen Menschen und Erwartungshaltungen anzupassen.

Martha und die Familie Krigar-Menzel

Seit Martha von der Typhuserkrankung genesen war und als ›Haustochter‹ ohne anderweitige Verpflichtungen zu Hause lebte, hatte sie viel Zeit. Sie nutzte diese Zeit zum Klavierüben. »Mete ist sehr fleißig mit der Musik«, schrieb ihre Mutter am 17. Juni 1879 nach Frankfurt. Musikdirektor Krigar habe sie »diesen Winter geprüft und sie sehr ermutigt«. Martha habe jetzt auch angefangen zu singen. »Frau Krigar singt Duetten mit ihr«, erfährt die Freundin Clara Stockhausen, »und alle meinen, es lohne sich, wenn sie im Winter Gesang-Unterricht erhielte.« Martha verkehre jetzt überhaupt »viel bei Krigars«.

Familie Krigar wohnte seit 1876 in der Sigismundstraße 3 (abgerissen nach 1905). Hermann Krigar war Musikdirektor und hatte während Stockhausens Berliner Zeit mit dem Sänger und Dirigenten zusammengearbeitet, Emilie Krigar geb. Menzel war die Schwester des Malers Adolph Menzel und sein Modell. Die Krigars hatten zwei Kinder. Grete war im Alter von Martha, Otto ein Jahr jünger.

Menzel war ein langjähriger Freund Fontanes, beide trafen sich noch immer regelmäßig sonnabends im Rütli, um im Freundeskreis aktuelle Fragen zu debattieren. Der Maler war unverheiratet geblieben. Das große Haus, wo er auch sein Atelier hatte, teilte er sich mit der Familie seiner Schwester. Ihre Kinder waren ihm wie eigene Kinder.

Martha war jetzt oft in der Sigismundstraße 3. Das Haus lag in unmittelbarer Nachbarschaft der elterlichen Wohnung. Auch Familie Schreiner in der Matthäikirchstraße wohnte dort in der Nähe. Marie Schreiner, Grete Krigar und Martha Fontane lebten jetzt ein sogenanntes Haustochterdasein: die Ausbildung war beendet, der Bräutigam noch nicht in Sicht. Jede füllte die leere Zeit auf ihre Weise. Martha erteilte Grete Krigar privaten Französischunterricht. Sie wurde für ihren Unterricht auch »sehr gelobt«, verdiente sogar etwas Geld damit und bezahlte »ihre eigenen Stunden«, die Musikstunden, jetzt selber.

Der Verkehr mit der Musikerfamilie Krigar-Menzel war für Martha ein natürlicher Ersatz für die Stockhausens. Auch ihre Eltern pflegten den geselligen Umgang mit dieser Familie. Sie seien jetzt oft mit Krigars, schrieb Emilie Fontane an Clara Stockhausen, einfach weil sie und ihr Mann einsähen, daß man »Menschen, Menschen, Menschen« brauche: »und so versuchen wir und gehen auf die Suche, aber«, so gestand sie, »finden keine Stockhausens wieder«.

Wenn Wittes in Berlin waren, war Martha auch viel mit ihnen unterwegs. Man traf sich in der Leipzigerstraße 44 zum Kaffee, aß bei Fontanes, sah sich bei den gemeinsamen Freunden Zöllner, wo »Vater Fontane nebst Tochter« erschien. Ganze Abende verbrachte man auch in der Villa Lützowstraße 9 beim Bruder von Richard Lucae. Ihn selber, Richard Lucae, vermißten die Freunde. Er war 1877, mitten in einer großen Schaffensphase, plötzlich erkrankt und im Alter von 48 Jahren gestorben. »Abends mit Lise und Martha bei großem Zauber bei August Lucae. Um 2 Uhr nachts zu Hause«, notierte Witte in sein Tagebuch.

Während der Sessionszeit reiste Friedrich Witte als vielbeschäftigter Mann wiederholt für kurze Zeit nach Rostock, um Geschäftliches zu erledigen. Dort wurde er in der Regel von einem Familienmitglied am Bahnhof abgeholt, in Berlin übernahm Martha diese Aufgabe: »Gestern wurden wir von Martha auf dem Bahnhof empfangen, fanden in der Wohnung alles aufs Liebenswürdigste vorbereitet und geordnet.« Emilie Fontane fand, ihre Tochter werde durch Wittes doch sehr in Anspruch genommen.

Martha machte gerne alles mit. Am 4. Mai 1879 feierte Anna Witte ihren 45. Geburtstag. Sie war in Berlin. »Gestern sehr nette und gemütliche Geburtstagsfeier; unzählige Briefe; Kringel, Kuchen, Kaffee, Eis, Wein. Prachtvolle Blumen. Viel Besuch. Ich mußte um 10 Uhr in eine Konferenz […], kam um 12 Uhr zurück, fand die Stube mit Damen gefüllt und alles in bester Stimmung«, hielt der Ehemann fest. Den Nachmittag verlebte man zu dritt: »Wir fuhren mit Martha zum [Matthäi]-Kirchhofe, legten Kränze auf Vaters [Julius Schachts] und Richards [R. Lucaes] Grab und sah ich zum ersten Male den sehr schönen Grabstein des letzteren. Erster wirklicher Frühlingstag.« Den Frühling und Frühsommer genossen die Wittes und Martha auch mit gemeinsamen Spazierfahrten durch den Tiergarten, manchmal »bei den Zelten strandend«. Abends ging man ins Victoria- oder ins Residenz-Theater, ins Königliche Schauspielhaus oder anderswohin: »Gestern ging Anna mit Martha in das französische Theater«, notierte Witte unter dem 29. April 1879. Er habe sie um halbzehn abgeholt und dann mit ihnen »im Kaiserhof Café« den Abend beschlossen.

Sie fürchte sehr, schrieb Emilie Fontane gegen Ende der Sessionszeit, Wittes würden ihren Mann »breitschlagen, ihnen Mete gleich mit nach Rostock zu geben, und dann adieu, dann kommt sie vor November nicht wieder, da am 5. silberne Hochzeit ist. Ich muß immer noch sagen, daß bei der Verwöhnung, die dem Kind von allen Seiten, auch von ihrem Vater, wird, sie vernünftig genug ist; neulich sagte er einmal in ihrer Gegenwart: ›so lange ich arbeiten kann, soll sie zu meiner Freude im Hause sein, und wenn ich auch nachts noch eine Stunde länger arbeiten soll‹«.

Seit Martha erwachsen war, fiel es dem Vater zunehmend schwer, die Tochter fortgehen zu lassen. Immer gab es einen Grund, der gegen ihre Fortgehpläne sprach. Im Sommer 1878 hätte sie mit der Familie Witte nach Paris reisen können. Er war dagegen gewesen. Im Frühling 1879 stellte er sich erneut gegen ihre Reisepläne. Martha zeigte damals Lust, »über kurz oder lang mit ihrer Freundin«, wahrscheinlich mit Lise Witte, »nach England« zu gehen. Warum die Reise nicht zustande kam, ist nicht bekannt. Auf jeden Fall war der Vater, der seinerzeit so sehr für London und New York plädiert hatte, ganz einverstanden damit, daß Martha zu Hause blieb. Das erregte Emilie Fontanes Besorgnis. An Clara Stockhausen schrieb sie, Martha habe sich in ihrem Benehmen ihr gegenüber, »soweit es ihr Charakter zuläßt, enorm zum Guten geändert, und zeigte ihr mein guter Mann nicht in so übertriebener Weise sein Eingenommensein von ihr, würde es noch besser gehn«.

Im Frühjahr 1879, als Martha unternehmungslustig durch Berlin streifte, ihr Vater einen neuen großen Gegenwartsroman entwarf (*Allerlei Glück*), der 15jährige Friedrich noch immer die Schulbank drückte, fühlte sich Emilie Fontane nicht gut. Der Freundin Clara Stockhausen gestand sie: »Wie gern käme ich zu Ihnen, wie haben Sie, gerade Sie mir in diesen Wochen gefehlt, wo ein liebevoller Zuspruch aus Ihrem Munde mir wohlgetan hätte, statt immer zu hören: Du bist nervenkrank, und Dir ist nicht zu helfen. Ich will nun noch einmal ernstlich mit dem Arzt sprechen, ob ich nach Karlsbad oder Kissingen soll und dann ›mal etwas an mich wenden‹.« Statt Karlsbad oder Kissingen ließ sie sich schließlich eine »Brunnenkur« in Berlin verordnen und reiste dann für Wochen zu ihrer Freundin Johanna Treutler nach Neuhof.

Die Sommerfrische 1879 verbrachten die Fontanes gemeinsam im Harz. Familienurlaub konnte man sich erst seit kurzem leisten. »Im Juli und August«, so notierte Fontane im Tagebuch, »reisen wir alle nach *Wernigerode* und nehmen diesmal Wohnung am Lindenberg in Villa Kagelmann. Wir waren: Emilie und ich, Martha, Friedel und Mathilde.« Mit Mathilde war die langjährige Wirtschafterin »Tilla« Gerecke gemeint, die bei Marthas Geburt eingestellt worden war und nach einer mehrjährigen Unterbrechung jetzt wieder bei Fontanes in Dienst stand. »Später kamen auch Theo und George«, notierte Fontane weiter, »letzterer von Oranienstein. [...] Ich war sehr fleißig und schrieb erst eine Novelle: *Schach von Wuthenow*; dann begann ich den 2. Band meiner ›Wanderungen‹, von dem eine 3. Auflage nötig geworden, zu korrigieren. Riesige und ärgerliche Arbeit. Am 1. September nach Berlin zurück.«

Von Anfang Oktober bis Ende November 1879 schrieb Fontane *Ellernklipp*, jene Novelle, die die Geschichte von der ›languissanten Hilde‹ und dem leidenschaftlichen Vater und Mörder Baltzer Bocholt erzählt. Inspirativer Schauplatz der Geschichte ist Wernigerode. Jeder in der Familie konnte, als *Ellernklipp* fertig vorlag, lesend erleben, wie Fontane den Ort der gemeinsamen Sommerfrische in einen ›poetischen Ort‹, ein Stück Erzählkunst, verwandelt hatte.

Rostock, Herbst 1879

In der Zeit, als ihr Vater seine Novelle *Ellernklipp* niederschrieb, war Martha wieder einmal bei Wittes in Rostock. Ihre Mutter war damit nicht recht zufrieden, sie fürchtete, Martha werde bei Wittes zu sehr verwöhnt. Leider könne sie ihr die Aufenthalte in Rostock nicht verbieten, schrieb Emilie Fontane an Clara Stockhausen, »da mein Mann darüber anders denkt und seinen Kindern in übergroßer Güte alles gewährt«.

Theodor Fontane stand jetzt, wenn seine Tochter auswärts lebte, mit ihr in regelmäßigem Briefverkehr. Am 24. Oktober 1879 schrieb er nach Rostock: »Nur ein Wort über Dein Kranksein. Versäume nicht, Dr. Brummerstaedt wissen zu lassen, daß Du vor gerade Jahresfrist ein nervöses Fieber gehabt hast. Ich weiß leider aus eigener Erfahrung, daß diese Zustände jahraus jahrein und fast immer um dieselbe Zeit wiederkehren. Bei mir war es im Frühjahr und ich habe mich eigentlich mein ganzes Lebenlang damit geschleppt. Das soll Dich aber nicht ängstlich machen; bei mir lagen die Dinge apart schlecht und zu einem rechten

Auskurieren bin ich aus bekannten Ursachen nie recht gekommen. Dir ist es hoffentlich besser beschieden.« Der Arzt, der sie behandelte, Dr. Wilhelm Brummerstaedt, war der Hausarzt der Familie Witte. Er war verheiratet mit Friedrich Wittes Schwester Johanna. In Rostock hatte er einen Namen als praktischer Arzt sowie als Privatdozent für Gynäkologie.

Am 7. November 1879 wurde im großen Saal in der Langen Straße 77 die silberne Hochzeit von Anna und Friedrich Witte gefeiert. Man erwartete, daß Martha bei dieser Gelegenheit eine Kostprobe ihres schauspielerischen Talents gebe. »Brillant« war sie ja jeweils in Hosen- oder burschikosen Frauenrollen. Tatsächlich trat sie mit einem Text auf, den der Vater ihr auf den Leib geschrieben hatte. Fontane nannte die Verse »ein paar Ellen höheren Blödsinn«. Sie handeln von Anna Wittes Jugendzeit in Berlin und der Schachtschen Apotheke. Dort hatten sich ja einst Fontane und das Paar, das jetzt seine silberne Hochzeit feierte, kennengelernt.

Martha, 19, schlüpfte in die Rolle der berlinernden Köchin und sprach und spielte zusammen mit Karl Schacht, 43, dem jüngeren Bruder von Anna Witte und nunmehrigen Besitzer der Schachtschen Apotheke. Er spielte den Hausknecht und Ehemann der Köchin.

Er
Ju'n Abend! ... Ne sonne kleene Stadt;
Die knapp 'ne Bahnhofs-Droschke hat, –
Bitte, wenn ick en bisken huste,
Aber ick bin noch janz außer Puste.
Un schwitzen! Gib mir mal deinen Tuch,
Meins ist nicht mehr respektabel genug.
(Hat erst ein altes, buntkattunenes rausgezogen und schnell wieder eingesteckt und nimmt nun ein reines von seiner Frau.)

Sie
Da nimm. Un nu klöne nicht so lang,
Die Herrschaften wird ja sonst angst und bang,
Und sprich gebildet ... Ihr gehorsamer Diener,
Meine Herrschaften, wir sind nämlich Berliner
Und janz ächte, grad aus der Mitte raus,
Dicht bei de Linden stand unser Haus.

Unser Haus! Nu ja, man sagt et so hin,
Wir warn man Hausknecht und Köchin drin.
Fräulein Anna, sehn Se uns mal scharf an –
Ich bin ja die Stocken und dies is men Mann.

Er
Na, höre, dess is nu nich janz jenau,
Ich bin Stock, un du bist meine Frau.

Sie
(ignoriert völlig diese Unterbrechung und fährt fort)
Se kennen uns nich. Ja, du meine Zeit,
Von dunne bis heut is en bisken weit,
Un hörn Se, so mit sonnen Alten
In jut un schlecht immer auszuhalten,
Det will ich meinen schlimmsten Feind nicht jönnen.
Na, Se wern woll ooch mitreden können,
Fünfundzwanzig immer so sachte wecke
Is ooch all ne janze hübsche Ecke; –
Ach, ick hab es mitunter so satt.

Er
Det sagt se, weil sie mir sicher hat!
Fräulein Anna, det müssen Se doch noch wissen,
Se hat sich ja um mir jerissen;
Un so jeht et immer: erst liebes Kind,
Und nachher soll et partout nichts sind.

Sie
(droht ihm mit dem Zeigefinger)
Na, laß man, dess wird sich nachher finden,
Wir kommen also von Unter de Linden,
Und warum freu ick mir so doll?
Weil ich von Schachtens Sie jrüßen soll,
Von Aujusten un de Tübbecke un von Minen,
Ach un Liedtke denkt ooch noch immer an Ihnen,
Un is ooch noch immer forsch un fein,
Bloß man en bisken Stöckerbein,

Jott, man bleibt nich immer so rasch und risch
Un am Ende wenn des Herz man frisch!
Un noch eener hat mir abgesandt:
Unser Pfefferküchler Hildebrandt.
»Mehlweißchen«, sagt er, »knupprig und mehlig,
Die lieb ick selber, die selber wähl ich,
Bring ihr davon so'n anderthalb Pfund,
Die machen Leib und Seele jesund.«

Er
Doch bloß man, wenn zu das Süß un Zarte
Sich Starkes ooch un Feuriges paarte;
Deine Tüte hat nich den rechten Muck
So lange diss fehlt: Kluck, Kluck, Kluck.
Jilka jehört zu Hildebrandten,
Derowegen wir beide zusammenspannten.
Und damit schließen wir unsern Reim,
Gruß und Kuß aus dem alten Daheim.

Die Verse für das Fest der Freunde verraten nichts von dem, was Emilie
Fontane in diesen Tagen über ihren Mann äußerte: »Verbitterung und
Menschenscheu wachsen mit seiner zunehmenden Nervosität, einsam
und traurig vergehen uns die Tage und Wochen. Seit dem letzten August, unserer Rückkehr aus dem Harz, ist mein Mann leidend und –
arbeitsunfähig!«

Während ihr im trüben Berliner November alles so düster erschien,
weilte die 17jährige Hedwig Treutler bei Emilie Fontane: »ihre Frische
und Heiterkeit tut mir unendlich wohl und bewahrt mich vor gänzlichem
Schwarzsehen«. Sie brauchte – wie ihr Mann – ein »Töchterchen« im
Haus, das zu ihrer Freude da war.

Beide Ehepartner aber hatten den Zug, beim anderen ›Nervenpleiten‹
und ›Katastrophen‹ zu diagnostizieren. Aus einem Brief ihres Vaters erfuhr Martha noch in Rostock, ihre Mutter sei seit »Sonntag und jedenfalls seit Montag krank [...]. Angeschwollene Milz etc., also gastrisch-
nervöser Zustand«. Er selber schreibe an seiner Novelle *Ellernklipp* oder,
wie »Mama« einem Freund vertraulich mitgeteilt habe, sei »mit einer
Katastrophe beschäftigt«.

Martha indessen trug sich mit dem Gedanken, das Elternhaus nun wirklich zu verlassen. Aus einem Brief ihrer Mutter vom 1. November 1879 ist zu erfahren:»Mete ist in Rostock, wo es ihr sehr gut geht; zu Ostern wird sie eine Stellung als Erzieherin annehmen.« Zugleich wurde ihr, als sie im Dezember 1879 von Rostock nach Berlin zurückkehrte, im Elternhaus eine neue Aufgabe übertragen. Sie mußte da sein, wenn Besucher kamen. Martha habe die Familienrepräsentation übernommen, schreibt der Vater, denn »Emilie will nicht, was ich ihr nicht groß verdenke, und ich kann nicht«. Als der Frühling da war, mochte er seine Tochter nicht ziehen lassen.»Mein Mann hat schließlich einen Riegel vor Marthas Fortgehen geschoben und will daß sie bis zum Herbst wartet,« schreibt Emilie Fontane am 29. März 1880. Der Vater selbst berichtet fast froh, Martha suche Stellen, finde aber keine.

»Martha hat endlich gestern eine Stelle bekommen: Frau v. Mandel, zwei Mädchen von 11 und 13 Jahren«, heißt es unter dem 10. Mai 1880 in Friedrich Wittes Tagebuch.»Ich bin begierig«, schreibt er,»wie lange sie es aushält und wie sie sich macht; wenn sie ernstlich will, kann sie Vortreffliches leisten, aber manche Seite in ihr muß gewaltsam unterdrückt werden.«

Friedrich Witte hielt – wie seine Frau – sehr viel von Martha Fontane. Sie war ihnen Tochter und Freundin zugleich. Man liebte sie und sorgte sich um sie, wie man sich um eine eigene Tochter, um eine nahe Freundin sorgt. Offensichtlich glaubte ›Onkel Witte‹ nicht recht an Marthas Beharrungsvermögen und fürchtete überhaupt um sie.»Es ist ein tolles Frauenzimmerchen und gewiß recht *schwer* in den nächsten Jahren zu hüten,« hatte auch seine Frau schon früher geäußert. Daß sie für die Eltern ein »Angstkind« war, das man immerzu »vor einer Katastrophe zu bewahren« suchte, leuchtete den Freunden wohl ein.

Am 9. Mai 1880, kurz nach Ostern, hatte Martha Fontane ihre Stellenzusicherung erhalten. Ein knappes halbes Jahr war sie beharrlich auf der Suche gewesen, ohne die Hilfe der Eltern. Sie war entschieden, jetzt ihr eigenes Geld zu verdienen, nicht zuletzt um den Vater zu entlasten, den in diesen Tagen die Sorge drückte,»insolvent« zu werden. Sie band sich mit ihrem Engagement zum ersten Mal an ein fremdes Haus. Selbst »ein *schlechtes* in einem fremden Hause« sei besser als ein Engagement bei Freunden, hatte der Vater gemeint, denn es könne jeden Augenblick ohne Störung gelöst werden. Diese Devise des Vaters hatte sie sich zu eigen gemacht.

Außerdem aber hatte sie wenig Wahl. Sie war zwar ›geprüfte Lehrerin‹. Aber Schulstellen waren in jenen Jahren so knapp, daß Junglehrerinnen kaum eine Chance hatten.

Seit Ende der 1870er und bis in die späten 1880er Jahre herrschte in Preußen im gesamten Lehrberuf große Stellenknappheit. Gymnasiallehrer, die keine Stelle fanden, wichen deshalb aus in die Mädchenschulen und verdrängten hier die Mädchenschullehrerinnen. Diese begannen sich folglich auch an den Volksschulen zu bewerben, was zu einer verschärften Konkurrenzsituation zwischen Mädchenschul- und Volksschullehrerinnen führte. Junglehrerinnen waren nicht gefragt. Viele nahmen aus diesem Grund – wie Martha Fontane – auch Stellen als Hauslehrerinnen an. Man wußte zwar, daß der Verdienst hier nur gering war, konnte aber immerhin Lehrerfahrung sammeln und sich gutes praktisches Rüstzeug für eine Schulstelle erwerben.

Die prekäre Stellensituation der Lehrerinnen hatte ihre wesentliche Ursache in der Bismarckschen Schulpolitik. Bei Gründung des Kaiserreiches war der Kanzler rabiat gegen die Katholiken vorgegangen, und so wurden zu Beginn des Kulturkampfes (und bis 1878) die katholischen Lehrer und Lehrerinnen aus dem staatlichen Schulwesen ausgegrenzt. Das führte sofort zu Lehrermangel. Daher gründete Preußen im Gegenzug eine ganze Reihe von Volksschulseminaren insbesondere für Lehrerinnen. Bereits Ende der 1870er Jahre kam es zur sogenannten Überfüllungssituation. Als Martha auf Stellensuche war, gab es bereits zu viele Lehrerinnen. Im Interesse der Stellensuchenden wurde nun eingeführt, daß die Lehrerinnenprüfung erst mit 19 Jahren abgelegt werden durfte. Den Junglehrerinnen war damit wenig gedient.

Enthüllung des Luisendenkmals

Martha sollte ihre Hauslehrerinnenstelle erst am 1. August 1880 antreten. George, Martha und Theo hätten jetzt nichts weiter im Sinn, als sich selbst und das Leben zu genießen, bevor der Ernst anfange, berichtete die Mutter. Ihre drei erwachsenen Kinder besuchten daher öfters »Bälle und Gesellschaften.«

Martha hatte zwei schneidige Brüder in Uniform, in deren Begleitung sie glänzen konnte. Referendar Theo Fontane, 23, absolvierte gerade sein einjähriges Militärjahr. Premierleutnant George Fontane, 28, war unterdessen als Kadettenlehrer nach Lichterfelde versetzt worden. »Zwei meiner Söhne sind zur Zeit Soldat«, schreibt Fontane, »aber ich bekenne offen, daß mich die alleinseligmachende Militärhose nachgerade zur Verzweiflung bringt. Spartanertum! Bah, Maschinentum ist es. Und jeden Tag wird es toller.«

Im März 1880 war auch Lise Witte wieder in Berlin. Sie und Martha hatten nichts gegen die Leutnants. Zu gern ging man mit ihnen ins Theater oder Konzert, zu Gesellschaften oder zum Ball. George, so der Vater, sei jetzt »beinah täglich in der Stadt, meist um Theater oder Konzert zu besuchen (natürlich gratis), mitunter auch um an einer Gesellschaft oder einem Ball teilzunehmen«.

Im Frühjahr 1880 besuchten Martha und Lise wieder regelmäßig den Reichstag. Im Hôtel de Rome, Unter den Linden dinierte man und tanzte bis 2 Uhr früh, abends traf man sich auch gern im Café Zennig, »wo man im Kreise der bekannten Freunde einige Stunden nett verlebte«. Im April und Mai 1880, nachdem Lise bereits wieder abgereist war, kam ihre Mutter Anna Witte nach Berlin. Das Programm mit Martha wurde fortgesetzt: Reichstag, Spazierfahrten, Gespräche, Diners privat und in Nobelrestaurants.

Höhepunkt der Saison aber war, bei prachtvollstem Frühlingswetter, die Enthüllung des Luisendenkmals im Tiergarten gewesen (das Denkmal steht heute noch an derselben Stelle). Martha hatte mit Lise an dem feierlichen Akt teilgenommen.

Das Denkmal für Königin Luise, erschaffen nach ihrer Totenmaske und einer Zeichnung von Gottfried Friedrich Schadow, besuchte Fontane von jetzt an regelmäßig auf seinen Tiergartenspaziergängen:

Und mitunter, auf stillem Tiergartenpfade,
Bei »Kön'gin Luise« trifft man sich grade.

»Nun, lieber F., noch immer bei Wege?«
»Gott sei Dank, Exzellenz ... Trotz Nackenschläge ...«

»Kenn' ich, kenn' ich. Das Leben ist flau ...
Grüßen Sie Ihre liebe Frau.«

Ihren 20. Geburtstag am 21. März 1880 hatte Martha drüben in der Matthäikirchstraße 15 gefeiert, bei Schreiners, wie der Vater vermerkt. Rudolph Schreiner hatte noch vier Semester abzuleisten bis zum Abschluß seines Jurastudiums.

Die »Judenfrage«

Am 30. April 1880, abends saß Martha mit Anna Witte im Königlichen Schauspielhaus. Gegeben wurde das Stück *Gräfin Lea* von Paul Lindau.

Das Stück war damals neu. Eine Woche vor der Premiere hatte Fontane an Mathilde von Rohr geschrieben: »Lindaus neues Stück ›Gräfin Leah‹ [...] behandelt die Judenfrage, wird also viel pro und contra finden. Mit andern Worten, ein kleiner Skandal steht in Sicht, vielleicht auch ein großer.« Nach der Premiere schrieb er in der *Vossischen Zeitung*: »Der je nach Neigung erhoffte oder gefürchtete Lärm blieb aus, und weder literarische noch politische Gegnerschaft kamen zum Wort.« Die Stimmung war damals aufgeheizt, weil kurz zuvor judenfeindliche Hetzschriften erschienen waren, in denen die allgemeine Wirtschaftskrise, ausgelöst durch den Börsenkrach von 1873, den Juden und ihrem politisch-wirtschaftlichen Einfluß angelastet wurde.

Eine Rede des Hofpredigers Adolf Stoecker am 16. September 1879 und ein Artikel des Historikers Heinrich von Treitschke im November 1879 hatten in der Öffentlichkeit eine breite Diskussion der »Judenfrage« ausgelöst. In jenen Tagen wurde der Begriff Antisemitismus geprägt. Stoecker wie Treitschke führten Gründe an, die den Antisemitismus zu legitimieren schienen. Letzterer war Professor an der Berliner Universität und Reichstagsmitglied. Er gehörte wie Friedrich Witte zu den Nationalliberalen, agierte aber am anderen, am rechten Flügel der Partei.

Treitschke war ein Bismarck-Verehrer, gegen die Sozialdemokraten und gegen die Juden eingestellt. »Die Juden sind unser Unglück« war sein Credo. Witte aber brach 1881 mit Bismarck, stimmte schließlich gegen die Sozialistengesetze, rückte zunehmend nach links. Dem Antisemitismus neigte er nicht zu, verhielt sich jedenfalls sehr zurückhaltend, wie sein Reichstagstagebuch zeigt. Für Martha Fontane war das nicht unwesentlich. Friedrich Witte war ihr politischer Ziehvater. In der »Judenfrage«, so scheint es, nahm sie denn auch eine andere Haltung ein als ihr Vater oder ihre Mutter.

Lindaus Stück (heute vergessen) war in der Tendenz ein zeitgenössisches Pendant zu *Nathan der Weise* von Lessing. *Gräfin Lea*, so meinte Fontane, plädiere »für den Satz, daß das Individuum entscheidet und nicht die Ahnen«. »Und zu diesem Satze«, so der Kritiker damals, »steh' ich de tout mon coeur.«

Martha Fontane hielt sich nach eigener Einschätzung »im Ganzen sehr tapfer« gegen antisemitische Einflüsse. Als Hauslehrerin ins Landjunkermilieu geraten, schrieb sie einmal nach Hause: »Ich werde jetzt ein paar Broschüren in der Judenfrage lesen, um die ich Herrn von Mandel gebeten habe, der mich nun noch nicht aufgibt und mir die Wahl meiner Lektüre als Annäherung an die Rechte anrechnet, dabei hat er sich aber verrechnet; ich werde doch nie konservativ, so gern ich die Aristokratie habe.«

Ihr Vater äußerte sich zur selben Zeit in privaten Briefen zunehmend antisemitisch. Aktueller Anlaß war, daß am 20. November 1880 Otto Graf von Stolberg-Wernigerode, Vizepräsident des Ministeriums, öffentlich sagte, es gebe nichts zu rütteln an der gesetzlich verankerten religiösen Gleichberechtigung. Die Forderung der Antisemiten, die Juden aus Regierungs- und Verwaltungsämtern auszuschließen, sei widerrechtlich, der Staat stehe für seine jüdischen Mitbürger ein. Daraufhin schrieb Fontane an Philipp Graf zu Eulenburg: »Was das Staatsministerium gestern (Sonnabend) geleistet hat, ist mir denn doch zu wenig. Ich liebe die Juden, ziehe sie dem Wendo-Germanischen eigentlich vor – denn es ist bis dato mit letztrem nicht allzu viel – aber regiert will ich nicht von den Juden sein.« Und an Mathilde von Rohr richtete er die später berüchtigten Zeilen: »Nichts von den großen Dingen, nicht einmal von der ›Judenfrage‹, so sehr mich diese bewegt und geradezu aufregt. Nur so viel: ich bin von Kindesbeinen an ein Judenfreund gewesen und habe persönlich nur Gutes von den Juden erfahren, – dennoch hab' ich so sehr das Gefühl ihrer Schuld, ihres grenzenlosen Übermuts, daß ich ihnen eine ernste Niederlage nicht bloß gönne, sondern wünsche. Und das steht mir fest, wenn sie sie jetzt *nicht* erleiden und sich auch nicht ändern, so bricht in Zeiten, die wir beide freilich nicht mehr erleben werden, eine schwere Heimsuchung über sie herein.«

Auftritt: Paula Conrad, Schauspielerin

Sie war gleich alt wie Martha Fontane und gab mit zwanzig ihr erstes Gastspiel am Königlichen Schauspielhaus. Fontane, der nun seit zehn Jahren für die Theaterkritik dieses Hauses zuständig war, schrieb in der *Vossischen Zeitung*: »Ich habe so was Reizendes noch gar nicht gesehn, es stellt selbst die Besten in den Schatten. [...] Ich höre, sie soll nicht hübsch sein, aber in ihrer Bühnenerscheinung ist sie voll Reiz und Anmut. Eine Stupsnasenbeauté comme il faut. Und ihre Figur, auf den ersten Blick unbedeutend, erweist sich bald als von wundervoller Proportion und gefälligster Kontur. [...] Ihrem Spiel entsprechen ihre Bewegungen und ihre schönen Arme (bekanntlich ein Allerseltenstes), und ich mußte dem lokalgefärbten Satze, der mir auf dem Foyer begegnete, zustimmen: ›Schöne *Arme* sind noch schöner als ein Talent‹. Und dabei kleidet ihr alles. Und das ist mir recht eigentlich der Beweis ihrer eminenten Begabung.«

Noch nie hatte bisher eine Schauspielerin den Kritiker auf Parkettplatz Nr. 23 so hingerissen. Fontane sah sie zum ersten Mal im Erfolgsstück *Die Grille* (von Charlotte Birch-Pfeiffer), das am 26. Mai 1880 gegeben wurde. Hier begegnete ihm, so urteilte er, nicht eine »Kleiderpuppe«, sondern ein wirkliches »Talent«. Sie hieß Paula Conrad und war Wienerin. Seit ihrem 17. Lebensjahr stand sie auf der Bühne. Fontanes Kritik trug schließlich dazu bei, daß sie noch in derselben Spielzeit vom Königlichen Schauspielhaus fest engagiert wurde.

Paula Conrad wurde im Berlin der Kaiserzeit eine der beliebtesten Schauspielerinnen, die mit großem Erfolg als jugendliche Naive in Backfisch- und Hosenrollen auftrat. Fontane rühmte an ihr, daß sie »Feuer, Leidenschaft, Selbstvergessen« habe und jenen »undefinierbaren Charme [...], der aus dem vollkommenen Zusammenklange von Kunst und Natur erblüht«. Sehr bald verkehrte Paula Conrad bei der Familie Fontane. Sie hatte wie Martha ein Talent zum Plaudern. Fontane erklärte sie rundweg zu seinem Liebling. Das Publikum und die Freunde wußten Bescheid. Fontanes Vorliebe für die ›kleine Conrad‹ war allgemein bekannt, auch »das Vergnügen, das er in ihrer heiteren geselligen Gegenwart empfand«.

Martha beobachtete ihren Vater scharf. Einmal kam es zu einem brieflichen Disput. Fontane warf seiner Tochter »Controleuraugen« vor. »Mit der Conrad hast Du *ganz* unrecht«, meinte er, und schon gar nicht lasse er sich von ihr um den Finger wickeln. »Ich habe auch Urteil und auch Sentiment und *bin gar nicht einzufangen*. Dies ist eine Spezialität von mir [...]. Und ich weiß ganz genau, daß ich durch Lob nicht bestochen werden kann. Übrigens lobt sie mich nicht, sondern ist eine kleine, leidenschaftliche, kratzbürstige Person.« Sie habe ihm nämlich auf eine Kritik hin »einen vier Bogen langen Brief« geschrieben, »der sich kaum mit sonst herkömmlicher Artigkeit« decke (der Brief ist nicht überliefert).

Als Paula Conrad ihren ersten Auftritt in Berlin hatte, war Martha bereits aufgebrochen. Ihre Sommerwochen verbrachte sie in Rostock und Warnemünde. Nach Berlin kehrte sie nur zurück, um sich für den Antritt der Stelle vorzubereiten und den Reisekorb zu packen.

Als Hauslehrerin auf Schloß Klein Dammer
1880–1881

What's your idea of misery?

Ein photographisches Porträt von Martha Fontane, aufgenommen um 1880, zeigt eine Person mit auffallend großen Augen, einer markanten Nase, einem sinnlichen Mund. Der Ausdruck der jungen Frau ist wach und ernst. Die krausen Haare hat sie hochgesteckt, das Kleid trägt sie hochgeschlossen. Im Kragen steckt eine sternförmige Brosche. Es existiert auch eine zeitgenössische Zeichnung nach diesem Photo. Gezeichnet wirkt die Porträtierte schmaler, schlanker, zarter und nach konventionellen Schönheitsvorstellungen auch schöner.

Sie selbst fand sich nicht eigentlich schön. Wenn sie sich in große Toilette stürzte, konnte sie mit feiner Ironie urteilen: »Ich sah für meine Verhältnisse toll genug aus.« Eine sogenannte Ballschönheit war sie nicht. Was sie auszeichnete, war ihr Esprit, ihre Musikalität, ihre Belesenheit, ihr politisches Denken, die Leichtigkeit, mit der sie sich auf dem gesellschaftlichen Parkett bewegte.

Alle diese Qualitäten fanden in Klein Dammer wenig Resonanz. *What's your idea of misery?* »Nicht das Recht haben, zu scheinen, was man ist«, antwortete Martha Fontane.

In Klein Dammer galten andere Gesetze und Regeln. Man hatte eine Hauslehrerin engagiert, keine kapriziöse Schriftstellertochter. Martha Fontane war sich dessen sehr bewußt und guten Willens, die Erwartungen zu erfüllen.

Klein Dammer und sein Schloß

Zu Martha Fontanes Zeit gehörte Klein Dammer zu Brandenburg-Preußen, heute liegt es in Polen und heißt Dąbrówka Mała. Kreishauptstadt war Züllichau (heute Sulechów), der nächstgelegene größere Ort Schwiebus (heute Świebodzin). Von Berlin aus benutzte man die Bahn-

Martha Fontane, nach 1880

linie Frankfurt-Posen, um nach Klein Dammer zu gelangen. Die Strecke führte über Frankfurt an der Oder nach Schwiebus und von hier gute zehn Meilen weiter östlich nach Stentsch (heute Szczaniec). Es war von Berlin aus eine Fahrt von etwa sechs Stunden in die weite märkisch-sandige Landschaft hinaus, mit Feldern, Wäldern, Seen und Alleen, vereinzelten Dörfern und Landgütern.

Klein Dammer erreichte man von Stentsch, der nächstgelegenen Bahn- und Poststation, mit dem Pferdewagen. Das Dorf mit seinen knapp 280 Einwohnern lag etwa drei Meilen südlich, abseits der Hauptstraße. Am Rande des Dorfes, auf einer leichten Erhöhung, erhob sich von weitem gut sichtbar das Gutsschloß, umgeben von einem Park mit einzelnen Bäumen. Am Fuß des Hügels lagen Stall- und Wirtschaftsgebäude. Dies alles gibt es, durch die Zeitläufte scheinbar wenig verändert, auch heute noch.

Das Schloß, erbaut um 1850 im Stil des Klassizismus, war zweigeschossig und hatte eine Frontbreite von neun Fenstern. An den Mitteltrakt schlossen sich links und rechts die etwas schmaleren Seitentrakte an. Die beiden Wohngeschosse verfügten insgesamt über zwanzig Zimmer. Von den Fenstern, einer Terrasse und einem Altan aus hatte man

Schloß Klein Dammer

den Blick über das weite Land. Im Erdgeschoß lagen die Salons und Eß-zimmer, verbunden durch Flügeltüren, sowie die privaten Räume der Mandels. Das Obergeschoß war den Kindern, der Hauslehrerin, dem Kindermädchen und den allfälligen Gästen vorbehalten. Die Treppen befanden sich in den Seitentrakten. Sie führten sowohl auf den Dach-boden wie ins Untergeschoß, wo die Küche mit ihren zusätzlichen Wirt-schaftsräumen lag. Das gesellige Leben spielte sich in den Salons und im Park ab, Schule wurde im Obergeschoß gehalten.

»schreiben ist nicht meine force«

Martha Fontane traf am 31. Juli 1880 in Klein Dammer ein. Über ein Jahr, bis zum 2. Oktober 1881, dauerte ihr Engagement. Aus dieser Zeit sind Briefe von ihr an die Eltern überliefert. »Meine lieben Eltern«, schrieb sie am Tag nach ihrer Ankunft. »Wie gerne wäre ich ein halbes Stündchen bei Euch und stattete Bericht ab, über die vielen Eindrücke, die ich seit gestern empfangen habe; schreiben ist nicht meine force und darüber bin ich mir klar, daß Klein Dammer nicht der Ort zur Ausbil-dung eines talent épistolaire ist.« Dennoch habe sie, seit sie Berlin ver-lassen, schon soviel erlebt, daß sie glaube, »Bücher darüber schreiben zu können« (1. August 1880).

Martha Fontane schrieb lange Briefe aus Klein Dammer. Ihre Schrift ist nun gleichmäßig vorwärts drängend, ihre Erzählungen wirken spontan und wie hingeworfen. Sie ist gerne sprunghaft, verhält sich schriftlich wie im angeregten Gespräch, wendet sich je nach Laune einmal direkt an die Mutter, dann wieder an den Vater, manchmal auch an beide, ganz unabhängig davon, mit welcher Anrede sie ihren Brief begonnen hat. Zum Schluß unterzeichnet sie gerne mit »Mete«, auch mit »M. Fontane«, am häufigsten aber mit »Martha Fontane«. Ihrem Vater war sie dankbar für ihren Familiennamen, denn er habe ihm, wie sie fand, als Schriftsteller einen Klang gegeben. »Fontane« werde jetzt »für recht aristokratisch und vornehm angesehen«, schrieb sie ihren Eltern einmal.

»daß ich es wage dem Herrn Hauptmann zu widersprechen«

Aus Marthas erstem Brief, den sie aus Klein Dammer nach Hause schrieb, erfuhren die Eltern, die Gegend sei leider »häßlich«, das Haus aber »groß und freundlich«, nur »neu und uncharakteristisch«. »Ich habe ein äußerst freundliches zweifenstriges Zimmer für mich ganz allein; nebenan schlafen die kleinen Mädchen; mir vis à vis liegt das große, kühle Schulzimmer.« »Die Kinder und ich«, so schreibt sie, »hausen im oberen Stock, aus dem wir zu den Mahlzeiten heruntergeklingelt werden.« Unten habe sie auch schon »etwas vorgespielt«, die Mandels seien »glücklicherweise nicht musikalisch«. Es sei »zwar traurig«, daß es so sei, »aber mich ermuntert die Mittelmäßigkeit meiner Mitmenschen«.

Die 13jährige Ella, so meinte Martha, zeige sich äußerst hilfsbereit und werde ihr gewiß »weder Mühe noch Ärger bereiten«. Die 11jährige Sophie gelte als eher lernschwach, mache auf sie jedoch »durchaus keinen dummen Eindruck«. Überhaupt seien die Mandelschen Kinder »wohlerzogene, gutgeartete, manierliche Kinder«. In dieses Urteil schloß sie auch die Söhne des Hauses ein. Denn neben den beiden Mädchen, für die Martha als Hauslehrerin engagiert worden war, waren noch zwei kleine Jungen da: der 5jährige Victor und der 4jährige Erich (Max, 15jährig, lebte im Internat). Es sei gewiß »die militärische Zucht«, meinte Martha, die alle so wohlerzogen erscheinen lasse und »die sich wie überall, so auch hier bewährt«. Die Kinder hätten sich alle sehr schnell an sie

»attachiert«. Sie führe es allerdings zurück auf die mitgebrachte Schokolade, womit sie ihre »ersten Verführungskünste« erprobt habe.

Ob die Mandels »wohlhabend« waren? Martha konnte es nicht recht sagen. »Wittes leben so gut, daß ich den Maßstab immer für eine Weile verliere, wenn ich da war.« Sie wisse auch noch nicht, wie groß das Gut sei, schrieb sie den Eltern, nur das eine sei sicher: »sie haben jedenfalls sehr viel Viehzeug«.

Viel zu erzählen wußte sie über die Eß- und Tischgewohnheiten der Herrschaft: »Morgens wird hier Kaffe getrunken; alle trinken bitter und ich wies natürlich den mir angebotenen Zucker zurück und behauptete schwarzen Kaffe zu trinken. Frühstück heute Butterbrod mit Wurst und Kirschen, kann aber *Sonntags*-Frühstück gewesen sein. Gestern Mittag gab es Kirschsuppe, dann Huhn mit Reis, nichts zu trinken; nicht einmal der Herr des Hauses trinkt ein Glas Wein; auch wird mit schwarzen Messern und *Gabeln* gegessen, das einzige, was mir bis jetzt sauer geworden ist. Nachmittag wieder Kaffe mit Brod und Semmel; Abend dicke Milch, Kartoffeln, Rührei und Krebse. Das klingt leidlich opulent, aber mir fehlt doch Wein und Silberzeug. Übrigens ist Brod und Butter wundervoll.«

»Ich werde«, und damit kommt sie auf den Hauptpunkt zu sprechen, »gut behandelt, natürlich bin und bleibe ich Erzieherin, aber es wäre töricht und häßlich, das nicht hinzunehmen; jetzt höre ich noch und empfinde daher ganz, ganz kleine slights, aber das gewöhnt man sich, glaube ich, ganz ab.« Frau von Mandel habe ihr übrigens »ganz falsch vorgeschwebt«. »Sie ist entschieden die Krone ›vons Janze‹. Hübsch, fein und mit gutem Verstande versehen.« Sie und die Kinder seien »sehr gut und geschmackvoll angezogen« und daher sei sie, Martha, auch froh, eines ihrer besten, nämlich ihr »grünes Kleid« mitgebracht zu haben. Über Herrn von Mandel aber schrieb sie: »Er war Militär bis zum Hauptmann; ist echter Soldat, kurz, pünktlich, sachgemäß, aber mir nicht höflich genug; er scheint zu den Männern zu gehören, die von vornherein so von ihrer Superiorität über *jedes* weibliche Wesen überzeugt sind, daß man dieser ihrer Ansicht nur eine ruhige Heiterkeit entgegensetzen kann.« »Er unterhält sich mit mir und scheint sich zu wundern«, gesteht sie den Eltern, »daß ich es wage dem Herrn Hauptmann zu widersprechen; ich gebe mich aber mit Willen vom ersten Tage an, wie ich bin; erstens ist und bleibt es das Richtige und zweitens ist eine ewige Rolle für meinen Charakter doch nicht ausführbar.«

Am Ende fügte sie hinzu:»Man ist hier fromm; da die Menschen aber liebenswürdig und gut sind, so deckt sich Schein und Sein und mehr ist nicht nötig.« Der Vater, der fürchtete, seine Tochter könnte mit ihrer selbstbewußten Haltung in Schwierigkeiten geraten, mahnte:»Wer dient, muß gehorchen und schweigen können.« Er riet ihr, nur dann ernsthaft zu widersprechen, wenn»das Beste, was man hat, auf dem Spiele steht«. Die Lebenskunst bestehe darin,»sein Pulver nicht unnütz und nicht in jedem Augenblick zu verschießen«. Martha korrigierte sich sogleich.»Ich scheine mich«, so schrieb sie dem Vater,»in meinem letzten Brief etwas falsch ausgedrückt zu haben. Jedenfalls wird es dir angenehm sein, zu hören, daß hier im Hause schon niemand mehr auch nur den Schatten von Unterwürfigkeit von mir verlangt.«

Wenige Tage später schrieb ihre Mutter an Clara Stockhausen:»Gegenwärtig scheint etwas die Sonne dadurch in unsre Herzen, daß Mete so sehr zufrieden in ihrer Stellung ist; es geht ihr so gut, daß wir nur fürchten, sie wird für spätre Zeiten verwöhnt. Sie schreibt selbst: ›man behandelt mich wie einen geehrten Gast‹. Ihre Zöglinge, Mädchen von 13 und 11 Jahren, sind begabt und wohlerzogen. Wir werden die Trennung kaum empfinden, da sie alle Ferien bei uns zubringen darf. Sie hat sich sehr zu ihrem Vorteil entwickelt und wird es gewiß in einer geordneten, ihr zusagenden Tätigkeit, noch mehr.«

Familie von Mandel

1870 hatte Max von Mandel das Gut Klein Dammer von seinem Vater geerbt. Er und seine Frau Eugenie geb. Walleiser lebten mit ihren Kindern seit 1871 im Schloß. Den Gutsbetrieb führte im Wesentlichen der Gutsinspektor, denn Max von Mandel war mit diesen Dingen wenig vertraut. Er hatte in der Armee gedient und war als Offizier an den beiden Bismarckschen Kriegen von 1864 und 1866 beteiligt gewesen. Am 30. Juni 1866 war er, 34 Jahre alt, bei Gradlitz verwundet worden. Eine Behinderung am Bein, die ihm fortan das Reiten erschwerte, zwang ihn, frühzeitig seinen Abschied zu nehmen.

Ursprünglich stammten die Mandels aus der süddeutschen Oberpfalz und waren Bauern. Ein protestantischer Familienzweig war von dort im 17. Jahrhundert nach Norddeutschland und Schlesien ausgewandert. Im

Laufe der Generationen wurden die Mandels Rittergutsbesitzer und Königlich Preußische Hofräte. Viele der Familie dienten dem preußischen Staat. 1867 wurde der Vater von Max von Mandel seiner Verdienste wegen und nicht zuletzt, weil er in den Uradel eingeheiratet hatte, in den erblichen preußischen Adelsstand erhoben.

Die Verleihung des Adelstitels in den östlichen Landesteilen Preußens war damals eine brisante politische Maßnahme. Im Osten Brandenburgs und im angrenzenden Posen bildete die polnische Bevölkerung eine Mehrheit. Daher betrieb Bismarck dort eine rabiate Germanisierungspolitik. Es sollte eine deutsche Führungsschicht etabliert werden, und auch dafür wurde das Mittel der Nobilitierung eingesetzt.

Martha Fontane als Pädagogin

In den unveröffentlichten autobiographischen Aufzeichnungen von Ella von Mandel gibt es eine Passage über Martha Fontane. »Wie üblich wurde ich im Hause unterrichtet«, so schreibt die Gutstochter, »und lernte herzlich wenig, bis die Tochter von Theodor Fontane ins Haus kam. Von diesem Augenblick an erweiterte sich mein Gesichtskreis erheblich. Sie fand Gefallen an mir und bemühte sich, mir nicht nur das klassenmäßige Wissen beizubringen, sondern auch Verständnis für den nüchternen Kreis meines bisherigen Lebens. Leider blieb sie nur ein Jahr bei uns, unsere Zuneigung bestand weiter und vertiefte sich immer mehr bis zu einer innigen Freundschaft, immer mehr empfand ich, wie viel ich ihr zu danken hatte und was sie mir für mein spätres Leben bedeutete.«

Martha, die den Lerneifer und die rasche Auffassungsgabe Ellas sehr schätzte, förderte besonders ihr Verständnis für Literatur. »Heute habe ich Ella ihre erste Literaturstunde gegeben, 1 ½ Stunden; sie glühte und wollte nicht glauben, wie spät es war, dabei hatte ich mich kaum präpariert.« Für ihre Literaturstunden mit Ella wählte Martha gerne Werke von Goethe. Sie las mit ihr das Schauspiel *Iphigenie*, die Verserzählung *Hermann und Dorothea* oder auch Gedichte. Goethes Gedichte waren ihr die liebsten: »sie tun mir immer wohl und machen frei und eigentlich auch gut,« schrieb sie ihrem Vater und freute sich, daß Ella »Sinn für Poesie« hatte.

Ella verehrte ihre junge Lehrerin von Anfang an und das gefiel Martha, die sich vielleicht vor dieser Schülerin etwas gefürchtet hatte. »Ella erklärt, wenn sie ein Mann wäre, heiratete sie mich,« schrieb sie nach Hause. Erst später gibt es Klagen wie »etwas verdirbt mir Ella zuweilen die Stimmung« oder »Ich habe mich eben wieder recht über Ella geärgert«.

»Wir können alle keinen Ärger ertragen«, schrieb der Vater zurück, »und das ist eine Art Lebensunglück. Man muß Ärger aushalten können; wenn man es nicht kann, wenn man ihm überall aus dem Wege geht, so erreicht man nichts. Bei Frauen mag dies nur halb zutreffen oder noch weniger als halb, bei Männern ist es wichtig.«

Nach den Schilderungen Martha Fontanes war Ella der Liebling ihres Vaters, wurde von der Mutter verwöhnt, war hochmütig und etwas rücksichtslos in ihren Urteilen, vorlaut und kapriziös, launisch und zugleich einfühlsam, klug und begabt. Zudem spielte sie recht gut Klavier. Das Leben mit ihr war zugleich interessant und schwierig. Martha resümierte, sie habe »entschieden sehr viel Ähnlichkeit mit Ella«.

Sophie, die im Schatten der attraktiven Ella stand, lag Martha besonders am Herzen, weil sie fand, die 11jährige werde unterschätzt. Bei ihr wandte sie ihr ganzes pädagogisches Geschick an und hatte Erfolg. »Besonders erfreuen und verwundern mich und andere meine Resultate bei Sophie«, schrieb sie schon nach wenigen Wochen. »Es macht mich doch sehr stolz und glücklich«, gestand sie ein, »aus meiner kleinen indolenten Sophie in einem Vierteljahr ein ehrgeiziges, fleißiges Kind gemacht zu haben, das mir auch in all seinen natürlichen Beanlagungen unendlich sympathisch ist.« Mit Sophie war Martha Fontane geduldig. Sie ging auf ihr Lerntempo ein und blieb im Lernstoff dennoch anspruchsvoll. Sophie sei zwar nur halb so gescheit wie Ella, stellte sie fest, aber ihre »Herzensbildung« sei ihr lieber. Und sie lobte ihre Stärken: den liebevollen Umgang mit Menschen, Tieren, Dingen, die Ausgeglichenheit, Lebensfreude und Bescheidenheit.

Zu ihrem »Liebling« erklärte Martha Fontane schließlich auch den 5jährigen Victor. Ab Frühjahr 1881 besuchte er bei ihr den Elementarunterricht. »Mein kleiner Victor«, schrieb sie, »lernt doch recht gut; mir macht der Elementarunterricht vielmehr Spaß, wie ich erwartet hatte.« Sie mochte Victor sehr, zugleich erzog sie ihn, wenn sie keine anderen Mittel wußte, »mit dreimaliger Anwendung der Prügelstrafe täglich«.

Offenbar war Martha als junge Lehrerin noch immer so impulsiv wie mit sechzehn. Anna Witte hatte damals festgestellt, sie könne weder ihre Hand noch ihre Zunge im Zaum halten. Außerdem strafte sie genauso,

wie sie als Kind gestraft worden war, also nicht wie sie es in ihrer pädagogischen Ausbildung unter dem fortschrittlichen Schulleiter Supprian gelernt hatte, in dessen Schulordnung für Seminaristinnen gestanden hatte: »Schläge kommen in der Schule selbstverständlich überhaupt nicht
vor.« Die harte Hand zeigte Martha Fontane auch gegen den 4jährigen
Erich. Sie habe nach dem Mittagessen etwas ruhen wollen, als das Kindermädchen gekommen sei und um ihre Hilfe gebeten habe, erzählt sie
einmal den Eltern. Worauf sie dann Erich habe »durchprügeln« müssen.

Heimweh

Während ihrer Hauslehrerinnenzeit auf Klein Dammer geriet Martha
Fontane in heftige innere Widersprüche. Sie war im heiratsfähigen Alter
und auch heiratswillig, wollte Frau und Mutter werden, so wie ihre
gleichaltrigen Freundinnen. Zugleich empfand sie ihren »großen Hang
zur Selbständigkeit« und betrachtete die volle Berufstätigkeit als Möglichkeit, unabhängig zu werden. Klein Dammer war für sie ein »Probejahr«, sie war entschieden, ihre Wanderjahre noch fortzusetzen. Aber
das Heimweh! Sie hatte in Klein Dammer Heimweh nach Berlin, nach
dem Zuhause, nach dem Vater. Mit Schrecken stellte sie fest, daß sie
»einzudammern« begann.

Zu den Michaelisferien Ende September war Martha in Berlin gewesen. Die Tage daheim lagen jetzt »wie ein Traum« hinter ihr. Nun fühlte sie sich in Klein Dammer noch einsamer als zuvor. »Ärgernisse und
Nadelstiche« wurden ihr immer unerträglicher. Auch fand sie, die Kinder lernten nicht gut genug und würden zu häufig durch Besuche von
auswärts abgelenkt. Sie ärgerte sich auch über sich selbst, daß sie »nicht
das rechte Talent zum ›Easytaken‹« habe.

»Der Stoff zum Schreiben ist gleich Null«, schrieb sie im November
1880 an die Mutter, »ein Tag verläuft wie der andere, arbeitsvoll und gesundheitlich. Ich glaube auch, daß ich hier den Sinn, die einfachen Dinge als etwas Besonderes anzusehen, mehr oder weniger einbüße. Man ist
auch in derartigen Dingen von seiner Umgebung abhängig und bei meiner ist der Sinn des Sehens entschieden zu. Ich erinnere mich bei diesen
Betrachtungen der Wernigeroder Sonntagnachmittage vor dem Weißen
Hirsch. War Papa nicht dabei, fand ich den ganzen Spaß verfehlt und sah
nur schlechtes Pflaster und häßliche langweilige Menschen; wie mit ei-

nem Schlage änderte es sich in Papas Gegenwart und, als hätte ich andere Augen bekommen, war ich im Moment versetzt in eine reiche Welt des Interessanten, Komischen und selbst Erfreulichen.«

»Hark, the conquering hero comes«

Am 9. November 1880 erfuhr Martha Fontane durch Briefe aus Rostock, daß sich Lise Witte verlobt hatte. Sie war vollkommen überrascht. »Ich bin sehr glücklich, denn die Art und Weise, wie sie über ihren Verlobten schreibt, läßt mich hoffen, daß es der Rechte ist.« Sie bat ihren Vater der Freundin »auch selbst ein paar Worte zu schreiben«, denn »sie hat Dich vollständig lieb«. Die Briefe aus Rostock – einen von Lise und einen von ›Tante Anna‹ (nicht überliefert) – lege sie bei, bitte jedoch, diese »nur als für Mama und dich geschickt« zu betrachten. Offenbar fürchtete sie, Lises plötzliche Verlobung könne ihren Bruder George kränken (er besuchte die Wittes aber noch im selben Monat).

»Die große Nachricht hat mich sehr erfreut und meine Mannesseele freut sich darüber, daß die bezähmten Widerspänstigen […] nicht aussterben«, antwortete der Vater postwendend. Nicht die Plötzlichkeit überrasche ihn, aber die Wahl.

Die 22jährige Tochter seines Freundes hatte sich nämlich mit einem einfachen Landwirt aus Pommern verlobt, der kein eigenes Gut besaß. »Er muß ein wirklicher Sieger sein (›Hark, the conquering hero comes‹)«, schrieb Fontane nach Klein Dammer, »daß er nicht bloß das Herz der Tochter im Sturme nehmen, sondern auch den in seiner Mittellosigkeit begründeten ›natürlichen Widerstand‹ der Eltern im Umsehn zerstreuen konnte. Dies ist seine eigentliche Großtat, der Sieg seiner Siege. Väter sind eigentlich nur noch dazu da, um schließlich in Widerspruch mit ihren Lieblingssätzen zu geraten. Und es ist auch gut so.«

Friedrich Witte aber dachte vielleicht ganz anders als sein Freund. Als Lise ihren zwanzigsten Geburtstag beging, hatte er sich für die Tochter gewünscht: »Möge das neue Jahr dem abgelaufenen gleich sein an Erfolgen, glücklichem Verlauf und möge das neue Jahr ihr das bringen, was ihr bisher noch ganz gefehlt hat: eine starke, sie ganz erfüllende Neigung, natürlich mit befriedigendem Abschluß: dann wird sie im Stande sein, alle ihr vortrefflichen Eigenschaften voll zu entwickeln, selbst glücklich werden und in hohem Grade auch andere glücklich machen.«

Martha brachte die Verlobung ihrer Freundin ziemlich durcheinander. »Befürchtet nicht, daß ich zu aufgeregt bin«, schrieb sie den Eltern, »ich bin nur erfüllt von einem warmen und starken Gefühl herzlichster Teilnahme, das sich Haus Witte mir gegenüber sicher erworben hat. Die bloße Tatsache hätte nicht genügt, meine Sympathien in so hohem Maße wachzurufen, aber das ›Wie‹ hat es zuwege gebracht. Mich lassen die sogenannten großen Dinge des Lebens, die man als Familiennachrichten bezeichnen könnte, oft recht kalt und es gibt nichts Prosaischeres wie den Durchschnittsweg von der Wiege bis zum Grabe; das Unterschiedliche und Poetische beinahe jeden Lebens liegt meist fern von dieser großen Straße. Es gibt aber höher potenzierte Menschen, die sich durch ihre eigene aparte und innerlichere Art sich zu dem Alltäglichscheinenden zu stellen auch das Recht erworben haben, einer anderen Beurteilung wie der landläufigen zu begegnen. Ich denke, man darf, wie man im übrigen über Lise Witte denken mag, ihr ein über dem Durchschnittstehen nicht absprechen.«

»Kolik der Gebärmutter«

Es war Herbst. Ende Oktober fiel bereits der erste Schnee. Martha litt erneut an jenen Symptomen, die sie als ihre »Typhus-Hinterlassenschaft« bezeichnete, an Verdauungsschwierigkeiten, Fiebrigkeit und Schlaflosigkeit. »To begin with the beginning«, so wandte sie sich am 26. November 1880 an die Eltern »hatte ich, wie ich ja schon schrieb, weder Schlaf noch Appetit.«

Am Montag, vor vier Tagen, sei es schlimm gewesen: »Gegen Abend bekam ich einen sich nach kurzen Pausen 3, 4 Mal wiederholenden Unterleibskrampf und stand entsetzliche Schmerzen aus. Besonders war der untere Teil des Rückens affiziert. Am Dienstag und Mittwoch hatte ich auch auf Stunden wieder sehr zu leiden und war vollständig wie gelähmt, konnte weder sitzen, liegen noch stehen und war von den wahnsinnigen Schmerzen ganz heruntergekommen; seit gestern bin ich nun Gottseidank schmerzenfrei, aber nehme mich noch sehr in Acht. – Frau v. M. war entzückend zu mir und was man einem Menschen Liebes erweisen *kann*, *hat* sie mir erwiesen; sie wetteiferte mit den Kindern, mir Aufmerksamkeiten zu erzeigen, und ich wurde mit Wärmflaschen, heißen Steinen, Tee, Wein und Güte und Liebenswürdigkeit gepflegt; ich wurde beim Essen berücksichtigt, und heute hat sie mir in mein Deckbett sogar noch neue Federn geschüttet. Sie hat wie eine Mutter an meinem Bett gesessen und mir geraten, wie sie konnte und wußte; einmal war ich dicht daran, nach Berlin zu fahren und einen Arzt zu konsultieren. Ich bin voller Anerkennung und Dankbarkeit für das Haus hier und freue mich meiner Empfindung; man ertappt sich oft genug auf kleinlichen, deren man sich schämt. [...] Ich bin heute wieder leidlich auf dem Posten, sehe aber ordentlich abgemagert aus und habe lauter alte, häßliche Linien im Gesicht. Ich habe mich auch zu sehr zusammengenommen; es ist auch trotz alles Bittens von Mandels keine Stunde ausgefallen; Abends ging es mir immer am schlechtesten; eine Klavierstunde habe ich gegeben, in der ich immer auf der Erde lag und mich wand. Aber mein ganzes Benehmen hat, glaube ich, auch gefallen.«

Martha forderte von sich preußische Selbstdisziplin, aber ihr Körper sprach eine andere Sprache. Als die Eltern von der Erkrankung erfuhren, zeigte sich die Mutter beunruhigt, der Vater fand, die Tochter sei »momentan ganz gesund, nur angegriffen und unelastisch«. Die 11jährige Sophie beobachtete »Angstflecken«, der Arzt schließlich, der hinzugezogen wurde, als sich der »Anfall« wiederholte, stellte »Kolik der Gebärmutter« fest und meinte, »es sei nicht bedenklich«. Ruhigen Auges diagnostizierte er offenbar die zeittypische Krankheit Hysterie – und wußte seiner Patientin nicht zu helfen.

Am 8. Dezember 1880 reiste Martha Fontane nach Hause.

Emilie Fontane berichtete nach Frankfurt: »Hier sieht's trübe aus: mein guter Alter arbeitet nach wie vor fürs tägliche Brot, im wahren Sinn des Worts, ich bin leidend und unsre Mete ist seit 8 Tagen hier, um sich von Nerven Zufällen zu erholen, die sie sich durch Überarbeitung zugezogen hat. Sie hat bei ihrem krankhaften Ehrgeiz zu viel geleistet. Übrigens hofft unser Arzt, sie bis Anfang Januar herzustellen und, wenn sie dann vernünftig ihren Pflichten obliegt, auch keine Benötigung die Stellung aufzugeben« (17. Dezember 1880).

Auch Eugenie von Mandel rechnete damit, daß Martha nach Klein Dammer zurückkehren wollte. Zum Jahreswechsel schrieb sie ihr: »Ich kann wohl sagen, daß ich Sie vom ersten Tage Ihres Hierseins an, nicht nur als eine verständige Lehrerin meiner Kinder, sondern auch als ein liebenswürdiges Glied meiner Familie angesehen und als solches Sie herzlich lieb gewonnen habe. So wünsche und hoffe ich denn, daß das angenehme Verhältnis auch im neuen Jahre fortbestehen und Sie sich immer heimischer bei uns fühlen mögen. Zu meinem Bedauern schreiben Sie mir so wenig über Ihr Ergehen, schließe aber daraus, daß es Ihnen noch nicht besonders geht, so daß es gewiß gut ist, wenn Sie noch acht Tage Ihrer Kur vollständig leben und nächsten Sonnabend über acht Tage, also am 8ten Januar erst bei uns eintreffen.«

Martha traf pünktlich zum neu festgesetzten Termin in Klein Dammer ein. »Selbstverständlich habe ich etwas Heimweh«, schrieb sie den Eltern, aber: »Körperlich geht es mir ganz gut, ich bin nur angegriffen und muß den Wechsel in Personen und Szenerie erst überwinden; so lebhaft empfindenden Menschen wie unserm Metechen geht es so.«

Aus dem Tagebuch des Vaters

»Ich will nun wieder anfangen, täglich zu schreiben«, notierte Fontane am 1. Januar 1881 in sein Tagebuch. Über eine längere Phase gab er sich jetzt stichwortartig Rechenschaft darüber, was er täglich tat und was ihn beschäftigte. Er notierte, woran er gerade arbeitete, und er hielt auch fest, wenn er nicht zum Arbeiten kam. »Krank; den Tag über im Bett gelegen«, »Im Bett«, »Auch noch im Bett«, heißt es beispielsweise in der Zeit vom 8. bis 10. März 1881. Häufiger aber steht da: »Gearbeitet.« In sein Tagebuch notierte er zudem die Briefe, die eingingen oder die geschrieben wurden, die Besuche und Einladungen, die aktuelle Lektüre, das politische Tagesgeschäft. Notizen zu Martha finden sich regelmäßig.

So heißt es in den ersten Januartagen 1881, in den Tagen, als Martha ihre Zeit zu Hause verlebte: »Mama und Martha zu Frau Krigar« (Sonnabend, 1. Januar 1881), »Mete kommt von Schreiners und plaudert« (Sonntag, 2. Januar 1882), »Emilie und Martha zu [Hofprediger] Frommel, um eine Vorlesung über ›Epiphanias‹ zu hören« (Donnerstag, 6. Januar 1882), »Besuch von Frl. Anna Toberentz und Frau [Clara] Stockhausen sammt dem kleinen vierjährigen Johannes, meinem Patchen. Abendspaziergang. Mit Mete geplaudert« (Freitag, 7. Januar 1881).

Martha verkehrte während ihrer Berliner Tage offenbar wie eh und je bei den Familien Krigar und Schreiner oder begegnete im Haus ihrer Eltern auch Clara Stockhausen. In allen Familien hatte sich viel verändert.

Musikdirektor Hermann Krigar war im September 1880 nach kurzer Krankheit plötzlich gestorben.

Bei Schreiners gab es neuerdings Kinderlachen und -schreien, denn ›Duttchen‹ hatte einen kleinen Jungen. ›Onkel‹ Rudolph Schreiner stand im letzten Studienjahr.

Julius Stockhausen aber war unterdessen in Frankfurt aus dem Konservatorium wieder ausgetreten und führte dort seit dem 1. Oktober 1880 eine eigene Gesangsschule. Seine Frau Clara half im organisatorischen Bereich engagiert mit. Kam sie nach Berlin, um ihre jüngere Schwester Anna zu besuchen, sprach sie jeweils auch bei Fontanes vor und lud sie gerne zur *Soirée intime*. »Bei Frl. Anna Toberentz und Frau Michals zu Tisch«, notierte Fontane unter dem 8. Januar 1881, »zu Ehren von Frau Stockhausen. Angenehm geplaudert. Frl. Aßmann singt einige Lieder. Um 8 nach Haus.« Adele Aßmann wurde später Marthas Gesanglehrerin. Martha nahm an der musikalischen *Soirée* nicht teil. Sie war an diesem Tag wieder nach Klein Dammer gereist.

Von Klein Dammer liefen jetzt wie vordem regelmäßig Briefe ein: »Brief von Martha«, »Brief von Mete«, notierte der Vater jedes Mal. Im Januar vermerkte er außerdem: »Es geht ihr leidlich gut« (11. Januar 1881), »es geht ihr gut.« (13. Januar 1881). Einen Monat später heißt es: »Gearbeitet: Graf Petöfy«. Auch: »Brief von Mete. Gearbeitet: Petöfy« (25. Februar 1881). Im eingelaufenen Brief, den der Vater notierte, hatte sie geschrieben: »Meines lieben Papas gedenke ich auch stündlich; wie freut es mich, daß ihm seine neue Novelle bis jetzt Vergnügen macht, Lust und Liebe sind die Fittige zu großen Taten und ––– guten Novellen.«

Alltag in Klein Dammer

Während Fontane seine »neue Novelle« entwarf (*Graf Petöfy* erschien 1884), kam seine Tochter wieder ihren Pflichten als Hauslehrerin nach.

Martha Fontanes Briefe aus Klein Dammer dokumentieren, daß ihr Aufgabenbereich weit über die Lehrtätigkeit hinausreichte. Im Grunde hatte sie ständig präsent zu sein. Die eigentlichen Schulstunden fanden von »8–12«, von »½ 3–4« und »½ 5–¼ 6« statt. In ihr Zimmer zurückziehen konnte sie sich nur mit Erlaubnis. Mittags legten alle eine Ruhepause ein, abends ging man in der Regel früh zu Bett. In der ganzen übrigen Zeit aber stand Martha nicht nur als Lehrerin, sondern auch als Gouvernante und Gesellschafterin zur Verfügung, als Sekretärin und

Krankenpflegerin, Skat-Partnerin und Toilettenberaterin. Sie las Romane vor, spielte zur Unterhaltung der Gesellschaft etwas Beethoven, Schumann, Brahms, meist auf einem halb verstimmten „Pianino«, oder amüsierte mit ihrem Plaudertalent. Wären alle die Geselligkeiten nach ihrem Geschmack gewesen – es wäre wohl gegangen. Aber zumeist langweilten sie die Menschen. »Unsere gestrige Familiengesellschaft ist glücklich vorüber; sie hat mich wieder davon überzeugt, daß unsere gewöhnliche Abgeschiedenheit *derartiger Geselligkeit* entschieden vorzuziehen ist. Die Frauen zwischen 20 und 40 tuscheln beständig und verhandeln das Wohl meist noch unsichtbarer Weltbürger, die zwischen 40 und 60 unterhalten sich über Mamsells, Gurkenrezepte und das Einkamphern von Pelzsachen, die ganz alten Damen erzählen sich wie es in ihrer Jugend in Brätz auf dem Pferdemarkt zuging und die ›Tanten‹ klagen über eigenen und fremden Rheumatismus; um 6 gibt es Vesper und dann muß ich Klavier spielen, was allemal sehr schön gefunden wird. – Die Herren spielen von 4–8 Skat, dann essen sie gemeinschaftlich mit den Damen und nachdem sich die Geschlechter dann noch wieder auf ½ Stunde getrennt haben, fährt der erste Wagen vor; – ich weiß wohl, daß es nirgends viel anders ist, aber etwas bessere Gegenden gibt es doch; Gegenden, wo ein über das Allerpersönlichste hinausliegendes Gespräch doch *möglich* ist.«

Martha entwickelte in Klein Dammer ein wachsendes Bedürfnis sich zurückzuziehen. Fluchtort wurde ihr der Schreibtisch, wo sie ihre Briefe schrieb. »Von jetzt an werde ich täglich schreiben, und dann ab und zu einmal abschicken; woher den Stoff nehmen weiß ich zwar noch nicht, da der Schnee doch mit der Zeit wäßrig wird«, meldete sie den Eltern. Fluchtort war ihr aber auch das Krankenbett: »Ich ertappe mich auf meinem alten Fehler, ein Krankenbett etwas außerordentlich Gemütliches zu finden«, gestand sie sich ein. Ihre tagebuchartigen Berichte protokollieren häufiges Kranksein, auch nach der großen Herbstkrise. Sie litt an Appetitlosigkeit, Schlaflosigkeit, zeitweise an Blasenentzündung, fühlte sich fiebrig und unwohl, klagte auch über Angstträume und Migräne. Nächtliche Angstträume kannte sie aus ihren Kindertagen, Migränezustände waren ihr vollkommen neu.

»Migränezustände ... Folgen von unterdrücktem Ärger«

»Heute früh hatte ich mal wieder das Vergnügen mit Migräne aufzuwachen«, so beginnt Martha Fontane einen ihrer Briefe nach Hause, »ich nahm mich aber zusammen und gab meine vier Stunden; wie?, ist mir noch ein Rätsel, um 12 legte ich mich dann ein paar Stunden ins Bett und bin nun wieder ziemlich beiwege; ich habe mich aber doch schon um ½ 9 von der Familie getrennt, um ehe ich zu der großen Sonnabendreinigung schreite, noch ein wenig mit Euch zu plaudern; was die jetzt häufiger wiederkehrenden Migränezustände betrifft, so habe ich die Bemerkung gemacht, daß sie entschieden Folgen von unterdrücktem Ärger sind; ich ärgere mich nämlich unbeschreiblich, besonders auch im Traum und, woran ich das Krankhafte des Zustandes erkenne, nur über Dinge, die mich eigentlich nichts angehen.«

Martha Fontane beobachtete sich selbst und begann für ihre Körperzustände jetzt ein psychologisches Verständnis zu entwickeln. Sie war darin ähnlich wie ihr Vater, der ihr kurze Zeit später schrieb: »Ich glaube mich auf psychische Zustände und auch auf Körperzustände, die mit dem Psychischen zusammenhängen, wundervoll zu verstehn, denn ich habe sie seit über 30 Jahren an mir und Mama studiert.«

»Tochter des ›märkischen Wanderers‹«

Um der Gesundheit willen unternahm Martha in Klein Dammer viele ausgedehnte Spaziergänge. Oft lief sie – auch im tiefsten Schnee – mit Ella zu deren Verwandten nach Walmersdorf und wieder zurück, oder sie unternahm Ausflüge in die Nachbardörfer und ins Bruch. »Das Bruch ist entschieden die Krone von Dammer«, schrieb sie den Eltern »ich habe heute Gegenden kennengelernt, von einer hier unerwarteten Schönheit und fühlte mich sehr als Tochter des ›märkischen Wanderers‹; wohin sich nicht die Poesie verirrt, denket Euch, Kleindammer hat auch sein Vineta; unten im Bruch nämlich, (was bei dem Sumpfboden nicht einmal unwahrscheinlich ist) soll ein altes Jagdschloß gelegen haben; man schließt das aus alten Schwiebusser Chroniken, die ich mir verschaffen werde, besonders aber aus noch ganz deutlich erkennbaren Parkanlagen; es wachsen an der gedachten Stelle die feinsten Sträucher und ich muß sagen, mir war wie in einem Märchen zumute, ich hätte mich über keine

Erscheinung gewundert; ich sah förmlich ehemalige Lauben, Lieblings-
plätze und Hecken, wenn auch nicht, wie Ella, ein Hünengrab.«

Es war in Klein Dammer nicht einfach eintönig und langweilig. Es gab
auch viel zu sehen und zu erleben. Martha kutschierte mit ihren Zöglingen öfters in der Britschka, im offenen Einspänner, über Land oder
durchstreifte mit ihnen Hof und Stall, wo es Pferde gab, Ziegen, Kühe
und Schweine. Zum Gut gehörten auch Hunde. Ihr Lieblingshund hieß
Rappo und lag immer vor ihrer Tür.

Höhepunkte im Jahreslauf waren zudem die Schlacht- und Backtage.
Den Backtag fand Martha einen ihrer »nettesten Tage« in Klein Dammer: »Früh wurde gebacken, und zwar in unglaublichen Quantitäten;
ich habe in meinem ganzen übrigen Leben noch nicht so viel Eier aufgeschlagen, wie heute in ein paar Stunden; solch ein großes Backfest ist
eine lustige Sache und da ich meinen guten Tag hatte und nett sein wollte, erheiterte ich die ganze Gesellschaft von meiner Prinzipalin an bis herunter zur Viehmagd, die die Kuchen in den Ofen schob.«

Manövertage

Geradezu euphorisch aber berichtet Martha von der »Einquartierung«.
Während der Mänover-Tage in der Nähe von Klein Dammer wurden einige höhere Offiziere bei der Familie Mandel einquartiert. Martha Fontane sorgte dafür, daß auch die Lektüre nicht fehlte. »Unsere 6 Manö-
ver-Zimmer sind fix und fertig; dem Major will ich noch einen Band
Heyse zur Disposition legen«, schreibt sie. Für die Damen und Herren
der Gegend bedeuteten die Manöver ein attraktives militärisches Schauspiel.

Auch Martha wollte sich das nicht entgehen lassen. »Am Sonnabend
werden wir wohl schon früh in das Manöver fahren und von Mittag an
beginnt dann die Einquartierung; es wird alles sehr anständig bei uns
sein; für gewöhnlich läßt *er sie* gewähren, gilt es ihm aber die Ehre seines
Hauses und Namens, so legt er sich ins Mittel; so viel steht fest, *trocken*
werden die Herrn Offiziere Dammer nicht finden; da wir das Leibregiment bekommen, sind viel feine Tierchen dabei (2 Grafen).«

Ihre Schülerin Sophie ließ Martha in diesen Tagen das Gedicht *Der
Tag von Düppel* auswendig lernen, ein Gedicht ihres Vaters, das den Krieg
von 1864 und den heldenreichen Sieg der Preußen feiert:

Still!
Vom achzehnten April
Ein Lied ich singen will.
Vom achtzehnten – alle Wetter ja,
Das gab mal wieder ein Gloria!
Ein »achzehnter« war es, voll und ganz,
Wie bei Fehrbellin und Belle-Alliance,
April oder Juni ist einerlei,
Ein Sieg fällt immer im Monat Mai.
u. s. f.

Sophie hatte gut geübt: sie trug der geneigten Zuhörerschaft alle zwölf Strophen fehlerfrei vor.

Martha als Kind ihrer Zeit fand die Manövertage großartig: »Schon am Freitag bekamen wir ganz unerwartet unsere 11 Offiziere vom Leibregiment und außerdem 5 Schwedter Dragoner Offiziere (alle 5 prachtvolle Kerls. Graf Schulenburg, von Arnim, von Schack, von Treskow, von Oheimb). Die schwarzblauen Reiter mußten leider schon Sonnabend fort, während unsere eigentliche Einquartierung bis Montag hier war und noch durch einen sehr netten Ulanen-Offizier verstärkt wurde. Getanzt haben wir Sonnabend und Sonntag, wie ich es nicht für möglich gehalten hätte; zweimal sind wir ins Manöver gefahren und gestern Abend waren wir im Bivouak und haben dort mit unsern Herrn soupiert; so etwas Reizendes habe ich noch nie erlebt; Szenerie, Stimmung, Glühwein, alles ersten Ranges. – Ich bin mir vollständig klar darüber, daß ein Hauptgrund meiner Befriedigung darin liegt, daß ich behandelt bin wie eine junge Fürstin und daß ich selbst keinen moralischen Kater habe, sondern mir ganz klar darüber bin, daß ich mich gut und passend benommen habe; gelegentlich des Postens vor unserer Tür äußerte ich 'mal, ich käme mir halb wie eine Gefangene, halb wie eine Fürstin vor, worauf alles einig war, daß ich zu letzterer Rolle entschieden die größere Beanlagung hätte.«

Friedrich Fontane besucht seine Schwester

Im Sommer 1881 kam Friedrich Fontane auf ein paar Tage zu Besuch nach Klein Dammer. Er war 17, war konfirmiert und hatte die Schule abgeschlossen. Seinen Eltern berichtete er ausführlich, was er sah und erlebte. Dabei wird überdeutlich, was Martha so recht nicht sagen wollte. »Martha okkupiert hier eine Stelle, die erworben zu haben, ich sie bewundere,« schreibt der Bruder nach Hause. »Unten in den Salons ist sie eigentlich die Hauptperson.« Aber: »Oben hat sie ein Zimmer, das ich mich schämen würde, wenn ich Herr oder Frau von Mandel wäre, meiner Gouvernante anzubieten. Es ist nur eine Idee länger und breiter als unser kleines Zimmer in Berlin; es riecht nach der entsetzlichen Farbe. Außerdem befindet sich in ihm ein Bett, ein ehemaliger kleiner Gartentisch (so groß wie der kleine runde Spieltisch zu Hause), eine recht mäßige Waschtoilette und ein Vorhang, hinter dem ihre Kleider hängen, vielleicht kann man noch ihren Reisekorb, einige Gefäße und Stiefel, die sie sich selbst zurecht macht, mitrechnen. Ich war mal vor Jahren mit Felix in Bethanien [dem Berliner Krankenhaus] gewesen und hatte dort unter der Führung seines ältesten Bruders einige Krankenzimmer gesehen; einen ganz akkurat solchen Anblick gewährte mir mein erster Blick in Metens Zimmer. Zum Glück hat sie nebenan das Schulzimmer, das sehr geräumig und wahrscheinlich aus Sparsamkeit gemalte Tapeten ebenso wie mein Zimmer hat.«

Martha verbot es sich in der Regel, über das Entwürdigende ihrer Hauslehrerinnensituation zu klagen, betonte dafür umso mehr die Lebensformen, die ihr besonders gefielen: »mir ist [...] die Form, in der sich das Leben im Hause reicher und feiner Leute gibt, *ganz außerordentlich sympathisch*; vielleicht besonders darum, weil ich innerlich mit kann und mich nicht im mindesten bedrückt fühle, im Gegenteil, je schöner die Räume, je gewandter die Wirte, je glänzender die Verpflegung, je mehr fühle ich mich at my ease und komme mir vor wie ein Fisch, der in seinem natürlichen Element ist.«

In Klein Dammer war das Leben nicht auf Luxus gestellt. Und wenn es einmal vornehmer und feiner zuging, dann hatte sie selbst die Kosten zu tragen. Den Eltern rechnete sie vor, was das große Diner, das Herr und Frau von Mandel zu geben beabsichtigten, für sie selbst bedeutete. Man erwartete selbstverständlich, daß sie in entsprechender Toilette erschien. Die Ausgaben für die Schneiderin aber fielen auf sie. »Ich bin recht ärgerlich«, schrieb sie nach Hause, »daß ich mir nun um dieses einen doch entschieden sehr mäßigen Vergnügens wegen, die Ausgabe von cr. 50 Mark machen muß; wenn ich bedenke, daß ich mich dafür gerade einen Monat quäle, finde ich kein rechtes Verhältnis in Einnahme und Ausgabe; aber in derartige Lagen kommen die Menschen wohl häufig, die für die gesellschaftliche Stellung, die sie einnehmen, einnehmen *müssen* und einnehmen *wollen*, alles mitbringen, bis auf die nötigen Gelder; ich werde mich also zu trösten suchen.« Marthas Monatslohn als Hauslehrerin der beiden Mädchen betrug 50 Mark. Die weiteren Pflichten, die sie halb freiwillig, halb gezwungen übernahm, wurden nicht entlohnt.

Das Problem der Hauslehrerinnen war exakt das gleiche wie dasjenige der Offiziere: die Repräsentationskosten hatten sie selbst zu tragen. Nur stand es für die jungen Frauen noch schlimmer. Martha, wenn sie sich mit Bruder George verglich, kam zum Schluß: »Ich finde George mit seinen 300 Mark wird im Verhältnis zu mir, zu gut bezahlt.« Sie hatte einen Hungerlohn und das ging auf die Länge nicht an. Volle berufliche Tätigkeit, so war ihre Überzeugung, mußte zu finanzieller Unabhängigkeit führen, zumindest aber das elterliche Budget entlasten. So dachten zuletzt auch Theodor und Emilie Fontane. Sie fanden es ganz in der Ordnung, daß Martha ihr Engagement bei Mandels nicht weiter verlängern wollte. Im März 1881, als Ehepaar Mandel auf Berlinbesuch war, machte Marthas Vater deutlich, daß die Tochter Klein Dammer Anfang Oktober verlassen würde.

»Kostbare Schätze« – das väterliche Werk in statu nascendi

Auch in Klein Dammer nahm Martha Fontane regen Anteil an dem, was ihr aus Berlin erzählt wurde. Besonders interessierte sie, was der Vater dachte und schrieb, welche Pläne er hatte und was sich verwirklichen ließ. Gespräche über sein literarisches Werk waren ihr selbstverständlich. Sie wußte auch, *wie* er arbeitete. Er entwarf schnell, ließ das Brouillon meist einige Zeit liegen und feilte zuletzt lange an den einzelnen Kapiteln. Als *Vor dem Sturm* fertig war und der Vater aufgekratzt einen Abend lang von »allerlei Arbeiten, die er vor hätte« sprach, hatte Martha ernsthaft eingewendet: »ach Papa, Du wirst am Ende noch ein Schmierer.« Solche töchterlichen Einwände amüsierten ihn, nicht zuletzt weil sie seiner »Tiftelei« Reverenz erwiesen.

Wie weit Fontane jeweils Einblick in das entstehende Werk gestattete, ist schwer zu sagen. Der Eindruck ist, daß er in der Regel bei geschlossener Tür arbeitete, wenn er die ersten Entwürfe niederschrieb.

»Es sind«, so schreibt Martha einmal, »so nette Tage, wo du nur ›pusselst‹ und die Tür zu Deinem Zimmer nicht wie der Eingang zur Unterwelt bewacht werden muß.« Was entstanden war, kam spätestens Emilie Fontane beim Abschreiben des Manuskripts vor Augen. Ob Fontane vorher schon Teile seiner Entwürfe sehen oder lesen ließ, ist nicht überliefert. Offensichtlich aber sprach er abends, bei der »grünen Lampe«, durchaus von seinen Plänen und Vorhaben.

Martha kannte, wenn nicht die Entwürfe des Vaters, so gewiß die ersten Manuskriptabschriften der Mutter. Meist las sie das neueste Werk des Vaters, noch bevor es im Druck erschien. Sie verfolgte den Schreibprozeß aus nächster Nähe und äußerte jeweils auch ihre Eindrücke. »Ich wundre mich nicht«, schreibt sie, »daß *Ellernklipp* Papa noch so viel Mühe macht, und in diesem Falle ist es mir lieb zu hören, daß es ein noch klareres Gepräge gewinnt; ich hatte ja durchaus nicht verhehlt, daß es mich, wie es da war, durchaus nicht in dem Maße entzückte wie *Grete Minde* und *Adultera*.«

Der Berlinroman *L'Adultera* (im Juli 1880 im Vorabdruck, im März 1882 in Buchform erschienen) war damals das jüngste literarische Werk ihres Vaters. Die zeitgenössische Kritik zeigte sich in der Mehrheit entsetzt über die »laxe Behandlung sittlicher Fragen«. Nur die jungen Naturalisten und einige vorurteilslose Kritiker zollten ihm volle Anerkennung. Auch Martha »entzückte« die Novelle, »insbesondere was Charakterzeichnung und allerhöchste und subtilste Moral betrifft«. Sie hielt es für »unübertrefflich« und las es mehr als einmal. »Gestern habe ich mir einen himmlischen Abend bereitet und bin mit *l'Adultera* und etwas Suchard zubett gegangen«, schrieb sie an ihrem 21. Geburtstag nach Hause. »Ich habe vor Freude über die Novelle geweint und immer nur lebhaft gewünscht, daß Papa nicht nur für uns, die wir ihn lieben, noch recht lange leben möchte, sondern auch um noch das viele Schöne, was in ihm liegt, herauszuschaffen; wenn ein Mann, der in sich solche Kunstwerke trägt, stirbt, ist es doch, als gingen kostbare Schätze auf immer verloren« (21. März 1881).

Hatte ihr Vater Schwierigkeiten mit Redakteuren oder Verlegern, litt sie mit. Fand sein Werk Anerkennung und wurde es gedruckt, geriet sie außer sich vor Freude. Herr Walleiser, der Bruder ihrer Prinzipalin sei zu Besuch, schrieb sie einmal aus Klein Dammer an die Mutter, und mit ihm »schwärme« sie »von Papa«, »ein Lieblingsthema von mir«. Fontane selbst gestand, man könne »in der Kunst ohne begeisterte Zustimmung der Mitlebenden oder wenigstens eines bestimmten Kreises der Mitlebenden, nicht bestehn«.

Ängste und Wünsche

Ihre Bitte an die Mutter, sie »nicht mehr als Angstkind zu betrachten,« datiert aus den düsteren Dezembertagen in Klein Dammer. In der zweiten Hälfte ihrer Zeit dort sprach sie jedoch immer häufiger von Ängsten, von »Graul«, auch von »Angstanfall«. Die Attacken kamen nicht wie die Unterleibskrämpfe bei Tag, sondern überfielen sie bei Nacht und in den Träumen. Kurz bevor sie Klein Dammer verließ, schrieb sie nach Hause: »Heute Nacht hatte ich wieder 'mal einen furchtbaren Angstanfall; ich überlegte mir nämlich ganz genau, daß Papa nach menschlicher Berechnung einmal vor mir sterben muß, ein Gedanke der mich schon öfters gequält hat, aber nie so sehr.« Sie war 21 Jahre alt. Daß sie und ihr Vater ein besonders enges Verhältnis hatten, wußten außer der Familie auch die Freunde. Anna Witte rutschte sogar in die Feder, als sie Martha von einer Begegnung mit Theodor und Emilie Fontane schrieb: »Berlin war heiß, staubig und anstrengend für mich. Deine Mutter so liebenswürdig und aufgeknöpft, wie ja Dein Mann schön war! kindlich und durchaus frisch.« Martha (oder war es ihre Mutter?) korrigierte und schrieb über »Dein Mann« in sorgfältiger Schönschrift: »Vater«.

Der Ablösungsprozeß vom Vater, aber auch derjenige von der Mutter war für Martha äußerst schwierig. Sie wollte eine ›gute‹ Tochter sein. Ihre Briefschlüsse sind sprechend. »Küsse meinen geliebten Vater und behalte lieb, Deine Dich zärtlich liebende und verehrende Tochter«, schreibt sie der Mutter oder auch: »laßt mich versuchen euch zu beweisen, wie innig euch liebt Eure einzige Tochter Martha Fontane gen. Mete«.

Bei Wittes in Rostock, wo sie sich wohlfühlte, hatte sie sich innerlich eher vom Elternhaus emanzipiert. Die innere Einsamkeit, in die sie in Klein Dammer geriet, machte sie wieder mehr zum Kind ihrer Eltern. Sie schätzte jetzt das Leben mit den Eltern und im pulsierenden Berlin mehr denn je und dämpfte deren stille Erwartung, daß sie bald heiraten werde. Die jungen Ehen, die sie beobachte, seien alle »langweilig«, meinte sie, die sich als »echte Sanguinikerin« verstand. »Um die Männer beneide ich die jungen Frauen auch nie«, schrieb sie nach Hause,

»aber allerdings um so mehr um die Kinder.« Mutter zu sein, stellte sie sich gerne vor: »ich schlafe jetzt mit meinen beiden kleinen Jungens zusammen und ›fühle mich Mutter‹«. Über die Männer im heiratsfähigen Alter indessen seufzte sie: »À propos Kandidat. Ist das ein Geschlecht! nein Mama, für Inspektoren und Kandidaten bin ich glaube ich nicht bestimmt!« Sie sah sich nicht als zukünftige Pastorengattin, war mehr fürs Verwegene als fürs Vorbildliche.

»Bis vor kurzer Zeit«, so gestand sie den Eltern, »hat mir meine ganze berühmte Klugheit im praktischen Leben wenig genutzt und es klingt mir noch in den Ohren, wie Papa zuweilen zu mir gesagt hat: Wie kann nun ein sonst so gescheuter Mensch sich so benehmen; jetzt bin ich so weit, mich klug zu benehmen, und das ist mir eine große und erfreuliche Akquisition; denn das werdet ihr mir gewiß glauben, daß meine ganze Stellung immerhin diffizil ist und daß es an Gelegenheiten zu Taktlosigkeiten nie fehlt, denn 7/8 aller Herren glauben, *eine Erzieherin muß getröstet werden* und an der Sicherheit ihres Entgegenkommens merke ich, daß sich schon manche hat trösten lassen.« Ihren Hang zum Flirt und zur Koketterie behielt sie indessen und spielte ihre Rolle als kapriziöse Causeuse gut. »Ein besonderer Verehrer«, so schrieb Martha Fontane über ein Offiziersdiner bei Mandels, »war ein entzückender kleiner Herr von Treskow, der mich schon als Kind bei Milly Rütgers [jetzt Freifrau von Gagern] gesehen hatte; er wäre meinem Rufe vielleicht gefährlich geworden, wenn sie nicht eben fast alle noch wieder netter gewesen wären wie er.«

Weil durch neue Verträge mit dem Verlag Hertz wieder hellere pekuniäre Aussichten bestanden, schlugen die Eltern der Tochter vor, ihre ›Wanderjahre‹ nicht gleich fortzusetzen, sondern wenn sie von Klein Dammer fortgehe, nach Hause zurückzukehren. Martha antwortete, ihr Leben ›zu dritt‹ werde bedeuten, daß sie in diesem Falle nicht in ihrem Beruf arbeiten werde, denn es sei »nach wie vor« ihre Absicht, »niemals in Berlin«, und sie wiederholte: »niemals in Berlin«, eine Stellung anzunehmen. Sie wisse, daß daraus nur »Konflikte« erwüchsen. »Ich wäre also für Dich und Papa«, so erklärte sie der Mutter, »ein vollkommener Luxusartikel, und wenn ihr nun meint, euch den gewähren zu können, ist die Sache ja erledigt; es ist, wie Dir Tante Witte bezeugen kann immer ein Lieblingssatz von mir gewesen: Ich fühle, ich bin eigentlich nur ein Luxus und werde mich nur glücklich fühlen, wenn ich als solcher aufgefaßt werde.«

»Brief von Mete, die uns hübsch und anziehend ihren einsam-schönen Geburtstag beschreibt«, notierte der Vater am 22. März 1881 in sein Tagebuch. Marthas Briefe erfüllten seine Erwartungen an ihr »talent épistolaire«: »Du hast eminent das talent épistolaire der Familie«, bezeugte er der Tochter immer wieder. Emilie Fontane war anderer Meinung, jedenfalls wenn man dem Bericht ihres Mannes Glauben schenken will. »Mama«, so schreibt Fontane einmal an die Tochter, »hat Dir das talent épistolaire abgesprochen. Ganz mit Unrecht. Ja, was heißt Briefschreibetalent! Es ist damit wie mit allem; eine Norm gibt es nicht.« Die mütterliche Kritik gelte den töchterlichen »Reflexionen, philosophischen Betrachtungen, Bildern, Vergleichen, Angriffen und Verteidigungen«. Der Vater aber meinte: »schreibe ruhig so weiter; würdest Du von der Beschaffenheit der Bonner Semmeln, von dem Nichtvorhandensein eines guten Biers und der Grobheit eines gestern entlassenen Dienstmädchens schreiben (also, namentlich das letztre, wahre Musterthemata), so würde Mama beim dritten Briefe derart sagen: ›ich finde, Martha versimpelt recht.‹« Martha liebte die Briefe ihres Vaters, sie mochte aber auch diejenigen ihrer Mutter und bewahrte alle »sicher« auf (vieles ist erst später verloren gegangen).

Sie selbst stellte sowohl an sich wie an ihre Korrespondenzpartnerinnen und -partner ähnlich hohe Ansprüche wie der Vater. Die Briefe von Lise Witte zum Beispiel schätzte sie sehr. Mit Marie Bencard, der Rostockerin, die in Bonn lebte, schloß sie Freundschaft gerade wegen ihrer Briefe: »Im Allgemeinen schränke ich meine Korrespondenz ein«, schrieb sie ihrer Mutter aus Klein Dammer, »nur mit Marie Bencard bin ich ins Schreiben gekommen; die ›kühle Erbin‹ hat mir ganz reizend liebenswürdig geschrieben.«

Längst nicht alle Freundinnen, so fand sie, verstanden die Kunst des Briefeschreibens. Mathilde Becker geb. Runde habe »sich nun auch endlich dazu emporgeschwungen, mir eine stark nach Windeln duftende Epistel zu schicken«, meinte sie angriffslustig, »sie geht doch leider ganz unter, und all ihr Mutterglück veredelt sie nicht, sondern gerade ihre Ausdrücke *dafür* sind unendlich trivial.« Ein vernichtendes Urteil fällte sie auch über die Briefe ihrer Freundin Marie Schreiner. »Die bekannte, aber immer wieder überraschliche Langweiligkeit von Maries Sommerbriefen wird doch *kaum* durch ihre allerdings große Treue und Herzlichkeit balanciert,« seufzte sie. Marie sehe »in Welt und Menschen immer wieder das Triviale und Uncharakteristische«, und so fehle ihr »der Sinn für das Unterscheidliche, Aparte und dadurch Interessante« leider vollkommen.

Proben und Entwürfe · 1882–1885

»ich grolle nicht«

Es gibt ein berühmtes, von Robert Schumann vertontes Heine-Gedicht, das den Verlust der Geliebten beklagt, die einen anderen nahm. Martha Fontane kannte es auswendig und hatte seinen Refrain auf den Lippen, als sich die Freundin Lise verlobte:

Ich grolle nicht, und wenn das Herz auch bricht,
Ewig verlornes Lieb! Ich grolle nicht.

Lise Wittes Verlobung mit Richard Mengel war auf Pfingstsonntag, den 5. Juni 1881 angesetzt. Die Feier sollte auf dem Gut der Familie Mengel stattfinden, in Trienke in Pommern (heute polnisch Trzynik), ein großes Familienfest, da sich am selben Tag auch Richards Bruder Julius mit dem »Fräulein Kanneberg« verlobte.

Wittes reisten über Berlin. Am 3. Juni 1881 schrieb Fontane nach Klein Dammer: »Wittes sind also hier und wir waren gestern Abend mit ihnen bei Krolls, dem Tummelplatz der Demimonde. Lise, als sie mit Bertha Wilmsen durch die Laubengänge ging, wurde ›gerempelt‹, was – wie ich bei der Gelegenheit erfahren habe – als erste vertrauliche Annäherung gilt. Die Sitten wechseln und die Unsitten natürlich auch. Zu meiner Zeit gab es andre Formen, welche weiß ich nicht mehr, aber *das* weiß ich, daß ›rempeln‹ nicht dazu gehörte. Natürlich fallen diese Fühlungen, diese Mittelzustände von Stoß und Streifen weg, sowie ein Herr die Dame führt, ich bat also um ›hook on‹ und zierte mich mit Lisen am Arm im Park umher.« »Morgen«, so fährt er fort, »reisen alle Wittes nach Trienke und sind etwa um 4 oder 5 dort. Genau vierundzwanzig Stunden später wird der mächtige Parlamentarier, so denk ich, um nicht aus der Übung zu kommen, seine erste Rede halten und die heilige Allianz der Häuser Mengel und Witte besiegeln. Ein Kuß des Brautpaars wird wohl das Gegensiegel bilden.«

Von Berlin nach Trienke brauchte man damals einen halben Tag. Wit-

Martha Fontane in Warnemünde, 1882

tes fuhren über Stettin und Stargard und von dort bis Schievelbein (heute Świdzin). Hier bestieg die kleine Gesellschaft die Pferdekutsche und fuhr gemächlich durch die pommersche Landschaft der Ostsee zu. »Nach 2 ½ stündiger Fahrt trafen wir in Trienke ein«, notierte der Brautvater in sein Tagebuch. Die ganze Familie sei »aufs herzlichste willkommen« geheißen worden. »Mit Essen, Trinken, Plaudern, Wirtschaftsbesehen, Kegel spielen« habe man die Zeit zugebracht und auch einen »Ausflug auf den Kamitz See« unternommen.

Friedrich Witte gefiel die Familie seines zukünftigen Schwiegersohns. Haus und Hof, alles beeindruckte ihn. »Das Haus ist sehr wohnlich eingerichtet«, hielt er fest, »hat durchweg hohe und luftige Zimmer und liegt inmitten eines schön angelegten, gut bewachsenen parkähnlichen Gartens.«

Auch die Brautmutter war zufrieden. Anna Witte schrieb an Martha Fontane, »der Aufenthalt in Trienke« habe sie »sehr glücklich« gestimmt. »Abgesehn von der äußeren Umgebung (Haus, Garten, Gegend alles *sehr* hübsch) – der Ton und der Verkehr in der Familie war fein und pietätvoll. Der Alte ist eine hohe, patriarchalische Gestalt, viele weiße Haare, älter wie seine Jahre, mild und vornehm in seinem Urteil.« Am

Verlobungstag habe ihr Mann »gewiß 25 Toaste ausgebracht«. Sie sei nach den Feierlichkeiten mit ihrem Jüngsten noch einige Tage in Trienke geblieben: »Nun wurde es immer hübscher, obgleich wir der Wellen wegen keinen Fuß zum Hause hinaus setzen konnten, abends heizten und Whist spielten.« Nur das Brautpaar habe sich anders beschäftigt. »Richard hatte natürlich eine tiefe Herzensfreude, Lise etwas zu haben und es war ihm zu gönnen.«

Außerdem erfuhr Martha, daß die Suche nach einem rentablen Pachtgut bisher »ohne Erfolg« gewesen war. Dem Bräutigam verursache das einiges Kopfzerbrechen, nicht aber der Braut: »Lise fühlt sich so glücklich als Braut, daß sie noch keine Eile hat,« meinte ihre Mutter und schloß mit den Zeilen: »Lise läßt Dich herzlich grüßen und versichert Dich ihres treuen Gedenkens. – Wie stehen denn die Saaten bei euch? Hier und in Pommern wächst eigentlich garnichts und die Landwirtschaft ist, glaube ich, in diesem Jahre ein noch schlechteres Geschäft als sonst schon.«

»Es hat mir sehr wohlgetan, so viel von Wittes zu hören«, schrieb Martha in diesen Tagen ihren Eltern, »und ein leises Gefühl der Sehnsucht ging unter in der für mich hoch erfreulichen Betrachtung, daß durch meine Freundschaft mit Lise die alten Beziehungen zu Haus Witte erneut worden sind; ein Tatbestand, der uns doch allen, mit einer einzigen konsequenten Ausnahme, viel des Angenehmen und Erfreulichen bietet.« Die »konsequente Ausnahme«, so war sie überzeugt, sei ihre Mutter Emilie Fontane.

»Ich weiß sehr wohl«, fährt sie in ihrem Brief an die Eltern fort, »daß sich allerhand gegen die einzelnen Glieder der W.schen Familie sagen läßt; er ist unerlaubt formenlos, Tante wagt das Äußerste, was selbst sie sich gestatten darf, und Lise ist eine krasse Egoistin, aber – sie sind alle drei natürlich, nicht kleinlich und von anständiger, niemals anrüchiger Gesinnung; dies und ein groß Teil Klugheit und Liebenswürdigkeit, über das sie doch unleugbar verfügen, macht sie mir von Jahr zu Jahr werter; denn ich sehe von Jahr zu Jahr mehr ein, wie verhältnismäßig rar Persönlichkeiten sind, die so viel des Menschlich-Reizvollen vereinigen.«

Die Verlobung ihrer Freundin und vor allem der unbekannte Bräutigam beschäftigen sie in diesen Wochen sehr. Blieben regelmäßige Nachrichten aus, wurde sie unruhig. »Wittes schweigen wieder gründlich«, schrieb sie ihren Eltern in die Wernigeroder Sommerfrische, »aber ›ich grolle nicht, und wenn das Herz auch bricht.‹ Abends im Bett male ich mir stundenlang erst Euch in Wernigerode, dann R. Mengel in Rostock aus und nehme diese lieben und interessanten Personen oft mit in meine Träume herüber.«

Vom Reden und Schweigen

»Es ist mir in Dammer vieles schwer geworden, mitunter schwerer wie Ihr wohl denkt, das liegt nun hinter mir und ist als wäre es nicht gewesen«, schrieb Martha ihren Eltern, kurz bevor sie nach Berlin zurückkehrte. »Alles Liebe und Freundliche, was ich genossen habe, ist mir voll und ganz gegenwärtig und stimmt mich dankbar und glücklich. Und nicht zum Wenigsten ist es mir immer wieder eine Herzensfreude, daß ich gerade in Ausübung meiner allereigentlichsten Pflichten hier die glücklichsten Stunden verlebt habe.« Martha sprach nicht gern über Vorkommnisse, die ihr besonders »schwer« wurden. Die Menschen, die sie besser kannten, hörten jedoch ihr beredtes Schweigen. »Zu meinem Bedauern schreiben Sie mir so wenig über Ihr Ergehen, schließe aber daraus, daß es Ihnen noch nicht besonders geht«, hatte Eugenie von Mandel einmal richtig vermutet. Auch ihr Vater wurde hellhörig, wenn sie schwieg und plädierte für die ›talking cure‹. Reden sei besser als Schweigen, fand er. Er selbst zog jedoch in Konfliktsituationen oft ebenfalls das Schweigen vor. Besonders dann, wenn es keine einfachen Lösungen gab. Mit einem »wir sprechen nicht mehr davon« oder »darüber ist nicht zu sprechen« ließ er es dann in der Regel bewenden.

Immerhin war Marthas Briefen zu entnehmen gewesen, daß sie Freude am Unterrichten hatte. Wie es damit weitergehen sollte, war noch vollkommen offen. Vorerst wollte sie einfach zurück nach Berlin und bei den Eltern leben. »Wenn ich auch den unteren Regionen in keiner Hinsicht trauen darf, so ist mein Allgemeinbefinden momentan doch erfreulich,« kündigt sie ihnen schon Wochen im voraus ihre Rückkehr an. Sie hoffe »munter und gekräftigt mit vollen Segeln« einzulaufen und »nicht als Wrack zu stranden«.

Anfang Oktober 1881 war Martha aus Klein Dammer zurück, »schon sehr angegriffen«, wie der Vater in seinem Tagebuch vermerkt. Mitte des Monats wurde sie krank. Es währte »wochenlang«. Der Vater gab es jetzt auf, Marthas Krankheitszustände im Tagebuch beständig zu notieren. Das Richtige war, so fand er, sich in Geduld zu üben. »Solche Nervenpleite hat immer ihre Zeit, meist sieben Wochen, und wenn *die* vorüber sind, so stellt sich ein leidlicher Zustand wieder ein«, hatte er die Tochter schon früher beruhigt. Außerdem war er für die Selbstkurierung. »Gib nur ja die Spaziergänge nicht auf«, empfahl er ihr immer wieder, »Luft und Bewegung sind die eigentlichen Geheimen Sanitäts-Räte, und an denen, die sich so nennen, ist *das* das Beste, daß sie dies mehr und mehr einzusehen beginnen.«

Anfang November hatte sich Martha bereits recht gut erholt. »Geplaudert« notierte der Vater wieder regelmäßig im Tagebuch. Martha leistete jetzt ihrem Vater häufig Gesellschaft, man unterhielt sich angeregt, trank Tee, las einander vor. Kamen Gäste, übernahm Martha anstelle der Mutter die Repräsentationen oder half bei der Dinervorbereitung mit.

Am 12. November 1881 luden ›die drei Fontanes‹ zum Essen. »Am Abend kleiner Zirkel bei *uns*«, notierte Fontane. Es kamen neben Theo und George auch deren Freunde sowie Fontanes ›kleine Conrad‹. Außerdem saßen mit zu Tisch die Geschwister Rudolph und Marie Schreiner. »Es war recht nett, ganz besonders in Rücksicht darauf, daß sich alles fremd untereinander war«, fand der Familienvater. Daß ein Schwiegersohn in spe mit am Tisch saß, verrät das Tagebuch mit keiner Silbe.

Ella von Mandel zu Besuch in Berlin

Im Herbst 1881 lebten Martha und ihre Brüder alle in Berlin: George, 30, als Kadettenlehrer in Lichterfelde, Theo, 25, als Kammergerichtsreferendar und Friedrich, 17, als Buchhändlerlehrling. »Friedel, froh die Schule hinter sich zu haben«, sei jetzt »in das Verlagsgeschäft von Prof. Langenscheidt eingetreten«, notierte der Vater im Tagebuch und bemerkte dazu: »Dort gefällt es ihm.« Friedrich Fontane lebte in seiner Berliner Lehrzeit bei den Eltern, setzte sich aber ab, wenn der Trubel in der Wohnung zu groß wurde, und zog dann zu seinem Bruder Theo. Theo Fontane hatte in der Nähe des Potsdamer Platzes ein Zimmer gemietet. Seine Freude über den ›Logierbesuch‹ hielt sich in Grenzen. Die beiden Brüder waren allzu verschieden. Friedrich war eher ›verbummelt‹ und ein Nachtschwärmer, Theo seriös und zielstrebig, ein zuverlässiger Mann im Dienste Preußens und des Kaiserreichs. Daß die Eltern sein gemietetes Zimmer als ›Außenquartier‹ für ihren Jüngsten betrachteten, gefiel ihm nicht, aber im Bewußtsein, daß die materiellen Verhältnisse der Familie nach wie vor beengt waren, ließ er es murrend zu.

Martha zeigte sich ab Mitte November wieder unternehmungslustig, machte Besuche oder ging mit ihren Brüdern ins Konzert.

Zum 23. November wurde Ella erwartet. Martha hatte ihr ein paar Berlintage versprochen. »Ella käme sehr gern 'mal auf ein paar Tage und ich denke, es wird sich machen lassen«, hatte sie ihren Eltern noch aus Klein Dammer geschrieben. Nun war Ella da. Auch ihre Eltern waren in der Stadt und sprachen bei Fontanes vor. »Besuch von Herr und Frau v. Mandel, deren Tochter Ella seit gestern (Mittwoch) auf Besuch bei uns ist«, vermerkt Fontane im Tagebuch.

Ella war jetzt vierzehn. Das kaiserliche Berlin, das sie erlebte, war nicht mehr die Stadt, die Victor Tissot beschrieben hatte. Die dunklen, schmutzigen Bahnhöfe, die schlechten Straßen, die klapprigen Kutschen, die üblen Gerüche – dies alles war verschwunden. Innerhalb eines Jahrzehnts hatte sich das Stadtbild vollkommen verändert. Vielerorts gab es Baustellen, aufgerissene Straßen, ganze Häuserzeilen wurden aufgestockt, andere waren Neubauten gewichen.

Berlin Mitte hatte bereits seinen kaiserlichen Glanz. Unter den Linden promenierte die elegante Welt und trank Kaffee, aß Kuchen, las Zeitung jetzt mit Vorliebe im luxuriösen Wiener Café Bauer (eröffnet 1877). In der Leipziger Straße fuhr die Pferdebahn, schon sprach man von der geplanten elektrischen Beleuchtung. Bald sollte diese Straße nachts ›illuminiert‹ werden, von der Ecke Friedrichstraße bis zum Potsdamer Platz (ab 20. September 1882). Elektrizität war jetzt überhaupt das Zauberwort. In Lichterfelde wurde seit dem 16. Mai 1881 die erste elektrische Bahn erprobt.

Aber noch lag die Zukunft in den Dampfzügen. Der Anhalter Bahnhof von Architekt Franz Schwechten stand kurz vor seiner Fertigstellung (1882), die Bahnhöfe Friedrichstraße und Zoologischer Garten waren praktisch fertig gebaut. Die Berliner Stadtbahn wurde in derselben Wintersaison eröffnet (7. Februar 1882).

Der Bau dieser Bahn (1874–82) hatte Berlin zur Riesenbaustelle werden lassen und damit über Jahre einen Diskussionsstoff geliefert, wie ihn sonst nur das Wetter hergibt. Sie war für die damalige Zeit eine der technisch modernsten, aber auch teuersten Anlagen in ganz Europa. Als Marthas jüngerer Bruder im Sommer vor der Stadtbahneröffnung in Klein Dammer zu Besuch war, hatte er über den Gutsherrn Max von

Mandel nach Hause berichtet: »Sein Hauptthema ist vom Wetter zu reden oder auf Berlin zu schimpfen z. B. Stadtbahn; letzteres verteidige ich nach Kräften.« Friedrich Fontane, 17, war für die neue Zeit. Bald sollte die Stadtbahn jährlich mehrere Millionen Menschen im Stadt-, Ring- und Vorortverkehr befördern, kostengünstig und schnell.

Ella von Mandel blieb fünf Tage bei Fontanes. Am Sonnabend, den 26. November 1881, gaben die ›drei Fontanes‹ wieder eine Einladung. Sie war zugleich die Abschiedsfeier für Ella: »Kleine Abendgesellschaft bei uns«, notierte Fontane im Tagebuch. Neben Ella waren geladen die junge Bildhauerin Anna von Kahle, der Redakteur Dr. Karpeles, das Ehepaar Zöllner, George Fontane sowie Adolph Menzel und seine Schwester, die verwitwete Emilie Krigar. »Wir blieben bis 1 Uhr zusammen, alles in guter Laune.«

Der jungen Landadligen aus Klein Dammer blieb diese Abendgesellschaft bei Fontanes in eindrücklicher Erinnerung. »Adolph Menzel, die kleine Exzellenz, gehörte zu den nächsten Freunden der Familie«, schrieb sie später in ihrer Autobiographie, »ich habe neben ihm gesessen ohne recht eine Ahnung von seiner Bedeutung zu haben. Die Unterhaltung drehte sich natürlich um literarische oder Theater-Interessen, da [...] Fontane Kritiker und Berichterstatter für die *Vossische Zeitung* war.«

Der Bräutigam am Horizont

Rudolph Schreiner hatte unterdessen sein Militärjahr abgeleistet und war an die Universität zurückgekehrt, um sein Studium zu beenden. »Es fällt ihm natürlich noch etwas schwer sich in die gänzlich veränderte Lebensweise, das Studieren nach dem Soldatenleben zu fügen; aber andererseits ist ihm die größere Bequemlichkeit auch wieder sehr schätzenswert,« schrieb seine Mutter an ihr »Metechen«. Man wußte, wovon man sprach. Martha rechnete etwa so: Rudolph, der jetzt 26 war und den gesellschaftlich unabdingbaren Reserveleutnantstitel erworben hatte, würde im Sommer 1882 sein juristisches Examen ablegen und sich dann offiziell erklären, also vor ihre Eltern treten und um ihre Hand anhalten. Die Sache war so gut wie abgemacht.

Am 11. Januar 1882 reiste Martha Fontane nach Rostock. »Mein liebes Rostock«, schrieb sie nach Hause, »ist unverändert und macht sich bei dem hellen, klaren Winterwetter sehr gut, nicht am wenigsten die

Strandpartie mit den vielen vor Anker liegenden Schiffen.« Nur ihr eigenes Leben dort sei jetzt, da Lise offiziell verlobt war, ein anderes:»unser Interesse an dem Straßenleben und der Herrenwelt Rostocks [hat] gänzlich aufgehört.« Sie beide fühlten sich indes wohl »bei dieser veränderten Lage der Dinge«.

Bald darauf aber berichtet Martha von nervösen Zuständen, sie sei »vollständig lethargisch geworden«, schlafe »viele Stunden meist am Tage« und werde durch »Luftmangel« gequält.

Der Vater antwortet:»Natürlich bist du nervös; wie könnt' es anders sein, sind es die Herren Eltern doch auch.« Aber vorläufig halte er »mit tiefster Überzeugung« daran fest, daß ihr Zustand »ein Produkt der ›Verhältnisse‹« sei.»Das Frühaufstehn in Dammer, das immer auf dem Qui vive sein müssen, die schlechte Verpflegung, Unachtsamkeiten und Unsinnigkeiten in Bezug auf Kleidung und Diät, unrichtige Lebensanschauungen, und Ängstlichkeiten und Unsicherheiten im Gemüt«, hätten ihr Kranksein mit verursacht.

Ohne Rudolph Schreiner zu nennen, kam der Vater zum Schluß, sie sei krank, weil sie noch nicht verlobt sei.»Ich glaube mich auf psychische Zustände und auch auf Körperzustände, die mit dem Psychischen zusammenhängen, wundervoll zu verstehn, [...] und für *mich* steht es vorläufig fest, daß Du, wenn Du Dich morgen glücklich verlobtest und übermorgen mit Mama, mir und einer schweren Reise-Kassette nach Italien reistest, schon in München gut, in Verona *sehr* gut schlafen und in Rom als eine vollkommen Genesene Krokus und Anemonen pflücken und beides, unter Versicherungen überschwänglichen Glückes, in die Heimat schicken würdest. Ich weiß wohl, daß es auch Ausnahmen von dieser Regel gibt und daß manche ›nur so hinschwinden‹; aber zu diesen Ätherischen gehörst Du keineswegs.«

Martha erlebte während ihres Rostocker Aufenthalts eine »Aufregung« nach der andern. Bei ihrer ersten Begegnung mit Richard Mengel zum Beispiel war sie vor Nervosität halb in Ohnmacht gefallen. Auch die Nachricht, der Bräutigam ihrer Freundin habe ein Pachtgut im mecklenburgischen Schwiggerow gefunden, eine Domäne der Fürsten Schaumburg-Lippe, brachte sie durcheinander, denn es bedeutete, daß das verlobte Paar bald heiraten und fortziehen würde. Der Abschied von der Freundin wurde Martha schwerer, als sie gedacht hatte.

Am 23. Mai 1882 heirateten Lise Witte und Richard Mengel. Die Hochzeit der Fabrikantochter war in Rostock ein gesellschaftliches

Ereignis ersten Ranges. »Es war ein wunderbarer Maimorgen«, so schreibt Martha den Eltern, »die Fahnen wehten und Alles wirkte wie ein Volksfest; die Traurede war geschmackvoll und erquicklich, das Brautpaar, besonders Lise, reizend.« Der Bräutigam allerdings habe sie enttäuscht: »Richard hat mir in diesen Tagen nicht übermäßig gefallen«, gesteht sie der Mutter, »solche Tage geben recht Gelegenheit zu Dummheiten, Taktlosigkeiten und Unbegreiflichkeiten.« Ihr selbst sei auch weder nach Tanzen noch nach »Courmachen« zumute gewesen, »denn ich empfand den Abschied von Lise sehr ernst und war mir über den Ab-schnitt ganz klar.«

Wenige Tage später erfuhr Martha von ihrem Vater, daß Rudolph Schreiner durch sein juristisches Examen gefallen war. »Ich war ganz überrascht«, schrieb sie dem Vater zurück, »niemals habe ich gezweifelt, daß alles glatt gehen würde.« Sie drückte auch ihr Bedauern aus: »Mir tun Schreiners, besonders natürlich Rudolph unbeschreiblich leid; ich kenne sie ja so gut und weiß, wie sie in Vorurteilen stecken, die ihnen dies malheur sehr erschweren müssen.« Sie selber könne die »ganze Ge-schichte« jedoch »nicht als Unglück auffassen«. Guter Dinge reiste sie bald darauf zu ›Tante Rohr‹ ins Kloster Dobbertin, wo sie vom 1. bis 8. Juni bleiben wollte. Im Gepäck hatte sie Gottfried Kellers *Sinngedicht*.

Das Buch war im Spätherbst 1881 bei Wilhelm Hertz erschienen, gleichzeitig und im selben Verlag wie Fontanes *Ellernklipp*. Das meister-lich erzählte *Sinngedicht* war ein aktueller Stoff für Marthas Lebenslage. Es geht darin viel ums Küssen und Erröten oder Nicht-Erröten und um die Frage, wie sich ›der Richtige‹ findet. Erzählt werden eine ganze Rei-he »verunglückter Heiratsgeschichten«, auch diejenige der jungen Lu-cie, der Hauptfigur der Rahmenerzählung, die sich irrtümlich verlobt glaubt, ins Kloster fährt, um für den Bräutigam in spe katholisch zu wer-den, ihren Irrtum zu spät entdeckt, deswegen alle Heiratsabsichten auf-gibt und erst ganz zuletzt sich anders entscheidet.

»Die Tage vergehen still und reizvoll«, schrieb Martha aus Kloster Dobbertin, »und die einsamen Stunden, die ich auf meinem gemütlichen Zimmer zubringe beim Rauschen des Sees und dem leise plätschernden Regen sind mir unvergeßlich lieb. Ich muß viel Klavier spielen und vor-lesen; die Hälfte des ›Sinngedichts‹ liegt bereits hinter uns; ich bin ent-zückt von Einzelheiten und manchmal wird es mir ordentlich schwer weiter zu lesen, so haften meine Gedanken an einem der vielen feinen kleinen Sätze.« Im übrigen werde sie in ihren Empfindungen »immer katholischer« und begreife mehr und mehr den Reiz einer »stillen Existenz«. In Rostock necke man sie zwar viel mit ihrer »Klosterfahrt« und halte sie allgemein »für ganz unprädestiniert zur Nonne«. Sie hätten aber Unrecht.

Nach ihrem Aufenthalt in Kloster Dobbertin kehrte Martha zu den Wittes zurück, um bei ihnen die Sommerwochen zu verbringen. Sie konnte sich in dem großen Patrizierhaus durchaus nützlich machen, wenn sie in die Rolle der Haustochter schlüpfte. Tatsächlich war sie es jetzt, die anstelle von Lise die Hausfrau in ihren Aufgaben entlastete. Martha war da, wenn Besuch kam, machte kleine Besorgungen, kümmerte sich um die zwölfjährige Annemarie und den siebenjährigen Richard. »Fabrik, Haus und Kinder« seien jetzt in ihrer Obhut, meinte sie kokett. Außerdem sei sie ziemlich fleißig: »ich treibe ganz ernsthaft Englisch und Französisch und bin froh, einer gewissen Anlage und Vorliebe für absolutes Chaise longue-Leben kräftig entgegenzutreten«.

Den Vater zu Hause irritierten die Briefe dieser Wochen. Seit Rudolph Schreiner durchs Examen gefallen war, schien der »Bräutigam in spe« spurlos verschwunden zu sein. Unbegreiflich, rücksichtslos fand das der Vater. Unverständlich war ihm auch, daß die Tochter kein Wort darüber verlor. So wandte er sich an Anna Witte, erbat ihr Urteil, ihren Rat.

Der Brief selbst (er wurde gewiß abgeschickt) ist nicht überliefert, aber ein zwölfseitiger Entwurf davon. Von »Gereiztheit« und »Echauffement« ist darin öfters die Rede; der Vater wünschte dringend Auskunft über den »nebelhaft und unfaßbar am Horizonte ziehenden Bräutigam in spe oder auch nicht in spe: Rudolph Schreiner«. Auch Marthas Eltern hatten damit gerechnet, daß Rudolph Schreiner »3 bis 8 Tage nach glücklich bestandenem Examen [...] kommen und um Martha anhalten« würde. Bei mißglücktem Examen aber, so hatten sie gedacht, würde sich Rudolph Schreiner einfach »im Stillen« der langjährigen Freundin »versichern«. »Daß das Erste nicht geschehen ist, weil es nicht geschehen konnte, wissen wir. Aber wie steht es nun mit dem zweiten?«, fragte der Vater bei Anna Witte an. Da der unglückliche Examensausgang bereits Wochen zurücklag und Martha nichts von einem »stillen Verlöbnis« geschrieben hatte, fürchtete er jetzt um das »Glück« und die »Ehre« seiner Tochter. »Länger zu warten, immer weiter und weiter, ohne Recht und Pflicht dazu, ist lächerlich und verächtlich«, meinte er. Für Rudolph Schreiner fand er keine guten Worte. Wenn sich »R. S.«

nicht erklärt habe, so finde er »die ganze Sache nachgerade affig«: »Mit solchem ledernen Correktheitsphilister« »sich durchs Leben zu schleppen, der immer nur zu Bier geht« und seine Kinder »um Gottes willen und weil's doch mal so hergebracht ist in halbem Dussel zeugt« sei kein Vergnügen. Martha solle am besten gleich nach Berlin kommen, »der Familie sans gêne die Pistole auf die Brust setzen« und in »vollkommen berechtigtem, superiorem Tone fragen«: »Kinder, was denkt ihr euch denn eigentlich?« Wenn sie dazu aber keine Lust bezeige, dann solle sie einfach »einen geordneten Rückzug antreten, und zwar auf Nimmerwiedersehn«. »Ich halte«, so schrieb er, »(ganz im Gegensatz zu meinem Renommee) furchtbar viel von der Ehe und bin *sehr* fürs Heiraten. Es ist das Natürliche. Aber ich bin nicht *so* dafür, daß unter allen Umständen geheiratet werden muß. Bierfässer gehören in den Keller, aber nicht in die Brautstube.«

»Mein lieber Papa«, antwortete Martha, die keine Geheimnisse vor Anna Witte hatte und von dieser den Brief des Vaters offenbar zu lesen bekommen hatte: »Seit gestern Abend bin ich im Besitz Deiner Briefe, in denen Du rührend eingehend über mich und meine Angelegenheiten schreibst.« Sie wisse unterdessen, daß ihre Verbindung mit Rudolph Schreiner gescheitert sei. »Du wirst damit einverstanden sein«, so schreibt die 22jährige gefaßt, »wenn ich zum ersten und wie ich Dich bitte auch letzten Male über den Fall spreche.« Sie könne es »ganz ruhig« tun, »ohne jede Erregung« und »ohne allzugroße Bitterkeit«. Denn die ganze Geschichte sei »keine Erfahrung, die ein junges unschuldiges Mädchen macht«, sondern sie bestätige nur »die allerfestesten Lebensanschauungen eines ziemlich fertigen, scharfblickenden Menschen, Deiner gehorsamen Tochter«.

»Mir ist Dein wundervoller Haß gegen die sogenannte Biedermannschaft angeboren und anerzogen«, so gesteht sie ihm, »und ich habe Jahr für Jahr lebhafter empfunden, wie dünn und inferior diese ganze Tugend ist.« Was nun »den guten R.« betreffe, so habe der Vater ihn, so glaube sie wenigstens, »wundervoll erkannt«. »Ja, er hat es gewollt«, schrieb sie, »sogar bis vor kurzem.« Ihr selber sei nicht recht klar, warum Rudolph sich zurückgezogen habe. Doch nach den Äußerungen ihrer Freundin Marie sei sie zu dem Schluß gekommen, daß es »der Abend bei uns« war, der ihn zurückschrecken ließ. »Er fand uns alle nett, klug, witzig, geistreich, aber wie er gesagt haben soll, er ist sich so entsetzlich unbedeutend und überflüssig vorgekommen.«

Daß Rudolph sich aus diesen Gründen zurückgezogen hatte, leuchtete Martha unmittelbar ein. Unverzeihlich fand sie jedoch, daß er es schweigend tat, ja »seine charakterlose und folgenschwere Schweigsamkeit« kränkte sie zutiefst. »Er war mir die doppelte Rücksicht schuldig, wie jeder anderen«, so schrieb sie dem Vater, »und konnte nicht wissen, daß er schließlich einer alten bewährten Freundin seiner Schwester und seines Hauses, *nicht* das Herz brach.«

»Meine liebe Mete«, schrieb ihr der Vater zurück. »Habe Dank für Deinen langen und ausführlichen Brief, den ich gestern früh erhielt.« Er sei, soweit er mitsprechen könne, ebenfalls der Meinung, daß das Haus Schreiner, und natürlich Rudolph selbst, die Verbindung mit Martha gewünscht und der junge Mann sich erst vor kurzem umentschieden habe, und zwar »ohne stichhaltigen oder vom Ehrenstandpunkt aus angesehn, auch nur verständlichen Grund«. »Hat jener Abend mitgespielt, so haben wir ihm *miß*fallen, aber nicht *ge*fallen«, korrigiert er die Tochter. Als Endresultat bleibe nur zweierlei zu verzeichnen: »1. daß R., wenn nicht Entschuldigungsgründe vorliegen, die ich nicht kenne, rücksichts- und gewissenlos gehandelt hat, und 2. daß Du, und wir alle mit Dir froh sein können, einer drohenden Gefahr entgangen zu sein. Denn ein Hosenmatz, der nicht weiß, was er will, und sich in entscheidenden Lebenslagen nicht durch Pflicht und Ehre, sondern durch Vorteil und Eitelkeit bestimmen läßt, ist allemal eine Gefahr. Und für eine neben ihm hergehende, nobler angelegte Natur einfach ein Schrecknis.« Der Brief des Vaters schließt mit dem Bekenntnis: »Ich freue mich von Herzen dieses ›gescheiterten Glücks‹.«

Alles deutet darauf hin, daß Marthas »Gefühl der Befreiung« anhielt. Ihren Verkehr mit dem Haus Schreiner, insbesondere aber mit ihrer Freundin Marie, nahm sie nach kurzer Pause wieder auf. So wird sie auch von Rudolphs weiteren Schicksalen erfahren haben. Er bestand später sein Examen. 1889 ist er als Gerichtsassessor im Berliner Adreßbuch verzeichnet, wohnhaft bei seinen Eltern in der Lützowstraße 83, nur wenige Häuser von Fontanes entfernt.

Und doch ging es Martha nach der gescheiterten Verlobung nicht gut. Aus Warnemünde schrieb sie am 22. Juli 1882, sie habe eine »heftige Attacke« erlitten, sie fühle sich »so angegriffen«, »daß die Fortschritte mancher Wochen wieder hin« seien. Sie könne derzeit nicht sprechen, ohne zu zittern und ohne daß ihr das Blut zu Kopf steige – »ich hoffe aber«, so meinte sie, »diesmal schneller besser zu werden, es wäre sonst doch auch gar zu trostlos«. Im August reiste Emilie Fontane zu ihrer Tochter an die Ostsee, um nach ihr zu sehen. Der »Fall« Rudolph Schreiner wurde durchgesprochen. Danach kehrte die Mutter beruhigt nach Hause zurück.

»Die Novelle des Fräulein Fontane«

Im Sommer 1882 entstand ein Photo, das Martha Fontane auf einer Bank sitzend vor der Warnemünder Apotheke zeigt. Sie sieht fragiler aus als auf anderen Bildern, eine zarte kleine Person mit melancholischem Blick, die man sich durchaus lesend und schreibend in klösterlicher Einsamkeit denken kann, aber auch hingelagert auf der Chaiselongue eines stolzen Patrizierhauses. Hübsch wirkt sie in ihrem hochgeschlossenen dunklen Kleid und mit dem fast turbanartigen weißen Hut. Zum Zeitpunkt der photographischen Aufnahme ist sie eben einem konventionellen bürgerlichen Lebensentwurf entlaufen.

Mitte Juni schrieb Martha Fontane, die im Witteschen Hause die »schönen, freien, menschenlosen Tage« genoß, ihren Eltern: »Die ganze äußere Form meines Lebens wäre momentan wundervoll novellistisch zu verwerten; das alte, reiche Haus, ich immer und immer allein, arbeitend, musizierend, lesend und dann auf halbe Stunden die Kinder; nur mein ›Seelenleben‹ würde für einen Roman nicht ausreichen, denn meine Gedanken beschäftigen sich zu wenig mit mir selbst, um mich zur Heldin zu stempeln.« Martha gab sich betont lustlos, sich mit dem eigenen »Roman« zu befassen. Schließlich griff sie doch zur Feder. Vielleicht im Sommer, vielleicht erst im Herbst oder frühen Winter des Jahres 1882 entwarf sie ihre erste Novelle.

Sollte sie die Romanidee, die sie bei Wittes beschäftigte hatte, nochmals aufgriffen haben, so war die Heldin der Novelle eine junge Frau, die in einem alten, reichen Hause »immer und immer« allein lebt, handarbeitet, Klavier spielt, liest, »auf halbe Stunden die Kinder« kommen läßt und dies alles ohne »Seelenleben«. Es wäre dann die Geschichte einer undinenhaften Frau gewesen. Vater und Tochter hätten sich in diesem Falle gleichzeitig mit demselben Stoff befaßt, wie Fontanes Fragment gebliebene Erzählung *Oceane von Parceval* (1882) nahelegt.

»Hochgeehrter Herr«, schrieb Fontane am 21. Januar 1883 an den Herausgeber der *Illustrierten Frauen-Zeitung*: »Darf ich Ihnen beifolgend eine kleine Arbeit meiner Tochter übersenden, mit der ergebensten Anfrage, ob Sie sie für geeignet zum Abdruck in Ihrer Illustrierten Frauen-Zeitung halten? In der bloßen Einsendung durch mich, steckt natürlich auch der Wunsch einer Empfehlung. Ob die Arbeit selbst einen solchen Wunsch rechtfertigt, werden Sie rasch ermessen. Vorbehaltlich Ihres unparteiischeren Urteils, find' ich das Geschichtchen schlicht, einfach, unsensationell (vielleicht zu sehr) aber klar und ruhig, und von einer gewissen Reife.« »Sollten Sie's des Abdrucks für wert erachten«, fügte er hinzu, »so würd' ich eventuell gern bereit sein, es in seinen Details noch einmal scharf durchzusehn. Lieber ist mir's freilich, es tut's ein andrer. *Vor*her hab' ich nicht dran rühren wollen. In vorzüglicher Ergebenheit Th. Fontane.«

Martha Fontane, 22, war kein ›unbeschriebenes Blatt‹. Ihr Name hatte durch den Schriftstellervater »Klang«. Sie selbst war ungewöhnlich literarisch gebildet, kannte nicht nur die deutsche Literatur, sondern auch viele französische und englische Werke. Angeregt durch das Beispiel ihres Vaters und durch das literarische Milieu, in dem sie aufgewachsen war, hatte sie sich zu einer passionierten und kritischen Leserin entwikkelt. Außerdem hatte sie in Klein Dammer und in Rostock ihr »talent épistolaire« entdeckt. Es lag nahe, daß sie nun eine erste literarische Arbeit vorlegte, und es war zweckmäßig, sie durch den Vater, der vielseitige Beziehungen zur Presse pflegte, einer Frauenzeitschrift anbieten zu lassen. In den 1880er Jahren waren die Bedingungen für Schriftstellerinnen besser als je zuvor, gerade in der Pressestadt Berlin. Der Zeitungs- und Zeitschriftenmarkt war enorm gewachsen, das Feuilleton mußte regelmäßig gefüllt werden, Frauenthemen waren en vogue, und schreibende Frauen durchaus gefragt.

»Die Novelle des Frl. Fontane ist, von andern Mängeln abgesehen, ohne jegliche Handlung.« Mit dieser Bemerkung wurde das Empfehlungsschreiben Theodor Fontanes zwei Wochen nach Eingang wieder zurückgeschickt. Die schroffe Ablehnung muß nicht nur die junge Novellistin, sondern auch ihren Vater empfindlich getroffen haben.

Anzunehmen ist, daß Martha sich in einem Stil versuchte, der dem realistischen Roman ihres Vaters nahe kam. Wie er lehnte sie den »Märchenton« ab, den Fontane Keller vorwarf. Es irritiere sie »von Jahr zu Jahr« stärker, schrieb sie während der Lektüre des *Sinngedichts* nach Hause, »wenn das, was die Personen sagen, sich nicht mit ihrer Individualität deckt«. Vorbild für die eigene Novelle war ihr vielleicht *L'Adul-*

tera, der erste Berlin-Roman des Vaters und ihr Lieblingswerk. Fontane hatte eine Berliner Skandal- und Ehebruchsgeschichte aus dem Jahre 1874 benutzt, um in der Figur der Melanie van der Straaten einen modernen Frauencharakter zu zeigen. Martha, die Kritik am Werk des Vaters durchaus gelten ließ, fand diesen Roman »unübertrefflich«, nicht nur wegen der psychologisch überzeugenden Charakterzeichnung und der subtilen Moral, sondern auch weil er ein stimmiges Bild des Handlungsortes gab. Einer zeitgenössischen Kritik, erschienen im *Magazin für die Literatur im In- und Ausland*, hielt sie entgegen: »Was soll die lange Abhandlung über das Nichtnennen Berlins, es konnte doch nicht Papas Absicht sein, die Gegend, in der van der Straatens wohnen, irgendwie zu verheimlichen [...], eine Hausnummer und ein genau stimmendes Haus würde prosaisch wirken, während das Halbimdunkellassen einen eigentümlichen Reiz ausübt und der Phantasie zu raten gibt.«

Eine eigene literarische Arbeit in der *Illustrierten Frauen-Zeitung* zu veröffentlichen, wäre für Martha Fontane ein schönes Debüt gewesen. Man las dort bald darauf die Erzählungen von Ilse Frappan, Helene Böhlau, Gabriele Reuter und Isolde Kurz. Martha aber ließ sich offenbar entmutigen. Es gibt von ihr keine ›handlungslosen‹ Novellen, Romane oder Dramen, wie sie zur Jahrhundertwende hin der gleichaltrige Tschechow oder der zwei Jahre jüngere Schnitzler vorlegten. Die »Novelle des Fräulein Fontane« ist verschollen, das Manuskript nicht überliefert.

K. E. O. Fritsch läßt sich einführen

Ende 1882 kam es zur ersten persönlichen Begegnung mit Karl Emil Otto Fritsch. Niemand ahnte damals, daß er der eigentliche ›Bräutigam am Horizont‹ war. Fritsch war, als man sich kennenlernte, 44 Jahre alt, frisch verheiratet und hatte ein kunsthistorisches Problem. Fontane konnte vielleicht helfen. Architekt Franz Schwechten übernahm es, den ersten Kontakt zu schaffen. »Hochgeehrter Herr Fontane!« so schreibt Schwechten am 18. Dezember 1882. »Der mir befreundete Redakteur der Bauzeitung Herr Fritsch möchte gern Ihnen eine Anzahl hochinteressanter Porträtsköpfe [...] vorlegen. Bei vielen ist der Name nicht bekannt. Fritsch bat mich ihn bei Ihnen einzuführen.« Fontane war gerne bereit, beim großen kunsthistorischen Rätselraten mitzutun, und so wurden ihm »drei große Kästen« ins Haus gebracht. Er dankte umgehend und schrieb an Fritsch: »Einen hab' ich gleich gestern Abend durchgesehn und mir die Namen notiert. Es interessiert mich aufs Höchste; ich halt' es für einen Schatz.« Dieser Schatz, vorwiegend Blätter des Malers Christian Tangermann, der für seine Pastellminiaturen berühmt war, begründete die schicksalhafte Familienfreundschaft.

K. E. O. Fritsch, Redakteur und Mitbesitzer der renommierten *Deutschen Bauzeitung*, lebte, als er Fontane und seine Familie kennenlernte, mit seiner Frau Anna geb. Köhne in der Friedrich-Wilhelm-Straße 17, Ecke Tiergartenstraße, später in der Keithstraße 21 (wo *Effi Briest* spielt). Seine Tiergartenspaziergänge unterbrach Fontane jetzt gelegentlich, um bei der jungen Frau vorzusprechen und mit ihr zu plaudern. Die charmante Anna war nur wenig älter als Martha. Sie war Fritschs zweite Frau und eine glänzende Gastgeberin. Man sah sich jetzt regelmäßig, besonders aber in der Wintersaison, wenn zu Geselligkeiten geladen wurde.

Mit Mrs. Dooly und Tochter nach Italien

Die Briefe, die Martha nach dem 19. September 1882 an ihre Eltern schrieb, sind alle verloren gegangen. Einzig das Urteil das Vaters über diese töchterliche Korrespondenz hat sich erhalten: »Marthas Brief und Karten sind wieder vorzüglich; sie hat ein ganz entschiednes schriftstellerisches Talent, beobachtet scharf, ist geistvoll und hat für alles einen natürlichen Ausdruck.« Er blieb überzeugt, daß die Tochter das Zeug zur Schriftstellerin gehabt hätte. Mit ihr zu korrespondieren war ihm ein wirkliches Bedürfnis.

Martha Fontanes Leben verlief jetzt ins Ungefähre. Sie wußte nicht recht, wo sie bleiben, was sie tun sollte. Ab Anfang 1883 nahm sie wieder regelmäßig Französischunterricht – eine monatliche Ausgabe von 8 Mark, wie Emilie Fontanes Wirtschaftsbuch vermerkt. Eigenes Geld hatte sie praktisch keines. Der Vater bezahlte alles: einen »Atlas für Mete« (10,50 Mark), »Metes Schnürleib« (12 Mark), »Metes Zahnarzt« (38 Mark), »Bücher für Mete« (9 Mark) sowie ein monatliches »Taschengeld für Mete« (4 Mark). Und oft ermahnte er die Tochter, unnötige Kosten zu vermeiden.

Im Mai 1883 war Martha zur Taufe von Lises Tochter in Schwiggerow. »Du frägst in Deinem letzten Briefe an, ob Du kommen oder bleiben sollst?«, schrieb ihr der Vater dorthin. »Du kannst es damit halten ganz nach Deinem Ermessen; bleibst Du, so ist die Sommerfrage bis auf Weitres damit erledigt, kommst Du aber wieder, so tritt ein Zustand ein, der ein paar Worte erheischt. Und weil es *ruhige* Worte sein müssen, schreibe *ich* statt Mamas. Wenn Du kommst, so freuen wir uns, jeden Tag und jede Stunde, sind aber der Meinung, daß dann nach 3 oder 5 Wochen nicht wieder nach Schwiggerow oder Rostock oder Warnemünde gereist werden kann. Es ist durchaus nötig, alle diese Dinge auf einen bestimmten Etat zu bringen. [...] Dadurch, daß Dir solche Mitteilungen allemal ein tiefes ästhetisches Unbehagen wecken (woraus ich Dir keinen Vorwurf mache, es geht mir ebenso) *da*durch wird die Situation nicht besser.« Der Brief endet versöhnlich mit »Grüße Lise, küsse baby, habt frohe Tage. Wie immer Dein alter Papa«.

Die leidige Geldfrage. Da Martha weder Anstalten machte ›unter die Haube‹ zu kommen noch eigenes Geld zu verdienen, stellte sie sich immer dringlicher. Fontanes konnten sich – das Wirtschaftsbuch aus den Jahren 1881 bis 1884 macht es ebenfalls deutlich – eine Tochter mit Hang zum Luxus nicht leisten. Der Vater verstand diesen Hang durchaus, fand aber Marthas Verhalten dennoch ärgerlich: »Sie tut mir leid«, schrieb er, »wäre sie als reiche Dame geboren, so wäre sie tadellos, so aber fehlt ihr doch das zu Leben und Glück Unerläßliche: die gegebene Situation einfach zu begreifen.« Sie habe sich in den Kopf gesetzt ›Dame zu sein‹, ohne sich zu fragen, ob das so ohne Weiteres gehe. Es fehle der Tochter »das Zeigen – auch für die Zukunft – eines echten, zuverlässigen *guten Willens*.«

Martha, die heimliche Aristokratin. Es ging ihr dabei nicht sehr gut. Sie litt wieder an den Nerven. Die beste Kur, so fanden alle, die sich um sie Sorgen machten, sei eine sinnvolle Aufgabe.

Da führte sich unverhofft die reiche Amerikanerin Mrs. Dooly mit ihrer 14jährigen Tochter Mamie ein und bat Martha Fontane, sie nach Italien zu begleiten. Mrs. Dooly stammte aus Chicago und besaß in der Nähe von San Francisco eine herrschaftliche Villa. Vermutlich gehörte sie zum Bekanntenkreis der Wittes. Friedrich Witte pflegte damals bereits gute geschäftliche Beziehungen zu den USA. Schon Wochen bevor man die Italienreise antrat, wurde Martha Mrs. Doolys Gesellschafterin.

»George zum Lunch mit Mrs. Dooly«, notierte Fontane unter dem 2. Januar 1884 in sein Tagebuch. Martha lebte zu diesem Zeitpunkt bei ihrer amerikanischen Herrschaft, die vermutlich in Berlin feudal im

Hotel logierte, vielleicht aber auch in einer eigens gemieteten Wohnung. Sie kam in diesen Tagen öfters nach Hause. »Besuch von Martha« heißt es im Januar und Februar 1884 regelmäßig in Fontanes Tagebuch. Auch notierte er: »Emilie macht bei Mrs. Dooly einen Besuch« (9. Januar 1884), »Am Abend bei Mrs. Dooly; Frau Anna Witte, Dr. Treibel und Mr. Hogue zugegen« (14. Februar 1884), »Um 6 zu Mrs. Dooly zum Diner« (18. Februar 1884).

Näheres über Mrs. Dooly und ihre Tochter Mamie hat sich nicht ermitteln lassen. Alles deutet jedoch darauf hin, daß die Doolys zu jenem Kreis vermögender Amerikaner zählten, für die es zum guten Ton gehörte, Europa zu bereisen. Für die heranwachsenden Töchter dieser Gesellschaftsschicht war eine solche Reise Teil des Erziehungsprogramms, hier sollten sie den letzten gesellschaftlichen Schliff erhalten. Die Luxushotels in der Schweiz und in Italien hatten sich bereits auf die exklusive amerikanische Klientel eingestellt. Selbstverständlich reisten Damen wie Mrs. Dooly, deren Mann offenbar in Geschäften zu Hause blieb, in Begleitung eines Cicerone, einer Gesellschafterin, einer Erzieherin. Auf der Reise wurde etwas europäische Kultur genippt, die große Aufmerksamkeit aber galt dem Luxusleben, der Kleiderfrage, den parties und dinners.

Mrs. Dooly konnte während ihres Europaaufenthalts viel Geld ausgeben. Das faszinierte Martha. Mrs. Dooly ihrerseits schätzte ihre 24jährige deutsche Reisebegleiterin. Martha war unterhaltsam, gebildet, eignete sich als Erzieherin und Lehrerin der Tochter, bewegte sich sicher in reichen Häusern, vor allem aber sprach sie fließend Englisch und Französisch. Um in Italien zu reisen, war man, wenn man nicht Italienisch sprach, auf Französisch angewiesen.

»Martha hat bis jetzt unser Leben, ihr Leben, das Leben überhaupt nicht richtig angesehn, kommt sie in das richtige Fahrwasser, so kann sie bei ihrer reichen Begabung ein Pracht-Exemplar werden.« Der Vater ließ sie jetzt leichter ziehen als früher. Allerdings sah er sich dazu gezwungen. »Martha – wenn sie die Sache nicht *vorher* satt kriegt – verbringt das nächste Weihnachtsfest vielleicht in Chicago oder San Francisco«, meinte er vor ihrer Abreise nach Italien. »Sie von solchen Welttouren zurückzuhalten, wenn sie nicht selbst eines schönen Tages davon abspringt, haben wir weder das Recht noch den Mut dazu. Was können wir ihr hier bieten? Die Chancen eines *armen* Mädchens sind hier äußerst gering und der Umstand, daß sie sehr gescheit und zugleich auch durch ein Leben in reichen Häusern verwöhnt ist, *erschwert* ihr nur, einen Mann zu finden. Was soll auch ein kleiner Landprediger oder Gymnasiallehrer, wenn er sich nicht weit über den Durchschnitt erhebt, mit ihr anfangen?«

Am 29. Februar 1884 brachen die Damen zu ihrer viermonatigen Reise auf, begleitet von Mr. Zimmermann, einem gepflegten und kultivierten Amerikaner. »Wenn sie sich nur nicht in Mr. Z. verkuckt,« sorgte sich die Mutter ein paar Monate später.

Der Auftakt der Reise war spektakulär, denn man benutzte die neue »Linie Luzern-Gotthardtunnel«. Der Eisenbahntunnel durch das Gotthardmassiv war kurz zuvor (1882) eröffnet worden und galt damals als großes technisches Wunderwerk. Martha, die »Brief und Karte [...] aus Luzern und Göschenen« nach Hause schrieb, erlebte die alpine Bergwelt zum ersten Mal. Nach drei Reisetagen machte die kleine Gesellschaft Station in Mailand. Von dort ging es zuerst für drei Wochen an die französische Riviera, nach Nizza. »Mir ist [...] Nizza unsagbar gut bekommen«, erinnerte sich Martha viele Jahre später. In Nizza feierte sie am 21. März ihren 24. Geburtstag. »Zu den vielen Wünschen, die ich für Dich habe«, schrieb ihr der Vater, »gehört mit Rücksicht auf die momentane Lage vor allem auch *der*, daß Du so froh, so heiter, so zweifelsohne wie möglich in den herrlichen blauen Himmel hinauf und auf das herrliche blaue Meer hinab schauen mögest. [...] Welche Plätze ihr auch besuchen mögt, viele oder wenige, große oder kleine, eine reiche Ausbeute ist ganz unausbleiblich, was Du nach überstandener Campagne mit ebensoviel Dank wie Genugtuung erkennen wirst.«

Von Nizza aus reiste man Ende März 1884 per Bahn der ligurischen Küste entlang nach Pisa. Im Schnellzug dauerte damals eine solche Reise etwa acht Stunden. »Der schmale Küstensaum [...] mit seinen jähen Felsabstürzen, bewaldeten Hügeln, fruchtbaren Tälern und prachtvollen Blicken auf das Meer, gehört landschaftlich zu den herrlichsten Gegenden Italiens,« pries der Baedeker diese Fahrt.

Am 29. März 1884 oder etwas später waren die Reisenden in Rom und nahmen Zimmer im noblen Hotel Quirinale, Via Nazionale 7. Es galt als eines der besten Hotels in Rom, wurde »von allen Nationalitäten besucht« und war, weil es »gut geführt« wurde und »mit feinen Restaurants« renommieren konnte, in der Hochsaison immer ausgebucht. »Martha ist seit gestern in Rom, – sie schreibt sehr glücklich und fühlt sich wohl und munter,« meldete der Vater der Freundin Mathilde von

Rohr nach Dobbertin. An die Tochter selbst schrieb er in diesen Tagen: »Statt eines Osterstollen wenigstens einen Osterbrief. Wo wir Dich in der ewigen Stadt suchen sollen, wissen wir noch nicht.« Er vermutete, sie sei »in dem Hôtel sopra Minerva«. Da habe sie die Kirche in der Nähe, den »Monte Citorio wo sich das römische Volk zu versammeln liebte«, »die Piazza Colonna, den Palazzo Borghese, die Post, das Café Cavour«. Auch »eine wundervolle Conditorei« sei da, »wo man kleine ›Bouche's‹ kriegt, Chocoladenbiscuits mit Crême-Füllung, woneben die ganze Herrlichkeit von Kranzler-Josty nur eine Rohheit oder doch höchstens ein Kultur-Anfang« sei. »Doch wozu Dir von *dem* erzählen«, schloß er seine Rom-Ausführungen, »was Du vor Augen hast und in jedem Augenblicke genießen kannst.«

Der Vater begleitete die Tochter in Gedanken auf ihrer Italienreise (er irrte sich gelegentlich, wenn er zu wissen glaubte, wo sie sich aufhielt) und notierte im Tagebuch die Orte, die sie besuchte: »Villa Ludovisi usw.« Sie besuchte jetzt jene Plätze, die er zehn Jahre zuvor selbst erst entdeckt hatte: manches davon war unterdessen Schauplatz geworden in seinen Romanen *L'Adultera* und *Schach von Wuthenow*. Martha hatte das sicherlich im Kopf.

»Hast Du denn Eva Dohm schon gesehen?«

Martha war bereits drei Wochen in Rom, als ihr Vater fragte: »Hast Du denn Eva Dohm schon gesehen?« Ins Tagebuch notierte er unter dem »28. April bis 9. Mai 1884«: »Im Laufe dieser Zeit treffen drei, vier Briefe von Martha ein, die immer noch in Rom ist und sich mit Eva Dohm neu angefreundet hat.« Eva lebte damals mit ihrer Mutter Hedwig Dohm geb. Schleh und mit einer ihrer drei Schwestern in Rom. Hedwig Dohm war 1883 Witwe geworden. Fontane interessierte das Schicksal dieser Familie sehr. Er war mit dem Berliner *Kladderadatsch*-Redakteur Ernst Dohm gut bekannt gewesen, hatte in seinem Haus verkehrt und dort auch dessen kluge und schöne Frau kennengelernt, eine Frauenrechtlerin der ersten Stunde. Hedwig Dohm hatte vom *Kladderadatsch* 10 000 Mark Pension erhalten und sich nun mit zwei Töchtern für ein Jahr auf Reisen begeben, nach Italien. Eva war ihre jüngste Tochter und ein Jahr älter als Martha. Die beiden jungen Frauen kannten sich offensichtlich von früher und hatten sich dann aus den Augen verloren. Vielleicht hatten sie zeitweise dieselbe Schule besucht, denn die Dohms und die Fontanes wohnten in Berlin in unmittelbarer Nachbarschaft. Rom gab nun Gelegenheit zur Wiederbegegnung. Eva war eine aparte junge Dame geworden, 25 Jahre alt und wie Martha unverheiratet und kinderlos.

Ihre älteste Schwester Hedwig (sie trug denselben Vornamen wie die Mutter), jetzt 29, hatte hingegen bereits eine eigene Familie gegründet. Sie war seit 1878 mit dem Mathematikprofessor Alfred Pringsheim verheiratet und lebte mit ihm und den fünf Kindern in München. Ihre beiden Jüngsten waren Zwillinge und hießen Klaus und Katja, geboren am 24. Juli 1883 (Katja heiratete später Thomas Mann). Martha erfuhr wohl in Gesprächen manches über die Münchner Verwandten und ihren großbürgerlichen Lebensstil. Für Eva und Martha ergaben sich daraus interessante Vergleiche. Zwar träumten wahrscheinlich beide von einem Leben in Luxus wie es Hedwig Pringsheim geb. Dohm lebte, schätzten aber wohl zugleich ihre relative Ungebundenheit. Hedwig Dohm, die Mutter, könnte sich zu den Gesprächen der jungen Frauen hinzugesellt haben, Gespräche, die sich gewiß auch um weibliche Lebensentwürfe drehten. Sie selbst, Hedwig Dohm, jetzt 53, war eine radikale Kämpferin für die Gleichstellung der Frau. Nach dem Tod ihres Mannes wurde sie noch entschiedener als zuvor zu einer scharfzüngigen Schriftstellerin, Dramatikerin und Essayistin. Martha Fontane traf sie in Rom, als diese neue Entwicklung sich bereits abzuzeichnen begann, so daß die römischen Begegnungen mit den Dohms gewiß interessanten Stoff für die töchterlichen Briefe nach Hause boten (sie sind leider nicht überliefert).

Nach ihrem Italienjahr kehrten die Dohms nach Berlin zurück. 1886 heiratete Eva Dohm hier den Bildhauer Max Klein, der eng befreundet war mit dem Maler Karl Stauffer-Bern. Dieser hat von Eva Dohm eine Reihe eindrücklicher Porträts radiert. Max Klein aber schuf viele Jahre später das Fontane-Denkmal im Tiergarten (Marthas Freundin lebte damals in zweiter Ehe mit dem Berliner Verleger Georg Bondi).

Zu Besuch bei Paul Heyse in München

Ende April 1884 begab sich die Reisegesellschaft von Mrs. Dooly nach Neapel und von hier – wahrscheinlich mit dem Salondampfer – nach Capri. Damit war der südlichste Punkt der Reise erreicht. Über Sorrent,

Rom, Florenz ging es schließlich wieder nordwärts. Letzte Italienstation war Venedig. »Über Venedigs Reiz denke ich fast wie sie, und dahin könnte man am Ende noch einmal vor dem Ende«, schrieb Emilie Fontane ihrem Mann, der jetzt in Thale weilte, und legte ihrem Brief denjenigen von Martha bei. »Mete in Venedig!«, antwortete Fontane umgehend. »Es ist ganz richtig, man kann nicht schöner abschließen. Neapel ist ja durch Natur unendlich viel reicher bedacht, aber an Wirkung bleibt Venedig kaum hinter Neapel zurück. Mensch und Geschichte triumphieren in Venedig. Im Ganzen hat sich Mete gesundheitlich vorzüglich gehalten, denn 4 Monate Italien ist kein Spaß.« Venedig Ende Juni war heiß, die Kanalluft unerträglich. Reisen wurde jetzt zur Strapaze, so daß Wien, das ursprünglich mit eingeplant gewesen war, fallengelassen wurde. Statt dessen entschied man sich zu einer letzten Station in München.

Martha Fontane liebte diese Stadt. »Deine Vorliebe für München teile ich ganz«, schrieb ihr der Vater, der früher einmal, als er 1859 von London zurückgekehrt war, ernsthaft erwogen hatte, seine Existenz statt in Berlin in München zu begründen. München sei »so frei und luftig«, schrieb er jetzt, »man empfindet in jedem Augenblick, daß man eine gesunde Luft atmet, was man von den italienischen Städten nicht sagen kann. Und nun gar im Sommer! Reizend ist immer die Zeit der Wachparade (so ungefähr zwischen 12 und 1) wo dann meistens vor der Feldherrn-Halle musiziert wird. Man muß dann unter den Arkaden sitzen, Eis essen und zuhören.«

In München besuchte Martha auch Paul Heyse, der einer »der aufgesuchtesten Schriftsteller« seiner Zeit war. Heyse war begabt zur Freundschaft. In diesen Tagen erwartete er Gottfried Keller aus Zürich (der dann wegen Krankheit absagte). Daß der Münchner Freund Zeit fand für seine Tochter, freute Fontane, denn er wußte: »alles was nach Italien geht, spricht bei ihm vor«. Heyse war in Berlin aufgewachsen und mit Fontanes gut befreundet. Er hatte jahrelang dem Dichterverein *Tunnel über der Spree* angehört, bevor er 1854 vom bayerischen König Maximilian II. nach München berufen worden war. Jetzt galt er als *der* Dichterfürst. »Besuch von Martha Fontane, die mit einer amerikanischen Dame aus Italien kommt«, notierte er im Tagebuch. Die Heyses wohnten, wie später der mit ihnen befreundete Maler Franz von Lenbach, in der Luisenstraße. Haus Nummer 22 war eine hübsche Villa (1944 bei Bombenangriffen schwer beschädigt, später auf altem Grundriß wiederaufgebaut). Verglichen mit Heyses – so mußte Martha feststellen –

führten Fontanes in der Potsdamer Straße 134c ein höchst bescheidenes Leben. Sie sehnte sich dennoch nach Hause. »Das arme Kind ist reisemüde«, schrieb Emilie Fontane an ihren Mann, worauf er antwortete: »Das Heimweh gönn' ich ihr, weil es sie vielleicht von dem Wahne heilen wird, daß Geld, Gasthöfe, Galerien und galonierte Diener irgend einen Menschen glücklich machen können.«

Sieben Tage blieb Martha mit den Doolys in München. Ob sie während ihres Aufenthaltes auch der Familie Pringsheim ihren Besuch abstattete, um Grüße von der Mutter und den Schwestern aus Rom zu bestellen, ist nicht bekannt. Hingegen verabschiedete sie sich gebührend von Paul Heyse, der ihr zuvor im Hotel mit seiner Tochter Clara, 23, seinen Gegenbesuch gemacht hatte. Den »Abschiedsbesuch« von Martha Fontane, notierte Paul Heyse unter dem 7. Juli 1884.

Einen Tag später war sie zurück in Berlin. »Am 8. Juli kam Martha wohl und munter aus Italien zurück, und wir sahen sie von da ab beinah täglich«, heißt es im Tagebuch des Vaters. Zehn Tage später verließ er die heiße Stadt und fuhr ins schlesische Krummhübel in die Sommerfrische. Martha hatte ihm ihre Zukunftspläne vorgelegt: sie wolle mit Mrs. Dooly nach Amerika, hatte sie ihm gestanden. Er kannte das, hatte er doch einst, im Alter von dreißig Jahren, selbst ernsthaft erwogen, sein Glück in New York oder am Mississippi zu suchen.

Amerikapläne oder »Nail-biting is not lady-like«

Als Martha Amerikapläne schmiedete, war die Zeit des Goldrausches bereits legendär, der Bürgerkrieg beendet, die Sklaverei abgeschafft, die große Auswanderungswelle hatte ihren Höhepunkt überschritten. Wenn auch noch immer viele ›nach drüben‹ gingen in der Hoffnung, dort ihren Traum vom besseren Leben zu verwirklichen, so war Amerika außerdem ein Land geworden, wohin man sich für einen bemessenen Zeitraum begab.

Von Hamburg und Bremen aus gingen in den 1880er Jahren mehrmals wöchentlich Postdampfschiffe ab, die in sechs bis sieben Tagen Ozeanfahrt New York erreichten; Martha lockte das große Amerika. Sie kannte England, sie kannte Italien, die Gelegenheit ein Jahr ›drüben‹ zu leben, reizte sie und besonders San Francisco, wo man so hübsch Cable car fahren konnte, hügelauf und hügelab, dabei den herrlichen Blick über den Pazifik hatte und das angenehme Klima, die gute Luft. Vielleicht würde sich dort auch ein reicher Mann zum Heiraten finden.

Solche Pläne beunruhigten den Vater. Er fand seine Tochter allzu anspruchsvoll. »Kümmerliche Verhältnisse«, so meinte er, »sind schrecklich, kleine Verhältnisse sind ein Segen. Kleine Verhältnisse nenn' ich Professor, Pastor, Landrichter. Sie würde in Amerika nicht mal glücklich sein, wenn ihr auch die kühnsten Träume in Erfüllung gingen und sie den ›Nabob‹ (oder Californier) kriegte, der Tante Lisen entschlüpfte; ich sage ›wenn‹; aber wer garantiert ihr den ›Californier‹? Ich nicht.« Martha ziehen zu lassen fiel ihm schwer, sie zurückzuhalten, worauf diesmal die Mutter drängte, noch schwerer.

»Mein Befinden ist gleichmäßig schlecht«, schrieb er an Emilie von Krummhübel aus. »An Arbeiten ist nicht zu denken; es interessiert mich nichts. Nur mit Martha beschäftige ich mich. Je mehr ich mir's überlege, ich kann ihr nicht eigentlich Unrecht geben, und ich bitte Dich, es auch so ansehn zu wollen. [...] Wir sprechen immer von ›elterlichem Haus‹, aber sie hat nicht *das* davon, was sie befriedigt. Sie kriegt ein Kleid und einen Unterrock und dazwischen Ärger und Langeweile. Natürlich kann es ihr noch viel trister gehen und vielleicht harrt ihrer dergleichen, aber ich finde es so begreiflich, daß ein junges Herz hofft und – wagt.«

Zwei Tage später formulierte er Emilie gegenüber seine Theorie zu Marthas Reiselust: »Es freut mich, daß Du Meten so viel siehst; sei so nett und liebenswürdig wie möglich; es läßt sich ja viel gegen sie sagen, aber schließlich ist sie doch eine reich beanlagte, interessante Person, die mich mit innigster Teilnahme erfüllt. Denn all dieser Hang und Drang ins Weite, würde nicht da sein, wenn ein ordentlicher, anständiger Doktor, Kreisrichter oder selbst Landprediger sich regelrecht in sie verliebt hätte; sie hat das Reisefieber faute de mieux.« Es gab in diesen Tagen zwischen den Ehegatten sowie zwischen Vater und Tochter einen regen Briefwechsel, erhalten sind einzig die Briefe Fontanes an seine Frau. »Mete hat mir ein paar interessante, wichtige und *mich erfreuende* Briefe geschrieben«, heißt es am 26. Juli 1884. »Ich glaube, du nimmst sie nicht immer richtig. Sie schreibt mir heute: ›Ich bin nicht unzufrieden, im Gegenteil, aber ich würde mir *gerne meiner geistigen und herzlichen Fähigkeiten lebhafter bewußt*, – ich habe das Gefühl eines Menschen der Klavier spielen kann, aber kein Klavier hat.‹ Das trifft glaube ich zu. Sie würde sich gern ein andres ›sort‹ bereiten, sie würde Welt und Amerika Welt und Amerika sein lassen, aber wie die Verhältnisse nun mal liegen, sucht sie das Beste draus zu machen. Wenn der Weg, den sie dazu einschlägt, *ihr* Weg ist und nicht unsrer, so kann man ihr daraus keinen Vorwurf machen. Weißt Du, welcher Weg der richtige ist? *Ich weiß es nicht.* Und so hat man kein Recht, dem im Gefühl wurzelnden Entschluß eines andern Menschen, und wenn es das eigne Kind ist, entgegenzutreten. Ich bitte Dich, ihr ihre Freiheit zu gönnen und daran zu denken, daß es *ihre* Sache ist und daß *sie* die Konsequenzen trägt. Wenn wir, was möglich, in Mitleidenschaft gezogen werden, so verschwindet das doch neben *dem*, was, wenn es fehlschlägt, *ihr* zufällt. Ich bitte Dich nach Möglichkeit Dein Benehmen zu ihr danach zu richten.«

Er selbst hatte sich durchgerungen, Marthas Fortgehplänen seinen Segen zu geben. In einem Brief an die Tochter, der nur im Entwurf erhalten ist, heißt es:»Also mache die Reise nach Amerika, wenn es Dich durchaus dazu treibt, aber gib diesem Hange, diesem lachenden Phantasiebilde (denn weiter ist es nichts) nur nach, wenn« – und nun zählte er die Bedingungen auf: erstens Mrs. Dooly wirklich den»allerlebhaftesten Wunsch« zeige, Martha »drüben«, in ihrer »Villa bei San Franciso« weiterhin zu engagieren, zweitens die reiche Amerikanerin ihr endlich ein »anständiges Gehalt« zahle, drittens sie ihr die »Rückfahrt at any time« garantiere und viertens die Kosten dieser Rückreise trage.

Daß schließlich auch die Mutter ihr Einverständnis zu Marthas Amerikafahrt gab, erleichterte den Vater. Aus Krummhübel, wohin sich Emilie Fontane wenige Tage später ebenfalls begeben sollte, schreibt er ihr wegen der Tochter:»Gott mit ihr, diesseits und jenseits des großen Wassers! Daß *Du* Dich in dieser Frage beruhigt zu haben scheinst, ist mir hoch erfreulich; man kann seine Kinder nicht lebenslang an der Schürze haben, was flügge ist, will fliegen, und schließlich, und nicht zum kleinsten Trost, es gibt keine Entfernungen mehr. Bis New York ist nicht schlimmer als dreimal nach London und bis San Franzisko doubliert sich die Sache noch mal. C'est tout. Die Welt ist aus dem Engen heraus, und man hat keine andre Heimat mehr als die Erde.«

Je näher die Amerikafahrt rückte, desto ruhiger wurden die Eltern. Martha aber fühlte sich immer elender. Und schließlich war der Amerikatraum ausgeträumt.

Offenbar hatte es schon während der Italienreise gelegentlich Unstimmigkeiten mit der Tochter Mamie Dooly gegeben. In Harzburg, der letzten Station vor der endgültigen Abreise, kam es zum Eklat. Marthas großer Ärger entsprang einem gescheiterten kleinen Erziehungsakt, als

sie die 15jährige beim Nägelknabbern beobachtete. »Nail-biting is not lady-like,« wies sie die junge Dame zurecht, worauf sie die unverblümte Antwort erhielt: »Never mind, *I do*.«
Martha kündigte ihre Stelle augenblicklich. Noch bevor ihre Eltern aus der schlesischen Sommerfrische zurück waren, hatte sie bereits ihr Zimmer in der Potsdamer Straße 134 c wieder bezogen. »Zu Hause«, so notierte Fontane nach seiner Rückkehr, »fand ich Theo und Martha, welche letztere sich am 28. August plötzlich von Mrs. Dooly getrennt und von Harzburg aus (wo sie waren) verabschiedet hatte. Damit waren die Pläne für San Franzisko glücklich begraben. Wir alle waren dessen von Herzen froh; auch Martha selbst.«

Mädchenschullehrerin in Berlin

Martha bewarb sich nun sofort als Lehrerin an einer Schule – und erhielt auch gleich eine Stelle. Den Vater freute diese Nachricht, und er versicherte der Tochter, auch »Mama, die Dich sehr liebt (trotz Deiner gelegentlichen Zweifel daran)« werde »glücklich und beinah gerührt« darüber sein. »Ob Deine Position bei Frl. Leyde von Dauer ist oder nicht, ist ziemlich gleichgültig,«, schrieb er, »ich sehe aber keinen Grund, warum sie's nicht sein sollte. Geschieht es doch, schnappt es über kurz oder lang ab, so wünsche ich nur, daß ein angenehmer deutscher Jüngling, ein Amtsrichter, ein Doktor, ein Oberlehrer, selbst ein Pastor die Veranlassung sein möge. Natürlich habe ich auch nichts gegen einen Rittergutsbesitzer, Bankier oder Schiffsreeder, es ist aber nicht nötig, immer nur nach *der* Richtung hin auszuschauen; 8 Monate Amerika haben hoffentlich ausgereicht Dir zu zeigen, wie wenig bei Minentum, Kofferpacken und Hôtel-Essen herauskommt. Zwischen Goldprinzessin und Linchen in der Fliederlaube liegt vielerlei.«
Die Mädchenschule von Auguste Leyde, gegründet um 1880, befand sich Am Karlsbad 25, für Martha knapp zehn Gehminuten von der elterlichen Wohnung entfernt. Die Schule gehörte zu jenen Einrichtungen, die dem eklatanten Mangel an guten Bildungseinrichtungen für Mädchen abhelfen wollten. Besucht wurde die Schule von etwa 200 Schülerinnen. Die meisten von ihnen wohnten in der Nähe und kamen aus bürgerlichen Familien. Martha Fontane übernahm eine 3. Klasse. Die Mädchen, die sie unterrichtete, waren acht und neun Jahre alt.

Bevor sie die Stelle antrat, verbrachte sie eine Reihe von Tagen in Schwiggerow. Ihre Freundin Lise hatte im Frühling 1884 ihr zweites Kind geboren. Martha freute sich über den sechs Monate alten Peter Fritz, der präzis an ihrem Geburtstag zur Welt gekommen war, freute sich auch über ihr Patenkind, die kleine Gertrud, die bereits durch Haus und Hof lief; sie hatte unbeschwerte Tage in Mecklenburg und war »sehr glücklich«. Am 10. Oktober 1884 reiste sie nach Berlin zurück.

Wenige Tage später stand sie als Lehrerin vor ihrer Mädchenklasse. Unterricht war jeweils in den Vormittagsstunden. Nach zwei Monaten bilanzierte der Vater: »Mete hat viel mit ihrer Schule zu tun und ist nachmittags und abends in Gesellschaft […], so daß ich sie jeden Tag nur eine Stunde sehe. Mit ihrer Gesundheit geht es leidlich und ihre Stellung gefällt ihr Gott sei Dank sehr.« Lehrerin an einer Schule zu sein, entsprach Martha Fontanes Fähigkeiten. Außerdem ging es ihr gut, weil sie in der anregenden Nähe ihres Vaters lebte, ihre Freundinnen hatte und Wittes in der Stadt waren.

Friedrich Witte war 1881 aus der nationalliberalen Partei ausgetreten und gehörte jetzt der frisch gegründeten deutsch-freisinnigen Partei an, einer Partei der bürgerlichen Mitte. Er war, nach einer Unterbrechung, wieder neu in den Reichstag gewählt worden. Jetzt war er zur Session angereist, begleitet von seiner Frau Anna. Das Paar logierte diesmal im Hotel Bauer Unter den Linden.

»Ich meldete mich im Reichstag an«, notierte Friedrich Witte am Tag der Ankunft, »traf später mit Anna bei Fontanes zusammen, wo wir einen sehr gemütlichen Abend verlebten; es geht aufwärts dort.« Als am andern Tag die erste Parlamentssitzung stattfand, saß Martha wie früher auf der Gästetribüne. Anschließend luden die Wittes sie zum Essen ein, später am Abend besuchten alle gemeinsam eine Vorstellung im Deutschen Theater, das 1883 eben erst gegründet worden war. Marthas Begleiter war Robert Mengel, ein noch unverheirateter Bruder des Witte-Schwiegersohns Richard.

So ging es nun über Wochen fort. Martha stand am Morgen vor ihrer Mädchenklasse, nachmittags saß sie gelegentlich im Reichstag, mit Vorliebe wenn Bismarck sprach – Fontanes hatten ja die »Bismarck-Schwärmerei« –, ging abends in Gesellschaft der Wittes zum Diner und später ins Theater oder Konzert. Bei Fontanes und Menzel-Krigars feierte man sonnabends eine »kleine Jugendgesellschaft«, andere Familien luden zu Bällen ein. »Martha im Kostüm einer Holländerin zum Fastnachtsball bei Müller-Grote«, heißt eine Tagebuchnotiz Fontanes. Die Müller-Grotes waren eine Berliner Verlegerfamilie.

Sehr zufrieden mit ihrer Tochter und überhaupt mit ihren Kindern schrieb Emilie Fontane in diesen Tagen an die Freundin Clara Stockhausen: »Alle machen sie uns Freude und je mehr der Älteste und die Tochter uns zeitweise bekümmert und geradezu beängstigt haben, umso mehr sind wir jetzt zufrieden mit ihnen, da sie sich redlich mit ihrem Charakter herumgekämpft haben. Das geistige Zusammenleben mit ihnen, ist wohl für meinen Mann der schönste Lohn für das, was er für sie getan.« »Wir sind diesen Winter Metes wegen«, so die Mutter, »wieder etwas gesellig gewesen, obgleich sie nun mit ihren 24 Jahren, ihren eigenen und sehr reizenden Umgang pflegt.«

Am 21. März 1885 wurde Martha 25 Jahre alt. »Den Abend waren wir bei Fontanes«, notierte Friedrich Witte, »Marthas Geburtstag und zugleich der von Peter Fritz Mengel. Gemeinsame Feier. Frl. Martha Müller-Grote war auch dort. Sehr angenehmer Abend; es ist doch etwas um wirkliche, alte bewährte, durch 1000 Dinge und Erinnerungen fest aufgebaute Freundschaft.« Der 22. März war Kaisers Geburtstag und Berlin in festlicher Stimmung. Alles strahlte. »Mit Anna und Martha Fontane eine Stunde lang Unter den Linden spazieren gegangen. Enormes Volksgewoge, Karossenentfaltung, aber äußerste Ordnung,« notierte Witte. »Fast am Besten«, so fand er, »sah unser Hotel aus, welches an beiden Straßenseiten sehr schön beleuchtet war.« Der 88jährige Kaiser aber, vor dessen Augen dieses moderne Berlin seine Pracht entfaltete, war »unwohl«, nahm »nur wenige Gratulationen« entgegen und fehlte »bei Tafel«.

Die drei Brüder und Vaters Tochter · 1885–1889

Zur Kur in Hankels Ablage

Ende März 1885 wurde Martha Fontane unerwartet krank. Alle ihre Verpflichtungen und Termine mußten abgesagt werden. Die Wohnung wurde zur Krankenstätte. Martha mache ihnen große Sorge, schrieb die Mutter an Clara Stockhausen: »ob Nerven, ob Milz, darüber sind sich die Ärzte nicht einig, jedenfalls leidet sie sehr und wir – mit.« »Ging dann zu Fontanes«, notierte Friedrich Witte am 18. April 1885 im Tagebuch, »wo ich Martha recht elend an einer Anschwellung der Milz antraf und mir diese neue Krankheitserscheinung doch etwas bedenklich vorkam.« Marthas Gesundheitszustand besserte sich kaum. »Martha ist seit 3 Wochen recht krank«, erfährt Mathilde von Rohr vom besorgten Vater, »nicht gefährlich, aber ernstlich und lange dauernd. Sie hat eine Milz-Anschwellung und befindet sich, was die Hauptsache ist, in einem jammervollen Nervenzustand. Es dauert sicher noch viele Wochen und dann wird sie monatelang Rekonvaleszentin sein. Sie muß also ihre Schulstellung aufgeben, – eben habe ich an die Dame geschrieben und ihr dies mitgeteilt. Es wird der Dame nicht angenehm sein (denn sie, Martha, machte ihre Sache vorzüglich), ebenso sehr aber beklagt es Martha, die sich in ihrer Stellung sehr wohl fühlte.« Das Leiden habe »Niedergeschlagenheit, Gleichgültigkeit und Verstimmung« zur Folge. Seine Frau sei daher »sehr in Anspruch genommen« und von der Pflege »*ganz kaput*«.

Ende April entschied sich der Vater, mit der Tochter für eine oder zwei Wochen nach Hankels Ablage zu reisen. Der idyllische Ort am Südende des Zeuthener Sees sollte Erholung bringen. Fontane hatte ihn im Jahr zuvor entdeckt und hier an seinem neuen Roman *Irrungen, Wirrungen* gearbeitet. Vater und Tochter reisten – wie Lene und Botho im Roman – mit der Dampfbahn ab Görlitzer Bahnhof und nahmen ähnlich wie Lene und Botho ihren Aufenthalt in der Villa Käppel. »Ich habe ein großes Vertrauen zu der Heilkraft dieser schönen, auf einem schmalen Uferstreifen zwischen Wasser und Wald gelegenen Stelle«, gestand Fontane

Theodor und Martha Fontane bei
Familie Richter-Eberty in Arnsdorf, 1886

in diesen Tagen der 27jährigen Anna Fritsch, deren Gesundheit ähnlich
fragil war wie diejenige von Martha.

Die Tage in der Villa Käppel wurden, soweit es die Umstände zulie-
ßen, mit Lesen und Schreiben zugebracht. Gelegentlich unternahm man
einen Spaziergang und kehrte dann in der nahe gelegenen Gaststätte ein.
»Die dritthalb Stunden, die wir gestern in der ›Waldschenke‹ zubrach-
ten – Martha trank unter andrem einen Schnaps, der ›Klostergeheimnis‹
hieß – waren ein Novellenkapitel. Zeitverlust und Unbequemlichkeit
wurden reichlich aufgewogen,« schrieb Fontane nach Hause.

Vater und Tochter sahen sich in Hankels Ablage – es ist einer der poe-
tischsten Orte in den Fontane-Romanen – gleichermaßen inspiriert. Offenbar konnte es geschehen, daß, wenn beide stundenlang zusammensa-
ßen, plauderten und tranken, etwas entstand, was ein »Novellenkapitel«
war. Sie selbst, so brillant sie im Gespräch war, hatte die Idee, es dem
Vater gleichzutun und eigene Novellen zu schreiben, unterdessen aufgegeben. Seit sie mit ihren vielseitigen Plänen gescheitert war, lebte sie
immer mehr für den Vater und *seine* Kunst.

Der Aufenthalt in Hankels Ablage besserte ihren Gesundheitszustand nicht. Im Tagebuch resümierte Fontane Ende Mai 1885: »Martha bleibt krank.«

»Berlin oder nicht Berlin« –
der Vater spricht ein ernstes Wort

Als Martha sich für den Sommer zu Wittes begab, begleitete der Vater diese Reise mit den Zeilen: »Hoffentlich bewährt Mecklenburg seine alte Heil- und Wunderkraft, wie Schlesien (Neuhof) sie zehn- und zwanzigfach in the long run of years an Maman bewährt hat.« Er selber verbrachte die Sommermonate mit seiner Frau in Krummhübel. Beiden ging es gut, nur Martha blieb ein Sorgenkind. Der Vater versuchte zu trösten. »Du hast ganz Recht«, schrieb er der Tochter, »nach *so* langer Krankheit kann man nicht im Handumdrehn wieder ballfähig sein. Also Geduld!«

Doch seine eigene Geduld war jetzt am Ende. Im selben Brief schreibt er: »im Wesentlichen handelt es sich doch um die Frage: Berlin oder nicht Berlin, elterliches Haus oder nicht elterliches Haus«. Die Wahrheit sei, daß sie nur dann zu Hause leben könne, wenn sie ganz gesund sei. Wenn aber »Milz- und Leberkrankheit im Frau Krigar-Stil« ihr Schicksal sei, dann gelte es, »Lebensformen und Lebenswege zu finden, die das harte Los andauernder Krankheit, Dir und uns so leicht ertragbar wie möglich machen«. Er wisse, daß Wechsel und zeitweilige Trennungen dafür das beste Mittel seien: »Nur sich nicht immer auf dem Halse liegen, wenn weder der eine noch der andre dieser Halsliegerei froh wird.« Sie sei zu gescheit, als daß sie, der Sache nach, sich dagegen verschließen werde, denn: »Der Kranke hat sein Recht, aber der Gesunde noch mehr, denn er hat (was bei dem Kranken fortfällt) zu arbeiten und Aufgaben zu erfüllen.« Weil er in dieser Angelegenheit bereits zum zweiten Mal schrieb und milder als in seinem ersten Brief (der nicht überliefert ist), endete der Vater: »Ich hoffe, daß diese Zeilen alles richtig stellen werden; ein Rest von Herzensweh wird wohl bleiben, aber dieser Rest ist nicht fortzuschaffen, das liegt in der Situation, nicht in uns oder speziell in mir.«

Martha kehrte erst Anfang Oktober nach Berlin zurück und nur für wenige Wochen. Den Winter über und bis ins Frühjahr 1886 blieb sie dem Elternhaus fern. Ihr Zufluchtsort waren die Wittes.

George Fontane wurde am 12. November 1885 vom Premierleutnant zum Hauptmann befördert. Beinahe mehr als seine militärische Karriere interessierte ihn indes das Berliner Musikleben, wie Aufzeichnungen von seiner Hand nahelegen. Mehrmals wöchentlich fuhr er von Lichterfelde nach Berlin. Am liebsten besuchte er die Konzerte der Berliner Philharmoniker. Das Orchester war eben erst gegründet worden und wurde jetzt von Joseph Joachim dirigiert, der eng mit seinem langjährigen Freund Johannes Brahms zusammenarbeitete, dessen neueste Werke aufführte und ihn gelegentlich auch als Gastdirigenten von Wien nach Berlin holte. In der Wintersaison 1885/86 hörte George Fontane von Brahms das D-Dur Violinkonzert (1879) sowie die 1. Sinfonie in c-moll (1877), die 2. Sinfonie in D-Dur (1878) und die neu komponierte 4. Sinfonie in e-moll (1886). Außerdem hörte er, von den Philharmonikern gespielt, Werke von Haydn, Mozart, Beethoven, Schubert, Schumann, Wagner. Die beiden letzteren waren George Fontanes Lieblingskomponisten, so daß der Vater lange schon von seinem »Schumann- und Wagner-fanatischen Sohne« sprach. George Fontane mochte außerdem auch Chopin, Liszt, Tschaikowsky, Saint-Saëns, Bruch, die alle in diesem Winter auf dem Programm standen. Musikalischer Höhepunkt der Saison war aber gewiß das Berliner Gastspiel des russischen Komponisten Anton Rubinstein in der Singakademie. George besuchte dort am 23. Oktober den Beethoven- sowie am 31. Oktober 1885 den Schumann-Abend.

Durchaus möglich, daß Martha ihren Bruder zu den Rubinstein-Konzerten begleitete. Sie war in jenen Oktobertagen in Berlin, und Beethoven und Schumann liebte sie ja ganz besonders. George Fontane, jetzt »Hauptmann à la suite« und 34 Jahre alt, hatte aber vielleicht auch eine andere Begleiterin. Ohne daß die Familie vorher etwas geahnt hätte, gab er zu Weihnachten 1885 seine Verlobung mit der zwanzigjährigen Martha Robert bekannt. Sie war die Tochter des Königlichen Justizrates Carl Robert und seiner Frau Emma geb. Bechmann.

Am 24. Dezember wurden die Verlobten im engeren Familienkreis gefeiert. Martha, die Braut, war glücklich. Martha, die Schwester, nahm aus der Ferne Anteil und brauchte in den Augen anderer offenbar Trost. Anna Witte reimte: »Meine liebe Marthe, warte, warte, warte, Du kriegst noch einen Mann.« Und die Mutter schrieb: »Ich denke viel, viel

Deiner, so daß mich Papa schon interpelliert und sagt: Du sprichst immer von Mete. Er und Du weiß warum.«

Martha Robert war ›eine gute Partie‹. Sie war hübsch und aus reichem Haus. Außerdem hatte sie wie George Fontane hugenottische Vorfahren und gehörte der französischen Gemeinde an. Sie war die Älteste von fünf Kindern. Einer ihrer Brüder war schwerhörig und brauchte besondere Aufmerksamkeit. »Im Haus Robert,« so heißt es in den Robertschen Familienerinnerungen, »herrschte ein fröhliches, sorgloses Leben ohne hohe geistige Interessen.« Immerhin zeigte Justizrat Robert »viel Sinn für Musik« und hatte auch »ein kleines Buch über den italienischen Komponisten Spontini geschrieben«, den Kapellmeister und Berliner Generalmusikdirektor unter König Wilhelm III. Dem Schwiegersohn in spe begegneten die Roberts mit großer Offenheit. Einer baldigen Heirat stand nichts im Wege. »Pfingsten soll die Hochzeit sein«, schrieb Fontane an Mathilde von Rohr. Das junge Paar werde eine Villa in Lichterfelde beziehen, die den Schwiegereltern gehöre. Die Robertsche Sommervilla (um 1900 abgerissen) lag in der Nähe des Bahnhofs Lichterfelde. Sie stand auf einem Hügel mitten in einem gepflegten Park und war gut zu sehen, auch für die Reisenden der Strecke Berlin-Potsdam. Es war ein großzügiger rötlicher Backsteinbau, zweigeschossig, mit Erker, Glasveranda, Turm, die Fensterrahmen weiß lackiert.

Im Frühjahr 1886 überraschte auch Theo Fontane, jetzt 29, mit seiner Verlobungsanzeige. Er hatte im Jahr zuvor in Berlin sein Assessor-Examen bestanden und unmittelbar danach eine Stelle bei der Heeresintendantur angetreten. Seither lebte er in Münster in Westfalen. Die junge Frau hieß Martha Soldmann und war die Tochter des dortigen Ober-Postdirektors Karl Soldmann und seiner Frau Emma.

Fontane als doppelter Schwiegervater in spe gratulierte: »Deine Braut, glücklicherweise auch eine Martha, hat ein liebes, gutes Gesicht«, schrieb er dem frisch verlobten Sohn, der seiner Anzeige eine gemeinsame Photographie beigelegt hatte. »Die frühere Deklination Deiner Gefühle nach der semitischen Seite hin«, so fügte der Vater hinzu, »so begreiflich sie mir war, war doch nicht das Richtige.« Drei Jahre zuvor hatte der Vater ähnlich geschrieben: »Daß die Katholikin ausbleibt, ist recht gut. Ich bin in nichts ein Prinzipienreiter und so recht einer, der ein Verständnis und meist auch ein liking für Ausnahmefälle hat. Das hebt aber den alten Satz nicht auf: besser ist besser. Je älter ich werde, je mehr bin ich für reinliche Scheidungen, Haare aparte und Cotelette aparte.

Jude zu Jude, Christ zu Christ, und natürlich auch Protestant zu Protestant.«

George Fontane gratulierte dem Bruder ebenfalls und schrieb: »Unsre Alte ist natürlich sehr glücklich innerhalb eines Vierteljahres ihre beiden Ältesten versorgt zu sehen; etwas wehmütig wird mir nur, wenn ich unsre gute Mete dabei ansehe, und an die geringen Aussichten denke, die sie hat dermaleinst eben so glücklich zu werden wie ihre Brüder.«

Bei der Hochzeit von George Fontane und Martha Robert am 12. Juni 1886 war große Familienreunion. Die Trauung fand in der Berliner Klosterkirche statt, anschließend wurde ein Fest im Englischen Haus ausgerichtet. Fontane berichtete zwei Tage danach: »Die Hochzeit verlief ›doll genug‹, der Glanzpunkt war, nach *meinem* Geschmack, Mete.« Sie habe einen brillanten Toast auf Ludovika Hesekiel gesprochen. »Ich war ganz baff und erkannte, daß Kinder klüger sein können als die Alten.« Ludovica Hesekiel, die Romanschriftstellerin und Tochter des damals bereits verstorbenen Publizisten und Freundes Georg Hesekiel, war bald vierzig Jahre alt und unverheiratet geblieben. Der Vater wiederholte, Martha verstehe es, aus öden, langweiligen Rollen etwas zu machen, sie wirke bei solchen Gelegenheiten immer »wie eine Künstlerin«. An Theo schrieb er: »Schiebe dies nicht auf Voreingenommenheit oder väterliche Eitelkeit; es ist so.«

Fontane stellte sich ganz auf die Seite seiner begabten Tochter, die sich zunehmend unverstanden fühlte. »Sie findet, daß die Leute nicht freundlich, nicht anerkennend und entgegenkommend genug gegen sie sind«, und sie habe Recht, meinte er. Denn nur sehr kluge und sehr gute und andrerseits nur ganz einfache, schlichte Menschen könnten ein Wesen wie Martha ertragen, sie habe das Bedürfnis nach Auszeichnung, es werde ihr unter der Berliner Gesellschaft jedoch nur wenig davon zuteil. »An Georges Hochzeit wirkte sie wie eine Fremde, so sehr, daß mir das Herz weh tat. Schlimm. Aber es muß ertragen werden wie so vieles; ich kann es nicht ändern.«

Martha war anders. Stolz und zärtlich nannte der Vater sie jetzt »mein enfant terrible«.

Den Sommer 1886 verbrachte Martha mit ihrem Vater in Krummhübel. Das schlesische Krummhübel (heute poln. Karpacz) liegt am Ende des Hirschberger Tals oberhalb von Schmiedeberg (heute Kowary) auf etwa 700 Meter Höhe. Von hier führt der Weg zur Schneekoppe, dem höchsten Berg des Riesengebirges. Krummhübel zog seit der Reichsgründung 1871 vermehrt Feriengäste an, vor allem aus Berlin. Es kamen aber auch viele aus Sachsen oder aus Schlesien selbst, insbesondere aus Breslau. Die Urlauber mieteten damals einfache Stuben in den Bauernhäusern und alten Gasthäusern, erst später entstanden komfortablere Logierhäuser und Hotels. Die Gästezahl nahm rasch zu; in den Jahren, als die Fontanes in Krummhübel Urlaub machten, war das Zimmerangebot immer recht knapp, so daß Spätentschlossene oft Mühe hatten, etwas ›Anständiges‹ zu mieten. Etwa tausend Gäste waren es, die jeweils im Juli und August der heißen Stadt entflohen und im schlesischen Gebirge ›gute Luft‹ suchten. Im Vergleich zu Kuraufenthalten in Karlsbad oder Kissingen, Bad Ragaz oder Nizza waren Ferien in Krummhübel kostengünstig. Dennoch blieb es eine privilegierte Schicht, die sich einen Sommerurlaub überhaupt leisten konnte.

Wer von Berlin her kam, benutzte die Verbindung Cottbus-Görlitz-Hirschberg oder reiste über Frankfurt an der Oder. Acht Stunden dauerte damals eine solche Fahrt. Seit Fontane sich im Sommer 1884 mit dem 25 Jahre jüngeren Schmiedeberger Amtsgerichtsrat Dr. Georg Friedlaender befreundet hatte, wurde er, wenn er in seine schlesische Sommerfrische fuhr, am Schmiedeberger Bahnhof von der amtsrätlichen Kutsche abgeholt.

Auch am 15. Juni 1886, als Vater und Tochter in Schmiedeberg ankamen, stand Friedlaenders Kutsche am Bahnhof bereit. Und so fuhren die Gäste aus Berlin zuerst zu Friedlaenders Wohnung, Ruhbergstraße 2 (die Villa ist erhalten). Hier wurden sie von der Familie gastfreundlich bewirtet. Zwei Tage später reiste man mit Sack und Pack hinauf ins einfachere Sommerquartier. Man hatte bei Ehepaar Schiller gemietet. Der Sommer war anfangs regnerisch und kühl. Man fror, war in die Stube verbannt. Fontane reagierte empfindlich auf die Gerüche des kleinen Bauerngutes und rettete sich zum Schreiben auf die Veranda. Ihn beschäftigte sein Roman *Quitt*, den er im Jahr zuvor in Krummhübel entworfen hatte. Sein Vermieter, ein echter Schlesier, beobachtete den Gast bei der Arbeit. »Dar Fontane«, so erzählte später der beeindruckte Mann, »dar hoat immer ei der Veranda geoarbeitet.« Aber vorher habe er »oalle rausgeschmissa«, damit er seine Ruhe hatte zum Arbeiten. Er habe auch immer zuerst alle Fliegen totgeschlagen, mit einer Fliegenklatsche. Und wenn er vom Arbeiten gekommen sei, hätten ihm die Adern immer dick und blau auf der Stirn gestanden, »dicke en bloo«.

Während des Sommerurlaubs wurde Martha einmal krank. An Elisabeth Friedlaender, die Frau seines Freundes, schrieb Fontane: »Gnädigste und Frau, Sie haben befohlen und ich berichte. Statt einfach ›Krummhübel‹ hätte ich schreiben können: Lazareth Krummhübel oder Schiller-Hospital.« Nachts um eins sei seine Tochter bei ihm erschienen, »ein Licht in der Hand, weiß mit rotem Umschlagetuch, die reine Lady Macbeth mit geschwollener Backe. Seit 11 war sie in beständigem Gallen-Erbrechen gewesen und ich sollte nun helfen. Etwas schwierig, da mir als Heilmittel nur Rotwein, Whiskey und Natrium bicarbonicum zu Gebot standen. Es wurde auch alles durchprobiert, Whiskey äußerlich und innerlich, schien einen Augenblick zu helfen, aber es wurde nur schlimmer. Endlich verfielen wir auf Morphiumtropfen, wovon wir zufällig einen kleinen halbverdorbenen Rest hatten. Es half wirklich, das entsetzliche Würgen ließ nach, alles beruhigte sich und das arme Tierchen stieg wieder in ihre Kammer hinauf.« Eine halbe Stunde später aber habe *er* es »mit der Angst« gekriegt, die Tropfen – immerhin war Fontane gelernter Apotheker – waren alt, bräunlich und dick geworden, »und es war möglich, daß sie durch diese Verdunstung viermal so stark geworden waren wie sie sein sollten. Ich machte mich nun also treppauf, um nachzusehn ob ich nicht einen gemütlichen Vergiftungsakt ausgeführt und eine neue Stellung zur Schmiedeberger Amtsrichterei gewonnen hätte. Glücklicherweise war es bestimmt, nach dieser Seite hin beim Alten zu bleiben. Das Gallenbrechen ist nicht wiedergekommen und es geht erträglich, doch ist sie vollkommen als Kranke anzusehn und wohl noch mindestens auf drei, vier Tage. Wenn es möglich ist, dies nach Arnsdorf hin (Ebertys-Richters) wissen zu lassen, würde ich Ihnen sehr dankbar sein.«

Martha erholte sich in den nächsten Tagen rasch und hatte schon bald wieder Lust zu tanzen. In Krummhübel gab es für die Sommergäste Tanzabende. »Mit der Reunion war es nichts«, erfährt man jedoch aus einem Brief des Vaters, »um 9 gingen wir hin und während ich als Eclaireur den Saal recognoscierte, stand Martha, mit zwei weißen Rosen am

Busen, draußen und wartete auf meinen Bericht. Der lautete: schleuniger Rückzug. Es waren wohl 40 Damen da und höchstens 7 Herren, in welche Zahl Greise und Kinder mit einbegriffen sind. Dabei Zug, Enge, Qualm, Hitze. Gräßlich. Und an solchem Platze soll unsre arme Tochter Vergnügen suchen. Dann lieber nicht, dann lieber Verzicht.«

Martha nimmt Partei für Marie Richter

Eher zog es Martha zu Richters nach Arnsdorf (heute Midłków). Durch Familie Friedlaender war sie mit ihnen bekannt geworden. So oft es ging, besuchte sie in diesem Sommer ihre neuen Freunde. Marie Richter geb. Eberty, die Dame des Hauses, war nur zwei Jahre älter als sie, seit zehn Jahren verheiratet und Mutter von zwei kleinen Mädchen. Sie war in Breslau aufgewachsen und die jüngste von vier Schwestern, von denen die nächstälteste die Schriftstellerin Babette von Bülow war. Familie Eberty gehörte zur direkten Nachkommenschaft des jüdischen Berliner Hofjuweliers und Bankiers Nathan Veitel Heine Ephraim. Sie hatte sich 1840 assimiliert, war zum evangelischen Glauben übergetreten und nannte sich seither Eberty. In Arnsdorf besaß die Familie einen Sommersitz (das Haus existiert noch, wurde aber mehrfach umgebaut). Marie hatte ihren Mann während ihrer Arnsdorfer Sommeraufenthalte kennengelernt.

Heinrich Richter stammte aus Cunnersdorf bei Hirschberg, war katholisch, Reserveoffizier bei den Gardedragonern und Papierfabrikant in zweiter Generation. Ihm gehörten mehrere Fabriken im Hirschberger Tal, auch zwei in Arnsdorf. Er war 38, sie 18, als 1876 die Ehe geschlossen wurde. Der wohlhabende Gatte und seine junge Frau wohnten in einer komfortablen Villa in unmittelbarer Nachbarschaft des Ebertyschen Sommerhauses. Das Richtersche Anwesen (es exsistiert nur noch in Teilen) stand in einem »schönen Park«, der, großzügig angelegt, sich »bis hinunter zur Fabrik erstreckte«. Die Richters führten ein geselliges Leben und waren weiterum berühmt für ihre gute Küche.

Martha Fontane fühlte sich bei Richters in Arnsdorf ganz ›at her ease‹. Sie war ein gern gesehener Gast, sei es, daß sie alleine kam oder mit dem Vater. Bei Gelegenheit hieß man Vater und Tochter sich auf die parkseits gelegene Steintreppe setzen – und das Bild, das berühmte, aufgenommen im Sommer 1886, war gemacht.

Wie es damals dem großbürgerlichen Lebensstil entsprach, hatten Richters auch einen Berliner Wohnsitz. Ihnen gehörte seit 1883 ein Eckhaus am Hansaplatz (1943 zerstört). War das Paar in Berlin, so pflegten sie, ab 1886, jeweils auch bei Fontanes in der Potsdamer Straße 134 c vorzusprechen.

Fontane mochte Marie Richter; sie zu beobachten, so fand er, sei »ein konstantes Novellelesen«. Nie vergaß er, daß sie ursprünglich einer jüdischen Familie entstammte. In seinen Briefen an Georg Friedlaender, der ebenfalls jüdische Vorfahren hatte – er war ein Nachkomme des Reformschriftstellers David Friedlaender, eines Schülers von Moses Mendelssohn –, ist Marie Richter häufig Gesprächsgegenstand. Friedlaender war ein langjähriger Freund der Richters und stritt sich öfters mit der jüngeren Marie, wahrscheinlich ging es dabei um unterschiedliche Ansichten über ›Geld und Geist‹. Im Sommer 1886 schrieb Fontane an Georg Friedlaender mit Blick auf die Ebertys und die Richters, der »jüdische Geist«, habe »viel Blendendes und Verführerisches, und jeder Berliner (ich selbst in hohem Maße) ist ihm auf länger oder kürzer verfallen gewesen«. Dieser »jüdische Geist« sei aber im Ganzen »ein Unglück und etwas durchaus Niedrigstehendes«. »Die Juden haben nichts von der germanischen Schwerfälligkeit«, fuhr er fort, »sie sind quick, witzig, zugespitzt im Ausdruck, aber der germanische Geist ist dem jüdischen unendlich überlegen.« Marie Richter, »die trotz alledem genialste der Familie«, stecke in einer Art »Übergangsstadium«. »E.'s und R.'s«, so meinte er über die Ebertys und die Richters, »sind aber *doch* sehr nett; Freundlichkeit, Wohlwollen, Gastlichkeit, Unterhaltsamkeit, *das* sind die Dinge, auf die es gesellschaftlich ankommt und die Fragen nach der tieferen oder flacheren Observanz versinkt daneben. ›Jedes Tierchen sein Manierchen‹ wenn nur die Manier nicht einfach als Unmanier auftritt.«

Martha gefiel der Briefwechsel ihres Vaters mit Georg Friedlaender nicht (sie hat später seine Veröffentlichung verhindert). Außerdem stand sie im Parteienstreit auf der Seite von Marie Richter geb. Eberty – diese Position hat sie nicht zuletzt mit dem Vater-Tochter-Porträt von Arnsdorf deutlich gemacht, das sie später den *Familienbriefen* voranstellte. Ihre Freundschaft mit dem Haus Richter vermerkt auch das Tagebuch von Friedrich Witte. Er begegnete Marie Richter im Winter 1887 in Berlin. Die Richters, so notiert er, seien mit Fontanes »sehr bekannt«, »namentlich Martha mit Frau Richter«, die eine junge, lebhafte und angenehme Frau sei.

Während ihres Berlin-Aufenthalts im Winter 1886/87 feierte Marie Richter auch den 67. Geburtstag Fontanes mit. »Mein Geburtstag verlief sehr nett«, schrieb dieser an Friedlaender. »Unter den schönen Damen, die den Abend verherrlichten und sich um die Berühmtheit ›Menzel‹ gruppierten, war auch Frau Richter.« Sie habe sehr gefallen und sei »von einigen alten Herren tapfer umcourt« worden: »sie trug kupferfarbene Seide mit einem großen Bischofsschmuck darauf und sah brillant aus«.

Jahre später kam es in Arnsdorf zum Skandal, weil Marie Richter ein heimliches Liebesverhältnis mit dem jungen, allerdings verheirateten Arzt unterhielt und von ihrem Mann in flagranti ertappt worden war. Fontane, der durch Friedlaender von der Geschichte erfuhr, bedauerte die Ehebrecherin, weil Richter sie in seinem Zorn verjagte. »Wenn ich mir vorstelle, wie er in seiner Hexenküche aufräumt«, schreibt er dem Schmiedeberger Freund, »mit dem Besen bez. der Reitgerte in der Hand, so hab ich ganz *Faust*, Akt 2., Hexenküche vor Augen, wo Mephisto aufhört Mephisto zu sein und Höllenfürst wird und mit seinem ›Entzwei, entzwei, da liegt der Brei‹ zornig dazwischenfährt. Diese *Macht*stellung R.'s ist mir das Interessanteste und gibt nach vielen Seiten hin zu denken.«

Von Marie Richter distanzierte sich Fontane nach und nach: »Die schöne Frau, für die ich nach wie vor ein Tendre habe, ist doch nur Durchschnitt«, befand er. »Mit der ganzen jüdischen Überlegenheit ist es überhaupt nur so so und der germanische Knote ist eigentlich der Überlegene.« »Ewige Jüdin« nannte er sie zuletzt, seinen Freund Friedlaender zitierend. Ende 1892 urteilte er, Richter stehe ihm »höher«. Als er aus einem Brief Friedlaenders erfuhr, Richter sehe sich in Kommerzienrat Treibel porträtiert (in *Frau Jenny Treibel*, erschienen 1892), schrieb Fontane zurück: »Meine Tochter sagt sehr richtig, Treibel ist gebildeter und geistvoller, aber Richter ist viel origineller. Und so schließt er schließlich doch noch siegreich ab.«

Martha blieb mit der geschiedenen Marie Richter weiterhin befreundet. Ihre Mühe hatte sie jedoch mit Maries Lieblingsschwester, der Schriftstellerin Babette von Bülow, die unter dem Pseudonym Hans Arnold schrieb. Ihre humorvollen, aber eher konventionellen Erzählungen erschienen als Zeitungsvorabdrucke in der *Illustrierten Frauenzeitung*, da wo Marthas »Novelle« *nicht* erschienen war. Fontane urteilte positiv, »Frau v. Bülow« sei eine »fix und fertige Schriftstellerin«, eine »Künstlerin«, die ihr »Metier« vollkommen verstehe. Martha fand dieses Lob

»*zu* günstig«. Es steht in einem Brief an Georg Friedlaender und wurde zu ihren Lebzeiten eben nicht gedruckt.

Das spätere Schicksal von Marie Richter, der Freundin, aber war dies: sie lebte als eine andere Effi Briest bis ins hohe Alter in Berlin, in der Nähe des Bayerischen Platzes. Mit den Nürnberger Gesetzen wurde sie unter dem nationalsozialistischen Regime zur ›Nicht-Arierin‹ erklärt und führte von da an ein verdecktes Leben. 1943 wurde ihre Berliner Wohnung im einsetzenden Bombenkrieg zerstört. Zusammen mit ihrer Tochter Anna und einer Enkelin fand die geschiedene Marie Richter geb. Eberty, wie ein Nachkomme schreibt, »1944 ein notdürftiges Unterkommen in der Nähe von Arnsdorf in Birkicht. Das Haus, in dem sie hier lebten, war das ehemalige, jetzt verfallene Sommerhaus von Heinrich Richter«. Hier überlebten die drei Frauen die letzten Kriegstage, aber die Härten der Zeit überstiegen die menschliche Kraft. Die betagte Marie Richter und ihre Tochter Anna starben im Oktober 1945 an Hunger. Beerdigt wurden sie auf dem evangelischen Friedhof in Arnsdorf, das nun polnisch geworden war. Die Enkelin kehrte nach Berlin zurück.

Neue Zukunftspläne

Krummhübel, 23. Juli 1886. Martha Fontane schreibt und empfängt Briefe, auch die Verlobungskarte der Verlegerstochter Martha Müller-Grote trifft hier ein. »Mete war als *Freundin* sehr erfreut, was sonst in ihrem Herzen gestanden haben mag, mag ich nicht wissen. Ich bewundre dann immer ihre Beherrschungskraft, ihre vollkommene Contenance. Darin ganz superior. Nur keine Sentimentalitäten,« meinte der Vater. In ihrem Freundinnen- und Bekanntenkreis galt Martha Fontane jetzt als ›Sitzengebliebene‹.

Erwartet aber wurde weiterhin, daß sie, wenn sie der Einladung zu Polterabend und Hochzeit folgte, den Tischnachbarn nett unterhielt oder mit kleinen Bühnenauftritten die ganze Gesellschaft zu erheiterte. Nach dem Urteil ihres Vaters gelangen ihr diese Auftritte in der Regel hervorragend. Über den »Riesenpolterabend« von Martha Müller-Grote schrieb er an Sohn Theo, zwar hätten George und seine Frau beim Spiel »glänzend« mitgewirkt, aber: »Mete war natürlich an der Spitze. Ich war nicht da, es soll aber famos gewesen sein.« Bedauernd fügte er hinzu: »Wenn doch ihr Glück einigermaßen ihrer Begabung entspräche!

Aber das Glück hat sie nicht 'mal in kleinen Dingen; so verknaxte sie sich, über einen Balken stürzend, unmittelbar vor der Aufführung den linken Fuß, fiel aus einer Ohnmacht (vor Schmerz) in die andere und trat dann vor, um einen von Julius Wolff gedichteten Prolog zu sprechen, was an und für sich eine Leistung war.«

So glücklos, wie der Vater glauben mochte, war Marthas Leben im Winter 1886/87 indes nicht. Der Fuß heilte rascher als gedacht, sie traf sich wie eh und je mit Wittes, die in der Stadt waren, verkehrte jetzt bei Richters und neuerdings auch bei Sternheims, einer jüdischen Berliner Bankiersfamilie. Im Frühjahr reiste sie nach Rostock, um dort Anna Witte Gesellschaft zu leisten und im Hauswesen mitzuhelfen. Die Mutter freute sich, daß sie »Martha endlich mal gesund« nach Mecklenburg reisen lassen konnte. »Mein Mann erlegt ihr für den Sommer noch Schonung auf«, schrieb sie an Mathilde von Rohr, aber im Herbst hoffe Martha, »ihren Lehrberuf wieder aufnehmen zu können.«

Wirklich hatte sie im Sinn, erneut an einer Mädchenschule zu unterrichten. Das bedeutete damals Verzicht auf die Ehe, denn der Lehrerinnenberuf setzte (bis nach 1918) das Zölibat voraus. Offenbar waren Martha die Heiratsabsichten abhanden gekommen. Die Freundinnen, unverheiratet, verheiratet, verwitwet oder geschieden, nahmen jetzt einen immer wichtigeren Platz in ihrem Leben ein. Am 21. März 1887 wurde sie 27 Jahre alt. Sie feierte ihn in Berlin in der Wohnung der Eltern. Friedrich Witte notierte in sein Tagebuch: »Geburtstagsbesuch bei Martha Fontane, wo ich Frau Sternheim traf.«

Die Veits in Bonn und das »Petöfyabkommen«

Eine der wichtigsten Freundinnen von Martha wurde auch Marie Bencard. Sie entstammte einer wohlhabenden Rostocker Familie, war eine Jugendfreundin von Lise Witte, lebte aber, seit sich die Eltern getrennt hatten, mit der Mutter in Bonn. Sie war zwei Jahre älter als Martha. Bis 1887 waren Martha Fontane und Marie Bencard hauptsächlich Brieffreundinnen (die Briefe sind nicht überliefert). Als Marie heiratete und einen eigenen Hausstand gründete, änderte sich das. Von nun an sollte Martha oft zu Gast sein bei der Freundin.

Marie Bencard war 29 Jahre alt, als sie mit dem 63jährigen Gustav Veit die Ehe einging. Veit war Gynäkologe, Professor an der Universität

Marie von Veit geb. Bencard, um 1887   *Prof. Dr. Gustav von Veit, um 1887*

Bonn und als solcher Gründer und Leiter der Bonner Frauenklinik. Er war ein Experte in Fragen der Schwangerschaft und Geburtshilfe, arbeitete mit den damals modernsten Methoden, hatte viel praktische Erfahrung mit komplizierten Schwangerschaften und Geburten (der Veit-Smelliesche Handgriff bei ungewöhnlichen Geburtslagen geht auf ihn zurück) und war ein entschiedener Befürworter der Chirurgie. Es heißt, daß er reich wurde, weil eine private Klientel aus ganz Europa zu ihm hinreiste, darunter auch russische Fürstinnen.

Gustav Veit war seit langen Jahren Witwer, als er mit Marie Bencard eine zweite Ehe einging. Aus erster Ehe hatte er zwei erwachsene Kinder, einen Sohn und eine Tochter. Die Tochter hieß Margarethe, war jetzt 23 Jahre alt und wurde schon bald eine weitere nahe Freundin von Martha.

Gustav Veit und Marie Bencard heirateten am 14. Juli 1887 in Bonn. Martha besuchte die Freundin kurz vor der Heirat, und vielleicht nahm sie auch an der Hochzeitsfeier teil. Sie reiste aus Münster an, wo sie sechs Wochen bei ihrem Bruder Theo und der Schwägerin verbracht hatte, die ihr erstes Kind erwarteten. Martha blieb einige Tage bei den Veits in Bonn und reiste von dort über Bad Homburg zurück nach Berlin.

Fontane war gespannt, was sie aus Bonn berichten würde. Ihn interessierte das neue Paar. Es erschien ihm wie ein Nachspiel seines Romans *Graf Petöfy* (1884). Dort heiratet der alternde Graf Petöfy eine junge Schauspielerin mit dem merkwürdigen Zugeständnis, in eroticis zu verzichten und nur das Plaudern, Unterhalten, Vorlesen täglich einzufordern. Wenige Tage vor der Veitschen Hochzeit hatte Fontane seiner Tochter nach Münster geschrieben, »Mama« hole in diesem Augenblick »Tante Witte« von der Bahn. »Ich möchte für diese Stunde nicht Marie Bencard und vielleicht noch weniger Dr. Veit sein. Mama wird wohl ›zustimmen‹, überhaupt ein Konversationstalent von ihr« und »doppelt wenn es gemütliche Abschlachtung« gelte. »Ich für meine Person«, so bekannte er, »kann mich über die Sache nicht entrüsten, wenn laut oder still irgend ein Petöfyabkommen getroffen wird, läuft es aber, wie mein alter Papa zu sagen pflegte, aufs ›Erotische‹ hinaus, dann hat es seinen Haken.« Schwager Sommerfeldt habe neulich sogar eingewendet, »es liefe *immer* aufs Erotische hinaus«. Von Eheschließungen wie der Veitschen, so meinte Fontane jedoch, gelte dasselbe wie von der Kunst: »auf das Detail kommt es an«.

Als Martha nach Hause zurückkehrte, weilte ihr Vater in Seebad Rüdersdorf bei Berlin, dort suchte sie ihn für zwei Tage auf und erzählte. »Sie war lieb und unterhaltend wie immer, Scheherezade, vielleicht findet sich auch noch ein Geheimrat Veit für sie«, schrieb Fontane an seine Frau und meinte: »Petöfy nenne ich nicht, er endigt mir zu tragisch, sonst wäre mir ein Schloß am Arpa-See noch lieber für sie, als eine Villa am Rhein.«

»Lear mit Cordelia« in Krummhübel, Sommer 1887

Vom 24. Juli bis zum 23. August 1887 erschien in der *Vossischen Zeitung* Fontanes Roman *Irrungen, Wirrungen* im Vorabdruck. Das freie Liebesverhältnis von Lene und Botho, das darin geschildert wird, empörte manche Leser so sehr, daß sie ihr Zeitungsabonnement kündigten, und ein Mitinhaber der Zeitung fragte grob, ob denn »die gräßliche Hurengeschichte« nicht bald aufhöre. Fontane skandalisierte mit dem ›Erotischen‹. Aber mit dem Skandal meldete sich auch eine junge Generation von Kritikern zu Wort, die ihn und seinen neuen Berliner Roman verteidigten. Das war neu.

Mitte August reiste Martha Fontane von Berlin nach Krummhübel, um nach einer günstigen Sommerwohnung Ausschau zu halten. Sie mietete zwei Zimmer mit Laube bei der Familie Meergans. Haus Meergans hatte eine hübsche Lage oben am Hang, unweit von Rummlers Gasthof Goldener Frieden, von wo man sich das Essen bringen lassen konnte. Das Sommerhaus stand an einem Bergbach »inmitten von Feldern und Wiesen« und wurde »von den Fremden ganz besonders bevorzugt«. Ein besonderer Vorzug für Fontane war, wie seinerzeit die Veranda bei Schillers, die Laube. Hier schrieb und las er und beeindruckte den neunjährigen Adolf Meergans, der im Gedächtnis behielt, wie Fontane den Federkiel – die Brille auf die Nase geschoben – mit einem kleinen Messer immer selbst spitzte, während sich auf dem Tisch die Bücher türmten.

Auf gute vier Wochen war diesmal die Krummhübler Sommerfrische bemessen. Zeitweilig war auch Emilie Fontane da, zeitweilig war Martha mehr bei Richters in Arnsdorf als beim Vater in Krummhübel oder unternahm mit den Freunden weite Bergpartien. Sie war nicht nur unternehmungslustig, sondern half auch gern, wo sie gebraucht wurde. Auf Adolf machte sie großen Eindruck, weil sie, als die Mutter krank lag, sich um die Geschwisterschar kümmerte und sie versorgte. Auch im Stall habe sie geholfen, erinnerte er sich später, sie habe sogar, versicherte er, melken können.

Vor der Rückkehr nach Berlin unternahmen Vater und Tochter eine letzte große Tour. »Martha und ich wollen heute noch ins Gebirge bis Spindelmühl und erst morgen oder übermorgen zurück«, schrieb Fontane am 14. September 1887 seinem Sohn Friedrich. Der Weg führte sie hinauf bis zur Spindlerbaude und zum Mittagstein. Von hier wanderten sie über den Kamm zur Riesenbaude, dem auf 1400 Meter Höhe gelegenen Gasthof unterhalb der Schneekoppe. In einer der Bauden übernachteten sie. Zuletzt ging es über den Melzergrund hinunter nach Krummhübel. »Es war sehr hübsch; schönstes Wetter«, schrieb der Vater seinem Jüngsten über diese Gebirgspartie, und er habe sich »zwischen Wiesen- und Riesenbaude«, zwischen der böhmischen und der schlesischen Seite des Riesengebirges, »wie zu Hause« gefühlt. Von hier oben ließ sich nämlich der Schauplatz seines Romans *Quitt* gut überblicken und konnte man nochmals Lokalstudien betreiben. Zusammen mit Martha, die plauderte und mitdachte, war das geradezu ideal.

Ihr Sprechtalent erfreute den Vater in diesem Sommer überhaupt. Sie spreche mit »viel Quickheit«, »Gewandtheit« und »Schärfe«, fand er.

Daß Freund Friedlaender, mit dem man in diesen Wochen öfters zusammenkam, das Talent der Tochter nicht zu würdigen wußte, verärgerte ihn:»wenn *er* nicht spricht, ist er gelangweilt«. Es sei aber »schlimm«, wenn bei einem »Meistervortrag«, wie ihn Martha beherrsche, – »ich kenne keinen beßren«, betonte der Vater – der Zuhörer gähne oder aussehe wie ein Leidender.

Am 19. September reisten Vater und Tochter aus ihrer Sommerfrische zurück nach Berlin.»Lear mit Cordelia« sei wieder da, schrieb Fontane an Paul Schlenther, den Shakespeare-Kenner, der bei der *Vossischen Zeitung* mit ihm zusammen das Theaterreferat verantwortete.

»Er schrie vor Schmerz« – George Fontanes früher Tod

Das junge Ehepaar in Lichterfelde machte den Eltern Fontane seit geraumer Weile Kummer. Von »Ehefragen und Ehestreitigkeiten« ist in den Briefen die Rede und davon, daß es »ein großes Glück« wäre,»wenn in Lichterfelde doch noch alles harmonisch zusammenklänge«. Zudem hatte George neuerdings gesundheitliche Probleme. In Homburg hatte er eine Kur gemacht. Auf ihrer Rückreise von Bonn nach Berlin hatte Martha ihren Bruder dort besucht.

Sie war eben aus Krummhübel zurück, als am 20. September, einem Dienstag, ihre Schwägerin sie dringend nach Lichterfelde bat: George sei schwer erkrankt.»Die Krankheit, Blinddarmentzündung, trat mit ungeheurer Vehemenz auf; er schrie vor Schmerz, und als ich ihn am Mittwoch zuerst sah – der Dienstag war der schlimme Tag gewesen – sah er mich bereits mit Todesaugen an«, schrieb der Vater seinem Sohn Theo. »Ich hatte gleich das Gefühl: er ist hin. Trotz alledem schien es besser zu gehn und alle drei Ärzte waren nicht ohne Hoffnung. Die letzte Nacht aber setzte wieder furchtbar ein, und nach vielstündigem, schwerem Kampfe schloß heute früh neun Uhr sein Leben. Ich trat in demselben Augenblick an sein Bett, als sein Puls stillstand; der Eisenbahnzug hatte mir nicht den Gefallen getan, sich um eine Minute zu verfrühen. Mete hatte ihn während der letzten vier Nächte mit heroischem Mute gepflegt, gemeinschaftlich mit einer grauen Schwester. Die Liebesbeweise Metes und die Tapferkeit und Umsicht, womit sie ihn gepflegt, waren ihm das einzige Licht dieser schweren Tage, und er gab der Freude darüber auch Ausdruck bis zuletzt.«

Ein Arzt der Lichterfelder Hauptkadetten-Anstalt bestätigte nach George Fontanes Tod, dieser sei am 19. September 1887 in seine Behandlung getreten, »wo eine schwere Blinddarmentzündung sofort zu den ernstesten Befürchtungen Anlaß gab. Das Leiden, welches ohne bekannte Ursache entstanden war, nahm den erwarteten Verlauf und führte am 24. September den Tod herbei. – Solches bescheinige ich hiermit der Wahrheit gemäß. Dr. Falkenstein, Stabsarzt.« Damals, im Jahr 1887, war es noch nicht möglich, eine Blinddarmentzündung erfolgreich zu operieren. Aber es wurde geradezu hektisch nach Wegen gesucht. Kurze Zeit später, im November 1889, ging die Meldung durch die Presse, in den USA sei eine Blinddarmoperation geglückt. Zu diesem Zeitpunkt war man auch zur Einsicht gelangt, daß nach Auftreten der Symptome nicht länger als zwei oder drei Tage bis zur Operation zugewartet werden durfte und operiert werden mußte, bevor es zum Blinddarmdurchbruch kam.

George Fontane wurde begraben »auf dem Lichterfelder Kirchhof in der Moltkestraße«. Den Grabhügel ließ die junge Witwe mit Rosen belegen. Für sie selbst war eine Grabstelle gleich neben derjenigen des jung Verstorbenen miterworben worden.

»Das Begräbnis war herrlich«, hielt der Vater im Tagebuch fest, »4 Uhr Nachmittag, schönster Herbsttag, Exzellenzen und Generäle in Fülle, Kränze über Kränze, und die Gardeschützen gaben drei Salven, die ihm als ›alten Krieger‹ zukamen. Er liegt nun auf dem Lichterfelder Kirchhof, einem umzäunten Stück Ackerland, und ich wünsche mir die gleiche Stelle. Er starb am 24., begraben am 27.«

Bald nach dem Begräbnis zog die Witwe Martha Fontane geb. Robert in eine Wohnung am Lützowplatz 10, in die Nähe ihrer Eltern. Den Nachlaß ihres Mannes ordnete sie offenbar mit der Hilfe ihres Vaters Carl Robert, der nicht nur alle Begräbniskosten trug, sondern auch alle noch offenen Rechnungen beglich. Es waren nicht sehr viele und vorwiegend Wein-, Schneider- und Arztrechnungen. Zuletzt blieben: eine Gipsbüste von Beethoven, Werke von Lessing, Goethe, Schiller, Freytag, verschiedene französische und englische Literatur, darunter auch Shakespeare, zudem einige Gemälde, Kupferstiche, Lithographien und Musiknoten. Der wichtigste hinterlassene Wertgegenstand war der Flügel.

George Fontanes früher Tod löste viel Anteilnahme aus. Über hundert Danksagungsbriefe schrieb allein der Vater, was ihn aber – wie er

Friedlaender gestand – »ganz stumpf« gemacht habe: »Überhaupt ist die Art wie der Trauerapparat arbeitet, doch sehr unvollkommen und beinah roh, roh, weil er das Beste was der Mensch hat, zu bloßer Phrase, ja zur Kunstträne und Gefühlsheuchelei herunterdrückt.« Während er über die verschiedenen Arten des Trauerns nachdachte, schrieb Emilie Fontane an Clara Stockhausen, sie habe nur den einen Gedanken: »ich habe meinen lieben George begraben müssen!«

Zwei Monate nach George Fontanes Tod besuchte Friedrich Witte seine Freunde in der Potsdamer Straße, wobei er Martha, seinen besonderen Schützling, nicht antraf. Er habe jetzt den »ersten Besuch bei Fontanes« gemacht, »der traurig genug war«, notierte er am 25. November 1887. »Martha, welche die Sache weitaus am Tiefsten empfindet, war nicht zu Hause, die Mutter weinte und klagte sehr, Papa Fontane, wie immer, philosophisch schönredend und augenscheinlich innerlich am Wenigsten ergriffen.«

In den Wochen und Monaten nach Georges Tod kam die 22jährige Witwe Martha Fontane geb. Robert häufig zu Fontanes und verplauderte die Abende bei ihnen. Am liebsten sprach sie dann »von ihrem George«. Als schließlich auf den 1. Oktober 1888 im Haus Potsdamer Straße 134 c eine Wohnung frei wurde, zog sie an die Adresse ihrer Schwiegereltern. Nach und nach distanzierten sich die Fontanes aber von ihr und sie sich vielleicht auch von ihnen. Im Nachhinein kamen Emilie und Theodor Fontane zum Schluß, sie sei nicht die richtige Frau für Sohn George und die junge Ehe eigentlich zum Scheitern verurteilt gewesen.

Die verwitwete Schwiegertochter heiratete am 6. Dezember 1890 ein zweites Mal und zog 1893 mit ihrem Mann von Berlin nach Sagan in Niederschlesien. Hier führte sie als Frau Landrat von Neefe und Obischau mit Umsicht ein großes Haus und war Mutter von vier eigenen Kindern. Sie starb mit erst 35 Jahren an einer ›Fehlgeburt‹. Begraben wurde sie auf dem evangelischen Friedhof in Sagan (heute Żagań). Die Grabstelle neben George Fontane blieb leer.

Er war ihr liebster Bruder gewesen. Sein Tod veränderte Martha Fontanes Leben. Sie wurde krank, litt an »Herz-Ungehörigkeiten«. »Sie mediziniert nun wieder und sieht bleich und nervös aus«, heißt es in einem Brief der Mutter. Den Lehrberuf noch einmal aufzunehmen, gab Martha jetzt auf. Als ihre Hauptaufgabe betrachtete sie, die Eltern zu trösten. »Pflichttreu« lese sie »dem lieben Alten den unsagbar langweiligen Ranke vor«, schrieb Emilie Fontane an Sohn Theo nach Münster. Sie sei die »getreue, liebe Tochter«, die sich stark mache und heiter scheine, um die Eltern aufzurichten. »Anfang Februar will ich sie aber ein paar Wochen nach Rostock schicken, bis dahin fange ich vielleicht an, wieder mich zu rappeln.«

In Rostock wurde am 19. Februar wie immer Friedrich Wittes Geburtstag gefeiert. Er lud auch diesmal über hundert Gäste zum Diner in die Lange Straße 77. Kleine Sketches gelangten zur Aufführung, später am Abend wurde getanzt, die Jugend feierte »bis 5 Uhr« morgens. Auch Martha Fontane nahm an dem Fest teil.

In diesen Tagen kannte die Politik, die Presse, die Gesellschaft nur ein Thema: der alte Kaiser war äußerst gebrechlich, der Kronprinz aber todkrank. »Die Nachrichten vom Kronprinzen werden sichtlich schlechter«, notierte Witte in sein Tagebuch und bemerkte: »Entsetzliche Aussichten!« Wilhelm I. starb am 9. März 1888. »Heute Morgen 8,32 ist der Kaiser gestorben«, hält Friedrich Witte fest, der zur Session nach Berlin gereist war. »Ich ging um 10 Uhr in den Reichstag: Haus und Foyer dicht gefüllt. Ich telegraphierte nach Hause: Frau, Zeitung und Stadt.« Anschließend sei er zu Fontanes gegangen, »um sie zur Sitzung heran zu holen, in welcher Bismarck den Tod des Kaisers anzeigen wird. Billette hatte ich besorgt.« Emilie Fontane und Hedwig Treutler, die in der Potsdamer Straße 134c zu Gast war, nahmen die Einladung an.

Witte sei »heut um 11« mit drei Billets dagewesen, ganz »historischer Moment«, schrieb Fontane seiner Tochter, kaum daß der Parlamentarier zurück im Reichstag war. Er selber habe es ausgeschlagen mitzugehen.

Bereits um halb zwölf war in der Leipzigerstraße 4 alles versammelt. Es erschien der ganze Bundesrat, alle Minister »und dann Bismarck«. »Die Ansprache desselben«, so Witte, »war würdig und korrekt, seine Stimmung und Haltung bewegt.« Er habe den neuen Kaiser und König als Friedrich III. proklamiert.

Dann wurde die Reichstagssession vertagt und Witte reiste nach Rostock. Er wollte erst zum Staatsbegräbnis, das auf den 15. März angesetzt war, nach Berlin zurückkehren. In Rostock empfingen ihn seine Frau und Martha Fontane:»Die ganze Stadt trauert mit halbgezogenen Fahnen und schwarzer Kleidung.«

Gleichzeitig mit Witte traf in Rostock auch der erste Brief Fontanes ein, der, an Martha adressiert, die Ereignisse in Berlin aus seiner Sicht schildert. In der folgenden Woche schrieb er ihr täglich, manchmal auch zweimal am Tag. Sie war ihm Vertraute, aber auch Sachverständige in politicis. Zudem war sie im Witteschen Hause besser über die Geschehnisse informiert als »der am Tatort um die Ecke Wohnende«.

Zu exakt derselben Zeit, als Bismarck im Reichstag den neuen Kaiser proklamiert hatte, hatte der Vater an die Tochter geschrieben:»Wofür Onkel W. *mich* hielt, der ich erklärte, lieber zu Hause bleiben zu wollen, weiß ich nicht, doch darf ich wohl annehmen, daß seine Betrachtungen nicht allzu schmeichelhafte Wege gegangen sind. Ich kenne solche ›großen historischen Momente‹ aber zu gut und weiß, daß einem nur Geschupst- und Gedrücktwerden sicher ist, während es zweifelhaft ist, ob man etwas sieht und sicher, daß man nichts hört. Es gibt Ausnahmen von der Regel, aber die Regel läuft drauf hinaus: ›der Bericht ist besser als die Sache selbst.‹ Wie ruppig verlaufen historische Momente und wie gut nehmen sie sich in der Beschreibung aus. Ich warte auf die Abendzeitung« (9. März 1888). Einige Briefseiten weiter heißt es dann:»Eben kommt Mama aus dem Reichstage zurück. Natürlich hat sie nichts verstanden, nur das Wort ›Friedrich III.‹, was freilich in sich erschütternd wirkt. Welche Vergleiche drängen sich auf! II. und III., ein Sieger über *alles* triumphierend und – ein Sterbender. Im übrigen von einem Folgenkönnen der kurzen Ansprache keine Rede. Trotzdem ist Mama glücklich, Zeuge des Herganges gewesen zu sein, der ergreifend gewesen sein soll. Die alten Herrn alle in Tränen, Bismarck hochrot, kaputt und nur mit Anstrengung sprechend.«

Fontane interessierte sich in den folgenden Wochen hauptsächlich für Bismarck und seine politische Zukunft (»Aber mit Bismarck, – was wird das noch geben? / Das mit Bismarck, das möcht ich noch erleben.«). Auch wie die Partei von Friedrich Witte agierte, beobachtete Fontane aufmerksam. Daß sie ganz auf Friedrich den III. setzte und zu erkennen gab, daß seine »bloße Existenz« Deutschland »vor einem großen Unglück bewahre«, fand er politisch unklug. »Operiere mit Vorstehendem vorsichtig«, riet der Vater der Tochter am 11. März 1888. Denn selbstverständlich brachte sie seine Position in die politischen »Debatten« und »Erregungen« im Witteschen Hause ein.

Friedrich III., der an Kehlkopfkrebs litt, war bei Regierungsantritt bereits so krank, daß er kaum mehr fähig war zu sprechen. Nach 99 Regierungstagen, am 15. Juni 1888, starb er. Sein Begräbnis wurde vom neuen Kaiser rasch und unfeierlich abgewickelt. Von Staatstrauer war auf den Straßen nur wenig zu sehen. Martha, die in diesen Tagen erneut bei Wittes lebte, erhielt hier von ihrem Vater die Zeilen: »Meine liebe Mete. Es ist nun wieder wie immer: wenn Du fort bist, sterben Kaiser und Könige.« Und in einem Postskriptum fragte er: »Wann kommst du wieder?«

Zur Reichstagseröffnung im Weißen Saal

Mit dem Tod von Kaiser Friedrich III. verloren die Liberalen ihren politischen Hoffnungsträger. Der junge Kaiser Wilhelm II. galt als überheblich und unfähig. Mit großer Skepsis beobachtete auch Friedrich Witte als Reichstagsabgeordneter die bedenkenlosen Selbstinszenierungen des neuen Monarchen. Eine erste Probe des neuen Stils bot die Reichstagseröffnung im Berliner Schloß. Für Martha hatte Witte ein Billett besorgt.

»Hier herrscht tropische Hitze«, schrieb sie am 25. Juni 1888 ihrem Bruder Theo aus Berlin. Sie aber leide an einer »wenig schönen dicken Backe«. »Hoffentlich schadet mein Anblick unserer jungen Kaiserin nicht; ich komme nämlich durch Onkel Wittes Güte heute in den Weißen Saal, wo der Reichstag mit einem seit 71 nicht mehr dagewesenen Glanz eröffnet werden soll.«

Die Zeremonie begann Mittags um zwölf in der Berliner Schloßkapelle. Hier erfolgte der Namensaufruf der Abgeordneten, von denen 312 Mitglieder anwesend waren. Die Sozialdemokratische Fraktion protestierte, indem sie fernblieb. Nach dem kirchlichen Zeremoniell versammelten sich die Abgeordneten im Weißen Saal des Schlosses, wirkungsvoll zogen Kaiser, Kaiserin, Kronprinz und Gefolge auf. Dann verlas Wilhelm II., der 29jährige Enkel Wilhelms I., seine Thronrede.

»Der Eindruck, welchen der Kaiser machte, ist ein sehr wenig sympathischer; sein Gesicht zeigt eine steinerne Ruhe und vollkommene Unbeweglichkeit,« ist in Wittes Tagebuch zu lesen, sehr merkwürdig sei

»sein Vortrag der Thronrede« gewesen: »jedes Wort wird für sich herausgestoßen, etwas schnarrender Ton, das Ganze klingt wie das Verlesen eines Parolebefehls durch einen Leutnant. Wahrlich nicht schön.« Dem Parlamentarier zuwider war auch der militärische Popanz: »Als totale und sehr befremdliche Neuerung marschierte unmittelbar vor Eintritt des Kaisers eine Kompanie der Schloßmannschaft in der alten Friderizianischen Uniform mit Gewehren in den Saal und nahm dicht hinter uns Aufstellung mit lautem militärischem Kommando.«

Martha Fontane teilte wahrscheinlich Friedrich Wittes Skepsis. Ihre Bemerkung »Hoffentlich schadet mein Anblick unserer jungen Kaiserin nicht« hat jedenfalls etwas Maliziöses. Die damals 30jährige Auguste Viktoria galt als mustergültige Gattin und Mutter. Sie hatte vier Söhne und war jetzt erneut schwanger. Für die bürgerliche Frauenbewegung und für emanzipierte Frauen hatte sie – im Gegensatz zu ihrer Schwiegermutter – wenig Verständnis. Sie war unpolitisch, liebte den Luxus und den Glanz. Als Hauptresidenz wählte sich das neue kaiserliche Paar jetzt das Berliner Schloß.

»trotz Incest ... die ›Insel der Seligen‹, Brotbaude 1888

»Mittwoch d. 4. gehe ich als Vorreiter und Mieterin nach Schlesien, wohin auch Tante Witte mit ihren beiden Jüngsten kommt«, schrieb Martha am 25. Juni 1888 ihrem Bruder Theo nach Münster und bedauerte, daß es seiner Frau nicht möglich sei sich anzuschließen. Das Paar hatte unterdessen einen einjährigen Sohn: er war am 21. Juli 1887 zur Welt gekommen, hieß Otto und war der erste Enkel von Emilie und Theodor Fontane. »Wenn doch Krummhübel nicht so greulich weit wäre«, fand Martha. »Wie gern wollte ich Deine liebe Frau ein paar Wochen pflegen und lieben. Ich gedenke mich durchaus nicht der Ferien-Lethargie hinzugeben, sondern wünsche mich dem körperlichen und geistigen Gedeihen meiner Pension zu widmen.« Die Hitze in Berlin sei groß, die Eltern aber fühlten sich trotz allem recht wohl: »Papa will versuchen hier noch ein paar Wochen auszuhalten und dann gleich direkt zu uns kommen.«

Anfang Juli reiste Martha nach Schlesien und fand für die kleine Gesellschaft, ihre »Pension«, vier passable Zimmer, nicht in Krummhübel, sondern weiter oben, in der einsam gelegenen Brotbaude, die auf 820 Meter Höhe liegt. Bevor sie mietete, schickte sie den Eltern ein Telegramm und bat um ein rasches Ja oder Nein. Der Vater antwortete prompt »ja« und setzte in Klammern hinzu: »Klingt wie eine Verlobungsangelegenheit.«

In den folgenden Tagen wurde zwischen Brotbaude und Berlin rege korrespondiert. »Ängstige dich nur nicht«, schrieb der Vater an die Tochter, »und nimm die Sachen nicht schwieriger als nötig; so lange man noch Geld und Rückzugslinien hat, geht alles.« Im selben Brief teilte er ihr den Tod von Theodor Storm mit und bemerkte dazu: »Aber mit Blechmusik immer weiter und immer heiter vorwärts, bis man selber fällt. Nur keine Sentimentalitäten. Was das Schmerzlichste ist, ist zugleich auch das Alltäglichste und Gleichgültigste.« Den Brief schloß er mit einem heiteren Postskriptum. Ihm sei eine literarische Broschüre zugegangen, in der er »unser *wackrer* Theodor Fontane« genannt werde: »was man nicht alles erlebt!«

Zehn Tage später traf er auf der Brotbaude ein und fand hier versammelt: Tochter Martha, Anna Witte, die eben von einer Geschäftsreise mit ihrem Mann aus Amerika zurück war, ihre Kinder Annemarie, 18, und Richard, 13, die verwitwete Schwiegertochter Martha geb. Robert mit Schwester Emma sowie »Fips«. Hündchen Fips, das »amüsante Biestchen«, gebärdete sich oft etwas ungezogen. Als »Erbstück von George« wurde es von der jungen Witwe aber überallhin mitgenommen, obwohl es allen eine »Gêne« war. Fontane ausgenommen. Er mochte Fips. In *Frau Jenny Treibel* hat er ihm sogar eine kleine literarische Rolle gegeben. Fips ist dort der allzu anhängliche Hund eines treulosen Ehemannes.

»Das Leben hier ist sehr angenehm«, berichtete Fontane seiner Frau am 17. Juli, »Tante Witte reizend und immer bei guter Stimmung und auch alles andre in gutem Einvernehmen.« Vor seinem Fenster hätten jetzt gerade drei Berliner Touristen ein Lied angestimmt: »Als sie, vor 5 Minuten in den Flur traten, sangen sie ›Frau Wirtin, wo ist ihr schön's Töchterlein‹ und als Martha im selben Augenblick zufällig aus der Stube trat, riefen sie ›da ist sie schon‹. Martha hat sich drauf mit ihnen unterhalten.« Diese Begegnungen, so Fontane, hätten nachher noch weitergespielt: »Humoristisch-politisches Gespräch. Martha sagte: ›sie sei für gemäßigte Sozialdemokratie und feinen aber forschen Konservatismus‹, worauf sie ›Prosit‹ riefen und mit ihr anstießen. Sie haben sich dann per Karte empfohlen.« Es galt, als die Tochter so antwortete, noch immer das Sozialistengesetz. »So lebt man auf der Brotbaude«, schrieb Fontane seiner Frau.»Martha, wie Du weißt, ist das denkbar beste Publikum für solche Szenen und Begegnungen. Heute Nachmittag wollen alle Damen, jedenfalls aber Tante Witte, Marthachen (II.) und Mete (I.) nach Arnsdorf.«

In Arnsdorf brachte man Briefe zur Post, ging einkaufen, besuchte Marie Richter und ihre Familie. In der Richterschen Fabrikantenvilla traf man wie zumeist, so auch diesmal auf Gäste, nicht zuletzt auf den jungen Arzt – der damals oder wenig später eine Affäre mit Marie Richter hatte. Seine Schwäche für schöne Frauen fiel auf und wurde oben in der Brotbaude Gesprächsstoff. Fontane schrieb in diesem Zusammenhang über die Schwiegertochter:»Marthachen benimmt sich vorzüglich, ist von untadeliger Haltung und wirkt sehr gut, namentlich auch sehr hübsch. Dr. Heidenhayn soll ganz baff gewesen sein; er ist freilich daheim nicht verwöhnt.«

Von Arnsdorf bis hinauf in die Brotbaude ging man zu Fuß etwa zweieinhalb Stunden. Richters boten jeweils ihren ›Exzellenzenwagen‹ an. Bis Krummhübel konnte man kutschieren, das letzte Wegstück mußte man laufen. Für die Berliner und Rostocker Sommerfrischler war gerade die abgeschiedene Lage der Brotbaude reizvoll. Die Höhe von »2500 Fuß«, der erste Schnee, die Kirchenglocken von Wang, die Kuhglocken der Hampelbaude, zu all dem, meinte Fontane:»fehlt nur noch der Stier von Uri, um uns ganz in die schweizerische alpine Welt zu träumen«.

Nur eine Sorge gab es. Martha litt an manchen Tagen an »Nerven-Überreizung«. Der Vater fand:»Es liegt zu viel auf ihr. Sie soll die Wirtschaft führen, alles anordnen, berechnen, aufschreiben; sie soll sich um Richters, Ebertys [...] kümmern; sie soll Einkäufe machen in Arnsdorf oder Krummhübel.« Sie soll, so fuhr er fort,»Briefe schreiben oder bei der Stickerei helfen«. Das alles raube ihr den Schlaf.»Leider ist nicht abzusehn, wie das besser werden soll, höchstens ganz zuletzt, wenn alles wieder abgereist ist.«

Die Sommergäste beendeten schließlich ihren Urlaub, Vater und Tochter blieben, Emilie Fontane gesellte sich ihnen hinzu. Am Ende des Aufenthalts berichtete sie:»Mete ist tapfer und hülfebereit für jeden von uns, sie wird immer liebenswerter und denkt stets an andre, zuletzt an sich.« »Jetzt kocht sie wieder für uns«, schrieb sie an Sohn Theo,»und alles mit einer Freudigkeit als wäre es ihr Vergnügen. Papa sagte noch gestern Abend: er hätte kaum einen Menschen gesehn, der so günstig durch Luft und Natur beeinflußt worden wäre, könnten wir ihr doch einen netten Landmann verschaffen, das wäre ihr Element. Vorläufig sind wir so egoistisch froh zu sein, daß wir Alten sie noch haben, und auch sie scheint damit einverstanden. Ihre Gesundheit ist hier vortrefflich.«»Uns geht es gut«, versicherte auch Martha in einer Nachschrift. Die ›drei Fontanes‹ – Vater, Mutter, Tochter – verbrachten auch den Sommer 1890 in der Brotbaude. An Georg Friedlaender schrieb Fontane später, »die Brotbaude« bedeute für ihn »nicht bloß eine von Wald umzirkte Wiesen-Insel, sondern, trotz Incest und ähnlichem Beiwerk was da blühen soll, die ›Insel der Seligen‹.«

Friedrich Fontane gründet einen Verlag

Der Vater war wenig begeistert, als sein Sohn Friedrich, jetzt 24 Jahre alt, mit dem Plan herausrückte, er wolle einen Verlag gründen. Zuspruch hingegen erhielt Fontanes Jüngster von Friedrich Witte. »Auf einem Spaziergang mit Onkel Witte«, so Friedrich Fontane, »entwickelte ich diesem, und zwar auf seine Aufforderung, das Projekt, wie ich mir meine Zukunft dächte.« »Ich war gestern Abend noch längere Zeit bei Fontanes«, notierte Witte kurz nach der Verlagsgründung. Befriedigt stellte er fest: »Friedel hat sich nun in Gemeinschaft mit einem Schulfreunde namens Levy selbständig etabliert und erzielt bis jetzt sehr gute Resultate.« Der Vater des Jungunternehmers hielt zur selben Zeit in seinem Tagebuch fest: »Etwa im Oktober oder etwas später etablierte sich Friedel. Firma: *Friedrich Fontane*, der junge dicke Levy als kapitaleinzahlender Associé. Die Sache beginnt ganz gut, gutes Weihnachtsgeschäft und sogar Verlagsartikel.« Im Stillen aber mochte er sich fragen: »Wann ist er wohl pleite?«

Während Friedrich Fontane die finanzielle Basis seines Unternehmens über einen stillen Teilhaber regelte, übernahm er selbst die buchhändlerische Organisation und die Verantwortung für das Programm. Er setzte auf eine Mischung von literarischen Titeln und Sachbüchern. Sein erstes Weihnachtgeschäft machte er mit einer Broschüre über Lungenschwindsucht.

Das politische Klima war, als Friedrich Fontane Verleger wurde, rigider geworden. Der junge Kaiser demonstrierte seine Macht in einer halb lächerlichen, halb bedrohlichen Weise. Bei der zweiten Reichstagseröffnung wiederholte sich das Zermoniell der ersten. Aber diesmal, so hieß es, wären die Gewehre der Kompanie »in der bekannten Friderizianischen Montur«, »welche unmittelbar hinter den Abgeordneten Aufstellung nahm«, »geladen« gewesen. Seit Wilhelm II. regierte, galt die geringste kritische Bemerkung als Majestätsbeleidigung. Friedrich Fontane operierte daher vorsichtig, setzte auf Bewährtes, um bestehen zu können, und versuchte zugleich junge Autoren und Autorinnen zu gewinnen, die ›nach vorn‹ drängten. Zu seinen Stammautoren der jungen Generation gehörten schon bald Clara Viebig, Friedrich Ompteda und Cäsar Flaischlen. Unter Vertrag nahm er auch Helene Böhlau, Ida Boy-Ed, Ludwig Fulda, Georg Hermann, Arno Holz, Johannes Schlaf, Wilhelm von Polenz, Ernst von Wolzogen. Sein Erfolgsautor war der Erzähler Heinz Tovote. Renommee unter Literaturkennern erwarb er sich mit deutschen Übersetzungen von Emile Zola. Die Werke des französischen Naturalisten erschienen allerdings auch im Konkurrenzverlag, bei Samuel Fischer.

Der fünf Jahre ältere Samuel Fischer hatte Friedrich Fontane gegenüber einen kleinen Vorsprung. Er hatte 1886 ebenfalls einen Verlag gegründet und ebenfalls in Berlin. Sein Gespür für literarisch Hochbedeutsames ließ ihn bald zum Verleger Nummer eins werden. Außerdem tat er sich mit den besten Kennern der Berliner Literaturszene zusammen. Er gewann für sich die Literatur- und Theaterkritiker Otto Brahm und Paul Schlenther. Letztere waren Freunde und begannen zur selben Zeit bei Fontanes in der Potsdamer Straße 134c zu verkehren. Was seine literarischen Vorlieben betraf, neigte der ›alte Fontane‹ zu Fischers Programm. Bei Fischer erschienen außer Zola Ibsen, Tolstoi, Dostojewski in deutscher Übersetzung und von Anfang an die Werke von Gerhart Hauptmann, der seinem Verleger treu blieb, auch als Friedrich Fontane ihn abzuwerben versuchte. Fischer-Autor wurde zudem Arthur Schnitzler, allerdings erst, nachdem er vom Friedrich Fontane Verlag abgelehnt worden war.

Fontane, der Vater, war als Romanautor verlegerisch heimatlos. Seit *Irrungen, Wirrungen* für Skandal gesorgt hatte, war es für ihn schwieriger geworden, einen Verlag zu finden. Der S. Fischer Verlag wäre gewiß der geeignetste gewesen. Aber der Vater ging denn doch nicht so weit, daß er versucht hätte, bei der Konkurrenz unterzukommen. Ab 1890 wurde er Hausautor des Friedrich Fontane Verlags. Seine Begeisterung für diese Situation war zunächst gering. Später aber zollte er der Arbeit seines Sohnes gebührende Anerkennung.

Modernes Leben · 1889 und die Jahre danach

Rotwein gegen die Angst

Als am 21. März 1889 Fontanes Theaterkritik zu Ibsens *Die Frau vom Meere* erschien, feierte Martha ihren 29. Geburtstag. In seiner Kritik schrieb der Vater über die weibliche Hauptfigur: »Es hat Jahrhunderte *ohne* Ellidas gegeben, jetzt kommen die Jahrhunderte *mit*. Und weil sie da sind, diese nervösen Frauen, zu Hunderten und Tausenden unter uns leben, so haben sie sich, einfach durch ihre Existenz, auch Bühnenrecht erworben. Oder will man ihnen gegenüber von ›Krankheit‹ sprechen? Was heißt krank? Wer ist gesund? Und *wenn* krank, nun so bin ich eventuell fürs Kranke.« Er selbst, so gestand er als Kritiker, lebe »mit Kranken wie Ellida lieber als mit der Mehrzahl der Gesunden, die mir in meinem Leben vorgestellt wurden«.

Martha litt seit dem Tod ihres Bruders George vermehrt an Ruhe- und Schlaflosigkeit sowie an diffusen Ängsten. Es war ein Zustand, der sich abwechselnd besserte und wieder verschlechterte, und die schlechten Phasen konnten lange Monate dauern. Noch im Februar und März 1889 ging es ihr gut. Sie besuchte mit ihrer Mutter häufig die Oper. Auch ihren Geburtstag feierte sie »ganz munter«, wie Friedrich Witte in seinem Tagebuch schreibt.

Danach aber lauten die Nachrichten verheerend. Im April 1889 begab sich Martha aufs Land zu ihrer Freundin Lise. Von Schwiggerow aus schrieb sie nach Hause, es gehe ihr nicht gut. Offenbar litt sie an Angstzuständen und versuchte sich mit Rotwein zu helfen. Der Vater antwortete: »Wäre es nicht ernst, so wäre es eine komische Situation: eine mit einer Flasche Rotwein gegen Angst verteidigte Dame. Alles traurig genug und vor allem quälerisch für den, der's hat, aber doch derart, daß ich durchaus die Gewähr von etwas Vorübergehendem darin finde. Man kann sich nicht, aus sich heraus, ein Lebenlang ängstigen; ich habe nie von solchem Dauerzustand gehört, es ist ein Zustand, der kommt und geht; traurig genug, wenn er da ist, aber nicht hoffnungslos.«

Martha antwortete und der Vater entgegnete: »Ich kann mir wohl denken, daß mein Sprechen und Schreiben, meine gesamte Haltung so wirkt, als sähe ich das alles für nicht so schlimm an, und daß Dich diese Haltung mehr oder weniger verdrießt. Ich kann Dir aber sagen, daß nicht der geringste Grund dazu vorliegt. Ich sehe Dir's oft an, wie leidend Du bist und wie traurig und unglücklich Du bist, so leiden zu müssen, und bei jungen Jahren gar kein Vertrauen mehr zu seinem physischen Menschen haben zu können. Ich sehe das alles und finde es beklagenswert, aber ich lasse es gehn, wie's gehn will, weil absolut nichts dagegen zu machen ist.« Auch ihre Mutter habe solche Phasen. Man sei da machtlos und müsse es einfach »mit möglichst guter Manier« tragen, der Leidende sowohl wie seine Umgebung. »Es ist unsre Pflicht«, erklärte er der Tochter, »eine gewisse Hospitalstimmung von uns fern zu halten, und nicht in fruchtlose Heulhuberei zu verfallen. Gott sei Dank haben wir, auch die Weichlichsten unter uns, alle diesen Charakter, George war in diesem Stück wie ein Held und vorbildlich wie Kaiser Friedrich. Auch *Du* hast diese Tapferkeit.« Wenn er so spreche, sei das weder Gleichgültigkeit noch Gefühlsmangel, es zeige nur: »erstens: ergeben wir uns und zweitens: *hoffen wir*«.

»Die letzten Wochen waren recht schwer für mich«, berichtete die Mutter am 5. Mai 1889 nach Münster, Martha habe vierzehn Tage »in traurigen Zuständen« bei der Freundin in Schwiggerow verlebt: »Sie kam nach der dreistündigen Eisenbahnfahrt so verängstigt zurück, daß sie sich unfähig glaubte, die weite Reise nach Bonn zu unternehmen.« In Bonn sollte Martha bei ihrer Freundin Marie Veit-Bencard Aufnahme finden und sich als Privatpatientin von Gustav Veit, Maries Ehemann, einer gynäkologischen Behandlung unterziehen. Zuhause in Berlin wurde sie aber die Angst nicht los, getraute sich nicht mehr alleine auf die Straße. Die Mutter hatte mit der Kranken alle Mühe: »da ich sie begleiten mußte, wurde meine Zeit sehr knapp, zumal ich ein junges, mit dem Kochen unbekanntes Mädchen habe, und mich recht plagen muß auf meine alten Tage,« schrieb sie. Martha sei jetzt »mit den verschiedensten Hülfsmitteln versehen«, nach Bonn »abgedampft«. Eine Karte von ihr sei bereits eingetroffen mit der Nachricht, daß sie die Reise »glücklich überstanden« habe. Ehepaar Veit habe sie, als sie gegen Mitternacht in Bonn eingetroffen sei, »aufs liebenswürdigste auf dem Bahnhof empfangen«. Sie sei »bezaubert« von dem dortigen Aufenthalt; »das vornehme Landhaus« grenze mit seinem Garten an den Rhein, so daß sie, bei der jetzigen Hitze, immer Kühlung habe. Veit habe sie bereits untersucht: »Das

Martha Fontane, um 1890

Resultat lautet: er hofft sie zu kurieren. Da alle Details fehlen, sie diese Karte aus ihrem Bett heraus geschrieben, so bin ich natürlich in Erregung, bis ich Näheres erfahre. Möge Gott und Veit dem armen Kinde helfen! –« »Daß gestern kein Brief von Dir kam«, so schrieb der Vater drei Tage später an Martha nach Bonn, »ängstigte Mama; sie sah Dich schon zerschnippert«.

Veit war ein guter gynäkologischer Chirurg. Er beseitigte »das lokale Übel« – was immer es war – und verordnete Martha einige Wochen Bonn. »Ich begreife nicht«, schreibt ihr der Vater nach vierzehn Tagen, »wie Du von Abreise sprechen oder auch nur daran denken kannst; es berührt mich fast wie eine Ungezogenheit gegen den Geheimrat, jedenfalls wie Mangel an Artigkeit. Wenn er Dich in Behandlung nimmt und sagt: ›ich denke, es soll werden, wenn auch nicht schnell‹ so mußt Du den Zeitpunkt abwarten, wo er sagt ›nun ist es genug‹, entweder weil der Normalzustand wiederhergestellt ist, oder weil er sich überzeugt, daß er besser nicht mehr hergestellt werden kann.« Sie dürfe keinen »Fluchtversuch« unternehmen. Ob ihr Bonner Aufenthalt vier, acht oder zwölf Wochen daure, sei ganz gleichgültig. Auch betonte er: »Jenen Eltern-Egoismus, der den Sohn (wie's beim alten Goethe der Fall war) abschreibenshalber im Hause behält, oder die Tochter nicht missen mag, weil sie die Hammelkoteletts am besten brät, *diesen* Egoismus wenigstens haben wir nicht.« Sie beide wünschten ihr nicht bloß Gesundheit, sondern auch Lebensfreude. Im Tagebuch resümierte der Vater, Martha leide weiterhin; ihr Gesamtbefinden beurteilte er als »hochgradige Nervosität«.

Korsett und kurzes Haar

Um 1890 posierte Martha Fontane bei J. C. Schaarwächter, dem bekannten Berliner Hofphotographen in der Leipziger Straße 130:
Links im Bild steht auf dem Beistelltischchen eine Schatulle aus Holz und Metall. Auf dem Tischchen liegen außerdem, gut arrangiert, ein paar leicht zerlesene Bücher. Ein Buch hält Martha Fontane, die Leserin, auch aufgeschlagen in der rechten Hand. Selbstbewußt wirkt sie, wie sie hier steht, und vornehm, in Weiß gekleidet von Kopf bis Fuß. Ihr Kleid entspricht dem Geschmack der gutsituierten Frau, die Korsett trägt und im Modehaus Gerson kauft. Das Oberteil ist fein plissiert und hochgeschlossen. Die Keulenärmel sparen nicht an Stoff, die Taille ist enganliegend, der Rock hingegen weit geschnitten. Schmuck trägt Martha Fontane dezent; eine einfache Brosche in Pfeilform ist in den seidenen Kragen gesteckt.

Auffallend ist, daß die Porträtierte mit dreißig Jahren ihr dunkles Haar nicht mehr bändigt und hochsteckt, sondern nun kurz geschnitten trägt. Ihr Blick ist leicht fragend und zugleich von einer gewissen Melancholie. Etwa so muß sie alles in allem gewirkt haben, als der Vater seine großen Alterswerke schrieb, die Romane *Frau Jenny Treibel*, *Mathilde Möhring*, *Effi Briest*, *Die Poggenpuhls*, *Der Stechlin*.

Ibsen in Berlin

Um 1890 hieß das Losungswort der jungen Generation ›nach vorn‹. Das Theaterpublikum erklärte Stücke, wie sie Paul Heyse schrieb, für epigonal und begeisterte sich für Henrik Ibsen. Auch Fontane wurde rasch ein Bewunderer Ibsens und setzte sich geradezu leidenschaftlich mit seinen Stücken auseinander. In der *Vossischen Zeitung* veröffentlichte er lange Kritiken über *Gespenster*, *Die Wildente* und *Die Frau vom Meere*. Auch im

Martha Fontane, um 1890

Familienzirkel wurde Ibsen heftig diskutiert: »uns wirft er hin und her, aber wir freuen uns seiner Kraft«, schrieb Emilie Fontane an Clara Stockhausen und fragte, wie es denn die Frankfurter Freunde mit dem norwegischen Dichter hielten. Sie selber meinte, nachdem sie mit der Tochter *Die Frau vom Meere* gesehen hatte: »Mete und ich haben nun auch durch Frl. Conrads Güte das Stück gesehn und waren, zu meiner Überraschung, ganz benommen davon.« Paula Conrad spielte in dieser Aufführung die junge Hilde, einen modernen unkonventionellen Mädchencharakter im ›Backfischalter‹.

Ibsen entlarvte die bürgerliche Lebenswelt und ihre verlogene Moral wie keiner vor ihm. Die Aufführung seiner Stücke wurde von der Zensurbehörde streng überwacht, das Königliche Schauspielhaus und das Deutsche Theater spielten Ibsen nur bedingt. Umso konsequenter setzte sich Otto Brahm für den Bühnenautor und seine Stücke ein. Einmal lud er ihn zum großen Souper in den Askanischen Hof. Zu diesem Anlaß erschienen außer den literarischen Freunden auch Hans von Bülow, damals neuer Dirigent der Berliner Philharmoniker, und Johannes Brahms. »Darf ich Ihnen Ihren Genitiv vorstellen?« – so soll bei dieser Gelegenheit Brahms beim jungen Brahm eingeführt worden sein.

Fontane, der ebenfalls zu den Geladenen gehörte, notierte, es hätten lauter »illustre Gäste« teilgenommen und verschiedene Reden seien gehalten worden, »auch gute.« Ob es an diesem Abend zwischen ihm und Brahms zur persönlichen Begegnung gekommen ist, darüber schweigt sich das Tagebuch aus. Nach Emilie Fontane ist er von jenem Souper »entzückt um vier Uhr morgens!« nach Hause zurückgekehrt.

Otto Brahm, der »Ris à la Malte von Mete« und die Freie Bühne

Otto Brahm war gleich alt wie Marthas Bruder Theo. Er war der Sohn des jüdischen Hamburger Kaufmanns Abrahamson, hatte aber seinen Namen schon in jungen Jahren auf Brahm verkürzt. Zuerst war sein Wunsch gewesen, Schriftsteller zu werden, dann hatte er Germanistik studiert und bei Erich Schmidt promoviert. 1881 war er Fontanes junger Kollege bei der *Vossischen Zeitung* geworden. Seither schrieb er wie dieser Theaterkritiken, aber über die Aufführungen der Berliner Privattheater. Außerdem war er Verfasser literarhistorischer Essays und betätigte sich literaturkritisch. 1888 hatte er eine gehaltvolle, zustimmende Besprechung von *Irrungen, Wirrungen* in der *Frankfurter Zeitung* veröffentlicht.

Der »kleine Brahm«, wie Fontane ihn liebevoll und mit Respekt nannte, und Martha Fontane pflegten eine exquisite literarisch-kulinarische Beziehung: sie las alles, was er publizierte (auch seine Schiller-Biographie, die zwischen 1888 und 1892 erschien) und er liebte ihre Küche, so daß bei »Ris à la Malte von Mete« aus manchem Spätnachmittagbesuch ein langer Abend wurde.

Im März 1889 gründete Otto Brahm mit anderen Gleichgesinnten den Verein *Freie Bühne*, dessen Zweck war, »unabhängig von dem Betrieb der bestehenden Bühnen und ohne mit ihnen in einen Wettkampf einzutreten, eine *Bühne* zu begründen, welche *frei* ist von Rücksichten auf Theaterzensur und Gelderwerb«. Vorsitzender des Vereins wurde er selbst, Schatzmeister der junge Verleger Samuel Fischer, der überzeugt war, daß sich die deutsche Literatur vom Theater her erneuern würde, und der mit der deutschen Übersetzung von Ibsens *Rosmersholm* sein Verlagsprogramm eröffnet hatte. Ibsen war nicht nur dem S. Fischer Verlag, sondern auch der *Freien Bühne* Programm. Als privater Verein brauchte die *Freie Bühne* die Zensurbehörde nicht zu fürchten und konnte daher auch Strindberg und Tolstoi spielen; ein deutscher Dramatiker ähnlichen Formats fehlte.

Die erste Saison der *Freien Bühne* wurde am 29. September 1889 mit Ibsens *Gespenstern* eröffnet. Schon zu Beginn zählte der Verein mehrere hundert Mitglieder. Im November 1889 waren es bereits 900. Zu den Mitgliedern gehörten die Schauspielerin Paula Conrad, der Theaterkritiker Paul Schlenther, der Jurist Paul Meyer und viele andere Bekannte der Fontanes, die als Ehepaar ebenfalls Mitglied waren.

Außer dem Theater unterhielt der Verein *Freie Bühne* auch eine eigene Zeitschrift. Ab Anfang 1890 erschien im S. Fischer Verlag wöchentlich die *Freie Bühne für modernes Leben*, herausgegeben von Otto Brahm. Die Hefte wurden bei Fontanes mit großem Interesse gelesen: »die Jugend hat Recht. Das Überlieferte ist vollkommen schal und abgestanden«, schrieb Fontane darüber.

Weil Martha das Interesse für das Neue teilte und die klugen Artikel des Chefredakteurs Otto Brahm schätzte, erhielt sie von ihrem Vater jeweils, wenn sie auf dem Land war, die in Grün gebundenen Hefte oder einzelne Artikel der *Freien Bühne* nachgeschickt. So schickte er zum Beispiel Heft 5 wegen Brahms Nachruf auf den jungen Maler und Radierer Karl Stauffer-Bern, dessen Drama den Vater-Tochter-Briefwechsel dann nachhaltig beschäftigte (Fontanes Briefe sind überliefert). Und einmal, in Heft 14, konnte Martha in der *Freien Bühne*, dem Forum der jungen Modernen, auch einen kleinen Beitrag von Theodor Fontane lesen.

Gerhart Hauptmann bei Fontanes

Kurz vor der Eröffnung der *Freien Bühne* wandte sich ein junger Mann namens Gerhart Hauptmann an den hoch angesehenen Theaterkritiker Theodor Fontane mit der Bitte, einen Blick in sein eben publiziertes Bühnenstück *Vor Sonnenaufgang. Soziales Drama* zu werfen. Der 27jährige Dramatiker lebte damals in der Schlüterstraße in Berlin-Charlottenburg. Fontane antwortete umgehend: »Ich habe gleich an Brahm geschrieben, der mir, als Direktor der ›Freien Bühne‹, der Mann der Situation zu sein scheint. Vielleicht ist ihm, seitens der Verlagshandlung, das Drama schon zugegangen, wo nicht, so veranlassen Sie's wohl. Von meinem Exemplar wollte ich mich nicht gerne trennen.«

Wie sehr ihn Hauptmann für sich eingenommen hatte, gestand Fon-

tane auch seiner Tochter. »Meine liebe Mete«, schrieb er nach Schwiggerow, sein Brief treffe diesmal um einen Tag verspätet ein, »weil ich an-
derweitig eine große Korrespondenz hatte, darunter ein Brief an einen
Herrn Gerhart Hauptmann, der ein fabelhaftes Stück geschrieben hat:
›Vor Sonnenaufgang, soziales Drama, 5 Akte.‹ Ich war ganz benommen
davon. Mama natürlich wieder in Angst, ich ginge zu weit, ich engagierte mich ungebührlich; Durchgänger, Hitzkopf, ›*Jüngling*‹.« Nachdem
nun aber eine Karte von Otto Brahm eingetroffen sei, der seine Meinung
ganz teile, habe sie sich einigermaßen beruhigt. »Ich allein kann nie
Recht haben«, schrieb er der Tochter, »es muß immer erst bestätigt werden, und wenn es durch Müller oder Schultze wäre.« »Dieser Hauptmann« aber, »ein wirklicher Hauptmann der schwarzen Realisten-Ban-
de«, das müsse sie wissen, sei »ein völlig entphraster Ibsen« und: »er gibt
das Leben, wie es ist, in seinem vollen Graus; er tut nichts zu, aber er zieht
auch nichts ab, und erreicht dadurch eine kolossale Wirkung. Dabei (und
das ist der Hauptwitz und der Hauptgrund meiner Bewunderung) spricht
sich in *dem*, was dem Laien einfach als abgeschriebnes Leben erscheint,
ein Maß von Kunst aus, wie's nicht größer gedacht werden kann«.

Brahm entschied sich, das Stück sofort zur Aufführung zu bringen. Er
kippte *Das Vierte Gebot* von Anzengruber aus dem Programm und setzte
an seine Stelle Hauptmanns *Vor Sonnenaufgang*. Die Uraufführung am
20. Oktober 1889 geriet unweigerlich zum Theaterskandal und führte zu
einer Pressekampagne gegen das Stück. Fontane als Kritiker der *Vossischen Zeitung* blieb seiner Überzeugung treu, daß mit Hauptmann ein
Genie die Bühne betreten habe. Seine Kritik schloß mit den Sätzen:
»Über Hauptmanns Drama wird noch viel gestritten und manche viel-
jährige Freundschaft ernster oder leichter gefährdet werden, aber über
eines wird *nicht* gestritten werden können, über den Dichter selbst und
über den Eindruck, den sein Erscheinen machte. Statt eines bärtigen,
gebräunten, breitschulterigen Mannes mit Klapphut und Jägerschem
Klapprock erschien ein schlank aufgeschossener junger blonder Herr,
von untadeligsten Manieren, und verbeugte sich mit einer graziösen Anspruchslosigkeit, der wohl auch die meisten seiner Gegner nicht wider-
standen haben.«

Brahm, Schlenther, Fischer nahmen Hauptmann gleich in ihren Kreis
auf. Im Herbst 1889 wählte man ihn in den Vorstand der *Freien Bühne*,
außerdem wurde Samuel Fischer sein engagierter Verleger. Der Verlag
von Friedrich Fontane hatte das Nachsehen. Den Vater kümmerte das

wenig. Er förderte Hauptmann nach Kräften und erklärte ihn rundweg zu seinem Liebling.

In den 1890er Jahren verkehrte der Shootingstar der Berliner Literaturszene häufig bei Fontanes. Gerne kam er »zum bekannten Löffel Suppe« (Martha Fontane an Gerhart Hauptmann, 26. November 1896). Von einer größeren Abendgesellschaft erzählte Hauptmann später, es hätten an ihr außer dem Dichter selbst auch »die Gattin, die Tochter« und der »älteste Sohn« (Theo) teilgenommen sowie »Paul Schlenther«, »Fritz Mauthner« und »eine reizvolle junge Frau«. Er selbst, Hauptmann, habe bei diesem Diner von seiner Schulzeit erzählt und auch davon, wie er von einem Lehrer mißhandelt worden sei. Darauf habe Fontane, sein »höchster Protektor«, »ein Büchelchen herbeibringen« lassen, »während die Gläser mit Champagner gefüllt wurden«. Der Dichter habe das herbeigebrachte kleine Buch, nämlich seinen eigenen Gedichtband, aufgeschlagen, sich erhoben und gelesen:

> An einem Montagmorgen war's
> Kaum schlug die Glocke vier,
> Da zog er ein in unsre Stadt,
> Der junge Kavalier;
> > O Charlie ist mein Liebling,
> > Mein Liebling, mein Liebling,
> > O Charlie ist mein Liebling,
> > Der junge Kavalier.
> > ...

Und weiter:

> Sie ließen Weib und Kind zurück,
> wohlan, so tun auch wir,
> wir baun auf Gott und gutes Glück
> und auf den Kavalier;
> O Charlie ...

Dabei sei der Vortrag, so Hauptmann, auf eine Weise an ihn, den ›jungen Kavalier‹, gerichtet gewesen, daß er geradezu erschüttert und bis zu Tränen überwältigt gewesen sei – und diese Fontaneschen Verse nie mehr vergessen habe.

Auch Martha Fontane verehrte den jungen Dichter. Wenn irgend möglich besuchte sie die Aufführung seiner Stücke, zuerst in der *Freien Bühne,* später, als Otto Brahm die Leitung des Deutschen Theaters übernommen hatte, dann dort. Außer *Vor Sonnenaufgang* kannte oder sah sie unter anderem *Das Friedensfest, Die versunkene Glocke, Die Weber,* die seinerzeit ein großer Theaterskandal waren und für Wilhelm II. Grund genug, seine Loge im Deutschen Theater zu kündigen. Im Deutschen Theater wurde auch Ibsens *Nora* gegeben, mit Agnes Sorma, die unter Brahms Regie diesem Frauencharakter erstmals psychologische Größe verlieh.

Trotz ihrer Vorliebe für das Neue bewahrte sich Martha Fontane indes auch ihre Zuneigung zu Paul Heyse. 1890 zählte sie ihn noch immer zu ihren Lieblingslyrikern. Heyse hatte, seit die *Freie Bühne* und die Anhänger des naturalistischen Dramas den Ton angaben, bei der jüngeren Generation einen besonders schweren Stand. Martha begegnete ihm einmal Mitte der 1890er Jahre, und zwar zufällig, als sie in den Süden fuhr. Nach ihrem Bericht (er ist nicht überliefert) stellte der Vater fest: »Er war wie immer sehr liebenswürdig, wie immer, vorausgesetzt, daß der Betreffende nicht direkt zur ›schwarzen Garde‹ gehört.« Mit der ›schwarzen Garde‹ waren die Naturalisten, also Gerhart Hauptmann und sein Kreis, gemeint. »Meine Tochter«, so Fontane, »trotz aller Schwärmerei für den Menschen Heyse, schrammt nur so gerade noch vorbei.«

Fünfzehn Jahre später erhielt der siebzigjährige Paul Heyse als erster deutscher Schriftsteller den Nobelpreis für Literatur. Kurz nach ihm fiel diese Ehre seinem Kontrahenten zu, dem damals fünfzigjährigen Gerhart Hauptmann. Fontanes Tochter schenkte Hauptmann zu diesem Anlaß, es war 1912, den an sie gerichteten Brief des Vaters vom 14. September 1889, worin der ältere vom Genie des jüngeren Dichters sich so sehr hingerissen zeigt. Sie schrieb dem Nobelpreisträger, als sie ihm das Autograph überreichte: »Für das Hauptmann-Archiv. Zur freundlichen Erinnerung an stürmische Zeiten und friedliche Stunden 134c Potsdamer Str. von Ihrer treu ergebenen Martha Fritsch geb. Fontane.«

Fontane wird siebzig

Am 30. Dezember 1889 wurde Theodor Fontane siebzig Jahre alt. Zwei Tage vor dem ›großen Tag‹, gestand er, er sei »recht krank und elend«, liege »meist zu Bett« und »sehe, wenn mit Freude, doch auch mit Bangen auf die nächsten Tage«. Paul Heyse eröffnete den Reigen der Gratulanten. Am 28. Dezember 1889 erschienen auf der Titelseite der Zeitschrift *Deutschland* Heyses klassische Verse »An Theodor Fontane«. Es war eine Hommage an den jungen Fontane, an »Lafontaine«, wie er im Dichterverein *Tunnel über der Spree* genannt worden war. Heyse dichtete in Erinnerung an jene Zeit:

> Da ging die Tür und in die Halle
> Mit schwebendem Gang wie ein junger Gott
> Trat ein Verspäteter, frei und flott,
> Grüßt' in die Runde mit Seherblick
> ...
> Doch: Der ist ein Dichter! wußt' ich sofort.
> Silentium! *Lafontaine* hat's Wort.

Martha Fontane freute sich sehr über das Geburtstagsgedicht. »Hochverehrter lieber Freund«, begann sie ihren Dankesbrief an Heyse. »Der ›Jubilar‹, der mit Grauen das Feiern näher kommen sieht, schläft noch. Von allem Schlaf ist mir der Vaterschlaf von Kindheit an der heiligste gewesen, heute aber bedurfte es meiner ganzen Energie, nicht sofort mit ›Deutschland‹ an sein Bett zu stürzen. Jetzt hat die Reflexion bereits wieder vollkommen gesiegt und ich genieße mit leidenschaftlichem Behagen (einer seltenen Mischung) die Vorfreude auf das gerührte Gesicht des Ausgeschlafenen. Zu dem wärmsten Dank für Ihre wundervolle Freundschaft kommt die Ahnung der Literatur-Tochter, wie unsagbar fein, liebenswürdig und künstlerisch einzig dieser Weihnachtsgruß ist.«

Am 30. Dezember, dem eigentlichen Geburtstag, erschienen in der Potsdamer Straße 134 c alte bewährte Freunde wie Friedrich Witte, aber auch junge wie Paul Schlenther und Paul Meyer. Auch Hauptmann meldete sich. Er fragte an, ob er Fontane vielleicht sein Neustes widmen dürfe. »So unzulänglich – nach jeder Richtung – dasselbe auch sein mag«, schrieb er, »so darf ich versichern: die Empfindungen, aus denen heraus ich es Ihnen entgegentragen möchte, sind echt und voll und Ihrer nicht unwürdig.« »Es wird mir eine Freude und Ehre sein«, antwortet Fontane, »meinen Namen auf dem Widmungsblatt zu finden.« Kurz darauf erschien Hauptmanns Drama *Das Friedensfest* und war »Dem Dichter Theodor Fontane ehrfurchtsvoll zugeeignet«.

Das literarische Berlin gab sich die Ehre. Am 4. Januar 1890 veranstaltete die Presse im Englischen Haus ein Diner für den Jubilar. Ansprachen hielten unter anderen der preußische Kultusminister Gustav von

Goßler, ein Neffe Henriette von Merckels, die kurz zuvor verstorben war, sowie Friedrich Stephany, der Chefredakteur der *Vossischen Zeitung*. Außerdem ergriff auch der Schriftsteller Ernst von Wolzogen, damals 25, das Wort und »brüllte wie ein Stier«, das heißt, dankte dem Dichter im Namen der Jugend:

> Dann hast du gedichtet. Und eh man's gedacht,
> Hast du es einfach *besser* gemacht.

»Die Alten« – so erinnerte sich später einer der ›Jungen‹ – »schüttelten die Köpfe über die flammenden Verse, aber die versammelte Jugend jauchzte, als Fontane und Wolzogen sich umarmten – es war der Bund zwischen dem Siebzigjährigen und denen ›zwischen Zwanzig und Dreißig‹.«

Das Fest, an dem dreihundert Personen teilnahmen, »gleichsam der Extrakt des literarischen und zur Literatur in nahen Beziehungen stehenden Berlin«, dauerte »bis 3 Uhr morgens«. Auf die vielen Reden und vorgetragenen Verse antwortete Fontane mit einem schlichten »ich danke Ihnen«. Im Namen der Familie, die mit an der Ehrentafel saß, richtete sich Sohn Theo an die Gäste, sprach seinen Dank aus »für alle dem Vater heute erwiesenen Ehren«. Als würdiger Abschluß der Feier war der Vortrag von Loewes Vertonung des *Archibald Douglas* gedacht. Aber da klatschten einige zu früh.

»Das unpassende Benehmen eines Bruchteils der einen Tafel hat mir freilich wie wohl auch vielen andern den Schluß des Festes verleidet«, resümierte Fontane. Das sei, »wie das Sprichwort sagt«, »der Hühnerdreck« gewesen, »der mir auf meinen Freudenteller fiel«. Eine Woche später formulierte er milder: »Das Fest war *sehr* hübsch, aber ein Glück, daß es vorbei. Sich still einspinnen, ist mein Metier und meine Lust.«

Friedrich Witte notierte: »Ich bin in der Zwischenzeit zweimal in Berlin gewesen, am 30. Dezember zu Fontanes 70. Geburtstag allein und am 4. Januar mit Anna, Lise und Annemarie zur Teilnahme an dem großen ihm von der Presse veranstalteten Feste im Englischen Hause. Beide Tage verliefen sehr glänzend und sehr befriedigend. Alle Teilnehmer waren sehr entzückt, vor allem Fontane selbst und die Seinen. Emilie war am 4. Januar recht elend, hielt sich aber doch; Martha dagegen war beide Mal sehr frisch und genoß das Ganze mit vollen Zügen.«

Er sei, so meinte Fontane, »nach fünfzigjähriger fast pennsylvanischer

Absperrung vom Welt- und Literaturgetriebe« plötzlich seiner »Nation« als »Theodorus victor« gezeigt worden: »Eine merkwürdige Rolle für mich.« Was er einzig vermisse, sei die Anerkennung seines Werkes durch den preußischen Adel. »Das moderne Berlin hat einen Götzen aus mir gemacht«, so stellte er fest, »aber das alte *Preußen*, das ich, durch mehr als 40 Jahre hin, in den Kriegsbüchern, Biographien, Land- und Leute-Schilderungen und volkstümlichen Gedichten verherrlicht habe, dies ›alte Preußen‹ hat sich kaum gerührt und alles (wie in so vielen Stükken) den Juden überlassen.«

Auch wenn es nicht war, was Fontane sich erhofft hatte, Anerkennung blieb auf die Länge nicht aus. Mit 71 Jahren erhielt er zusammen mit Klaus Groth den »Schiller-Preis« (3000 Mark), mit 74 wurde ihm die Ehrendoktorwürde der Berliner Universität verliehen. Außerdem erhielt er ab 75 vom preußischen Kultusministerium eine Ehrenpension.

Mit vollendetem 70. Lebensjahr gab Fontane seine feste Tätigkeit als Theaterkritiker der *Vossischen Zeitung* auf. Sein Nachfolger wurde Paul Schlenther. Zum Dank für die langjährige Mitarbeit erhielt der Siebzigjährige von seiner Zeitung eine jährliche Pension von 1500 Mark. Gemäß Wirtschaftsbuch Emilie Fontanes für das Jahr 1890 wurde damit jedoch kaum ein Viertel der Ausgaben gedeckt. Schreiben blieb notwendig Erwerbsarbeit.

Familienstreit

Wenn sich weitere Geldquellen eröffneten, war das nur gut. Der Berliner Verleger Emil Dominik hatte eine Gesamtausgabe vorgeschlagen. Am 10. Januar 1890 unterzeichnete Fontane den Verlagsvertrag, der ihm ein einmaliges Honorar von 3000 Mark zusicherte sowie weitere Tantiemen aus Lizenzvergaben.

Fontanes Sohn Friedrich fühlte sich, als er von dem Vorgang erfuhr, vollkommen überrumpelt und sah sich als Jungverleger geprellt. Denn er hatte Emil Dominik zugearbeitet in der Annahme, ihre beiden Verlage würden die Gesamtausgabe gemeinsam veranstalten. Der Streit war unvermeidlich. Die Schwester aber hatte kein Verständnis für den jüngeren Bruder. »Friedel hat wirklich vollständig mit Papa gebrochen und hat noch mit keinem Schritt wieder unser Haus betreten«, schrieb sie an Theo, den älteren Bruder. »Wie ich ihn finde, brauche ich Dir nicht zu sagen. Es liegt nichts vor und *dieser* Sohn bricht mit *diesem* Vater in *dieser* Zeit. Was muß er für Freunde haben, die ihn nicht besser beraten. Außerdem ist sein Verhalten auch praktisch unendlich dumm. Zu unserm Bedauern sehen wir, wie fern er uns innerlich überhaupt steht, daraus, daß keiner von uns die doch gewiß traurige Sache eigentlich tragisch nimmt. Mama sagt, wenn ihr das so mit einem anderen Kinde passiert wäre, bräche ihr das Herz.«

Friedrich Fontane kämpfte seit längerem darum, die Bücher seines Vaters verlegen zu dürfen. Er kämpfte allein, denn alle in der Familie ergriffen die Partei des Vaters, der sich weigerte, in geschäftliche Beziehungen mit seinem Jüngsten zu treten. Schließlich überließ er dem Friedrich Fontane Verlag seinen Roman *Stine*. Das Werk erschien im April 1890 und wurde ein beachtlicher Erfolg.

Weil der Sohn geschickt vorging, wurde Fontane schließlich doch Autor des Friedrich Fontane Verlags. Der Streit zwischen den Generationen endete versöhnlich. In der Politik war es anders. Am 18. März 1890 bat Bismarck den jungen Kaiser wegen unüberwindlicher Differenzen um seine Entlassung. Am 20. März 1890 ›ging der Lotse von Bord‹.

Fragebogen zur Selbstcharakteristik

Am 30. Mai 1890 beantwortete Martha Fontane einen englischen Fragebogen, wie sie es mit 17 Jahren schon einmal getan hatte. Es sind Fragen, die der spielerischen Selbstcharakterisierung dienten.

Your favourite virtue.	—
	mit 17: Wahrhaftigkeit
Your favourite qualities in man.	Enthusiasmus für seinen Beruf. Humor. Anständige Gesinnung.
	mit 17: Klugheit und Bescheidenheit
Your favourite qualities in woman.	Aufopferungsfähigkeit und Grazie. Esprit.
	mit 17: Treue. Demut
Your favourite occupation.	Klavierspielen. Kinder beobachten. Klugen Männern zuhören. Segeln.
	mit 17: Schwimmen. Klavierspielen.

Your chief characteristic.	Die Dinge laufen lassen. Abwarten.
	mit 17: Ungleichheit
Your idea of happiness.	Freudige Pflichterfüllung.
	mit 17: Frau und Mutter zu sein.
Your idea of misery.	Nicht das Recht haben, zu scheinen, was man ist.
	mit 17: Unbeliebt sein oder ganz böse.
Your favourite colour and flower.	Maiglöckchen, Heidekraut, Narzisse. – Gelb.
	mit 17: Rot. Maiglöckchen.
If not yourself, who would you be?	Meine Enkelin.
	mit 17: Frau Anna Witte. Tot.
Where would you like to live?	--
	mit 17: In Berlin.
Your favourite prose authors.	Gottfried Keller. Rudolph Lindau.
	mit 17: Dickens.
Your favourite poets.	Goethe, Platen. – Heyse, Storm.
	mit 17: Goethe, Shakespeare.
Your favourite painters and composers.	Beethoven, Schumann.
	mit 17: Menzel, Beethoven, Schumann.
Your favourite heroes in real life.	Hannibal. Friedrich der Große.
	mit 17: Julius Cäsar.
Your favourite heroines in real life.	Charlotte Corday.
	mit 17: Charlotte Corday
Your favourite heroes in fiction.	Hamlet. Fink.
	mit 17: Hamlet. Siegfried.
Your favourite heroines in fiction.	Gretchen. Jungfrau von Orléans.
	mit 17: Gretchen., Kriemhild.
Your favourite food and drink.	Roastbeef. Malaga. Suchard.
	mit 17: Champagner
Your favourite names.	Anna. Lise. Renate. – Julius. Guy.
	mit 17: Anna. Max. Paul.
Your pet aversion.	Wichtigtuerei. Ein knarrendes Bett.
	mit 17: Scheinheiligkeit. Hitze.

What characters in history	– –
do you most dislike?	*mit 17: Torquemada.*
What is your present state of mind?	Zufriedenheit aus Reflexion.
	mit 17: —
For what fault have you	für die, welche les défauts de
most toleration?	nos vertus sind.
	mit 17: Coquetterie.
Your favourite motto.	Es ist Alles eitel.
	mit 17: Es ist Alles vorbei.

Ihre Vorlieben, Abneigungen und Lebenseinsichten charakterisieren Martha Fontane als eine espritvolle, gebildete und nicht ganz so anpassungswillige Frau, wie sie zu sein vorgab, außerdem als Vaters Tochter. Gleichzeitig spricht aus manchen ihrer Antworten Resignation oder Melancholie. So hatte sie zum Beispiel mit 17 auf die Frage *Where would you like to live?* entschieden geantwortet: »In Berlin.« Jetzt gibt es keinen Ort mehr, den sie hier nennen kann. Auf die Frage *If not yourself, who would you be?* gibt sie außerdem die Antwort: »Meine Enkelin.« Mit siebzehn hatte sie gemeint: »Frau Anna Witte. Tot.« Mit dreißig wollte sie offenbar ›nach vorn‹ und sehnte sich nach Zukunft.

Martha Fontane erzählt eine ›graue Geschichte‹

Am 15. Juli 1890 starb in Zürich Marthas Lieblingsschriftsteller Gottfried Keller. Sie selber war zu diesem Zeipunkt wahrscheinlich bei Wittes in Warnemünde. Am 21. Juli reiste sie nach Krummhübel. Den weiteren Sommer verbrachte sie mit ihren Eltern oben in der Brotbaude. Kurz vor der Rückreise schrieb der Vater seinem Sohn: »Mein lieber Friedel. Mit unsrem Aufenthalt geht's nun auf die Neige und dies werden wohl meine letzten Zeilen von hier sein. Deine letzte Sendung hat uns wieder erfreut, die begleitenden Zeilen nicht minder; Martha, mit üblicher Virtuosiät, hat den ganzen Band ›graue Geschichten‹ heute durchgelesen und mir eine davon unterwegs (wir kommen eben von der Kleinen Teich-Baude zurück) erzählt. Diese eine Geschichte ›Minnas Heirat‹ hat mir sehr gefallen, wenn auch der Ausgang versöhnlicher und besser sein könnte. Martha findet auch die andern recht gut, namentlich die längste.«
  Der Band *Graue Geschichten* der Autorin Marie Hartog, die unter dem

Pseudonym Marie zur Megede schrieb, war eine Herbstneuerscheinung des Friedrich Fontane Verlags. Offenbar hatte der Bruder seine Schwester um ein kritisches Urteil gebeten. Der Novellenband, den Martha Fontane gelesen hatte, umfaßt 276 Seiten und enthält acht Geschichten, die in sarkastischem Tonfall von der modernen Frau, von ihren Rollenkonflikten und Lebenslügen handeln. Für Martha war es ein Vergnügen, unter noch frischen Leseeindrücken dem Vater *Minnas Heirat* zu erzählen. Von allen Novellen des Bandes ist es diejenige Geschichte, die die größte Affinität zu *Effi Briest* hat. Fontane hatte *Effi Briest* zu diesem Zeitpunkt gerade in Arbeit. Im Sommer 1890 beendete er die erste Fassung.

Auf der letzten Seite des Novellenbandes *Graue Geschichten* machte der Friedrich Fontane Verlag bereits Reklame für die zweite Auflage von *Stine*, zudem für die zweite Auflage von *Irrungen, Wirrungen*, die Neuausgabe von *L'Adultera* sowie die Neuausgabe von *Graf Petöfy*. Vater und Sohn standen inzwischen gut miteinander im Geschäft.

»Tante Fon-Fon« in Elsenau

Lise Mengel, Marthas engste Freundin, war jetzt Mutter von vier Kindern. Die älteste Tochter Gertrud, Marthas Patenkind, war acht Jahre alt, Peter Fritz sieben, Anna fünf und Martin zwei, als Familie Mengel das Pachtgut in Schwiggerow aufgab. Richard Mengel hatte es vorteilhaft bewirtschaftet und nun die Möglichkeit, in Elsenau (poln. Damasławek) ein eigenes Gut zu erwerben. 1891 zog die sechsköpfige Familie von Mecklenburg in die östliche Provinz Posen.

Posen gehörte damals zu Preußen und zählte zu jenem deutsch-slawischen Kulturgrenzraum, den das deutsche Reich zu ›germanisieren‹ beabsichtigte. Deutsche Landwirte, die gewillt waren, in Posen eine neue Existenz zu begründen, fanden hier günstige Konditionen. Der Besitz, den die Mengels erwarben, umfaßte zwar nur 470 Hektar, war aber groß genug für eine einträgliche Getreide- und Viehwirtschaft. Schon nach kurzer Zeit galt der Hof der Mengels als Musterbetrieb. Zum Hof gehörte auch ein Rittergut, ein freundlicher zweistöckiger Bau im klassizistischen Stil, das jetzt Familienwohnsitz wurde. Der Park des Elsenauer Gutes war – so zeigen zeitgenössische Pläne – besonders groß und gepflegt. (Um 1910 verkauften Mengels den Besitz, nach 1919 wurde Elsenau polnisch, 1939 besetzten es die Deutschen; in der Zeit des Nationalsozialismus wurde das Gut als ›Reichsjugendlager‹ verwendet; die deutschen Mädchen verbrachten hier ihr ›Reichsjugendlandjahr‹, nach 1945 wurde der Ort wieder polnisch.) Martha Fontane kam in den zwei Jahrzehnten, in denen ihre Freundin in Elsenau lebte, oft zu Besuch. Seit 1887 war der kleine Ort an das Eisenbahnnetz angeschlossen. Von Berlin fuhr man über Frankfurt an der Oder und Posen bis nach Gnesen, und dann weitere vierzig Kilometer nordwärts. Eine halbe Tagesreise beanspruchte damals die Fahrt. Sie führte in eine flache von zahlreichen schmalen Seen durchzogene Landschaft. Da und dort gab es einzelne kleine Dörfer. Elsenau selbst hatte etwa dreihundert Einwohner und nur das eine Rittergut. Die Verhältnisse erinnerten ganz an Klein Dammer.

Die Bevölkerung in Elsenau war mehrheitlich deutsch und evangelisch, ein knappes Drittel sprach polnisch und war katholisch. Für Fontane aber hieß nach Posen ziehen auf jeden Fall ›unter die Polen‹ geraten. »Durch Mete hören wir nur Gutes von allen Elsenauern, groß und klein«, schrieb er an Lise, »was uns herzlich erfreut. Dies war nun Euer erstes Weihnachtsfest unter den Polen; zum Glück fällt Dein Papa wie eine ganze deutsche Provinz ins Gewicht.«

Richard Mengel etablierte sich rasch in seinem Landkreis. Amtlichen Quellen zufolge wurde er Kreisvorsitzender des Landwirtschaftlichen Vereins, war auch Mitglied des Kreisausschusses von Wongrowitz und später dessen stellvertretender Vorsitzender. Zudem gehörte er dem Bezirkseisenbahnrat in Bromberg an. Seine Frau Lise, deren Vater schwärmte, sie sei »ein prachtvoll und harmonisch entwickelter Mensch«, führte in Elsenau ein offenes Haus, reiste gelegentlich allein oder mit den Kindern nach Rostock, Warnemünde oder Berlin. Nach Berlin schickte sie, als es Zeit war, ihre Töchter und Söhne zur Ausbildung. Gertrud zum Beispiel besuchte mit 14 Jahren, ab Ostern 1897, das Luisenstift in der Markgrafenstraße 10 und verkehrte während ihrer Ausbildungszeit regelmäßig bei Fontanes. Den Dichter verehrte Gertrud, empfand für ihn, wie ihre Patin es vielleicht ausgedrückt hätte, eine ›große angeborne, anerzogne und selbstgewählte Liebe‹. Seine Gedichte kannte sie »so gut wie auswendig«. Denn »wenn wir mit unseren Eltern so 2 bis 3 Stunden zu einem anderen Nachbarn in einem ›Zuwagen‹ fuhren«, so erinnerte sich Gertrud Mengel später, »zitierte meine Mutter ohne jeden Fehler seitenlang Gedichte. Hauptsächlich von Fontane, aber auch von Platen […], auch Strachwitz und natürlich Goethe.«

Lise Mengel-Witte mit ihren Kindern,
um 1890

Kam »Tante Fon-Fon« nach Elsenau zu Besuch, so freuten sich die Kinder. Der Ort wurde wichtig für Martha Fontane. Hierher begab sie sich auch, wenn es ihr nicht so gut ging. Was der Mutter einst Neuhof gewesen war, das wurde ihr nun Elsenau.

Die Freundinnen in Deyelsdorf und Zansebuhr

Martha Fontane war ab 1891 auch oft in Vorpommern, in Deyelsdorf und Zansebuhr. In Deyelsdorf besaßen die Freunde Gustav und Marie Veit ein Gut. Solange Veit die Frauenklinik in Bonn leitete, war Deyelsdorf ein Rückzugsort, später zog man ganz dorthin. In der Nähe von Deyelsdorf, in Zansebuhr, lebte einige Monate im Jahr auch Margarete Gräfin von Wachtmeister, Gustav Veits Tochter aus erster Ehe. Sie besaß dort einen eigenen Landsitz.

Martha hatte sich Anfang 1891, weil es ihr gesundheitlich nicht gut ging, erneut nach Bonn in gynäkologische Behandlung begeben. Veit stellte seine Diagnose und Martha gestand ihrer Schwägerin: »Das bißchen Unterleib will nicht viel sagen,« Veit habe sie einem »Nervenarzt« überwiesen. Dieser verordnete als Kur eine Diät und viel Ruhe, zudem das Beruhigungsmittel Brom. Martha unterzog sich der Kur wahrscheinlich im Haus der Veits. »Ich schlafe denn auch schon erheblich besser«, schrieb sie aus Bonn, »aber ob ich die wesentlichen Dinge, Unfrohheit, Schlappitüde und die große Angst je los werde, ist mir mehr als zweifelhaft.« Mit gewohntem Sarkasmus unterzeichnete sie sich mit: »Familienwrack Martha F.«. Zur Nachkur sollte sie sich mit den Veits nach Deyelsdorf begeben und dort mit ihnen den Frühling verbringen. Martha war gern bei Veits. Das Ehepaar hatte kein »Petöfyabkommen getroffen«. Marie Veit gebar am 9. Dezember 1891 einen Sohn. Sie war 33, der Vater 67 Jahre alt, als Klein-Gustav zur Welt kam. Er war sogleich ein ›Liebling aller‹, auch Martha freute sich über das Kind und besuchte Familie Veit jetzt umso lieber.

Den Landsitz Deyelsdorf bei Tribsees, ein großes neugotisches Rittergut (es existiert noch), hatte Gustav Veit 1883 erworben. Seither zog er sich jeweils in seiner freien Zeit hierher zurück. Marie, seit 1887 mit ihm verheiratet, fühlte sich von Anfang an in Deyelsdorf zu Hause. Auch war ihre Heimatstadt Rostock von hier leicht zu erreichen. Wenn Martha Fontane bei Marie Veit in Deyelsdorf war, plante man jeweils auch Besuche in Rostock ein. In Deylesdorf selbst widmeten sich die beiden Freundinnen viel der Musik. Marie, einst Privatschülerin von Julius Stockhausen, war eine gute Altistin. Martha begleitete sie offenbar am Klavier, und vielleicht sang sie auch Duette mit ihr. Denn in den 1890er Jahren nahm Martha Fontane wieder Gesangsstunden, und zwar bei der Sängerin Adele Aßmann, die bei Julius Stockhausen eine professionelle Ausbildung erhalten hatte und mit Fontanes bekannt war.

Das gemeinsame Musizieren und Singen bedeutete Martha und Marie viel. Das wußte auch der Vater; einmal schrieb er der Tochter nach Deyelsdorf: »liebevolle Worte und Musik werden auch der Seele aufhelfen«. Nach 1893 kam Martha noch häufiger als zuvor auf das Gut der Freunde. Denn Gustav Veit wurde am 1. Oktober 1893 emeritiert und übersiedelte dann mit seiner Familie von Bonn ganz nach Deyelsdorf. Hier wurde die Familie 1894 in den erblichen Adelsstand erhoben.

Gut Zansebuhr, der Landsitz von Margarete, der Tochter Veits aus erster Ehe, lag von Deyelsdorf nur wenige Wagenstunden entfernt. Der Verkehr zwischen Zansebuhr und Deyelsdorf war ein regelmäßiger und selbstverständlicher. Margarete Gräfin von Wachtmeister war fünf Jahre

Rittergut Zansebuhr, um 1890

jünger als Martha und bereits verwitwet. Martha Fontane begegnete ihr zum ersten Mal im Haus Veit und sah sich bald von ihr umworben. Unter allen ihren Freundinnen war sie die jüngste. Die Quellen geben wenig preis, doch Andeutungen nach war es eine erotisierte Frauenfreundschaft. Beide fühlten sich zueinander hingezogen. Margarete war extravagant und amazonenhaft: Fontane sah sie in Gedanken immer »mit einem Jagdspeer«. Ihr Mann Elis Graf von Wachtmeister war 1888 im Alter von 36 Jahren auf Gut Zansebuhr gestorben, seither war sie eine Vagabundierende, reiste oft in den Süden oder lebte abwechselnd in Berlin und auf Gut Zansebuhr, das in ihren Besitz übergegangen war und wo offenbar auch ein Flügel stand. Wochenlang lebte sie mit Martha dort allein. Die Tochter sei noch immer in Zansebuhr, schreibt Emilie Fontane einmal: »bei der gräflichen Freundin, die sie verhätschelt und wo sie in Musik aufgeht – etwas muß sie ja mit *Leidenschaft* treiben, da die richtige sich nicht eingestellt hat.«

Zum ersten Mal war Martha von April bis Ende Juni 1891 in Zansebuhr. Marthas Vater wunderte sich, daß er so spärlich Nachrichten von dort empfing. »Wie geht es mit Deiner Gesundheit«, fragte er, »mit Deinem Leben überhaupt? Wir erfahren nicht viel. Alles hüllt sich in ein gewisses Dunkel. Ich glaube, Du könntest lichtvoller sein.« Zansebuhr, so hatte er kurz vor Marthas Abreise gemeint, klinge »wie ein fremdländischer Kurort, sagen wir in Vorder- oder Hinterindien«.

Der Ort mit dem geheimnisvollen Namen liegt versteckt zwischen den Ostseestädten Stralsund und Barth in einer sanften Hügellandschaft. Eine lange Allee lief damals auf ein leicht erhöht liegendes wohnliches Barockgut zu mit mächtigem Dach, dessen hohe Wohn- und Repräsentationsräume sich auf eine einzige Etage im Hochparterre erstreckten (das Gut existiert noch, wurde aber inzwischen mehrfach umgebaut). Gut Zansebuhr stand – wie die Güter in Elsenau oder Deyelsdorf – in einem großzügig angelegten Park. Hier wurde Martha verwöhnt, hier spielte sie viel Klavier, Beethoven, Schumann, Brahms. Hier spazierte man täglich, es sei denn, man zog es vor auszufahren oder auszureiten, über Land oder an die nahe Ostsee. Auch die Insel Rügen lag in unmittelbarer Nähe. Zansebuhr selbst war ein stiller, sagenumwobener Winkel; man erzählte sich, hier im Barther Bodden liege die versunkene Stadt Vineta.

Die Gräfin aber kam wie Melusine aus einer anderen Welt. Manchmal verschwand sie spurlos und beunruhigte so auch Martha. Ihr Vater erwähnt einmal »einen 8 Seiten langen Liebesbrief«, der endlich für seine Tochter aus Lugano eintraf. War die Gräfin in Berlin, so hatte man seine regelmäßigen Rendezvous, oft auch in der Potsdamer Straße 134 c. Gerhart Hauptmann habe die beiden Damen, Martha und Margarete Gräfin von Wachtmeister, eben empfindlich bei ihrem »Tête à Tête« gestört, als er zu früh zum Diner erschien, schreibt Fontane bei Gelegenheit und findet dies »gerade diffizil genug«.

Berliner Freundschaften

War die »Gräfin« in Berlin, traf man sich zumeist auch mit Marie Sternheim, sei es privat oder bei Niquet, einem piekfeinen Frühstückslokal in der Jägerstraße 41: »Während des Frühstücks bei Niquet traf ich dort Frau Sternheim, Martha Fontane und Gräfin Wachtmeister«, notiert Friedrich Witte unter dem 7. Oktober 1892. Die drei Damen sahen sich in jenen Tagen häufig, auch im Haus der Bankiersfamilie Sternheim.

Die Sternheims – er war der Bankier der Fontanes – lebten am Hafenplatz 4 (später am Viktoria-Luise-Platz). Marie Sternheim fiel auf durch ihre Schönheit und elegante Erscheinung. Außerdem war sie literatur- und theaterinteressiert. Fontane fand, sie sei »so ziemlich die normalste, angenehmste und liebenswürdigste Frau«, die er kenne. Martha ihrerseits nannte Marie Sternheim »die bewährteste Freundin der Fontaneschen Familie«. In den 1890er Jahren war sie, was früher Henriette von Merckel oder Mathilde von Rohr der Familie gewesen war (auch sie war 1889 gestorben). Marie Sternheim verwöhnte die Fontanes mit kleinen Aufmerksamkeiten und kam häufig, um zu plaudern. Fontane war der Pate ihres Sohnes Hans. Als Ostern 1893 der kleinere Sohn Walter getauft wurde, stand Martha Patin. »Papa, der Hans hat«, werde mit ihr an der Tauffeier teilnehmen, schrieb sie am 24. März 1893 an Anna Witte.

Martha war auch mit dem jüngeren Bruder von Marie Sternheim befreundet, mit Paul Meyer, der ein Studienkollege von Marthas Bruder Theo war. Paul Meyer schrieb später, Martha Fontane sei »eine der interessantesten Frauen«, die ihm im Leben begegnet seien. »In der Unterhaltung«, so meinte er, »war sie die echte Tochter des Vaters, dessen Liebe sie auch in besonderem Maße besaß, da er in ihr so viel aus ›Eigenem‹ wiedererblickte.« Der Bruder der schönen Marie Sternheim urteilte außerdem, Martha Fontane sei »keine Schönheit« gewesen, aber eine Frau »von guter Figur«, »mit lebendigen, geistvollen Augen und von großer körperlicher und geistiger Beweglichkeit«. Und zwar habe sie dies alles in einem Maße besessen, »daß die Anregung, die von ihr ausging, immer wohltuend und reizvoll war«.

Zwischen Dreißig und Vierzig war Martha Fontane eine Frau, die ihre Unabhängigkeit lieben gelernt hatte. Die verheirateten Freundinnen bedauerte sie jetzt manchmal. Über Lise als Strohwitwe schrieb sie: »Von Lise höre ich öfters, – sie genießt die Freiheit lange nicht genug. Ach, es ist zu großartig nicht verheiratet zu sein! Mir schwillt manchmal das Herz bei dem wundervollen Gefühl absoluter persönlicher Freiheit und Unabhängigkeit.«

In solcher Freiheit und Unabhängigkeit, so scheint es, begegnete sie jenen jungen Männern, die in den 1880er und 1890er Jahren die Freundschaft mit ihrem Vater suchten: Paul Schlenther, Otto Brahm, Gerhart Hauptmann und deren Freunde. Martha Fontane spielte in diesem Kreis die intellektuelle, literarisch versierte Mitstreiterin, galt als ›weiblicher Fontane‹.

Paul Schlenther

Einer der liebsten Gäste der Fontanes war seit den 1880er Jahren Paul Schlenther. Der Germanist, geboren 1854, war aufgewachsen in der Stadt Insterburg in Ostpreußen und stammte aus einer Familie des gehobenen Bürgertums. Das Gymnasium hatte er gleichzeitig mit Lovis Corinth in Königsberg besucht. Nach dem Abitur studierte er zuerst in Leipzig, dann in Heidelberg, wo er sich mit dem zwei Jahre jüngeren Otto Brahm befreundete. Er setzte dann seine Studien an verschiedenen Orten fort, auch in Berlin. 1880 wurde er in Tübingen promoviert. Als Fontane seine ersten Romane vorlegte, war Schlenther eben zur Literaturkritik vorgestoßen. Was der ›Alte‹ schrieb, interessierte den ›Jungen‹. Paul Schlenther rezensierte 1881 *Ellernklipp*, 1882 *L'Adultera*. Bald darauf lernte er Fontane persönlich kennen, da dieser neugierig geworden war, wer der junge Mann von Fach sei. »Das nenn ich kritisieren! Es wird mir nichts geschenkt«, hatte er nach einer ersten Kritik respektvoll gemeint.

Fontane unterstützte Paul Schlenther nach Kräften: 1886 wurde Schlenther sein Kollege bei der *Vossischen Zeitung*, 1889 dort sein Nachfolger als Theaterkritiker. Schlenther seinerseits setzte sich unermüdlich für Fontanes Romanwerk ein.

Er gehörte 1884 mit Otto Brahm und Fontanes Söhnen Theo und George zu den Gründungsmitgliedern des Berliner literarischen Vereins der *Zwanglosen*. Zwanglos traf man sich jeweils freitags in der Kneipe und trat ein für die Moderne, die sich in Ibsen, Zola und auch Fontane ankündigte. Der Verein war sozusagen das Probestück der *Freien Bühne*. Er blieb nach deren Gründung im Jahr 1889 weiter bestehen, denn die *Zwanglosen* waren auch ein Freundeskreis.

Wie damals üblich, sah das Vereinsstatut nur männliche Mitglieder vor. Aber man schuf doch Gelegenheiten für ein geselliges Zusammensein mit jungen Frauen. So lud man zum Beispiel Martha Fontane und Paula Conrad gerne zu Landpartien ein. Fontane nannte das eine »poetische Lagerung im Walde«. Martha versicherte Paul Schlenther immer wieder ihrer »zwanglosen Freundschaft« und verhalf ihrerseits den *Zwanglosen* zu Ausflügen. So schlug sie zum Beispiel vor, im Mecklenburgischen eine »Fahrt mit Kremsern nach Burg Schlitz« zu unternehmen, die sei »sehr berühmt«, oder auch eine »Dampferfahrt nach Röbel«, das sei »sehr poetisch«.

Paul Schlenther war vermutlich ein Mann nach Marthas Geschmack. Er fiel auf durch seine formvollendeten Manieren und seine Eleganz. Emilie Fontane urteilte einmal: »Ganz wie ein Attaché.« Und ihr Mann kommentierte: »Also höchster Grad.« Er galt als typischer Ostpreuße, als sachlich, spröde, zäh. Er arbeitete viel. Aber wenn er sein immenses Pensum abgearbeitet hatte, war er gern gesellig, liebte das exquisite Diner und das geistreiche Gespräch. Er kam zu Fontanes wegen des ›Alten‹, freute sich aber, wenn er auch Martha dort fand. Er hatte viel übrig für ihr Plaudertalent, mochte ihre »Coquetterie« und war daher »voller Huldigung« gegen sie.

Martha Fontane indessen fand in ihm einen Vertrauten und einen Verbündeten. Denn Paul Schlenther verwirklichte, was ihr selber am meisten am Herzen lag: er setzte – aus luzider Kenntnis heraus – das Werk ihres Vaters im öffentlichen Raum durch.

Im August 1890 verlobte sich Paul Schlenther mit der Schauspielerin Paula Conrad, im Juni 1892 heiratete das Paar. Er war damals 38, sie 32. In der Potsdamer Straße 134 c wurden die beiden gefeiert, als handelte es sich um ein Fontanesches Familienereignis.

In den folgenden Jahren waren beide häufig zu Gast bei Fontanes. Schlenther überreichte bei Gelegenheit dann wohl auch seine eigenen Bücher. Sein Gerhart Hauptmann-Buch (1897) wurde hier auf jeden Fall mit großem Interesse gelesen.

Das Testament · 1892–1893

Das Testament der Eltern

»Unser letzter Wille!« ist das Testament überschrieben, das Emilie und Theodor Fontane am 7. Februar 1892 unterzeichneten. Darin setzten die Ehegatten fest, daß beim Tode des einen der andere unbeschränkte Verfügung über das gemeinsame Vermögen erhalte. Erst nach dem Tode beider Ehegatten, so wurde bestimmt, sollten die drei Kinder ihr Erbe antreten. Und zwar *nicht* zu gleichen Teilen. Haupterbin sollte die unverheiratete Tochter sein. Offensichtlich war es den Eltern ein Anliegen, Martha vor Armut zu bewahren: sie sollte nicht auf die Fürsorge der Brüder oder der Freunde angewiesen sein, oder gar der Schillerstiftung, die sich im Notfall um mittellose Hinterbliebene von Schriftstellern kümmerte.

Die Eltern bestimmten deshalb, daß Martha Alleinerbin des beweglichen Vermögens sei, ihr sieben Neuntel des Barvermögens zustünden sowie die Hälfte der Tantiemen. Theo und Friedrich Fontane wurden auf den Pflichtteil gesetzt.

Bevor alles schriftlich festgelegt wurde, hatte es offenbar eine Art Familienrat gegeben. Martha jedenfalls wurde von den Eltern ins Vertrauen gezogen. Als beratenden Juristen hatte man nicht Sohn Theo hinzugezogen, der seit Ende März 1891 im Kriegsministerium arbeitete und mit seiner Familie in Berlin lebte, sondern dessen Freund Paul Meyer. »Mete sagt mir, daß Sie, in Ihrer großen Güte, nicht uns erwarten, sondern zu dem vielbesprochenen Testamentsakt in unsre Mansarde hinaufsteigen wollen«, schrieb ihm Fontane zwei Wochen vor der Hinterlegung des Testaments. Paul Meyer hatte juristisch nichts gegen die Bevorzugung Marthas einzuwenden. Sollte sie – was zu diesem Zeitpunkt wenig wahrscheinlich war – durch Heirat oder anderweitige Erbschaft in materiell gesicherte Verhältnisse geraten, ließ sich das Testament immer noch abändern. Paragraph 7 sah vor, daß die Ehegatten befugt waren, »dies Testament durch Nachzettel zu ergänzen oder abzuändern« unter der Bedingung, daß diese Nachzettel von beiden gemeinschaftlich unterschrieben seien.

Emilie Fontane, 1890

Juristisch heikel war einzig die Frage, was mit den ungedruckten nachgelassenen Schriften Fontanes geschehen sollte. Er selbst fand 1892: verbrennen! Paul Meyer, der den Schriftsteller Fontane verehrte und alles
von ihm gelesen hatte, muß bei diesem Gedanken offenbar erschrocken
sein, denn er versuchte, wie er in seinen Erinnerungen schreibt, das Verbrennen zu verhindern. »Ich wies darauf hin, daß *Effi Briest* gerade fertig
sei und nur noch einer letzten Überarbeitung unterworfen werden sollte, die im Notfalle seine Tochter erledigen könnte. Wenn ihm nun vor
Drucklegung plötzlich ein Unglück zustieße, müßte das Manuskript ver-
nichtet werden, und seiner Frau und Tochter ginge eine sehr erhebliche
Einnahme verloren. Das machte ihn stutzig. Und als er nach einem Aus-
weg fragte, schlug ich ihm vor, eine Kommission aus zwei Mitgliedern
seiner Familie und einem literarischen Beirat, wie Schlenther oder
Brahm zu bestellen, und dieser die Entscheidung über den ungedruckten
Nachlaß zu überlassen.«

Fontane ging auf diesen Vorschlag ein und berief in diese Kommission seine Tochter Martha als Familienmitglied, Paul Schlenther als literarischen und Paul Meyer als juristischen Berater. Unter Paragraph 5 des
Testaments wurde festgeschrieben: diese drei dürften »unbeschränkt

entscheiden, was mit den Schriften geschehen soll; sie haben auch über die Art der Verwertung oder Vernichtung zu bestimmen«. Als Verlag sei – nicht ausschließlich, aber bevorzugt – der »Verlag unseres Sohnes Friedrich« zu berücksichtigen. Außerdem hielt der Schriftsteller in Paragraph 5 fest: »Die ernannte Kommission ersuche ich, Theodor Fontane, für den Fall, daß ich zuerst sterben sollte, meiner Ehefrau mit Rat und Tat zur Seite zu stehen und, falls meine Frau es verlangt, sofort ihr Amt anzutreten.«

Als Fontane die Kommission testamentarisch bestimmte, war das nicht unklug gedacht: alle drei Kommissionsmitglieder waren Kenner des Werks, allen dreien war daran gelegen, ein großes Lesepublikum für dieses Werk zu gewinnen, und last not least lebten sie in Berlin und waren sich in Freundschaft verbunden.

Für die Brüder Fontane aber war die Bildung der Kommission ein Schlag. Theo Fontane wurde zugunsten seines Freundes Paul Meyer von der ›Literatur‹ ausgeschlossen. Friedrich Fontane aber mußte sich mit der Tatsache abfinden, daß Paul Schlenther, der literarische Berater der Konkurrenz, nämlich des S. Fischer Verlags, über das Werk seines Hausautors und Vaters Mitbestimmungsrecht erlangte. Außerdem war den beiden Brüdern die Schwester vorgezogen worden.

Martha wird Corinna

Ein halbes Jahr nach Unterzeichnung des Testaments, im Sommer 1892 geriet Fontane in eine schwere Lebens- und Schaffenskrise. Seinem Sohn Friedrich schrieb er: »Ich habe ja noch Arbeiten liegen, sogar, nach dem Maße meiner Kraft, ganz gute; aber sie sind total unfertig in der Form, und Mete will sich allmählich der Mühe unterziehn, Klarheit, Ordnung, Abrundung hineinzubringen. Möchte ihr das gelingen. Das würde alles in allem 12 000 Mark bedeuten, die nicht zu verachten sind, um so weniger, als mein Kranksein so viel Geld kostet. Mißglückt es, nun so muß es auch so gehn, aber die armen Frauen (Mama und Mete) tun mir leid; denn ein Sparpfennig ist bald aufgezehrt.« Dem kranken Vater wäre es offensichtlich recht gewesen, hätte die Tochter, da ihm die Kraft fehlte, sein Werk als berufenes Kommmissionsmitglied zu Ende geführt. Sie hütete sich jedoch, seine Romanmanuskripte anzurühren. Wohl weil sie sich in Fragen der Kunst mit dem Vater einig wußte. In der

Kunst, so hatte er ihr am Beispiel von Gerhart Hauptmann auseinandergesetzt, habe nur dasjenige »höheren Wert«, »was man persönlich rätselhaft empfangen hat, und was kein andrer mit einem teilt«.

Martha Fontane sah ihre Aufgabe nicht darin, ein unvollendetes Manuskript des genialen Vaters zur Druckreife zu bringen. Auch ließ sie sich nur ausnahmsweise heranziehen fürs Korrekturlesen oder Abschreiben. Einmal, Anfang 1890, half sie der Mutter bei der Fahnenkorrektur von *Stine*, ein anderes Mal, im Frühjahr 1893, schrieb sie nach deren Diktat die Reinschrift von *Meine Kinderjahre*. Wichtiger als solche Arbeiten war ihr, den Vater bei Laune zu halten, damit er sein Werk vollende. Bei Laune hielt sie ihn durch ihr Plaudern und ihre Kochkunst. Seiner Aufforderung »koche und philosophiere« kam sie daher wenn immer möglich nach.

Erschien dann ein neuer Fontane-Roman, so war ihr erstes Anliegen, ihm ein verständiges Publikum zu gewinnen. Da sie im Bund war mit Paul Schlenther, überreichte sie ihm beispielsweise das druckfrische Rezensionsexemplar von *Frau Jenny Treibel*. Der Vater lag damals krank.

Paul Schlenthers ausführliche Rezension erschien wenig später, am 27. November 1892, in der Sonntagsbeilage der *Vossischen Zeitung*. In seinem neuen Roman, so äußerte Schlenther, porträtiere Fontane mit feiner Ironie sich selbst, und zwar in der Gestalt des verwitweten Professor Schmidt. Schmidt sei eine der »Prachtgestalten des Romans« und eben diejenige, »die am meisten im Schatten des Dichters wandelt und Worte aus *seiner* Seele spricht«. In einer Jahrzehnte später erschienenen Würdigung des Romans präzisierte er: Wenn Wilibald Schmidt, »der abgeblitzte Jugendfreund Frau Jenny Treibels«, ein Selbstporträt Fontanes sei und seine Haltung gegenüber der Bourgeoisie widerspiegle, so trete »in Wilibalds geistreichem Kind Corinna Fontanes eigene Tochter Martha auf«. Und er schloß: »Schon daran ist zu erkennen, wie persönlich den Dichter gerade der Stoff dieses Romans berührte.«

Schlenther fand die Corinna Schmidt eine höchst aparte Romanfigur. Sie habe, so meinte er, »Geist, Leben, Munterkeit, Witz, Energie«. Nur der »philosophische Gleichmut« ihres Vaters fehle ihr. »Dieser jungen Dame hängt noch ein Kinderschuhchen am kleinen Zeh, und es steht ihr reizend«, schrieb er.

Paul Schlenther zeigte sich bei Fontaneschen Diners jetzt gerne »voller Huldigung gegen Corinna«. Martha wiederum kokettierte, nahm die Zuschreibung halb an, halb wies sie sie von sich. Es war ein Spiel, das Fontane als Vater und Autor wohlwollend beobachtete, gelegentlich auch förderte. Zwar blieben Martha Fontane und Paul Schlenther brieflich ein Leben lang beim höflichen Sie, doch literarisch verkehrte man intim. Einmal als Martha den Kritiker – seine Frau Paula war in Sorrent – zusammen mit dem Literaturwissenschaftler Erich Schmidt, seiner Frau und dem gemeinsamen Freund Otto Brahm in die Potsdamer Straße 134 c bat, schreibt sie ihm:

> Sehr verehrter Herr
> Prof. Schmidt und Frau und Dr. Brahm sind schon festgelegt für Mittwoch 6 Uhr. Dem Repertoire nach sind auch Sie frei und wir hoffen, daß Sie keine anderweite Verbindlichkeit haben. (Ich bin sonst, wie Sie nach meinem neulichen unvorsichtigen Gespräch wissen, sehr für Verbindlichkeit.) – Machen Sie es bitte möglich zu kommen, wir wollen die erlauchten Gäste sich gern gegenseitig vorsetzen.
> Mit bestem Gruß und der Hoffnung, daß Sie gute Nachrichten von Ihrer Frau haben
> Ihre widerwillige Corinna.

»Stets Ihre Corinna« unterschrieb sie bei anderer Gelegenheit einen Brief an den Freund oder auch »Ihre getreue, völlig gezähmte Corinna«.

»Mamas Härte gegen mich«

Von der Mutter fühlte sich Martha Fontane zeitlebens zu wenig geliebt. Die tieferen Gründe dafür könnten auch in frühkindlichen Erfahrungen liegen. Ihre Mutter Emilie Fontane war selbst von der Mutter abgelehnt worden, und außerdem hatte sie, Emilie, als sie mit Martha schwanger war, das Kind eigentlich nicht gewollt und sich auch nicht trösten lassen mit der Aussicht, es könnte ein Mädchen werden.

Zwar gab es im Familienalltag einen Pakt zwischen Mutter und Tochter Fontane, jede unterstützte die andere in ihren hausfraulichen Aufgaben. Aber in Konfliktsituationen fühlte sich Martha allein gelassen und verunsichert. »Es scheint ebenso schwer zu sein, Dir genehm zu schreiben, wie sich Deinen Wünschen gemäß mit Dir zu unterhalten«, schrieb sie der Mutter einmal aus Klein Dammer, »schweigt man, so beanstandest Du das, ist man aber offen, so ist Dir auch das nicht recht und selbst, wenn Du die Sache heute aufnimmst, wie sie gemeint ist, hat man nicht die geringste Garantie, daß Du nicht morgen entgegengesetzt darüber denkst.«

Emilie Fontane ihrerseits sah sich bei Konflikten mit Martha zu rasch als Schuldige verurteilt. Nach ihrem Empfinden erlaubte sich das Töchterchen zu viel und ließ den nötigen Respekt vermissen. Den Grund dafür erblickte sie im Verhalten ihres Mannes: er zeige Martha in geradezu »übertriebener Weise sein Eingenommensein von ihr«.

Martha selbst sah sich in Konkurrenz mit der Mutter. »Ich halte es für das schönste und beneidenswerteste Glück, Papas Frau sein zu können«, schrieb sie ihr im Alter von zwanzig Jahren, »und ich weiß, daß du ebenso denkst und das macht mich glücklich«. Sie schrieb diese Zeilen im Bewußtsein, daß sich die Eltern eben gerade gestritten hatten.

Sie stritt sich mit der Mutter zeitlebens, nicht zuletzt weil die Wohnung der Eltern für das Zusammenleben mit einer erwachsenen Tochter wenig geeignet war. »Wie schwer es ist mit Mama und ihrer Leber zu leben«, so klagte Martha einmal Anna Witte, »davon machst Du Dir gar keine Vorstellung. Und wenn ich dann mal heftig und ungezogen bin, dann bin ich gleich ein Gesamt-Scheusal und sie beklagt sich bei allen Leuten über mich, mit der bekannten weiblichen Berichterstattung.« Anna Witte gestand sie auch: »Es ist ein recht unerfreuliches Leben und Mamas Härte gegen mich, wo ich sie seit vielen Jahren förmlich liebevoll umwerbe, muß mich ja aufs Tiefste kränken.« Es empöre sie auch »Mamas Undankbarkeit gegen das Schicksal«. »Es geht uns doch so viel besser wie andern Leuten, daß wir uns ruhig verhalten müßten«, meinte sie, den Vater verteidigend, und fügte hinzu: »Entschuldige die Klagerei, aber ich bin ganz down –.«

»rapid zum alten Mann gemacht«

Am besten verstanden sich Mutter und Tochter, wenn sie sich gemeinsam um das Wohl des pater familias kümmern konnten. In Theodor Fontanes schwerster Krise, im Sommer 1892, bewährte sich das Zusammenwirken der beiden Frauen. Die ›drei Fontanes‹ hatten sich zur Erholung in die Sommervilla Gottschalk begeben, nahe bei Schmiedeberg, nahe den Freunden Friedlaender, als Emilie Fontane dem Sohn Theo berichtete: »Papa kam leidlich hier an; konnte auch in den ersten Tagen, vor Eintritt der Hitze, Briefe schreiben, lesen etc. Dann erneuten sich die Angst-Anfälle.« Die Krankheit habe ihn »rapid zum alten Mann gemacht und die Jugendlichkeit, Elastizität, die bisher sein größter Reiz« gewesen seien, seien geschwunden. Er sitze als gebrochener Mann ihnen beiden, Emilie und Martha, gegenüber, daß ihnen das Herz weh tue. Im selben sorgenreichen Sommer schrieb sie: »Wir leiden alle drei, der arme Papa, dessen Krankheit der Arzt als hochgradige Neurasthenie erklärt, eine Krankheit, die öfter nach geistiger Überanstrengung in einer Richtung eintreten soll, Mete an Magen und Beklemmungen und Deine alte Mutter an Kraftlosigkeit und beständiger Angst und Sorge um den geliebten Mann.«

Weil einer der Ärzte aus dem Hirschberger Tal von »Nervenheilanstalt« gesprochen hatte, reiste Martha Ende Juli oder Anfang August mit dem Vater nach Breslau, um Professor Ludwig Hirt zu konsultieren. Dieser empfahl eine »elektrische Behandlung«, der sich Fontane aber nicht unterziehen wollte. So reiste man wieder zurück nach Schmiedeberg.

In denselben Tagen wurde Friedrich Fontane, jetzt 28, zum ersten Mal Vater eines unehelichen Kindes. Am 29. Juli 1892 gebar seine Geliebte, die Berliner Modistin Agnes Hett, den Sohn Georg. Georg Hett erinnerte sich später, daß er als Kind einmal bei den Großeltern in der Potsdamer Straße 134c zu Besuch gewesen war.

Krisenzeiten, Todesängste

Am 22. August 1892 verließ Martha Fontane die Eltern und reiste zu ihren Freunden Veit nach Deyelsdorf. Der Vater hoffte, sie werde sich bald »von den unerhörten Strapazen« erholen, sie habe es sich »durch Tapferkeit verdient«. »Ergehe es Dir endlich ein bißchen gut, was natürlich heißen soll, recht recht gut. Du kannst es brauchen,« meinte er besorgt. Ihre Gesundheitsberichte aus Deyelsdorf klangen beunruhigend. »Es betrübt uns sehr«, schrieb ihr der Vater, »daß es noch nicht recht werden will und Dir vorläufig nur Hafergrütze blüht. Noch schlimmer: Opium.«

Gustav Veit hatte Martha sofort in Behandlung genommen. Zudem wollte er wissen, welche Diagnose man dem kranken Vater gestellt hatte. Er beurteilte Fontanes Krankheit ähnlich wie die Ärzte in Schlesien.

Prof. Dr. Emanuel Mendel, vor 1893

»Der alte Veit«, so schreibt Martha ihrem Bruder Theo, »der sich rührend in unsere ganze Situation versenkt, bleibt noch jetzt dabei, Papa müsse in eine Nerven-Anstalt.« Sie selbst glaube jedoch nicht, daß »der liebe Alte« sich je dazu entschließen werde. Am 8. September kehrte das Ehepaar Fontane nach Berlin zurück.

»Wenn ich nicht die ganze traurige Geschichte des Sommers gekannt hätte, gemerkt und gesehen hätte ich nicht, daß er sowohl wie sie, und sie tatsächlich wohl mehr als er, schwer krank gewesen sind und es noch sind. Es ist eine merkwürdige Geschichte und bei ihm spielt die Einbildung und die Furcht vor dem Tode sicherlich eine sehr große Rolle. Am schwersten hat es Martha, die gestützt werden muß, wo immer es gehen mag,« hält Friedrich Witte am 16. Oktober 1892 in seinem Tagebuch fest.

Ende 1892 war Fontane wieder genesen. Zuletzt hatte er sich doch einer »galvanischen Kur« unterzogen, einer Elektrotherapie, bei der das Gehirn oder der Halssympathicus minutenlang mit Gleichstrom behandelt wurde. Sein Arzt war Prof. Dr. Emanuel Mendel, eine der führenden Autoritäten auf dem Gebiet der Psychiatrie und Neurologie. Mendel hatte langjährige Erfahrung als Klinikleiter und lehrte seit 1884 an der Berliner Universität. Mit seinen Behandlungsmethoden erzielte er kontinuierlich Therapieerfolge.

Fontane blieb jedoch überzeugt, daß ihm nicht das ›Elektrisieren‹, sondern die Niederschrift seiner *Kinderjahre* zurück ins Leben verholfen hatte. Nun lag das Manuskript bereit und sollte ins Reine geschrieben werden. »Mama diktiert mir liegend die Abschrift«, schrieb Martha am 24. März 1893 an Anna Witte und ergänzte: »Unberufen geht es Papa ganz unglaublich wohl; er arbeitet fleißig.« Vierzehn Tage später meldete sie: »Wir haben bis jetzt fleißig Papas *Kinderjahre* abgeschrieben und jammern, daß wir beim letzten Kapitel sind; unsere Zeit war so gut untergebracht bei der regelmäßigen Beschäftigung.« Ihr selber gehe es »körperlich ganz schauderhaft schlecht«: »Schwindel, Angst, Blase und Galle nicht mehr in lieblicher Abwechslung sondern a tempo. Seit 5 Wochen habe ich einen Geschmack wie von eben mit Zuckersäure geputzten Messingofentüren im Munde, habe Gallenbrechen und alle paar Tage Migräne und selbst nach gut geschlafenen Nächten, versagende Beine.« Auch »Ohnmachtsanwandlungen« habe sie. »Wenn doch das mir so oft in Aussicht gestellte rettende ›Alter‹ endlich käme«, schrieb sie, »aber vorläufig kommen nur die weißen Haare.«

Zum ersten Mal suchte Martha Fontane psychiatrische Hilfe. Als Professor Emanuel Mendel die Tochter des Schriftstellers in Behandlung nahm, waren eben in dem von ihm herausgegebenen *Neurologischen Centralblatt* die neusten Forschungsergebnisse von Sigmund Freud und Josef Breuer erschienen. Der frühe psychoanalytisch orientierte Artikel sollte wenig später als Einführung zu den *Studien über Hysterie* (1895), der ›Urschrift der Psychoanalyse‹, einem größeren Publikum bekannt werden.

Freud und Breuer stellten die These in den Raum, hysterische Symptome seien auf traumatische Erlebnisse in der Kindheit zurückzuführen und die talking cure stelle eine vielversprechende Therapie dar. Inwiefern Professor Mendel der neuen Argumentation folgen wollte, läßt sich schwer sagen, er fand sie aber jedenfalls der wissenschaftlichen Diskussion wert. Er selbst galt unter Ärzten als eine Persönlichkeit von großer Ausstrahlungskraft. Emanuel Mendel sei, so erinnerte sich später der Berliner Neurologe Hugo Liepmann, »durch und durch gerechte und gütige Natur« gewesen, »klar, nüchtern und doch warm«. Er habe außerdem gut befragen und zuhören können. »Die Art, wie er Kranke auszufragen wußte, wie er ihr Milieu schnell herausbekam und das Wesentliche zu erfassen verstand, imponierte«, meinte ein anderer seiner Schüler. Ob er

Villa Witte in Warnemünde, Seestrasse 15
(Bildmitte, links neben dem Park), um 1893

Martha, wie es der Hausarzt Dr. Delhaes dem Vater geraten hatte, aufforderte, ihre ›Kinderjahre‹ niederzuschreiben? Und hätte sie es gekonnt, jetzt, da sie eben die *Kinderjahre* Theodor Fontanes hatte zum Druck vorbereiten helfen?

Martha Fontane schreibt wiederholt: »Prof. Mendel war sehr gütig.« Er ermutige sie »immerhin etwas«. Mendels Patientenakten sind nicht überliefert. Vermutlich war sie ein knappes Jahr bei ihm in Behandlung. Er führte mit ihr Gespräche, unterzog sie einer ärztlichen Untersuchung, verschrieb ihr schließlich Medikamente und Kuraufenthalte. Martha reiste daraufhin, im Gepäck »Mendels Pillen«, nach Warnemünde und lebte viele Wochen bei Wittes. Friedrich Witte hatte das Grundstück Seestraße 15 an der Strandpromenade erworben und hier 1891 eine Sommervilla errichten lassen (sie wurde entweder Ende des Zweiten Weltkriegs zerstört oder zur DDR-Zeit abgerissen). Der Ostseeurlaub im Juli 1893, so notierte Fontane im Tagebuch, verhalf Martha nicht zur Genesung, sondern »machte den Zustand nur schlimmer«.

Tod von Friedrich Witte –
Martha verweigert die Nahrung

Es war nämlich ein trauriger Sommer. Friedrich Witte war an Prostata- und Magenkrebs erkrankt. Die Krankheit verlief rasch tödlich. Am frühen Morgen des 31. Juli 1893 starb er in seinem Haus in Warnemünde. Rostock setzte am selben Tag seine Flaggen auf Halbmast und zog schwarze Trauerfahnen hoch.

Martha Fontane hatte bis zuletzt gehofft, ›Onkel Witte‹ werde auf so wundersame Weise genesen wie ihr Vater im Jahr zuvor. Als er starb, war sie in Berlin und wieder in Behandlung bei Professor Mendel. An der großen Begräbnisfeier für Friedrich Witte teilzunehmen, sah sie sich außerstande. »Uns vertrat Friedel beim Begräbnis, wir andern waren alle krank«, steht in Fontanes Tagebuch.

Am 16. August 1893 reisten Marthas Eltern zur Kur nach Karlsbad. Sie selbst blieb zu Hause und wurde umsorgt von der 27jährigen Anna Fischer, dem schlesischen Hausmädchen. Die Konsultationen bei Professor Mendel setzte sie fort. Anfang September stellte er seine Diagnose (sie ist nicht überliefert). Martha erlitt daraufhin einen Zusammenbruch. Ihr jüngerer Bruder benachrichtigte sofort die Eltern. »Morgen um diese Stunde sind wir schon auf dem Heimweg«, versuchte der Vater die Tochter zu beruhigen. »Mama wollte, nach Eintreffen von Friedels Brief, gleich mit nach Berlin zurück.« Sie werde nun aber doch zuerst bei der Freundin Johanna Treutler Station machen. »Ich hoffe«, so der Vater, »daß Deine Krankheit Dich nicht mit Extra-Schmerzen und Beängstigungen quälen, vielmehr nichts anderes sein wird, als Namensgebung und offizielle Anerkennung eines Zustands, der leider schon seit Wochen, vielleicht seit Monaten da war. Ich werde Dich nach Möglichkeit gut zu pflegen suchen; die Krankheiten mit fremden Namen (wenigstens fremd für mich) sind meist nicht so schlimm wie sie klingen und bleiben hinter den Krankheiten mit ausgesprochensten deutschen Namen zurück. Das Deutsche bemächtigt sich immer des Gröblichsten. Ergeh es Dir so gut, wie irgend möglich.«

Zuhause in der Wohnung fand der Vater Martha zu Tode verängstigt und in einem Zustand, als hätte sie sich selbst aufgegeben. Über Tage hatte sie die Nahrung verweigert. Fontane rief sofort einen Arzt. Da Dr. Delhaes abwesend war, kam Dr. Georg Anton Salomon, zu dem die Patientin sogleich Vertrauen faßte. »Der Doktor (Salomon) fand ihren

Zustand bejammernswert, aber *nicht* gefährlich«, beruhigte der Vater die besorgten Freunde, »sie sei halb wie verhungert und daher stammten auch die Beängstigungen, die sich bis zur Todesangst steigerten; sie müsse vor allem verpflegt, der Magen zur Annahme von Speis und Trank gezwungen werden. Danach hat er seine Verordnungen getroffen, heute Abend z. B. eine Flasche Porter, als Nahrungs- und Schlafmittel.«

Als die akute Krise überwunden war, meldete Fontane: »Salomon war salomonisch; alles schlug an: eine Tasse Kaffe belebte sie, kalte Umschläge erfrischten sie, Porter nährte sie (sie war wie verhungert) – so daß sie Sonntag früh wieder anders in die Welt sah. Seitdem sind allerdings keine großen Fortschritte zu verzeichnen; es wird noch lange dauern, ehe sie wieder leidlich auf dem Damm ist.«

Mitten in ihrer Rekonvaleszenzzeit überraschte Martha die Nachricht, sie habe von Friedrich Witte 12 000 Mark geerbt, von denen ihr jährlich 600 Mark Zinsen zufließen sollten (gerade soviel, wie sie einst als Hauslehrerin verdient hatte). Als sie sich bei Anna Witte für diese Fürsorglichkeit bedankte, hob sie besonders hervor, daß die zusätzliche finanzielle Absicherung »meinen Eltern in nicht geringem Grade den Gedanken an meine Zukunft erleichtert«. Über sich selbst meinte sie: »Ich werde wohl nur sehr langsam wieder in die Höhe kommen, abgesehen von allen Qualen und Ängsten haben mich die Monate körperlich ganz klein gekriegt. Selbst nach Champagner behalte ich zur Ungeduld von Delhaes den dürftigen Puls. Ich schlafe noch sehr wenig und sehr unerquicklich, bin aber froh, wenn keine schweren Anfälle kommen. Papa ist frisch und rührend liebenswürdig; Mama sehr alt und mitgenommen, aber doch wohl gesunder wie vor Karlsbad.«

»Es will gar nicht mit mir werden, liebe alte Tante«, klagte Martha einen Monat später. Aber an Sterben sei nicht mehr zu denken. Der enorme Entkräftigungszustand sei nach Porter, Rheinwein, Malzbier und unzähligen Kotletts verschwunden: »ich habe gewiß jetzt Kräfte noch viel, viel auszuhalten.« Es gehe ihr zwar noch nicht gut. »Auf meine Ärzte lasse ich aber nichts kommen«, schrieb sie. Der Hausarzt Dr. Delhaes sei von unbeschreiblicher Güte und Teilnahme: »Er wollte mich gern nach dem Süden haben, aber daran ist gar nicht zu denken und viel Unterschied kann es auch nicht machen. Wie lockt mich Elsenau und Deyelsdorf, wie brenne ich darauf, bei Dir zu sitzen oder mit Dir zu gehen, aber ich kann mich Euch Allen nicht zumuten, ehe ich nicht etwas besser bin«, heißt es im Brief vom 18. November 1893 an Anna Witte.

Ihr Vater saß zur gleichen Zeit am Schreibtisch und machte letzte Korrekturen an *Effi Briest*.

Gegen Ende des Jahres reiste Martha zu Veits nach Deyelsdorf. Ihr Vater resümierte: »In Stille beginnt das neue Jahr. Martha noch immer krank; Professor Mendel versucht sein Heil, es bleibt aber, wie's ist.«

Abschied von der Potsdamerstraße 134 c
1895–1898

Mit Anna Witte nach Meran

In den Februartagen 1894, als sie noch immer in Deyelsdorf lebte, erfuhr Martha von ihrem Vater, das *Effi Briest*-Manuskript sei fertig, der Vorabdruck in der *Deutschen Rundschau* könne beginnen. »Papa hat den ersten Teil von Effi von Briest abgeliefert«, schrieb sie am 18. Februar 1894 an Anna Witte und meinte: »ich zittere täglich zu hören, daß die Folgen der ersichtlichen Überarbeitung nachkommen«. Sie selbst halte sich »noch immer, was man so halten nennt«. Ihre Mutter, so äußerte sie sich gegenüber Anna Witte, wolle sie zwar durchaus »an die Riviera schicken«. Aber sie denke, Porter und Ei und die Tiergartenstraße würden ihr ebenso aufhelfen. Ihr sei zwar Nizza seinerzeit, als sie mit Mrs. Dooly reiste, »unsagbar gut bekommen«. Aber es widerstehe ihr, »das von einem 74jährigen Vater *recht* mühsam verdiente Geld für solche elegante Damenunternehmungen auszugeben«. Mit fünf- oder sechstausend Mark sei ja – wenn man 28 Tage bleibe – auf jeden Fall zu rechnen.

Anna Witte las zwischen den Zeilen; sie war eine reiche Witwe und hatte Mittel genug, Martha Fontane weiterhin zu verwöhnen. Als diese im folgenden Winter im Stil der Köchin Stocken klagte »Ach, ick hab es mitunter so satt« und bedauerte, ihre »noch immer unzuverlässigen Kräfte nicht an bessere Dinge setzen zu können«, lud die Ältere die Jüngere ein, mit ihr ins Südtirol zu fahren, zur Frühjahrskur.

Mitte März brachen die beiden auf, zunächst nach Bozen, wo sie im Hotel »Kaiserkrone« abstiegen, im Haus am Musterplatz, in dem schon Könige und Kaiser und selbst Päpste zu Gast gewesen waren. An Marthas Geburtstag, dem 21. März, reiste man weiter nach Meran.

Anna Witte hatte Zimmer bestellt im Vorort Obermais. Hier war, in der Nachbarschaft von älteren Ansitzen, ein neues Villenquartier entstanden mit einer Anzahl komfortabler kleinerer Hotels und Pensionen inmitten von üppigen Gärten. Die Hanglage bot einen weiten Blick gegen Süden zu und auf die bis tief in den Frühling hinein verschneite

Texergruppe. In unmittelbarer Nähe lagen Schloß Labers, wo Paul Heyse oft Aufenthalt nahm, und Schloß Trautmannsdorf. Hier war die österreichische Kaiserin Elisabeth (›Sissi‹) mehrmals zu Besuch gewesen. Das hatte einen Bauboom ausgelöst, und Meran war jetzt ein Nobelkurort. 1895 zählte er zu den bedeutendsten in Europa, war so berühmt wie Nizza oder St. Moritz. In Meran so hieß es, sei die Luft wie Champagner.

Das Meraner Fremdenblatt vermerkt am 21. März 1895 unter den neu Zugereisten und als Gäste der Villa Warmegg, Lange Gasse 59: Frau Dr. Witte, Rostock, und Fräulein Martha Fontane, Berlin. Die Villa Warmegg (das Haus ist einem Neubau gewichen) hatte 40 Zimmer, die als große komfortable Herrschaftswohnungen den Gästen zur Verfügung standen, mit Balkon und Badezimmer und Zugang zum großen Garten.

Hier ließ sich angenehm kuren. Man frühstückte, dinierte und soupierte, ging in der guten Luft spazieren, trank Brunnen, hatte gelegentlich einen Arzttermin wahrzunehmen, besuchte die Meraner Konzerte und Theater im Kurhaus. Im Frühjahr 1895 wurde mit viel Erfolg Offenbachs *Schöne Helena* gegeben. Gerne flanierte man unter den Lauben, besuchte die Cafés und die Lesehallen, blätterte in den neusten Zeitungen. Wollte man sich ausruhen und zurückziehen, begab man sich auf seine Zimmer, lag auf der Chaiselongue, Fensterläden leicht zugezogen, Glastüren zum Balkon offen. Regelmäßig machte man sich frisch – nach Kuretikette wurde fünfmal am Tag die Garderobe gewechselt. Man hatte sein Plauderstündchen, las einander vor.

Aus Berlin trafen gelegentlich Briefe mit aktuellen Nachrichten ein. »Ich schicke Dir Ausschnitte; alle diese Leitartikel sind sehr gut«, schrieb der Vater am 1. April 1895. Es war die Zeit, als das Umsturzgesetz für politische Aufregung sorgte. Die konservative Regierung unter Reichskanzler Hohenlohe versuchte mit einem Vorstoß, jegliche öffentliche Kritik gegenüber Religion, Ehe, Familie oder Eigentum zu unterbinden und unter Strafe zu stellen. Linke wie bürgerliche Kreise sahen darin einen massiven Angriff auf die Presse- und Meinungsfreiheit. Fontane war »*nicht* für Umsturzgesetz« und setzte sogar, was er sonst nie tat, seine Unterschrift unter eine Petition. Sie richtete sich *gegen* die Gesetzesvorlage (die am 11. Mai 1895 im Reichstag dann durchfiel).

Auch Martha Fontane und Anna Witte waren gegen das »Umsturzgesetz«. Schon immer hatten die beiden sich ein »unpatriotisches Vergnügen« gemacht und sich verbotene kritisch-satirische Lektüre – wie etwa Tissots *Reise ins Milliardenreich* – beschafft. Martha hatte auch diesmal

Martha Fontane und Anna Witte
in Meran, April 1895

extra Bücher gekauft und Anna kurz vor der Abreise versichert: »Ich
werde Sachen nehmen, die es nach dem Umsturz nicht mehr giebt!!!«
Vielleicht hatte sie auch *Effi Briest* im Gepäck. Der Roman war jetzt im
Vorabdruck vollständig erschienen. Nun saß man selbst in einer *Effi
Briest*-Kulisse: »Effi und die Geheimrätin Zwicker waren«, so heißt es
im 30. Kapitel, »in Ems und bewohnten daselbst das Erdgeschoß einer
reizenden kleinen Villa. In ihrem zwischen ihren zwei Wohnzimmern
gelegenen gemeinschaftlichen Salon mit Blick auf den Garten stand ein
Polysanderflügel, auf dem Effi dann und wann eine Sonate, die Zwicker
dann und wann einen Walzer spielte; sie war ganz unmusikalisch ...«
Einmal während ihres Aufenthaltes ließen sich Anna Witte und Martha Fontane gemeinsam photographieren, und zwar im »Photoatelier
des k.u.k. Hofphotographen Bernhard Johannes« in Obermais. Auf
ihrer Photographie vermerkte Martha später das Datum »April 1895«:
Und da steht sie, blaß, ernst, mit geschlossenen Lippen, großen Augen, den Blick halb in die Ferne gerichtet, das Haar kurz und etwas weniger üppig als früher. In der rechten Hand – als Zeichen, woran man
sich hält – wie immer ein Buch. Die linke Hand ruht auf der hohen Leh-

ne des Stuhls, auf dem Anna Witte Platz genommen hat. Fast ist es, als legte Martha ihren Arm schützend um die Schultern der älteren Freundin. Anna Witte ist ganz in Schwarz gekleidet und trägt ein schwarzes Hütchen auf dem hochgesteckten weißen Haar. Der Blick der Witwe ist fest und ernst. Nach der Mode der Zeit tragen beide ein langes tailliertes Kleid mit Keulenärmeln. Das Oberteil ist eng geknöpft und hoch geschlossen. Extravagantes fehlt.

Man blieb bis Anfang Mai im Süden. Der viel gerühmte Meraner Frühling, die Obstbaum- und Mandelblüte, das milde sonnige Klima wirkten schließlich wohltuend. »Mit einer 2tägigen Wagenfahrt durch Tirol und Vorarlberg« schlossen die beiden ihren Kuraufenthalt ab. »Ganz mein Geschmack«, fand Fontane, »nur nicht Eisenbahn. Ein mäßiges Kotelett unter einem blühenden Kirschbaum ist mir lieber als ein Diner in einem Harmonikazug.«

Auf der weiteren Rückreise, die per Bahn erfolgte, legte man in Frankfurt am Main einen kleinen Zwischenhalt ein, um Familie Stockhausen zu besuchen. Die Stockhausens wohnten damals noch immer in der Savignystraße 54 (der Umzug in das eigene Haus Bockenheimer Landstraße 87 erfolgte erst 1896). »Am Dienstag 6 Uhr«, so schreibt der Vater am 5. Mai 1895 an Anna Fritsch, »wird die Tochter mutmaßlich bei uns landen und wohl, außer Ausstaubung, vor allem das Bedürfnis empfinden, von ihren Abenteuern – zuletzt noch Begegnungen mit ihrem alten (jetzt stark ramponierten) Freunde Stockhausen in Frankfurt – zu erzählen.« Vielleicht sei sie aber nach all »ihren Abenteuern« auch einfach »matt und marode«.

»Miss Poy«

»Vorgestern habe ich mit Fritsch und Wallot die Shawltänzerin Miss Poy gesehn«, hatte der Vater der Tochter in einem Postskriptum nach Meran geschrieben (1. April 1895).

Miss Poy hieß eigentlich Miss Foy, Miss Eleonora Foy, und tanzte den ganzen März 1895 im Berliner Apollo-Theater, Friedrichstraße 218 (im Zweiten Weltkrieg zerstört). Die Berliner waren hingerissen. Miss Foy trat gemeinsam mit einer Tanz- und Akrobatentruppe auf und tanzte zudem vier eigene Nummern. Nach der Premiere konnte man am 6. März 1895 in der Morgenausgabe der *Vossischen Zeitung* lesen:

»Sie spricht kein Wort. Sie tanzt den Serpentinentanz mit außerordentlicher Grazie und mit Benutzung eines überaus wirksamen Beleuchtungsapparates. Sehr hübsch, sehr schön gewachsen, gefällig in jeder Bewegung, gewährt sie einen reizenden Anblick, sei es, daß sie in anziehender Stellung als Mondfee in der silbernen Mondsichel auf die Bühne hinabschwebt, sei es, daß sie als farbenprächtiger Schillerfalter über die Bühne flattert. Ihre Hauptnummer ist der Spiegeltanz, den sie unter Benutzung überraschender Beleuchtungseffekte auf der im Hintergrund und an den Seiten mit großen aneinander gereihten Spiegeln abgeschlossenen Bühne ausführt. Dieser Tanz gewährt einen ebenso überraschenden wie eigenartigen und ansprechenden Anblick.«

Was damals dem Publikum den Atem verschlug, war eine neue Art des weiblichen Solotanzes.

Berlin kannte bereits den berühmten Serpentinentanz der Amerikanerin Loïe Fuller. Sie hatte diesen Tanz drei Jahre zuvor im Variété Wintergarten vorgeführt. Unterdessen war sie der große Star der Pariser Folies-Bergères geworden. Wer wie Loïe Fuller tanzte, wurde unweigerlich mit ihr verglichen. In Berlin nahm man entschieden Partei für Miss Foy.

Am 30. März 1895 warb das Apollo-Theater, das wenige Jahre später eine der ersten Filmvorführungsstätten Berlins wurde, in der Morgenausgabe der *Vossischen Zeitung*: »Vorletztes Auftreten der anerkannt besten und graciösesten Serpentintänzerin ** Miss Foy **!« Die Herren Theodor Fontane, K. E. O. Fritsch und Paul Wallot – der Architekt des deutschen Reichstags war ein enger Freund von Fritsch – saßen an diesem Abend mit im Publikum. Marthas Vater fand, was er sah, »großartig«. Mehr brauchte er nicht zu sagen, vielleicht weil Martha die Aufführung ebenfalls gesehen hatte, gewiß aber, weil ihr die Herren, in deren Begleitung ihr Vater »Miss Poy« bewunderte, bestens bekannt waren.

Die Fritschs oder Wer wechselt ›billets doux‹?

Als im April 1895 die 23jährige Annie Fritsch, die Tochter von K. E. O. Fritsch aus erster Ehe, den geschiedenen Major Wilhelm Scheller heiratete, waren auch die ›drei Fontanes‹ eingeladen. »Wir sind glücklich, am 20. dem Cercle intime angehören zu dürfen und gedenken, bei allem Respekt vor dem Hochzeitsmahl, doch auch bei der Trauung zugegen zu sein«, schrieb Fontane am 4. April 1895 an die Brautmutter Anna

Fritsch-Köhne und bedauerte, daß Martha an der Hochzeit fehlen werde, denn sie werde »erst am 26., wahrscheinlich noch später, aus Meran zurück« sein. »Bei der Familie Fritsch«, so schrieb er nach dem Fest, das im Berliner Nobelhotel Savoy mit hundert geladenen Gästen gefeiert worden war, »ging es her, als hieße er Dolgorucki und seine Frau sei eine Esterhazy. Diese Frau, meine besondere Gönnerin, ist 36, ihr Schwiegersohn, Major Scheller in St. Avold, ist 48. Übrigens war alles nicht bloß sehr reich, sondern auch sehr reizend.«

Anna Fritsch, Fontanes »besondere Gönnerin«, liebte den verschwenderischen Luxus; das aufwendige Hochzeitsfest für die Stieftochter war ganz nach ihrem Geschmack. Es war aber zugleich eine Liebeserklärung des Vaters an seine Tochter. Mit Annie verband K. E. O. Fritsch die Erinnerung an seine erste, glückliche Ehe. Seine erste Frau Klara geb. Köhne, die Mutter von Annie, war 1877 im Alter von 29 Jahren an Darmkrebs gestorben. Fritsch war damals 39 Jahre alt gewesen, Vater von zwei Töchtern. Vier Jahre nach dem Tod seiner Frau hatte er um die Hand der jüngeren Halbschwester angehalten. Anna war damals 24 Jahre alt. Von Anfang an lebte ihre Mutter Marie Köhne-Ninow mit im Hause Fritsch, da sie kurz zuvor Witwe geworden war.

Jetzt, im April 1895, als Tochter Annie ihre Hochzeit feierte, war die zweite Ehe des Vaters eine gescheiterte, unglückliche Ehe. Annie hing jedoch an ihrer Stiefmutter. Sie war zehn Jahre alt gewesen, als die junge Frau, die ihre Tante war, ins Haus kam und mit der sie damals denselben Namen trug (statt Anna wurde die Tochter deswegen zumeist Annie genannt – was, um Verwechslungen zu vermeiden, hier ebenso der Fall sei). Damals lebte auch noch Marie, die zwei Jahre ältere Schwester. Marie war 1886, 16jährig, unerwartet an einem Herzversagen gestorben, ein schwerer Schicksalsschlag für die Familie.

In den folgenden, schwierigeren Ehejahren wurde die Beziehung zwischen den Familien Fritsch und Fontane enger. Gelegentlich ließ Anna Fritsch, die Frau von K. E. O. Fritsch, den Fontanes Blumen und Honig bringen, manchmal auch Lektüre. Fontane bedankte sich mit kleinen Briefen von poetischem Zauber, Briefen, die sie sorgfältig aufbewahrte. Seit sie seinen Roman *Irrungen, Wirrungen* gelesen und auf seinen »Berliner realistischen Roman« entzückt reagiert hatte, schickte oder überreichte er ihr jeweils von seinen neuen Büchern ein Widmungsexemplar.

Fontane mochte Anna Fritsch, die junge Frau seines Freundes. Ihr Schicksal interessierte ihn. Er verstand, daß sie nicht glücklich war und daß sie eine Sehnsucht hatte, die sie vielleicht selbst nicht benennen konnte. Das faszinierte und inspirierte ihn. Er dachte wohl an junge Frauen wie sie, wenn die 17jährige Effi Briest auf den Rat der Mutter hört und den zwanzig Jahre älteren Baron von Innstetten heiratet: »Er ist freilich älter als du«, sagt Frau von Briest zu ihrer Tochter, »was alles in allem ein Glück ist, dazu ein Mann von Charakter, von Stellung und guten Sitten, und wenn du nicht ›nein‹ sagst, was ich mir von meiner klugen Effi kaum denken kann, so stehst du mit zwanzig Jahren da, wo andre mit vierzig stehen. Du wirst deine Mama weit überholen.«

Die Fontanes und die Fritschs trafen sich manchmal zu kleinen Landpartien oder luden sich gegenseitig ein zum Diner. »Fontanes waren bezaubernd«, schwärmt Anna Fritsch einmal, »so ausgelassen lustig wie ich sie noch nie gesehn hatte und denke Dir nur, saßen unaufgefordert bis 1 Uhr. Wir waren ganz begeistert.« »Paßt Freitag? Paßt Sonnabend?«, fragte etwa auch Fontane an, wenn der Cercle intime sich in der Potsdamer Straße 134 c treffen sollte: »Wir können am einen wie am andern Tage. Stunde bestimmen Sie gütigst.«

Im Sommer 1895 – kaum hatte Stieftochter Annie Hochzeit gefeiert und das elterliche Haus verlassen – verliebte sich Anna Fritsch offenbar in einen jüngeren Mann. So jedenfalls entnimmt man es späteren Briefen von K. E. O. Fritsch. Ihm soll Anna im Herbst 1895 gestanden haben, ihr Liebhaber sei zwar frisch verheiratet, wolle sich aber ihretwegen scheiden lassen. Nach den Erzählungen von K. E. O. Fritsch kam es dann zum Ehedisput: er gab Anna zu verstehen, sie leide an Einbildungen, und sie bedeutete ihm, daß sie für ihn eine Frau wisse, die besser zu ihm passe – vermutlich Martha Fontane.

In jenen Tagen erschien Fontanes *Effi Briest* in Buchform. Anna Fritsch, die bereits den Vorabdruck in der *Deutschen Rundschau* gelesen hatte, erhielt den Widmungsband mit den Worten: »Gnädigste Frau. Anbei die arme ›Effi‹; in andrem Format, sonst aber dieselbe. Bewahren Sie ihr auch in dieser neuen Gestalt Ihre freundlichen Gefühle. Den Mann (Innstetten) hat neulich eine Freundin als einen ›alten Ekel‹ bezeichnet, was in *so* weit doch einen Eindruck auf mich gemacht hat, als, wenn dies gelten soll, alle Männer eigentlich ›alte Ekels‹ sind, was vielleicht richtig ist, aber doch einer etwas strengen Auffassung entspricht«. An Anna Witte schrieb Fontane am selben Tag einen ähnlich lautenden Brief, nahm aber Innstetten etwas deutlicher in Schutz. Martha lebte in jenen Tagen wahrscheinlich in der Potsdamer Straße 134 c.

Ihr Vater aber schickte damals als *Effi Briest* erschien, auch folgende Zeilen an Anna in die Keithstraße 21: »Unter allen Umständen, ob früher oder später, freue ich mich auf unsre nächste Plauderei«. Vermutlich war er durch seine »Gönnerin« in die Verhältnisse im Hause Fritsch eingeweiht. Auch Emilie Fontane wußte Intrikates. Marie Köhne-Ninow, die bei Fritschs lebte, soll ihr von einer außerehelichen Eskapade der Tochter erzählt haben – wie K. E. O. Fritsch später von Emilie erfuhr, als sie seine Schwiegermutter geworden war.

Anna Fritsch-Köhnes Krankheit und Tod

Mit »Martha Fontane« hätten sie sich »jetzt mächtig angefreundet«, schrieb K. E. O. Fritsch am 14. Januar 1897 seiner Tochter Annie, mit der er, seit sie in Elsaß-Lothringen verheiratet war, lange Briefe tauschte (seine Briefe sind im Nachlaß Fritsch überliefert). Noch im Juli 1897 fragte Anna Fritsch an, ob Martha Fontane vielleicht Lust habe, mit ihr und der Mutter nach Thüringen in die Sommerfrische zu fahren. »Was nun Ihren freundlichen Vorschlag (von Ihrer lieben Frau Mutter beschämend unterstützt) hinsichtlich Thüringens betrifft«, antwortete diese, »so will ich nur von vornherein ein mutiges Nein aussprechen. Ich würde gar zu viele Menschen, die mir Vorschläge und Einladungen zugehen ließen, kränken.« Sie werde, wenn ihre Eltern von Mitte August bis Mitte September zur Kur in Karlsbad weilten, »teils in Berlin, teils in Warnemünde sein« und sich »in der Hauptlebensbeschäftigung: im Entsagen, weiter ausbilden«. Bevor Anna Fritsch abreise, so versprach Martha, werde sie aber, »damit der ›Draht‹ zwischen uns doch nicht gar zu lange gerissen wird«, in die Keithstraße 21 kommen: »Jedenfalls versuche ich es, Sie Mittwoch zwischen 5–8 zu sprechen.« Martha schickte ihren Brief aus Augusta-Bad bei Neubrandenburg. Hierher hatten sich ›die drei Fontanes‹ begeben, um sich zu erholen, aber auch um zu arbeiten. Fontane korrigierte das Manuskript des *Stechlin*, seine Frau war mit der Abschrift beschäftigt und Martha hatte ihre Rolle als Scheherezade. Sie könne, so meinte sie gegenüber Anna Fritsch, ihrem »lieben Vater nichts anderes antun wie: reden und reden lassen«. Den Eltern gehe es gut: »sie arbeiten beide fleißig und sind nach wie vor mit ihrem Aufenthalt zufrieden«.

Unterdessen reiste Anna Fritsch mit ihrer Mutter nach Thüringen.

Couvert eines Briefes von Theodor Fontane an Martha Fontane.
Gestempelt: Karlsbad, den 12. Juni 1896

Als sie zurückkehrte, klagte sie über Rheumatismus. Ihr Zustand verschlimmerte sich. Der Hausarzt Dr. Schmidtlein beurteilte die Krankheit – »eine Art von Darmentzündung« – jedoch »nicht als gefährlich«. Sorge machte einzig die Appetitlosigkeit der Patientin. Es wurden weitere Ärzte hinzugezogen, eine Krankenschwester zu ihrer Pflege ins Haus genommen. Aber täglich wurde Anna schwächer und ihr Mann gestand, »das Schreien und Stöhnen, das ihr ihre Schmerzen entpreßten, könnte einen Stein erweichen«. Die Ärzte seien ihrer Sache noch nicht völlig sicher, schrieb er, neigten aber immer entschiedener zu der Ansicht, »daß ein lokales Darmleiden nicht vorliegt, sondern nur eine Neurose, die sich in erster Linie auf den Darm geworfen hat«.

Schließlich stellte man fest, daß sich, wie einst bei Annas Halbschwester Klara, »ein Gewächs im Darm« gebildet hatte. Die Krankheit war bereits so weit fortgeschritten, daß keine Rettung mehr möglich war. Anna Fritsch wurde aus Rücksicht auf ihren Zustand die Diagnose verschwiegen. Eine Notoperation wegen Darmverschluß wurde nötig. Sie habe Furchtbares ausstehen müssen, klagte der Ehemann. Denn die Ärzte hätten wegen Annas Schwäche von einer Narkose absehen müssen »und sich mit Cocain beholfen«.

Die Operation bestätigte den Befund, schlimmer noch, die Geschwulst war »schon auf Bauchfell und Drüsen übergegangen«. In der Nacht, als Anna starb, waren der Ehemann, die Mutter, zwei ihrer Geschwister und ein Arzt bei ihr. Zuletzt hatte sie erhöhte Morphium-Dosen erhalten, die sie eine Zeitlang von Schmerzen befreiten und »fast heiter und mitteilsam« machten. Ihr letztes Wort sei »Mutter« gewesen, schrieb K. E. O. Fritsch seiner Tochter erschüttert.

Am Todestag der jung Verstorbenen – es war der 19. November 1897 – kondolierte Fontane dem Freund und schrieb: »Wenige, die ich gekannt, haben mehr gelitten.«

Die heimliche Verlobung

K. E. O. Fritsch trauerte um Anna, aber er trauerte um sie nicht wie damals um Klara. Nach 15 Ehejahren mit Anna fühlte er sich innerlich vereinsamt. Sie war immer etwas verspielt geblieben, mehr auf »Huldigungen« als auf Liebe gestellt. Für »ritterliche Huldigungen« sei sie »allezeit empfänglich« gewesen, schrieb er später in seinen Lebenserinnerungen. Als Hauptübel seiner zweiten Ehe betrachtete er jedoch das Zusammenleben mit der Schwiegermutter. Marie Köhne-Ninow hatte ihn, so empfand er es, im eigenen Haus immer nur als »Anhängsel« betrachtet. Nach Annas Tod ließ er sie mit größter Erleichterung ziehen. Sie durfte alles mitnehmen, was sie auf seine Kosten an teuren Möbeln, Stoffen, Silber usw. angeschafft hatte, auch übernahm er weiterhin ihren Lebensunterhalt. Seiner Tochter Annie erklärte er: »Wir hätten […] doch wenig zusammengepaßt und mein Haus wäre nach wie vor das Köhnesche und nicht das meinige geblieben.« Er wolle sich von den Verwandten seiner verstorbenen Frau »so allmählich etwas mehr und mehr lösen«, deshalb bleibe er auch an Weihnachten lieber »einsam«. Fontane, der diesen Entscheid offenbar kannte, sandte dem Freund am 24. Dezember die Zeilen: »Lassen Sie mich Ihnen, hochgeehrter Herr und Freund, aussprechen, daß heute drei Menschen in der dritten Etage von Potsdamer Straße 134 c Ihrer in Anhänglichkeit und herzlicher Teilnahme gedenken. Ich bin für Einsamkeit, aber es gibt doch Tage, wo sie schwer auf einem lastet. Mit besten Wünschen für ein neues Leben im neuen Jahr, Ihr Th. Fontane.«

Wenige Tage später ging Fritsch in die Potsdamer Straße, um Fontane zum 78. Geburtstag zu gratulieren. »Leider waren die Damen unwohl, Frau Fontane lag zuvor im Bett«, schrieb er seiner Tochter Annie am 30. Dezember 1897. Dafür sei Fontane umso frischer und habe eben wieder einen neuen Roman begonnen. In den ersten Tagen des neuen Jahres sah man sich wieder.

Dann waren K. E. O. Fritsch, 59, und Martha Fontane, 37, zur Überraschung vieler plötzlich verlobt. Ob es die Familienszene je gegeben hat, von der die Schriftstellerin Clara Viebig später erzählte, ist ungewiß. Ihrer Erzählung nach sollen sich Emilie und Theodor Fontane heftig gegen die Heiratsabsichten der Tochter gewehrt haben. »Martha bekam Schreikrämpfe«, heißt es bei Clara Viebig, »worauf Frau Fontane in Ohnmacht fiel, der Länge nach im Zimmer hinschlagend. Theodor Fontane schloß sich tagelang in seinem Arbeitszimmer ein, verweigerte fast jede Nahrung und sprach kein Wort. Als Martha aber unmißverständlich zu verstehen gab, daß sie Fritsch auch gegen den Willen ihrer Eltern zu heiraten gedenke, lenkte Fontane ganz plötzlich ein und richtete für seine Tochter eine schöne Verlobungsfeier aus.«

Clara Viebig kannte besonders Friedrich Fontane. Sie war Autorin seines Verlags und außerdem seit 1896 mit Friedrich Theodor Cohn, dem neuen Teilhaber des Fontane-Verlags, verheiratet. Sie soll gelegentlich in der Potsdamer Straße 134 c verkehrt haben.

Ob sich die Eltern den Heiratsplänen der Tochter anfangs tatsächlich wiedersetzten, läßt sich schwer sagen, weil die Quellen fehlen. K. E. O. Fritsch jedenfalls erwähnt nirgends Schwierigkeiten dieser Art. Und Fontane zieht – wie oft in heiklen Situationen – das Schweigen vor: Im Tagebuch von 1898 bleibt die unerwartete Verlobung der Tochter tabu. »Es geschehen Zeichen und Wunder,« schreibt er indessen am 24. Januar 1898 an Anna Witte. Großes habe sich zugetragen, »ja, vom egoistischen Standpunkte das Größte und in mancher Augen sogar das Unglaublichste: Martha hat sich verlobt.« Ihr Verlobter sei »der Architekt Fritsch, Witwer neuesten Datums, dessen schöne Frau vor zwei Monaten erst starb«. Das »Brautpaar, das vorläufig ganz im Verborgenen blüht«, werde sich mit Rücksicht auf das Trauerjahr noch nicht öffentlich zeigen. Fritsch wolle einige Zeit nach Italien oder Spanien gehen und Martha rechne darauf, »daß Tante Witte mit gewohnter Güte durch den Februar hin aushilft«. »Martha, wie sich's geziemt, ist sehr glücklich«, schrieb der Vater, »und hat glaub ich auch alle Ursach dazu. Fritsch ist ein kluger und gescheiter Mann von guter Gesinnung und sogar guter Kasse, was mir persönlich nicht viel bedeutet, aber den Mann wenigstens nicht entwertet.«

Den Februar 1898 verbrachte Martha Fontane in Rostock, den März bei der Freundin Lise in Elsenau. Die älteste Tochter Gertrud, Marthas Patenkind, lebte zu diesem Zeitpunkt schon nicht mehr zu Hause, sondern war jetzt Schülerin des Luisenstifts. Sie war fünfzehn. Gertrud sei am vergangenen Sonntag zu Besuch gewesen, schrieb Fontane nach Elsenau, und habe den alten Eindruck erneuert: »klug, fein, von durchaus aristokratischem (wobei ich unsre Mark vergesse) Gepräge. Nur immer wieder kommt mir die Frage: ›wer soll sie heiraten?‹ Fritsch ist ja untergebracht«. Und zum 38. Geburtstag gratulierte der Vater der Braut: »Morgen ist Dein Geburtstag und Frühlingsanfang. Ich denke mir, daß Fritsch seinen Brief mit denselben Worten beginnen wird und von *seiner* Hand enthält diese Zusammenstellung das denkbar Schmeichelhafteste. Vielleicht aber findet er noch was Besseres; Liebe macht dichterisch und genial.«

Weil ihn die Arbeit zurückhielt, ließ K. E. O. Fritsch seine Reise in den Süden schließlich fallen, begab sich aber, als es Sommer wurde, zu einer Kur nach Bad Bertrich und zur Nachkur nach Bad Gastein. Hier schrieb er an Tochter und Schwiegersohn lange Briefe und erklärte ihnen offen, wie es um ihn stand. Er habe mit seiner zweiten Ehe »den größten Irrtum« seines Lebens begangen, schrieb er. Jetzt aber sei er »wieder frei«. Und so seien »Martha Fontane« und er »übereingekommen«, »uns im Dezember zu heiraten«. Weder die Tochter noch den Schwiegersohn scheint dieser Schritt überrascht zu haben. Zwar hatte der Vater und Schwiegervater noch nie so offen zu ihnen über seine Ehe mit Anna und seine Liebe zu Martha gesprochen, aber sie hatten gesehen und erlebt, daß in der Keithstraße 21 die Eheleute unglücklich waren. Und beide kannten Martha.

»Von allen weiblichen Wesen, die ich kenne, konnte nur sie in Frage kommen«, schrieb nun K. E. O. Fritsch: »Nicht nur unsere Bildungssphäre ist die gleiche, sondern auch unsere Lebensanschauungen und Gewohnheiten stimmen in merkwürdiger Weise überein. Ja, ich darf Euch verraten – obgleich das bei einem Mann in meinem Alter ungewöhnlich klingen mag – daß mich nicht allein vernünftige Erwägungen geleitet haben, sondern auf *beiden* Seiten auch das Herz im Spiele ist.« Er erfülle mit dieser Heirat zudem einen Wunsch, den Anna ihm, »als sie vor der Operation von mir Abschied nahm, ausdrücklich ans Herz gelegt« habe. »Von einer förmlichen Verlobung bzw. einer Proklamierung derselben«, so gab er bekannt, »nehmen wir natürlich Abstand; sondern teilen das Geschehene nur unseren nächsten Verwandten und Freunden mit.« Der Familie Köhne wolle er die Mitteilung allerdings so spät wie möglich machen, erst wenn Martha Mitte September aus Karlsbad zurück sei. »Haltet die Nachricht daher zunächst noch geheim«, bat er.

K. E. O. Fritsch hatte zu diesem Zeitpunkt den Haushalt in der Keithstraße 21 bereits aufgelöst und mit Marthas Einverständnis eine großzügige 5-Zimmer-Wohnung in der Elßholzstraße 10 in Berlin-Schöneberg gemietet, direkt am Botanischen Garten (heute Kleist-Park).

»Lieber Fritsch«, schrieb ihm Emilie Fontane aus Karlsbad, Martha gehe es gut und ihr, der Mutter, sei es jeden Morgen eine Freude, wenn die Tochter »frisch und munter und wohl und gut aussehend« mit zur Brunnenpromenade komme (20. August 1898). Freundlich fügte sie hinzu: »Ich kann nur wünschen, daß es ihr bei ihren ferneren Reisen ebenso gehen möge.«

»In den ersten 14 Tagen hier konnte man wirklich mit mir renommieren«, schrieb auch Martha Fontane, »dann aber«, so gestand sie der Freundin Lise, »muß der Brunnen mir den Magen greulich empfindlich gemacht haben, wozu sich eine versteckte, aber schwere Erkältung gesellt. Seit Tagen krieche ich nur so herum und bin natürlich traurig, Keo nicht das Maß von Frische mitzubringen, das ich ihm so gern gegönnt hätte.« Der Mutter gehe es gut, aber der Vater sei »etwas unsicherer Stimmung«. Er schimpfe »mehr wie schön ist auf die Juden«, er habe gesagt, »es wäre eine Alterserscheinung, wenn man über 70 so fanatisch würde«. Sie selbst lebe im Wesentlichen »von Keos Briefen, die mir immer mehr bestätigen, daß er, was und wie er auch sonst sein mag, für mich gut und liebevoll ist und fast zu weitgehend nur in dem Gedanken lebt, mich endlich für sich zu haben« (die Briefe von K. E. O. Fritsch an Martha Fontane sind nicht überliefert).

Am 9. September 1898 war Martha mit ihrem Vater zurück in Berlin. Die Mutter wollte erst vierzehn Tage später nachkommen und die Zeit bis dahin bei ihrer Freundin Johanna Treutler in Blasewitz bei Dresden verbringen. Die Vorbereitungen für das Verlobungsdiner überließ sie der Tochter. Daran teilzunehmen hatte sie nicht im Sinn. Möglich, daß Emilie Fontane – im Einvernehmen mit dem Brautpaar und dem Brautvater – nach außen hin zu erkennen geben wollte, daß sie das Trauerjahr respektierte. Das Zeichen hätte vor allem der Familie Köhne gegolten, mit der die Fontanes sich in all den Jahren gut verstanden hatten.

Im Berliner Freundeskreis hatte sich die ›heimliche Verlobung‹ unterdessen herumgesprochen. Schauspielerin Paula Schlenther-Conrad,

»die kleine Conrad«, war eine der ersten, die gratulierten. Für den »freundlichen Willkomm und die schöne Myrte«, bedankte sich Martha Fontane umgehend. »Ich habe«, so schrieb sie auf den weißen Brautkranz anspielend, »bei ihrem Anblick etwas ängstlich in meiner langen Vergangenheit geforscht, ob ich sie wohl noch verdiene; und mit einem nicht allzu ängstlichen Gewissen kann ich sie mir ja allenfalls noch zuerkennen.« »Hauptmotiv« für ihre Verlobung sei, meinte sie kokett, daß Paul Schlenther den Ruf ans Burgtheater Wien angenommen habe. »Sagen Sie Ihrem Mann«, so schrieb sie, »daß ich mich über seinen Fortgang hätte trösten müssen.«

Auf diese Zeilen hin schickte Paula Schlenther, die Marthas erotische Geständnisse verstanden hatte, ein Rosenbouquet. »Mete macht einen Besuch bei der kleinen Conrad, die sich zweimal legitimiert hat«, berichtete Fontane nach Blasewitz, »erst mit einem selbstgezogenen Myrtenbaum und einen Tag darauf mit einem Rosenbouquet. Mein Liebchen, was willst du noch mehr. Das Ganze wirkt wie eine Darstellung der 24 Stunden von Braut zu Frau.«

Das Verlobungsdiner

Auf Freitag, den 16. September wurde zum Verlobungsdiner in die Potsdamer Straße 134 c geladen. Es war eine angeregte, intellektuell-künstlerische Runde, die sich einfand. Die Schlenthers kamen. Paula Schlenther war in diesen Tagen damit beschäftigt, ihren Berliner Haushalt aufzulösen. Das Paar bereitete die Übersiedlung nach Wien vor. Die Verlobungsfeier von ›Corinna‹ in der Potsdamer Straße 134 c war für Schlenthers aber trotz Umzugshektik ein *must*. Wenige Jahre zuvor hatte man hier ja die eigene Verlobung familiär begangen. Auch die Schmidts kamen. Man kannte sich. Erich Schmidt, 46, Literaturprofessor an der Berliner Universität, war seinerzeit durch Schlenther und Brahm bei Fontanes eingeführt worden. Ihm verdankte der Dichter unter anderem den Schillerpreis sowie den Ehrendoktortitel. Außerdem war Fritschs Tochter Annie aus Metz angereist, und wahrscheinlich nahm auch seine 72jährige Schwester Therese Fritsch teil, die einst Lehrerin gewesen und unverheiratet geblieben war. Mit dem Brautpaar und dem Brautvater waren es jedenfalls nur »neun Personen«. Es wurde ein kleines, feines Diner, wie es die Fontanes öfters gaben, auch wenn das Haus »hausfrauenlos« war. Die hier zusammen saßen, waren alle »fontanisiert«. Manche von ihnen sollten sich in den folgenden Jahren noch sehr um den Dichter verdient machen.

Die Feier verlief ganz nach dem Geschmack aller Beteiligten, »ohne Feierlichkeit«. Für gute Stimmung sorgte das Kulinarische und die geistreiche Plauderei. »Als ein besserer Tropfen kam«, so schrieb Tage später Paul Schlenther, habe sich der Brautvater erhoben und »einen humoristischen Trinkspruch« gehalten, »der im Hinweis auf meine Wiener Beschäftigung in den Zuruf auslief: ›Ein' feste *Burg*!‹« »Das Zauberfest schien mir gelungen«, schrieb Fontane auch an seine Frau. »Schlenther sprach wieder sehr reizende Worte, Toast auf Mete und Fritsch, und war für einen Ostpreußen kolossal herzlich und gemütlich. Ich mußte ›Kommen Sie, Cohn‹, vorlesen, und weil es mir wieder ganz fremd geworden war, so daß ich ein paarmal festsaß, so wirkte die Sache ganz wie neu, weil mich ein paar Stellen beim Lesen selbst erheiterten.«

Das ›Zauberfest‹ war für alle ein Abschied. Insbesondere für Fontane selbst. Nicht nur die Tochter, auch Schlenther und die ›kleine Conrad‹ – alle seine Lieblinge zogen fort. Voller Entwürfe sei Fontane gewesen, erinnerte später Schlenther den letzten gemeinsamen Abend in der Potsdamer Straße 134 c, »voll regsten Interesses für alles und jedes«, »in seiner herrlichen, lieben Greisenschönheit Mittelpunkt und Seele der Unterhaltung«.

Tod des Vaters

Am 19. September wurde zu einem zweiten Diner geladen. Diesmal erschienen auch Theo Fontane und seine Frau und wohl auch Friedrich. »Das Kulinarische lag bei meiner Schwester Mete in guter Hand«, schreibt der ältere Bruder in seinen Erinnerungen, »es wurde also eine gelungene Sache, wie wir sie immer wieder im Elternhaus erlebt hatten.« »Unsere zweite Gesellschaft verlief ebenfalls zufriedenstellend, weil alle voll guten Willens waren«, berichtete Fontane seiner Frau. Marthas und sein Befinden sei aber »soso«.

Der 20. September verlief wie viele andere Tage: Fontane schrieb Briefe, korrigierte Fahnen, unternahm seinen Tiergartenspaziergang bis zur Rousseau-Insel, auch plauderte er kurz mit Sohn Theo, der ihm zufällig auf seinem Nachhauseweg vom Ministerium begegnete. Für das

Mittagessen sorgte Martha mit Anna Fischer: es gab »Kartoffelsuppe – natürlich mit Brühe und die Prise Pfeffer daran«, Kartoffeln mit Petersilie, gut zubereitete Hammelrippchen, Milchgrieß, »gar nicht klütrig – aber mit viel Zucker und Zimmet«. Als man beim »Täßchen Kaffee« saß, kam Sohn Friedrich auf einen Sprung vorbei, um zu schauen, wie es dem Vater ging und wie er mit der Fahnenkorrektur des *Stechlin* vorankam. Der Roman, der im Vorabdruck bereits erschienen war, sollte demnächst im Friedrich Fontane Verlag als Buch herauskommen. Martha hatte über den *Stechlin* gemeint, er sei »mehr denn je *nur* für Kunstverständige geschrieben«. Sohn Friedrich erinnerte sich später, der Vater habe bei diesem Nachmittagskaffee gesagt: »Es ist das Buch, das ich für mich geschrieben habe. Mir gefällt's. Das ist mir noch bei keinem meiner Bücher passiert. Wenn sie erst gedruckt vorlagen, bin ich immer ängstlich drumrumgegangen.« Später am Abend las er das neue Heft der *Deutschen Rundschau* und verplauderte sich mit Martha.

Und dann starb er überraschend.

»papa ist gestern abend sanft entschlafen«, telegraphierte Martha Fontane am anderen Morgen an Paul Schlenther nach Wien.

»Um 9 Uhr fand ich ihn«, so schrieb sie aus der Rückschau an Paul Heyse, »über seinem Bette liegend und 3 Minuten vorher hatte er mir anläßlich eines Artikels in der *Rundschau* auseinandergesetzt, daß durch Spinoza und Kant die Philosophie auf falschen Füßen stehe. Er war heiter und ohne jede Vorahnung seines Endes. Nur über zunehmende Müdigkeit klagte er und seine 34 Pulsschläge waren seine letzte Lieblingswendung geworden. […] Ich habe Papa stets einen leichten Tod gewünscht, ihn *so* zu wünschen hätte ich vermessen gefunden.«

Das Begräbnis

Friedrich unternahm es, zur Mutter nach Blasewitz zu reisen und sie nach Hause zu begleiten. Theo kümmerte sich um das Begräbnis, Martha empfing in der Wohnung die vielen Kondolenzbesucher, unter ihnen auch Otto Brahm und Paul Meyer.

Am Sonnabend, den 24. September, dem Todestag von Sohn George, wurde Theodor Fontane zu Grabe getragen. Die Witwe fühlte sich zu schwach und war zu erschüttert, als daß sie bei der kirchlichen Zeremonie hätte anwesend sein können. Marthas Freundin Lise Mengel, die mit ihrem Bruder Friedrich Carl beim Begräbnis die Familie Witte vertrat, schilderte ihrer Mutter später die Erlebnisse: »Ich ging Freitag Abend, nachdem ich mein Zimmer […] bezogen hatte, zu Fontanes hinüber. Das erste Wiedersehn mit mir und Tante war natürlich sehr schmerzlich, aber im Ganzen waren alle sehr gefaßt und der Gedanke an seinen wunderbar schönen Tod immer der erste.« Das Hausmädchen Anna Fischer habe sich »wieder enorm bewährt« und »Martha Großes geleistet«. »Der Zusammenklapp wird bei Tante und Mete nicht ausbleiben«, vermutete die Freundin, »wenn nur erst mehr Ruhe eintreten wird.« Eine unglaubliche Fülle von Blumen sei abgegeben worden und noch immer, auch nach der Beerdigung seien Kränze mit der Post eingetroffen. »Tante und Mete schliefen in Onkels Arbeitszimmer, da in der Schlafstube die ankommenden Kränze niedergelegt wurden.« Sie habe »auf Metes Wunsch«, die Tochter Gertrud am Tag der Beerdigung morgens um zehn Uhr nach der Potsdamer Straße kommen lassen »und kam sie auch pünktlich an, ganz ruhig, wie erstarrt sah sie um sich, als könnte sie es nicht fassen, daß Onkel nun nicht mehr da wäre. Das einzige Mal, daß ich Mete habe laut weinen sehen, war, als das Kind kam«.

Sie, Lise, sei dann mit Theos Frau sowie Theos ältesten Kindern – das waren Otto und Gertrud (»Trudy«) – in Begleitung von K. E. O. Fritsch zum französischen Kirchhof in der Liesenstraße gefahren. Dem Trauerzug vorangegangen seien die beiden Brüder Theo und Friedrich Fontane, zuletzt sei Martha mit dem Prediger gefolgt. »Der Eintritt in die Kapelle mit dem unter Blumen begrabenen Sarge, auf dem die Sonne spielte, war sehr feierlich, der Mangel an Gesang fiel auf, es war dies aber der oft ausgesprochene Wunsch des Verstorbenen.«

»Die Rede des Predigers«, so Lise Mengel, »war nicht schlecht, aber auch nicht hervorragend gut, nur sehr schön die Auswahl des Textes: ›Weil du so wert bist vor meinen Augen geachtet, mußt du auch herrlich sein, und ich habe dich lieb.‹« Es sei ja auch »furchtbar schwer« für den Mann gewesen, »vor dieser Versammlung zu sprechen, so viel kluge Menschen und so wenig gläubige«. Das Wetter sei schön gewesen, »nicht zu kühl und sonnig«. Der Kritiker Karl Frenzel habe am Grab »sehr rührend« gesprochen, »so einfach, schlicht und kurz und die Sprechweise so ergreifend«. Carl Lessing hingegen, der Besitzer der *Vossischen Zeitung*, habe hauptsächlich »Reklame für die Vossin« gemacht. »Die arme Mete mußte dann noch lange stehen und die Händedrucke vieler Menschen entgegennehmen, was ihr sehr sauer wurde.« Die »liebe Frau Sternheim«, so Lise, habe sie auch begrüßt, »sie sah so lieb und traurig aus, hat auch viel verloren«.

Nach dem Bericht von Lise Mengel-Witte, war man um »¼ 1« vom Begräbnis bereits wieder zu Hause. Emilie Fontane habe in ihrer Abwesenheit erst etwas mit Gertrud gesprochen, »aber dann ihr Zeitungen gegeben und war in ihre Stube gegangen«. Gertrud habe ihr nach einiger Zeit etwas Bouillon gebracht. Man habe beide »ruhig« zu Hause wieder vorgefunden. »Um 3 aßen Gertrud, Friedel, Martha und ich ein Roastbeef, das Anna nach der Rückkehr bereitete, um 5 brachte ich Trudy in die Stiftung zurück und blieb von 6–8 bei Tante, während Mete mit Herrn Fritsch spazieren ging.« »Welch Glück, daß Martha nun einem anderen Leben entgegengeht«, schloß die Freundin ihren Bericht, »wie tausendmal härter würde sie sonst das Aufhören des gemeinsamen Lebens mit ihrem Vater empfinden.«

»In Hast« und auf ihrer »Sophalehne« schrieb Martha am selben Tag an Paul Heyse nach Meran. Sie schilderte ihm den Tod des Vaters. Dann fuhr sie fort: »Wie es mit unsern sog. Verhältnissen aussieht, nach denen Sie in eingeweihter treuer Freundschaft fragen, kann ich heute noch nicht übersehen. Mama hat ja nicht unerhebliche Einnahmen von den neuesten Arbeiten zu erwarten, aber das sind unsichere Extras und ihr kleiner Wittwenhaushalt muß doch auf festen Füßen stehen. Sie wird mutmaßlich mit Friedel zusammenziehen, da ich, lieber verehrter Freund, wohl spätestens im Januar in mein eigenes Haus gehe.« Denn, so schrieb sie: »Ich bin seit kurzem verlobt und habe noch die unendliche Freude gehabt, Papa einen von ihm geschätzten Sohn zu bringen; einen Mann, der weiß, was Papa war, und der mir helfen will und soll zu lernen, noch einer anderen Generation anzugehören. Es ist der Herausgeber der Deutschen Bau-Zeitung, Architekt Fritsch, für die Welt ein sehr angesehener, wohlhabender Mann, für mich ein spätes, ernstes Lebensglück. Ich muß nun umlernen und meine wundervolle Tochterschaft ist vorbei.«

»Nichts Froheres konnte mir aus Ihrem Trauerhause kommen, liebe Martha, als die Nachricht von Ihrer Verlobung und daß Ihr Vater sich noch Ihres Glückes gefreut hat«, antwortete Paul Heyse: »Grüßen Sie mir Ihren Herrn Bräutigam und gratulieren Sie ihm, daß er ebenso viel Glück als Verstand gehabt hat, wie nötig war, Ihr Herz zu gewinnen. Ich habe Sie immer als die richtige Tochter dieses selten begabten und liebenswürdigen Vaters verehrt und wie oft Ihrem Vater meine Liebe zu Ihnen erklärt!«

In den deutschen Zeitungen waren kurz nach Fontanes Tod erste Nachrufe erschienen. Am 27. September 1898 folgte die große Würdigung von Paul Schlenther. Auf seinen telegraphischen Wunsch hin hatte ihm Martha Fontane das jüngste Gedicht ihres Vaters geschickt: *Wo Bismarck liegen soll*. Bismarck war wenige Wochen vor Fontane, am 31. Juli 1898, gestorben. »Papa sitzt und weint, was ich sehr begreife«, hatte Martha damals geschrieben. Schlenther setzte Fontanes Bismarck-Gedicht an den Anfang seines langen Artikels. Denn Bismarck und Fontane schienen ihm für die Zeit, in der sie gelebt und gewirkt hatten, gleichwertige überragende Persönlichkeiten. Mit großer Sicherheit und aus tiefer Kenntnis des Werks und der Person wertete Schlenther in seinem Nachruf Fontanes Gesamtwerk und seine Bedeutung als Romancier.

Fontane sei, so schrieb er, der größte Dichter der Mark seit Heinrich von Kleist. Er habe 1888 mit *Irrungen, Wirrungen*, »einer Dichtung ersten Ranges«, den modernen Berliner Roman begründet. Seit seinem 70. Geburtstag, als »*Tout-Berlin*« ihn feierte, sei er geradezu in Mode geraten. In den 1890er Jahren habe er nicht nur als »Schutzpatron« der Jungen dem Neuen die Bahn geebnet, sondern: »Alles, was er schuf, wurde nun, wenigstens im deutschen Norden, mit Ungeduld erwartet, mit Bewunderung gelesen.« Daß er nach seinem sechzigsten Lebensjahr, ohne daß seine Manuskripte jahrzehntelang gelagert hätten, immer Vollenderes schuf, sei in der gesamten Weltliteratur beispiellos. Über den literarischen Rang der »wundervollen *Effi Briest*« urteilte Schlenther, es sei Ähnliches in der »nachgoetheschen Zeit« kaum erreicht, der *Grüne Heinrich* von Keller vielleicht ausgenommen. Und noch stehe der *Stechlin* aus. Gewiß sei allerdings schon jetzt: »Theodor Fontane gehört zu den klassischen Zeugen seiner Zeit. Solche Leute aber sind von Dauer.«

Den Würdigungsartikel schloß Schlenther mit einem Zitat aus Martha Fontanes Brief. Sie hatte ihm das Grab des Vaters auf dem französischen Friedhof beschrieben. Schlenther endet: »Er liegt, wie mir seine Tochter schreibt, neben einem großen Baum auf einem kleinen ›schmustrigen‹ Kirchhof. Als die Angehörigen von der großen, glänzenden Beerdigungsfeierlichkeit zurückkamen in sein stillgewordenes Schreibstübchen, hörten sie den Mann, dem der Sinn für Feierlichkeit fehlte, im Geiste zu seiner lieben Frau Emilie reden: ›Ja, mein Milachen, so wird der kleine Apteker begraben‹.«

In der Potsdamer Straße 134 c, drei Treppen links, begann Emilie Fontane jetzt den Umzug vorzubereiten. Auch Martha packte ihre Koffer. Im Oktober wurde das Testament eröffnet. Die Geschwister gerieten in erste Zwistigkeiten.

Unterdessen machte der postum erschienene *Stechlin* Sensation. Der Verein *Berliner Presse* veranstaltete im Rathaus eine Gedenkfeier, an der Erich Schmidt die Gedächtnisrede hielt, und auch die *Freie Bühne* würdigte Fontane. Es sprach sein junger Freund Otto Brahm.

Erste Ehejahre: herrschaftliches Leben in Waren
1899–1905

Martha Fontane und K. E. O. Fritsch

Martha Fontane und K. E. O. Fritsch kannten sich also schon seit Jahren, als sie ihre Ehe schlossen. Er hatte sie als Vaters Tochter erlebt und wußte, was ihr der Vater bedeutete. Vertraut war er auch mit dem intellektuell-künstlerischen Milieu, in dem sie groß geworden war, hatte Kenntnis von ihren wichtigsten Freundschaften in Berlin, Rostock und anderswo und folglich eine Vorstellung von ihrem Lebensstil, ihren Ansprüchen. Außerdem hatte er miterlebt, daß manches, was sie gerne gewollt hätte, gescheitert war: das literarische Schreiben, eine Ehe mit Rudolph Schreiner oder ihr Plan, nach Amerika zu gehen. Auch ihr ›Nervenelend‹ war ihm nicht verborgen geblieben.

Als Martha K. E. O. Fritsch 1883 kennenlernte, war er bereits der erfolgreiche, einflußreiche Mitbesitzer und Hauptredakteur der *Deutschen Bauzeitung*. Sie sah, wie er an verschiedenen Studien arbeitete, die in regelmäßiger Folge erschienen und las wohl manches davon, denn Fritsch schickte gelegentlich seine Artikel an die Freunde in der Potsdamer Straße. K. E. O. Fritsch hatte, was Martha an Männern besonders schätzte: »Enthusiasmus für seinen Beruf. Humor. Anständige Gesinnung.« Sein Freundeskreis war groß, und zu seinen engsten Freunden zählten so bedeutende Männer wie Paul Wallot, dessen Deutscher Reichstag 1894 fertiggestellt war, und Hermann Eggert. Eggert hatte unter anderem den Centralbahnhof Frankfurt am Main erbaut (fertiggestellt 1888).

Vermutlich hatte Martha bald gemerkt, daß »Keo«, wie sie ihn nannte, mit Anna unglücklich war, denn sie war ja eine scharfe Beobachterin, insbesondere was Ehen betrifft. Bei aller Eheskepsis, die sie in den 1890er Jahren entwickelt hatte, mit K. E. O. Fritsch konnte sie sich ein gemeinsames Leben vorstellen. Auch entsprach es einem alten Wunsch: mit 17 hatte sie sich einmal gewünscht »Frau Anna Witte« zu sein und sich nach einem großbürgerlichen Lebensstil gesehnt. K. E. O. Fritsch konnte ihr jetzt ein solches Leben bieten. Und wie einst Friedrich Witte so war auch K.E.O. Fritsch jemand, der in schwierigen Lebenslagen ruhig, zuversichtlich und fürsorglich blieb. Dabei hatte ihm das Leben nichts geschenkt.

Karl Emil Otto Fritsch war am 29. Januar 1838 im oberschlesischen Ratibor geboren. Seine Mutter Emilie geb. Vogel starb kurz nach seiner Geburt. Das Kind wuchs dann mit der älteren Schwester Therese beim Vater auf. Emanuel Fritsch, Leutnant und Stadtgerichtsassessor starb jedoch, als sein Sohn zehn Jahre alt war. Daraufhin kamen K.E.O. und seine Schwester zu Verwandten, auf deren Wohlwollen die Kinder angewiesen waren, da der Vater kein Erbe hinterlassen hatte. Weil er durch gute Leistungen auffiel, wurde ihm der Besuch des Gymnasiums in Glatz ermöglicht. Danach erlernte er in Schweidnitz den Baumeisterberuf als Eleve, also von der Pike auf, da er so rasch wie möglich praktisch tätig und finanziell selbständig werden wollte. Erst später kam K.E.O. Fritsch an die Berliner Bauakademie, um hier Architektur zu studieren. Nach dem Studium und einer kurzen Tätigkeit als Baumeister, gründete er im Alter von 28 Jahren zusammen mit Freunden in Berlin die Deutsche Bauzeitung. Damals lernte er den Architekten Richard Lucae kennen, den Freund der Fontanes und der Wittes, der seinerzeit auch für Martha wichtig war. Durch Richard Lucae war Martha wahrscheinlich sensibilisiert auf Architekturfragen, sie hatte jedenfalls ein Interesse für Fritschs Arbeit.

Seine *Deutsche Bauzeitung* war eine kritische Kunstzeitschrift, die die vielseitige Bautätigkeit nach der Gründung des Kaiserreichs in Wort und Bild mitverfolgte. K.E.O. Fritsch war zudem Beiträger des großen Standardwerks *Berlin und seine Bauten* und veröffentlichte zwei eigene Werke, die zu Standardwerken wurden. Zuerst erschien in loser Folge *Denkmäler deutscher Renaissance* (1882–91) und dann *Der Kirchenbau des Protestantismus von der Reformation bis zur Gegenwart* (1893). Er war ein hochgeschätztes Mitglied des Architekten-Vereins zu Berlin, der Vereinigung Berliner Architekten sowie anderer baufachlicher Gremien. Für seine Leistungen sollten ihm 1899 der Professortitel, 1908 die Ehrendoktorwürde verliehen werden.

1868 war K.E.O. Fritsch eine erste Ehe eingegangen, 1882 eine zweite, die kinderlos blieb. Mit den Fontanes war er erst bekannt geworden, als er mit der zwanzig Jahre jüngeren Anna, seiner zweiten Frau, verheiratet war. Seine Töchter aus erster Ehe kamen damals ins ›Backfischalter‹ und die Schwiegermutter im Haus forderte bereits allerlei Rücksich-

K. E. O. Fritsch, 1902

ten. Als Marie, Fritschs ältere Tochter, 1886 im Alter von kaum 16 Jahren starb, war das für den Vater besonders schwer. In seiner eigenen Familie, in der die Schwiegermutter immer bestimmender wurde, fühlte er sich zunehmend einsam. Von klugen, aufmerksam zuhörenden Frauen wie Martha Fontane fühlte sich K. E. O. Fritsch daher um so stärker angezogen.

Auch sie fühlte eine große Übereinstimmung. Das einzige, was ihr kurz vor der Heirat leise Sorge bereitete, war, daß er »fast zu weitgehend nur in dem Gedanken lebt, mich endlich für sich zu haben«.

Keine Probleme bereitete ihr, daß ihr Mann eine enge Beziehung zu seiner jetzt 26jährigen Tochter Annie hatte. Auch Martha verstand sich gut mit Annie, die unterdessen Mutter einer kleinen Tochter geworden war. Martha konnte sich also noch in den letzten Lebenstagen ihres Vaters als »Mutter« und »Großmutter« präsentieren, und sie fand sich, im Alter von 38 Jahren, überraschend schnell in diese Rolle hinein.

Die Trauung

Über Dritte erfuhr K. E. O. Fritsch kurz vor der Eheschließung, seine frühere Schwiegermutter Marie Köhne-Ninow habe geäußert, daß durch seine neue Heirat »ihre Tochter im Grabe beschimpft würde«. Fritsch fand das nicht richtig und sah seiner Ehe mit Martha »wie einem natürlichen und selbstverständlichen Ereignisse« entgegen.

Martha Fontane und K. E. O. Fritsch ließen sich am Mittwoch, den 4. Januar 1899 kirchlich trauen, und zwar von Pastor Neßler, dem Pfarrer der Französischen Gemeinde zu Berlin. Der Trauakt selbst fand in der Wohnung des Paares statt.

Man hatte sich für eine Feier in der Elßholzstraße 10 entschieden, um »das Herumkutschieren in der Stadt und das damit verbundene Angaffen des Publikums – das namentlich in der Potsdamer Straße ein bedenkliches geworden wäre – zu vermeiden«. Die Hochzeit wurde einfach und still gefeiert. Trauzeugen waren »Marthas Tante und quasi Pflegemutter, Frau Dr. Witte aus Rostock«, und Architekt Paul Wallot. Als Gäste erschienen außerdem Therese Fritsch, die Schwester des Bräutigams, Marthas Mutter Emilie Fontane sowie ihre Brüder Theo und Friedrich. Die Schellers blieben diesmal fern, weil die weite Reise nach Berlin im Winter zu anstrengend gewesen wäre.

Wenige Tage nach der Feier trat das neue Paar seine Hochzeitsreise an. Sie sollte mit Rücksicht auf die angeschlagene Gesundheit von Marthas Mutter nicht länger als drei Wochen dauern.

Die Hochzeitsreise

Sonnabend, den 7. Januar 1899 verließen Martha und K. E. O. Fritsch das winterliche Berlin. Ursprünglich war Sizilien das Ziel gewesen. Das Winterklima versprach aber im Norden angenehmer zu sein, und so war man Richtung Dänemark aufgebrochen. Erste Station war Hamburg, von hier ging es weiter nach Lübeck, dann sollten Kiel, Schleswig, Flensburg und schließlich Kopenhagen folgen. »Ich erhole mich zusehends«, schrieb Fritsch nach der ersten Reisewoche aus Lübeck, »und auch Marthas durch die Ereignisse der letzten Zeit angegriffene Nerven werden hoffentlich bald wieder ins Gleichgewicht kommen.« »Wir haben alle Ursach mit unserer Reise zufrieden zu sein«, schrieb sie selbst, sie erlebe eine angenehme »Mischung von Natur und Kunst« und erneuere »bei dem einen stets die Empfänglichkeit für das andre.« Der Stieftochter Annie gestand sie: »Du kannst Dir wohl denken, wie ich, die ich immer nur mit etwas blöden und schlecht beschlagenen Leuten gereist bin, es genieße, daß sich mir nun täglich liebevoll und bequem ganze Welten erschließen, es ist kaum zu sagen, ob die Lehrlust Deines Vaters oder meine Lernlust überwiegt.«

Die Reise verlief ganz programmgemäß. Nur Düppel und Schleswig wurden der unsicheren Witterung wegen aufgegeben. Vor Kopenhagen mangelte es zudem an Behaglichkeit, weil die Coupés und Schiffe überfüllt waren und sich das deutsche Paar von den mitreisenden Dänen wenig freundlich behandelt sah. Das führte man nicht zuletzt auf die kriegerischen Ereignisse im Jahr 1864 zurück. Der Vater und Schwiegervater, so erinnerte man sich bei dieser Gelegenheit wohl, hatte damals als preußischer Berichterstatter die dänischen Kriegsschauplätze besucht und später auch seinen Roman *Unwiederbringlich* in Glücksburg und Kopenhagen angesiedelt.

Fünf bis sechs Tage hielt das Paar sich in Dänemark auf, fuhr auch nach Malmö, um »endlich auf dem Rückwege noch 1 Tag in Rostock bei unserer Schwiegermutter II« zu bleiben. Damit war Anna Witte gemeint. Martha sei, so erklärte Fritsch seiner Tochter, bei ihr »Jahre lang zuhause« gewesen.

Als das Paar Ende Januar nach Berlin zurückkehrte, fand es in der Wohnung »einige hundert Gratulationsbriefe« vor. Die meisten, so fand Fritsch, mit der üblichen »Glückwunsch-Phrase«, etliche waren auch »von gewollter oder unbewußter Kühlheit und Förmlichkeit«. Ihn überraschte es nicht, »daß Menschen, die von der glänzenden Persönlichkeit meiner zweiten Frau entzückt waren, mir aber nie ins Herz gesehen haben«, seinen Entschluß, Martha Fontane zu heiraten, mißbilligen würden. Er selbst aber war sich sicher, »für den Rest meines Lebens ein Glück gewonnen zu haben, gegen das alle von außen kommenden Schatten nichts auszurichten vermögen«.

Im März brach man zu einer zweiten und größeren Reise auf, diesmal nach Italien. Fritsch kannte Italien von vielen früheren Kunstreisen. Zuletzt war man in Rom. Emilie Fontane, die die Reisenden in Gedanken begleitete und sich erinnerte, wie sie 1874 ebenfalls an der Seite ihres Mannes durch Italien gekommen war, schrieb ihrem Schwiegersohn: »Mögen Sie nach all dem Schönen, den Höhepunkt in der Kunst in Rom finden.«

Die Rückreise von Italien erfolgte in Etappen. Zuletzt machte man Station im lothringischen Metz. Hier war Fritschs Schwiegersohn Wilhelm Scheller, der zuvor Kommandeur in St. Avold gewesen war, seit 1897 stationiert. Metz, das nach dem Krieg von 1870/71 deutsche Reichsstadt geworden war, hatte seinen französischen Charakter behalten. Familie Scheller, das Ehepaar mit der jetzt zweijährigen Tochter Lili, wohnte in unmittelbarer Nähe der Esplanade, einem großzügig angelegten Platz an der Mosel. Viel lieber hätte Fritsch die Schellers in Berlin und in seiner Nähe gewußt. Es tröstete ihn ein wenig, daß die junge Familie, die er hier zum ersten Mal besuchte, immerhin eine Wohnung mit »Prachträumen« gefunden hatte und mit einem »Balkon«, von dem man den Blick »über die Esplanade in das liebliche Moseltal« genoß.

Ehepaar Fritsch und Familie Scheller verbrachten gute Tage miteinander. Sie habe die Absicht, so erklärte Martha den Schellers am Ende, die beiden Dinge, die so arg in Mißkredit lägen, »das Stief- und Schwiegermütterliche«, im Ansehen etwas zu heben. »Wenn nur Metz nicht so weit wäre, ich hatte schon Sehnsucht nach dem Lilikind, wie ich noch da war, in der bloßen Vorstellung, daß man das liebe Wurm nun wieder wer weiß wie lange nicht sieht.«

In der Elßholzstraße 10 begann jetzt der Ehealltag. K. E. O. Fritsch, 61, fühlte sich nach der Italienreise erholt und frisch, während es seiner mehr als zwanzig Jahre jüngeren Frau geradezu elend ging. Sie sei, so meinte er, »von den Anstrengungen der Reise« ganz »erschöpft« und kämpfe jetzt mit einem Leiden, das im Wesentlichen »als nervöser Zustand« zu betrachten sei. »Ihr Befinden«, so gestand er, »macht mir doch rechte Sorge, da es offenbar nicht um irgendeine akute Krankheit sich handelt, sondern um einen allgemeinen Kräfte-Abfall, der nur sehr langsam sich wird beseitigen lassen.« Fast schäme er sich, daß er selbst so gesund und tatkräftig sei.

Fritsch hatte nach dem Urlaub seine Arbeit als Redakteur der *Deutschen Bauzeitung* mit Elan wieder aufgenommen. Für den Sommer plante er einen Aufenthalt in Bad Gastein. Martha selbst wäre auch gerne in die Schweizer Berge gefahren, nach Aeschi bei Spiez. Dort am Thunersee pflegte Familie Scheller ihre Sommerfrische zu verbringen. Weil Annie »wieder ganz begeistert von den Schönheiten der Schweiz« geschrieben habe, rege sich bei Martha, »welche unsere kurze Rast am

Vierwaldstätter See noch in angenehmster Erinnerung hat«, schon der Wunsch, »ihre Koffer zu packen und Annie und Lili noch ein paar Wochen Gesellschaft zu leisten«, schrieb Fritsch seinem Schwiegersohn. Der Arzt bestehe jedoch darauf, daß sie sich noch eine Zeit lang vollkommen ruhig verhalte und jede außergewöhnliche Anstrengung vermeide. Als Therapie wurde ihr eine Trinkkur mit »Arsenit-Eisenwasser« aus den Thermen von Levico verordnet. Das Mittel galt damals auch als ein erotisches Stimulans.

Das Paar blieb schließlich in Berlin. Es war ein ausgesprochen kalter und regnerischer Sommer. »Wir haben uns etwas trainiert und sitzen schon zum Frühstück in unserer lieben Loggia«, schrieb Fritsch, »auch wenn der Thermometer nicht mehr als 13° zeigt. Manchmal steht er freilich auch noch tiefer – von den Tagen, an denen es regnet und stürmt ganz abgesehen. Dann sind wir natürlich ins Haus gebannt.«

Die »wundervolle Loggia, auf der zur Not sechs Menschen essen« konnten, war ein Lieblingsplatz von Fritsch. Ihm paßte die Wohnung. Sie war wohl weniger repräsentativ als seine frühere in der Keithstraße 21, aber komfortabler als die Wohnung der Fontanes in der Potsdamer Straße 134 c. Sie lag »im ersten Obergeschoß«, in der Beletage, hatte fünf hohe Zimmer – davon war eins ein Berliner Zimmer –, hatte Küche, Bad, Mädchenkammer sowie einen separaten Dienstbotenaufgang. Fritsch schätzte auch den guten Keller, in dem er seine Weine lagern konnte.

Martha aber war vielleicht nicht recht glücklich. Ihr fehlte im Alltag jetzt das Gespräch, nicht das tiefsinnige und lehrreiche, aber dasjenige, das perlt und belebt und sich in gewagten Anspielungen ergeht. Wer auf diese Weise zu plaudern verstand, der entlockte ihr die tollsten »Indiskretionen«, »ohne die«, wie sie gestand, »Papa die Welt für unerträglich und langweilig erklärte«. Sie war leise verzweifelt, wenn ihr Ehemann für länger hinter der Zeitung verschwand, hätte gern ein Gegenüber gehabt als »plauderhafte Frau« und seufzte daher: »Ach wär ich doch nicht die gewesene Fontane.«

Sie brauchte Anregung, Menschen, eine Aufgabe. In diesen Tagen entstand der Plan, Berlin zu verlassen, ein Gut auf dem Land zu erwerben und dort ein geselliges Leben zu führen. Es war damit auch an die Zukunft von K. E. O. Fritsch gedacht, der sich bald einmal aus dem berufsreichen Leben zurückziehen wollte. Man suchte also – ganz nach dem Beispiel von Gustav Veit, der Bonn nach seiner Emeritierung verlassen hatte – ein eigenes ›Deyelsdorf‹.

»Mittlerweile treten wir auch der Frage unseres Guts-Ankaufs ernstlich näher«, schrieb K. E. O. Fritsch am 6. Juli 1899 seinem Schwiegersohn, »studieren täglich in der Zeitung, was ausgeboten ist, und lassen auch schon einen Agenten für uns ausspähen. Bis jetzt hat sich jedoch noch nichts Passendes gefunden, und wir müssen weiter auf einen glücklichen Zufall hoffen. Vorläufig ist die Sache ja noch nicht brenzlich, und das Pläne ausdenken und Luftschlösser bauen macht uns soviel Vergnügen, daß wir auch gern noch warten. Martha legt namentlich Wert darauf, daß Dir bei uns auch Gelegenheit zur Jagd nicht fehlen soll. Und dabei wissen wir beide nicht, ob Du eigentlich überhaupt Jäger bist!«

Gelegentlich unternahm das Ehepaar Fritsch jetzt Ausflüge in die Mark Brandenburg wegen »eines uns zum Verkauf angetragenen Gütchens«. Emilie Fontane gefiel die Aussicht, mit Tochter und Schwiegersohn auf einem Landgut zu leben, so daß sie erklärte, sie würde gerne mitziehen. »Bisher hatten wir geglaubt«, so Fritsch, der nicht umhin kam, auch auf die neue Schwiegermutter wieder Rücksicht zu nehmen, »daß sie sich niemals von Berlin werde trennen wollen und waren daher darauf angewiesen, einen Ort zu wählen, von dem wir in höchstens 2–3 Stunden hierher hätten gelangen können, um bei etwaigen Zufälligkeiten sofort bei der Hand zu sein. Jetzt dürften wir auf die Mark Brandenburg wohl verzichten und, wenn es nicht Mecklenburg sein kann, eher nach Mitteldeutschland, vielleicht sogar Süddeutschland gehen.« Weil Mecklenburg aber der Vorzug galt, setzte man eine Suchanzeige in drei Mecklenburger Zeitungen.

Kurz darauf meldete Martha: »Denke doch bloß Anniechen, wir haben ja etwas!« »Am Sonntag haben wir uns in Waren am großen Müritz-See gebunden«, verriet sie der Stieftochter. Es sei eine »appetitliche, ziemlich herrschaftliche Villa mit terrassenförmigem Garten«: »Die Lage ist gesundheitlich und schönheitlich, wie wir es nur träumen konnten. Hoch auf Sand, unter uns der See und hinter uns Fichten. Waren ist ca. 16 Minuten und liegt an den Schnellzügen Berlin-Rostock. Der Badegrund ist herrlich, die Lüfte wundervoll und Jagd leicht zu haben.« Sie seien »sehr glücklich, daß sich unsere Wünsche so überraschend erfüllt haben«.

Martha hatte gute Erinnerungen an die Villa, die man zu kaufen beabsichtigte. Drei Jahre zuvor hatte sie mit ihren Eltern in Waren eine Sommerfrische verlebt, und zwar in der Villa Zwick, ihrem neuen Anwesen unmittelbar benachbart. Der Vater hatte damals geschwärmt: »Die Luft ist wundervoll und je nachdem der Wind steht, bin ich auf unsrem Balkon von einer feuchten Seebrise oder, von der Waldseite her, von Tannenluft und -duft umfächelt.«

Mit dem Besitzer der nunmehr zum Kauf ausgeschriebenen Villa, dem Berliner Bildhauer Friedrich Thomas, standen die Fontanes damals in freundlichem Verkehr, bewunderten sein »großes Sommerhaus mit prächtigem Garten«, und beobachteten zudem, daß seine Berliner Freunde ihn hier gerne besuchten.

Schon im Sommer 1900, so der Plan, wollten Martha und K. E. O. Fritsch viel in Waren sein. »Ich kann es kaum noch erwarten«, gestand sie, »so berlinmüde bin ich«. Sie glaube, daß sie wirklich das Recht habe, sich die Tage herbeizuwünschen, wo das, »was ich an Arbeit und Besserem überhaupt leisten kann, auch wirklich ausschließlich meinem Mann gehört; ich bin in keiner Hinsicht für kleine Münze!«.

Statt für ein Landgut fernab hätten sie sich für ein Landhaus »nicht allzu weit von einer Stadt« entschieden, schrieb Fritsch seinerseits, weil »wir hier und da von Unparteiischen über die Lasten und Unannehmlichkeiten eines kleinen ländlichen Besitzes hörten«. Die Villa bei Waren entspreche ihren Vorstellungen vollkommen, ein angrenzendes Waldgrundstück werde man billig dazukaufen. Die Thomas-Villa, 1895 erbaut, bedürfe zwar »einiger Veränderungen, um unseren individuellen Wünschen zu entsprechen, ist aber sehr behaglich und trefflich gehalten. Wenn jene Änderungen ausgeführt sind, werden wir – von den Wirtschaftsräumen abgesehen – über 14 größere und kleinere Zimmer verfügen, von denen allerdings 4 für das Personal bestimmt und 3 Fremdenzimmer sind, so daß uns 7 Räume übrig bleiben«. In ebenso gutem Zustande wie das Haus befinde sich der Garten. Er sei noch jung, »aber von dem bisherigen Besitzer mit solcher Liebe angelegt und gepflegt worden«, daß man seine »innige Freude« daran habe.

Neu geplant wurde ein Gärtnerhaus mit »Schweinestall, Hühnerstall und Taubenschlag, denn ohne Viecher wollen wir unser Landleben nicht beginnen. Später können noch Pferdestall, Wagenremise und ein Gewächshaus angebaut werden«. Selbstverständlich wollte man auch einen Hund. Er wurde ausgesucht, als alle Bauten fertig waren, und erhielt den Namen Barry.

Der Kaufvertrag für die Grundstücke in der Villenstraße (heute Fontane-Straße) wurde am 31. Januar 1900 unterzeichnet. Fritsch kaufte das Anwesen Thomas, Villenstraße 3, für 30 000 Mark, das »Waldgrundstück« für 7000 Mark. Das »Waldgrundstück« umfaßte die Bauplätze Villenstraße 1 und 2. Der Gesamtpreis für Villa und Land (zirka 3,5 ha) war günstig, und zwar deshalb, weil damals die Villenstraße, überhaupt das Gebiet Ecktannen, noch unerschlossen war, Wasser- und Abwasser-, Strom- und Gasleitungen erst noch gelegt, die Straße befestigt und beleuchtet werden mußten. K. E. O. Fritsch leistete hier in den folgenden Jahren Pionierarbeit für den Warener Villenvorort. Zudem verwirklichte er die eigenen Baupläne rasch: die Thomas-Villa erhielt einen Wohnturm im Fachwerkstil und auf dem Grundstück Villenstraße 2 wurde ein Sommerhaus mit Gärtnerwohnung sowie das Stallgebäude erstellt. Während der Bauzeit pendelte das Ehepaar Fritsch häufig zwischen Berlin und Waren und begann sich auf das neue Leben einzustellen.

Zur Kaltwasserkur nach Nassau

Doch länger als erwartet hielten Fritsch die Geschäfte in Berlin fest. Auch seiner Frau war ein Strich durch die Rechnung gemacht worden; wegen ihrer »Nervosität« habe der Arzt Martha eine sechswöchige Kaltwasserkur verschrieben, erfuhren die Schellers in Metz.

Während Martha im Sommer 1900 zur Kur in Nassau war, kümmerte sich ihre Mutter um das neue Hauswesen. Wie in früheren Zeiten hatte Emilie Fontane die langjährige Wirtschafterin Mathilde Gerecke, ›Tilla‹, zur Seite sowie die Schwägerin Lise (›Tante Lise‹). Die Warener Villa war zwar noch immer eine große Baustelle, überall Staub, alles halbfertig, die Tapeten nach Kleister riechend. Auch waren die neuen Möbel noch nicht eingetroffen. Doch unerschrocken machten die drei Frauen mit Hilfe von Fritschs Schwester Therese Beeren ein. Was nicht im eigenen Garten wuchs, wurde auf dem Markt in Waren hinzugekauft.

Alle aber machten sich Sorgen um Martha. Von ihrer Kur berichtete sie wenig Erfreuliches. Sie wünschte sich nach Hause. Für ihren Mann reimte sie:

> Bald ist es nicht mehr Sündelchen
> Küß' ich Dein liebes Mündelchen
> Ein volles Viertelstündelchen.

Aus Waren erhielt sie von der Mutter die Nachricht:»Wir zählen die Tage bis zu Deinem Kommen, sehen aber mit Sorge, daß Du in Ruhe und Stille nicht einrücken wirst; es wird sträflich langsam gearbeitet und dann wieder morgens um 6 Uhr gehämmert, es fehlt die schaffende Gewalt. Die ›Bibliothek‹ ist noch ganz im Argen, kein Parquet etc. Ich schreibe dir dies, damit Du Dir keine falschen Vorstellungen machst. Die Arbeiter meinen ›bis Weihnachten würde es wohl werden‹«.

Herrschaftliches Leben in Waren

Am 1. Oktober 1900 begab sich K.E.O. Fritsch im Alter von 62 Jahren in den Ruhestand. Die Wohnung in der Elßholzstraße wurde aufgelöst, und fast wie geplant konnte man schließlich noch vor Jahresende nach Waren übersiedeln. Weihnachten 1900 verlebte Ehepaar Fritsch am neuen Ort.»Deinem Vater geht es sehr gut und er macht nie den Eindruck, als ob er Berlin vermisse«, schrieb Martha am 4. Januar 1901 an Annie. Auch ihr eigenes Befinden,»was die Kräfte anlangt«, sei besser,»aber die Ängste mahnen mich nur zu oft, nicht übermütig zu werden«. Zwei Tage später meinte sie, es sei hier»einfach märchenhaft schön, und eine Farbenpracht wie noch nie. Der See ist fest zu und wir beobachten Segelschlitten und Schlittschuhläufer mit größter Bequemlichkeit vom warmen Zimmer aus; jedenfalls ist der Tag noch fern, wo es uns hier zu einsam oder zu monoton wird«.

Die Villa in Waren wurde, wie es sich Martha Fritsch vorgestellt hatte, ein Anziehungspunkt für Verwandte und Freunde. Im Laufe der Jahre kamen sie alle, wie sich der Gästeliste entnehmen läßt. Sehr regelmäßig kamen die Schellers und die Familie von Marthas Bruder Theo. Gertrud Fontane, Theos Tochter»Trudy«, lebte zeitweise wie eine eigene Tochter bei Fritschs, ähnlich wie Martha seinerzeit bei Wittes. Es kamen zudem:»Mama Fontane«,»Friedel« und seine Familie, Marthas Kusine Anna v. Below,»Tante Lise« und»Tante Therese« (beide Damen lebten damals im Feierabendhaus drüben in Waren am Tiefwarensee), die Familie Rodatz (aus der Linie Köhne). Sowie: Anna Witte mit Sohn Richard, die Mengels, Familie Friedrich Carl Witte, Miss Philpin, Mathilde Becker mit Sohn, Lischen Treutler, Fräulein Weinrich, Marie von Veit und ihre Stieftochter Margarete Gräfin von Wachtmeister, Marie Schreiner, Paul Meyer, die Sternheims, das Ehepaar Paul und Paula

Schlenther, Familie Krigar-Menzel sowie die Architektenfreunde Wallot, Adler, Eggert mit ihren Familien. Es kamen auch die Redakteure der *Deutschen Bauzeitung* Hofmann, Eiseler, Krüger, zudem Marthas Ärzte Dr. Schmidtlein, Dr. Kalischer mit Tochter, Dr. Salomon mit Frau sowie »Schwester Hedwig«, Marthas gelegentliche Betreuerin. Auch der Maler C. M. Horsfall kam in Begleitung seiner Frau sowie der Redakteur Dr. Josef Ettlinger.

Manche der Verwandten und Freunde, die Schellers und die Sternheims, kamen mit eigenen Dienstboten. »Zukunftspläne zu schmieden«, so Fritsch, »ist die Spezialität von Martha, die sich darin als phantasiereiche Dichtertochter erweist.« »Du glaubst gar nicht«, schrieb er an Annie, »bis in welche Einzelheiten sie schon jetzt alle Mittel und Wege überlegt, um Euch Euer Verweilen bei uns so behaglich und zuträglich wie nur möglich zu gestalten.« Familie Scheller hatte zu diesem Zeitpunkt Zuwachs erhalten. Sohn Heinrich, der »erste Enkel« von K. E. O. und Martha Fritsch, war am 5. Januar 1901 zur Welt gekommen.

Waren Gäste da, so wurde viel Aufwand getrieben. Manchmal ging man zum Abendessen auch zu »Schubart« nach Waren. Oder es wurden Ausflüge unternommen, nach Malchin, Burg Schlitz und Güstrow, nach Malchow, Plau und Bad Stuer. Auch eine Segelfahrt nach Röbel gehörte öfters mit zum Programm. Bezahlt wurde alles vom Hausherrn. Er war ein guter Rechner, kein Verschwender, aber er gab gern.

Finanzielle Sorgen brauchte sich das Ehepaar Fritsch nicht zu machen. Denn die Vermögenswerte stiegen auch nach 1900 beständig weiter. Fritschs Viertelanteil an der *Deutschen Bauzeitung* war um die Jahrhundertwende 180 000 Mark wert. Außerdem hielt er verschiedene ertragreiche Papiere, so daß sein zu versteuerndes Jahreseinkommen etwa 40 000 Mark betrug (ein Maurer hatte, dies zum Vergleich, einen durchschnittlichen Jahresverdienst von gut 1500 Mark). Gemäß Wirtschaftsbuch, das Fritsch peinlich genau führte, wurde in der Regel die Hälfte des Jahreseinkommens ausgegeben, während ein Viertel als Barschaft zurückgelegt, ein Viertel in Papiere investiert werden konnte. So wuchs das disponible Vermögen kontinuierlich und betrug um 1914 eine Viertel Million. Ein Vermögenswert war zudem auch der Besitz in Waren. Er war schuldenfrei und wurde vor dem Ersten Weltkrieg auf 100 000 Mark geschätzt.

Sanatorium Hubertus, Schlachtensee bei Berlin, 1900

Kurhaus Hubertus, Schlachtensee

Im Herbst 1901 erlitt Martha Fritsch erneut einen Zusammenbruch. Die näheren Umstände sind nicht bekannt. In Waren konnte sie jedenfalls nicht bleiben. Man brachte sie nach Schlachtensee bei Berlin.

Das Kurhaus Hubertus, errichtet im englischen Landhausstil, war ein Sanatorium für Patienten der besseren Gesellschaft. Die »Gäste« – man vermied das Wort Patient – waren »Rekonvaleszenten«, die zumeist an Nerven- und Gemütskrankheiten litten. »Wir haben sie alle hier gehabt, von Frau Liebknecht bis Frau Ludendorff«, heißt es in einer Jubiläumsschrift des Hauses, das bis 1931 Privatsanatorium blieb (heute Evangelisches Krankenhaus).

Als Martha Fritsch-Fontane zum ersten Mal als Patientin nach Schlachtensee kam, war das Kurhaus, gegründet von Sanitätsrat Dr. med. Maaß, erst drei Jahre in Betrieb. Es war von Berlin aus leicht zu erreichen, lag aber diskret zurückgesetzt in einem Park, mitten im märkischen Kiefernwald. Der Leitende Arzt war Dr. med. Siegfried Kalischer, ein früherer Mitarbeiter des Berliner Neurologen Prof. Dr. Emanuel Mendel, bei dem Martha seinerzeit in Behandlung gewesen war.

Welcher Kur Martha Fritsch sich unterzog, geben die privaten Quellen nicht preis. Auch sind Dr. Kalischers Patientenakten nicht überliefert. Kalischer war über Jahrzehnte der Leitende Arzt im Kurhaus Hubertus und führte zuletzt eine Privatpraxis. Sein Schicksal als jüdischer Arzt ist dunkel. Er lebte in Berlin und war über siebzig Jahre alt, als die Nationalsozialisten an die Macht kamen. Nach 1937 fehlt sein Name im Berliner Adreßbuch. Ein Todesdatum ist nicht bekannt.

Während seiner Tätigkeit als Nervenarzt in Schlachtensee publizierte er gelegentlich Artikel in Fachzeitschriften. Daraus geht hervor, daß er ein Befürworter neuerer Methoden wie der Psychotherapie war, aber zugleich betonte, daß für die Heilung »neuropathischer Zustände«, »die suggestive und seelische Beeinflussung« nicht immer der richtige Weg sei. »So kann man gelegentlich bei krankhafter Erregbarkeit, heftigen Angstgefühlen, Zwangszuständen, Depressionen durch sedative und kalmierende Medikamente weit schneller zum Ziel kommen als durch psychischen Zuspruch, Aufklärung und Suggestion«, schrieb er. Er plädierte deshalb für die Kombination verschiedener Therapien. Er zählte dazu Arzt-Patienten-Gespräche, sofern sie nicht, wie er betonte, die »Beichtsucht« förderten, sowie die Behandlung mit Medikamenten, kühle Bäder und je nachdem Schonung und Ruhe oder sinnvolle Tätigkeiten. Das Selbstvertrauen der Leidenden zu stärken, so fand er, müsse das erste Anliegen des Psychotherapeuten sein. Der Sanatoriumsaufenthalt diene nicht einfach »der Schonung, Verweichlichung und Weltflucht«, sondern er bereite vor »für das Leben und seine Reibungen und Forderungen«.

»Friedel war gestern sehr lange in Schlachtensee und hatte unsre arme Kranke verhältnismäßig besser gefunden, *ich* soll noch nicht zu ihr«, hatte Emilie Fontane am 14. Oktober 1901 ihrem Schwiegersohn nach Waren geschrieben. Martha, die »Mamas Härte gegen mich« zu beklagen pflegte, war im Kurhaus Hubertus offenbar von der Mutter abgeschottet worden. Tatsächlich war seit dem Tod des Vaters Marthas Beziehung zur Mutter noch schwieriger geworden. Zum einen wohl wegen Marthas Eigenart, kleinen Ärger übermäßig schwer zu nehmen. Zum andern waren sich Mutter und Tochter uneins, wie mit dem Dichternachlaß zu verfahren sei. Emilie Fontane beklagte Marthas Uneinsichtigkeit in diesen Fragen und wünschte sich eine »Einigung mit Waren«.

Ende November 1901 kehrte die Tochter nach zweimonatigem Kuraufenthalt in Begleitung ihres Mannes nach Waren zurück. Zu ihrer Fürsorge kam auch eine Krankenschwester mit. Der Aufenthalt in Schlachtensee hatte 3000 Mark gekostet. Martha beunruhigte sich wegen der

Martha und K. E. O. Fritsch mit der Nichte Gertrud (»Trudy«) Fontane,
Annie Scheller-Fritsch mit ihren Kindern Lili und Heinrich, 1901

Ausgaben für ihre Gesundheit, die sich in den folgenden Jahren häuften. Um ihr diese Sorge zu nehmen, bekräftigte K. E. O. Fritsch zu Weihnachten 1904, daß er die Arztkosten jederzeit und unbesehen übernehme. Er dichtete:

> Ich schenke dir das Honorar
> Für deine Rotte Ärzte:
>
> Auf ganze Fünf bereits bis heut
> Ist ihre Zahl gediehen.
> Voran der Nerven-Therapeut
> Professor Dr. *Ziehen.*
>
> Doch mag er, genialischer,
> Die andern überragen:
> Dem lieben Dr. *Kalischer*
> Brauchst Du drum nicht entsagen.
>
> Wie neu belebt wird die Natur
> Vom Frühlingshauch im Maie,
> So wirkt durch Galvanismus-Kur
> Auf Dich der Dr. *Aye.*

Und schlagen 'mal zu wenig an
Die Mittel und die Mittlein,
So tröstet dich, soweit er kann,
Der gute Dr. *Schmidtlein.*

Im Hintergrunde aber weilt,
Den ich nicht wieder preise,
Weil er Dich einmal schon geheilt,
Freund *Salomon,* »der Weise«. – –

Und wenn es ein Vermögen wär!
Das einst sie liquidieren:
Ich geb' es mit Begeistrung her,
Falls sie dich nur kurieren.

Tod der Mutter

Von Frühjahr 1899 an wohnte Emilie Fontane in einer Parterrewohnung in der Elßholzstraße 17 und teilte diese mit ihrem Sohn Friedrich. Bis zum Wegzug von Ehepaar Fritsch im Herbst 1900 hatte sie also in unmittelbarer Nachbarschaft von Tochter und Schwiegersohn gelebt. Jetzt war nur noch ihr Jüngster in der Nähe.

Friedrich Fontane aber war ein vielbeschäftigter Verleger. Außerdem war sein Privatleben turbulent. Er hatte eine kurze, kinderlose Ehe hinter sich und war noch im Sommer 1898, zu Lebzeiten des Vaters, von seiner Frau Frieda geb. Lehmann geschieden worden. Dieser Ehe vorausgegangen war eine freie Liebesbeziehung mit Agnes Hett. Mit ihr hatte Friedrich Fontane den inzwischen achtjährigen Sohn Georg. Er hatte diese Beziehung nie ganz abgebrochen und lebte nun wieder ein freies Liebesverhältnis mit der jetzt 37jährigen Modistin. Anfang 1901 kam die gemeinsame Tochter Thea zur Welt. Laut Notar wohnte Agnes Hett, vermutlich mit den Kindern, in der Pallasstraße 21, einer Querstraße zur Elßholzstraße.

Wie sich Emilie Fontane zu den Familienverhältnissen ihres Jüngsten stellte, ist nicht bekannt. Sie war selber ein illegitimes Kind, das wußte Friedrich so gut wie seine Geschwister. Aber sie hielt auf bürgerliche Konventionen und achtete darauf, daß intrikate Verhältnisse, die dem

Ruf des Dichters hätten schaden können (wie z. B. dessen uneheliche Kinder), nicht an die Öffentlichkeit drangen. In ihren überlieferten Briefen beklagte sie nach dem Tod des Ehemannes öfters die Einsamkeit, in der sie jetzt lebte. Außerdem vermißte sie die Enkelkinder, die sie hatte aufwachsen sehen: Otto, Gertrud (»Trudy«) und Klein-Martha, die drei Kinder ihres Sohnes Theo, der seit dem 1. Dezember 1898 mit seiner Familie in Kassel lebte.

Trotz Einsamkeitsgefühlen, Gebrechlichkeit und familiären Querelen blieb Emilie Fontane auch nach dem Tod ihres Mannes rege und arbeitsam. Ihre Hauptaufgabe sah sie darin, den großen literarischen Nachlaß zu sichten. Sie arbeitete deshalb eng mit ihrem Sohn Friedrich zusammen, der eine neue Gesamtausgabe der Fontaneschen Werke veranstalten wollte – was zeigt, daß sie über sein Privatleben großzügig dachte oder darüber hinwegsah. Friedrich Fontane konnte auf die Mitarbeit seiner Mutter zählen. Sie leistete auch Vorarbeit für eine erste Briefausgabe, schrieb viele Briefe ab. Gleichzeitig sortierte sie die eigenen Briefschaften, las und vernichtete, was sie der neugierigen Öffentlichkeit nicht preisgeben wollte. Dem Dichterschreibtisch, den sie mit in die neue Wohnung genommen hatte und in dem viele Manuskripte lagerten, entnahm sie den unvollendeten Roman *Mathilde Möhring*, las ihn und versah ihn, bevor sie ihn zurücklegte, mit der Notiz: »Leider *nicht* druckfertig. Mit Rührung gelesen, 31. Jan. 01. Die alte Fontane.« Unklar ist, ob sie ein anderes Romanfragment bei ähnlicher Gelegenheit dem Feuer übergab.

»*ich* soll noch nicht zu ihr« ist die letzte überlieferte Äußerung Emilie Fontanes über die Tochter Martha. – An einem Abend Anfang des Jahres 1902, als sie vom Theater zurückkehrte, erkältete sie sich. Eine tödliche Lungenentzündung war die Folge. Sie starb nach kurzer Krankheit am 18. Februar 1902 in ihrer Wohnung.

Am Freitag, den 21. Februar, nachmittags um vier, fand in der Kapelle des Französischen Friedhofs in der Liesenstraße der Trauergottesdienst für Emilie Fontane statt. Es kam die Familie, es kamen noch einmal die vielen Freunde. Blumen und Kränze in Fülle schmückten ihren Sarg. Pastor Neßler, der Martha und K. E. O. Fritsch getraut hatte, hielt die Gedenkrede.

Wenige Tage nach ihrem Tod waren die Kinder bereits mit der Auflösung des Haushalts in der Elßholzstraße 17 befaßt. »Hochverehrter Freund«, schrieb Martha an Paul Schlenther. »Leider ist es mir bisher kaum möglich gewesen, mich an den Arbeiten zur Veranstaltung der neuen Gesamtausgabe der Werke meines Vaters zu beteiligen. Mich hinderten mein schlechter Gesundheitszustand, noch mehr die Rücksicht auf Mama, die durch ein nicht von mir verschuldetes Mißverständnis zu der Annahme verleitet worden war, daß ich jene Ausgabe absichtlich hintertreiben und verzögern wolle, und deren Empfindlichkeit ich durch jede selbständige Äußerung von mir zu reizen fürchten mußte; selbst noch als der Zwiespalt einigermaßen ausgeglichen war, was keine Kleinigkeit war.« Es sei ihr jetzt, nach dem Tod der Mutter, »Sache der Pflicht«, alles zu unternehmen, um deren »Lieblingswunsch« – die Verwirklichung der neuen Fontane-Gesamtausgabe – zu erfüllen. Weder spricht tiefe Trauer aus Marthas Zeilen noch Enthusiasmus für die neue Aufgabe.

Friedrich Fontane und seine Kinder Georg und Thea

Bald nach dem Tod der Mutter, am 7. August 1902, heiratete Friedrich Fontane, 38, die Witwe Dina Toerpisch, 34. Sie brachte eine zehnjährige Tochter mit in die Ehe. Friedrich Fontanes Familiengeschichte sei hier kurz erzählt, weil sie erahnen läßt, wie facettenreich der spätere Geschwisterzwist war.

Friedrich Fontane hatte Dina Toerpisch im Herbst 1901 kennen gelernt und sich dann von seiner langjährigen Lebenspartnerin Agnes Hett getrennt. Bevor er heiratete, wollte er jedoch seine beiden nichtehelichen Kinder Georg, 10, und Thea, 1, rechtlich legitimieren. Das sollte ihnen Schutz und Sicherheit geben. Am 10. Juni 1902, kurz vor seiner Eheschließung mit Dina, reichte Friedrich Fontane die erforderlichen Papiere beim Berliner Kammergericht ein und beantragte, daß »Theodor Friedrich Georg Hett, geboren am 29. Juni 1892, und Thea Irma Elsa Hett, geboren am 15. Januar 1901, [...] als meine ehelichen Kinder erklärt werden«. Es war damals eine Zustimmungserklärung der nächsten Fontaneschen Verwandten notwendig. Diese erforderliche Erklärung unterzeichneten: die Tanten Jenny Sommerfeldt-Fontane und Lise Weber-Fontane, die Schwester Martha Fritsch-Fontane sowie Dina Toerpisch, die zukünftige Ehefrau. Nur der Bruder Theo ließ nicht mit sich reden; er erhob Einspruch, nicht weil die Kinder unehelich geboren, sondern weil sie »ihrer Erziehung nach« keine Fontanes seien und unter den gegebenen Umständen, so meinte er, auch nicht zu werden versprachen. Seine Schwester, so vermutete Theo, habe wohl »bei irgend einer Gelegenheit« zugestimmt, aber er gehe eigentlich davon aus, daß sie im Grunde »auf demselben Standpunkt« stehe wie er.

Die Legitimierung der Kinder scheiterte. Friedrich Fontane verschaffte dann Agnes Hett eine sogenannte Namensheirat. Sie heiratete einen Herrn R. de Terra, der bereit war, sie »gegen Zahlung einer vereinbarten Abfindungssumme« zu ehelichen und sich sofort wieder von ihr scheiden zu lassen. Es war ein Mittel, Mutter und Kinder rechtlich und sozial besser zu stellen. Sie und die Tochter Thea nahmen ab 1902 den Namen de Terra an, der Sohn hieß weiterhin Hett. Darüber hinaus schloß Friedrich Fontane mit der Mutter seiner Kinder einen Erbvertrag. Agnes de Terra sollte nach seinem Tod 50000 Mark erhalten, seine Kinder Georg Hett und Thea de Terra (sie wurde unter diesem Namen eine berühmte Auto-Rennfahrerin) je 25000 Mark.

Als der Erste Weltkrieg ausbrach, war Georg Hett 22 Jahre alt und wurde sofort einberufen. Er kam an die Westfront und geriet in französische Kriegsgefangenschaft, aus der er erst 1920 zurückkehrte. Daß Friedrich Fontane zu Beginn des Krieges die Feldpostbriefe des verstorbenen Bruders George Fontane an die Eltern herausgab, hat offenbar auch einen sehr persönlichen Grund: sein Sohn, der nach dem früh verstorbenen Bruder benannt war, stand im Krieg.

Das weitere Schicksal der Kinder:

Thea de Terra, so erinnerte sich später ihre Nichte, sei eine aparte Schönheit gewesen, intelligent, sprachbegabt und sportlich. Thea wurde, wahrscheinlich noch während des Ersten Weltkriegs, Fremdsprachenkorrespondentin im Kriegsministerium. Ende des Kriegs verlobte sie sich mit einem Berufsoffizier. 1919 wollte das Paar heiraten. Erst als Thea de Terra ihre Papiere einreichte, erfuhr sie, daß sie ein nichteheliches Kind war. Dem Berufsoffizier wurde offenbar die Eheerlaubnis deswegen verweigert. Das Paar trennte sich. Thea war aber bereits schwanger und sah sich jetzt gezwungen, die Schwangerschaft abzubrechen. Infolge des Eingriffs konnte sie später keine Kinder mehr bekommen. In den 1920er Jahren fuhr sie – wie die vier Jahre jüngere Erika Mann – erfolgreich »Damenrennen auf der Avus« und wurde bekannt als die Frau »im kleinen Dixie«. In den Goldenen Zwanzigerjahren war sie auch »Empfangsdame im Adlon, insbesondere in der Queens-Bar«. Hier lernte sie ihren zukünftigen Ehemann, den Schweizer Benno Zimmermann kennen. Zimmermann war Direktor und Hauptaktionär der

Pilatusbahn. Sein Haus stand direkt bei der Bahn in Alpnachstad, nahe dem Alpnachersee, einem Seitenarm des Vierwaldstättersees. Zimmermann war seit kurzem Witwer und hatte einen Sohn, der erst wenige Monate alt war, als er Thea de Terra 1931 in Luzern heiratete. Thea, die evangelisch erzogen war, konvertierte bei der Eheschließung zum Katholizismus, auch wurde sie mit der Heirat Schweizerin. Sie und ihr Mann waren schon bald ein viel bewundertes Paar der Luzerner besseren Gesellschaft. Die Soireen, die sie gaben, hatten etwas Weltläufiges. Als 1933 die Nationalsozialisten die Macht ergriffen, stellte sich Thea gegen die neuen Machthaber in Deutschland, was zum Bruch mit dem Bruder Georg führte. Ihre Luzerner Adresse war in Berlin ein Geheimtip. Als »Engel von Luzern« half sie vielen Freunden und Bekannten, die aus dem nationalsozialistischen Deutschland fliehen mußten.

Am 30. Dezember 1939 (es war zufällig der 120. Geburtstag von Theodor Fontane) geschah ein schreckliches Unglück. Thea Zimmermann-de Terra verunglückte mit ihrem achtjährigen Stiefsohn Benny tödlich. An jenem Samstag, als sie in der frühen Abenddämmerung von Alpnachstad nach Luzern fahren wollte, stürzte sie bei Eis und Schnee mit ihrem Wagen beim Standsstader Höllegg fünf Meter tief in den See. Über das Mutter-Sohn-Drama wurde in den Schweizer Zeitungen mit großer Bestürzung berichtet. Der Trauergottesdienst fand in der Luzerner Hofkirche statt. Daß Thea Zimmermann-de Terra eine Enkelin des Dichters gewesen war, erfuhr die Öffentlichkeit nicht. Damals, als sie im Alter von 38 Jahren ihr Leben verlor, lebten sowohl ihre Mutter Agnes de Terra wie auch ihr Vater Friedrich Fontane noch. Er war unterdessen 75 Jahre alt, hatte sich nach Neuruppin zurückgezogen und war Witwer geworden. Vielleicht, man weiß es nicht, war der Kontakt mit der Tochter erhalten geblieben, vielleicht aber hatten sich die beiden auch voneinander abgewandt. Politisch stand Friedrich Fontane in jenen Jahren auf der anderen Seite, auf der seines Sohnes Georg.

Georg Hett, der 1956 gestorben ist, hat einen Lebensbericht hinterlassen, der wahrscheinlich zu einem Entnazifizierungsverfahren gehörte. Er war Verlagsbuchhändler geworden wie sein Vater und hatte dann im Sommersemester 1914 an der Berliner Universität die Fächer Germanistik und Volkswirtschaft belegt mit dem Ziel, Journalist zu werden. Der Erste Weltkrieg zerstörte jedoch alle Zukunftspläne. Als er aus der Kriegsgefangenschaft zurückkehrte, war er zunächst mittellos, dann wurde er, ohne dabei glücklich zu sein, Bücherrevisor und Steuerberater. Im

Gegensatz zu seiner Schwester, die sich offenbar nicht viel aus der Familie Fontane machte, war er zeitlebens bestrebt zu beweisen, daß die Fontanes ihn zu Unrecht ausgegrenzt hatten. Daß er in der »nationalsozialistischen Bewegung« die Zukunft suchte, erklärte er später mit seinem Schicksal als nichteheliches Kind sowie mit der Bürokratie, dem Klassendenken und der Doppelmoral der Wilhelminischen Gesellschaft.

Geschwisterzwist um das Erbe des Vaters

Nach dem Tod Emilie Fontanes übergaben die Erben den Schreibtisch und den Schreibsessel des Schriftstellers dem Märkischen Museum. Die Manuskripte der gedruckten Werke, die in den vielen Schubladen lagen, gehörten mit zum Geschenk. Bereits vor der Übergabe, die am 17. März 1902 erfolgte, war es unter den Geschwistern zum Streit gekommen. Wem gehörten die Fontaneschen Manuskripte? Und wer durfte über sie verfügen? Es gab die Interessen der Erben, der Nachlaß-Kommission, des Verlags, der Öffentlichkeit. Die Geschwister waren einerseits Erben – nach damaligem Urheberrecht gehörten ihnen die Rechte am Werk ihres Vaters bis ins Jahr 1928 –, andererseits hatte Martha Stimmrecht in der Nachlaßkommission, konnte über »Verwertung und Vernichtung« mit verfügen, und war Friedrich als Verleger ein bevorzugtes Recht eingeräumt, Fontanes Werke zu drucken. Theo Fontane jun. als einziger hatte keine Doppelfunktion. »Er verbeamtet immer mehr, wird geistig immer fauler, und mein Alter wußte, was er tat, als er ihn von der ›Literatur‹ ausschloß – aber er ist ein guter Mensch«, hatte Emilie Fontane noch wenige Monate vor ihrem Tod an Paul Schlenther geschrieben.

Der Nachlaßstreit ist komplex und wissenschaftlich noch nicht aufgearbeitet. Theo Fontane jun., so scheint es, spielte als Jurist und Ältester der drei Geschwister eine ausgleichende und vermittelnde Rolle. Offenbar gerieten vor allem Martha als Kommissionsmitglied und Friedrich als Verleger in tiefe Zwistigkeiten. Außerdem war Paul Schlenther in die Nachlaß-Querelen verwickelt. Er war Kommissionsmitglied, war irritierend liiert mit dem Konkurrenzverlag S. Fischer und konnte zugleich den Anspruch erheben, ebenfalls ein ›Sohn‹ Fontanes zu sein. Martha jedenfalls bezeichnete ihn als »den ›nachgeborenen‹ Ältesten, der immer Liebling war«.

Drei Jahre lang, von Frühjahr 1902 bis Frühjahr 1905 lagen die Geschwister Fontane wegen Nachlaßfragen immer wieder miteinander im Clinch. Es werde »schließlich nichts mehr übrig bleiben«, schrieb Martha Fritsch einmal an die Brüder, »als eine Austragung der vorliegenden Streitpunkte vor dem Richter«. Sie finde jedoch, die gerichtliche Klärung würde »das Andenken unseres Vaters beleidigen« und zudem die »Erschließung des Nachlasses« in unverantwortlicher Weise verzögern. Martha sah sich in ihrer Position vom Ehemann unterstützt. Die Briefe, die sie in Nachlaß-Angelegenheiten schrieb, wurden wahrscheinlich gemeinsam aufgesetzt oder dann von K. E. O. Fritsch diktiert. Er versuchte, ähnlich wie sein Schwager Theo, einen sachlichen Ton in die Streitigkeiten zu bringen. Am 24. April 1905 schrieb Martha Fritsch, ihr Mann habe nun »seit mehr als 3 Jahren die ganze umfangreiche und stellenweise sehr unerquickliche Korrespondenz in Angelegenheiten des litterarischen Nachlasses unseres Vaters« besorgt. Weil sie selber krank, ihr Mann nunmehr 67 Jahr alt sei, gebe sie jetzt alle »Geschäfte« ab. Mit Rücksicht auf ihren Gesundheitszustand und wegen der »Warnungen der Ärzte«, wolle sie sich von nun an darauf beschränken, »zu den Vorlagen, die an mich als Erbin und Kommissionsmitglied gelangen, eine Erklärung abzugeben«. Man hatte sich, als sie so schrieb, weitgehend ausgesöhnt.

C. M. Horsfall malt eine ›Köchin‹

Der Kunstmaler Charles Mendelssohn Horsfall verdiente sein Geld als Porträtist und lebte von Aufträgen der guten Gesellschaft. Im Sommer 1904 reiste er mehrmals von Berlin nach Waren, um sowohl Martha als auch K. E. O. Fritsch zu porträtieren. Das Honorar für jedes der Porträts betrug 1500 Mark.

C. M. Horsfall war, als er Martha Fritsch malte, ungefähr vierzig Jahre alt. Er war in Graudenz in Westpreußen aufgewachsen, sein Vater war Engländer. 1893 stellte Horsfall in Paris zum ersten Mal aus, unter anderem auch ein Porträt seiner Mutter, einer geborenen Mendelssohn. Damals lebte Horsfall bereits in Berlin. Hier nahm er bis 1914 regelmäßig an der Großen Kunstausstellung teil. Im Ersten Weltkrieg wurde er seiner britischen Herkunft wegen in Internierungshaft genommen und kam ins Lager Ruhleben bei Berlin. Später verließ er Deutschland, wo er wegen seiner jüdischen Herkunft gefährdet gewesen wäre. Zuletzt lebte er in England, wo er 1942 in hohem Alter starb. Die Londoner National Portrait Gallery besitzt einige Werke von ihm.

Sie erwarteten »Besuch über Besuch« schrieb Fritsch am 16. August 1904, »zunächst Montag Mr. Horsfall, dem nunmehr die schwere Aufgabe zufällt, eine Köchin zu malen«. Mit der »Köchin« war Martha gemeint. Sie hatte kein Glück mit den Dienstboten und mußte die zahlreichen Hausgäste selber bekochen. Es waren in diesen Tagen verschiedene Sommergäste da, auch die Nichten Gertrud (»Trudy«) Fontane und ihre kleine Schwester Martha. Die ältere war jetzt 15, die jüngere 8 Jahre alt.

Während die jungen Leute und die neu ankommenden Gäste den Landaufenthalt genossen, die Villa, den Park, den See, stand Martha Modell.

Das Porträt, ein Brustbild, das Horsfall im Spätsommer 1904 verfertigte, beschönigt nichts. Es ist ein Maler am Werk, der die ganze Person zu erfassen versucht:

Der Blick ist melancholisch, dunkle Ringe liegen um die Augen. Die helle Haut ist leicht gerötet, das Gesicht macht den Eindruck, als wäre es mit den Jahren gröber geworden und als sähe man es ihr an, daß sie – als Mittel gegen die Angst – trinkt. Die Haare, kurz geschnitten und noch immer kraus, sind im Ansatz grau. Sie trägt ein blaues, weites Samtkleid mit reich gemusterter Bordüre. Das Korsett, so weiß man auch aus den Briefen, ist nunmehr abgelegt, etwas Embonpoint läßt sich erahnen. Sie ist 44 Jahre alt, strahlt etwas Mädchenhaftes aus und wirkt zugleich müde und alt geworden.

Die Edition der ›Familienbriefe‹, 1905

Nach Emilie Fontanes Tod führte das Ehepaar Fritsch parallel zu den Auseinandersetzungen um den literarischen Nachlaß die Arbeit an einer Fontane-Briefedition fort, und zwar in Absprache und Zusammenarbeit mit Erben, Nachlaßkommission und Verlag. Für Martha war es eine »interessante, aber aufregende Beschäftigung« und fast zuviel, wie sie meinte, für ihre »nicht vorhandenen Kräfte«. Tauchten prinzipielle Fragen auf, wandte sie sich an Paul Schlenther.

Man habe den Stoff jetzt beisammen, meldete Fritsch im Frühjahr 1903, die Briefe an die Familie könnten als erster Band zur Drucklegung vorbereitet werden.

Weil die Familienkorrespondenz sehr umfangreich war, entschloß man sich zu einer Auswahl. Ausgewählt wurde aus etwa tausend erhaltenen Briefen an die Ehefrau und die Kinder Theo, Martha und Friedrich. Die Briefe an George mußten als verloren gelten, da »alle Bemühungen«, eine Spur von ihnen zu finden, »ergebnislos« verlaufen waren. Im Juli 1903 waren, in Absprache mit allen Beteiligten, fast vierhundert Briefe ausgewählt und fertig redigiert: die Rechtschreibung war modernisiert, Namen waren aus Diskretionsgründen abgekürzt oder, wo Diskretion keine Rolle spielte, ergänzt worden. Erlaubt und beabsichtigt waren außerdem Eingriffe in den Text, das heißt, Fontanes antisemitische Ausfälle waren getilgt und lange Passagen über Marthas Kranksein ohne Kennzeichnung weggelassen worden.

Schlenther monierte, das Textkorpus sei noch immer zu opulent. So kürzte man weiter oder kompilierte auch Briefe. Es war ein Gemeinschaftswerk, und der Germanist, der nach eigenem Bekunden das Edieren »von der Pike auf gelernt« hatte, hatte nichts gegen das Vorgehen einzuwenden. Seine »redaktionelle Methode bei den Familienbriefen« lautete: »Alles was mir nicht ganz richtig erscheint, werde ich notifizieren; auch Orthographisches, Syntaktisches und Stilistisches, ganz ohne Schamgefühl!« Noch war Fontane Zeitgenosse, und noch sah man ihn nicht so sehr als Klassiker, daß seine Briefe als unantastbar gegolten hätten.

Wer aber sollte als Herausgeber der Briefsammlung zeichnen? Martha Fritsch verstand ihre Arbeit als Vorarbeit. Sie wolle »keinesfalls als Herausgeberin oder auch nur Mitherausgeberin genannt« werden, meinte sie, als Paul Schlenther und Friedrich Fontane ihr die Herausgeberschaft antrugen. Sie fand, »die Rolle des eigentlichen Herausgebers« komme Paul Schlenther zu. Schlenther, der in Wien saß, war aber mit Arbeit überhäuft und außerdem mit der Herausgabe von Fontanes gesammelten Theaterkritiken beschäftigt. Als die *Causerien über Theater* mit seinen einführenden Worten vorlagen, war Martha entzückt: »Wenn ich solche herzerquickenden Dinge lese«, schrieb sie ihm am 12. September 1904, »bedaure ich doch, daß es keinen Himmel mit einem Guckfensterchen und Phonographen oder ähnlichem gibt – wie viele Freuden könnten nachgeholt werden. Fürchten Sie aber nicht, daß ich fromm werde! –«

Noch einmal versuchte sie Paul Schlenther auch als Herausgeber der Briefe an die Familie zu gewinnen. Hätte sie selber als Herausgeberin gezeichnet, so fand sie, hätte sie sich »in eine unverdiente Unsterblichkeit hineingemogelt« und außerdem sei ein »Nicht-Fontane auf dem Titel-blatt erwünscht, da einem Fremden viele Vorwürfe der Indiskretion etc. erspart bleiben dürften«.

Vielleicht um dem langen Hin und Her mit einem fait accompli ein Ende zu bereiten, entschloß sich Friedrich Fontane zu folgender Ver-lagsanzeige: »Theodor Fontane: Briefe an seine Familie. Herausgegeben von seiner Tochter, Frau Martha Fritsch.« Er konnte es jedoch nicht er-zwingen. Als die zweibändige Briefausgabe wenige Wochen später er-schien, zeichnete nicht Martha, sondern K. E. O. Fritsch als Herausge-ber. In seinem Vorwort, datiert mit »Waren, 1. November 1904«, erklärt er warum: »Leider stand ihrer Einwilligung, die Herausgabe der frag-lichen Briefe auf alleinige Verantwortung zu übernehmen, ein Hindernis entgegen, das ihr unüberwindlich schien: ihre Person spielt in diesen Briefen eine zu große Rolle – in denen der letzten zehn Jahre sogar wohl die Hauptrolle –, als daß sie es über sich gewinnen konnte, sie vor der Öffentlichkeit zu vertreten.«

K. E. O. Fritsch fand es »ehrenvoll«, als zeichnender Herausgeber in die Lücke springen zu dürfen. Er betonte gleichwohl, daß ohne die Mit-wirkung Marthas die Briefedition »schlechterdings« nicht möglich ge-wesen wäre. Tatsächlich hatte sie nicht nur Briefe mitausgewählt und mitredigiert, sondern in kurzen Zwischentexten die Briefe ihres Vaters biographisch und literarisch eingeordnet und sie außerdem da und dort mit Fußnoten versehen. Auch steuerte sie damals jenes berühmte Vater-Tochter-Bild bei, das Amateurbild aus Arnsdorf.

Die Briefausgabe fand bei ihrem ersten Erscheinen viel Anerkennung. Ihre Editionspraxis wurde aber Ende der 1960er Jahre scharf verurteilt. Zur Verteidigung schrieb damals die betagte Gertrud Schacht-Mengel: »Wir sind empört. Die urnoble Mete und ihr großartiger Mann Prof. Fritsch unterdrückten einiges, um nicht Juden und Freunde zu verletzen. Meine Mutter, Großmutter und ich wußten, wie echt die Briefe sind. Alle hatten zum Teil miterlebt, was in den Briefen stand, hatten auch vie-le gelesen, wenn Mete bei ihnen war.«

Martha liebte die Briefe ihres Vaters. Doch sie liebte sie nicht unbe-sehen. Sie konnte auch rigoros sein. Georg Friedlaenders Absicht, die an ihn gerichteten Briefe Fontanes in einem eigenen Buch zu publizieren, durchkreuzte sie erfolgreich. Mit Briefeditionen wie den *Briefen an die Familie* oder später den *Briefen an die Freunde* wollte sie ihren Vater ins richtige Licht gerückt wissen. Friedlaender, so fürchtete sie, würde

»durch lange interesselose Kommentare« die Wirkung von Fontanes Briefstil mindern. Sie verlangte vom Friedrich Fontane Verlag daher folgenden Passus im Vertrag für die Edition der Familienbriefe: »Die Verlagshandlung verpflichtet sich das ihr von Herrn Amtsgerichtsrat Dr. Georg Friedlaender/Schmiedeberg angetragene Werk, welches dessen Korrespondenz mit Theodor Fontane enthalten soll, nicht zu verlegen.«

»andauernde Leutenot!« in der Villenstraße

Um die Jahrhundertwende eröffneten sich den jungen Frauen, die vordem in Haushalten ihre Dienste angeboten hatten, neue Berufsmöglichkeiten. Sie fanden in der Großstadt entweder attraktivere als häusliche Anstellungen oder erlernten auch vermehrt einen Beruf, sie wurden Pflegerinnen, Verkäuferinnen, Telegrafistinnen, Sekretärinnen usw. Dadurch aber, daß das Hauspersonal zu fehlen begann, erfuhr der bürgerliche Lebensstil eine empfindliche Störung.

Bei Fritschs war »andauernde Leutenot«. Entweder fehlten die Dienstboten oder sie verstanden wenig von ihrer Aufgabe oder sie liefen allzu rasch wieder fort.

Das Hauswesen in Waren aber war, wenn das Personal fehlte, eine große Last. Für einen reibungslosen Betrieb wären nötig gewesen eine Wirtschafterin, ein Küchenmädchen, ein Hausmädchen, ein Diener, eine Jungfer und ein Hausbursche, die ihre Aufgaben selbständig erledigten. Statt dessen gab es ständige Wechsel, immer wieder mußte die Arbeit neu erklärt werden: zehn verschiedene Wirtschafterinnen, acht Küchenmädchen, sechs Diener, drei Jungfern und drei Hausburschen kamen und gingen in der Zeit von 1900 bis 1905.

Einzig das Hausmädchen war eine ›treue Seele‹. Gertrud Großmann stammte aus Pyritz in Pommern und blieb zwölf Jahre bei Fritschs. Engagiert wurde sie am 3. Oktober 1900. Da war sie 21 Jahre alt. Sie half bei der Auflösung des Berliner Haushalts und der Übersiedlung nach Waren, wurde hier eine unentbehrliche Stütze der Hausfrau und blieb es auch, als man später nach Grunewald zog.

In Waren half außerdem »Anna Fischer« eine Zeitlang als Wirtschafterin aus. Sie war bei Emilie Fontane geblieben und wechselte nach deren Tod zu Martha. Im Juli 1903 kehrte sie – der Grund ist nicht bekannt – in ihre schlesische Heimat zurück.

Villa Fritsch in Waren mit Familie Fritsch-Fontane, nach 1910

»Korrespondieren nach allen Seiten wegen einer Mamsell« brauche viel Zeit, klagte Martha Fritsch, und fand, »geölte Hauszustände« wären ihr endlich »zu gönnen« gewesen. Sie hatte aber kein Glück. Nach Anna Fischers Weggang blieb die Hauswirtschaft eine stete Sorge. Ein wesentlicher Grund für die »Leutenot« war gewiß auch der geringe Verdienst. K. E. O. Fritsch zahlte durchaus übliche Löhne. Der Monatslohn für den Gärtner betrug aber nur 85 Mark, für die Wirtschafterin 36 Mark, den Diener 35 Mark, das Hausmädchen 30 Mark und das Küchenmädchen 10 Mark.

Besser als mit der häuslichen Wirtschaft erging es den Fritschs mit der Gärtnerei und dem Park. Nach anfänglichem Wechsel wurde am 15. Februar 1903 der Gärtner Friedrich Lange eingestellt. Er pflegte das Anwesen fast zehn Jahre lang in vorbildlicher Weise, und er bildete auch Lehrlinge aus, zum Beispiel den jungen Ulrich Priep, der später Friedhofsgärtner von Waren wurde. Nachfolger von Friedrich Lange wurde 1913 Otto Reiche. Otto Reiche, später Stadtgärtner von Waren, war bei Stellenantritt 25 Jahre alt, stammte aus Laasow in der Mark Brandenburg und war damals frisch verheiratet. Bald darauf kam ein Töchterchen zur Welt, das am 11. Oktober 1914 in der Kirche St. Marien getauft wurde. Das Taufregister hält als Patin der kleinen Marlies Reiche fest: »Martha Fritsch, Professorenfrau in Berlin.«

Ehepaar Professor Fritsch in Grunewald
1905–1915

Berlin, die Winterkur und die schwierige Abstinenz

Berlin war von Waren aus gut zu erreichen. K. E. O. Fritsch fuhr in der Zeit, als er mit Martha in Waren lebte, häufig nach Berlin. Er hatte hier noch immer seine Verpflichtungen. Er nahm an Redaktionssitzungen seiner Zeitung teil, besuchte die Zusammenkünfte des Architektenvereins, hielt gelegentlich auch Vorträge. Seine Frau, wenn sie nicht eigene Pläne hatte, etwa nach Rostock oder Warnemünde reiste, begleitete ihn dann. Blieb man länger als einen Tag, nahm man sich ein Zimmer. Mit Vorliebe frühstückte man bei Niquet in der Jägerstraße 41, trank Sekt bei Kempinski in der Leipziger Straße 25, speiste im Grand Hotel Bellevue am Potsdamer Platz 1. Während *er* tagsüber seinen Tätigkeiten nachging, erledigte *sie* Einkäufe oder traf sich mit ihren Freundinnen. »Blumen für Frau Sternheim 5.00«, notierte K. E. O. Fritsch. Abends besuchte man ein Konzert oder die Oper. Manchmal nahm das Paar auch Einladungen an, ging zu »Adlers« oder zu »Weigels«. Auch ließ es sich im Januar 1903 bei »Schaarwächter« photographieren. Das Bild ist nicht überliefert, fehlt als Pendant zu den Schaarwächterschen Aufnahmen von Martha Fontane aus der Zeit um 1890.

Zuletzt verbrachte das Ehepaar Fritsch den ganzen Winter in Berlin. Martha begann im November 1904 eine Kur, die sich bis ins Frühjahr 1905 hinzog, so daß K. E. O. Fritsch ab 1. Januar eine Wohnung in Grunewald, Hubertusallee 39, mietete. Monatliche Ausgabe: 260 Mark. Die Rechnungen von Dr. Aye, Prof. Dr. Ziehen und Prof. Dr. Salomon, die alle konsultiert wurden, beliefen sich auf insgesamt 800 Mark. Marthas Gesundheitszustand hatte sich, nachdem die *Familienbriefe* in Druck gegangen waren, besorgniserregend verschlechtert.

Fritsch spricht in seinen Briefen an die Tochter nicht nur von Ängsten, die seine Frau plagten, sondern auch von Alkoholproblemen. Martha hatte sie nicht zum ersten Mal: »ich bin ein Flaschenkind«, hatte sie einmal gescherzt, als die Rede darauf kam, wie Neugeborene zu ernähren

Martha und K. E. O. Fritsch, um 1912

seien, und gestanden: »was mir auch bis zu meiner kürzlich erworbenen Abstinenz sehr anzumerken war!« Die Kur im Winter 1904/05 diente erneut dem Entzug.

Martha war das Trinken gewohnt, von Jugend auf. Champagner, Rotwein, Porter, Whisky, Malaga etc. gehörten mit zum geselligen Lebensstil – aus Klein Dammer hatte sie mit zwanzig wiederholt flachsig an die Mutter geschrieben: »Schicke mir bitte keinen Wein – es würde mir gar zu peinlich sein.« Der fehlende Wein bedeutete ihr dort Mangel an guten Sitten. Wein und andere alkoholische Getränke galten zu Martha Fontanes Zeit aber auch als empfohlene Heilmittel. Sie selber entdeckte das Trinken schließlich als ein Mittel gegen die Angst. Als der Vater sie »eine mit einer Flasche Rotwein gegen Angst verteidigte Dame« genannt hatte, war sie 29 gewesen. Seither hatte sie viele Angstanfälle durchlitten und offenbar auch häufig zu ihrem Verteidigungsmittel gegriffen.

Die gemeinsame Rückreise nach Waren im Frühjahr 1905 überstand sie zur Erleichterung ihres Mannes »ohne Alkohol« und dennoch »angstfrei«. Doch ohne zusätzliche Begleitung eines Arztes wäre es nicht gegangen. In solchen Fällen betreute sie Dr. Salomon, der seinerzeit schon bei der Familie Fontane Hausarzt gewesen war.

In Waren litt Martha, »meine arme Kranke«, wie der Ehemann sie nunmehr nannte, jedoch weiterhin an Angstanfällen, geriet tagelang in einen »Schwäche- und Erschöpfungs-Zustand«. Nur die früheren Herz-unregelmäßigkeiten hatten aufgehört, was Fritsch als eine Folge »der mit Ernst durchgeführten Abstinenz« bezeichnete.

Weil sie ihrer Gesundheit besser Sorge tragen wollte, bat Martha Fritsch-Fontane ihre Brüder jetzt, sie »von allen weiteren geschäftlichen Obliegenheiten zu entlasten«. Sie räumte auf, schaffte Ordnung. Die »bisher in meiner Verwahrung befindlichen Manuskripte unseres Vaters, sowie die im Verlauf unserer bisherigen Geschäftsführung angesammelten Briefe, Verträge u.s.w.« wollte sie in sicheren Gewahrsam geben. Für die Edition der *Briefe an die Familie* hatte sie nämlich nicht nur »Originale und Abschriften«, sondern auch die Tagebücher von ihrem jüngeren Bruder erhalten. Alle Manuskripte, also auch die Tagebücher, verwahrte sie sicher und so, daß sie »bei Feuer als Erstes in einen bereitstehenden Koffer aus dem Fenster geworfen« werden konnten. Alles gelangte zum Glück unversehrt zurück ins Archiv von Friedrich Fontane. Erst später, in der Zeit des Nationalsozialismus und des Zweiten Weltkriegs, wurde vieles zerstreut und gingen die Tagebücher in Teilen unwiederbringlich verloren.

Marthas schlechter Gesundheitszustand verlangte eine Änderung des Lebensstils. Im Sommer 1905 wurde die große Villa in Waren geräumt und das Sommerhaus, Villenstraße 2, wohnlich hergerichtet. Bei späteren Landaufenthalten wollte man sich mit dieser kleineren Wohnung begnügen. Das ganze Anwesen wurde der Aufsicht von Gärtner Lange übergeben, der zum Verwalter avancierte. Man hoffte auf »Kauflustige« für die große Villa, es hatte aber keine Eile. Fritsch ging davon aus, daß binnen weniger Jahre die Warener Grundstücke eine wesentliche Wertsteigerung erfahren würden.

Man trennte sich schließlich von vielem, auch von »Barry«. Der Hund wurde in die Tierpension gegeben.

Im September 1905 zog Martha Fritsch mit ihrem Ehemann von Waren nach Grunewald, in die Villenkolonie. Es sei wirklich »die höchste Zeit«, fand das Paar, »die bisherige Lebensform aufzugeben und zu einfacheren Verhältnissen zurückzukehren«.

Wo man sich früher zur Berliner Landpartie getroffen hatte, war um die Jahrhundertwende, nachdem das Gelände gerodet und entsumpft worden war, die Villenkolonie Grunewald entstanden. Fernab vom Lärm und Getriebe der kaiserlichen Hauptstadt lebte hier, im Westen, die Großbourgeoisie in einer luxuriösen grünen Oase. Vornehmlich Kaufleute, Bankiers, Rechtsanwälte, auch arrivierte Künstler und Intellektuelle siedelten sich hier an.

Der Verleger Samuel Fischer zum Beispiel, der unterdessen ein Vermögen von vier bis fünf Millionen auswies und ein jährliches Einkommen von 250 000 Mark hatte, besaß in der Erdener Straße 8 eine eigene Villa. In seinem Haus traf sich damals alles, was in der literarischen Welt einen Namen hatte.

Andere, weniger Betuchte, aber ebenfalls gut Situierte, begnügten sich in Grunewald mit einer gemieteten Herrschaftswohnung. Verleger Friedrich Fontane lebte seit Frühjahr 1903 mit seiner jungen Familie in der Taubertstraße 1 (das Haus steht noch). Am 4. September 1903 war Sohn Peter Paul zur Welt gekommen. Peter Paul Fontane war zwei Jahre alt, als sich das Ehepaar Fritsch in Grunewald niederließ, und wurde rasch beider ›Liebling‹.

Martha und K. E. O. Fritsch wollten jetzt kein großes Haus mehr führen, sondern wünschten möglichst ruhig und zurückgezogen zu leben. Für 3700 Mark jährlich bezog man eine Herrschaftswohnung im Eckhaus Siemensstraße 41 (heute Lassenstraße, das Haus ist einem Neubau gewichen). Die Lage sei vorteilhaft, so fand Fritsch, auch weil man »in unmittelbarer Nähe einer Haltestelle der Elektrischen« wohne.

Die elektrische Straßenbahn fuhr damals erst seit kurzem bis zur Haltestelle Siemensstraße. Die Linie Nollendorfplatz-Kurfürstendamm-Hundekehle, die seit 1899 existierte, war eben erst ausgebaut worden. Die Villenkolonie hatte also bei aller vornehmen Abgeschiedenheit den Vorteil, daß von hier aus Berlin leicht und schnell zu erreichen war, wenn man das verlangte. Außer der Straßenbahn gab es neu auch das Automobil, zudem die vertrauten Bahnstationen Grunewald und Halensee, wohin es hauptsächlich die jungen Leute zog: dort war im Mai 1904 der Lunapark eröffnet worden, der große Rummelplatz, der bald Furore machte mit Feuerwerken, Theater, Revuen, Jazzmusik, Kabarett, Tanzturnieren und Boxkämpfen.

Die neue Wohnung der Fritschs bot alle »Wohltaten des modernen Komforts«: sie hatte Telefonanschluß und verfügte über »Zentralheizung, elektrische Beleuchtung, Warmwasser-Versorgung und Gas-Kochherd«. Zudem hatte man die »Möglichkeit, jeden Augenblick das Haus verlassen und einen Spaziergang in schöner Landschaft antreten zu können«. »Bis jetzt geht alles glänzend«, schrieb Fritsch am 6. Oktober 1905, »und wir haben vor Tante Witte, die von Mittwoch bis heute als unser erster Logiergast bei uns verweilte, nicht nur mit der Wohnung, sondern auch mit den Leistungen unserer Küche volle Ehre eingelegt.« Solange man eine gute Köchin hatte, einen Diener ›mieten‹ konnte und die Frau des Hauses es wünschte, gab es bei Fritschs noch immer kleine und größere Gesellschaften: ein »Souper mit Tante Witte, Lise Mengel und Sternheims« oder ein Diner »von 12 Personen« zu Ehren von Theo Fontane jun., wenn er zu Besuch in Berlin war.

Litt Martha jedoch unter »Depression«, wie K. E. O. Fritsch es jetzt nannte, so zog sie sich von allen Geselligkeiten zurück. Sie habe nur »briefliche Erlebnisse – oder telephonische«, gestand sie. Auf diese Weise erfuhr sie, daß Marie Sternheim, trotz vieler eigener Kinder, Großmutter »von nur *einer* Enkelin« war, die Mengels ihr Gut in Elsenau aufgegeben hatten und jetzt nach Rostock zogen, ›Tante Witte‹ elend war und sich in Meran erholte, Marie von Veit einen Berlinbesuch plante und »bei der Gräfin« Margarete von Wachtmeister wohnen wollte, die Schwägerin Therese Fritsch »Tante Lise« alte, eingekampferte und viel zu enge Kniewärmer geschenkt hatte und so fort. »Am allerliebsten bleibe ich hier in unserer herrlichen Colonie«, wehrte sie ab, wenn ihr Mann jetzt von Sommerplänen sprach.

Sie litt nun immer häufiger unter »Reiseangst«, zunehmend aber auch an Unrast. Das mag der Hauptgrund gewesen sein, warum man in Grunewald schon bald wieder eine neue Wohnung suchte. Aber auch am neuen Ort war kein langes Bleiben. So zog man von Herrschaftswohnung zu Herrschaftswohnung, immer innerhalb der »Colonie«, weil Martha »*sehr* ungern nach Berlin W.« zurückgegangen wäre. Gleichzeitig klagte sie, die Kosten für die Villa in Waren mit einrechnend: »Wir verwohnen an 12 000 Mark, was nicht richtig ist. In meiner kleinen Koje 134 c war es meistens hübscher, und die ganze ›Flucht‹ kostete 860 Mark.«

Im Herbst 1908 erfolgte der Umzug in die Herbertstraße 10. Das Haus war ganz neu. Der Geheime Regierungsrat Dr. Konrad Hartmann hatte sich hier am Johannaplatz eine klassizistische Villa erbauen lassen,

Grunewald: Herbertstrasse 10, 1908

die den modernsten technischen und hygienischen Ansprüchen genügte (sie steht heute unter Denkmalschutz). Das Ehepaar Fritsch mietete im ersten Stock die großzügige 4-Zimmer-Wohnung mit Balkon. »Meine geliebte Lili«, schreibt Fritsch seiner Enkeltochter und benützt eine Postkarte, auf der die Villa am Johannaplatz abgebildet ist, es sei schön am neuen Ort und sie fühlten sich, nachdem die Heizung in Ordnung gebracht, »sehr wohl«.

Im Oktober 1911 war man aber bereits wieder ein paar Häuser weitergezogen und wohnte jetzt in der Lynarstraße 10. Der Umzug in die Schleinitzstraße 3 erfolgte wahrscheinlich im Spätsommer 1913. Auch diese Herrschaftswohnung (die Villa steht noch) lag nur wenige Schritte vom Johannaplatz entfernt, kostete wie die früheren Wohnungen »1000« Mark Miete im Quartal und war auch diesmal wieder sehr komfortabel und groß.

»mit Automobil« zum Fontane-Denkmal nach Neuruppin

Martha fuhr nicht hin, als am 8. Juni 1907 in Fontanes Geburtsstadt Neuruppin das Denkmal ihres Vaters feierlich enthüllt wurde. Sie gehe mit ihrem Mann für vier Wochen nach Warnemünde, schrieb sie an Paul Schlenther nach Wien: »In Ruppin muß Theo die Familie vertreten, Friedel und ich können nicht und mein Mann fühlt sich zu alt und zu angeheiratet.« Aber: »Im Oktober fahren wir mit Automobil inkognito hin.«

Seit es in Berlin möglich war, im Automobil zu fahren, mieteten sich Fritschs öfters einen Wagen. K. E. O. Fritsch hat die Neuheit mit einem Ausrufezeichen im Wirtschaftsbuch notiert: »Droschke (Automobil!).« 1906 war er für 120 Mark jährlich Mitglied der »Gesellschaft für Automobil-Fuhrwesen« geworden und unternahm nun regelmäßig Autofahrten auch in Begleitung von Martha. Am Steuer saß dann ein »Chauffeur«. Hätte er als Privatmann damals bereits fliegen können, Fritsch hätte wohl nicht gezögert. »Zeppelin-Spende 50.00«, notiert er am 12. August 1908.

Ob per Automobil oder doch per Bahn, jedenfalls inkognito, die Fritschs fuhren bereits am 29. Juli nach Neuruppin. Mit dem Denkmal, das von Max Wiese stammt, war man sehr einverstanden. Wieses bronzene Figur zeigt Fontane als ›Wanderer der Mark Brandenburg‹ im Moment der Ruhe, des Schauens und Nachdenkens. Durch einen Sockel prominent erhöht, fällt dieser ruhende Wanderer jedem Vorübergehenden ins Auge. Übergroß sitzt er auf seiner Bank. Rock und Spazierstock sind beiseite gelegt, die Beine untergeschlagen, in der einen Hand hält er seinen Schreibstift, in der anderen das Notizbüchlein, der Blick scheint in die Weite gerichtet.

Weil Max Wiese größtmögliche Ähnlichkeit der Figur mit dem lebenden Dichter anstrebte, hatte er nach Photographien gearbeitet. Martha und K. E. O. Fritsch waren gern bereit gewesen, ihm eine Anzahl »Fontane-Bilder« zur Verfügung zu stellen. Jetzt waren sie befriedigt, daß sie zum »Gelingen der Neuruppiner Fontane-Figur« hatten beitragen können.

Auch den Neuruppinern gefiel das Denkmal, selbst wenn sie spöttelten, dieser Fontane blicke nicht in die Weite der Mark Brandenburg, sondern ins »Kursbuch«, um nachzusehen, »wann der nächste Zug nach Berlin fährt«.

Die Denkmalsenthüllung war im großen Stil gefeiert worden. Als Repräsentanten der Familie hatten teilgenommen Ehepaar Fontane-Soldmann und Elise Weber-Fontane (›Tante Lise‹). Erschienen war auch Bildhauer Max Wiese. Es gab einen Festzug, die Militärkapelle spielte, die Stadtregierung war da und auch aus Berlin war eine Delegation angereist. Als Festredner hatte man Literaturprofessor Erich Schmidt gewonnen, der Fontane noch persönlich erlebt hatte, zuletzt am Verlobungsdiner von Tochter Martha. Schmidt würdigte vor allem den späten Fontane, den Autor des *Stechlin*. Nach Ansprachen, Kranzniederlegung, Gesangsvorträgen und Gedicht-Rezitationen fand sich alles zur fröhlichen Nachfeier ein »im großen Garten des Zierschen Etablissements am Rheinsberger Tor«.

Martha, auch wenn sie nicht hatte anwesend sein wollen, hätte doch gerne gewußt, wie alles verlief. »Von Neuruppin habe ich nicht viel gehört«, gestand sie Wochen nach dem Ereignis, »am besten gefiel mir ein Artikel von Dr. Ettlinger.« Ettlinger hatte in der *Täglichen Rundschau* über die Fontane-Feier ausführlich berichtet. Er selbst war zu diesem Zeitpunkt beschäftigt mit der Herausgabe eines Fontane-Nachlaßbandes. Die wachsende Fontane-Gemeinde wartete bereits darauf.

Theodor Fontane wird Autor des S. Fischer Verlags

Nach dem Tod seines Vaters machte sich Friedrich Fontane weiterhin um dessen Werk verdient. Neben Neuauflagen von Einzelwerken erschienen in seinem Verlag die *Causerien über Theater* (1904), die *Briefe an seine Familie* (1905), der Nachlaßband (1908), eine 21bändige Ausgabe der *Gesammelten Werke* (1905–10) sowie eine *Zweite Sammlung Briefe* (1910). Außerdem veröffentlichte er auch die Lebenserinnerungen von Emilie Fontanes Großvater unter dem Titel *Jean Pierre Barthélemy Rouanet: Von Toulouse bis Beeskow* (1904). Als Herausgeberin zeichnete Martha Fritsch-Fontane. Die editorische Hauptarbeit hatte allerdings ihr Mann geleistet.

Neben dem Friedrich Fontane Verlag kümmerte sich auch der Verlag Cotta, der die Rechte von Wilhelm Hertz übernommen hatte, um die weitere Pflege des Fontaneschen Werks.

Am erfolgreichsten ins Geschäft aber kam 1908 der S. Fischer Verlag. Als er 1908 seine preiswerte *Bibliothek zeitgenössischer Romane* begann, eröffnete er – die Erben hatten es erlaubt – die Reihe mit *L'Adultera*. Zum ersten Mal gab es Fontane zu erschwinglichem Preis: das gebundene Exemplar kostete 1 Mark, die Leinenausgabe 1 Mark 25 Pfennig.

Es begannen jetzt die Tantiemen zu fließen. Sie wurden gedrittelt. Denn Martha Fritsch hatte als gut situierte verheiratete Frau die Bevorzugung, die das elterliche Testament vorgesehen hatte, nicht nötig. Von S. Fischer erhielt Martha Fritsch im Jahr 1908 Tantiemen in der Höhe von »839.40« Mark. Das war mehr als der bewährte Fontane Verlag ihres Bruders zahlte, nämlich im selben Jahr »646.50« Mark, mehr auch als Cotta, der 1908 immerhin »252.15« Mark überweisen ließ.

Tatsächlich verhalf erst die günstige 1-Mark-Ausgabe im S. Fischer Verlag dem Werk Fontanes, das heißt dem Romanwerk, zu breiter Popularität. Bei Friedrich Fontane kosteten Fontanes Bücher in der Regel, je nachdem ob sie geheftet oder gebunden waren, 3 oder 4 Mark. Für *Effi Briest* und den *Stechlin* verlangte er auch 6 oder 7 Mark. Er setzte eher auf hohe Materialqualität und buchkünstlerische Gestaltung als auf das billige Buch. Doch mußte er z. B. die Herausgabe der gediegenen Kunstzeitschrift PAN aus finanziellen Gründen wieder einstellen, während es Fischer gelang, mit seiner Romanreihe der Literatur seiner Wahl die Zukunft zu sichern. Von Theodor Fontane erschienen in dieser höchst erfolgreichen Romanreihe nach *L'Adultera* auch *Cécile, Irrungen, Wirrungen, Frau Jenny Treibel* und *Mathilde Möhring*. Der Roman *Irrungen, Wirrungen* wurde in über 150 000 Exemplaren verkauft. Das war ein Erfolg, von dem der Autor zu Lebzeiten nur hatte träumen können. Die Tantiemen strichen nun seine Kinder ein. Der Erfolg freute natürlich den S. Fischer Verlag. Man kann es auch als Spitze gegen den Friedrich Fontane Verlag verstehen, wenn der damalige Lektor Oskar Loerke meinte: »Wir hatten die Freude, durch billige Ausgaben einem Meister wie Theodor Fontane endlich zur breiten Popularität zu verhelfen, die ihm vorher versagt blieb. Dies ist uns eine umso größere Befriedigung, als Fontane seiner geistigen Einstellung nach längst, bevor wir ihn verlegen durften, dem bei uns vereinigten dichterischen Streben nahestand.« Postum wurde Fontane damals eingereiht in die literarische Moderne und stand jetzt neben Hauptmann, Schnitzler und Thomas Mann.

Etwa 1914 beschloß Friedrich Fontane in Absprache mit seiner Schwester Martha und seinem Bruder Theo, die Rechte am Werk des Vaters zukünftig dem S. Fischer Verlag zu überlassen. 1915 erschien dort, betreut von Paul Schlenther, eine fünfbändige Auswahlausgabe der Romane. Am 1. November 1918 gingen durch Kauf die Verlagsrechte am Erzählwerk Fontanes endgültig über in den S. Fischer Verlag.

Der Verlag F. Fontane & Co. existierte danach nur noch auf dem Papier; 1928 – nach Ablauf der urheberrechtlichen Schutzfrist – wurde er auch de jure aufgelöst.

Er denke oft an die »unvergeßlichen Stunden in der Wohnung Potsdamer Straße 134ᶜ, in der festlichen Nähe des unvergeßlichen Mannes« und er gehe »oft zu seinem Denkmal, das meiner Ansicht nach an der schönsten Stelle Berlins errichtet ist. Es steht dort, wo es stehen mußte«, schrieb Gerhart Hauptmann 1912 an Martha Fritsch.

Initianten für das Denkmal im Tiergarten waren die ›Zwanglosen‹, zu denen, wie Schlenther an K. E. O. Fritsch schreibt, außer ihm und Otto Brahm »auch namhafte fontanisierte Schriftsteller« gehörten sowie »Gerhart Hauptmann, Th. F.s Darling«, der der literarischen Vereinigung zwar »nicht anverwandt, aber doch zugetan« sei. »Ich dächte mir Th. F. möglichst realistisch dargestellt, als der *Berliner* Dichter der Stine, der Lene Niempsch, der Effi Briest, auf möglichst niedrigem Sockel mit Spazierstock und Shawl mitten unter seinen Berlinern, die er so genau beobachtet hat: das Haupt in den Lüften, aber den Blick auf den Hüften – jener Damen.« Eher Bronze als akademischen Marmor stelle er sich vor, eine Figur mit schwebendem Schritt.

Er habe auch bereits mit dem Bildhauer Max Klein Fühlung genommen. Klein sei gern bereit, eine Skizze vorzulegen, brauche nur das entsprechende Porträtmaterial. K. E. O. Fritsch antwortete: »Was wir tun können, um das Werk zu fördern, werden wir selbstverständlich gern tun, und ich bitte Sie, Herrn Professor Klein mitzuteilen, daß wir uns ihm zu diesem Zwecke ganz zur Verfügung stellen. Namentlich soweit es sich darum handelt, eine Porträt-Ähnlichkeit« zu erzielen.

Max Klein war damals berühmt für seine Standbilder, zuletzt hatte er das Bismarck-Denkmal in Grunewald erschaffen. Seinen Fontane arbeitete er, wie es auch Max Wiese getan hatte, nach Abbildungen des Dichters. Zudem stand ihm Theo Fontane, der Sohn, mehrmals in seinem Atelier Modell. Das Denkmal im Berliner Tiergarten wurde Kleins letztes Werk. Er starb, bevor es fertig ausgeführt war. Doch wurde es nach seinem Entwurf, und schließlich in Marmor, vollendet.

Die ›Zwanglosen‹ hatten Klein nicht zuletzt deshalb gewählt, weil Theo Fontane sich für ihn stark gemacht hatte. Ihm hatte der Entwurf gefallen und außerdem, so hatte er zu bedenken gegeben, »dürfen wir bei der Übertragung an Klein auf eine nicht zu unterschätzende Beihilfe aus dessen Familienkreise rechnen.« Das Fontane-Denkmal im Tiergarten wurde, wie es die ›Zwanglosen‹ vorschlugen und auch Martha Fritsch befürwortete, aus privaten Geldern finanziert. Ehepaar Fritsch zum Beispiel leistete einen Beitrag von 1000 Mark.

Wenige Monate vor der Denkmalsenthüllung fragte K. E. O. Fritsch an, »ob es nicht möglich wäre, den 21. März 1910 für die Feier zu wählen«. Seine Frau begehe nämlich an diesem Tag ihren 50. Geburtstag »und wenn sie auch kaum der Enthüllung des Denkmals wird beiwohnen können und es aufs peinlichste empfinden würde, wenn ihrer an diesem Tage öffentlich gedacht würde, so könnte es doch nicht fehlen, daß ein Zusammenfallen beider Feiern auf sie den tiefsten Eindruck machen müßte«. Zwar konnte diesem Wunsch nicht entsprochen werden, doch leistete ein Feuilleton von Paul Schlenther Entschädigung. Es erschien im *Berliner Tageblatt* am Vorabend der auf den 7. Mai angesetzten Feierlichkeiten.

»Morgen um die Mittagsstunde, die auch ihre Geister hat«, so schrieb er, »kommt er wieder dahingewandelt, schwebenden Schrittes, das Cachenez trotz der Maienluft um den Hals geschlungen, das Haupt in den Nacken geworfen, die freien, offenen Augen leuchtend, durchleuchtend auf alles gerichtet, was um ihn her vorgeht. Wir vielen, die ihn kannten, glauben ihn noch immer so zu sehen, wie er vom Brandenburger Tor aus den Rand des Tiergartens entlang bis zu jenem Lieblingsplatz schreitet, wo ihm kaiserliche Huld und Verehrung einer großen Gemeinde morgen die Denkmalsstätte bereiten wird ...« Bis Ecke Stüler-, Hitzigstraße läßt der Autor seinen Fontane spazieren und bis zu dessen »Lieblingsplatz«, wo denn auch das Denkmal enthüllt werden sollte. Doch dann schlägt der Spaziergänger einen weiten Bogen um die Veranstaltung, denn »ihm fehlt noch immer ›der Sinn für Feierlichkeit‹!« Auf seinem Rückweg erst, als sich alles verlaufen hat, schaut Schlenthers Fontane nach, wessen Denkmal da steht: »Wieder ein Marmormann! Wieder bloß ein Dichter! Wißbegierig sieht er nach, wer das gemodelt hat. Der Name des Bildhauers klingt ihm vertraut und angenehm: ›Was für ein feines Kerlchen, der kleine Klein! Nu is er auch schon tot!‹« Zurück im Haus Potsdamer Straße 134 c, drei Treppen, das heißt weiter oben, an der »Himmelspforte«, wo seine Frau wartet, meint er zuletzt: ›Du glaubst gar nicht, mein Milachen, wem sie jetzt alles Denkmäler in den Tiergarten setzen.‹«

Außer dem *Berliner Tageblatt* berichtete auch der *Berliner Börsenkurier*. Im Tiergarten, hieß es da, habe jetzt Theodor Fontane seinen dauernden Platz, nicht als Wanderer, sondern als Spaziergänger, Flaneur. »Trotz

Regenschauer« habe sich um die Mittagszeit eine »stattliche Gesellschaft« vor dem verhüllten Denkmal eingefunden, verschiedene Minister, Professoren der Universität – unter ihnen auch Literaturprofessor Erich Schmidt, der jetzt Rektor der Universität war –, ein Vertreter des Kaisers, der Bürgermeister der Stadt, das literarische Berlin, genauer »Dr. Otto Brahm« und »viel schriftstellerische Kampfgenossen von ehedem«, sowie »unsere Damen«, die Schauspielerinnen vom Königlichen Schauspielhaus. Die Rede von Geheimrat Burdach aber, die patriotisch war bis in die Knochen und Fontane als vaterländischen Dichter feierte, sei »in Wind und Regen« und »durch den Wald von schwarzen Regenschirmen« kaum verstanden worden. Das Fontane-Denkmal sei übrigens »keine marmorne Illustration zur deutschen Literaturgeschichte«, sondern in der Person Fontanes und durch sein Schaffen widerlege sich gerade »das Märchen« von der »Erbfeindschaft der französischen und der deutschen Nation« sowie »das jüngere Märchen von der Gegnerschaft englischer und deutscher Kultur«.

Das war für aufmerksame Zeitgenossen die politische Gegenposition zu Schlenther, der in seinem Feuilleton einen Trupp Grenadiere durch den Tiergarten ziehen läßt, »frische märkische Jungens«, und Fontane den Gedanken zuschiebt: »so waren sie bei Fehrbellin, Leuthen und Dennewitz, bei Düppel, Chlum und Mars La Tours, so werden sie sein, wenn wieder eine große Stunde schlägt«.

Die politische Atmosphäre in Europa war damals kühler geworden und innenpolitisch wuchsen die Spannungen. Manche prophezeiten jetzt Krieg mit ungeheuersten Folgen. Andere wollten es nicht wahrhaben.

Martha Fritsch und Thomas Mann

Am Tag der Denkmalsenthüllung im Tiergarten, am 7. Mai 1910, druckte die Berliner Zeitung BZ *am Mittag* die Antworten auf eine Umfrage ab, in der verschiedene zeitgenössische Schriftsteller und Schriftstellerinnen gebeten worden waren, sich über ihr Verhältnis zu Theodor Fontane zu äußern. Neben Clara Viebig, Richard Dehmel, Paul Heyse und anderen nahm auch Thomas Mann Stellung. Es war seine erste öffentliche Erklärung zu Fontane. Er antwortete: »Unendliche Liebe, unendliche Sympathie und Dankbarkeit, ein Gefühl tiefer Verwandtschaft (vielleicht beruhend auf ähnlicher Rassenmischung), ein unmittelbares und instinktmäßiges Entzücken, eine unmittelbare Erheiterung, Erwärmung, Befriedigung bei jedem Vers, jeder Briefzeile, jedem Dialogfetzchen von ihm, – das ist, da Sie fragen, mein Verhältnis zu Theodor Fontane. Wo in deutscher Prosa gibt es zum zweitenmal eine solche Gehobenheit bei scheinbarer Anspruchslosigkeit? Er war ein Sänger, auch wenn er zu klönen schien. Und er ist unser Vater, – die wir, einer überholten, aber zählebigen Ranglehre zum Trotz, dem deutschen Roman als Kunstform die ästhetische Ebenbürtigkeit neben Drama und Lyrik zu erwirken gesonnen sind.«

Am 29. Juni 1910 fragte Thomas Mann bei Maximilian Harden an: »Wäre Ihnen ein Aufsatz von mir über Fontanes Briefe willkommen? Es ist kürzlich der zweiten Sammlung zweiter Band erschienen, und mein Entzücken ist groß.« Seit Frühjahr 1910 lagen neben den *Familienbriefen* nun auch die *Freundesbriefe* vor. Für letztere, herausgegeben von Paul Schlenther und Otto Pniower, hatte Martha Fritsch wiederum viel Vorarbeit geleistet.

Es muß sie tief beglückt haben, als sie den Essay las, der am 1. Oktober 1910 in Maximilian Hardens Wochenschrift *Die Zukunft* erschien. Thomas Mann schrieb über die Fontane-Briefe als profunder Kenner des Werks. Dabei zeigte er, daß die Briefeditionen ganz neue Einsichten in Fontanes Künstlertum erlaubten und seine Persönlichkeit in neuem Lichte zu sehen war. Seitenlang zitierte er aus den Briefen, um darzulegen, wer dieser Fontane war und was er für den deutschen Roman geleistet hatte. Er selbst war 35 Jahre alt, lebte in München und war als Autor der *Buddenbrooks* (1901) berühmt. Fontane hatte er fernab von Berlin und der Mark Brandenburg entdeckt. In seiner privaten Bibliothek der Weltliteratur hatte er ihn privilegiert stehen unter: »Deutsch, modern (Fontane, Hauptmann)«.

Ausgangspunkt für Thomas Manns Essay von 1910 war die Überlegung, daß Fontane »sehr alt werden mußte, um ganz er selbst zu werden«. Das war nicht neu – auch Brahm, Schlenther und andere hatten dies schon hervorgehoben. Neu war indes, daß Thomas Mann aufgrund seiner Brieflektüre bei Fontane eine »nervöse Verfassung« diagnostizierte und von der »nervös gequälten Konstitution« des Autors sprach. Außerdem fand er in Fontane nicht allein den patriotischen Preußenverherrlicher, als den ihn die politischen Lobredner bei den Denkmalsenthüllungen in Neuruppin und Berlin fast ausschließlich gewürdigt hatten, sondern auch den Skeptiker, nicht zuletzt gegenüber der alten Ordnung.

»In den späten Briefen Fontanes«, schreibt Thomas Mann, »des Verherrlichers kriegerischen Preußenadels – in seinen Briefen, das heißt außerhalb der Produktion –, findet man Kundgebungen stark revolutionären und demokratischen Gepräges, pazifistisch-antimilitaristische Äußerungen.« Als der Fontane-Essay erschien, war Thomas Mann seit fünf Jahren verheiratet mit Katja geb. Pringsheim (sie war wie gesagt die Nichte von Marthas Freundin Eva Dohm). 1910 hatte das Ehepaar Mann bereits drei kleine Kinder: Erika, Klaus und Golo. Die Familie lebte sommers im eigenen Landhaus in Bad Tölz, winters in München (ab 1914 in der Poschingerstraße 1). Aufgewachsen in Lübeck und an der Ostsee, aber mütterlicherseits brasilianischer Herkunft spürte Thomas Mann eine große Affinität zu Fontane, dem Nordlandmenschen mit hugenottisch-südfranzösischen Wurzeln. Sie läsen sich jetzt »abends immer im Familienkreise« Fontane-Romane vor, schrieb er bereits als 23jähriger.

Martha Fritsch ihrerseits war fasziniert vom Roman *Buddenbrooks. Verfall einer Familie* – »ach, das müßte Papa noch erlebt haben«, soll sie bei der Lektüre ausgerufen haben. Auf die Verwandtschaft zwischen Thomas Mann und Fontane wies kurz nach Erscheinen der *Buddenbrooks* auch die Kritik hin. Thomas Mann behandle seine Personen »häufig mit einer Ironie, die an den alten Fontane erinnert«, schrieb beispielsweise Arthur Eloesser 1901 in der *Neuen Deutschen Rundschau (Freie Bühne)*. Thomas Mann selbst aber bekannte, er sei als junger Schriftsteller »beim alten Fontane in die Schule gegangen«.

Es ist denn auch, als habe der Jüngere dem Älteren mit seinem großen Romanerstling die Reverenz erwiesen. Denn Buddenbrook heißt in *Effi Briest* der Sekundant von Effis Liebhaber Crampas. Thomas Mann hatte, bevor er die *Buddenbrooks* vorlegte, *Effi Briest* gelesen, die er »ganz vortrefflich« fand; er blieb bei diesem Urteil und bezeichnete das Werk als »den besten deutschen Roman seit den ›Wahlverwandtschaften‹«, als ein »Meisterwerk« der Weltliteratur. Wie eine Verbeugung vor dem Meister klingt aber auch die Anspielung auf Fontanes Roman *Die Poggenpuhls* (1896), der im Untertitel leicht den Zusatz tragen könnte *Verfall einer Familie*. Denn auch im Fontane-Roman kommt eine Familie, die Adelsfamilie von Poggenpuhl, herunter, oder anders gesagt: ihre Zeit ist schon bei Romanbeginn vorbei.

»Tante Mete«, so schreibt Gertrud Schacht-Mengel Jahrzehnte später, »sprach lang und breit über Thomas Mann, über ihren Vater, über ihre Mutter. Und ich hatte ja das Glück ihre Vertraute zu sein.« Welche Vergleiche sie zog und welche weiteren Thomas Mannschen Werke sie gekannt hat, ist nicht überliefert. Man darf jedoch vermuten, daß Martha Fritsch alles las, was zu ihren Lebzeiten von Thomas Mann erschien – darunter die Novellen *Tonio Kröger* (1903) und *Der Tod in Venedig* (1912). In seinem Fontane-Essay urteilt Thomas Mann über die Briefe: »Es ist etwas unbedingt Zauberhaftes um seinen Stil und namentlich um den seiner alten Tage, wie er uns in den Briefen der achtziger und neunziger Jahre wieder entgegentritt.« Erneut bekennt er, »daß kein Schriftsteller der Vergangenheit oder Gegenwart mir die Sympathie und Dankbarkeit, dies unmittelbare und instinktmäßige Entzücken, diese unmittelbare Erheiterung, Erwärmung, Befriedigung erweckt, die ich bei jedem Vers, jeder Briefzeile, jedem Dialogfetzchen von ihm empfinde«. Martha Fritsch erging es ganz ähnlich. »So kritisch ich manchen Arbeiten Papas gegenüberstehe – in Briefe von ihm bin ich stets verliebt, auch in die nichtssagendsten«, hatte sie während der Vorarbeiten für die Briefeditionen einmal gemeint.

Martha Fritsch und der 15 Jahre jüngere Thomas Mann teilten nicht nur die Vorliebe für Fontanes Werk und Briefstil, sondern, so möchte man meinen, waren sich auch darin ähnlich, daß sie jenen ironischen Ton bevorzugten, der süffisant oder sarkastisch werden konnte. Und nicht zuletzt befaßten sich beide im Alter von vor 25 Jahren mit einem vergleichbaren literarischen Stoff. Die Welt der *Buddenbrooks* ist – unter umgekehrten Vorzeichen – auch die Welt des Rostocker Fabrikantenhauses Witte, die Martha einst »novellistisch zu verwerten« gedachte (an die Mutter, Juni 1882). Was sie damals verworfen hatte, das sah sie in neuer Form bei Thomas Mann geglückt. Er (nicht sie), so könnte man sagen, hatte die literarische Nachfolge des Vaters angetreten. *Ihr* Verdienst aber ist es, auch das sei in die Waagschale gelegt, *ihn* mit den frühen Briefeditionen weiter ›fontanisiert‹ zu haben.

Martha Fritsch und Thomas Mann sind sich im realen Leben wahrscheinlich nie begegnet. Gelegenheiten hätte es gegeben. Etwa wenn sie im Hause S. Fischer verkehrt hätte (im Gästebuch ist sie nicht verzeichnet). Thomas Mann war öfters zu Besuch bei seinem Verleger in Grunewald, der ihn gerne mit Personen bekannt machte, die ihn interessierten. »Besonders erkenntlich bin ich Ihnen dafür, daß Sie mir die Bekanntschaft von Gerhart Hauptmann vermittelten«, schrieb er am 29. Oktober 1903 an Samuel Fischer. Es sei für ihn »ein Erlebnis ersten Ranges«

gewesen. Bei Fischer verkehrten neben Hauptmann selbstverständlich auch Schlenther, Brahm und Schnitzler, der ebenfalls für die »entzückenden Familienbriefe« schwärmte. Martha Fritsch wäre als Vaters Tochter und unterhaltsame Causeuse gewiß gefragt gewesen. Aber diese Rolle hat sie nach dem Tod Fontanes in literarischen Kreisen nicht mehr gespielt.

Frau Professor Fritsch lebte ein anderes Leben als Martha Fontane. Auch zehrte die Krankheit. Im Oktober 1910, als Thomas Manns Fontane-Essay erschien, war sie im Sanatorium Hubertus. »Martha Fritsch und ihr Mann ist ja in Hubertus in Schlachtensee und seitdem weiß niemand etwas von ihnen, auch Trudy nicht. Es ist greulich mit ›die Nerven‹«, heißt es in einem Brief vom 28. Oktober 1910 der Freundin Lise Mengel.

Denkbar ist immerhin, daß Martha Fritsch und Thomas Mann Briefe gewechselt haben. In *ihrem* fragmentarisch erhaltenen Nachlaß liegt jedoch nichts dergleichen. Und auch in *seinen* überlieferten Briefen und Tagebüchern findet sich von ihr keine Spur, allerdings hat Thomas Mann im Exil seine Tagebücher aus der Zeit vor 1918 verbrannt.

Auch im Thomas Mann-Archiv in Zürich ließ sich nichts zu Tage fördern, was auf einen persönlichen Kontakt hinweist. Hier befindet sich aber immerhin das Handexemplar der *Familienbriefe* mit dem berühmten Vater-Tochter-Porträt von Arnsdorf. Die beiden Bände sind sorgfältig zu einem einzigen Band gebunden, das Exemplar gut erhalten. Wichtige Stellen, die Thomas Mann in seinem Fontane-Essay auszugsweise (und nicht immer wort- und buchstabengetreu) zitierte, sind darin mit Bleistift angestrichen. Solche Anstreichungen finden sich auch bei den Briefen an die Tochter, sie betreffen zumeist Fontanes Selbstverständnis als Künstler und sein Verhältnis zu Bismarck. Im Vorwort von K. E. O. Fritsch, worin auch die besondere editorische Leistung von Martha hervorgehoben wird, gibt es indes keinerlei Anstreichungen von der Hand Thomas Manns.

»viel Not, Kummer und Krankheit«

Die Phasen, in denen es Martha nicht gut ging, Zeiten mit »grüblerischen und zuweilen selbstquälerischen Gedanken«, so scheint es, wurden jetzt immer länger. K. E. O. Fritsch hatte mit ihrer Krankheit viel

Geduld. Er selber erkrankte um 1910 an Gicht und Nierensteinen. Gerne hätte er mehr geleistet, als ihm jetzt gesundheitlich möglich war. Besonders auch wegen seiner Tochter Annie.

Annie hatte einen schweren Schicksalsschlag erfahren, denn ihr Mann war nach kurzer Krankheit am 27. August 1910 gestorben. Bald darauf war die junge Witwe von Freiburg im Breisgau, wo Wilhelm Scheller zuletzt als Generalleutnant und Exzellenz im Dienst gestanden hatte, nach Berlin übersiedelt. Der Vater versprach, »zur Abwehr der äußeren Sorgen« immer für sie da zu sein. Er und seine Frau würden es »an nichts fehlen lassen«, um Annie und den Kindern ihr Los »so erträglich wie möglich zu machen«. Auch Martha tröstete: »Habe ich Dich auch nicht unter meinem Herzen getragen, so hast du dafür *darin* einen unverrückbaren Platz, und erbitte ich nur vom Schicksal, daß ich noch Kräfte habe, es dir zu beweisen«. Sie werde stets an ihrer Seite sein: »Dir und den Kindern werde ich versuchen freundliche Stunden zu verschaffen.«

Annie Scheller zog in die Nähe der Eltern. Sie wohnte nach 1910 mit ihren Kindern Lilli und Heinrich in Halensee, Kurfürstendamm 139. In den folgenden Jahren galt auch umgekehrt: sie, Annie, war den kranken Eltern ein Trost und eine Stütze.

Für das Ehepaar Fritsch kamen neben den eigenen familiären Sorgen jetzt immer häufiger auch Sorgen um Verwandte und Freunde hinzu. Überall gab es »viel Not, Kummer und Krankheit«.

Marthas Bruder Theo hatte im Sommer 1909, im Alter von 53 Jahren, einen »schweren Kreislaufkollaps« erlitten. Seither war er in ärztlicher Behandlung, unterzog sich verschiedenen Kuren, ging – wie seine Schwester staunte – auch »zu den Gesundbetern!« 1912 ließ sich Theo Fontane jun., Wirklicher Geheimer Kriegsrat und Vortragender Rat im Kriegsministerium, vorzeitig in den Ruhestand versetzen. Er lebte mit seiner Familie damals im nahen Wilmersdorf, zuerst in der Xantener Straße 2, dann in der Landauerstraße 14. Mit Fritschs stand man in regelmäßigem Verkehr.

Auch die Freundin Lise hatte es schwer. 1910 starb ihr Mann Richard Mengel. In den Trauermonaten wohnte sie bei Marie von Veit, die bereits 1903 Witwe geworden war und nun in Marburg an der Lahn lebte. Der Sohn Gustav besuchte zu dieser Zeit das Gymnasium in der Klosterschule Roßleben. Sie selbst, Marie, hatte damals schwierige Krankheitsjahre hinter sich, denn sie litt unter ähnlichen Depressionen wie ihre Freundin Martha Fritsch.

Familie Scheller-Fritsch, 1906

Für Lise – wie für Martha – besonders traurig war in diesem schweren Jahr zudem der Tod der Mutter Anna Witte am 5. Juli 1910.

Anna Witte hatte in ihren letzten Lebensjahren zunehmend gekränkelt, auch »nervliche Empfindlichkeit« durchlitten. Betreut und umsorgt hatte sie vor allem die Schwiegertochter Laura, die in der Rolle der Fabrikantengattin ihre Nachfolgerin geworden war. Laura Witte begann sich damals in Rostock, wo es eine bürgerliche Frauenbewegung bis dahin kaum gegeben hatte, einen Namen zu machen als eine der ersten Frauenrechtlerinnen der Stadt.

Bis zuletzt war Anna Witte der gesellige Mittelpunkt ihrer Familie geblieben. Zudem hatte sie noch immer geschäftliche Aufgaben wahrgenommen, auch nachdem ihr Sohn Friedrich Carl die Leitung der Firma übernommen hatte. Ihr jüngerer Sohn Richard war dann ihr »Privat-Sekretär« geworden. »Als Sie mir neulich schrieben, daß Sie zum Privat-Sekretär Ihrer lieben alten Dame avanciert wären«, so wandte sich Friedrich Fontane in seinem Kondolenzschreiben an den Sohn seines »alten väterlichen Freundes« und »Gönners«, »da dachte ich wohl ebenso wenig wie Sie, daß nach so kurzer Frist mir ein so trauriger Anlaß die Feder in die Hand drücken würde. Eine besonders trübe Zeit ist über das Haus Witte gekommen und ich nehme aufrichtigsten Anteil an Ihrem und der lieben Ihrigen unersetzlichen Verlust.«

Solange Anna Witte lebte, hatte Martha Fritsch noch immer ihr Wittesches Erbe von jährlich 600 Mark bezogen. Nach dem Tod der fürsorglichen Freundin gab sie ihren Erbanspruch an die Geschwister Witte zurück. K.E.O. Fritsch aber wollte, daß sie nichts entbehrte:

> Soll unter dem Verzicht Dein Beutel leiden?
> Laß' solche Sorge nicht Dein Herz beschatten,
> Und was Du willig nahmst von jenen beiden,
> Nimm es in Zukunft an von Deinem Gatten.

Geldsorgen brauchte Martha sich nicht zu machen. Es drückte sie anderes. Sie weinte jetzt viel und konnte es nicht ändern. Zu ihrem 51. Geburtstag – man war gerade wieder mit Umziehen in eine neue Herrschaftswohnung beschäftigt – dichtete ihr Mann:

> Wie auf gar zu vieles schon
> Solltest Du verzichten
> Auch auf Dein Geburtstags-Lied?
> Nein – drum muß ich »dichten«!

> Will jedoch, so nah' es läg',
> Heut nicht Trübsal blasen;
> Will noch weniger nahen Dir
> Mit Empfindungs-Phrasen.

> Will nur, wie's Dein Vater tat,
> Mein Geschenk erläutern.
> Wider solchen alten Brauch
> Soll der Mensch nicht meutern.

> Mein Geschenk! Ein protzig Wort
> Für so kleine Sache.
> Muß mich zwingen, daß ich nicht
> Selbst darüber lache.

> Keinen Schmuck und keinen Putz,
> Bilder nicht und Bücher,
> Nur ein praktisches Geschenk:
> *Neue Nasentücher*.

Denn es hat in letzter Zeit
Oft mir wollen scheinen,
Daß Dein Taschentuch-Besitz
Ausreicht nicht beim Weinen.

Doch die Tücher sollen nicht
Deine Tränen mehren,
Sondern sind allein bestimmt,
Diese abzuwehren.

Durch geheime Zaubermacht
Sollen sie dir nützen,
Wie der Schirm auf Landpartie'n
Dich vor Wasser schützen.

Wenn »die linden Lüfte« erst
Wieder uns umfächeln,
Läßt Du wohl das Weinen ganz
Und versuchst zu lächeln.

Ein letztes Photo

Was Martha Fritsch freute: 1911 heiratete ihr Patenkind Gertrud Mengel, von deren Schönheit Fontane einst so berückt gewesen war. Der Bräutigam war Wilhelm Schacht, ein Nachkomme jener Berliner Apothekerfamilie, aus der Anna Witte stammte. Gertrud hatte, weil ihr Vater gestorben war, auf Geheiß der Mutter das Trauerjahr einhalten müssen, was Martha nicht richtig fand. Heiraten sei doch eine ernste Sache, meinte sie, sich an die eigene Verlobungs- und Hochzeitszeit erinnernd.

Bald nach der schönen Gertrud, gab auch die aparte Nichte mit gleichem Rufnamen ihr Jawort. Gertrud Fontane, »Trudy«, die Tochter ihres Bruders Theo, stand Martha sehr nahe. Sie war 23 Jahre alt, als sie sich verlobte; ihr Bräutigam Oskar Große war 22 Jahre älter als sie. Er war ein Großneffe von K. E. O. Fritsch und hatte Gertrud Fontane im Hause seines Onkels kennengelernt. »Der einzige Lichtblick«, schrieb Martha an Paula Schlenther, »ist die Verlobung unserer Trudy mit einem sehr lieben Neffen meines Mannes, so daß wir in der nächsten Genera-

351

tion, wie sich der liebe Alte ausrechnet, noch blutsverwandt werden.« Sie selbst, so meinte sie, bleibe allerdings bei ihrer »alten Vorliebe für die Wahlverwandtschaften«. Am 12. April 1912 heirateten Gertrud Fontane und Oskar Große in Berlin-Wilmersdorf. Als ein Jahr später, im August, die Tochter Ursula zur Welt kam, fühlte sich Martha ›Großmutter‹.

Das Photo entstand im Mai 1914. ›Großmutter‹ und ›Enkelin‹ befinden sich auf einem Weg, der sich im bewaldeten, parkartigen Bildhintergrund verliert. Die Aufnahme könnte in Waren entstanden sein, auf dem eigenen Grundstück. Zu sehen ist Martha als ältere Frau, wie sie Ursula, das neun Monate alte Kind, fest und doch zärtlich in den Armen hält. Klein-Ursula trägt ein weißes Kleidchen und lacht zur Kamera hin. Auch sie, Martha, blickt in die Richtung des Photographen, ernst, mit geschlossenen Lippen. Etwas Herbes liegt auf ihren Gesichtszügen. Ja, man kann es sich gut vorstellen, daß sie leidet, viel weint, Medikamente nimmt, gegen die Angst trinkt. Aber auch ihr Schalk läßt sich erahnen, ihre Eigenwilligkeit. Das Haar ist jetzt von weißen Strähnen durchzogen. Sie trägt es länger als vordem, hat es hochgesteckt, aber schlecht gebändigt. Das dunkle, lange Kleid mit weißem Hals- und Armabschluß legt sich straff um die volle Figur. Um Schrittfreiheit zu gewinnen, hat sie sich die lange Knopfreihe an der Rockseite vollständig aufgeknöpft.

»in diesen aufgeregten Zeiten« – Ausbruch des Ersten Weltkriegs

»Ich kenne keine Parteien und auch keine Konfessionen mehr; wir sind heute alle deutsche Brüder und nur noch deutsche Brüder. Will unser Nachbar es nicht anders, gönnt er uns den Frieden nicht, so hoffe Ich zu Gott, daß unser gutes deutsches Schwert siegreich aus diesem schweren Kampfe hervorgeht.« So die Worte von Wilhelm II. in seiner Balkonrede am 1. August 1914. Vor dem Berliner Schloß hatten sich an diesem Spätnachmittag Tausende versammelt, um vom Kaiser zu erfahren, ob es zum Krieg kommen würde. Nun wurde gegen Rußland mobil gemacht, auch gegen Frankreich, England und andere europäische Staaten.

Am 2. August 1914 befand sich Deutschland im Kriegszustand. Unter dem Eindruck des nationalen Hochgefühls stimmte, als am 4. August im Reichstag die Kriegskredite vom Parlament bewilligt werden mußten, auch die SPD als bisherige Oppositionspartei geschlossen dafür.

Kurz nach Kriegsbeginn erlitt die deutsche Armee in Ostpreußen, in der Schlacht von Gumbinnen (19./20. August 1914), hohe Verluste. Es war eine empfindliche Niederlage. Es folgte bald darauf jedoch der überraschend große Sieg bei Tannenberg (26.–30. August 1914). Im Westen dagegen kam es zur schweren Niederlage in der Marne-Schlacht (Anfang September 1914). Es begann der furchtbare Stellungskrieg. Die deutsche Bevölkerung indessen wurde glauben gemacht, der Kampf werde nur kurz sein und heldenhaft, Deutschland werde sich gegen die Entente – gegen Frankreich, England, Rußland, von denen es sich eingekreist fühlte – durchsetzen und zur neuen Weltmacht aufsteigen.

Bis kurz vor Kriegsausbruch hatte das liberale Bürgertum »bis in seinen linksten Flügel hinein« nicht an einen bevorstehenden Krieg glauben wollen. Es hatte mit Sätzen gelebt wie: »Ich kann es mir nicht denken, daß es Krieg gibt.« – »Ich kann es mir nicht denken, daß die Menschheit so unvernünftig sein sollte.« – »Ich kann es mir nicht denken, daß bei diesem Fortschritt auf allen Gebieten ...« – »... Aber dazu ist die Welt heute doch zu zivilisiert!« Diese Haltung teilten Persönlichkeiten wie der Chemiefabrikant Friedrich Carl Witte, der »zu den aktivsten Vertretern des national- und sozialliberalen Rostocker Bürgertums« gehörte. Gerade weil er wußte, welch zerstörerisches Potential die modernen Waffen bargen, und vor dieser Zerstörungskraft auch warnte, hatte er in seinen Reden die Überzeugung ausgesprochen, daß die politisch Mächtigen ihre Verantwortung wahrnehmen würden und »den Weltenbrand mit ziemlicher Sicherheit« nicht wollten.

Von Friedrich Carl Witte, mit dem Martha sich als junge Dame in männlicher Manier gerauft hatte, heißt es, daß, als der Krieg erklärt wurde (und zwei seiner Söhne sich freiwillig stellten), er in Rostock eine Rede gehalten habe, »bei welcher er in Tränen ausbrach«. Seine Frau Laura notierte unter dem 31. Juli 1914 im Tagbuch: »die meisten Anwesenden weinten mit«. Richard Witte hingegen, der jüngere Bruder, der an die Ostfront kommen sollte, habe »die Rührung durch ein Hoch auf Deutschland« gelöst.

Das Ehepaar Fritsch lebte in den Tagen vor und nach Kriegsausbruch in der Villenkolonie Grunewald, Schleinitzstraße 3. Es lebte hier in einer großen hellen Gartenwohnung ganz zurückgezogen, denn K.E.O. Fritsch war alt geworden und sehr krank.

Martha ging wohl nicht, wie sie es in früheren Tagen zu tun pflegte, »in die Stadt«, um zu sehen, wie das politische Ereignis »auf Berlin« wirkte. Aber gewiß las sie Zeitungen, hörte womöglich die Kirchenglocken läuten, die Militärmusik spielen, empfing Freunde oder telefonierte mit ihnen. Auch schrieb sie Briefe.

Einer ihrer Briefe ist überliefert und richtet sich an Paul Schlenther. »Wir haben alles im Felde«, schreibt sie am 19. August 1914, »unser ältester Neffe Hptm. Fritsch liegt schon verwundet im Lazarettt in Goldap zwischen braven Ostpreußen.« »Otto Fontane«, ihr ältester Neffe, jetzt 25 Jahre alt, sei »auf einem Torpedo in der Nordsee« und ihr Bruder Theo, »der zwanglose Th. F.« tue nun »wieder Dienst« (er wurde Feldintendant im besetzten Brüssel). Sie spricht von »diesen aufgeregten Zeiten«, sonst aber schweigt sie über das Kriegsgeschehen.

Schlenther, der 1910 seinen Posten als Burgtheaterdirektor aufgegeben hatte und nach Berlin zurückgekehrt war, wohnte damals mit seiner Frau in Wilmersdorf, Kaiserplatz 14. Die Mobilmachung hatte er hautnah miterlebt. Denn er war mitten in die mobilisierten Truppen geraten, als er mit Paula von einer Urlaubsreise aus dem Süden zurückkam. Es war eine lange Eisenbahnfahrt von Lindau über München nach Berlin gewesen. Schlenther schrieb darüber einen begeisterten Bericht. »Ich kenne keine Preußen, keine Bayern mehr, ich kenne nur noch Deutsche«, variierte er das Kaiserwort und bekannte: »Wir Norddeutsche [...] rufen aus blutsverwandtem Geiste: Gott mit dir und deinen Waffen, deinen Fahnen, Bruder Bayer!«

Paul Schlenther gehörte zu den vielen Intellektuellen, die den Krieg befürworteten. Er wurde in diesen Tagen kriegseuphorisch, seine ostpreußische Herkunft wurde ihm jetzt unvermittelt wichtig. Von August 1914 bis September 1915 veröffentlichte er im *Berliner Tageblatt* regelmäßig seine patriotischen, mitunter chauvinistischen Feuilletons, die 1915 im Verlag S. Fischer unter dem Titel *Zwischen Lindau und Memel während des Kriegs* in Buchform erschienen, gewidmet »Bernhard – Erich – Fritz, drei Inhabern des Eisernen Kreuzes, drei tapferen Ostpreußen«. Martha Fritsch las das Buch im Kriegswinter 1916. Ob sie die »lebendigen Schilderungen« freuten, wie ihr Bruder Friedrich schreibt, bleibt offen.

Ein patriotisches Programm legte 1914 auch der Friedrich Fontane Verlag vor. Im Oktober 1914 – bereits hatte der Stellungskrieg im Westen begonnen – erschien der schmale Band *Feldpostbriefe. 1870–1871 von George Fontane*. Die Briefe des Bruders hatten im Nachlaß des Vaters gelegen und waren Briefe eines sympathischen, aber noch unreifen jungen Offiziers an seine Eltern. Sie waren durchsetzt von jugendlichem Chauvinismus und ›Franzosenhaß‹. Der Verlag druckte eine Auflage von 3500

Exemplaren und bot sie zum Billigpreis von 1 Mark an. Die Absicht war eine moralisch unterstützende. In seinem Vorwort schreibt Friedrich Fontane, dessen Sohn Georg in diesem neuen Krieg nun auch an der Front stand, »Feldpostbriefe« seien »eine heilige Sache« und kostbar für die Zurückgebliebenen in der Heimat. Vom Deutsch-Französischen Krieg 1870/71 ausgehend, betonte er, der »jetzige Riesenkampf« gelte allgemein der »Sicherung« des Reiches, das »vor 44 Jahren« begründet worden sei durch »die Väter«, die damals »die Schlachten schlugen«. Er war überzeugt (selbst hatte er nie gedient), in den Schilderungen seines Bruders George finde sich vieles wieder, was im gegenwärtigen Frontalltag geschehe. Den Briefen selbst attestierte er literarische Qualität. Nicht zuletzt aber appellierte er an die ›Kameradschaft‹. »Manch einer«, so schloß er, »der jetzt als Hauptmann oder schon in einer höheren Charge steht, wird beim Lesen dieser Aufzeichnungen an den Verfasser denken, als an einen Mann, der ihm stets ein guter, treuer Kamerad gewesen ist.«

Außer den *Feldpostbriefen* des Bruders wurden bei Kriegsbeginn im Friedrich Fontane Verlag auch jene Werke des Vaters neu aufgelegt, die vom Deutsch-Französischen Krieg handeln: *Aus den Tagen der Okkupation* sowie *Kriegsgefangen*. Der autobiographische Bericht *Kriegsgefangen. Erlebtes 1870* erfuhr 1914 sogar mehrere Neuauflagen (insgesamt wurden über 25 000 Exemplare gedruckt). Propaganda war mit diesen Büchern allerdings nicht zu machen. Sie hatten schon bei ihrem ersten Erscheinen die Äußerung provoziert, daß sie ›ohne jeden Franzosenhaß‹ geschrieben seien.

Für Martha Fritsch, 54, muß es indessen eigenartig gewesen sein, daß in »diesen aufgeregten Zeiten« gerade *Kriegsgefangen* neue Aktualität erfuhr. Es ist das Werk, worin sich jene Schlüsselstelle von den »großen klugen Augen meines Lieblings« findet, die Martha von Anfang an auf sich selbst bezogen hat. 44 Jahre waren darüber hingegangen. Dazwischen lag nicht nur ihr eigenes bewegtes Leben, sondern eine ganze Epoche, ihr Aufstieg und ihr Untergang.

Tod des Ehemannes

»Meinen Mann werden Sie traurig verändert finden; Gicht und Niere haben seine schöne Rüstigkeit gebrochen, und wir kommen aus der Krückenatmosphäre nicht mehr heraus; fast ständig haben wir eine Schwe-

ster im Haus (sonst litt ich doch mehr unter Brüdern)«, schrieb Martha
Anfang 1912 an Paula Schlenther. Es war eine lange Leidenszeit. »Ich
habe große Schmerzen und werde immer unbehilflicher«, gestand
K. E. O. Fritsch seiner Tochter im Sommer 1913. Er fühle sich aber von
Martha, »von der treuesten und sorgfältigsten Pflegerin«, gut behütet.
Das Gehen fiel ihm immer schwerer, schreiben wurde fast unmöglich.
Aber sein Geist, so empfand es Martha, blieb auch in der Krankheitszeit
»noch sehr jung und klar«. Gegen die Schmerzen aber half schließlich
nur noch Morphium, so daß die Stunden immer kürzer wurden, in denen
er gesprächsfreudig war. Noch immer empfing er jedoch gern Besuch.

Gelegentlich kamen die Freunde Schlenther, das waren »Lichtblik-
ke«. Paula Schlenther hatte Anfang 1914 in Berlin eine zweite Theater-
karriere begonnen, schickte auf Wunsch auch Karten zu ihren Aufführungen. Die Tochter Annie zum Beispiel ging gerne hin. Ehepaar Fritsch
sah sich dazu außer Stande. »Mein Mann ist sehr schwach, läßt sich aber
noch viel vorlesen«, schrieb Martha im August 1914. »Sprechen strengt
ihn an und meine in Fragen und Annahmen gleiche Lebhaftigkeit bezeichnet er als Kannegießerei, mich aber sofort durch meine Abstammung von den potiers d'étain [Zinngießer] entschuldigend.« Schließlich
ging auch das Vorlesen nicht mehr. Martha selbst war zunehmend von
Ängsten geplagt »in dieser schweren Zeit in Land und Haus«. Über sich
selbst äußerte sie, man stand damals im ersten Kriegsjahr, es gehe ihr
»leider schlecht«: »und ich zittere manchmal, ob ich mich halten werde«. Ihr Mann sei jetzt »schwach oder verworren«, schrieb sie am 19. Mai
1915 an Paul Schlenther.

K. E. O. Fritsch starb am 31. August 1915, nachmittags um vier Uhr in
der Wohnung Schleinitzstraße 3 im Beisein von Martha und seiner
Tochter Annie. Als Todesursache wird im Kirchenbuch »Herzschwäche« genannt.

Die Todesanzeige setzten die beiden Frauen gemeinsam auf: »Dienstag, d. 31. August, entschlief sanft mein geliebter Mann, unser teurer Vater, Großvater, Onkel und Schwager, der Architekt K. E. O. Fritsch im
78. Lebensjahr. Im Namen der Hinterbliebenen: Martha Fritsch, geb.
Fontane. Anna Scheller, geb. Fritsch.«

Das Begräbnis fand am Sonnabend, den 4. September 1915 in Waren
statt. Ursprünglich hatte sich K. E. O. Fritsch zwar gewünscht »auf dem
alten Friedhof der Berliner Jacobi Gemeinde in Rixdorf« seine letzte
Ruhestätte zu finden, da »wo meine erste Gattin Clara geb. Köhne und

meine Tochter Marie beerdigt sind« und die Hoffnung ausgesprochen, daß auch Martha, »meine geliebte nunmehrige Gattin«, »dereinst ihren Platz an meiner Seite sich wählen wird« (Testament vom 29. Januar 1901). Die Jahre, die seither vergangen waren, hatten diesen Wunsch wohl in den Hintergrund gerückt. Was aber unverändert galt und von den Angehörigen auch berücksichtigt wurde, war ein anderes. »Ich wünsche«, so steht es im Testament von K. E. O. Fritsch, »bei Sonnen-Untergang ohne jedes feierliche Gepräge und nur unter dem Geleit meiner nächsten Familien-Angehörigen und Freunde bestattet zu werden. Die Errichtung eines Denkmals auf meinem Grabe verbiete ich hiermit ausdrücklich.« Wie er es gewünscht hatte, geschah es: sein Grab erhielt keinen Stein.

Mit dem Tod von Karl Emil Otto Fritsch habe das Baufach »einen schweren, einen schier unersetzlichen Verlust« erlitten, heißt es im Gedenk- und Würdigungsartikel der *Deutschen Bauzeitung*. K. E. O. Fritsch sei nicht nur ein unabhängiger, freimütiger Geist gewesen, der segensreich gewirkt habe, er sei auch menschlich, altruistisch und bescheiden gewesen. Man habe in ihm einen vir bonus et fidelis verloren, einen Mann »mit großem Herzen«.

Die Witwenzeit · 1915–1917

Das Testament von K. E. O. Fritsch

K. E. O. Fritsch hatte schon zu Lebzeiten für Martha gut vorgesorgt und regelmäßig für sie in eine Rentenkasse einbezahlt. In seinem Testament, eröffnet am 23. Oktober 1915 in Berlin-Charlottenburg, hatte er zudem verfügt, daß sein Vermögen »je zur Hälfte an meine Gattin Martha geb. Fontane und an meine Tochter Anna Scheller geb. Fritsch« falle. »Es sollen dabei«, so heißt es ausdrücklich, »sowohl der Besitz-Anteil von der Deutschen Bauzeitung wie die vorhandenen Geldbeträge, Wertpapiere u. s. w. je zur Hälfte geteilt werden.« Zusätzlich bestimmte K. E. O. Fritsch, daß sein schuldenfreier Besitz in Waren, »umfassend die Grundstücke No 1, 1a, 2 und 3« in der Villenstraße »samt der in dieser enthaltenen Ausstattungs- und Einrichtungs-Gegenstände jeder Art, Mobiliar, Bilder, Bücher usw.« nach seinem Tode »in den alleinigen und unumschränkten Besitz meiner Gattin Martha geb. Fontane« übergehe, »in deren treuer und einiger Gemeinschaft« er ihn erworben und ausgestattet habe. Die Gesinnung seiner Gattin bürge ihm dafür, »daß durch diese Verfügung meine übrigen Erben eine Benachteiligung nicht erfahren werden«. Er bestimmte außerdem, daß – mit Ausnahme seines Besitzanteils an der *Deutschen Bauzeitung* – »ein Zehntel« seines Vermögens in einen Unterstützungsfonds fließe, der für Verwandte, nahe Freunde sowie für das Gymnasium in Glatz, das er einst besucht hatte, gedacht war. Und schließlich empfahl er seinen Erben, diejenigen Gegenstände (persönliche Andenken, Bilder, Bücher u. s. w.) »als Geschenk zu überreichen«, die für die Angehörigen seines Berufs von größerem Interesse waren als für die Familie.

Am 23. November 1915 wandte sich daher Martha Fritsch in einer solchen Angelegenheit an Paul Schlenther. Sie schrieb ihm, wenn er seinen Freund Otto Pniower, der damals Kustos des Märkischen Museums war, demnächst sehe, »so sagen Sie ihm bitte, daß ich Etwas (ich darf es groß schreiben) für das M. Museum habe; mein Mann wünschte, daß ich erst nach meinem Tode verfügte, ich bin aber mit meiner Tochter übereinge-

Martha Fritsch-Fontane
mit Großnichte Ursula, 1914

kommen, mich schon jetzt zu trennen.« Sie schenkte damals im Einverständnis mit Annie Scheller dem Märkischen Museum eine Truhe mit wertvollen Zeichnungen, die K. E. O. Fritsch seinerzeit von der Vereinigung Berliner Architekten als Ehrengeschenk überreicht worden war als Dank für sein Grundlagenwerk *Der Kirchenbau des Protestantismus von der Reformation bis zur Gegenwart.* Die Truhe samt den Zeichnungen der mit Fritsch befreundeten Architekten (u. a. Hermann Ende, Hans Grisebach, Cornelius Gurlitt, Albert Hofmann, Otto March, Johannes Otzen, Franz Schwechten) befindet sich bis heute im Stadtmuseum Berlin (ehem. Märkisches Museum).

Das Testament von Martha Fritsch geb. Fontane

Nach dem Tod ihres Mannes regelte Martha auch ihre eigenen Angelegenheiten. Am 22. Dezember 1915 hinterlegte sie in Berlin-Grunewald ihr Testament. Justizrat Martin Seldis, Königlich Preußischer Notar, protokollierte:»Frau Professor Fritsch übergab dem Notar den [...] verschlossenen Umschlag und erklärte mündlich: In dem übergebenen Umschlage befinde sich eine Schrift, diese enthält meinen letzten Willen, den Wert des Gegenstandes gebe ich auf 250 000 Mark an.«

Alles was sie von ihrem Ehemann geerbt hatte, außer die Grundstücke in Waren, vermachte Martha Fritsch-Fontane dessen Tochter aus erster Ehe. »Als meine Erbin«, so heißt es, »setze ich ein meine Stieftochter, die verwitwete Frau Generalleutnant Anna Scheller geborene Fritsch zu Berlin Wilmersdorf, Kurfürstendamm 139.« »Mein von meinen Eltern vererbtes Vermögen« – ein Betrag von 28 700 Mark inklusive eines Darlehens von 10 000 Mark für den Verlag Friedrich Fontane – »vermache ich«, so verfügte sie weiter, »zu gleichen Teilen« »den vier Kindern meiner beiden Brüder«. Es waren gemeint die drei Kinder des Bruders Theo: »Frau Geheimrat Gertrud Große geb. Fontane zu Berlin-Halensee, Paulsborner Straße 7«, »Marine-Oberleutnant Otto Fontane, zur Zeit in Wilhelmshaven«, »Fräulein Martha Fontane zu Berlin-Wilmersdorf, Landauer Straße 14« sowie der »ausgesprochene Liebling meines Mannes, Peter Paul Fontane, Sohn meines Bruders Friedrich Fontane«. Peter Paul lebte, als Martha Fritsch ihr Testament schrieb, bei den Eltern in Berlin-Dahlem, Rheinbabenallee 19. Seine Halbgeschwister Georg Hett und Thea de Terra hat Martha Fritsch-Fontane nicht berücksichtigt. Bevorzugt behandelt hat sie indes ihre Nichte Gertrud (»Trudy«) Große-Fontane, die durch Heirat auch mit der Familie Fritsch verwandt war. Sie bestimmte: »Die mir zu 1/3 zustehenden Autor-Rechte aus den Werken meines Vaters sowie die durch Erbgang auf mich übergegangenen Grundstücke meines Mannes in Waren vermache ich meiner Nichte, Frau Geheime Postrat Gertrud Große.« Im Falle, daß diese bereit sei, die Villa in Waren zu übernehmen, erhalte sie zusätzlich während zwei Jahren jährlich 3000 Mark für den Unterhalt des Anwesens. Im anderen Falle (oder wenn Gertrud vorher sterben sollte) durfte das Anwesen auch verkauft werden, wobei Martha Fritsch Wert darauf legte, »daß die Grundstücke in gute Hände, nicht an einen Ausschlächter, gelangen«. Der Erlös sollte dann zur einen Hälfte an die Fritsch-Nachkommen – an Lilli und Heinrich – und zur anderen Hälfte an die Fontane-Nachkommen fallen, an Gertrud, Otto, Martha und Peter Paul.

Außerdem, so bestimmte Martha Fritsch, sollte ihr Patenkind Gertrud Schacht-Mengel als Vermächtnis den einmaligen Betrag von 10 000 Mark erhalten. Einen größeren Betrag bestimmte sie auch für ihre ›Tilla‹, die langjährige Wirtschafterin der Fontanes. Martha sorgte für sie, seit sie mit K. E. O. Fritsch verheiratet war, und verfügte jetzt für »Fräulein Mathilde Gerecke zu Berlin, Manteuffelstraße 26, jährlich 600 Mark, zahlbar in vierteljährlichen Teilen«. Auch für Olga Vogel, eine Kusine von K. E. O. Fritsch, und Anna von Below, ihre eigene Kusine, verfügte sie jährlich 200 Mark. Alle Fontaneana aber vermachte sie ihrem jüngsten Neffen Peter Paul: er sollte von ihr erhalten »die sämtlichen Erinnerungen an meinen Vater darstellenden Gegenstände, insbesondere also das Bild ›Friedrich der Große und seine Generale‹ (5 Generationen in der Familie), ›die Blechkanne aus der 1870er Gefangenschaft‹ usw.« Denn Peter Paul Fontanes »angeborene Gesinnung und frühe Erziehung« gewährleiste ihr, so begründete sie ihre Schenkung, alle nötige Pietät. Damit würdigte sie explizit auch ihren Bruder Friedrich, von dem sie wohl erwartete, daß er, falls sie vor Peter Pauls Volljährigkeit sterben sollte, das Erbe als rechtlicher Vertreter übernehme.

»da ich einen völligen Zusammenbruch voraussah«

Nach dem Tod von K. E. O. Fritsch war Verwandten und Freunden eine Hauptsorge, wie Martha ihr Leben als Witwe meistern würde. »Meine Gedanken gelten jetzt vor allem der armen Martha«, schreibt Dr. Georg Salomon an Annie Scheller, »die jetzt, krank und erschöpft wie sie ist, vor der schweren Aufgabe steht, sich ein neues Leben zu gestalten.« Sein Trost sei, daß sie, Annie, Martha »nicht verlassen« werde. Auch beruhige ihn, daß die Nichte »Trudy«, Gertrud Große, Martha »mit dem zarten Sinn«, der ihr eigen sei, »zur Seite stehen« werde. »Daß ich selbst«, so versicherte er, »nach besten Kräften das Meinige versuchen werde, um sie zu kräften und aufzurichten, davon dürfen Euere Exzellenz überzeugt sein.«

Auch Marie Schreiner, die langjährige Freundin, die fast einmal ihre Schwägerin geworden wäre, wandte sich an Annie Scheller. Sie schrieb: »Liebe Frau Annie! Am Sonnabend von der Reise zurückgekehrt, erfuhr ich erst den Tod Ihres verehrten Herrn Vaters, dessen treue Freundschaft für mich stets so überaus wertvoll war. Seien Sie meines innigsten Beileids versichert bei dem Verlust Ihres so liebevollen Vaters, den alle sehr vermissen werden, wenn man ihm auch die Ruhe nach dem langen und hoffnungslosen Leiden gönnen muß. Ich versuchte gestern Martha zu sprechen, aber sie war zu elend, was man ja leider erwarten konnte.

Mit schwerer Sorge habe ich in den letzten Wochen stets an sie gedacht, da ich einen völligen Zusammenbruch voraussah. Ich bin der Hoffnung, daß sie allmälich wieder hochkommen wird, aber es wird wohl lange dauern, da ich sie ja so lange kenne und ihre Nervenverfassung beurteilen kann. Ihre Umgebung wird viel Geduld mit ihr haben müssen. In einigen Tagen werde ich es wieder versuchen, sie zu sprechen, bis dahin bitte ich Sie, Ihr meine Grüße gelegentlich auszusprechen. In treuer Freundschaft, Ihre Marie Schreiner.«

Wie sehr Martha auf ihre Freundinnen zählen konnte, zeigt zuletzt auch ein Brief von Lise Mengel. »Meine liebe, sehr verehrte Frau Scheller«, schrieb sie aus Rostock. »In treuer herzlicher Teilnahme habe ich Ihrer gedacht in den schweren Tagen, die Ihrem lieben Vater die Ruhe, Ihnen aber den schweren Abschied brachten. Wie gerne hätte ich mit an seinem Grabe gestanden. Seine gütige Persönlichkeit wird mir unvergessen bleiben. Durch Marie von Veit und meine Gertrud habe ich ein wenig von Ihnen allen gehört, aber zu wenig für meine Liebe und mein Interesse. Im November komme ich nach Berlin, hauptsächlich um mich nach Martha umzusehen, dann hoffe ich auch Ihnen die Hand geben zu können. Ihre Ihnen aufrichtig ergebene Lise Mengel.«

Krieg und Kriegsalltag

Als Martha Fritsch Witwe wurde, dauerte der Krieg bereits ein Jahr. Immer häufiger waren verwundete oder frühzeitig aus der Gefangenschaft entlassene Soldaten von der Front zurückgekehrt. Auch die Feldpostbriefe, die eintrafen, ließen diejenigen zuhause erahnen, wie schlimm der Krieg war. Richard Witte schrieb von der Ostfront einen Brief nach Hause, zu dem Laura Witte in ihrem Tagebuch bemerkte: »Von Richard ein unliebenswürdiger Brief, der mir beweist, daß er völlig am Rand seiner körperlichen Widerstandskraft angelangt ist.« Und täglich die Todesnachrichten. Wenn auch die Familien Fritsch und Fontane niemanden aus dem engsten Kreis zu beklagen hatten, so traf es doch die nächsten Freunde.

Gustav von Veit jun., Leutnant des 11. Jägerbataillons, der Forstwirtschaft studiert hatte und »Forstbeflissener« in Lübben (Spreewald) gewesen war, bevor der Krieg ausbrach, fiel 23jährig in der Folge der Marne-Schlacht bei Nouvron.

Sein Leichnam wurde in die Heimat überführt. Er wurde in Deyelsdorf neben seinem Vater begraben (der Grabstein steht noch heute auf dem Friedhof der Kirche). Marie von Veit zog damals zurück in ihre Heimatstadt Rostock, wo auch ihre langjährige Freundin Lise Mengel lebte. Kurz nach dem Krieg sollte sie sich in einer Phase der Depression das Leben nehmen: »Marie Veits Leiden, ihr Tod ist ja nur Gnade und Erlösung, habe ich sehr miterlebt und hat es mich sehr mürbe gemacht, sodaß ich greuliche Angstzustände hatte«, gestand Lise im September 1920 ihrer Schwägerin Laura Witte. Sie habe »den Tod ihres geliebten Sohnes nie verwunden«, so deuteten die Nächsten ihren Freitod.

Krieg und Kriegsleid veränderte auch das Leben der Fabrikantenfamilie Carl Friedrich und Laura Witte. Der geschäftliche Betrieb geriet damals in große Schwierigkeiten. Bald nach Beginn des Krieges wurde »die Chemische Fabrik Friedrich Witte in Rostock«, die pharmazeutische Produkte herstellte, nämlich der Kriegswirtschaft unterstellt, was sich »äußerst negativ auf die geschäftliche Lage« auswirkte, so das Urteil der Historiker, »da nicht genügend Rohstoffe beschafft werden konnten und der Produktionsausstoß zum größten Teil der Heeresverwaltung zur Verfügung gestellt werden mußte«. Selbstverständlich brachen auch die Auslandsbeziehungen nach England und Amerika, insbesondere aber »nach Rußland, dem wichtigsten Exportland« der Firma, völlig zusammen.

Gleichzeitig zeichneten die Wittes, so wie viele ihrer Landsleute, »Kriegsanleihen«, was ihre beiden Söhne an der Front befürworteten. »Und wer von uns täte nicht gerade sein Bestes an der Front, wo Ihr in der Heimat in glänzendem Stil die brillante Kriegsanleihe bis auf 9 Milliarden gebracht habt?«, schrieb Fritz Witte am 25. März 1915 per Feldpost nach Hause. Er selbst beabsichtigte, mit seinem Ersparten die zweite Kriegsanleihe mit zu zeichnen. Er war 19 Jahre alt und trug als Soldat ein Exemplar von Goethes *Faust* bei sich. In Berlin hatte er ein Germanistikstudium begonnen, dann aber beschlossen, Nationalökonomie und Philosophie zu studieren. Er galt als »sensibel und durchaus unmilitärisch«. Mit ihm in derselben Kompanie kämpfte auch sein jüngerer Bruder Siegfried, der sich wie Fritz bei Kriegsbeginn freiwillig gemeldet hatte, nachdem das Gymnasium ihm ein Notabitur ermöglicht hatte. Fritz Witte, der ältere der beiden Söhne, fiel am 2. Juni 1915 an der Westfront. Laura Witte litt sehr unter dem Verlust ihres Sohnes. Sie konnte sich jedoch der Depressionen erwehren und engagierte sich zunehmend politisch. Nach dem Krieg setzte sie sich vehement für mehr politischen Einfluß der Frauen ein.

Ende 1915 war die Kriegssituation in Europa hoffnungslos und wurde auch als hoffnungslos empfunden. Weder glaubte man an eine baldige Kriegsentscheidung, noch stand Frieden in Aussicht. An der Westfront wie an der Ostfront kämpfte man einen erbitterten Stellungskrieg. Der Krieg war zu einer bis dahin unvorstellbaren Materialschlacht geworden. Die deutsche Bevölkerung spürte die Kriegssituation jetzt bitter im Alltag. Weil die Männer im Feld standen, hatten auch immer mehr Frauen unter schwierigsten Umständen Berufsarbeit zu leisten.

Die Seeblockade der Engländer führte im Deutschen Reich zudem zu Rohstoffmangel und Lebensmittelknappheit. Die Familien erhielten ab 1915 Lebensmittelkarten: Brotkarten, Fleischkarten, Zuckerkarten. Ab 1916 waren auch für Strick-, Web- und Wollwaren Bezugsscheine vorzuweisen. Kupfersachen wurden beschlagnahmt. Die Krise verschärfte sich. Es gab keine Vorräte, da niemand mit einem langen Krieg gerechnet hatte. Viele Menschen litten Hunger, selbst Kartoffeln und Brot waren knapp. Katastrophal wurde es daher, als die Kartoffelernte im Herbst 1916 schlecht ausfiel und man als Grundnahrungsmittel Kohlrüben ausgab. Der Winter 1916/17 hat sich als sogenannter Kohlrübenwinter ins historische Gedächtnis eingeprägt. An den Folgen von Unterernährung und Hunger starben in Deutschland etwa 750 000 Menschen, die Kindersterblichkeit nahm damals um fünfzig Prozent zu.

Umzug in die Egerstraße, Berlin-Wilmersdorf

Marthas Witwenzeit ist nur sehr lückenhaft dokumentiert. Wo lebte sie nach dem Tod ihres Mannes? Am 22. Dezember 1915, dem Tag, als sie ihr Testament hinterlegte, wohnte sie – wie der Notar vermerkt – noch immer in der Schleinitzstraße 3. Auch das Berliner Adreßbuch von 1916 verzeichnet sie unter dieser Adresse. »Fritsch, vw. Prof.« heißt es dort, daneben steht ein »T« für Telefonanschluß.

Vermutlich löste sie Anfang 1916 ihren Haushalt in der Schleinitzstraße 3 jedoch auf. Ihren Hausrat, die Möbel, die Bücher etc. ließ sie wohl teils nach Waren transportieren, teils in ihre neue Wohnung bringen, die sie in der Egerstraße, in Berlin-Wilmersdorf, gefunden hatte. Jedenfalls erwähnt sie in ihrem Brief vom 20. Oktober 1916 an die Tochter Annie *zwei* Umzüge. Auch erklärt sie in diesem Brief, sie könne in der »Egerstraße« nicht auf das Telefon verzichten und werde die Kosten dafür weiterhin tragen, selbst wenn sie zu den »vielen lange Verreisten« gehöre. Die Egerstraße liegt in der Nähe der Rheinbabenallee, Berlin-Dahlem. Hier hatte Marthas Bruder Friedrich 1909 eine Villa erworben. Seine Privatadresse war dieselbe wie die seines Verlags, der zu dieser Zeit allerdings schon tief in der Krise war. Die Rechte am Werk des Vaters hatten die Geschwister Fontane bereits dem S. Fischer Verlag verkauft. Martha scheint als Witwe regelmäßig bei ihrem Bruder in der Rheinbabenallee 19 verkehrt zu haben. Er beschäftigte sich jetzt hauptsächlich als Nachlaßverwalter des väterlichen Werks, und vielleicht suchte die Schwester die Nähe des jüngeren Bruders gerade auch deshalb. Man stand sich überhaupt nahe, daran hatten selbst die Nachlaßstreitigkeiten nichts ändern können. Friedrich löste offenbar von sich aus ein, was die Mutter ihn gebeten hatte. »Mete ist ein Engel«, hatte sie ihm einst aus Schlesien geschrieben, als der Vater schwer krank war, »und bitte ich Dich nach meinem Tode ihr diese Zeit zu vergelten.«

Friedrich Fontane wiederum wußte die Schwester in intrikaten Angelegenheiten auf seiner Seite. Er war in der Familie bekannt für seine erotischen Abenteuer und seinen Hang zur Verschwendung. Seinem Bruder Theo war das fremd, Martha aber nahm ihn deswegen in Schutz. »Ach ja«, schrieb sie einmal als gutsituierte Frau Professor Fritsch, »bequem für die Eltern sind ja Söhne ohne Schulden und kleine Illegitimen, aber dafür wächst auch das Pharisäertum ins Ungemessene, und erst vorm Richterstuhl der Ewigkeit wird alles in Ordnung kommen. Wo unser Senior weilt, wissen wir überhaupt nicht – jedenfalls auf einem andern Stern«. Mit »Senior« war wohl Theo gemeint, der Familienälteste, der den Ruf hatte, ein ›Prinzipienreiter‹ zu sein.

Tod von Paul Schlenther

»Mit dem Hinscheiden Paul Schlenthers hat ein reiches, bedeutsames literarisches Wirken einen jähen, allzu frühen Abschluß gefunden«, beginnt der Würdigungsartikel in der *Deutschen Rundschau*. Paul Schlenther war am 30. April 1916 im Alter von 62 Jahren an Darmkrebs gestorben. Vier Jahre zuvor war auch sein Weggefährte und Freund Otto Brahm derselben Krankheit erlegen. Der Würdigungsartikel erinnert denn auch an diese Freundschaft, weil die Freunde sich gemeinsam erfolgreich für die »realistische Richtung« in der Literatur und auf der Bühne engagiert hatten. Anerkennung zollte der Verfasser des Gedenkartikels, ein Journalist aus Wien, auch dem »Burgtheater-Schlenther«, der Schiller, Goethe, Lessing neu inszeniert hatte, in Wien aber in »Theaterkämpfe« verstrickt worden war. Von »üppig entwickeltem Cliquenwesen« ist die Rede, von »Tantiemensucht« der Schauspieler, von leeren Theaterkassen, die durch »platte Lustspiele und Possen« gefüllt werden mußten, von Schlenthers Rücktritt wegen einer »Lustspielnovität«, die geräuschvoll durchgefallen war.

Nach seiner Wiener Zeit hatte Schlenther als Feuilletonist des *Berliner Tageblatts* gewirkt und sich noch einmal intensiv mit Fontane befaßt. 1915 war ein großer neuer Fontane-Essay von ihm erschienen, unter dem Titel *Zum Bilde Theodor Fontanes*. Auch die Einleitung zu den *Gesammelten Werken*, erschienen 1915 im S. Fischer Verlag, war von ihm. Unbestritten, kaum einer hat vor Thomas Mann so viel für das Werk Fontanes getan wie Paul Schlenther.

Martha Fritsch, die ihn zuweilen als »Liebling« ihres Vater, als seinen »nachgeborenen Ältesten« und »Adoptiv-Sohn« bezeichnet hatte und für den sie bis zuletzt »Corinna« blieb, verlor, als Paul Schlenther starb, einen langjährigen nahen Freund. An die Witwe schrieb sie: »Dahlem. Rheinbabenallee 19. Liebe alte Freundin. Durch unseren gemeinsamen Tröster [Dr. Salomon?] vorbereitet, hörte ich heute früh, daß auch Sie nun einsam dastehen und es dunkel und leer um Sie geworden ist; möchte Ihnen eine leidliche Gesundheit, Ihr Beruf und der Gedanke an die gemeinsam erlebten reichen Jahre nach und nach helfen, das Schwerste mit Ergebung hinzunehmen. Sie wissen am besten selbst, wie ich mit Ihnen um Ihren lieben Mann trauere, dessen Bild und Wort mit den Höhen meines eigenen Lebens so eng verknüpft sind, trotz der langen Trennungen steht fast jede Begegnung vor meinen Augen, und besonders dankbar gedenke ich der Stunden, wo Sie beide den Lebensabend meiner Eltern mit Glanz und Schimmer umgaben. Durch unvergeßliche Zeiten immer verbunden. Ihre alte Martha Fritsch.«

Es spricht aus diesen Trauerzeilen das Bewußtsein, daß ihre beste Zeit jetzt zurücklag. Als die »Höhen« ihres Lebens empfand Martha offenbar die Jahre ihrer ›Tochterschaft‹, insbesondere das Jahrzehnt vor der Jahrhundertwende, als sie im Alter zwischen dreißig und vierzig war. Damals schrieb ihr Vater die großen Romane, stritt man sich en famille über

Ibsen und die Freie Bühne, traf sich das literarische Berlin in der Potsdamer Straße 134 c.

Jetzt, in diesem furchtbaren Krieg, mit dem Tod Paul Schlenthers, war dies alles Erinnerung geworden. Kurt Tucholsky hat kurz nach dem Ersten Weltkrieg für dieses Lebensgefühl, für das Gefühl des Unwiederbringlichen, die Formulierung gefunden: »Der alte Fontane ist nicht am 20. September 1898 gestorben. Er starb am 1.8.1914. Er wäre heute etwas völlig Unmögliches.«

Was Martha Fritsch ihrer Freundin Paula Schlenther wünschte, Trost im Beruf, fand diese übrigens nur sehr bedingt. Zwar brillierte sie als ›komische Alte‹, trat auch noch nach dem Zusammenbruch des Kaiserreiches auf der Bühne auf. Anfang der zwanziger Jahre gelang ihr selbst der Wechsel zum Film. Es folgten dann aber triste Jahre, kaum Engagements und finanzielle Bedrängnis. Ihren letzten Auftritt hatte sie am 1. Juli 1932. Dann trat die einstige Hofschauspielerin von der Bühne ab. Sie starb, im Alter von 78 Jahren, am 9. August 1938 – krank, verarmt und vereinsamt in einem Berlin, das bereits unter dem Terror des Nationalsozialismus stand.

In Jena zur Kur

Wie die Freundinnen und Freunde befürchtet hatten, ging es Martha Fritsch in der Zeit nach dem Tod ihres Mannes nicht gut. Auch der Tod von Paul Schlenther erschütterte sie. Hinzu kam die bedrückende Kriegslage. Allerdings gehörte sie selbst zu einer sozial privilegierten Minderheit. Und es gab Ärzte, die sich um sie kümmerten. Aus den überlieferten Arztrechnungen geht hervor, daß der Hausarzt Dr. Salomon sie wöchentlich zwei- bis dreimal besuchte. Im Sommer 1916 reiste dann der Neurologe Dr. Kalischer mit seiner langjährigen Patientin nach Jena, und von dort begleitete er sie Wochen später, etwa im August 1916, auch wieder nach Berlin zurück. In Jena wurde Martha von Dr. Salomon einmal besucht, und in seiner Begleitung begab sie sich schließlich von Berlin nach Waren. Auf ihrem Landsitz wurde sie vom Warener Arzt Dr. Dulitz betreut. Er stellte nach ihrem Tod eine Rechnung vom September 1916 »bis 1917, 10. Januar«.

Die Reise nach Jena scheint darauf hinzudeuten, daß Dr. Kalischer einen erfahreneren Spezialisten beiziehen wollte. In Jena wirkte seit 1882 (und bis 1919) der damals 64jährige Otto Binswanger. Der gebürtige Schweizer war nach seinem Studium Oberarzt an der Berliner Charité gewesen und dann einem Ruf an die Universität Jena gefolgt. Binswanger war ein Spezialist auf dem Gebiet der Neurasthenie, Epilepsie und der Hysterie. Heute gilt er als Vater der modernen Klinischen Psychiatrie. 1905 gründete Otto Binswanger in Jena eine eigene private Nervenklinik. Aus ganz Europa reiste man zu ihm hin. Sein Rat war so gesucht, daß offenbar »zeitweilig die Privatpatienten alle Jenaer Pensionen und Hotels« belegten. Binswanger beeindruckte nicht nur als Fachspezialist, sondern auch als Persönlichkeit. Bemerkenswert ist seine Zivilcourage in der Zeit des Ersten Weltkriegs. Bereits im ersten Kriegsjahr veröffentlichte er die kritische Studie *Die seelischen Folgen des Krieges* (1914). Den belgischen Künstler Henry van der Velde bewahrte er vor der Internierung, indem er ihn in seine Privatklinik aufnahm.

Es gibt keinen eindeutigen Hinweis, daß Martha Fritsch sich in Jena in die Privatklinik Binswanger begab. Doch weshalb sonst hätte sie unter den schwierigen Bedingungen des Kriegs und in Begleitung eines ärztlichen Spezialisten nach Jena fahren sollen? Auf jeden Fall wurde, um ihren Zustand zu bessern, in Jena eine Kur versucht. Wer sie besuchen wollte, dem wurde geraten, vorläufig davon abzusehen. Sie sei »sehr apathisch« und gehe auf nichts ein, hieß es.

»keiner glaubt mir meine Lage«

Im September 1916 begab sich Martha Fritsch auf ihren Landsitz in Mecklenburg. Schwester Hedwig war bei ihr, auch sorgten das Hausmädchen Emmi und die Köchin Lina für sie. Im Gärtnerhaus lebten zudem die Reiches; Otto Reiche leistete vermutlich Kriegsdienst, seine Frau aber und die zweijährige Tochter Marlies, Marthas Patenkind, waren da. »Gegen Frau Reiche will ich nichts sagen«, schreibt Martha nach Berlin. Um das Gärtnerhaus sehe es jedoch »murklich« aus, die Gärtnersfrau sei verreist gewesen, zu einer Hochzeit, »ohne mich zu fragen.« Sie sei jedoch »sanft und freundlich«, und nur wegen dem schlechten Wetter und weil es ihr nicht gut gehe, habe sie Frau Reiche jetzt »wochenlang nicht gesehen«.

Marthas Brief – er datiert vom 16. Oktober 1916, ist mehrere Seiten lang und muß als der letzte gelten, der von ihr überliefert ist – richtet sich an Annie Scheller. Ihre Stieftochter war ihre Vertraute geworden. Mit ihr korrespondierte sie regelmäßig, auch im Herbst 1916. In der Warener Villa gab es zudem ein Telefon, so daß Martha mit ihren Verwandten und Freunden auch in mündlichem Kontakt sein konnte. Regelmäßig schickte sie ihnen Pakete mit Lebensmitteln, die in der Großstadt knapp waren. »Äpfel schicke ich, wenn Ihr meine Körbe oder alte Taschen schickt«, beginnt der Brief an Annie. Auch mit ihren Ärzten tauschte sich Martha aus. Dr. Dulitz kam oft nach Ecktannen, in die Villenstraße. Zudem kam Dora Floercke, die in Waren drüben lebte und eine Halbschwester der Freundin Marie von Veit war. »Dora konnte ich neulich nicht fortschicken, sie verreist auf lange«, ließ Martha die Stieftochter Annie wissen und bekannte zugleich: »Lise Mengel will auch mal kommen, auch Dr. Cohen – ich kann es aber nicht.«

Wenn sie sich eine heilende Wirkung von Waren versprochen hatte, so merkte sie jetzt bald, daß das Leben hier schwierig geworden war. Sie war es nicht gewohnt, das große Anwesen ohne männliche Hilfe zu leiten und hatte tausend Ängste. »Dulitz war außer sich in welchem häuslichen Zuschnitt er mich vorfand und verlangte, ich sollte mir Gas legen lassen; dazu habe ich aber kein Geld. Wo soll ich es denn hernehmen. In Sanatorien kann man nicht handeln«, schrieb sie und nannte die Summe von 8000 Mark, die auch ihr Bruder Theo bei ähnlichen Kuren hatte hinblättern müssen. »Zuerst mußte ich doch versuchen gesund zu werden«, rechtfertigte sie ihre hohen Arztrechnungen. Sie war zwar noch immer eine vermögende Witwe, aber die Vorstellung, ihre Rechnungen nicht mehr begleichen zu können, machte sie panisch. »Daß ich, die ich keinen Pf. *sicher* einnehme in einer Lage bin, die auch den Nerven und dem Schlaf nicht dienlich sind«, so glaubte sie, müsse eigentlich jedem klar sein. Wer annehme, daß sie sich keine Sorgen zu machen brauche, sei deshalb »natürlich ahnungslos über meine Lage«. Auch der Krieg verdüsterte jede Zuversicht: »daß der Krieg so dauern wird, ist nun nicht zu ändern; Theo sagt, er wirft jede Mutmaßung, alles über den Haufen«.

Offenbar hatte Annie versucht Trost und Mut zuzusprechen. Martha wollte davon nichts hören. Geradezu ungehalten entgegnete sie: »nun bin ich schändlicherweise auch noch krank und habe zeitlebens, so lange ich denken kann, für mich selber *sehr viel* ausgeben müssen und bin statt meiner gesicherten Lage durch Papas Werke und statt der Frau eines an Einnahmen sehr wohlhabenden Mannes eine im höchsten Maße bedrängte Frau, die auch nur noch kritisiert und mißbilligt wird. Genau wie alle immer wissen wie es mir geht.« Einzig Dr. Kalischer »fragt *mich*, wie es mir nach 14 Monaten Qual geht, wahrscheinlich in der Annahme, daß ich das beste Urteil darüber habe. ›Aus meiner Familie Äußerungen‹ ersehe ich andauernd, daß sie meint, ich brauche mir nur einen Ruck zu geben; daß ich in allererster Linie körperlich so elend und schwach bin wie Ihr alle zusammen, auch Theo noch nicht einen Tag, wird einfach negiert; ich ersehe ja aus jeder Frage, auch bei Dir, daß Du ganz ahnungslos bist. Ich soll Klavier spielen – in einem kalten Zimmer auf einem verstimmten Klavier ohne Licht mit zitternden Gliedern. Ich bin 56 Jahre, [...] bin seit 1911 im Trab, von allem Seelischen abgesehen, es ist doch ein Wunder, daß ich lebe, d. h. ich lebe ja gar nicht, und nicht weil mir ›Elastizität und Frische‹ fehlen, sondern weil ich bis aufs Äußerste erschöpft bin und außerdem für freundliche Gedanken gesorgt wird.«

Und sie wischte jede Hoffnung und jedes gute Wort vom Tisch. »Wo«, so fragte sie Annie, »waret Ihr alle in den Jahren, weil Ihr mal heraus mußtet – wie könnt Ihr euch wundern oder erwarten, ich sollte schnell zu Kräften kommen.« Mit Hohn sprach sie von Albert Hofmann, nunmehr Hauptredakteur der *Deutschen Bauzeitung*, der von ihr »als Königin« schreibe, und von Dr. Dulitz, der meine, nach den vielen Jahren, wo sie wie eine »Küchenmagd« für die andern geschuftet, müßte sie nun doch Behagen haben. Und in schierer Verzweiflung heißt es im Brief an Annie: »keiner glaubt mir meine Lage *o d e r* schiebt sie auf mich.«

Der Freitod

Am 12. Dezember 1916 machten das Deutsche Reich und seine Verbündeten der Entente ein Friedensangebot, das nach verschiedenen diplomatischen Schritten am 5. Januar 1917 abgelehnt wurde. Als Reaktion auf die Ablehnung rief Kaiser Wilhelm II. am selben Tag seine Truppen zu unvermindertem Kampf gegen den Feind auf. Gleichzeitig wurde die Versorgungslage in Deutschland wegen der britischen Seeblockade immer schlimmer. So befahl die deutsche Heeresleitung am 1. Februar 1917 den uneingeschränkten U-Boot-Krieg. In der Folge traten am 6. April auch die Vereinigten Staaten von Amerika in den Krieg ein.

Aus Berlin schrieb am 5. Januar 1917 ein Zeitungskorrespondent, trotz des schweren dritten Kriegswinters hätten fast in allen Häusern Weihnachtsbäume geleuchtet und habe »der ferne Klang des Friedensgeläutes« der Weihnachtsstimmung Berlins »die besondere Note« gegeben. »Mit Sturm und Regen«, so wird berichtet, »nahm das alte Jahr Abschied. Mit Regen und Sturm hob das neue an.« Von der Hoffnung auf Frieden ist in dem Artikel die Rede und zugleich von den gegenwärtigen Beschwernissen des Alltags: der Berliner Straßenbahnverkehr wurde jetzt drastisch eingeschränkt, unter anderem wegen »Personalmangel« und der »auferlegten Pflichten nächtlichen Gütertransports«. Auch von »Englands Aushungerungssperre« ist die Rede und den daraus folgenden Auswüchsen auf dem Lebensmittelmarkt. Was nicht kontingentiert sei, werde mit Wucherpreisen angeboten: »Davon werden die Zeitgenossen des Weltkrieges einst den staunenden Enkeln erzählen.«

Nach der Ablehnung des Friedensangebots heißt es über die »Deutsche Stimmung«: »In dem starken, festen Klang der ruhigen Entschlossenheit, der ehernen Bereitschaft zum neuen Kampf schwingt nun eine *ernste, stille Traurigkeit* mit, die tief im Herzen sich verbirgt, und deren doch auch der Männlichste und Tapferste sich nicht zu schämen hat: Die Traurigkeit darüber, daß guter Wille und edle Absicht, sobald sie von Deutschland kommen, von unsern Feinden verkannt, mißdeutet und zurückgestoßen werden.« Es bestehe aber kein Zweifel, daß die Ablehnung des Friedensangebots »eine mächtige Stärkung der innerlichen Kraft des deutschen Volkes auslösen« werde.

In den ersten Januartagen fiel Schnee. In ganz Mecklenburg wurde es anhaltend kalt. Die Zeitungen brachten fast täglich Meldungen, daß Kinder beim Spielen auf zugefrorenen Gewässern eingebrochen seien. Im *Rostocker Anzeiger* konnte man am 16. Januar 1917 unter vermischten Meldungen aus Waren lesen: »Am 10. Januar starb Frau Martha *Fritsch*, geb. Fontane. Sie war die Witwe des anderthalb Jahre zuvor gestorbenen Prof. Dr. Ing. Fritsch und eine *Tochter Theodor Fontanes*. – Infolge der Glätte kamen wieder einige Personen zu Fall. In der Mühlenstraße erlitt ein älterer Mann einen Armbruch ...«. Zwei, drei weitere Unfallmeldungen folgten.

*

Martha Fritsch geb. Fontane hat sich im Alter von 56 Jahren auf ihrem Landsitz in Waren das Leben genommen. Die Totenkleiderin Bertha Adam, die in Waren am Alten Markt 10 wohnte, meldete den Tod auf dem Standesamt. Martha Elisabeth Fritsch geb. Fontane, so hielt der Beamte aufgrund der Auskunft von Frau Adam fest, sei am Mittwoch, den 10. Januar des Jahres 1917, »nachmittags um eineinhalb Uhr« verstorben. Eine Rubrik »Todesursache« enthält die Akte nicht. Erwähnt wird sie jedoch im Kirchenbuch der Warener Gemeinde St. Marien. Pastor Gustav Starck, der bei K. E. O. Fritsch als Todesursache »Herzschwäche« notiert hatte, hielt bei Martha fest: »Nervenleiden«.

Annie Scheller verzichtete auf eine Todesanzeige. Marthas Brüder aber setzten die folgende in die *Vossische Zeitung*: »Am Mittwoch, den 10. Januar, verschied sanft nach langem Leiden unsere einzige Schwester, Frau Professor Martha Fritsch geb. Fontane im 57. Lebensjahre. Im Namen der Hinterbliebenen: Theodor Fontane, Wirkl. Geheimer Kriegsrat, Friedrich Fontane, Verlagsbuchhändler. Die Beerdigung findet am Sonnabend, den 13. Januar, nachmittags ½ 4 Uhr auf dem Friedhof in Waren i./Mecklenburg statt.«

Die Nachricht von Marthas Tod lasen die Leser der *Vossischen Zeitung*, die ja Theodor Fontane in besonderem Maß verbunden war, auch im redaktionellen Teil. In der Morgenausgabe vom 12. Januar 1917 heißt es unter der Rubrik »Persönliches«: »Im Alter von 57 Jahren ist gestern die verwitwete Frau Prof. *Martha Fritsch*, die einzige Tochter *Theodor Fontanes*, gestorben. Jeder Leser der Familienbriefe des Dichters weiß, wie nahe die jetzt Verstorbene seinem Herzen gestanden hat und wie er nicht bloß Familienangelegenheiten, sondern häufig auch künstlerische und literarische Fragen eingehend mit ihr zu erörtern pflegte.«

Am Tag der Beerdigung brachten verschiedene Blätter, so auch die *Tägliche Rundschau* und die *Mecklenburger Nachrichten*, einen nicht gezeichneten Nachruf unter dem Titel »Fontanes Tochter Martha«. Der Nachruf wird gelegentlich Paul Meyer zugeschrieben. Doch stammt er vermutlich von Marthas älterem Bruder Theo. Gertrud Schacht jedenfalls meinte später, Theo Fontane habe den Würdigungsartikel verfaßt. Der Artikel zeuge von persönlicher Größe, denn er sei »nicht *immer* aufs Beste« mit seiner Schwester gestanden. »In Waren in Mecklenburg«, so konnte man am 13. Januar 1917 in der Zeitung lesen, »starb am 10. Januar eines sanften Todes Frau Martha Fritsch geb. Fontane. Sie war die Witwe des 1 ½ Jahre zuvor gestorbenen Prof. Dr. Ing. Fritsch, des Begründers der ›Deutschen Bauzeitung‹ und eine Tochter Theodor Fontanes. Wie aus dessen Familienbriefen hervorgeht, war sie sein Lieblingskind, dem er durch die Gestalt der Corinna in ›Frau Jenny Treibel‹ ein dauerndes Denkmal gesetzt hat. Sein Lieblingskind vielleicht aus dem

Grunde, weil sie die einzige Tochter war und bis zu ihrer erst nach des
Vaters Tode erfolgten Verheiratung dem elterlichen Hause am längsten
angehörte. Sein Lieblingskind aber mehr noch, weil sie, ihre Brüder an
Bedeutung überragend, dem Vater das geistig am meisten ebenbürtige
Kind war. Sie hatte das feinste Verständnis für seine dichterische und
menschliche Eigenart, sie wußte in jeder Hinsicht ihn am besten zu nehmen. Leider war es ihr nicht vergönnt, die ihr innewohnenden Gaben
schöpferisch zu verwerten. Sie hatte aber auch die Künstlernerven geerbt, deren feine Empfindsamkeit von früh an ihr körperliches Wohlbefinden stark beeinträchtigte. In großen Augenblicken groß und die
körperliche Schwäche durch geistige Kraft niederzwingend, war sie für
das ermüdende Gleichmaß der Tage nicht geschaffen. Eine treue, opfer-
willige Genossin und Pflegerin erst des Vaters, später des Gatten, sah sie
nach deren Hinscheiden ihren Pflichtenkreis geschlossen. Nun ist sie
nach langem Leiden im Alter von 56 Jahren aus dieser Zeitlichkeit abbe-
rufen worden und hat sich zu den beiden gesellt, denen ihre ganze Liebe
galt.«

Marthas Tod stellte Verwandte und Freunde vor eine schwierige Aufgabe. Man mochte von Selbstmord in der Öffentlichkeit nicht reden und
konnte dennoch das gewaltsame Ende, das man schon lange hatte be-
fürchten müssen, nicht gänzlich verschweigen. Aus diesem Dilemma ergaben sich später Erzählungen, die je nachdem, für wen sie gedacht waren, unterschiedlich lauteten. In der Fontane-Forschung hat sich dieses
Dilemma fortgesetzt, so daß Edgar Rosen, der erste, der 1974 Martha
Fontane einen biographischen Essay widmete, mit Rücksicht auf die
Nachkommen (»weil ich wußte, wie sehr der Familie noch heute daran
liegt, hier die Intimsphäre zu schützen«) vom gewaltsamen Ende nicht
sprach, sondern den oben zitierten Zeitungsnachruf an die Stelle eines
eigenen Kommentars setzte. Der Fontane-Biograph Heinrich Reuter
reagierte 1975 mit dem Satz: »Martha Fontane zerschmetterte sich am
10. Januar 1917 in Waren an der Müritz durch einen Sturz vom Balkon.
Nach allem, was wir heute noch wissen können, lag Selbstmord vor.«

Rosen wehrte sich umgehend gegen diesen Angriff, auch mit dem Hinweis, daß die Selbstmordthese »in Wahrheit völlig unsicher« sei. Er berief sich dabei auf Joachim Schobeß, den damaligen Leiter des Theodor
Fontane-Archivs. Von ihm hatte er Anfang der 1970er Jahre erfahren,
Gertrud Schacht habe zu ihren Lebzeiten »kategorisch erklärt«, »daß es
sich niemals um einen Selbstmord gehandelt habe.« In einem privaten

Brief an einen Freund hat Gertrud Schacht jedoch den Selbstmord bestätigt: »Das Schicksal von Tante Mete. Sie hatte immer sehr schlechte Nerven, als Kind ihrer zartnervigen Eltern, hat den Tod ihres geliebten Mannes nicht überwunden, hatte sehr oft Angstzustände. […] damals verdienten viele jüdische Nervenärzte sehr an ihr und halfen gar nicht. Ich stand bis zum Schluß mit ihr in Korrespondenz. Sie schickte mir noch zur Geburt unseres jüngsten Sohnes am 12. Dezember 16 eine selbstgestrickte Babydecke und schrieb dazu: ›Möge das Kind nicht schief und krumm werden wie die Decke und keine Rarität wie die Wolle, die ich dazu brauchte.‹ Am 13.1. [dito] ist die arme Frau dann in einem Angstanfall aus einem Fenster gestürzt und daran gestorben. Sie hatte eine Krankenschwester bei sich, es war auf ihrem schönen Landsitz in Waren in Mecklenburg. Meine Mutter und ich waren *sehr* traurig. Mutter fuhr dann auch zu der Beerdigung nach Waren. Ich bitte Sie nun herzlich, diese offene Antwort nicht weiterzugeben, außer an liebevoll Interessierte.«

»Mete war sehr klug, aber absolut depressiv veranlagt, hat sich 1917 dann auch das Leben genommen«, schreibt Ursula von Forster geb. Große 1980. Sie konnte es am besten wissen. Gewiß hatte sie auch ein besonderes Interesse zu erfahren, was gewesen war. Ihre Mutter Gertrud (»Trudy«) Große geb. Fontane war dem Hause Fritsch besonders verbunden gewesen. Sie selbst, Ursula von Forster war das kleine Mädchen, das Martha in der Aufnahme von 1914 noch in den Armen hält. Später wurde sie eine Kennerin von Fontanes Leben und Werk und konnte zuverlässig über die Familienbiographie der Fontanes Auskunft geben. Ein Fontane-Briefkuvert, das vermutlich aus ihrem Besitz stammt, trägt zu »Martha Fritsch (Mete)« die handschriftliche Notiz: »hat sich aus dem Fenster gestürzt«. Sie schreibt auch: »Zu ihrem Freitod mögen neben schlechtem gesundheitlichem Befinden verschiedene Gründe Anlaß gewesen sein, über die sich die Familie später viele Gedanken gemacht hat. Ein akuter depressiver Verstimmungszustand, der niemandem aufgefallen war, spielte wahrscheinlich eine ebensolche Rolle für den plötzlichen tragischen Entschluß wie das winterliche Leben auf dem Lande und die Tatsache, daß Krieg war, der erhebliche Schwierigkeiten mit sich brachte.«

Nicht nur in der Familie, auch in Waren, wo Martha zuletzt gelebt hat, hat man nie ein wirkliches Geheimnis um den Tod von Fontanes Tochter gemacht. Wer taktvoll fragte, erhielt die Antwort: »Sie hat sich ja aus dem Fenster gestürzt.«

Kurz nach Marthas Tod fragte sich ihr Bruder Theo Fontane in einem Brief an Paula Schlenther:»Was würde er gesagt haben zur Kunde von dem frühen Hinscheiden seines Lieblings unter den nichtliterarischen Werken seines Meisters?« Er denke oft an den Vater und werde auch oft an die Schwester denken,»die nicht mehr wie ihre ähnlich belasteten Brüder den schweren Kampf mit dem Leben zu führen braucht.« Was würde er gesagt haben? In *Unwiederbringlich* heißt es zum selbstgewählten Tod der Gräfin:»Der Ausdruck stillen Leidens, den ihr Gesicht so lange getragen hatte, war dem einer beinah heiteren Verklärung gewichen, so sehr bedürftig war ihr Herz der Ruhe gewesen. Und auf einer Bahre, die man von der Kirche herbeigeschafft hatte, trug man sie nun, weil man die Steigung der Terrasse vermeiden wollte, durch die Dünen bis ins Dorf und dann den mäßig ansteigenden Parkweg hinauf. Alles drängte herzu, die armen Leute, für die sie gesorgt, wehklagten ... aus meinem Leben aber ist das Liebste dahin ...«

Die Beerdigung

Die erste, die – als die Tragödie geschehen war – sofort nach Waren reiste und alles Erforderliche in die Wege leitete, war wahrscheinlich Annie Scheller. Mit ihr oder kurz nach ihr reiste auch Friedrich Fontane. Kondolenzschreiben an Annie Scheller und Theo Fontane jun. legen den Schluß nahe, daß der Sturz aus dem Fenster zwei oder mehr Tage vor dem 10. Januar stattgefunden und nicht zum sofortigen Tod geführt hatte, Martha aber auch kein Bewußtsein mehr erlangte. Die Nächsten machten sich untereinander nichts vor, verständigten sich mündlich, das heißt auch telefonisch. Nur gegen außen – in der Todesanzeige – behielt man Stillschweigen. Dr. Kalischer, der gestand, er verliere mit Martha »eine anhängliche Patientin und eine noch treuere Freundin«, schrieb am 11. Januar 1917 an Annie Scheller:»Gestern Nachmittag erfuhr ich, daß Ihre Mutter am selben Tage Vormittag verschieden ist und bedauere ich natürlich lebhaft, sie nicht noch vorher besucht und gesehn zu haben. Allein ich hätte wohl auch nicht mehr helfen können, und sie selbst wäre wohl nicht mehr klar und bewußt gewesen. Ich darf wohl annehmen, daß die Dulderin ein leichtes Ende hatte und die Tage vorher bereits nur alles im Nebel sah.« Am selben Tag benachrichtigte Friedrich Fontane die Freundin Paula Schlenther von Marthas Tod: es sei »plötz-

lich die Nachricht von einer Verschlimmerung ihres Zustands« eingetroffen und »ohne zum Bewußtsein zurückzukehren, ist sie nun gestern
Mittag sanft entschlafen.«

Die Beerdigung wurde auf den 13. Januar angesetzt. Sie wurde von
Friedhofswächter Priep verwaltet, dem Vater von Ulrich Priep, der einige Jahre zuvor seine Gärtnerlehre auf dem Anwesen in der Villenstraße
absolviert hatte. Der junge Priep stand damals – als Martha starb – im
Krieg (später hat er ihr Grab sorgfältig gepflegt).

Die Rechnung für die Beerdigungskosten befindet sich heute im Nachlaß Fritsch. Der Gesamtbetrag belief sich auf 404 Mark. Am 12. Januar
wurde – von wem ist nicht ersichtlich – alles beglichen. Es gab nur eine
kleine Korrektur: die vorgesehene »Leichenrede am Sarge« für 7 Mark
wurde gestrichen. Es blieb die Summe von 397 Mark, die »Frau Adam,
Totenkleiderin« mit der Bemerkung »Betrag dankend erhalten« quit-
tierte.

Dem Dokument läßt sich entnehmen, daß das Begräbnis von Martha
Fritsch geb. Fontane trotz schwierigen Zeitumständen würdig und pietätvoll war: Die Tote wurde eingekleidet, in einen Eichensarg gebettet
und von sechs Leichenträgern in die Friedhofskapelle überführt. Am Tag
der Beerdigung läuteten die Trauerglocken der nahen St. Marienkirche.
Auch für feierlichen Blumenschmuck in der Kapelle war gesorgt. Pastor
Starck war anwesend (die Worte, die er sprach, sind nicht überliefert).

Es war im Kriegswinter 1917 ein kleiner Kreis, der sich am Grab von
Martha Fritsch versammelte. Viele jüngere Freunde und Verwandte lei-
steten Kriegsdienst, die älteren waren krank oder gebrechlich oder sahen
sich aus anderen Gründen außerstande, die Reise nach Waren zu tun.

Dr. Kalischer entschuldigte sich, er werde im Sanatorium in Schlachtensee dringend gebraucht. Auch Dr. Dulitz, Marthas Arzt in Waren,
fehlte an der Beerdigung. Im Ort war eine Influenza-Epidemie ausge-
brochen und es standen nur zwei Ärzte zur Verfügung. »Sehr schmerzlich«, so schrieb er an Theo Fontane, »ist mir das Ende Ihrer Frau
Schwester. Der Zustand hatte sich in den letzten 14 Tagen so sehr verändert, daß man große Befürchtungen haben mußte«. Die Zeit nach dem
Tode ihres Mannes sei wohl eine rechte Schmerzenszeit für sie gewesen.
Es fehlte auch Dr. Salomon. Er war, nachdem er Martha im Herbst 1916
noch nach Waren begleitet hatte, unerwartet verstorben. »Ihr Tod erklärt mir ihr Schweigen nach dem Ableben meines Mannes«, so schrieb
seine Witwe an Theo Fontane jun., »das Letzte, was ich von ihr gehört

habe, war der Wunsch, uns bei sich in Waren zu sehen. Nun ist sie ihm so bald gefolgt und ein innerlich reiches Leben hat seinen Abschluß gefunden.« Marie von Veit schließlich, die nicht am Grab der Freundin stehen konnte, schrieb: »Der Tod kam als Erlöser von viel Qual zu unserer armen Martha; aber der Schmerz, daß so viele reiche Verstandes- und Herzensgaben in so schweren Leiden zu Ende gehen mußten, ist groß. Die Gedanken gehen in eine glückliche Vergangenheit, die freilich für Martha fast nie ohne Krankheitsschatten war.«

Es war an einem »sonnigen Wintertage«, so erinnerte sich später Paul Meyer, als die versammelten Verwandten und Freunde Martha »das letzte Geleit zum Kirchhofe von Waren« gaben. Zehn Leichenträger, trugen den Sarg von der Kapelle zur Gruft. Martha wurde – das war gewiß in ihrem Sinn – neben ihrem Mann beerdigt. Ihr Grab blieb, wie es auch K. E. O. Fritsch gewünscht hatte, ohne Stein.

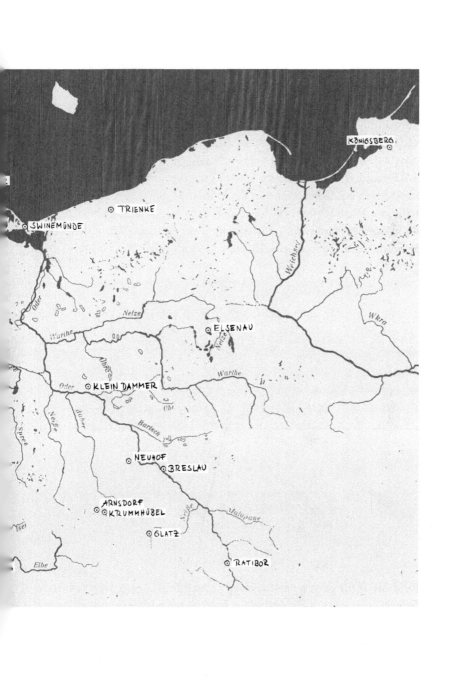

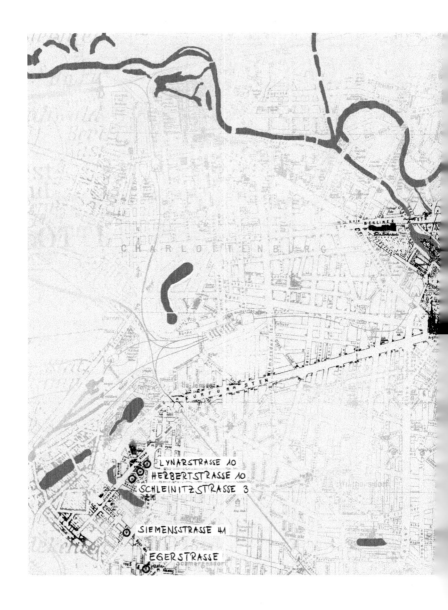

LYNARSTRASSE 10
HERBERTSTRASSE 10
SCHLEINITZSTRASSE 3

SIEMENSSTRASSE 41

EGERSTRASSE

Berlin

Potsdamer Strasse 134c

Hirschelstrasse 14

Alte Jakobstrasse 171

Tempelhofer Strasse 51

Elssholzstrasse 10

Literatur

Archivalische Quellen und private Nachlässe

Siglen

AHR	Archiv der Hansestadt Rostock, Nachlaß Witte
ALV	Archiv der Landesgeschichtlichen Vereinigung für die Mark Brandenburg, Berlin
BSB/PH	Bayerische Staatsbibliothek, Paul Heyse-Archiv, München
DLA	Deutsches Literaturarchiv, Marbach
HABW	Herzog August Bibliothek, Wolfenbüttel
TFA	Theodor-Fontane-Archiv, Potsdam
TMA	Thomas-Mann-Archiv der ETH Zürich
KB Berlin	Kirchenbuch der Französischen Gemeinde zu Berlin
KB Waren	Kirchenbuch der St. Marien Gemeinde Waren a. d. Müritz
NL Bencard	Nachlaß Bencard, Privatbesitz
NL Fritsch	Nachlaß Fritsch, Privatbesitz
NL Klünner	Nachlaß Klünner, Privatbesitz
NL Mandel	Nachlaß von Mandel, Privatbesitz
NL Robert	Nachlaß Robert, Privatbesitz
NL Stockhausen	Nachlaß Stockhausen, Privatbesitz
NL Witte/P	Nachlaß Witte, Privatbesitz

Verwendete Literatur (in Auswahl)

Zu Martha Fontane

Margret Brügmann: Eine Klavierspielerin ohne Klavier: Anmerkungen zu Martha Fontanes (1860–1917) Briefen an die Eltern, in: Amsterdamer Beiträge zur neueren Germanistik. Bd. 28. Amsterdam 1989, S. 211–234.

Elisabeth Brügmann: Mete Fontane in Waren – ihr Leben und ihr Tod, in: Fontane-Blätter, 53/1992, S. 79–105.

Brügmann 1996 Elisabeth Brügmann: Mete Fontane in Waren – ihr Leben und ihr Tod. Chronik. Schriftenreihe des Warener Museums- und Geschichtsvereins, Heft 2. Waren, November 1996, 2. überarbeitete Auflage.

Dieterle 1996 Regina Dieterle: Vater und Tochter. Erkundung einer erotisierten Beziehung in Leben und Werk Theodor Fontanes. Zürcher Germanistische Studien. Band 47. Hrsg. von Michael Böhler, Harald Burger, Peter von Matt u. Ulrich Stadler. Bern, New York 1996.

Regina Dieterle: Die ›Insel der Seligen‹. Stationen einer Vater-Tochter-Beziehung, in: Fontane-Blätter, 65–66/1998, S. 243–267.

Dieterle 2002 Regina Dieterle (Hrsg.): Theodor Fontane und Martha Fontane. Ein Familienbriefnetz. Schriftenreihe der Theodor Fontane Gesellschaft, Bd. 4. Berlin, New York 2002.

Regina Dieterle: Martha Fontane. Fragmente eines weiblichen Dramas aus dem Jahr 1893, in: Sabina Becker und Sascha Kiefer (Hrsg.):»Weiber weiblich, Männer männlich?« Fontanes Romane aus gendersensibler Perspektive. Tübingen 2005, S. 253–274.

Marianne Goch: Mete Fontane (1860–1917).»Danebenstehen und sich den Mund wischen«, in: Luise Pusch (Hrsg.): Töchter berühmter Männer. Neun biographische Portraits. Mit einem Nachwort der Herausgeberin. Frankfurt a. Main 1988, S. 349–419.

Reuter 1975 Hans-Heinrich Reuter: Fontanes Tochter. Zur Erstveröffentlichung ihrer Briefe, in: Sinn und Form, Heft 27, 1975, S. 1297–1304.

Rosen 1974 Edgar R. Rosen (Hrsg.): Mete Fontane. Briefe an die Eltern 1880–1882. Berlin 1974.

Zu Theodor Fontane

Werke

HFA Theodor Fontane: Werke, Schriften, Briefe. Hrsg. von Walter Keitel und Helmuth Nürnberger. München 1962–1998. (= Hanser-Fontane-Ausgabe, nach der HFA wird i. d. R. zitiert)
Abt. I: Bde. 1–6. Romane, Erzählungen, Gedichte (3. durchgesehene und ergänzte Auflage 1995).
Abt. II: Bde. 1–3. Wanderungen durch die Mark Brandenburg.
Abt. III: Bde. 1–5. Erinnerungen. Ausgewählte Schriften und Kritiken.
Abt. IV: Bde. 1–5. Briefe. Hrsg. von Otto Drude, Helmuth Nürnberger, Gerhard Krause, Christian Andree, Manfred Hellge. (dtv 1–5 = dies., Taschenbuchausgabe»Theodor Fontane. Briefe«)
Bd. 1: 1833–1860. München 1976.
Bd. 2: 1860–1878. München 1979.
Bd. 3: 1879–1889. München 1980.
Bd. 4: 1890–1898. München 1982.
Bd.5/I: Register. Hrsg. von Helmuth Nürnberger, bearb. von Walter Hettche. München 1988.
Bd. 5/II: Kommentar. Hrsg. von Walter Hettche, Christian Klug, Helmuth Nürnberger und Bernhard Zand. München 1994.

Der Schleswig-Holsteinsche Krieg 1864 Theodor Fontane: Der Schleswig-Holsteinsche Krieg im Jahre 1864. Illustriert von Ludwig Burger. Verlag Decker, Berlin 1866.

Theodor Fontane. Gesamtausgabe der erzählenden Schriften in neun Bänden. Band 1: Einleitung von Paul Schlenther. Vorwort von Ernst Heilborn. S. Fischer Verlag. Berlin 1925.

Plaudereien Theodor Fontane: Plaudereien über Theater. 20 Jahre Königliches Schauspielhaus 1870–1890. Neue vermehrte Ausgabe, besorgt von seinen Söhnen Theodor und Friedrich. Berlin 1926.

Ny Theodor Fontane. Sämtliche Werke. 24 Bde. Hrsg. von Edgar Groß, Kurt Schreinert, Rainer Bachmann, Charlotte Jolles, Jutta Neuendorff-Fürstenau, Peter Bamböck. München 1959–1975. (= Nymphenburger-Fontane-Ausgabe)

Theodor Fontane: Autobiographische Schriften. 3 Bde. Hrsg. von Gotthard Erler, Peter Goldammer und Joachim Krueger. Berlin, Weimar 1982.

AFA Theodor Fontane. Romane und Erzählungen. 8 Bde. Hrsg. von Peter Goldammer, Gotthard Erler, Anita Golz und Jürgen Jahn. Berlin, Weimar 1984[3]. (= Aufbau-Fontane-Ausgabe)

Theodor Fontane. Hrsg. von Gotthard Erler. Große Brandenburger Ausgabe. Berlin, Weimar 1994ff. (Ehebriefwechsel 1–3 u. Tagebücher 1–2 *s. Erler 1998* u. *Erler 1994*)

Theodor Fontane: Das Oderland. Wanderungen durch die Mark Brandenburg. Aufbau Taschenbuch Verlag. Berlin 1998[2].

Krueger/Golz 1995 Theodor Fontane: Gedichte 1–3. Hrsg. von Joachim Krueger und Anita Golz. Aufbau-Verlag. 2. durchgesehene und erweiterte Auflage. Berlin 1995.

Briefe

Fritsch 1905 Theodor Fontanes Briefe an seine Familie. Hrsg. von K. E. O. Fritsch. 2 Bde. Berlin 1905. (= »Familienbriefe«)

Briefe Theodor Fontanes. Zweite Sammlung [An seine Freunde]. Hrsg. von Otto Pniower und Paul Schlenther. 2 Bde. 1910 [Ges. Werke, 2. Serie, Bd. 10 u. 11]. (= »Freundesbriefe«)

Theodor Fontane: Briefe und Tagebuch, hrsg. von Mario Krammer, in: Neue Rundschau 30 (1919), Bd. 2, 1427–1450.

Theodor Fontane: Briefe an seine Frau; an seinen Sohn [Theodor]; an seine Tochter; politische Briefe [an Friedrich Fontane und Friedrich Stephany]; an Friedrich Spielhagen. Hrsg. von Mario Krammer, in: Das Tage-Buch 1 (1920), S. 1304–1308, S. 1339f., S. 1371f., S. 1397f., S. 1456f., S. 1515f.

Der Briefwechsel von Theodor Fontane und Paul Heyse 1850–1897. Hrsg. von Erich Petzet. Berlin 1929.

Theodor Fontane: Briefe an die Freunde. Letzte Auslese. Hrsg. von Friedrich Fontane und Hermann Fricke. 2 Bde. Berlin 1943.

Schreinert 1954 Theodor Fontane: Briefe an Georg Friedlaender. Hrsg. und erläutert von Kurt Schreinert. Heidelberg 1954.

Allerlei Ungedrucktes über und von Theodor Fontane, hrsg. und kommentiert von Kurt Schreinert, in: Jahrbuch der Deutschen Schillergesellschaft, 4/1960, S. 377–399.

Theodor Fontane: Briefe. Eine Auswahl. 2 Bde. Hrsg. von Christfried Coler. Berlin 1963.

Theodor Fontane: Unbekannte Briefe. Hrsg. und kommentiert von Kurt Schreinert. Sonderdruck für die Freunde des Propyläen-Verlages. Berlin 1964.

Theodor Fontane: Briefe an die Tochter, hrsg. und kommentiert von Kurt Schreinert, in: Neue Rundschau 78 (1967), S. 54–61.

Theodor Fontanes Briefe in zwei Bänden. Ausgewählt und erläutert von Gotthard Erler. Berlin, Weimar ¹1968, ²1980.

Theodor Fontane: Briefe, hrsg. und kommentiert von Gotthard Erler, in: Sinn und Form 21, H. 6, 1969, S. 1290–1293.

Prop 1–4 Theodor Fontane. 4 Bde. Hrsg. von Kurt Schreinert. Zu Ende geführt und mit einem Nachwort versehen von Charlotte Jolles. Berlin 1968–1971. (= Propyläen Briefausgabe)

Schreinert/Hay 1972 Theodor Fontane. Briefe an Wilhelm und Hans Hertz (1859–1898). Hrsg. von Kurt Schreinert. Vollendet und mit einer Einführung versehen von Gerhard Hay. Stuttgart 1972.

Erler 1972/I Der Briefwechsel zwischen Theodor Fontane und Paul Heyse. Hrsg. von Gotthard Erler. Berlin, Weimar 1972.

Andree Theodor Fontane: Briefe aus den Jahren 1856–1898. Hrsg. von Christian Andree. Berlin 1975.

Jolles 1984 »Dutzende von Briefen hat Theodor Fontane mir geschrieben …«. Neuentdeckte Briefe Fontanes an Eduard Engel, hrsg. von Charlotte Jolles, in: Jahrbuch der Deutschen Schillergesellschaft 28/1984, S. 1–59.

Wiedemann Altersbriefe bedeutender Menschen. Hrsg. von Hans-Rudolf Wiedemann. Lübeck 1984.

Betz/Thunecke Die Briefe Theodor Fontanes an Fritz Mauthner. Ein Beitrag zum literarischen Leben Berlins in den 8oer und 9oer Jahren des 19. Jahrhunderts. Hrsg. von Frederick Betz und Jörg Thunecke. Teil II, Fortsetzung von Heft 38, S. 507–60, in: Fontane-Blätter, 1985/1, Heft 39, S. 6–53.

Erler 1987 Die Fontanes und die Merckels. Ein Familienbriefwechsel 1850–1870. Hrsg. von Gotthard Erler. 2 Bde. Berlin 1987.

Schultze Theodor Fontanes Briefwechsel mit Wilhelm Wolfsohn. Hrsg. und eingeleitet von Christa Schultze. Aufbau-Verlag. Berlin 1988.

Hanser Briefverzeichnis Die Briefe Theodor Fontanes. Verzeichnis und Register. Hrsg. von Charlotte Jolles und Walter Müller-Seidel. Carl Hanser Verlag. München 1988.

Hettche 1994 Theodor Fontane: Briefe an Georg Friedlaender. Aufgrund der Edition von Kurt Schreinert und der Handschriften neu hrsg. und mit einem Nachwort versehen von Walter Hettche. Mit einem Essay von Thomas Mann. Frankfurt a. M. 1994.

Berbig 1997 Theodor Fontane und Friedrich Eggers. Der Briefwechsel. Mit Fontanes Briefen an Karl Eggers und der Korrespondenz von Friedrich Eggers mit Emilie Fontane. Hrsg. von Roland Berbig. Schriften der Theodor Fontane Gesellschaft, Bd. 2. Berlin, New York 1997.

Radecke 1997 »… möge die Firma grünen und blühn«. Theodor Fontane: Briefe an den Sohn Friedrich, hrsg. und kommentiert von Gabriele Radecke, in: Fontane-Blätter, 64/1997, S. 10–63.

Erler 1998 Emilie und Theodor Fontane. Der Ehebriefwechsel. Hrsg. von Gotthard Erler unter Mitarbeit von Therese Erler. 3 Bde. Große Brandenburger Ausgabe. Berlin 1998.

Dieterle 2002 Theodor Fontane und Martha Fontane. Ein Familienbriefnetz.

Hrsg. von Regina Dieterle. Schriften der Theodor Fontane Gesellschaft, Bd. 4. Berlin 2002.

Dieterle 2006 Theodor Fontane. Briefe an K.E.O. Fritsch und Anna Fritsch-Köhne. 1882–1898. Erstmals veröffentlicht und mit einem Nachwort versehen von Regina Dieterle. Mit 12 Lithographien von Willi-Peter Hummel. Tabor Presse, Berlin 2006.

Radecke 2006 Theodor Fontane und Bernhard von Lepel. Der Briefwechsel. Kritische Ausgabe. Hrsg. von Gabriele Radecke. Schriften der Theodor Fontane Gesellschaft, Bd. 5. Berlin 2006.

Tagebücher

ThF-TB Bd. 1,2 Theodor Fontane: Tagebücher. Bd. 1 hrsg. von Charlotte Jolles unter Mitarbeit von Rudolf Muhs, Bd. 2 hrsg. von Gotthard Erler unter Mitarbeit von Therese Erler. Große Brandenburger Ausgabe. Berlin 1994.

Nachlaß

Heilborn Ernst Heilborn: Das Fontane-Buch. Beiträge zu seiner Charakteristik. Unveröffentlichtes aus dem Nachlaß. Das Tagebuch aus seinen letzten Lebensjahren. Berlin 1919.

Christel Laufer: Der handschriftliche Nachlaß Theodor Fontanes, in: Fontane-Blätter, 4/1974, S. 264–287.

Theodor Fontanes engere Welt. Aus dem Nachlaß hrsg. von Mario Krammer. Berlin 1920.

Machner Bettina Machner: Potsdamer Straße 134 c. Der Dichternachlaß, in: Fontane und sein Jahrhundert. Hrsg. von der Stiftung Stadtmuseum Berlin. Berlin 1998, S. 251–260.

Horlitz Manfred Horlitz: Vermißte Bestände des Theodor-Fontane-Archivs. Eine Dokumentation. Potsdam 1999.

Biographisches

Berbig/Kitzbichler Roland Berbig, Josefine Kitzbichler: Theodor Fontane-Chronik (im Entstehen, erscheint voraussichtlich 2007).

Luise Berg-Ehlers: »Um neun ist alles aus.« Nachrufe und Gedenkartikel für Theodor Fontane in deutschen Zeitungen, in: Fontane-Blätter, 65–66/1998, S. 366–417.

Berliner Börsenkurier Berliner Börsenkurier: Was sich Berlin erzählt: Enthüllung des Fontane-Denkmals. 7. Mai 1910.

Drude Otto Drude: Fontane und sein Berlin: Personen, Häuser, Straßen. Frankfurt am Main 1998.

Grawe 1998 Christian Grawe: Fontane-Chronik. Stuttgart 1998.

Krauß Edith Krauß: Theodor Fontane: Meine Gräber. Biographische Spurensuche in Berlin-Lichterfelde, in: Fontane-Blätter, 78/2004, S. 152–168.

Andreas Kutschelis: Emilie Rouanet-Kummer verh. Fontane, in: Hubert Unverricht (Hrsg.): Lignitzer Lebensbilder des Stadt- und Landkreises. Bd. 2. Hofheim/Taunus 2003, S. 137–140.

Möller Klaus-Peter Möller. Fontanes Testament, in: Fontane-Blätter, 77/2004, S. 16–36.

Nürnberger 1997 Helmuth Nürnberger: Fontanes Welt. Berlin 1997.

Pleister Werner Pleister (Hrsg.): Das große Theodor Fontane Buch. München 1980.

Schlenther 1898 Paul Schlenther: Theodor Fontane. Nachruf in: *Neue Freie Presse*, 27. September 1898

Wörffel Udo Wörffel: Theodor Fontane im Riesengebirge. Husum 2000.

Viebig Clara Viebig:»Rotwein und Geschreibsel. Theodor Fontane in unbekannten Aufzeichnungen«, in: Die Welt, 19. Oktober 1974, Nr. 244.

Edda Ziegler, Gotthard Erler: Theodor Fontane. Lebensraum und Phantasiewelt. Eine Biographie. Berlin 1996.

Horst Gravenkamp:»Um zu sterben muß sich Herr F. erst eine andere Krankheit anschaffen«. Theodor Fontane als Patient. Göttingen 2004.

Zeugnisse und Briefe der Familie

Emilie Fontane Emilie Fontane:»Jugendnovelle«. Autobiographische Skizze, in: Erler 2002, S. 373–384.

Friedrich Fontane 1914 George Fontane: Feldpostbriefe 1870–1871. Hrsg. von Friedrich Fontane. Berlin 1914.

Friedrich Fontane 1922/1 Friedrich Fontane: Wie Theodor Fontane umzog. Aus unveröffentlichten Manuskripten, in: *Vossische Zeitung*, 6. August 1922. Wiederabgedruckt in: Rasch/Hehle, S. 75–79.

Friedrich Fontane 1922/2 Friedrich Fontane: Fontane und Hauptmann. Erinnerungen. *VZ*, 10. September 1922. Wiederabgedruckt in: Rasch/Hehle, S. 168–171

Friedrich Fontane 1929 Friedrich Fontane: Wie mein Vater starb. In: Deutsche Allgemeine Zeitung, 28. April 1929. Wiederabgedruckt in: Rasch/Hehle, S. 265–269.

Friedrich Fontane 1938 Friedrich Fontane: Potsdamer Straße 134 c [III 1]. In: Brandenburgische Jahrbücher. Bd. 9. Theodor Fontane zum Gedächtnis. Bearbeitet von Hermann Fricke. Potsdam u. Berlin 1938, S. 63–68. Wiederabgedruckt in: Rasch/Hehle, S. 80–86.

Theodor Fontane jun. Theodor Fontane jun.: Beziehungen zu meinem Vater, in: Fontane-Blätter, 19/1974, S. 253–264.

Fricke 1937 Hermann Fricke: Emilie Fontane. Rathenow 1937.

Klünner Hans-Werner Klünner: Fontane, Theodor jun. [Fontanes Berliner Wohnstätten], in: Theodor Fontane:»Wie man in Berlin so lebte«. Beobachtungen und Betrachtungen aus der Hauptstadt. Hrsg. von Gotthard Erler, Berlin 2000, S. 189–221.

Forster Ursula von Forster:»THEO«. Aus dem Leben ihres Großvaters Th. Fontane jun. berichtet eine Enkelin, in: Fontane-Blätter, 32/1981, S. 691–705.

Martha Fritsch (Hrsg. [in Zusammenarbeit mit K. E. O. Fritsch]): Von Toulouse bis Beeskow. Berlin 1904. Neu hrsg. von Gotthard Erler: Jean Pierre Barthélemy Rouanet. Von Toulouse bis Beeskow. Lebenserinnerungen. Berlin 2000.

Nürnberger 1995 Helmuth Nürnberger (Hrsg.): Georg Hett (1892–1956) und Thea Zimmermann-de Terra (1901–1939), zwei Enkel Theodor Fontanes, in: Jahrbuch für Brandenburgische Landesgeschichte, Bd. 46, 1995, S. 144–158.

Wirth I Wirth-Stockhausen, Julia (Hrsg.): Unbekannte Briefe von Emilie Fontane I, in: Deutsche Rundschau, April 1956, S. 398–407.

Wirth II Wirth-Stockhausen, Julia (Hrsg.): Unbekannte Briefe von Emilie Fontane II, in: Deutsche Rundschau, Mai 1956, S. 648–653.

Zeugnisse und Briefe der Freunde

Frederick Betz, Hans Ester (Hrsg.): Unveröffentlichte und wenig bekannte Briefe Theodor Fontanes an Paul und Paula Schlenther, in: Fontane-Blätter, 57/1994, S. 7–47.

Born Rolf Born: Heimann Joseph Ephraim oder Tradition als Bindung. Berlin o. J.

Erler 1972/2 Gotthard Erler (Hrsg.): Fontane und Hauptmann, in: Fontane-Blätter, 6/1972, S. 393–402.

Golz/Erler Anita Golz, Gotthard Erler: Die Fontanes und die Schlenthers. Neue Dokumente, in: Fontane-Blätter, 34/1982, S. 129–147.

Hamann Manfred Hamann: Dr. Friedrich Witte (1829–1893) ein Rostocker Apotheker und Politiker, in: Beiträge zur Geschichte der Pharmazie, Nr. 3, Berlin 1959, S. 5–25.

Hauptmann Gerhart Hauptmann: Mein höchster Protektor. In: Rasch/Hehle, S. 176.

Hofmann Renate Hofmann (Hrsg): Johannes Brahms im Briefwechsel mit Julius Stockhausen. Tutzing 1993.

Hoyer 1971 Renate Hoyer: Paula Conrad-Schlenther. Berlin 1971.

Hoyer 1975 Renate Hoyer: Theodor Fontane und Paula Conrad, in: Fontane-Blätter, 22/1975, S. 454–479.

Jürgens Birgit Jürgens: Friedrich Witte. 1829–1893. Mecklenburger und Weltbürger. Norddeutscher Hochschulschriften Verlag Rostock. Rostock o. J.

Keipke Bodo Keipke: Friedrich Carl Witte, in: Biographisches Lexikon für Mecklenburg, Bd. 3, hrsg. von Sabine Pettke, Rostock 2001, S. 312–317.

Merckel Henriette von Merckel: Aufzeichnungen über die Familie Fontane 1865–1888. Nach dem hs. Manuskript, in: Joachim Schobeß: Theodor Fontane. Handschriften. Potsdam 1962, S. 189–197. Wiederabgedruckt in: Die Fontanes und die Merckels, Bd. 2, S. 251–264 (zitierte Ausgabe); als Handschrift aufbewahrt im TFA.

Meyer Paul Meyer: Erinnerungen an Theodor Fontane, in: Rasch/Hehle, S. 230–249.

Nonne Max Nonne: Anfang und Ziel meines Lebens. Hamburg 1971.

Pistor Gunther Pistor: Die Fontanes und die Wittes, in: Fontane-Blätter, 42/1986, S. 391–397.

Rodenberg Julius Rodenberg: Tagebucheintrag vom 27. Dezember 1878, zitiert nach AFA, *Vor dem Sturm*, Kommentar, S. 371 f.

Schacht Gertrud Schacht-Mengel: Meine Erinnerungen an Theodor Fontane, in: Rasch/Hehle, S. 258–264.

Schlenther 1910 Paul Schlenther: Theodor Fontane im Tiergarten. Zur Enthüllung seines Denkmals, in: *Berliner Tageblatt*, 6. Mai 1910, Abendausgabe.

Eugenie Schumann Eugenie Schumann: Erinnerungen. Stuttgart 1925.

Stürzbecher M. Stürzbecher: Emanuel Mendel (1839–1907), in: Der Nervenarzt 60 (1989), S. 764–765.

Teltow/Cosmann Andreas Teltow, Ursula Cosmann (Hrsg.):»Dem lieben Collegen K. E. O. Fritsch in Verehrung gewidmet‹. Zeichnungen Berliner Architekten des ausgehenden 19. Jahrhunderts«. Katalog der Kabinettausstellung der Graphischen Sammlung des Stadtmuseums Berlin im Ephraim-Palais vom 23. Oktober 1996 bis 12. Januar 1997. Berlin 1996.

Wirth 1927 Wirth-Stockhausen, Julia: Julius Stockhausen. Der Sänger des deutschen Liedes. Frankfurt a. M. 1927.

F. C. Witte Friedrich Carl Witte: Lebenserinnerungen. 3 Bde. Privatdruck. Rostock 1938 [zitiert wird nach dem Typoskript im Nachlaß Witte/Archiv der Hansestadt Rostock].

Wolzogen Ernst von Wolzogen: Reden vor und nach dem Käse, in: Rasch/Hehle, S. 151 ff.

Zobeltitz Fedor von Zobeltiz: Der 70. Geburtstag, in: Rasch/Hehle, S. 147–149.

Zweybrück Franz Zweybrück: Paul Schlenther †, in: Deutsche Rundschau, Jg. 1915–1916, Bd III (April/Mai/Juni 1916), S. 468–472.

Abhandlungen

Kenneth Attwood: Fontane und das Preußentum. Berlin 1970.

Hugo Aust: Theodor Fontane. Ein Studienbuch. Tübingen, Basel 1998.

Sabina Becker, Sascha Kiefer:»Weiber weiblich, Männer männlich«? Zum Geschlechterdiskurs in Theodor Fontanes Romanen. Tübingen 2005.

Cord Beintmann: Theodor Fontane. München 1998.

Berbig/Hartz 2000 Roland Berbig: Theodor Fontane im literarischen Leben. Zeitungen und Zeitschriften, Verlage und Vereine. Unter Mitarbeit von Bettina Hartz. Schriften der Theodor Fontane Gesellschaft, Bd. 3. Berlin, New York 2000.

Hans Blumenberg: Gerade noch Klassiker. Glossen zu Fontane. München 1998.

Helen Chambers: Theodor Fontanes Erzählwerk im Spiegel der Kritik. 120 Jahre Fontane-Rezeption. Würzburg 2003.

Gordon A. Craig: Über Fontane. München 1997.

Dieterle 2000 Regina Dieterle: Im Banne des Vaters. Die Fontane'sche Familientragödie, in: Roland Berbig (Hrsg.): Theodorus victor. Theodor Fontane, der Schriftsteller des 19. am Ende des 20. Jahrhunderts. Eine Sammlung von Beiträgen [Ringvorlesung an der Humboldt Universität Berlin, SS 1998]. Frankfurt am Main 2000, S. 203–220.

Erler 2002 Gotthard Erler: Das Herz bleibt immer jung. Emilie Fontane. Berlin 2002.

Hubertus Fischer:»Mit Gott für König und Vaterland!« Zum politischen Fontane der Jahre 1861–1863, in: Fontane-Blätter, 58/1994, S. 62–88.

Fontane und sein Jahrhundert. Hrsg. von der Stiftung Stadtmuseum Berlin. Berlin 1998.

Grawe/Nürnberger Fontane-Handbuch. Hrsg. von Christian Grawe und Helmuth Nürnberger. Stuttgart 2000.

Christian Grawe (Hrsg.): Fontanes Novellen und Romane. Interpretationen. Stuttgart 1991.

Horch 2000 Hans Otto Horch: Fontane, die Juden und der Antisemitismus, in: Fontane-Handbuch, S. 281–305.

Jolles 1993 Charlotte Jolles: Theodor Fontane. 4., überarb. und erw. Auflage. Stuttgart, Weimar 1993.

Claude Keisch, Peter-Klaus Schuster, Moritz Wullen (Hrsg.): Fontane und die bildende Kunst. Katalog. Berlin 1998.

Joachim Kleine: Die Hankels auf Hankels Ablage. Wo Fontane in der Sommerfrische war. Zeuthen 1999.

Thomas Mann 1910 Thomas Mann: Der alte Fontane, in: Preisendanz, S. 1–24.

Helmuth Nürnberger: Fontane. Reinbek bei Hamburg 1997 (1. Auflage 1968).

Osborne John Osborne: Die Kriegsbücher, in: Fontane-Handbuch, S. 850–864.

Wolfgang Preisendanz (Hrsg.): Theodor Fontane. Darmstadt 1985.

Rasch/Hehle Wolfgang Rasch, Christine Hehle (Hrsg.):»Erschrecken Sie nicht, ich bin es selbst.« Erinnerungen an Theodor Fontane. Berlin 2003.

Rasch 2005 Wolfgang Rasch: Zeitungstiger, Bücherfresser. Die Bibliothek Fontanes als Fragment und Aufgabe betrachtet. In: Imprimatur. ein Jahrbuch für Bücherfreunde. Neue Folge XIX 2005. Hrsg. von Ute Schneider im Auftrag der Gesellschaft der Bibliophilen, München, S. 103–144.

Hans-Heinrich Reuter: Fontane. 2 Bde. Berlin, München 1968.

Scheffel Michael Scheffel: Die Literaturkritik im 20. Jahrhundert und der aktuelle Forschungsstand, in: Fontane-Handbuch, S. 927–964.

Schlenther 1892 Paul Schlenther:»Frau Jenny Treibel« (1892), Rezension in der VZ Nr. 557 (Sonntagsbeilage Nr. 48) vom 27. November 1892, wiederabgedruckt in Hans Ester: Mehr als eine Anzeige, in: Fontane-Blätter, 47/1989, S. 64–70.

Schlenther [1925] Paul Schlenther: Einleitung zur Fontane-Gesamtausgabe in 9 Bänden im S. Fischer Verlag, Berlin 1925, Bd. 1, S. 17–72.

Heide Streiter-Buscher:»… und dann wieder jahrelang unechter Korrespondent«. Der Kreuzzeitungsredakteur Theodor Fontane, in: Fontane-Blätter, 58/1994, S. 89–105.

Hanna Delf von Wolzogen, Helmuth Nürnberger (Hrsg.): Theodor Fontane. Am Ende des Jahrhunderts. 3 Bde. Würzburg 2000.

Wandrey Conrad Wandrey: Theodor Fontane. München 1919.

Peter Wruck: Frau Jenny Treibel, in: Christian Grawe 1991, S. 185–216.

Rolf Zuberbühler: ›Ja, Luise, die Kreatur‹: zur Bedeutung der Neufundländer in Fontanes Romanen. Tübingen 1991.

Zur Epoche und Weiteres

Zeitgenössische Dokumente, Autobiographisches, Biographisches,
Geschichte, Literatur- und Kulturgeschichte, Psychologie

Christian Wilhelm Allers: Spreeathener. Berliner Bilder 1889. Neu hrsg. und kommentiert von Klaus J. Lemmer. Berlin 1979.

Almanach: Das große Jahr 1914–1915. S. Fischer Verlag. Berlin 1915.

Archivalien der Historical Society Fulbourn Village.

Hans Arnold (d. i. Babette von Bülow): Aus der Kinderzeit. Erinnerungen von Hans Arnold. Meiner lieben Schwester Frau Marie Richter geb. Eberty zugeeignet. Stuttgart 1909.

Baedeker's London 1868. Handbuch für Reisende. Coblenz 1868.

Baedeker's Italien in einem Band. 3. Auflage. Leipzig 1895.

Frank Bajohr: »Unser Hotel ist judenfrei«. Bäder-Antisemitismus im 19. und 20. Jahrhundert. Frankfurt am Main 2003.

Beese Marianne Beese: Familie, Frauenbewegung und Gesellschaft in Mecklenburg 1870–1920. Situation der Frauen und weibliche Lebensläufe. Neuer Hochschulschriftenverlag. Rostock 1999.

C. F. Behl, Felix A. Voigt: Chronik von Gerhart Hauptmanns Leben und Schaffen. Bearbeitet von Mechthild Pfeiffer-Voigt. Würzburg 1993.

Berliner Adreßbücher, 1860–1917.

Berlin und die Berliner. Leute. Dinge. Sitten. Winke. Karlsruhe 1905.

Blosser/Gerster Ursi Blosser und Franziska Gerster: Töchter der guten Gesellschaft. Frauenrolle und Mädchenerziehung im schweizerischen Großbürgertum um 1900. Zürich 1985.

Hans-Werner Bohl, Karsten Schröder: Rostock. Ein verlorenes Stadtbild. Rostock 1993.

Linda E. Boose: The Father's House and the Daughter in It: The Structure of Western Culture's Daughter-Father Relationship, in: Linda E. Boose u. Betty S. Flowers (Hrsg.): Daughters and Fathers. Baltimore, London 1989, S. 19–74.

Marianne Brentzel: Anna O. Bertha Pappenheim. Biographie. Göttingen 2002.

Gisela Brinker-Gabler (Hrsg.): Deutsche Literatur von Frauen. Zweiter Band: 19. und 20. Jahrhundert. München 1988.

Brockhaus' Conversations-Lexikon. 12. Auflage. Leipzig 1876.

Brockhaus. 14. Auflage. Leipzig 1895.

Günter de Bruyn: Unter den Linden. Berlin 2002.

Torsten Bügner, Gerhard Wagner: Die Alten und die Jungen im Deutschen Kaiserreich. Literatursoziologische Anmerkungen zum Verhältnis der Generationen 1871–1918, in: Zeitschrift für Soziologie, Jg. 20, Heft 3, Juni 1991, S. 177–190.

Budde Gunilla-Friederike Budde: Auf dem Weg ins Bürgerleben: Kindheit und Erziehung in deutschen und englischen Bürgerfamilien 1840–1914. Göttingen 1994.

Petra Budke, Jutta Schulze: Schriftstellerinnen in Berlin 1871 bis 1945. Ein Lexikon zu Leben und Werk. Berlin 1995.

Bunsen 1929 Marie von Bunsen: Die Welt, in der ich lebte. Erinnerungen aus glücklichen Jahren 1860–1912. Leipzig 1929.

Bunsen 1932 Marie von Bunsen: Zeitgenossen, die ich erlebte 1900–1930. Leipzig 1932.

Marie von Bunsen: Wanderungen durch Deutschland. Leipzig 1936.

Burow Julie Burow: Herzensworte, 1859; 19. Aufl. um 1880 [Ballsaal], wiederabgedruckt in: Gisela Wilkending (Hrsg.): Kinder- und Jugendliteratur, Mädchenliteratur: vom 18. Jahrhundert bis zum Zweiten Weltkrieg. Eine Textsammlung. Stuttgart 1994, S. 180 f.

Ferruccio delle Cave et al.: Meran. Ein literarischer Spaziergang durch die Passerstadt. Bozen 1998.

Ida Cermak: »Ich klage nicht«. Begegnungen mit der Krankheit in Selbstzeugnissen schöpferischer Menschen. Wien 1972.

D. G. Crane: Fulbourn Chronicle 1851–1900. Fulbourn 1983.

Dictionary of National Biography. London 1890.

Edward Crankshaw: Bismarck. Biographie. 1981. Neuausgabe München 1990.

Michael S. Cullen: Der Reichstag: Parlament, Denkmal, Symbol. Berlin 1995.

Das Tal der Schlösser und Gärten. Das Hirschberger Tal in Schlesien – ein gemeinsames Kulturerbe. Katalog. Berlin und Jelenia Góra 2002².

Anna Davin: Ein feministischer Gang durch London, in: Ilse Zambonini (Hrsg.): England der Frauen, München 1988, S. 153–164.

Eloesser Arthur Eloesser: Neue Bücher, in: Neue Deutsche Rundschau, 1901, Bd. 2, S. 1288 ff.

Amos Elon: Zu einer anderen Zeit. Porträt der jüdisch-deutschen Epoche 1743–1933. München, Wien 2003 (englisch 2002).

Helmut Engel: Berlin auf dem Weg zur Moderne. Berlin 1997.

Falk 1874 Adalbert Falk: Prüfungsordnung für Lehrerinnen. Berlin 1874.

Karin Feuerstein-Praßer: Die deutschen Kaiserinnen 1871–1918. Regensburg 1997.

Karin Flaake, Vera King (Hrsg.): Weibliche Adoleszenz. Zur Sozialisation junger Frauen. Frankfurt a. Main, New York 1992.

Michel Foucault: Der Wille zum Wissen. Sexualität und Wahrheit. Bd. 1. Frankfurt a. Main 1992⁶ (1. Auflage 1977).

Janos Frecot, Helmut Geisert: Berlin im Abriß. Beispiel Potsdamer Platz. Berlin 1981.

Freud/Breuer Sigmund Freud, Josef Breuer: Über den psychischen Mechanismus hysterischer Phänomene, in: Neurologisches Centralblatt hrsg. von Emanuel Mendel, Berlin, 1. und 15. Januar 1893.

Sigmund Freud: Der Dichter und das Phantasieren, in: ders.: Studienausgabe, Bd. X. Frankfurt a. Main 1969, S. 171–179.

K. E. O. Fritsch: Stil-Betrachtungen (1890), in: Hammer-Schenk, S. 110–122.

K. E. O. Fritsch: Der Kirchenbau des Protestantismus von der Reformation bis zur Gegenwart. Berlin 1893.

Peter Gay: Das Zeitalter des Doktor Arthur Schnitzler. Innenansichten des 19. Jahrhunderts. Frankfurt am Main 2002.

Helga Gläser, Karl-Heinz Metzger (Hrsg.): 100 Jahre Villenkolonie Grunewald 1889–1989. Bezirksamt Wilmersdorf, Berlin 1988.

Glatzer 1963 Ruth Glatzer (Hrsg.): Berliner Leben 1870–1900. Erinnerungen und Berichte. Verlag Rütten & Loening. Berlin 1963.

Glatzer 1986 Ruth Glatzer (Hrsg.): Berliner Leben 1900–1914. Eine historische Reportage aus Erinnerungen und Berichten. 2 Bde. Verlag Rütten & Loening. Berlin 1986.

Gothaisches Genealogisches Taschenbuch der Briefadligen Häuser. Gotha 1880–1912.

Karin H. Grimme: Aus Widersprüchen zusammengesetzt. Das Tagebuch der Gertrud Bleichröder aus dem Jahr 1888. Mit einem Vorwort von Monika Richarz und einer Erzählung von Lena Kugler. Berlin 2002.

Claus-Peter Groß: 1871–1918 … verliebt … verlobt … verheiratet … unter Adlers Fittichen. Berlin 1986.

James Hamilton: The History, Principles, Practice, and Results of the Hamiltonian System. Liverpool o. J.

Harold Hammer-Schenk (Hrsg.): Kunsttheorie und Kunstgeschichte des 19. Jahrhunderts in Deutschland. Bd. II: Architektur. Texte und Dokumente. Stuttgart 1985.

Handbuch für die Provinz Posen nach amtlichen Quellen, 1901 und 1905.

Ewald Harndt: Französisch im Berliner Jargon. Berlin 2003[16].

Birgit Haustedt: Die wilden Jahre in Berlin. Eine Klatsch- und Kulturgeschichte der Frauen. Berliner Taschenbuch Verlag. Berlin 2002.

Eva Hoffmann-Aleith: Ellen Franz. Roman [historische Erzählung über Ellen Franz und Julius Stockhausen]. Berlin 1989.

M. Höfler: Deutsches Krankheitsnamen-Buch. München 1899.

»Ich bin meine eigene Frauenbewegung«. Frauen-Ansichten aus der Geschichte einer Großstadt. Herausgegeben vom Bezirks- und Kunstamt Schöneberg. Katalog. Berlin 1991.

Claudia Honegger: Die Ordnung der Geschlechter. Die Wissenschaften vom Menschen und das Weib. 1750–1850. Frankfurt a. Main, New York 1991.

Max Horkheimer: Die Erziehungsleistung der bürgerlichen Familie (Auszug aus: Studien über Autorität und Familie. Paris 1936), in: Heidi Rosenbaum (Hrsg.): Seminar: Familie und Gesellschaftsstruktur. Materialien zu den sozioökonomischen Bedingung von Familienformen. Frankfurt a. Main 1978, S. 425–434

Jahn Karl Jahn: Die Einweihung des Neuruppiner Fontane-Denkmals 1907. Ein Erlebnisbericht, in: Fontane-Blätter, 23/1976, S. 528–29.

25 Jahre Evangelisches Hubertus-Krankenhaus Berlin-Schlachtensee. Jubiläumsschrift. Privatdruck. Berlin 1956.

Walter und Inge Jens: Frau Thomas Mann. Das Leben der Katharina Pringsheim. Reinbeck bei Hamburg 2003.

Joseph Jung: Alfred Escher. 1819–1882. Der Aufbruch zur modernen Schweiz. 4 Bde. Zürich 2006.

Kirsten Jüngling, Brigitte Roßbeck: Katja Mann. Die Frau des Zauberers. Biografie. München 2003.

Kalischer Dr. med. Siegfried Kalischer, Sanitätsrat im Kurhaus »Hubertus« in Berlin-Schlachtensee: Über die Grenzen der Psychotherapie, in: Jahresbericht über die Leistungen und Fortschritte auf dem Gebiete der Neurologie und Psychiatrie. Heft 20. Berlin 1916, S. 71–76.

Karge et al. Wolf Karge, Ernst Münch, Hartmut Schmied (Hrsg.): Geschichte Mecklenburgs. Rostock 1993.

Kastan, J. Kastan: Berlin wie es war. Berlin 1919.

Claude Keisch, Marie Ursula Riemann-Reyher (Hrsg.): Adolph Menzel 1815–1905. Das Labyrinth der Wirklichkeit. Ausstellungskatalog. Berlin 1997.

Alfred Kerr: Wo liegt Berlin? Briefe aus der Reichshauptstadt 1895–1900. Hrsg. von Günther Rühle. Berlin 1997.

Kleinau/Opitz Elke Kleinau, Claudia Opitz (Hrsg.): Geschichte der Mädchen- und Frauenbildung, Bd. 2: Vom Vormärz bis zur Gegenwart. Frankfurt am Main, New York 1996.

Jürgen Kniesz, Jens Jarchow, Joachim Kluge (Hrsg.): Waren (Müritz). Die Reihe Archivbilder. Erfurt 2000.

Jürgen Kniesz: Was war wann? Daten zur Warener Stadtgeschichte. Chronik: Schriftenreihe des Warener Museums- und Geschichtsvereins, Heft 20. Waren, Oktober 2000.

Koch Robert Koch: Über den augenblicklichen Stand der bakteriologischn Choleradiagnose, in: Zeitschrift Hygiene 14, S. 319, 1893; vgl. auch Robert Koch: Gesammelte Werke, Leipzig 1912, Bd. 2, Teil 1, S. 167.

Jürgen Kocka (Hrsg.): Bürgertum im 19. Jahrhundert. Deutschland im europäischen Vergleich. 3 Bde. München 1988.

Dieter Kühn: Clara Schumann, Klavier. Frankfurt am Main 1998.

Lange Helene Lange: Lebenserinnerungen. Berlin 1921.

Leske Maria Leske: Vorbereitung auf das Leben, in: Heilwig von Mehden (Hrsg.): Vor allem eins, mein Kind ... Was deutsche Mädchen und Knaben zur Kaiserzeit gelesen haben. Hamburg 1972, S. 100 f.

Lehrs Max Lehrs: Karl Stauffer-Bern 1859–1891. Verzeichnis seiner Radierungen und Stiche. Dresden 1907

Licht Hugo Licht: Architektur Berlins. 1882. Reprint. Einleitung [o. Seitenzahl].

Litzmann Berthold Litzmann (Hrsg.): Clara Schumann. Ein Künstlerleben: nach Tagebüchern und Briefen. 3 Bde. Leipzig 1903–1912.

Peter von Matt: Verkommene Söhne, mißratene Töchter. Familiendesaster in der Literatur. München 1995.

Mendelssohn Peter de Mendelssohn: Der Zauberer. Das Leben des deutschen Schriftstellers Thomas Mann. S. Fischer 1975, überarbeitet 1996.

Stavros Mentzos: Hysterie. Zur Psychodynamik unbewußter Inszenierungen. München 1980.

Karl-Heinz Metzger: Wilmersdorf im Spiegel literarischer Texte vom 19. Jahrhundert bis 1933. Bezirksamt Wilmersdorf, Berlin 1985.

Meyers Hand-Lexikon, 1873.

Jürgen Meyer-Kronthaler, Wolfgang Kramer: Berlins S-Bahnhöfe. Ein dreiviertel Jahrhundert. Berlin 1999².

Sigrid von Moisy: Paul Heyse. Münchner Dichterfürst im bürgerlichen Zeitalter. Katalog zur Ausstellung in der Bayerischen Staatsbibliothek. München 1981.

Heidy Margrit Müller: Töchter und Mütter in deutschsprachiger Erzählprosa von 1885 bis 1935. München 1991.

Nationalgalerie Berlin. Das XIX. Jahrhundert. Katalog der ausgestellten Werke. Leipzig 2001.

Nins Nedelykov, Pedro Moreira: Zurück am Wannsee. Max Liebermanns Sommerhaus. Berlin 2003.

Brygida Ochaim, Claudia Balk: Varieté-Tänzerinnen um 1900. Vom Sinnenrausch zur Tanzmoderne. Frankfurt am Main, Basel 1998.

Portmann Robert Portmann: Ein Gang durch Arnsdorf, in: Der kleine Lomnitztalbote Nr. 50, Januar 1954.

Rolf Oerter, Leo Montada (Hrsg.): Entwicklungspsychologie. Weinheim 1995[3].

Post Office Directory of Cambridge, Norfolk & Suffolk. London 1869–1879.

Edda Prochownik: Da kiekste, wa!? Berlinisch – eine Sprache mit Humor. Berlinische Reminiszenzen 4. Berlin 2000[5].

Luise Pusch (Hrsg.): Töchter berühmter Männer. Neun biographische Portraits. Mit einem Nachwort der Herausgeberin. Frankfurt am Main 1988.

Rathenau Walther Rathenau: »Die schönste Stadt der Welt«. [1902], Berlin/Wien, 2002

Joachim Radkau: Das Zeitalter der Nervosität. Deutschland zwischen Bismarck und Hitler. München, Wien 1998.

Erika Reinhold: Lichterfelde. Vom Dorf zum Vorort von Berlin. Mit Fotografien von Reinhard Ilgner. Berlin 2002.

Sybille Rejda-Berg: Das Opfer emanzipiert sich: Die Tochter im deutschen Roman des 19. und 20. Jahrhunderts. Lincoln, Nebraska 1983.

Wolfgang Ribbe, Hansjürgen Rosenbauer (Hrsg.): Preußen. Chronik eines deutschen Staates. Berlin 2000.

Heidi Rosenbaum (Hrsg.): Seminar: Familie und Gesellschaftsstruktur. Materialien zu den sozioökonomischen Bedingung von Familienformen. Frankfurt am Main 1978.

Heidi Rosenbaum: Formen der Familie. Untersuchungen zum Zusammenhang von Familienverhältnissen, Sozialstruktur und sozialem Wandel in der deutschen Gesellschaft des 19. Jahrhunderts. Frankfurt am Main 1982.

Regina Schaps: Hysterie und Weiblichkeit. Wissenschaftsmythen über die Frau. Frankfurt am Main, New York 1992.

Schlenther 1915 Paul Schlenther: Zwischen Lindau und Memel während des Krieges. S. Fischer Verlag. Berlin 1915.

Schneider Dr. Schneider (Hrsg.): Volksschulwesen und Lehrerbildung in Preußen. Prüfungsordnung für Lehrerinnen vom 24. April 1874. Berlin 1875.

Yvonne Schütze: Mutterliebe – Vaterliebe. Elternrollen in der bürgerlichen Familie des 19. Jahrhunderts, in: Ute Frevert (Hrsg.): Bürgerinnen und Bürger. Geschlechterverhältnisse im 19. Jahrhundert. Göttingen 1988, S. 118–133.

Max Schur: Sigmund Freud. Leben und Sterben. Frankfurt am Main 1973.

Angela Schwalb: Die Lehrpläne und Aufsatzthemen der höheren Mädchenschulen Preußens im Kaiserreich und in der Weimarer Republik. Frankfurt am Main 2000.

Herbert Schwenk: Lexikon der Berliner Stadtentwicklung. Berlin 2002.

Caroll Smith-Rosenberg: Weibliche Hysterie. Geschlechtsrollen und Rollenkonflikt in der amerikanischen Familie des 19. Jahrhunderts, in: Claudia Honegger u. Bettina Heintz (Hrsg.): Listen der Ohnmacht. Zur Sozialgeschichte weiblicher Widerstandsformen. Frankfurt am Main 1981.

Bruno J. Sobotka (Hrsg.): Burgen, Schlösser, Gutshäuser in Mecklenburg-Vorpommern. Mit Photographien von Jürgen Strauß. Witten 1993.

Sprengel 2004/1 Peter Sprengel: Geschichte der deutschsprachigen Literatur 1870–1900. Von der Reichsgründung bis zur Jahrhundertwende. München 2004.

Sprengel 2004/2 Peter Sprengel: Geschichte der deutschsprachigen Literatur 1900–1918. Von der Jahrhundertwende bis zum Ende des Ersten Weltkriegs. München 2004.

Springer Robert Springer: Berlin. Ein Führer durch die Stadt und ihre Umgebung. Leipzig 1861.

Sprößlinge, Zöglinge. Das Berliner Bürgerkind zwischen Aufklärung und Kaiserzeit. Hrsg. vom Märkischen Museum Berlin. Katalog. Berlin 1993.

Supprian 1879 Karl Supprian: Schulordnung der Königlichen Augustaschule zu Berlin. Berlin 1879.

Supprian 1882 Karl Supprian: Zur Geschichte der Königlichen Augusta-Schule und des königlichen Lehrerinnen-Seminars. Festschrift zur Feier des fünfzigjährigen Bestehens der Anstalt am 29. April 1882.

Adolf Stern: Lexikon der deutschen Nationalliteratur [mit Eintrag »Fontane«]. Leipzig 1882.

Tissot 1875 Victor Tissot: Reise in das Milliardenreich. Teil I und II. Bern 1875.

Victor Tissot: Reportagen aus Bismarcks Reich. Berichte eines reisenden Franzosen 1874–1876. Hrsg. und übersetzt von Erich Pohl. Berlin 1989.

Velder Christian Velder (Hrsg.): 300 Jahre Französisches Gymnasium Berlin. Berlin 1989.

Ingeborg Weber-Kellermann: Frauenleben im 19. Jahrhundert. München 1988².

Kristian Wachinger (Hrsg.): Brahms-Texte. Sämtliche von Johannes Brahms vertonten und bearbeiteten Texte. Vervollständigte und neu herausgegebene Sammlung von Gustav Ophüls. Mit drei Zeichnungen von Willy von Beckerath. München 1983.

Alexander Weigel: Das Deutsche Theater. Eine Geschichte in Bildern. Berlin 1999.

Gisela Wilkending (Hrsg.): Kinder- und Jugendliteratur, Mädchenliteratur: vom 18. Jahrhundert bis zum Zweiten Weltkrieg. Eine Textsammlung. Stuttgart 1994

Gisela Wilkending et al. (Hrsg.): Mädchenliteratur der Kaiserzeit: zwischen weiblicher Identifizierung und Grenzüberschreitung. Stuttgart 2003.

Winkle Stefan Winkle: Geißeln der Menschheit. Kulturgeschichte der Seuchen. Zürich 1997.

Irmgard Wirth: Berlin 1650–1914. Von der Zeit des Großen Kurfürsten bis zum Ersten Weltkrieg. Hamburg 1979.

Irmgard Wirth: Berliner Malerei im 19. Jahrhundert. Berlin 1990.

Claudia Wisniewski: Kleines Wörterbuch des Kostüms und der Mode. Stuttgart 1999.

Wysling/Schmidlin Hans Wysling, Yvonne Schmidlin: Thomas Mann. Ein Leben in Bildern. Zürich 1994.

Zug der Zeit – Zeit der Züge. Deutsche Eisenbahn 1835–1985. Hrsg. Eisenbahnjahr Ausstellungsgesellschaft. 2 Bde. Berlin 1985.

Nachweis der Zitate

Fontanes Werke sind mit Band und Seitenzahl zitiert nach der Ausgabe der Hanser Klassiker: Theodor Fontane: Werke, Schriften, Briefe. Hrsg. von Walter Keitel und Helmuth Nürnberger (München 1962–1998). Briefzitate werden mit Absender/in, Adressat/in, Datum und Hinweis auf die Quelle nachgewiesen (vgl. die Aufstellung der verwendeten Briefausgaben, Archive und privaten Nachlässe auf S. 378 ff.). Jeweils abgekürzt werden Theodor Fontane (ThF), Emilie Fontane (EF) und Martha Fontane (MF) bzw. Martha Fritsch-Fontane (MFF). – Die zitierten Stellen wurden in der Rechtschreibung und Zeichensetzung moderat modernisiert, der Schreibduktus nicht berührt.

12 *Mete gehörig*: Photographie im NL Fritsch.

16 *Geißblattlaube*: ThF an Wilhelm Wolfsohn, 26. Mai 1859, HFA IV/1, S. 672. – *Und schwankt*: ThF an Titus Ullrich, 23. September 1861, HFA IV/2, S. 47.

18 *Das Straßenleben*: Springer, S. 32. – *Bock-Walpurgis*: ebd., S. 87 u. 88.

19 *alles, alles*: Kastan, S. 9. – *Der Kleine*: ThF an die Mutter Emilie Fontane-Labry, 26. Oktober 1859, HFA IV/1, S. 682. – *ein Neubau*: ThF: *Effi Briest*, HFA I/4, S. 196. – *4 Zimmer*: EF an Bertha Kummer, 28. Oktober 1859, TFA.

20 *Fontane, Schriftsteller*: Berliner Adreßbuch, 1860. – *Ich hatte gehofft*: EF an Bertha Kummer, 28. Oktober 1859, TFA.

21 *Mein lieber, lieber*: EF an ThF, 16. September 1852, Erler 1998, Bd. 1, S. 149. – *Georgine*: ThF an EF, 23. August 1852, ebd., S. 140. – *Schwesterchen*: ThF an EF, 13. Oktober 1856, ebd., S. 404. – *körperlich*: EF an Bertha Kummer, 28. Oktober 1859, TFA. – *Wir haben Hoffnung*: ThF: Geburtstagsgedicht für EF, 14. November 1859, HFA I/6, S. 409. – *Das Schreiben*: ThF an Paul Heyse, 28. November 1859, Erler 1972/1, S. 71.

22 *glückliche Entbindung*: ThF an Karl Zöllner und die Ellora, Berlin, 22. März 1860, NL Fritsch. – *Victoria!*: Die Ellora an Familie Fontane, 22. März 1860, ebd. – *Das muß ja*: Theodor Fontane an Bernhard Lepel, 26. März 1860, Radecke 2006, Brief Nr. 374.

23 *ich bin ein Flaschenkind*: Martha Fritsch-Fontane (=MFF) an Annie Scheller-Fritsch, 13. Januar 1901, NL Fritsch.

24 *Dlle. Marthe Merington*: Kirchenbuch der Französischen Kirche zu Berlin. – *jungverheirateten Damen*: ThF im Vorwort zu »Meine Kinderjahre«, 1892, HFA III/4, S. 9.

25 *Wir haben seit*: ThF an Wilhelm Wolfsohn, 7. November 1860, HFA IV/2, S. 13. – *Mein Mann*: EF an Bertha Kummer, 22. November 1860, TFA.

26 *Am 17. Januar 1861*: Berbig/Kitzbichler: Fontane-Chronik, Donnerstag, den 17. Januar 1861. – *am 1. Februar*: ebd., 1. Februar 1861. – *am 15. April 1861*: ebd., Montag, 15. April 1861 (aus den »Wochenzetteln« von Friedrich Eggers).

27 *die >unglückliche Geschichte<*: EF, in: Erler 2002, S. 373.

29 *Klein-Marthas Zustand*: ThF an Henriette von Merckel, 21. Dezember 1861, Erler 1987, Bd. 2, S. 214. – *Ich hatte heute*: ThF an EF, 4. Juni 1862, Erler 1998, Bd. 2, S. 200. – *Laß mich*: ThF an EF, 20. Mai 1862, ebd., S. 184. – *Unsere Reise*: EF an ThF, 21. Mai 1862, ebd., S. 185 f.

30 *Martha ist mir*: ebd., S. 186. – *daß Frau Johanna*: ThF an EF, 23. Mai 1862, ebd., S. 187. – *Sie fährt*: ebd., S. 192. – *Die Kinder*: EF an ThF, 27. Mai 1862, ebd., S. 195.

31 *erst hat sie*: ebd., S. 194. – *sich lang auf*: ebd., S. 194. – *Heut denk' ich*: EF an ThF, 4. Juni 1862, ebd., S. 202. – *Er ist possierlich*: ThF an Emilie Fontane-Labry, 26. Oktober 1859, HFA IV/1, S. 682. – *Küsse meinen Liebling*: ThF an EF, 10. Juni 1862, HFA IV/2, S. 71. – *Küsse den Süßlington*: ThF an EF 30. Juni 1862, ebd., S. 77. – *Martchen war*: EF an ThF, 7. Juli 1862, Erler 1998, Bd.2, S. 234.

32 *Martha läßt*: EF an ThF, 11. Juli 1862, ebd., S. 241 f. – *Kein Zweifel*: ThF an EF, 1. Juli 1862, HFA IV/2, S. 78. – *Ich ärgere mich*: EF an ThF, 3. Juli 1862, Erler 1998, Bd. 2, S. 232.

33 *wo das Gebrüll*: EF an ThF, 11. Juli 1862, ebd., S. 240. – *Dreieckzimmer ... Hintergarten*: Theodor Fontane jun.: Lebenserinnerungen, aufgezeichnet von 1923–1933, NL Klünner.

34 *kleine Logierstübchen*: EF an Bertha Kummer, 31. Juni 1863, TFA; *s.* auch ThF an Emilie Fontane-Labry, 21. Februar 1964, HFA IV/2, S. 119. – *Wurde recht viel gelacht*: Aus den Materialien von Roland Berbig, Wochenzettel von Friedrich Eggers zum Sonnabend, den 11. April 1863. – *dem vorjährigen*: ThF an EF, 12. Juli 1863, Erler 1998, Bd. 2, S. 255.

35 *wie ein Phoebus ... Persönlichkeit*: Theodor Fontane jun.: Lebenserinnerungen, NL Klünner. – *ein paar Wochen*: ThF an EF, 24. August 1863, HFA IV/2, S. 103.

37 *recht gut*: EF an Bertha Kummer, 22. Dezember 1863, TFA. – *Logierstübchen*: Theodor Fontane jun.: Lebenserinnerungen, NL Klünner. – *weil der alte ... eine Treppe*: ThF: *Das Oderland. Wanderungen durch die Mark Brandenburg*, HFA II/1, S. 1005. Recherche ThF.s im Frühjahr oder Sommer 1863. Erstmals veröffentlicht im November 1863 in der Erstausgabe von *Das Oderland* [datiert auf 1864].

38 *Unsere Martha*: EF an Bertha Kummer, 22. Dezember 1863, TFA. – *Ein kleiner Junge ... Kind*: EF an Bertha Kummer, 16. Februar 1864, ebd.

39 *Der Bäcker*: ThF: *Zu meiner Kleinen Namenstag*, in: Krueger/Golz 1995, Bd. I, S. 43 f. u. S. 460. – *Familien-Bibel*: die Fontanesche Familien-Bibel befindet sich heute im DLA.

40 *In Schleswig*: ThF an Mathilde von Rohr, 11. Februar 1864, HFA IV/2, S. 116. – *Der Feind*: Aus: *Lied von Düppel* des Lübecker Lyrikers Emanuel Geibel. – *Zuerst der Empfang*: ThF: *Der Schleswig-Holsteinsche Krieg 1864*, S. 260–62.

41 *mit jedem Tag*: George Fontane an Bertha Kummer, [21. November 1864], TFA. – *eine der leichteren Sonaten ... Glück*: Merckel, S. 251 ff.

42 *Ein kleines Mädchen*: Leske, S. 100. – *wilder denn je*: EF an Bertha Kummer [Berlin, 10. Juli 1865], TFA. – *1 Taler ... Schiefertafel*: EFs Wirtschaftsbuch, Eintrag vom 1.Oktober 1865, TFA. – *Aurelie stand auf*: ThF an EF, 1. November 1868, Erler 1998, Bd. 2, S. 388.

43 *Das Schulgeld*: ThF an EF, 6. Juli 1867, HFA IV/2, S. 177. – *Martha geht*: EF

an Bertha Kummer, 21. November 1865, in: Erler 2002, S. 388. – *Mir war ...* D'Arrée: MFF an Annie Scheller-Fritsch, [Frühjahr, vor 17. Mai 1906], NL Fritsch. – *die Kinderfrage*: EF an Bertha Kummer, 21. November 1865, in: Erler 2002, S. 388.

44 *Wie Du auf Bismarck*: EF an Bertha Kummer, [10. Juni 1866], TFA. – *Flaggen und Jubel*: ThF-TB, 16. Juni 1866, Bd. 2, S. 17. – *Möge nun*: EF an Bertha Kummer, 6. August 1866, TFA.

45 *Die Photographie*: s. in diesem Buch S. 17. – *Marthachen hat*: EF an ThF, 5. Mai 1867, Erler 1998, Bd. 2, S. 271. – *Mein lieber papa*: MF an ihren Vater ThF, [Anfang Juli 1867], Dieterle 2002, S. 37. – *weithin kenntlich ... Bett*: ThF: *Havelland* (1873), Kapitel *Der Schwilow und seine Umgebung*, Entstehungszeit Herbst 1869, HFA II/3, S. 384 f.

46 *Legion der Klavierpauker*: ThF an Emilie Fontane-Labry, 3. April 1868, HFA IV/2, S. 197.

47 *beider Liebling*: EF an Clara Stockhausen, 10. Februar 1889, Wirth II, S. 651. – *wirklich auf Händen*: EF an ThF, 10. Oktober 1868, Erler 1998, Bd. 2, S. 359. – *Hier ist alles leidlich*: ThF an EF, 18. Oktober 1868, ebd., S. 371. – *Hier geht alles*: ThF an EF, 21. Oktober 1868, ebd., S. 373. – *Theo ist*: ThF an EF, 24. Oktober 1868, ebd., S. 378.

48 *Martha trägt*: ebd. – *Martha ... Cuno handelte*: ThF an EF, 2. November 1868, ebd., S. 389. – *Die Kinder*: ThF an Elise Fontane, 30. Oktober 1868, HFA IV/2, S. 223. – *Wenn ich doch*: EF an ThF, 15. Oktober 1868, Erler 1998, Bd. 2, S. 365. – *recht nett*: EF an ThF, 13. Oktober 1868, ebd., S. 364. – *sein zorniges Wesen*: EF an Sohn Theo Fontane, 2. November 1868, Fricke, S. 76.

49 *schulschnabbrig*: ThF an Emilie Fontane-Labry, 29. Mai 1869, HFA IV/2, S. 234. – *Daß Martha*: ThF an EF, 21.Oktober 1869, Erler 1998, Bd. 2, S. 414. – *Ein Töchterlein*: Friedrich Eggers im Geburtstagsgedicht zum 50. Geburtstag von ThF, 30. Dezember 1869, Berbig 1997, S. 428.

50 *Kurz gesagt*: EF an Mathilde von Rohr, 1. Februar 1879, TFA, Typoskript.

51 *Was unsren Plan*: ThF an Mathilde von Rohr, 15. April 1870, HFA IV/2, S. 294.

52 *Die arme Else*: ThF: Balladen (1861), S. 35–36, überarbeitet wiederabgedruckt in allen weiteren Gedichtbänden ThFs (1875, 1889, 1892, 1898), s. HFA I/6, S. 283–84.

53 *lebhaften Schwester*: Merckel, 16. Mai 1870, S. 259 f.

54 *Putzmacherinnentag*: ThF an Mathilde von Rohr, 15. April 1870, HFA IV/2, S. 294. – *in Erziehung*: ThF an Wilhelm Hertz, 26. April 1870, ebd., S. 299. – ¼ 9: ThF an EF, 11. Mai 1870, Erler 1998, Bd. 2, S. 475. – *frisch und munter*: ThF an EF, ebd., S. 443. – *40 Minuten*: ThF an EF, ebd.

55 *Pücklers Briefe*: ThF an EF, 6. Mai 1870, ebd., S. 463. – *alles in allem*: EF an ThF, 22. April 1870, ebd., S. 444. – *Verbindung*: Baedeker's London 1868, S. 338.

56 *eine ununterbrochene Reihe*: ebd., S. 151 f.

57 *eine Art Pflegekind*: ThF-TB, 1870, Bd. 2, S. 36. – *Seine Bank*: Baedeker's London 1868, S. 62.

58 *noisy reformer*: D.K. Sandford, damals Professor für Griechisch an der Glasgow University, s. Dictionary of National Biography, Vol. XXIV, London 1890, S. 186.

59 *durch ein Eisengitter ... außerhalb*: ThF: *Ein Sommer in London*, HFA III 3/1, S. 29.

60 *Mete ... heimisch*: EF an ThF, 22. April 1870, Erler 1998, Bd. 2, S. 447. – *aß sich meine Mete*: ThF an EF, 25. April 1870, ebd., S. 449. – *an der Schwelle*: ebd., S. 450. – *Mete geht ... to bet*: EF an ThF, 27. April 1870, ebd., S. 453. – *Martha ist Vorsteherin*: EF an ThF, [30.] April 1870, ebd., S. 455. – *in business*: EF an ThF, 22. April 1870, ebd., S. 446.

61 *literarischen Darstellbarkeit des Krieges: s*. Osborne, S. 863. – *Ich muß dir*: EF an ThF, [29.] April 1870, Erler 1998, Bd. 2, S. 455. – *very renowned*: EF an ThF, 4. Mai 1870, ebd., S. 462.

62 *Ich war auf einem Kirchhof*: EF an ThF, [25.] April 1870, ebd., S. 448. – *Dein Traum*: ThF an EF, 29. April 1870, ebd., S. 459. – *Crèpe de Chine Tuch*: EF an ThF, [25.] April 1870, ebd., S. 448.

63 *very much*: EF an ThF, 27. April 1870, ebd., S. 455. – *Dein guter Einfall*: ThF an EF, 6. Mai 1870, ebd., S. 463 f. – *immer mit Emily*: EF an ThF, 27. April 1870, ebd., S. 453. – *sie muß sehr begabt sein*: EF an ThF, [1.] Mai 1870, ebd., S. 457.

64 *Lieber Vater*: Nachschrift von MF im Brief von EF an ThF, 27. April 1870, TFA. – *Daß Mete so einschlägt*: ThF an EF, 6. Mai 1870, Erler 1998, Bd. 2, S. 463. – *wie ein Stern*: ThF an EF, 4. Juni 1862, ebd., S. 200; *s*. in diesem Buch S. 29. – *die große Angst*: MF an Martha Fontane-Soldmann, 26. Januar 1891, Dieterle 2002, S. 389. – *Leo, der Liebling*: ThF: *Die Poggenpuhls*, HFA I/4, S. 485. – *Die Figur Leo*: *s*. Dieterle 2000, S. 207. – *Ich bitte Dich*: MF an EF, 2. Dezember 1880, Dieterle 2002, S. 110.

65 *aber unter Träumen*: MF an EF, 14. Januar 1881, ebd., S. 118. – *Vorgestern war ich*: EF an ThF, [6. Mai] 1870, Erler 1998, Bd. 2, S. 461 f. – *Kindergesellschaften*: EF an ThF, 19. Mai 1870, ebd., S. 482. – *Zoobesuch im Regent's Park: s*. Baedeker's London 1868, S. 168. –*Gestern Abend*: EF an ThF, [1. Mai] 1870, Erler 1998, Bd. 2, S. 456. – *hier scheint kein Unterschied*: EF an ThF, [1. Mai] 1870, ebd., S. 456. – *die zerlumpten*: ebd.

66 *wohnten wir doch ... weg*: ThF: *Der Stechlin*, HFA I/5, S. 217–18. – *in der Welt*: EF an ThF, 9. Juni 1870, Erler 1998, Bd. 2, S. 502.

67 *Der Brief von Mete*: ThF an EF, 28. Mai 1870, ebd., S. 493. – *Den Brief von Meten ... Famos!*: George Fontane an ThF, 22. Juli 1870, Friedrich Fontane 1914, S. 8. – *Zeitungs-Affaire*: EF an ThF, 24. April 1870, Erler 1998, Bd. 2, S. 447. – *Die Hälfte ... Recht getan*: ThF an EF, 11. Mai 1870, ebd., S. 475. – *Liebster Theodor*: EF an ThF, 14. Mai 1870, ebd., S. 478.

68 *Sobald ich*: ebd., S. 478 f. – *perfide Stellung*: ThF an EF, 16. Mai 1870, ebd., S. 481. – *Unsere Fahrt ... Greenwich*: EF an ThF, 19. Mai 1870, ebd., S. 482. – *Seitdem ... gerechtfertigt werden!*: Merckel, 22. Mai 1870, S. 260 f.

69 *Es wird der Tribut*: EF an ThF, [21.] Mai 1870, Erler 1998, Bd. 2, S. 484.

70 *Mete war ... wieder sehen*: EF an ThF, [30. Mai 1870], ebd., S. 491. – *von Cambridge*: EF an ThF, 26. Mai 1870, ebd., S. 490. – *von unserem liebenswürdigen Kinde*: EF an ThF, 30. Mai 1870, ebd., S. 491. – *Mete ist nun*: EF an ThF, 2. Juni 1870, ebd., S. 497. – *Möge Dir*: ThF an EF, 8. Juni 1870, ebd., S. 501. – *Gestern früh*: EF an ThF, 9. [und 10.] Juni 1870, ebd., S. 501.

71 *der Abschied*: EF an ThF, 10. Juni 1870, ebd., S. 502. – *Merington's Cottage*: EF an ThF, 9. Juni 1870, ebd., S. 501.

72 *favorite prose author*: Dieterle 2002, S. 570; *s.* in diesem Buch Kapitel »Fragebogen zur Selbstcharakteristik«, S. 261.

73 *Doch staune nicht*: ThF: *Goodnight* (nach Byron), in: Krueger/Golz 1995, Bd. 2, S. 346. – *Die Studenten*: Baedeker's London 1868, S. 293, auch 1878 (6. Auflage), S. 348 f.

74 *George war*: Merckel, 26. September 1871, S. 261 f.

75 *Ich klopfte*: ThF: *Kriegsgefangen*, HFA III/4, S. 547.

76 *Ich muß dir gestehen*: George Fontane an EF, 31. Oktober 1870, Friedrich Fontane 1914, S. 40. – *wohlbekannten Geschichtsschreibers*: Grawe 1998, S. 137. – *Nos amis*: EF an ThF, 14. November 1870, Erler 1998, Bd. 2, S. 545. – *in seinen Feldpostbriefen*: *s.* George Fontane: Feldpostbriefe 1870–1871. Hrsg. von Friedrich Fontane. Berlin 1914.

77 *treu ergebnem Sinn ... bleiben*: ThF-TB, 1870, Bd. 2, S. 38. – *Ich saß*: ThF: *Kriegsgefangen*, HFA III/ 4, S. 606 f. – *großen klugen Augen*: MF an EF, [1. Juni] 1881, Dieterle 2002, S. 172. – *die Passage*: VZ vom 29. Januar 1871, S. 2, 3. Beilage.

78 *Er sieht*: ThF an EF, 14. April 1871, Erler 1998, Bd. 2, S. 558. – *sehr hübsch*: EF an ThF, 22. April 1870, ebd., S. 446. – *Besten Dank*: ThF an EF, 8. Mai 1871, ebd., S. 572.

79 *Mete ängstigt*: ThF an EF, 14. Mai 1871, Erler 1998, Bd. 2, S. 577. – *Und siehe da*: ThF: *Einzug* (16. Juni 1871), in: HFA I/6, S. 244 ff.

80 *da Majestät*: Erler 2002, S. 188. – *Von jenem Einzug ... übrig*: Klünner, S. 214.

81 *Spreeathen ... Spreechicago*: Rathenau, S. 23. – *Zusammenfluß ... verleihen*: Licht, Einleitung [o. Seitenzahl].

82 *Meine Frau ... ziehn*: ThF an Mathilde von Rohr, 30. März 1872, Prop 3, S. 124. – *Theaterfremdling*: Adolph Glasbrenner in *Berliner Montags-Zeitung* vom 6. November 1871.

83 *Richtigkeit ... Empfindung*: ThF an den Schauspieler Maximilian Ludwig, 2. Mai 1873, HFA IV/2, S. 432. – *Geist und Herz*: ThF an EF, 14. Mai 1871, Erler 1998, Bd. 2, S. 577. – *Mete muß*: *s.* ThF an Clara Stockhausen, 10. September 1878, Dieterle 2002, S. 59.

84 *In Berlin*: Englischer Fragebogen, beantwortet von MF am 6. November 1877, ebd., S. 570; *s.* in diesem Buch Kapitel »Fragebogen zur Selbstcharakteristik«, S. 261. – *Im Nebenzimmer*: ThF an Mathilde von Rohr, 17. März 1872, HFA IV/2, S. 400.

85 *kein Französisch*: Bunsen 1929, S. 33. – *Die Tatsache*: Forster, S. 696.

86 *in Fragen des Glaubens*: ebd., S. 698. – *Gesamtschülerschaft*: *s.* Velder, S. 311. – *Er ist stets*: Forster, S. 697.

87 *seine Erinnerungen*: *s.* Friedrich Fontane 1922/I, S. 75–79 sowie Friedrich Fontane 1938, S. 80–86. – *Aquarell*: Marie von Bunsen: Arbeitszimmer ThFs, 13. November 1898. Aquarell: 39,3 x 28,2 cm. Im Besitz des Stadtmuseums Berlin, XI 59/474 W; abgebildet in: Fontane und sein Jahrhundert, S. 263.

88 *sieben Fuß*: ThF an Clara Stockhausen, 27. Dezember 1878, HFA IV/2, S. 645. – *Drei Treppen hoch*: ThF: *Die Drei-Treppen-Hoch-Leute*, HFA I/7, S. 489. – *75 Stufen*: ThF: *Meine Reiselust (früher und jetzt)*, in: HFA I/8, S. 342 f.

89 *Fontane, Schriftsteller*: Berliner Adreßbuch, 1873. – *Na, Freude*: ThF an Ma-

thilde von Rohr, 31. Oktober 1872, HFA IV/2, S. 415. – *Die Wand*: Friedrich Fontane 1922/I, S. 78. – *Besonders, wenn*: Friedrich Fontane 1938, S. 85.

90 *Petroleumarbeits-Stehlampe*: ebd., S. 84. – *die grüne Lampe*: MF an EF, 19. März 1881, Dieterle 2002, S. 151. – *Martha ist in*: ThF an Mathilde von Rohr, 25. September 1872, Prop 3, S. 134. – *lustig, keck*: Blosser/Gerster, S. 157.

91 *Brille*: s. FonW, 6. Juli 1874, TFA. – *Backfisch-Schriftstellerin*: ThF an Eduard Engel, 9. Juni 1881, Jolles, S. 19 f. – *Der Verstand*: Lange, S. 45. – *Martha zeigt Begabungen*: ThF an Mathilde von Rohr, 26. März 1874, HFA IV/2, S. 456. – *Tante Merckel ist*: ThF an Karl und Emilie Zöllner, 14. Juli 1873, ebd., S. 435.

92 *Ich habe Dir*: ThF an EF, 18. August 1875 (als Brieffragment überliefert), Erler 1998, Bd. 3, S. 58. – *Hut*: s. FonW, 23. November 1874, TFA.

93 *Martha! Gott*: nach einer Erzählung von Otto Bierbaum. – *Coquetterie*: MF am 6. November 1877, wie Anm. zu S. 84, s. in diesem Buch Kapitel »Fragebogen zur Selbstcharakteristik«, S. 262.

94 *ob ich Dir*: Theodor Fontane jun. an MF, 21. März 1876, Dieterle 2002, S. 40.

95 *ließen sich damals konfirmieren*: s. Budde, S. 396 f. – *Jenseitsglauben*: s. MFF an Paul Schlenther, 12. September 1904, Dieterle 2002, S. 519; in diesem Buch S. 328. – *Fontane, Marthe*: Kirchenbuch der Französischen Gemeinde zu Berlin. – *Zu Ostern*: ThF-TB, 1876, Bd. 2, S. 58. – *Meine liebe Mete*: ThF an MF, [Juli 1876], Dieterle 2002, S. 46.

96 *Du bist ein gutes*: Theodor Fontane jun. an MF, 21. März 1876, ebd., S. 42. – *Der ›Backfisch‹*: s. auch die Porträts von MF in: Nürnberger 1997, S. 291 und Dieterle 1996, S. 169.

97 *Italienische Saal*: F. C. Witte, Bd. 1, S. 6.

98 *Prachtexemplar*: Nachruf auf Friedrich Witte in der *Nation*, NL Witte. – *Fritze Witte*: ThF: *An Fritze Witte* 1845/46, in: HFA I/6, S. 1259.

100 *leidenschaftliche Schwärmer*: zitiert nach Jürgens, S. 39. – *Siegen ist gut*: ThF: *Der Stechlin*, HFA I/5, S. 191.

101 *Sie konnte*: F. C. Witte, Bd. 1, S. 7. – *ganz besondere Hoffnung*: ebd., S. 3.

102 *Berlin-Besuch*: s. ebd., S. 3. – *Tertia b*: ebd., S. 3. – *lange herumgeliebt*: ThF an Mathilde von Rohr, 26. März 1874, HFA IV/2, S. 457 f.

103 *Martha und wir*: Anna Witte an Richard Lucae, 5. Mai 1876, HABW, NL Schreinert. – *Sie meint, wir litten*: Anna Witte an Richard Lucae, 11. Mai 1876, ebd. – *Wenn Du [...] Emilie Fontane siehst*: Anna Witte an Richard Lucae, 4. Juni 1876, ebd.

104 *Frau Anna Witte*: MF am 6. November 1877, wie Anm. S. 84, s. in diesem Buch Kapitel »Fragebogen zur Selbstcharakteristik«, S. 261. – *Rasselbande*: F. C. Witte, Bd. 1, S. 14. – *Miß Meta naht*: Überschrift: vacat, Dieterle 2002, S. 564–66.

107 *Zweideutigkeit*: ThF an Minister Adalbert Falk, 28. Mai 1876, HFA IV/2, S. 522. – *Was denkt sich*: Anna Witte an Richard Lucae, 9. Juni 1876, NL Schreinert. – *Papas pet*: Theodor Fontane jun. an MF, 21. März 1876, Dieterle 2002, S. 42. – *Die Kinder*: ThF an Mathilde von Rohr, 17. Juni 1876, HFA IV/2, S. 528.

108 *Meine liebe, süße Mete*: Nachschrift von ThF in einem Brief von EF an MF, 2. Juni 1876, Dieterle 2002, S. 43. – *Es ist recht betrübend*: ThF an MF, 17. Juni 1876, ebd., S. 45. – *Absentierungspassion*: MF an EF, 16. Februar 1881, ebd., S. 65. – *Alle Welt*: ThF an Mahilde von Rohr, 17. Juni 1876, HFA IV/2, S. 527.

109 *Die Frage*: ThF an MF, 17. Juni 1876, Dieterle 2002, S. 45. – *bei denen die Jollen*: F.C. Witte, Bd. 1, S. 4.

110 *Schwimmen*: MF am 6. November 1877, wie Anm. S. 84, *s.* in diesem Buch Kapitel »Fragebogen zur Selbstcharakteristik«, S. 260. – *Die Badeanstalten*: F.C. Witte, Bd. 1, S. 7–8. – *Martha hat*: Anna Witte an Richard Lucae, 9. August 1876, HABW, NL Schreinert. – *Liste*: *s.* die Bücherliste, erstellt von Friedrich Carl Witte, NL Witte. – *so gut wie auswendig*: Gertrud Schacht an Friedrich Schmidt, 9. März 1960, ALV. – *Wir haben uns*: Anna Witte an Richard Lucae, 4. Juni 1876, HABW, NL Schreinert.

111 *vertraulich plaudernd*: Tissot 1875, S. 1. – *Hrn. Th. Fontane*: ebd., S. 187–88. – *häßlich, abgenutzt*: ebd., S. 5. – *ein von Schildwachen*: ebd., S. 7. – *Weder das ›ewige Gesiege‹*: ThF an EF, Mailand, 10. August 1875, Erler 1998, S. 47.

112 *Ich kenne nur London*: Tissot 1875, S. 200. – *Arbeits- und Zufluchtshäusern*: ebd., S. 200 ff. – *Wir fahren*: ebd., S. 127–28. – *Butterbrot*: ebd., S. 128–31. – *Die Knaben*: ebd., S. 131.

114 *alle Lehrgegenstände*: Supprian 1882, S. 49. – *Schulordnung*: Sie befindet sich im Archiv der Sophie Scholl-Gesamtschule, Elßholzstraße 34–37, Berlin. – *Schulleiter*: *s.* MF an EF, 21. August 1881, Dieterle 2002, S. 202. – *Tadel durch Blick*: Supprian 1879, § 7.

115 *ein bißchen milder*: Theodor Fontane jun. an MF, 16. März 1876, Dieterle 2002, S. 42. – *... Handarbeit*: Supprian 1879, S. 5. – *100 Mark*: Supprian 1882, S. 50. – *Mete muß immer*: ThF an Clara Stockhausen, 10. September 1878, Dieterle 2002, S. 59.

116 *kleine Minderheit*: *s.* Kleinau/Opitz, S. 87. – *Manche sind so sehr*: ThF: *Mathilde Möhring*, HFA I/4, S. 589. – *Frau und Mutter*: MF am 6. November 1877, wie Anm. S. 84, *s.* in diesem Buch Kapitel »Fragebogen zur Selbstcharakteristik«, S. 261. – *in die Riemen*: Bunsen 1929, S. 46.

117 *einen deutschen Aufsatz*: Falk 1874, § 11, 15, 16. – *sehr gut*: Schneider, S. 274. – *Anfang April*: ThF-TB, 1878, Bd. 2, S. 67. – *die Bewerberinnen*: Schneider, S. 254. – *Prüfungsordnung*: *s.* Falk 1874, § 9.

118 *Ja, der Roman!*: ThF an Mathilde von Rohr, 1. November 1876, HFA IV/2, S. 547. – *Er ist glücklich*: EF an Mathilde von Rohr, 10. November 1876, TFA. – *Der Konflikt*: ebd. – *Daß ich nach*: ebd. – *George, der jetzt*: ebd. – *Theo begann*: *s.* Theodor Fontane jun., Lebenserinnerungen, NL Klünner.

119 *muntren Zeilen*: ThF an MF, 15. August 1876, Dieterle 2002, S. 46. – *Verräterin; keine*: ThF: *An Auguste Schreiner. Zum Polterabend am 17. Oktober 1876*, in: Krueger/Golz 1995, Bd. 3, S. 234 f.

120 *noch immer heiser*: ThF an Clara Stockhausen, 20. Oktober 1876, HFA IV/2, S. 543. – *Im November*: ThF-TB, 1876, Bd. 2, S. 63. – *Der Theaterzettel*: im NL Witte.

121 *George, in beiden Hauptrollen*: ThF an die Schwester Lise Weber-Fontane, 16. Dezember 1876, Prop 2, S. 332. – *vor verwandtem und bekanntem*: Budde, S. 134. – *die zu erschwinglichen Preisen*: ebd. – *Der Ausgang*: ThF-TB, 1876, Bd. 2, S. 63. – *der liebenswürdigste*: ThF an die Schwester Lise Weber-Fontane, 16. Dezember 1876, Prop 2, S. 332. – *Ich vermute*: Notiz von Friedrich Fontane zu Typoskript, TFA.

122 *Letzten Sonntag*: ThF, Briefentwurf für Martha an George Fontane [1877],

TFA, Typoskript. – *erfolgte Marthas Einführung*: ThF-TB, 1876, Bd. 2, S. 63. – *sie macht*e: ebd. – *Einem jungen, gesunden*: Julie Burow: Herzensworte, Kapitel ›Ballsaal‹, 1859; 19. Aufl. um 1880, in: Wilkending, S. 181. – *weiße oder rosa*: Bunsen 1929, S. 53.

123 *vor dem ersten Walzer*: ebd., S. 50. – *Wurde man*: ebd., S. 51. – *Champagner*: MF am 6. November 1877, wie Anm. S. 84, *s.* in diesem Buch Kapitel »Fragebogen zur Selbstcharakteristik«, S. 261. – *Einem andern jungen Mädchen*: Theodor Fontane jun. an MF, 21. März 1876, Dieterle 2002, S. 40.

124 *Martha trat bei Stockhausens ein*: ThF-TB, 1876, Bd. 2, S. 63. – *Der kann schreien!*: Julius Stockhausen an ThF, [11. Februar 1877], TFA. – *Sei dir das Leben*: ThF: *Zur Taufe von Johannes Stockhausen*. Pfingstsonntag, 20. Mai 1877, in: HFA I/6, S. 520. – *Gedanken und Wuensche*: Johannes Brahms an Clara Stockhausen, Wien, [18. Mai 1877], Hofmann, S. 131.

125 *Als Mit-Pate*: Julius Stockhausen an Johannes Brahms, 21. Februar 1877, Wirth 1927, S. 415. – *Martha will*: ThF an Clara Stockhausen, ohne Ort und Datum, DLA, Fontane-Autographen, Hanser Briefverzeichnis 00/58, S. 742. – *sehr musikalisch*: Merckel, 27. Januar 1888, S. 264. – *Beethoven … Schumann*: MF am 6. November, wie Anm. S. 84, sowie MF am 30. Mai 1890, *s.* in diesem Buch Kapitel »Fragebogen zur Selbstcharakteristik«, S. 261. – *Ich setze mich*: MF an EF, 14. Oktober 1880, Dieterle 2002, S. 93. – *zwei wunderbar schöne*: zitiert nach Litzmann, Bd. 3, S. 335.

126 *Der Kerl singt*: Joseph Joachim an Avé Lallemant, 24. März 1859, in: Wirth 1927, S. 190. – *Frau Schumann*: Julius Stockhausen an Clara Schumann, 6. August 1870, in: Litzmann, Bd. 3, S. 243 f. – *Ich weiß noch*: ThF: *Der Stechlin*, HFA I/5, S. 152.

127 *Du wirst nicht*: Clara Stockhausen an Julius Stockhausen, Cannstatt, 23. Februar 1874, in: Wirth 1927, S. 379. – *Schwager, der zahlt*e: *s.* ebd., S. 388. – *Werken der neueren Meister*: Kastan, S. 272.

128 *als Rivalen empfand*: *s.* auch Joseph Joachim an Avé Lallemant, 24. März 1859, in: Wirth 1927, S. 190. – *Unsere Berliner*: Julius Stockhausen an Johannes Brahms, 18. September 1875, ebd., S. 401. – *Das wäre mir*: Julius Stockhausen an Johannes Brahms, Berlin, 18. September 1875, ebd., S. 401. – *Schumann-Lieder*: *s.* Hofmann, S. 109. – *Seine Begeisterung*: Eugenie Schumann, S. 288.

129 *durchschnittlich fünf*: Julius Stockhausen an Adolph Meyer, 4. Dezember 1876, in: Wirth 1927, S. 390 f. – *bei Stockhausen*: Familienchronik, NL Bencard. – *Ich hatte eine kleine*: Eugenie Schumann, S. 288 f.

130 *Hier sind die Leute*: Clara Schumann an Johannes Brahms, 5. April 1878, in: Litzmann, Bd. 3, S. 371. – *Mete fängt an*: EF an Clara Stockhausen, 12. Juni 1878, Erler 2002, S. 398 f. – *Mete … hinzugetan*: ThF an EF, 13. Juni 1878, Erler 1998, Bd. 3, S. 119. – *ein ganz apartes Frauenzimmer*: ThF an EF, 21. Juni 1878, ebd., S. 136.

131 *entzückende Brahmssche Lieder … selbst*: ThF: Das Stockhausen-Fest, Ny Bd. XVIII, S. 531, erschienen in: *VZ*, Nr. 143, 21. Juni 1878. – *So denke ich mir*: Julius Wolff in der *National-Zeitung*, 21. Juni 1878, zitiert nach Wirth 1927, S. 427. – *Ähnlichkeit*: EF an Clara Stockhausen, Wernigerode, 21. Juli 1878, NL Stockhausen. – *Bloß das*: ThF an EF, 15. August 1878, Erler 1998, Bd. 3, S. 151. – *Mete freut sich*: EF an Clara Stockhausen, 21. Juli 1878, NL Stockhausen.

132 *Die Zeilen von St.*: ThF an EF, 16. August 1878, Erler 1998, Bd. 3, S. 153. – *Hochgeehrte Frau und Freundin*: ThF an Clara Stockhausen, 20. August 1878, Dieterle 2002, S. 54f.

133 *O heiliger J. S.*: Wilhelm Lübke an Julius Stockhausen, Karlsbad, 17. Juli 1876, in: Wirth 1927, S. 405.

134 *Geliebteste Freundin*: EF an Clara Stockhausen, 20. August 1878, Dieterle 2002, S. 55 f.

135 *nicht früher*: ThF an Clara Stockhausen, 27. August 1878, ebd., S. 57. – *Durchschläger*: ThF-TB, 1878, Bd. 2, S. 67. – *Psychographie*: ThF an EF, 14. Mai 1884, Erler 1998, Bd. 3, S. 382.

136 *Es eilt ja nicht*: Erler 2002, S. 402.

137 *Reichstagswahl*: s. F. C. Witte, Bd. 2, S. 7. – *zwei sehr passende*: Witte-TB, 4. September 1878, Bd. I, S. 1. – *Witte aß bei mir*: ThF an EF, 21. Juni 1878, Erler 1998, Bd. 3, S. 135 f.

138 *Besuch 8 ¾ Uhr*: Witte-TB, 4. September 1878, Bd. 1, S. 1.

139 *die drei alten Fontanes*: z. B. am 7. Juni 1892 unterzeichneten ThF, EF und MF ihr Glückwunsch-Telegramm zur Hochzeit von Friedrich Carl Witte und Laura Roth mit »die drei alten fontanes«, NL Witte.

140 *auf der dritten Bank*: Witte-TB, 9. September 1878, Bd. 1, S. 2. – *dann zu Fontanes*: Witte-TB, 14. September 1878, Bd. 1, S. 3. – *auf unsren alten Kaiser*: ThF-TB, 1878, Bd. 2, S. 68. – *alles außer sich*: ebd. – *mehr denn je*: EF an Clara Stockhausen, 12. Juni 1878, in: Wirth I, S. 404. – *Was die politischen Zeitläufte*: ThF an EF, 10. Juni 1878, Erler 1998, Bd. 3, S. 110. – *gute Absichten*: Witte-TB, 15./16 September 1878, Bd. 1, S. 4.

141 *in der ersten Reihe*: ebd., 18. September 1878, Bd. 1, S. 5. – *In der Kommission*: ebd., 9. Oktober 1878, Bd. 1, S. 8. – *Das Gesetz*: s. Brockhaus 2006, Eintrag »Sozialistengesetz«. –*Schlußsitzung*: Witte-TB, 20. Oktober 1878, Bd. 1, S. 13. – *ab 1886 dagegen*: ebd., 6. April 1886, Bd. 1, S. 173.

142 *Gestern Abend*: MF an EF, 19. September 1880, Dieterle 2002, S. 87. – *Zennig*: s. Witte-TB, 8. April 1880, Bd. 1, S. 56. – *Kaiserhofcafé*: ebd., 28. September 1878, Bd. 1, S. 7. – *Abends mit Zöllners*: ebd., 6. Oktober 1878, Bd. 1, S. 8.

143 *Typhus*: Brockhaus 1879, Eintrag »Typhus«, S. 842.

144 *es ging oft ... eine böse Zeit*: EF an Clara Stockhausen, 1. Dezember 1878, in: Wirth I, S. 404 f. – *Nachkrankheiten*: Meyers Hand-Lexikon, 1873, S. 1627. – *psychische Aufregungen*: Brockhaus 1895, Eintrag »Typhus«, S. 22. – *Ich gehe pünktlich zubett*: MF an EF, 14. Oktober 1880, Dieterle 2002, S. 93 f. – *Typhus war im*: Winkle, S. 410.

145 *Wir benutzen*: s. Koch, zitert nach Hamann, S. 14 f. – *Typhusimpfstoff*: Winkle, S. 413 u. 417.

146 *Ich hab' es getragen*: ThF: *Archibald Douglas*, HFA I/6, S. 9 ff. – *Martha, die recht krank*: ThF an Ludovica Hesekiel, 11. Dezember 1878, HFA IV/2, S. 642. – *Nun denken Sie sich*: ThF an Clara Stockhausen, 27. Dezember 1878, ebd., S. 645–46. – *Vieles im Leben ... Baron Senfft-Pilsach*: ThF an Rektor Wieland, 4. April 1887, TFA, Typoskript.

147 *Genesungsfest*: s. EF an Clara Stockhausen, 1. Dezember 1878, in: Wirth I, S. 406. – *eine der wertesten Bereicherungen*: Ludwig Pietsch, in: *VZ*, 22. November 1878, Nr. 275; vgl. AFA, *Vor dem Sturm*, Anmerkungen, S. 365. – *Seien Sie herz-*

lichst: ThF an Ludwig Pietsch, 22. November 1878, HFA IV/2, S. 634. – *Hier, von den Freunden*: EF an Clara Stockhausen, 1. Dezember 1878, Wirth I, S. 405.

148 *Vornehmheit*: *s.* EF an Clara Stockhausen, 1. Dezember 1878, Wirth I, S. 405. – *nicht spannend*: ThF an Ludovica Hesekiel, 28. Mai 1878, HFA IV/2, S. 572. – *An Fontanes Vor dem Sturm*: Julius Rodenberg, Tagebucheintrag vom 27. Dezember 1878, zitiert nach AFA, *Vor dem Sturm*, Anmerkungen, S. 371 f. – *Das Einzige*: ThF an Clara Stockhausen, 27. Dezember 1878, HFA IV/2, S. 646. – *Friedel ist*: ThF an Mathilde von Rohr, 22. August 1876, HFA IV/2, S. 542. – *Friedel bleibt*: EF an Clara Stockhausen, 1. Oktober 1878, DLA.

149 *Friedel willig*: EF an Clara Stockhausen, 26. März 1879, DLA. – *als außerordentlicher Geschichtslehrer*: EF an Clara Stockhausen, 1. Oktober 1878, DLA. – *Ich stellte mir*: MF an EF, 10. September 1880, Dieterle 2002, S. 85. – *Er läßt sich*: ThF an Wilhelm Hertz, 13. Dezember 1878, HFA IV/2, S. 642.

150 *festbesoldeter Beamter*: Forster, S. 701. – *Leipziger Straße 44*: bei Machners. – *sehr gemütliche Zimmer*: Witte-TB, 25. Februar 1879, Bd. 1, S. 17. – *Pferdeomnibus*: Schwenk, S. 183. – *Gestern aß ich*: Witte-TB, 25. Februar 1879, Bd. 1, S. 17 [betrifft Montag, 24. Februar 1879]. – *Übergang vom Freihandel*: zitiert nach Hamann, S. 22.

151 *Plenum von 11–4*: Witte-TB, Freitag, 7. März 1879, Bd. 1, S. 21. – *um 11 Uhr*: ebd., Dienstag, 11. März 1879, Bd. 1, S. 22. – *Lise und Martha*: ebd., Sonntag, 16. März 1879, Bd. 1, S. 23. – *Marthas Geburtstag*: ebd., Dienstag, 25. März 1879, Bd. 1, S. 25 [betrifft Freitag, 21. März]. – *Charlotte Corday*: MF am 6. November 1877 sowie am 30. Mai 1890, *s.* in diesem Buch Kapitel »Fragebogen zur Selbstcharakteristik«, S. 261. – *Bibliothek von Marthas Vater*: *s.* Rasch 2005, S. 141.

152 *Mörderin Marats ... hingerichtet*: Brockhaus 1876, Eintrag »Corday, Charlotte«, S. 976. – *Ungleichheit ... Abwarten*: *s.* in diesem Buch Kapitel »Fragebogen zur Selbstcharakteristik«, S. 261.

153 *Mete ist sehr fleißig ... Krigars*: EF an Clara Stockhausen, 17. Juni 1879, DLA. – *sehr gelobt*: EF an Clara Stockhausen, 26. März 1879, DLA. – *ihre eigenen Stunden*: EF an Clara Stockhausen, 17. Juni 1879, DLA. – *Menschen, Menschen*: EF an Clara Stockhausen, 8. Februar 1879, DLA.

154 *Vater Fontane nebst Tochter*: Witte-TB, 29. Juni 1879, Bd. 1, S. 42. – *Abends mit Lise und Martha*: ebd., 30. März 1879, Bd. 1, S. 26. – *Gestern wurden wir*: ebd., 26. April 1879, Bd. 1, S. 28. – *durch Wittes*: *s.* EF an Clara Stockhausen, 17. Juni 1879, DLA. – *Gestern ... Frühlingstag*: Witte-TB, Montag, 5. Mai 1879, Bd. 1, S. 31. – *bei den Zelten*: ebd., Sonntag, 29. Juni 1879, Bd. 1, S. 42. – *im Kaiserhof Café*: ebd., Dienstag, 29. April 1879, Bd. 1, S. 29.

155 *breitschlagen*: EF an Clara Stockhausen, 17. Juni 1879, DLA. – *über kurz oder lang*: EF an Clara Stockhausen, 26. März 1879, DLA. – *für London und New York*: *s.* ThF an Mathilde von Rohr, 15. April 1870, HFA IV/2, S. 294. – *soweit es ihr Charakter zuläßt*: EF an Clara Stockhausen, 26. März 1879, DLA. – *Wie gern käme ich*: ebd. – *Brunnenkur*: EF an Clara Stockhausen, 18. April 1879, DLA. – *Im Juli ... nach Berlin zurück*: ThF-TB, 1879, Bd. 2, S. 70.

156 *da mein Mann*: EF an Clara Stockhausen, 29. Juli 1879, DLA. – *Nur ein Wort*: ThF an MF, 24. Oktober 1879, Dieterle 2002, S. 64.

157 *Brillant*: ThF an die Schwester Lise Weber-Fontane, 16. Dezember 1876, Prop 2, S. 332. – *ein paar Ellen*: ThF an MF, 20. Oktober 1879, Dieterle 2002,

S. 65. – *Ju'n Abend!*: ThF: *An Anna und Friedrich Witte. Zur Silbernen Hochzeit am 7. November 1879*, in: Krueger/Golz 1995, Bd. 3, S. 247 ff.
159 *Verbitterung*: EF an Clara Stockhausen, 1. November 1879, DLA. – *ihre Frische*: EF an Clara Stockhausen, 1. November 1879, DLA. – *mit einer Katastrophe*: ThF an MF, 14. November 1879, Dieterle 2002, S. 66.
160 *Mete ist in Rostock*: EF an Clara Stockhausen, 1. November 1879, DLA. – *Emilie will nicht*: ThF an Elise Weber-Fontane, 23. Dezember 1879, HFA IV/3, S. 55. – *Mein Mann hat*: EF an Clara Stockhausen, 29. März 1880, DLA. – *Martha suche Stellen: s.* ThF an EF, 7. April 1880, Erler 1998, Bd. 3, S. 209. – *Ich bin begierig*: Witte-TB, 10. Mai 1880, Bd. 1, S. 66. – *Es ist ein tolles Frauenzimmerchen*: Anna Witte an Richard Lucae, 9. August 1876, wie Anm. S. 110. – *vor einer Katastrophe*: ThF: *Die Poggenpuhls*, HFA I/4, S. 485. – *insolvent*: EF an Clara Stockhausen, 10. April 1880, DLA. – *ein schlechtes … Hause*: ThF an EF, 16. August 1878, Erler 1998, Bd. 3, S. 153.
161 *Bälle und Gesellschaften*: EF an Clara Stockhausen, 1. Januar 1880, DLA.
162 *Zwei meiner Söhne*: ThF an Hermann Kletke, 27. Februar 1880, HFA IV/3, S. 63. – *beinah täglich*: ThF an Mathilde von Rohr, 15. Januar 1880, HFA IV/3, S. 60. – *wo man im Kreise*: Witte-TB, 18. März 1880, Bd. 1, S. 56, – *Martha hatte … teilgenommen: s.* ebd., 11. März 1880, Bd. 1, S. 53. – *Und mitunter*: ThF: *Lebenswege*, in: HFA I/6, S. 330. Entstehung: 1887(?). Erstdruck: 1889.
163 *bei Schreiners*: ThF an EF, 21. März 1880, Erler 1998, Bd. 3, S. 195. – *Lindaus neues Stück*: ThF an Mathilde von Rohr, 15. Januar 1880, HFA IV/3, S. 60. – *Der je nach Neigung*: ThF, Theaterkritik zu Paul Lindaus *Gräfin Leah*, uraufgeführt am 21. Januar 1880 im Königlichen Schauspielhaus, HFA III/2, S. 447.
164 *de tout mon coeur*: ebd. – *im Ganzen sehr tapfer*: MF an EF, 14. Mai 1881, Dieterle 2002, S. 167. – *Ich werde jetzt*: MF an EF, 17. Oktober 1880, Dieterle 2002, S. 95 f. – *zunehmend antisemitisch: s.* Horch, S. 288 f. – *Was das Staatsministerium*: ThF an Philipp Graf zu Eulenburg, 21. November 1880, HFA IV/3, S. 112. – *Nichts von den großen Dingen*: ThF an Mathilde von Rohr, 1. Dezember 1880, HFA IV/3, S. 113.
165 *Ich habe so was Reizendes*: ThF, Theaterkritik vom 28. Mai 1880, in: *Plaudereien*, S. 468 ff. – *Backfisch- und Hosenrollen: s.* Hoyer 1975, S. 460. – *Feuer*: ThF, Theaterkritik vom 26. Mai 1880, in: HFA III/2, S. 1069. – *undefinierbaren Charme*: ThF, Theaterkritik vom 26. Mai 1880, in: HFA III/2, S. 1070. – *zu seinem Liebling: s.* ThF: *Plaudereien*, S. 570. – *das Vergnügen*: Hoyer 1975, S. 469. – *Controleuraugen*: ThF an MF, 13. April 1889, Dieterle 2002, S. 331. – *Mit der Conrad … Artigkeit*: ThF an MF, 16. April 1889, ebd., S. 334.
167 *photographisches Porträt: s.* Nürnberger 1997, S. 127. – *zeitgenössische Zeichnung*: von A. E. Grunwald, *s.* Pleister, S. 225. – *Ich sah für meine*: MF an EF, 13. September 1881, Dieterle 2002, S. 209. – *Nicht das Recht*: MF am 30. Mai 1890, *s.* in diesem Buch Kapitel »Fragebogen zur Selbstcharakteristik«, S. 261.
170 *für recht aristokratisch*: MF an EF, 13. September 1881, Dieterle 2002, S. 209.
172 *Man ist hier fromm*: MF an die Eltern ThF und EF, 1. August 1880, ebd., S. 69–71. – *Wer dient … verschießen*: ThF an MF, 4. August 1880, ebd., S. 71. – *Ich scheine mich*: MF an ThF, 5. August 1880, ebd., S. 72. – *Gegenwärtig scheint*: EF an

Clara Stockhausen, 10. August 1880, DLA. – *Ursprünglich stammten die Mandels*: Familienchronik, S. 9 f., NL Mandel.

173 *Wie üblich … bedeutete*: Moedebeck, Kopie der Handschrift TFA. – *Heute habe ich Ella*: MF an ThF, 5. August 1880, Dieterle 2002, S. 73. – *sie tun mir*: MF an ThF, 31. August 1880, ebd., S. 80. – *Sinn für Poesie*: MF an EF, [22. August 1880], ebd., S. 79. – *Ella erklärt*: MF an ThF, 14. August 1880, ebd., S. 76.

174 *etwas verdirbt mir Ella*: MF an EF, 27. Januar 1881, ebd., S. 125 f. – *Ich habe mich*: MF an EF, [17.] Februar 1881, ebd., S. 134. – *Wir können alle*: ThF an MF, 3. Juni 1881, ebd., S. 176. – *entschieden sehr viel*: MF an EF, 18. Juni 1881, ebd., S. 186. – *Besonders erfreuen*: MF an EF, 19. September 1880, ebd., S. 88. – *Es macht mich*: MF an EF, 25. Oktober 1880, ebd., S. 98. – *Herzensbildung*: MF an EF, 16. Februar 1881, ebd., S. 135. – *Mein kleiner Victor*: MF an EF, 29. April 1881, ebd., S. 158. – *mit dreimaliger Anwendung*: MF an EF, 30. Mai 1881, ebd., S. 172.

175 *durchprügeln*: MF an EF, 30. Mai 1881, ebd., S. 172. – *großen Hang*: MF an EF, 2. März 1881, ebd., S. 145. – *Probejahr*: MF an EF, 2. März 1881, ebd., S. 145. – *einzudammern*: MF an EF, 14. Oktober 1880, ebd., S. 93. – *wie ein Traum*: MF an die Eltern, 10. Oktober 1880, ebd., S. 92. – *Ärgernisse*: MF an EF, 14. Oktober 1880, ebd., S. 93. – *nicht das rechte Talent*: MF an EF, 3. November 1880, ebd., S. 99. – *Der Stoff zum Schreiben*: MF an EF, 21. November 1880, ebd., S. 105.

176 *Ich bin sehr glücklich*: MF an ThF, 9. November [1880], ebd., S. 100. – *Er muß ein wirklicher*: ThF an MF, 11. November 1880, ebd., S. 102. – *Möge das neue Jahr*: Witte-TB, Mittwoch, 26. Februar 1878, Bd. 1, S. 17.

177 *befürchtet nicht*: MF an EF, 12. November 1880, Dieterle 2002, S. 103. – *Typhus-Hinterlassenschaft*: MF an EF, 14. Oktober 1880, ebd., S. 94. – *To begin with*: MF an EF, 26. November 1880, ebd., S. 107 f.

178 *momentan ganz*: s. MF an EF, 2. Dezember 1880, ebd., S. 109. – *Angst-flecken*: MF an EF, 29. November 1880, ebd., S. 109. – *Kolik der Gebärmutter*: MF an EF, 6. Dezember 1880, ebd., S. 111. – *Hier sieht's trübe aus*: EF an Clara Stockhausen, 17. Dezember 1880, DLA. – *Ich kann wohl sagen*: Eugenie von Mandel an MF, 30. Dezember 1880, Dieterle 2002, S. 112.

179 *Selbstverständlich habe ich*: MF an EF, [9. Januar 1881], ebd., S. 115.

180 *Meines lieben Papas*: MF an EF, 21. Februar 1881, ebd., S. 139. – *8–12 …* ½ 5 – ½ 6: MF an EF, 29. April 1881, ebd., S. 158.

181 *Unsere gestrige Familiengesellschaft*: MF an EF, 13. Juni 1881, ebd., S. 182 f. – *Von jetzt an*: MF an EF, 12. Januar 1881, ebd., S. 116. – *Ich ertappe mich*: MF an EF, [20.] Januar 1881, ebd., S. 121 f.

182 *Heute früh hatte ich*: MF an EF, 18. Juni 1881, ebd., S. 185 f. – *Ich glaube mich*: ThF an MF, 17. Februar 1882, ebd., S. 216. – *Das Bruch*: MF an Emilie und ThF, 4. Juni [1881], ebd., S. 178.

183 *Früh wurde gebacken*: MF an Emilie und ThF, 4. Juni [1881], ebd., S. 178. – *Am Sonnabend*: MF an EF, 8. September 1881, ebd., S. 206 f.

184 *Still!*: ThF: *Der Tag von Düppel* (Entstehung 5. Mai 1864), in: HFA I/6, S. 234 ff. – *Schon am Freitag*: MF an EF, 13. September 1881, Dieterle 2002, S. 208 f.

185 *Unten in den Salons*: Friedrich Fontane an EF, 1. August 1881, ebd., S. 196. – *mir ist [...] die Form*: MF an Emilie und ThF, 10. Oktober 1880, ebd., S. 91 f. – *Ich bin recht ärgerlich*: MF an EF, 16. Februar 1881, ebd., S. 133 f.

186 *Ich finde George*: MF an EF, 29. April 1881, ebd., S. 158. – *allerlei Arbeiten ...*
Tiftelei: EF an Clara Stockhausen, 1. Oktober 1878, DLA.

187 *Es sind ... bewacht werden muß*: MF an ThF, 10. September 1880, Dieterle 2002, S. 86. – *grünen Lampe*: MF an EF, 19. März 1881, ebd., S. 151. – *Ich wundre mich*: MF an EF, 31. August 1880, ebd., S. 79. – *laxe Behandlung*: Jolles, S. 47. – *unübertrefflich*: MF an EF, 31. August 1880, Dieterle 2002, S. 79 f. – *Ich habe vor Freude*: MF an EF, 21. März 1881, ebd., S. 153. – *schwärme ... von mir*: MF an EF, 31. August 1881, ebd., S. 206. – *in der Kunst*: ThF an EF, 23. August 1882, Erler 1998, Bd. 3, S. 283.

188 *nicht mehr als Angstkind*: MF an EF, 2. Dezember 1880, Dieterle 2002, S. 110. – *Heute Nacht*: MF an EF, 31. August 1881, ebd., S. 202 f. – *Berlin war heiß*: Anna Witte an MF, 20. Juni 1881, ebd., S. 188. – *Küsse meinen*: MF an Emilie und ThF, 21. März 1881, ebd., S. 154. – *langweilig ... Sanguinikerin*: MF an EF, 29. April 1881, ebd., S. 157.

189 *aber allerdings*: MF an EF, 31. August 1880, ebd., S. 80. – *ich schlafe*: MF an EF, 28. August 1881, ebd., S. 204. – *À propos Kandidat*: MF an EF, 24. September 1880, ebd., S. 89. – *Bis vor kurzer Zeit*: MF an EF, 1. März 1881, ebd., S. 141. – *Ein besonderer Verehrer*: MF an EF, 13. September 1881, ebd., S. 209. – *nach wie vor*: MF an EF, 2. März 1881, ebd., S. 145.

190 *Brief von Mete*: ThF-TB, 22. März 1881, Bd. 2, S. 102. – *talent épistolaire*: ThF an MF, 30. September 1894, Dieterle 2002, S. 463. – *Mama ... versimpelt recht*: ThF an MF, 25. Juni 1889, ebd., S. 354 f. – *sicher*: MF an ThF, 11. Juli 1882, ebd., S. 244. – *Im Allgemeinen*: MF an EF, 21. November 1880, ebd., S. 106. – *sich nun ... trivial*: MF an EF, 3. November 1880, ebd., S. 100. – *Die bekannte*: MF an EF, [28.] Juli 1881, ebd., S. 193.

192 *Fräulein Kanneberg*: Witte-TB, Freitag, 10. Juni 1881, Bd. 1, S. 89. – *Wittes sind also hier ... bilden*: ThF an MF, 3. Juni 1881, Dieterle 2002, S. 176 f.

193 *Das Haus*: Witte-TB, Freitag, 10. Juni 1881, Bd. 1, S. 89 f.

194 *Richard hatte*: Anna Witte an MF, 20. Juni 1881, Dieterle 2002, S. 188 ff. – *Ich weiß sehr wohl*: MF an EF und ThF, 4. Juni [1881], ebd., S. 177 f. – *Wittes schweigen*: MF an EF, [Mitte August 1881], ebd., S. 201.

195 *Alles Liebe*: MF an EF, 24. September 1881, ebd., S. 210. – *Zu meinem Bedauern*: Eugenie von Mandel an MF, 30. Dezember 1880, ebd., S. 112. – *Reden sei*: s. ThF an MF, 24. April 1891, ebd., S. 402. – *wir sprechen nicht*: ThF an Clara Stockhausen, 10. September 1878, ebd., S. 58. – *darüber ist nicht*: ThF an EF, 7. April 1880, Erler 1998, Bd. 3, S. 209. – *Wenn ich auch*: MF an EF, 8. September 1881, Dieterle 2002, S. 207. – *wochenlang*: ThF-TB, 22. Juni bis 31. Oktober 1881, Bd. 2, S. 130.

196 *Gib nur ja*: ThF an MF, 16. Januar 1881, Dieterle 2002, S. 119. – *Dort gefällt es ihm*: ThF-TB, 22. Juni bis 31. Oktober 1881, Bd. 2, S. 131.

197 *Ella käme*: MF an EF, 28. August 1881, Dieterle 2002, S. 204. – *Besuch*: ThF-TB, Donnerstag, 24. November 1881, Bd. 2, S. 137.

198 *Sein Hauptthema*: Friedrich Fontane an EF, 1. August 1881, Dieterle 2002, S. 195. – *Wir blieben*: ThF-TB, 26. November 1881, Bd. 2, S. 138. – *Adolph Menzel*: Moedebeck, Kopie der Handschrift TFA. – *Metechen*: Marie Schreiner-Gadebusch an MF, 31. Mai 1881, Dieterle 2002, S. 174 f. – *Mein liebes Rostock ... Dinge*: MF an EF, 16. Januar 1882, ebd., S. 212.

199 *vollständig lethargisch*: MF an EF, 23. Januar 1882, ebd., S. 214. – *Natürlich bist du nervös … keineswegs*: ThF an MF, 17. Februar 1882, ebd., S. 215 f. – *Aufregung*: MF an EF, 23. Januar 1882, Dieterle 2002, S. 214.

200 *Es war ein wunderbarer Maimorgen*: MF an EF, 25. Mai [1882], ebd., S. 228. – *Ich war ganz überrascht*: MF an ThF, 31. Mai 1882, ebd., S. 231. – *verunglückter Heiratsgeschichten*: s. Gottfried Keller: *Das Sinngedicht*, 9. Kapitel. – *Die Tage vergehen*: MF an EF, 5. Juni 1882, Dieterle 2002, S. 233. – *immer katholischer … Nonne*: MF an EF, 2. Juni 1882, ebd., S. 232.

201 *Fabrik, Haus … entgegenzutreten*: MF an EF, 10. Juni 1882, ebd., S. 234 f. – *Gereiztheit … Brautstube*: ThF an Anna Witte, Briefentwurf vor dem 10. Juli 1882, ebd., S. 529–553 (diplomatische Transkription mit Faksimile).

202 *Mein lieber Papa … schreibst*: MF an ThF, 11. Juli 1882, ebd., S. 242. – *Du wirst … Herz brach*: ebd., S. 243 f.

203 *Meine liebe Mete … Glücks*: ThF an MF, 13. Juli 1882, ebd., S. 245 f. – *heftige Attacke*: MF an EF, 22. Juli 1882, ebd., S. 247.

204 *Ein Photo*: s. in diesem Buch S. 193. – *Die ganze äußere Form*: MF an EF, 15. Juni 1882. ebd., S. 237. – *Fontanes Fragment*: ThF: Oceane von Parceval. Fragment, HFA I/7, 427–441. – *Hochgehrter Herr*: ThF an Franz Lipperheide, 21. Januar 1883, ebd., S. 255.

205 *Klang*: MF an EF, 13. September 1881, Dieterle 2002, S. 209. – *Märchenton*: ThF: Gottfried Keller. Die Leute von Seldwyla (1874). Entstanden um 1875, zu Lebzeiten Fontanes nicht veröffentlicht, in: ThF: Literarische Essays und Studien. Ny, Bd. 21/1, S. 257. – *von Jahr zu Jahr*: MF an EF, 5. Juni 1882, Dieterle 2002, S. 233 f.

206 *Was soll die lange*: MF an EF, [10. März] 1881, ebd., S. 147. – *Hochgeehrter Herr Fontane!*: Franz Schwechten an ThF, 18. Dezember 1882, Dieterle 2006, S. 7. – *drei große Kästen … Schatz*: ThF an K. E. O. Fritsch, 7. Januar 1883, ebd., S. 12.

207 *Keithstraße*: ThF: Effi Briest. 23. Kapitel ff, HFA I/4, S. 196 ff. – *Marthas Brief*: ThF an EF, 22. Juni 1883, Erler 1998, Bd. 3, S. 322. – *Taschengeld für Mete*: FonW, Januar 1881 bis November 1884, TFA. – *Du frägst*: ThF an MF, 13. Mai 1883, Dieterle 2002, S. 258 f.

208 *Sie tut mir leid*: ThF an EF, 22. Juni 1883, Erler 1998, Bd. 3, S. 323.

209 *Martha hat bis jetzt*: ThF an EF, 29. Juni 1883, ebd., S. 337. – *Martha – wenn sie*: ThF an Mathilde von Rohr, 2. Januar 1884, HFA IV/3, S. 295.

210 *Wenn sie sich nur*: EF an ThF, 18. Juni 1884, Erler 1998, Bd. 3, S. 408. – *Linie Luzern-Gotthardtunnel*: ThF-TB, Freitag, 22. Februar 1884, Bd. 2, S. 204. – *nach Nizza*: ThF-TB, 11. März bis 2. April 1884, Bd. 2, S. 206–09. – *Mir ist […] Nizza*: MF an Anna Witte, 18. Februar 1894, NL Witte/Privatbesitz. – *Zu den vielen Wünschen*: ThF an MF, 16. März 1884, Dieterle 2002, S. 263. – *Der schmale Küstensaum*: Baedeker's Italien, 1895, S. 109; zitiert nach dem Baedekerexemplar von K. E. O. Fritsch, NL Fritsch. – *Hotel Quirinale*: ThF-TB, Sonnabend, 12. April 1884, Bd. 2, S. 212. – *von allen … Restaurants*: Baedeker 1895, Kapitel Rom, S. 176. – *Martha ist seit gestern*: ThF an Mathilde von Rohr, 30. März 1884, HFA IV/3, S. 308.

211 *Statt eines Osterstollen*: ThF an MF, 8. April 1884, Dieterle 2002, S. 265 f. – *Villa Ludovisi*: ThF-TB, Sonntag, 20. April 1884, Bd. 2, S. 213. – *Hast Du denn Eva*

Dohm: ThF an MF, 18. April 1884, Dieterle 2002, S. 271. – *Im Laufe dieser Zeit*: ThF-TB, 29. April bis 9. Mai 1884, Bd. 2, S. 215. – *Hedwig Dohm geb. Schleh*: *s*. ThF an EF, 23. Juni 1883, Erler 1998, Bd. 3, S. 326.

212 *Karl Stauffer-Bern … Porträts radiert*: *s*. Lehrs, S. 42.

213 *Über Venedigs Reiz*: EF an ThF, 24. Juni 1884, Erler 1998, Bd. 3, S. 421. – *Mete in Venedig!*: ThF an EF, 24. Juni 1884, ebd., S. 423. – *Deine Vorliebe für München*: ThF an MF, 8. Juli 1884, Dieterle 2002, S. 272. – *der aufgesuchtesten Schriftsteller*: ebd. – *alles was nach Italien geht*: ebd. – *Besuch von Martha Fontane*.: zitiert nach: HFA IV/5/II, S. 574.

214 *Das Heimweh*: ThF an EF, 13. Juni 1884, Erler 1998, Bd. 3, S. 394. – *Abschiedsbesuch*: *s*. Paul Heyse-Tagebuch, Einträge vom 1., 2. und 7. Juli 1884, BSB/ PH.

215 *Kümmerliche Verhältnisse*: ThF an EF, 13. Juni 1884, Erler 1998, Bd. 3, S. 394. – *An Arbeiten ist*: ThF an EF, 19. Juli 1884, ebd., S. 429 f. – *Es freut mich*: ThF an EF, 21. Juli 1884, ebd., S. 430. – *Ich glaube, du*: ThF an EF, 26. Juli 1884, ebd., S. 433 f.

216 *Also mache die Reise*: ThF an MF, Briefentwurf vom Frühjahr 1884, Dieterle 2002, S. 555 ff. (diplomatische Transkription mit Faksimile). – *Gott mit ihr*: ThF an EF, 6. August 1884, Erler 1998, Bd. 3, S. 438.

217 *Never mind*: ThF an Paul Heyse, 3. September 1884, HFA IV/3, S. 353. – *Zu Hause*: ThF-TB, August bis September 1884, Bd. 2, S. 219. – *Mama, die Dich sehr liebt*: ThF an MF, 13. September 1884, Dieterle 2002, S. 279.

218 *sehr glücklich*: ThF an Friedrich Fontane, 10. Oktober 1884, HFA IV/3, S. 358. – *Mete hat viel*: ThF an Friedrich Fontane, 17. Dezember 1884, ebd., S. 368. – *Ich meldete mich*: Witte-TB, 22. November 1884, Bd. 1, S. 106. – *Bismarck-Schwärmerei*: EF an Clara Stockhausen, 2. März 1885, DLA. – *kleine Jugendgesellschaft*: ThF-TB, 2. Januar 1885, Bd. 2, S. 221. – *Martha im Kostüm*: ThF-TB, 17. Februar 1885, Bd. 2, S. 224 f.

219 *Alle machen sie uns Freude … pflegt*: EF an Clara Stockhausen, 2. März 1885, DLA. – *Den Abend waren wir*: Witte-TB, 22. März 1885, Bd. 1, S. 131. – *Mit Anna und Martha*: ebd., 23. März 1885, Bd. 1, S. 132. – *Fast am Besten … Tafel*: ebd.

220 *ob Nerven, ob Milz*: EF an Clara Stockhausen, 14. April 1885, DLA. – *Ging dann zu Fontanes*: Witte-TB, 18. April 1885, Bd. 1, S. 134. – *Martha ist seit … kaput*: ThF an Mathilde von Rohr, 24. April 1885, HFA IV/3, S. 381. – *Ich habe ein großes Vertrauen*: ThF an Anna Fritsch, 4. Mai 1885, Dieterle 2006, S. 22.

221 *Die dritthalb Stunden*: ThF an EF, 8. Mai 1885, Erler 1998, Bd. 3, S. 446.

222 *Martha bleibt krank*: ThF-TB, Ende April bis Ende Mai 1885, Bd. 2, S. 226. – *Hoffentlich bewährt*: ThF an MF, 26. Mai 1885, Dieterle 2002, S. 282. – *Du hast ganz Recht*: ThF an MF, 26. Juni 1885, ebd., S. 284.

223 *Aufzeichnungen*: George Fontane, NL Robert. – *Schumann- und Wagnerfanatischen Sohne*: ThF an Wilhelm Hertz, 31. Dezember 1878, HFA IV/2, S. 648. – *… Schumann-Abend*: *s*. George Fontane, NL Robert. – *Beethoven und Schumann*: *s*. in diesem Buch Kapitel »Fragebogen zur Selbstcharakteristik«, S. 261. – *Ich denke viel*: EF und ThF an MF, 26. Dezember 1885, ebd., S. 293.

224 *Im Haus Robert … geschrieben*: Lebenserinnerungen von Johanna v. der Schulenburg geb. v. Neefe und Obischau, Tochter von Martha (Fontane-)Robert

aus zweiter Ehe, NL Robert. – *Pfingsten*: ThF an Mathilde von Rohr, 9. Januar 1886, HFA IV/3, S. 447. – *Verlobungsanzeige*: von Theodor Fontane jun. und Martha Soldmann, 13. März 1886, TFA. – *Die frühere Deklination*: ThF an Theodor Fontane jun., 15. März 1886, HFA IV/3, S. 460. – *Daß die Katholikin*: ThF an EF, 12. August 1883, Erler 1998, Bd. 3, S. 362.

225 *Unsre Alte*: George Fontane an Theodor Fontane jun., 16. März 1886, Dieterle 2002, S. 295. – *Die Hochzeit*: ThF an Karl Zöllner, 14. Juni 1886, HFA IV/3, S. 476. – *wie eine Künstlerin ... es ist so*: ThF an Theodor Fontane jun., 2. November 1886, ebd., S. 498. – *An Georges Hochzeit*: ThF an EF, Krummhübel, 19. Juli 1886, Erler 1998, Bd. 3, S. 472. – *mein enfant terrible*: ThF an Georg Friedlaender, 19. Juni 1886, Schreinert 1954, S. 37, Hettche 1994, S. 57.

227 *dicke en bloo*: zitiert nach Wörffel, S. 96. – *Gnädigste und Frau ... dankbar sein*: ThF an Elisabeth Friedlaender geb. Tillgner, 15. Juli 1886, Schreinert 1954, S. 41 f., Hettche 1994, S. 62 f. – *Mit der Reunion*: ThF an EF, 23. Juli 1886, Erler 1998, Bd. 3, S. 474 f.

228 *schönen Park ... erstreckte*: Portmann, Januar 1954.

229 *ein konstantes Novellelesen*: ThF an Georg Friedlaender, 6. September 1885, Schreinert 1954, S. 19, Hettche 1994 33. – *jüdische Geist ... Unmanier auftritt*: ThF an Georg Friedlaender, Berlin, 19. September 1886, ebd., S. 55, S. 79 – *sehr bekannt*: Witte-TB, Montag, 17. Januar 1887, Bd. 1, S. 202.

230 *Unter den schönen Damen*: ThF an Georg Friedlaender, 2. Januar 1887, ebd., S. 64, S. 92. – *Wenn ich mir vorstelle*: ThF an Georg Friedlaender, 31. März 1889, ebd., S. 108, S. 148. – *Die schöne Frau*: ThF an Georg Friedlaender, 25. Juli 1889, ebd., S. 110, S. 151. – *Ewige Jüdin*: ThF an Georg Friedlaender, 27. Juni 1890, ebd., S. 130, S. 177 – *höher*: ThF an Georg Friedlaender, 2. Dezember 1892, ebd., S. 202, S. 275. – *Meine Tochter sagt*: ThF an Georg Friedlaender, 27. Februar 1893, ebd., S. 211, S. 287. – *Frau v. Bülow*: ThF an Georg Friedlaender, 7. Oktober 1885, ebd., S. 22, S. 37.

231 *zu günstig*: MFFs handschriftlicher Kommentar zum Brief von ThF an Georg Friedlaender, 8. Oktober 1885, TFA. – *1944 ein notdürftiges Unterkommen*: Born, S. 161. – *Mete war als Freundin*: ThF an EF, Krummhübel, 23. Juli 1886, Erler 1998, Bd. 3, S. 475. – *Mete war natürlich*: ThF an Theodor Fontane jun., 13. Dezember 1886, HFA IV/3, S. 505.

232 *Martha endlich ... können*: EF an Mathilde von Rohr, Berlin, 10. März 1887, TFA, Typoskript. – *Zölibat*: s. Kleinau/ Opitz, S. 200. – *Geburtstagsbesuch*: Witte-TB, Dienstag, 22. März 1887, Bd. 1, S. 207.

234 *Ich möchte für diese Stunde ... kommt es an*: ThF an MF, 1. Juli 1887, Dieterle 2002, S. 298. – *Sie war lieb*: ThF an EF, 18. Juli 1887, Erler 1998, Bd. 3, S. 492. – *die gräßliche Hurengeschichte*: s. Wandrey, S. 213.

235 *inmitten von Feldern*: s. ThF: *Der alte Wilhelm* (1892), HFA I/7, S. 107. – *Adolf Meergans*: s. Wörffel, S. 107 f. – *Es war sehr hübsch*: ThF an Friedrich Fontane, 16. September 1887, HFA IV/3, S. 563. – *wie zu Hause*: ThF an Georg Friedlaender, 20. September 1887, Schreinert 1954, S. 80, Hettche S. 112. – *viel Quickheit ... keinen beßren*: ThF an an EF, 14. September 1887, Erler 1998, Bd. 3, S. 499.

236 *Lear mit Cordelia*: ThF an Paul Schlenther, 20. September 1887, HFA IV/3, S. 565. – *Ehefragen*: ThF an EF, 22. Juli 1887, Erler 1998, Bd. 3, S. 493. – *ein gro-*

ßes Glück: ThF an EF, 14. September 1887, ebd., S. 499. – *Die Krankheit*: ThF an Theodor Fontane jun., 24. September 1887, HFA IV/3, S. 566 f.

237 *wo eine schwere Blinddarmentzündung*: Stabsärztliches Attest zum Tod von George Fontane, TFA. – *auf dem Lichterfelder Kirchhof*: Friedrich Fontane an Fritz Schmidt, 7. Januar 1937, *s.* Krauß, S. 159. – *Das Begräbnis*: ThF-TB, 1887, Bd. 2, S. 240.

238 *Überhaupt ist die Art*: ThF an Georg Friedlaender, 12.Oktober 87, Schreinert 1954, S. 81, Hettche 1994, S. 113 – *ich habe meinen lieben George*: EF an Clara Stockhausen, 14. Oktober 1887, Dieterle 2002, S. 300 f. – *ersten Besuch*: Witte-TB, Freitag, 25. November 1887, Bd. 1, S. 227. – *von ihrem George*: EF an Theodor Fontane jun., 1. November 1887, Dieterle 2002, S. 301.

239 *Herz-Ungehörigkeiten ... Ranke vor*: EF an Theodor Fontane jun., 1. November 1887, Dieterle 2002, S. 301. – *getreue, liebe Tochter ... rappeln*: EF an Theodor Fontane jun., 22. Dezember 1887, ebd., S. 303. – *bis 5 Uhr*: Witte-TB, 21. Februar 1888, Bd. 2, S. 16. – *Die Nachrichten*: ebd. – *Heute Morgen ... besorgt*: ebd., Freitag, 9. März 1888, Bd. 2, S. 22. – *heut um 11*: ThF an MF, 9. März 1888, Dieterle 2002, S. 305. – *und dann Bismarck*: Witte-TB, Freitag, 9. März 1888, Bd. 2, S. 23.

240 *Die ganze Stadt*: Witte-TB, Sonnabend, 10. März 1888, ebd. – *der am Tatort*: ThF an MF, 10. März 1888, Dieterle 2002, S. 306. – *Wofür Onkel W. ... sprechend*: ThF an MF, 9. März 1888, ebd., S. 305. – *Aber mit Bismarck*: ThF: *Ja, das möchte ich noch erleben* (Entstehung Mitte März 1890), in: HFA I/6, S. 349 f. – *Operiere mit*: ThF an MF, 11. März 1888, Dieterle 2002, S. 307.

241 *Meine liebe Mete*: ThF an MF, 15. Juni 1888, ebd., S. 317. – *Hier herrscht*: MF an Theodor Fontane jun. 25. Juni 1888, ebd., S. 319. – *Der Eindruck*: Witte-TB, 24. Juni – 26. Juni 1888, Bd. 2, S. 26 f.

242 *Wenn doch Krummhübel*: MF an Theodor Fontane jun., 25. Juni 1888, Dieterle 2002, S. 319.

243 *ja*: ThF an MF, 5. Juli 1888, ebd., S. 320. – *Ängstige dich nur nicht*: ThF an MF, 6. Juli 1888, ebd., S. 321. – *Gêne*: ThF an MF, 7. Juli 1888, ebd., S. 322. – *Das Leben hier ... nach Arnsdorf*: ThF an EF, 17. Juli 1888, Erler 1998, Bd. 3, S. 507.

244 *Marthachen benimmt sich*: ThF an EF, 18. Juli 1888, ebd., S. 510 f. – *2500 Fuß ... träumen*: ThF an Moritz Lazarus, 9. August 1888, HFA IV/3, S. 629. – *Nerven-Überreizung ... abgereist ist*: ThF an EF, 18. Juli 1888, Erler 1998, Bd. 3, S. 510. – *Mete ist tapfer*: EF an Theodor Fontane jun., 16. August 1888, Dieterle 2002, S. 329.

245 *die Brotbaude*: ThF an Georg Friedlaender, 9. Mai 1892, Schreinert 1954, S. 177, Hettche 1994, S. 240. – *Auf einem Spaziergang*: zitiert nach Radecke 1997, S. 10. – *Ich war gestern*: Witte-TB, 18. Dezember 1888, Bd. 2, S. 39. – *Etwa im Oktober*: ThF-TB, 1. September bis 31. Dezember 1888, Bd. 2, S. S. 246.

246 *in der bekannten Friderizianischen Montur*: Witte-TB, Freitag, 23. November 1888, Bd. 2, S. 28. – *Es hat Jahrhunderte*: ThF: Theaterkritik in der *VZ*, Nr. 135 vom 21. März 1889, HFA III/2, S. 804. Die besprochene Aufführung von Ibsens *Die Frau vom Meere* im Königlichen Schauspielhaus wurde am 19. März 1889 gespielt. – *... Oper*: *s.* EF an Clara Stockhausen, 10. Februar 1889, Wirth II, S. 651 f. – *ganz munter*: Witte-TB, 22. März 1889, Bd. 2, S. 54. – *Wäre es nicht ernst*:

ThF an MF, 16. April 1889, Dieterle 2002, S. 333. – *Ich kann mir wohl*: ThF an MF, 19. April 1889, ebd., S. 335.

248 *Das Resultat lautet*: EF an Theodor Fontane jun., 5. Mai 1889, ebd., S. 337.

249 *Daß gestern*: ThF an MF, 8. Mai 1889, ebd., S. 339. – *das lokale Übel*: ThF-TB, 1889, Bd. 2, S. 248. – *Ich begreife nicht*: ThF an MF, 17. Mai 1889, Dieterle 2002, S. 345 f.

250 *hochgradige Nervosität*: ThF-TB, 1889, Bd. 2, S. 248. – *Gespenster*: ThF: Theaterkritik in der *VZ*, 13. Januar 1887, HFA III/2, S. 711 ff. – *Die Wildente*: ThF: Theaterkritik in der *VZ*, 22. und 28. Oktober 1888, HFA III/2, S. 774 ff. – *Die Frau vom Meere*: ThF: Theaterkritik in der *VZ*, 6. und 21. März 1889 *s*. Anm. zu S. 246.

251 *uns wirft er*: EF an Clara Stockhausen, 10. Februar 1889, Wirth II, S. 652. – *Mete und ich haben*: zitiert nach Erler 2002, S. 311. – *zum großen Souper*: *s*. ThF-TB, 1889, Bd. 2, S. 247–48.

252 *auch gute*: ebd. – *entzückt um vier*: zitiert nach Erler 2002, S. 311. – *kleine Brahm*: ThF an MF, 31. Mai 1896, Dieterle 2002, S. 482. – *Ris à la Malte*: ThF an EF, 2. Oktober 1888, Erler 1998, Bd. 3, S. 516. – *unabhängig von dem Betrieb*: zitiert nach Sprengel 2004/1, S. 431.

253 *... Mitglied waren*: nach Drude, S. 119. – *die Jugend hat Recht*: ThF an Georg Friedlaender, 29. April 1890, Schreinert 1954, S. 124, Hettche 1994, S. 169. – *Fontanes Briefe*: *s*. ThF an MF, 17. und 27. Februar 1891, Dieterle 2002, S. 233 und 235. – *Ich habe gleich*: ThF an Gerhart Hauptmann, 12. September 1889, Erler 1972/2, S. 398; HFA IV/3, S. 723.

254 *Meine liebe Mete ... werden kann*: ThF an MF, 14. September 1889, Dieterle 2002, S. 372. – *Über Hauptmanns Drama*: ThF: 2. Theaterkritik zu Hauptmanns *Vor Sonnenaufgang* in der *VZ* vom 22. Oktober 1889, HFA III/2, S. 824.

255 *zum bekannten Löffel Suppe*: MF an Gerhart Hauptmann, 26. November 1896, Dieterle 2002, S. 492. – *die Gattin ... junge Frau*: Hauptmann, S. 174. – *An einem Montagmorgen*: ThF: *Jakobitenlieder 5*, in: HFA I/6, S. 15 f. – *diese Fontaneschen Verse*: Hauptmann, S. 176.

256 *Paul Heyse ... Lieblingslyrikern*: *s*. in diesem Buch Kapitel »Fragebogen zur Selbstcharakteristik«, S. 261. – *Er war wie immer*: ThF an Hans Hertz, 20. März 1895, Schreinert/Hay 1972, S. 359. – *Meine Tochter*: ebd. – *Für das Hauptmann-Archiv*: MFF an Gerhart Hauptmann, 15. November 1912, Dieterle 2002, S. 786. – *recht krank*: ThF an Maximilian Harden, 28. Dezember 1889, HFA IV/3, S. 746.

257 *Hochverehrter lieber Freund*: MF an Paul Heyse, 25. Dezember 1889, Dieterle 2002, S. 373. – *So unzulänglich*: *s*. Friedrich Fontane 1922/2, S. 171 – *Es wird mir*: ThF an Gerhart Hauptmann, 16. Januar 1890, HFA IV/4, S. 14. – *Dem Dichter*: *s*. HFA VI/5/II, S. 698.

258 *brüllte wie*: Wolzogen, S. 151 ff. – *Die Alten*: Zobeltitz. S. 149. – *gleichsam der Extrakt*: Ludwig Pietsch in: *VZ*, 7. Januar 1890. – *bis 3 Uhr*: Witte-TB, Dienstag, 14. Januar 1890, Bd. 2, S. 79. – *Das unpassende Benehmen*: ThF an August von Heyden, Briefentwurf vom 5. Januar 1890, HFA IV/4, S. 8. – *Das Fest*: ThF an Wilhelm Hertz, 12. Januar 1890, HFA IV/4, S. 9. – *Ich bin in der Zwischenzeit*: Witte-TB, Dienstag, 14. Januar 1890, Bd. 2, S. 79.

259 *Eine merkwürdige Rolle*: ThF an Adolf Körner, 16. Januar 1890, HFA IV/4, S. 15. – *Das moderne Berlin*: ThF an Heinrich Jacobi, 23. Januar 1890, ebd., S. 18. –

Wirtschaftsbuch ... 1890: FonW, 1890, TFA. – *Friedel hat wirklich*: MF an Theodor Fontane jun., 15. Januar 1890, Dieterle 2002, S. 375.

260 *englischen Fragebogen*: beantwortet von MF am 6. November 1877 und 30. Mai 1890, Dieterle 2002, S. 570f.

262 *Mein lieber Friedel*: ThF an Friedrich Fontane, 17. September 1890, Radecke 1997, S. 20.

264 *Bevölkerung in Elsenau*: Auskunft von Wilfried Gerke, Heimatverein der Region Elsenau, an die Autorin, September 2003. – *Durch Mete hören wir*: ThF an Lise Mengel-Witte, 5. Januar 1892, Wiedemann, S. 76. – *Amtlichen Quellen*: Handbuch für die Provinz Posen nach amtlichen Quellen, 1901 und 1905. – *ein prachtvoll*: Witte-TB, 26. Februar 1888, Bd. 2, S. 17. – *... bei Fontanes*: *s.* Dieterle 2002, S. 876. – *so gut ... natürlich Goethe*: Gertrud Schacht an Friedrich Schmidt, 9. März 1960, ALV.

265 *Tante Fon-Fon*: Schacht, S. 260. – *Das bißchen Unterleib ... zweifelhaft*: MF an Martha Fontane-Soldmann, 26. Januar 1891, Dieterle 2002, S. 389.

266 *Familienwrack*: ebd., S. 390. – *Petöfyabkommen*: ThF an MF, 1. Juli 1887, ebd., S. 298. – *wieder Gesangsstunden*: *s.* FonW, 4. November 1894 (»Metes Gesangsstunden«: 72 Mark), TFA. – *liebevolle Worte*: ThF an MF, 1. September 1892, Dieterle 2002, S. 433.

267 *mit einem Jagdspeer*: ThF an MF, 23. September 1895, ebd., S. 479. – *bei der gräflichen Freundin*: EF an Paula Conrad, 11. August 1891, zitiert nach Erler 2002, S. 321. – *Wie geht es*: ThF an MF, 24. April 1891, Dieterle 2002, S. 402. – *wie ein fremdländischer Kurort*: ThF an MF, 28. März 1891, ebd., S. 398.

268 *einen 8 Seiten langen Liebesbrief*: ThF an Marie Sternheim, [12.] Juli 1896, HFA IV/4, S. 576 (*s.* 11. Juli). – *gerade diffizil genug*: ThF an Paul Schlenther, 7. November 1897, ebd., S. 673. – *so ziemlich*: *s. auch* ThF an Fritz Mauthner, 16. November 1890, S. 12. – *die bewährteste Freundin*: Fritsch 1905, Bd. 2, S. 245.

269 *Papa, der Hans hat*: MF an Anna Witte, 24. März 1893, NL Witte/P. – *eine der interessantesten ... reizvoll war*: Meyer, S. 245. – *Von Lise höre ich*: MF an Anna Witte, 27. Februar 1895, NL Witte/P.

270 *Das nenn ich*: ThF an Otto Brahm, 23. Juni 1882, HFA IV/3, S. 193. – *poetische Lagerung*: ThF vermutlich an Paul Schlenther, 6. Juni 1886, TFA. – *zwanglosen Freundschaft*: MF an Paul Schlenther, 31. Dezember 1889, Dieterle 2002, S. 374. – *Fahrt mit Kremsern*: MF an Paul Schlenther, Juni 1897, ebd., S. 496.

271 *Also höchster Grad*: ThF an MF, 26. Mai 1885, ebd., S. 282. – *voller Huldigung*: ThF an MF, 4. Juni 1896, ebd., S. 483. – *Sein Gerhart Hauptmann-Buch*: *s.* ebd., S. 969.

272 *Mete sagt mir*: ThF an Paul Meyer, 25. Januar 1892, TFA.

273 *verbrennen!*: Meyer, S. 242. – *unbeschränkt entscheiden*: zitiert nach Möller, S. 25 f.

274 *... ausgeschlossen*: *s.* EF an Paul Schlenther, 5. August 1901, TFA, und in diesem Buch Kapitel »Geschwisterzwist um das Erbe des Vaters«, S. 325. – *Ich habe ja noch*: ThF an Friedrich Fontane, 11. August 1892, HFA IV/3, S. 204.

275 *höheren Wert*: ThF an MF, 14. September 1889, Dieterle 2002, S. 372. – *koche und philosophiere*: ThF an MF, 16. Februar 1894, ebd., S. 462. – *Rezensionsexemplar*: *s.* ThF an Friedrich Fontane, Sonnabend 22. Oktober 1892, Radecke 1997, S. 25. – *Prachtgestalten*: Schlenther 1892, S. 65. – *der abgeblitzte Jugend-*

freund ... berührte: Schlenther [1925], Bd 1, S. 49. – *Geist, Leben ... reizend*: ebd., S. 51. – *voller Huldigung*: ThF an MF, 4. Juni 1896, Dieterle 2002, S. 483.

276 *Sehr verehrter Herr*: MF an Paul Schlenther, [1895], TFA. – *Stets Ihre Corinna*: MF an Paul Schlenther, [Anfang Juni 1897], Dieterle 2002, S. 496. – *Ihre getreue*: MFF an Paul Schlenther, [1912], TFA. – *Es scheint ebenso*: MF an EF, 6. Mai 1881, Dieterle 2002, S. 162.

277 *übertriebener Weise*: EF an Clara Stockhausen, 26. März 1879, DLA. – *Ich halte es*: MF an EF, 14. Oktober 1880, Dieterle 2002, S. 94. – *Wie schwer es ist ... down* –: MF an Anna Witte, 8. Dezember 1895, NL Witte/Privatbesitz. – *Papa kam*: EF an Theodor Fontane jun., 3. Juni 1892, Dieterle 2002, S. 425.

278 *Wir leiden alle drei*: EF an Friedrich Fontane, 28. Juni 1892, ebd., S. 426. – *elektrische Behandlung*: ThF an MF, 1. September 1892, ebd., S. 433. – *Georg Hett*: s. ebd., Anm. S. 721. – *von den unerhörten Strapazen*: ThF an MF, 24. August 1892, ebd., S. 430. – *Es betrübt uns*: ThF an MF, 29. August 1892, ebd., S. 431.

279 *Der alte Veit*: MF an Theodor Fontane jun., 5. September 1892, ebd. 436. – *Wenn ich nicht*: Witte-TB, Sonntag, 16. Oktober 1892, Bd. 2, S. 153.

280 *Wir haben bis jetzt*: MF an Anna Witte, 10. April 1893, NL Witte/Privatbesitz. – *Sigmund Freud*: s. Sigmund Freud, Josef Breuer: *Über den psychischen Mechanismus hysterischer Phänomene*, in: Neurologisches Centralblatt hrsg. von Emanuel Mendel, Berlin, 1. und 15. Januar 1893. – *durch und durch*: zitiert nach Stürzbecher, S. 765. – *Die Art, wie er*: Nonne, S. 48 f.

281 *Prof. Mendel war*: MF an Anna Witte am 27. Juli 1893, NL Witte/P. – *immerhin etwas*: MF an Anna Witte, 29. Juli 1893, ebd. – *Mendels Pillen*: ThF an MF, 9. Juli 1893, Dieterle 2002, S. 436. – *machte den Zustand*: ThF-TB, 1893, Bd. 2, S. 259.

282 *Uns vertrat Friedel*: ThF-TB, Jahr 1893, Bd. 2, S. 259. – *Morgen um diese Stunde*: ThF an MF, 12. September 1893, Dieterle 2002, S. 455. – *Der Doktor (Salomon)*: ThF an Karl Zöllner, 30. September 1893, HFA IV/4, S. 297.

283 *Salomon war salomonisch*: ThF an Karl Zöllner, 2. Oktober 1893, ebd., S. 297 f. – *meinen Eltern*: MF an Anna Witte, 19. Oktober 1893, NL Witte/Privatbesitz.

284 *In Stille*: ThF-TB, 1894, Bd. 2, S. 260.

285 *das Effi Briest-Manuskript*: ThF an MF, 16. Februar 1894, Dieterle 2002, S. 459. – *Papa hat*: MF an Anna Witte, 18. Februar 1894, NL Witte/P. – *Köchin Stocken*: s. in diesem Buch Kapitel »Rostock, Herbst 1879«, S. 157 ff. – *noch immer unzuverlässigen Kräfte*: MF an Anna Witte, 13. Januar 1895, NL Witte/P. – *Hotel »Kaiserkrone«*: s. Dieterle 2002, S. 850.

286 *Meraner Fremdenblatt*: Archiv der Stadt Meran. – *nicht für Umsturzgesetze*: ThF an Anna Fritsch-Köhne, 5. Mai 1895, Dieterle 2006, S. 62. – *unpatriotisches Vergnügen*: Anna Witte an Richard Lucae, 4. Juni 1876, NL Schreinert, s. in diesem Buch Kapitel »Martha liest Victor Tissot«, S. 110.

287 *Ich werde Sachen nehmen*: MF an Anna Witte, 27. Februar 1895, NL Witte/P. – *Auf ihrer Photographie*: im NL Fritsch.

288 *Mit einer 2tägigen Wagenfahrt*: ThF an Theodor Fontane jun., 6. Mai 1895, HFA IV/4, S. 449. – *matt und marode*: ThF an an Anna Fritsch-Köhne, 5. Mai 1895, Dieterle 2006, S. 62.

289 *großartig*: ThF an MF, 1. April 1895, Dieterle 2002, S. 465.

290 *Bei der Familie Fritsch*: ThF an Theodor Fontane jun., 6. Mai 1895, HFA IV/4, S. 449. – *Berliner realistischen Roman*: ThF an K. E. O. Fritsch, 10. Februar 1888, Dieterle 2006, S. 27.

291 *Er ist freilich älter*: ThF: *Effi Briest*, 2. Kapitel, HFA I/4, S. 18. – *Fontanes waren bezaubernd*: Anna Fritsch-Köhne an die Stieftochter Annie Fritsch (später verh. Scheller), 4. Juni 1894, NL Fritsch. – *Paßt Freitag?*: ThF an Anna Fritsch-Köhne, 24. April 1897, Dieterle 2006, S. 74. – *späteren Briefen*: K. E. O. Fritsch an die Tochter Annie Scheller-Fritsch, 1898, NL Fritsch. – *Gnädigste Frau*: ThF an Anna Fritsch-Köhne, 18. Oktober 1895, Dieterle 2006, S. 68.

292 *Unter allen Umständen*: ThF an Anna Fritsch-Köhne, 21. September 1895, ebd., S. 66. – *Was nun Ihren freundlichen Vorschlag ... zufrieden*: MF an Anna Fritsch, 9. Juli 1897, NL Fritsch.

293 *nicht als gefährlich*: K. E. O. Fritsch an die Tochter Annie Scheller, 8. September 1897, ebd. – *ein Gewächs*: K. E. O. Fritsch an Annie Scheller, 26. September 1897, ebd. – *schon auf Bauchfell*: K. E. O. Fritsch an Annie Scheller, 1. Oktober 1897, ebd.

294 *Mutter*: K. E. O. Fritsch an Annie Scheller, 19. November 1897, ebd. – *Wenige, die ich gekannt*: ThF an K. E. O. Fritsch, 19. November 1897, ALV. – *Huldigungen*: Lebens- und Familienerinnerungen von K. E. O. Fritsch, aufgeschrieben um 1900, NL Fritsch. – *Anhängsel*: K. E. O. Fritsch an Annie Scheller, 30. Dezember 1897, ebd. – *Wir hätten [...] doch*: K. E. O. Fritsch an Annie Scheller, 12. Dezember 1897, ebd. – *so allmählich*: K. E. O. Fritsch an Annie Scheller, 23. Dezember 1897,ebd. – *Leider waren die Damen*: K. E. O. Fritsch an Annie Scheller, 30. Dezember 1897, ebd.

295 *Martha bekam Schreikrämpfe*: Viebig, in: Die Welt, 19. Oktober 1974, *s.* auch ThF: *An meinem Fünfundsiebzigsten*, HFA I/6, 340 f.

296 *klug, fein*: ThF an MF, 9. März 1898, Dieterle 2002, S. 501. – *Morgen ist Dein Geburtstag*: ThF an MF, 20. März 1898, ebd. – *wieder frei ... zu heiraten*: K. E. O. Fritsch an Annie und Wilhelm Scheller, 7. Juli 1898, NL Fritsch. – *als sie vor der Operation ... geheim*: K. E. O. Fritsch an Annie und Wilhelm Scheller, 24. Juli 1898, NL Fritsch.

297 *In den ersten 14 Tagen ... zu haben*: MF an Lise Mengel, 3. September 1898, Dieterle 2002, S. 506.

298 *freundlichen Willkomm*: MF an Paula Schlenther, 10. September 1898, ebd., S. 506 f. – *Mete macht*: ThF an EF, 12. September 1898, Erler 1998, Bd. 3, S. 549 f. – *neun Personen*: Schlenther 1898, *Theodor Fontane*. Nachruf. – *hausfrauenlos*: ThF an Anna Fritsch-Köhne, 21. Oktober 1894, Dieterle 2006, S. 56.

299 *fontanisiert*: *s.* in diesem Buch Kapitel »Fontanes Denkmal im Tiergarten«, S. 341. – *ohne Feierlichkeit ... Burg!*: Schlenther 1898, *Theodor Fontane*. Nachruf. – *Das Zauberfest*: ThF an EF, 17. September 1898, Erler 1998, Bd. 3, S. 552. – *voll regsten Interesses*: Schlenther 1898, *Theodor Fontane*. Nachruf. – *Das Kulinarische*: Theodor Fontane jun.: Lebenserinnerungen, TFA. – *Unsere zweite Gesellschaft*: ThF an EF 20. September 1898, Erler 1998, Bd. 3, 554.

300 *Kartoffelsuppe*: Friedrich Fontane 1929, S. 266. – *mehr denn je*: MF an Lise Mengel, 3. September 1898, Dieterle 2002, S. 506. – *Es ist das Buch*: Friedrich Fontane 1929, S. 266 f. – *papa ist gestern*: MF an Paul Schlenther, 21. September 1898, TFA. – *Um 9 Uhr*: MF an Paul Heyse, 26. September 1898, Dieterle 2002, S. 510.

301 *Ich ging Freitag … Vater empfinden*: Lise Mengel an Anna Witte, 26. September 1898, ebd., S. 509.

302 *In Hast*: MF an Paul Heyse, 26. September 1898, ebd., S. 511. – *Nichts Froheres*: Paul Heyse an MF, 29. September 1898, ebd., S. 884.

303 *Papa sitzt und weint*: MF an Anna Witte, 31. Juli 1898, Brieffragment, ebd., 563. – *Martha Fontanes Brief*: s. MF an Paul Schlenther, 25. September 1898, ebd., S. 507. – *Er liegt*: Schlenther 1898, *Theodor Fontane*. Nachruf.

305 *schickte … seine Artikel*: s. ThF an K. E. O. Fritsch, 1. Oktober 1890 und 15. Dezember 1890, Dieterle 2006, S. 34 f. – *Enthusiasmus*: s. in diesem Buch Kapitel »Fragebogen zur Selbstcharkaterisierung«, S. 260. – *Frau Anna Witte*: s. in diesem Buch Kapitel »Fragebogen zur Selbstcharkaterisierung«, S. 261.

307 *fast zu weitgehend*: MF an Lise Mengel, 3. September 1898, Dieterle 2002, S. 506; s. in diesem Buch S. 297. – *Mutter … Großmutter*: MF an Paula Schlenther, 10. September 1898, Dieterle 2002, S. 507.

308 *ihre Tochter im Grabe … Ereignisse*: K. E. O. Fritsch an Annie und Wilhelm Scheller, 2. Januar 1899, NL Fritsch. – *das Herumkutschieren … Rostock*: K. E. O. Fritsch an Annie und Wilhelm Scheller, 2. Januar 1899, NL Fritsch. – *mit Rücksicht*: s. K. E. O. Fritsch an Annie und Wilhelm Scheller, 23. Dezember 1898, ebd. – *Ich erhole mich*: K. E. O. Fritsch an Annie und Wilhelm Scheller, 11. Januar 1899, ebd. – *Wir haben alle Ursach … überwiegt*: MFF an Annie Scheller, 14. Januar 1899, beigefügt dem Brief von K. E. O. Fritsch vom 15. Januar 1899, ebd. – *endlich auf dem Rückwege*: K. E. O. Fritsch an Annie Scheller, 15. Januar 1899, ebd. – *einige hundert Gratulationsbriefe*: K. E. O. Fritsch an Annie und Wilhelm Scheller, 31. Januar 1899, ebd. – *Mögen Sie*: EF an K. E. O. Fritsch, 5. Mai 1899, ebd.

310 *Prachträumen … Moseltal*: K. E. O. Fritsch an Annie Scheller, 18. März 1897, ebd. – *das Stief- und Schwiegermütterliche … sieht*: MFF an Wilhelm Scheller, 29. Mai 1899, ebd. – *von den Anstrengungen … lassen*: K. E. O. Fritsch an Wilhelm Scheller, 30. Mai 1899, ebd.

311 *Wir haben uns*: K. E. O. Fritsch an Wilhelm Scheller, 6. Juli 1899, ebd. – *wundervolle Loggia*: K. E. O. Fritsch an Annie und Wilhelm Scheller, 19. April 1898, ebd. – *Indiskretionen … erklärte*: MFF an Paula Schlenther-Conrad, 11. Juli 1907, Golz/Erler, S. 141 – *plauderhafte Frau*: MFF an Wilhelm Scheller, 29. Mai 1899, ebd. – *Ach wär ich doch*: Gedicht von MFF im NL Fritsch, undatiert.

312 *Mittlerweile treten wir*: K. E. O. Fritsch an Wilhelm Scheller, 6. Juli 1899, ebd. – *eines uns zum Verkauf*: K. E. O. Fritsch an Annie und Wilhelm Scheller, 4. Oktober 1899, ebd. – *Bisher hatten wir geglaubt*: K. E. O. Fritsch an Annie und Wilhelm Scheller, 4. Oktober 1899, ebd. – *Denke doch bloß Anniechen*: MFF an Annie Scheller-Fritsch, 2. November 1899, ebd.

313 *Die Luft ist wundervoll*: ThF an Friedrich Stephany, 28. August 1896, HFA IV/4, S. 589. – *großes Sommerhaus*: ThF an Friedrich Fontane, 29. August 1896, ebd., S. 590. – *Ich kann es kaum*: MFF an Annie Scheller, 2. November 1899, NL Fritsch. – *nicht allzu weit*: K. E. O. Fritsch an Annie und Wilhelm Scheller, 3. November 1899, NL Fritsch. – *Schweinestall*: K. E. O. Fritsch an Annie und Wilhelm Scheller, 29. Dezember 1899, ebd. – *Barry*: FriW, 13. Oktober 1901.

314 *Pionierarbeit*: s. Brügmann 1996, S. 19. – *Nervosität*: K. E. O. Fritsch an Wilhelm Scheller, 25. Juni 1900, NL Fritsch. – *Bald ist es*: MFF an K. E. O. Fritsch, Nachschrift im Brief von EF an K. E. O. Fritsch, 23. Juli 1900, ebd.

315 *Wir zählen die Tage*: EF an MFF, 8. August 1900, ebd. – *einfach märchenhaft*: MFF an Annie Scheller, 6. Januar 1901, ebd. – *kamen sie alle*: gemäß Warener Gästeliste von K. E. O. Fritsch, [1907], ebd.
316 *Zukunftspläne*: K. E. O. Fritsch an Annie Scheller, 14. Januar 1901, ebd. – *erste Enkel*: K. E. O. Fritsch an Annie und Wilhelm Scheller, 5. Januar 1901, ebd. – *ein Maurer ... 1500 Mark: s.* Glatzer 1986, Bd 1, S. 151. – *eine Viertel Million*: gemäß FriW 1903: 197000 Mark, 1905: 211000 Mark, 1907: 235000 Mark, 1909: 248000 Mark, NL Fritsch.
317 *Wir haben sie alle*: 25 Jahre Evangelisches Hubertus-Krankenhaus Berlin-Schlachtensee, S. 7.
318 *neuropathischer Zustände ... Forderungen*: Kalischer, S. 71–76. – *Einigung mit Waren*: EF an Paul Schlenther, 5. August 1901, TFA. – ... *3000 Mark*: FriW, 1901, NL Fritsch.
319 *Ich schenke dir*: K. E. O. Fritsch: *An Mete. Weihnachten 1904*, NL Fritsch.
321 *Leider nicht druckfertig*: zitiert nach Erler 2002, S. 361. – *Hochverehrter Freund*: MFF an Paul Schlenther, 2. März 1902, Golz/Erler, S. 137 f.
322 *Theodor Friedrich Georg Hett*: zitiert nach Nürnberger 1995, S. 149. – *ihrer Erziehung nach*: ebd., S. 150.
323 *gegen Zahlung*: ebd., S. 148. – ... *Erbvertrag*: ebd. – *Damenrennen*: ebd., S. 157. – *im kleinen Dixie*: ebd.
325 *nationalsozialistischen Bewegung*: ebd., S. 154. – *Er verbeamtet immer*: EF an Paul Schlenther, 5. August 1901, TFA. – *den ›nachgeborenen‹ Ältesten*: MFF an Paul Schlenther, 18. Oktober 1904, TFA.
326 *schließlich nichts*: MFF an Theodor jun. und Friedrich Fontane, 8. März 1903, Dieterle 2002, S. 514. – *Das Honorar*: FriW, 16. April u. 1. August 1904, NL Fritsch.
327 *zunächst Montag*: K. E. O. Fritsch an Theodor Fontane jun. 16. August 1904, TFA. – *Das Korsett*: K. E. O. Fritsch an Annie Scheller, 2. April 1906, NL Fritsch. – *interessante, aber*: MFF an Annie Scheller, 10. April [1903], NL Fritsch.
328 *Briefe an George*: Fritsch 1905, Vorwort, S. VII. – *von der Pike auf*: Paul Schlenther an MFF, 14. Oktober 1902, DLA. – *redaktionelle Methode*: Paul Schlenther an [K. E. O. Fritsch], 16. Mai 1904, DLA. – *die Rolle des ... Herausgebers*: MFF an den Verlag F. Fontane & Co., 28. Mai 1903, TFA. – *Wenn ich solche*: MFF an Schlenther, 12. September 1904, Dieterle 2002, S. 519.
329 *Theodor Fontane: Briefe*: F. Fontane & Co., Berlin, Rundschreiben IV, Oktober 1904, TFA. – *Leider stand*: Fritsch 1905, Vorwort, S. VIII. – *Wir sind empört*: Gertrud Schacht-Mengel an Friedrich Schmidt, 20. August 1969, ALV.
330 *durch lange interesselose*: MFF an den Verlag F. Fontane, 23. Juli 1903, Dieterle 2002, S. 518. – *Die Verlagshandlung*: Verlagsvertrag »Familienbriefe« vom 24. September 1903, TFA. – *andauernde Leutenot*: K. E. O. Fritsch an Annie Scheller, 4. August 1905, NL Fritsch. – *zehn verschiedene Wirtschafterinnen*: gemäß Dientbotenbüchlein, NL Fritsch. – *Gertrud Großmann*: ebd. – *Anna Fischer*: ebd.
331 *geölte Hauszustände*: MFF an Annie Scheller, 10. April 1903, NL Fritsch. – *Der Monatslohn für*: gemäß FriW, April 1905, ebd. – *Gärtner Friedrich Lange*: Dienstbotenbüchlein, NL Fritsch. – *Nachfolger ... Otto Reiche*: ebd. – *Martha Fritsch, Professorenfrau*: zitiert nach Brügmann 1996, S. 22.
332 *Konzert*: FriW, 4. Dezember 1902, NL Fritsch. – *Oper*: FriW, 23. Dezem-

ber 1902, ebd. – *zu* »*Adlers*« *oder zu* »*Weigels*«: FriW, 23. u. 25. Januar 1903, ebd. – *Schaarwächter*: FriW, 30. Januar 1903, ebd. – *Schaarwächterschen Aufnahmen … um 1890*: *s.* in diesem Buch S. 249 u. 251. – *Winter in Berlin*: FriW, 3.–23. November 1904, NL Fritsch. – … *800 Mark*: FriW, 1. April und 9. Mai 1905, ebd. – *ich bin ein Flaschenkind*: MFF an Annie Scheller, 13. Januar 1901, NL Fritsch.

333 *Schicke mir bitte*: MF an EF, 9. Januar 1881, Dieterle 2002, S. 114 f. – *eine mit einer Flasche Rotwein*: ThF an MF, 16. April 1889, ebd., S. 333. – *ohne Alkohol … angstfrei*: K. E. O. Fritsch an Annie und Wilhelm Scheller, 4. April 1905, NL Fritsch.

334 *Abstinenz*: K. E. O. Fritsch an Annie und Wilhelm Scheller, 9. Mai 1905, ebd. – *von allen weiteren*: MFF an Theodor jun. und Friedrich Fontane, 24. April 1905, Dieterle 2002, S. 525. – *bei Feuer*: MFF an den Verlag Friedrich Fontane, 8. April 1903, TFA. – *die Tagebücher*: *s.* ThF-TB, Bd. 2, Einführung, S. VIII. – *Kauflustige*: K. E. O. Fritsch an Annie Scheller, 4. August 1905, NL Fritsch. – *Wertsteigerung*: *s.* K. E. O. Fritsch an Annie Scheller, 6. Oktober 1905, ebd. – *die höchste Zeit*: K. E. O. Fritsch an Annie Scheller, 4. August 1905, ebd.

335 *in unmittelbarer Nähe*: ebd.

336 *Wohltaten des modernen Komforts*: K. E. O. Fritsch an Annie Scheller, 6. Oktober 1905, NL Fritsch. – *Bis jetzt geht alles*: ebd. – *Souper mit Tante Witte*: K. E. O. Fritsch an Annie Scheller, 7. November 1905, NL Fritsch. – *Depression*: K. E. O. Fritsch an Annie und Wilhelm Scheller, 13. April 1906, ebd. – *briefliche Erlebnisse*: MFF an Annie Scheller, Frühjahr 1906, vor 17. Mai, ebd. – *Reiseangst*: MFF an Paula Schlenther, 11. Juli 1907, Golz/Erler, S. 142. – *Colonie*: ebd. – *Wir verwohnen*: ebd.

337 *Meine geliebte Lili*: K. E. O. Fritsch an die Enkelin Lili Scheller, 27. November 1908, NL Fritsch. – »*1000*« *Mark*: FriW, 1911, ebd. – *In Ruppin*: MFF an Paul Schlenther, 1. Juni 1907, TFA.

338 *Droschke (Automobil!)*: FriW, 15. Februar 1905, NL Fritsch. – *Mitglied der* »*Gesellschaft für Automobil-Fuhrwesen*«: FriW, 7. Juni 1906, ebd. – *Autofahrten*: z. B. FriW, 26. Mai 1906, ebd. – *am 29. Juli nach Neuruppin*: FriW, 29. Juli 1907, ebd. – *Gelingen der … Fontane-Figur*: K. E. O. Fritsch an Paul Schlenther, 27. Juli 1907, TFA. – *Kursbuch*: Jahn, S. 529.

339 *im großen Garten*: Jahn, S. 529. – *Von Neuruppin habe ich*: MFF an Paula Schlenther, 11. Juli 1907, Golz/Erler, S. 141. – *Tantiemen*: FriW: »Ertrag aus den Werken Fontanes i. J. 1908«, NL Fritsch.

340 *Bei Friedrich Fontane*: *s.* Berbig/Hartz 2000, S. 379. – *Wir hatten die Freude*: zitiert nach Drude, S. 72.

341 *unvergeßlichen Stunden*: Gerhart Hauptmann an MFF, 23. November 1912, Dieterle 2002, S. 787. – … *fontanisierte Schriftsteller*: Paul Schlenther an K. E. O. Fritsch, 24. Juli 1907, Golz/Erler, S. 142 f. – *Ich dächte mir Th. F.*: Schlenther an K. E. O. Fritsch, 24. Juli 1907, ebd., S. 143. – *Was wir tun können*: K. E. O. Fritsch an Paul Schlenther, 27. Juli 1907, TFA. – *dürfen wir bei der Übertragung*: Theodor Fontane jun.: Lebenserinnerungen, NL Klünner.

342 *Beitrag von 1000 Mark*: FriW, 1. April 1908, NL Fritsch. – *ob es nicht möglich*: K. E. O. Fritsch an Paul Schlenther, 7. Dezember 1909, TFA. – *Morgen um die Mittagsstunde … Tiergarten setzen*: Schlenther 1910, 6. Mai. – *Im Tiergarten … deutscher Kultur*: Berliner Börsenkurier, 7. Mai 1910.

343 *frische märkische Jungens*: Schlenther 1910, 6. Mai. – *Unendliche Liebe*: Thomas Mann, Frankfurter Ausgabe, Bd 14.1, S. 244.
344 *Wäre Ihnen ein Aufsatz*: zitiert nach de Mendelssohn, Bd. 2, S. 1379. – *Deutsch, modern*: Thomas Manns handschriftlicher Bibliotheksplan, um 1905, in: Wysling/Schmidlin, S. 176. – *sehr alt werden*: Thomas Mann 1910, in: Preisendanz, S. 1. – *nervöse Verfassung*: ebd., S. 3, *s. auch* Scheffel, S. 932 f.
345 *In den späten Briefen*: Thomas Mann 1910, in: Preisendanz, S. 23. – *abends immer im Familienkreise*: zitiert nach Wysling/Schmidlin, S. 78. – *ach, das müßte Papa*: zitiert nach Gertrud Schacht-Mengel, Brief an Joachim Schobeß, 28. März 1962, TFA. – *häufig mit einer Ironie*: Eloesser, S. 1288. – *beim alten Fontane*: Thomas Mann, Frankfurter Ausgabe, Bd. 14.1, S. 75. – *Denn Buddenbrook*: s. ThF: *Effi Briest*, HFA I/4, S. 240. – *ganz vortrefflich*: Thomas Mann an Otto Grautoff, Februar 1896, zitiert nach Scheffel, S. 1010. – *den besten deutschen Roman*: Thomas Mann an Maximilian Harden, 30. August 1910, ebd. – *Meisterwerk*: Thomas Mann an A. E. Meyer, 12. Mai 1942, ebd. – *auch im Fontane-Roman*: s. de Mendelssohn, S. 693 f. – *Tante Mete*: Gertrud Schacht-Mengel an Joachim Schobeß, 28. März 1962, TFA.
346 *Es ist etwas unbedingt Zauberhaftes*: Thomas Mann, Frankfurter Ausgabe, Bd. 14.1, S. 261. – *daß kein Schriftsteller*: ebd. – *So kritisch ich*: MFF an Paula Schlenther, 11. Juli 1907, Golz/Erler, S. 142. – *… nicht verzeichnet*: nach Auskunft des DLA, September 2004. – *ein Erlebnis*: Thomas Mann an Samuel Fischer, 20. Oktober 1903, in: Thomas Mann, Frankfurter Ausgabe, Bd. 21, S. 239.
347 *entzückenden Familienbriefe*: zitiert nach Scheffel, S. 1014. – *Martha Fritsch und ihr Mann*: Lise Mengel an Laura Witte, am 28. Oktober 1910, AHR. – *grüblerischen … Gedanken*: K. E. O. Fritsch an Annie Scheller, 2. April 1906, NL Fritsch.
348 *zur Abwehr*: K. E. O. Fritsch an Annie Scheller, 28. August 1910, ebd. – *Habe ich Dich*: MFF an Annie Scheller, 28. August 1910, ebd. – *viel Not*: MFF an Annie Scheller, 9. September 1910, ebd. – *schweren Kreislaufkollaps*: Forster, S. 704. – *zu den Gesundbetern!*: MFF an Annie Scheller, 15. September 1910, NL Fritsch. – *Der Sohn Gustav*: s. Gotha 1909 zu Gustav von Veit jun.
349 *nervliche Empfindlichkeit*: Beese, S. 94. – *Als Sie mir neulich*: Friedrich Fontane an Richard Witte, 14. Juli 1910, AHR.
350 *Soll unter dem Verzicht*: K. E. O. Fritsch: *Meiner Mete zum Weihnachtsabend 1910*, NL Fritsch. – *Wie auf gar zu vieles*: K. E. O. Fritsch: *Meiner Mete zum Geburtstag 1911*, ebd.
351 *Heiraten sei*: MFF an Annie Scheller, 4. September 1910, ebd. – *Der einzige Lichtblick*: MFF an Paula Schlenther, [Januar 1912], Golz/Erler, S. 143.
352 *Das Photo*: MFF mit der Großnichte Ursula Grosse (später verh. von Forster), NL Klünner; in diesem Buch S. 359. – *Ich kenne keine Parteien*: Kriegs-Rundschau, Bd. 1, S. 43.
353 *bis in seinen linksten Flügel … zivilisiert!*: zitiert nach Glatzer 1986, Bd 2, S. 515. – *zu den aktivsten Vertretern*: Beese, S. 199. – *den Weltenbrand*: zitiert nach Beese, S. 297. – *bei welcher er in Tränen*: ebd., S. 301. – *in die Stadt*: MF an Anna Witte [31. Juli 1898], Dieterle 2002, S. 563.
354 *diesen aufgeregten Zeiten*: MFF an Paul Schlenther, 19. August 1914, TFA – *Ich kenne keine Preußen*: Schlenther 1915, S. 17. – *lebendigen Schilderungen*: Friedrich Fontane an Paula Schlenther-Conrad, 11. Januar 1917, TFA.

355 *eine heilige Sache ... Kamerad gewesen ist*: Friedrich Fontane 1914, Vorwort, S. 3–4. – *Meinen Mann*: MFF an Paula Schlenther-Conrad, [Januar 1912], Golz/Erler, S. 143.

356 *Ich habe große Schmerzen*: K. E. O. Fritsch an Annie Scheller, 25. Juli 1913, NL Fritsch. – *noch sehr jung*: MFF: *Weihnachtsgedicht 1913*, NL Fritsch. – ... *Morphium*: MFF an Paul Schlenther, 17. Februar 1914, TFA. – *Lichtblicke*: MFF an Paul Schlenther, [29. März 1915], TFA. – *Sprechen strengt ihn an*: MFF an Paul Schlenther, 19. August 1914, TFA. – *potiers d'étain*: s. ThF an Georg Friedlaender, 12. September 1891, Schreinert 1954, S. 156, Hettche 1994, S. 213. Auch in »Meine Kinderjahre« berichtet ThF, seine Vorfahren aus väterlicher Linie seien Zinngießer gewesen, in: HFA III/4, S. 19. – *in dieser schweren Zeit*: MFF an Paul Schlenther, [29. März 1915], TFA. – *leider schlecht*: ebd. – *schwach oder verworren*: MFF an Paul Schlenther, 19. Mai 1915, TFA. – *Herzschwäche*: Kirchenbuch der St. Marien Gemeinde Waren (Müritz). – *Dienstag, d. 31. August*: Todesanzeige ohne O. u. D. als Zeitungsauschnitt im NL Fritsch.

357 *Ich wünsche*: Testament von K. E. O. Fritsch, 1901, ebd. – *mit großem Herzen*: Nachruf auf K. E. O. Fritsch, in: *Deutsche Bauzeitung*, Jg. 50, 1915.

358 *je zur Hälfte ... überreichen*: Testament von K. E. O. Fritsch, 1901, NL Fritsch. – *so sagen Sie ihm*: MFF an Paul Schlenther, 23. November 1915, Dieterle 2002, S. 525.

359 *eine Truhe*: s. Teltow/Cosmann, S. 7–20. – *ihr Testament*: Testament von MFF, 1915, NL Fritsch.

361 *Fräulein Mathilde Gerecke*: gemäß Testament von MFF, 1915, ebd. – *Meine Gedanken gelten*: Georg Salomon an Annie Scheller, 31. August 1915, ebd. – *Liebe Frau Annie!*: Marie Schreiner an Annie Scheller, Berlin, 7. September 1915, ebd.

362 *Meine liebe, sehr verehrte Frau Scheller*: Lise Mengel an Annie Scheller, 24. September 1915, ebd. – *Von Richard*: Tagebuch von Laura Witte, 21. November 1914, zitiert nach Beese, S. 493. – *Gustav von Veit jun.*: Gotha 1911, S. 894.

363 *Marie Veits Leiden*: Lise Mengel an Laura Witte, 18. September 1920, AHR. – *den Tod ihres geliebten Sohnes*: Familienchronik der Familie Bencard, NL Bencard. – *der Kriegswirtschaft unterstellt*: s. Karge et al., S. 145. – *äußerst negativ ... Exportland*: Keipke, S. 312–17. – *Kriegsanleihen*: Beese, S. 316. – *Und wer von uns*: zitiert nach Beese, ebd. – *sensibel und durchaus*: Beese, S. 315.

365 *Egerstraße*: MFF an Annie Scheller, 20. Oktober 1916, NL Fritsch. – *Mete ist ein Engel*: EF an Friedrich Fontane, 21. Juli 1892, TFA. – *Ach ja*: MFF an Paula Schlenther, 11. Juli 1907, Golz/Erler, S. 141. – *Mit dem Hinscheiden*: Zweybrück, S. 468–72.

366 *Zum Bilde Theodor Fontanes*: Paul Schlenther, in: Fischer-Almanach 1915, S. 177–186 (Aus der Einleitung von Paul Schlenther zu *Fontane, Gesammelte Werke*). – *Dahlem. Rheinbabenallee 19*: MFF an Paula Schlenther-Conrad, 1. Mai 1916, TFA.

367 *Der alte Fontane*: zitiert nach Scheffel, S. 934. – *Hausarzt Dr. Salomon*: gemäß Anna Salomon an Theodor Fontane jun., 4. Februar 1917, NL Fritsch. – *Dr. Kalischer*: gemäß Dr. S. Kalischer an Theodor Fontane jun., 16. Januar 1917, ebd. – *Dr. Dulitz*: gemäß Dr. Dulitz an Theodor Fontane jun., 17. Januar 1917, ebd.

368 *zeitweilig die Privatpatienten*: http://www.med.uni-jena.de, 31.8.2005. – *sehr apathisch*: Frau Eggert an Annie Scheller, 20. Januar 1917, NL Fritsch. – *Gegen Frau Reiche*: MFF an Annie Scheller, 20. Oktober 1916, NL Fritsch.
369 *Äpfel schicke ich ... auf mich*: ebd.
370 *der ferne Klang ... erzählen*: Neue Zürcher Zeitung, No. 52, Zweites Abendblatt vom 10. Januar 1917, Titelseite: »Berliner Chronik«, datiert: Berlin, 5. Januar 1917.
371 *In dem starken, festen Klang ... auslösen*: Neue Zürcher Zeitung, No. 44, Erstes Mittagsblatt, Dienstag 9. Januar 1917, Titelseite. – *In den ersten Januartagen ... eingebrochen seien*: Auskunft von Dr. Karsten Schröder, Leiter des Archivs der Hansestadt Rostock, vom 18.8.2005. Die Angaben sind dem regionalen »Rostocker Anzeiger« entnommen, Lokalzeitungen aus Waren sind für diesen Zeitraum nicht erhalten.
372 *nachmittags um eineinhalb Uhr*: Akte Nr. 5 vom 11. Januar 1917, Standesamt Waren. – *Nervenleiden*: Kirchenbuch St. Marien, Waren 1917. – *Am Mittwoch, den 10. Januar*: VZ vom Freitag, 12. Januar 1917, No. 20, Morgenausgabe. – *Im Alter von 57 Jahren*: ebd. – *nicht immer aufs Beste*: Gertrud Schacht-Mengel an Friedrich Schmidt, 27. November 1958, ALV.
373 *Martha Fontane zerschmetterte*: Reuter 1975, S. 1304. – *in Wahrheit völlig unsicher ... gehandelt habe*: Edgar R. Rosen in einem Leserbrief in der FAZ, 11. Februar 1975.
374 *Das Schicksal von Tante Mete*: Gertrud Schacht-Mengel an Friedrich Schmidt, 27. November 1958, ALV. – *Mete war sehr klug, aber absolut depressiv*: Ursula von Forster geb. Grosse an Marianne König-Scheller, 15. Oktober 1980, Privatbesitz. – *hat sich aus dem Fenster gestürzt*: Briefkuvert von ThF an Anna Fritsch-Köhne, NL Klünner. – *Zu ihrem Freitod*: Ursula von Forster an Michael S. Cullen, 9. November 1981, Kopie in Privatbesitz. – *Sie hat sich ja*: Brügmann 1996, S. 40.
375 *Was würde er gesagt haben*: Theodor Fontane jun. an Paula Schlenther-Conrad, 21. Januar 1917, Golz/Erler, S. 144. – *Der Ausdruck stillen Leidens*: ThF: *Unwiederbringlich*, HFA I/2, S. 812. – *eine anhängliche Patientin*: Dr. Siegfried Kalischer an Annie Scheller, 11. Januar 1917, NL Fritsch. – *plötzlich die Nachricht*: Friedrich Fontane an Paula Schlenther, 11. Januar 1917, TFA.
376 *Friedhofswächter Priep*: Auskunft von Hildegard Priep, Tochter von Ulrich Priep. Brief an die Autorin, Juni 2004. – *... für die Beerdigungskosten*: Rechnung für Frau Professor Martha Fritsch (Weiland) von Frau Adam, Totenkleiderin, gestellt am 11. Januar 1917, NL Fritsch. – *Sehr schmerzlich*: Dr. Dulitz an Theodor Fontane jun. 16. Januar 1917, ebd. – *Ihr Tod erklärt mir*: Frau Salomon an Theodor Fontane jun., 4. Februar 1917, ebd.
377 *Der Tod kam als Erlöser*: Marie von Veit geb. Bencard an Annie Scheller, 29. Januar 1917, ebd. – *sonnigen Wintertage*: Meyer, S. 246.

Bildnachweis

Personenregister

Die Hauptperson Martha Fontane (1860–1917) und ihr Vater Theodor Fontane (1819–1898) sind im Personenregister nicht aufgeführt.

Regina Dieterle, geboren 1958, Germanistin, studierte und promovierte an der Universität Zürich. Sie unterrichtet an der Kantonsschule Enge in Zürich. Seit 1998 regelmäßige Forschungsaufenthalte in Berlin und Brandenburg, unterstützt vom SNF (Schweizerischer Nationalfonds zur Förderung der wissenschaftlichen Forschung). Entdeckte 2001 den Nachlass von Martha Fritsch-Fontane. Ab 2004 für zehn Jahre Vorstandsmitglied der Theodor Fontane Gesellschaft, 2010 bis 2014 als deren Vorsitzende.

Publikationen zu Leben und Werk von Annemarie Schwarzenbach, Karl Stauffer-Bern, Theodor Fontane und Martha Fontane. Bei Hanser erschien zuletzt: Theodor Fontane. Biografie (2018).